1000 GRÜNDE DEUTSCHLAND ZU LIEBEN

MOEWIG ist ein Imprint der edel entertainment GmbH

© edel entertainment GmbH, Hamburg
www.moewig.de | www.edel.de

Idee und Herausgeber: Feierabend Unique Books

Produktion und Illustration: Christian Schaarschmidt, Marc Wnuck,
Sahba Yadegar | 12ender – Agentur für Kommunikation und Design
Lektorat: Petra Biedermann
Umschlaggestaltung: Carmen Goutte

Mit Beiträgen von:
Christiane Bärwald, Nadia Creutz, Tolvaj Farkas, Peter Feierabend,
Christiane Gay, Anna Gerhardt, Yuriko Kurihara, Inga Menkhoff,
Paul Nauwerk, Kerstin Nerge, Ulrich Rummel, Johannes Steil,
Karsten Zang

Alle Rechte vorbehalten. All rights reserved. Das Werk darf – auch
teilweise – nur mit Genehmigung des Verlages wiedergegeben werden.

Printed in Germany

ISBN 978-3-86803-193-5

Jutta Gay

1000 GRÜNDE DEUTSCHLAND ZU LIEBEN

Von Asbach Uralt bis Zeitgeist: Was ist „typisch deutsch"?

Inhalt

Vorwort		*6*
Index		*728*

EINTRAG	KAPITEL	SEITE
1–40	A	*8*
41–174	B	*36*
175–192	C	*132*
193–241	D	*146*
242–267	E	*182*
268–309	F	*202*
310–350	G	*232*
351–433	H	*260*
434–442	I	*316*
443–455	J	*326*
456–576	K	*338*
577–613	L	*418*

*Eine genaue Übersicht über alle in einem Kapitel
enthaltenen Einträge finden Sie am jeweiligen
Kapitelanfang und im Index dieses Buches.*

EINTRAG	KAPITEL	SEITE
614–669	M	444
670–689	N	482
690–701	O	498
702–738	P	508
739–741	Q	534
742–787	R	540
788–880	S	572
881–913	T	638
914–924	U	662
925–936	V	672
937–981	W	682
982–1000	XYZ	714

Vorwort

1000 Gründe, Deutschland zu lieben – am Anfang wollte ja niemand glauben, dass wir so viele Gründe finden könnten. Aber einmal begonnen, sprudelte die Redaktion vor Ideen nur so über: Wir hätten wohl so einige Bände damit füllen können.

Vieles davon ist höchst subjektiv. Vieles ist nichts als ein Klischee. Und bei einigen Stichworten ist in der Redaktion ein regelrechter Streit darüber ausgebrochen, ob es sich um liebenswerte oder vielleicht eher hassenswerte Ereignisse, Personen, Dinge handelt. Aber wir haben demokratisch in freier, geheimer Wahl abgestimmt und uns ganz für unsere parteiische Sicht Deutschlands entschieden.

Es ist das Deutschland der Dichter und Denker ebenso wie unserer persönlichen Kindheit – mit Kaltem Hund und Prilblumen, mit Hitparade und Lindenstraße. Das Land brillanter Entdecker, großer Musiker und unvergessener Eintagsfliegen.

Wir beleuchten die touristischen Highlights zwischen Schlössern, Fachwerkhäusern, Kuckucksuhren und Oktoberfest. Wir gehen der Mentalität hinter dem täglichen Einerlei auf den Grund, vom Filterkaffee über Schwarzwälder Kirsch bis hin zum Pantoffel und zur Schrankwand.

Was davon auf Sie zutrifft? Wir wissen es nicht. Doch unter 1000 Gründen werden wohl auch Sie den einen oder anderen finden, Deutschland zu lieben.

Aalsuppe / Abendbrot / Abrüstung / ADAC / Adventskalender / Adenauer, Konrad / Adidas / Adorno, Theodor W. / Afri-Cola / Agenda 2010 / Airbag / Aktuelle Kamera / Aldi / Alexandra / Allgäu / Alpen / Amiga (DDR-Schallplattenfirma) / Ampelmännchen / Amrum / Amtsdeutsch / Anna-Amalia-Bibliothek / Anpacken / ARAG / Arbeiterwohlfahrt / Arche, Christliches Kinder- u. Jugendwerk e.V. (Bernd Siggelkow) / ARD / Arendt, Hannah / Art Cologne / Ärzte, Die / Asbach Uralt / Aspirin / Atomkraft? Nein danke! / Audi / Aufklärung / Augsburger Puppenkiste / Aussiedler / Auto / Autobahn / Automobilstadt Stuttgart / Autorität

1 // AALSUPPE

Die Vorstellung eines dicken, grünlich-schwarzen Wurms im Ohr eines Pferdes, der „die ganze weiße Grütze aus dem Hirn des Gauls sabbern ließ", verfolgt wohl jeden, der „Die Blechtrommel" gelesen hat. Den Leser mag es beruhigen, dass die Aale im Roman in der Toilette statt im Magen enden – doch leider ist das eben nur Fiktion. Denn noch immer winden sich auf deutschen Tellern „Aal in Gelee", „Aal grün" und eben eines der norddeutschen und vor allem Hamburger Nationalgerichte schlechthin: die Aalsuppe.

Dass die Aalsuppe dabei ursprünglich gar kein leckerer Fischeintopf war, sondern ein Resteessen, in dem „all binn" (alles drin) war, ist heute nicht nur weitgehend unbekannt: Denn mittlerweile wälzt sich in Hamburg in nahezu jedem der süß-sauren Eintöpfe ein Stückchen grüner Aal. Allerdings nicht mehr in Kombination mit Pferd, sondern mit einem leckeren Stückchen durchwachsenem Schweinespeck.

> *Für den, der so etwas mal probieren möchte, hier ein Rezept:*
> 500 g durchwachsenen Speck mit 3 l Wasser bei geringer Hitze 1/2 Stunde köcheln lassen. Je 250 g getrocknete, eingeweichte Pflaumen und Birnen, 250 g geputzte und kleingeschnittene Möhren, 1 Petersilienwurzel und einen Bund Aalkräuter (bestehend aus: Majoran, Thymian, Estragon, Petersilie, Bohnenkraut) dazugeben. 500 g grüne Aale putzen, in Stücke schneiden, salzen und 1/2 Stunde stehen lassen. Dann in den Eintopf geben und alles garen lassen. Mit Mehl binden und mit Salz, Pfeffer, Essig und Zucker abschmecken.

2 // ABENDBROT

Die Zeiten des deutschen Abendbrots sind vorbei. Vorbei die resopalbeschichteten Brettchen, auf denen man sich die Stullen dick mit Butter beschmieren konnte, vorbei die frisch aufgeschnittenen Gartentomaten, die in der Tischmitte prangten. Kein frisches Roggenbrot mit dicker brauner Kruste wird mehr von Hand zu Hand gereicht, um unter einer reichen Schicht aus Schinken, Wurst oder Käse zu verschwinden. Und den Ausruf „Hände waschen, es gibt Abendbrot" haben wir lange nicht mehr gehört. Das deutsche Abendbrot – beinahe einzigartig in der Welt, weil in den meisten anderen Ländern das Abendessen als Hauptmahlzeit des Tages warm verzehrt wird und Brot höchstens eine Dreingabe ist – das deutsche Abendbrot also musste anderen „Genüssen" weichen. Aber welchen? Ein feines Hühnchen, das im Topf schmort, ließe man sich ja gern gefallen, aber Tütensuppe, Tiefkühlpizza und Co. erscheinen als Nachfolger gänzlich ungeeignet. Also kramt die Brettchen hervor, wascht euch die Hände, und deckt zur Abwechslung noch einmal den Abendbrottisch. Mit frischem Brot und guter Butter, leckerem Käse, Oliven und Wurst, saftigen Tomaten und scharfen Radieschen und vielleicht einem kleinen Gläschen Bordeaux.

3 // ABRÜSTUNG

Sie war das große Thema des 20. Jahrhunderts: die Abrüstung. Zwei Weltkriege hatten gerade in Bezug auf Deutschland die Frage früh aufgeworfen, wie viele Waffensysteme für ein Land gut seien. Doch statt Deutschland – wie ursprünglich geplant – nach dem Zweiten Weltkrieg zu entmilitarisieren, abzurüsten und zu neutralisieren, wurde das Land bald zur Hauptbühne des Ost-West-Wettrüstens. Der Eiserne Vorhang zog sich entlang der deutsch-deutschen Grenze, und zu beiden Seiten lebte man die Politik der „gegenseitigen Abschreckung". Die Militarisierung und Aufrüstung in BRD und DDR waren beispiellos: Jahrzehntelang war die Truppen- und Waffenkonzentration der beiden Staaten – auch im atomaren Bereich – die höchste, die es bislang auf der Erde gegeben hatte. Seinen Höhepunkt erreichte das Wettrüsten, als die Sowjetunion 1979 beschloss, SS-20-Raketen in Mitteleuropa zu stationieren. Die NATO antwortete mit dem Doppelbeschluss, vornehmlich in Deutschland Pershing-II-Raketen und Marschflugkörper zu parken.

In Deutschland rief das erste Proteste hervor. Den „Krefelder Appell" an die Bundesregierung, dem NATO-Doppelbeschluss nicht zuzustimmen, unterzeichneten 1980 über 1 Million Friedensaktivisten. 1983 beteiligten sich etwa 1,3 Millionen Deutsche an den Protesten gegen den Beschluss.

Doch den eigentlichen Wandel brachten letztendlich die Ära Gorbatschow und das damit beginnende Ende des Kalten Kriegs.

Gerade in Deutschland boomt seit 1989 die Abrüstung und belegt mittlerweile weltweit Platz 12 unter den Staaten, die abrüsten. Dass Deutschland seit Ende des Kalten Krieges seinen militärischen Sektor in etwa halbiert hat, ist ebenfalls löblich. Wäre es zumindest, wenn die deutschen Militärausgaben insgesamt nicht immer noch auf Rang 4 – weltweit – lägen.

4 // ADAC

Unvergessen bleibt die Kampagne „Freie Fahrt für freie Bürger" in den 70er Jahren. Mit ihr hatte der ADAC, der Allgemeine Deutsche Automobilclub, gegen das „unrealistische Kriechtempo" in Gestalt von Geschwindigkeitsbegrenzungen mobilgemacht. Freiheit fürs Gaspedal schien damals wichtiger zu sein als Verkehrstotenrekorde und die Ölkrise. Das tat der Beliebtheit des Clubs dank der wohl bekanntesten Dienstleistung für ADAC-Mitglieder, der Pannenhilfe, keinen Abbruch. Bleibt das Auto mal liegen, eilt gleich ein gelbes Pannenfahrzeug zur Hilfe herbei. Dem Himmel und den „gelben Engeln" sei Dank. Der ADAC wurde am 24. Mai 1903 in Stuttgart als „Deutsche Motorradfahrer-Vereinigung" (DMV) gegründet, also als Interessenverband für den motorisierten Mittelstand. Doch da bereits im Jahre 1911 die Mehrheit der Mitglieder Wagenbesitzer waren, wurde der DMV in „Allgemeiner Deutscher Automobilclub" umbenannt, und seither vertritt der Club die Interessen deutscher Auto-, Motorrad- und Bootfahrer. Er ist der größte Autoclub Europas, einer der mächtigsten Verbände Deutschlands und arbeitet auch wirtschaftlich äußerst erfolgreich: Der ADAC erwirtschaftet über Tochterfirmen und Beteiligungen einen jährlichen Umsatz von mehreren Hundert Millionen Euro. Allerdings muss er nur für 10 Prozent der Mitgliedsbeiträge Umsatzsteuer entrichten, denn das zuständige bayerische Finanzministerium unterstellt seit Anfang der 80er Jahre äußerst großzügig, dass der Autofahrerverband lediglich zu einem Zehntel gewerblich tätig sei. Das mag damit zusammenhängen, dass der Verband auch eine politisch nicht zu unterschätzende Macht ist. Die „ADACmotorwelt" ist die auflagenstärkste Zeitschrift Deutschlands und erreicht über 18 Millionen Leser. Keiner anderen Institution vertrauen die Deutschen laut einer Umfrage so sehr wie dem ADAC – nicht dem Bundestag, nicht Greenpeace, nicht der katholischen Kirche. Nicht einmal allen dreien zusammen. Kein Wunder also, dass sich mancher Politiker ungern mit dem ADAC anlegt.

5 // ADVENTSKALENDER

Der Methoden, den Adventskalender schon am ersten Tag völlig leerzuräumen, gibt es viele. Manches Kind drückt die Türchen einfach ein, mampft die Schokolade heraus und verschließt die Türchen vorsichtig wieder. Das fällt allerdings meistens auf. Schlauere Kinder öffnen die ganze Pappschachtel an der Seite, nehmen die Plastikeinlage heraus, futtern die Schokolade und verschließen den Kalender dann heimlich mit Klebstoff. Dabei soll der Adventskalender doch eigentlich pädagogisch wertvoll den Wert und die Schönheit der Vorfreude vermitteln.

Der Brauch, die Tage bis zum Heiligen Abend herunterzuzählen, ist tatsächlich ein deutscher: Im 19. Jahrhundert wurden am ersten Advent entsprechend viele Kreidestriche an die Haustüre gemalt, von denen jeden Tag einer abgewaschen wurde. Oder man legte jeden Tag einen Strohhalm in die Weihnachtskrippe: Am Heiligen Abend war das Christkind dann gut gebettet. Mitte des 19. Jahrhunderts ging man dazu über, weihnachtliche Bilder an den Fenstern der guten Stube aufzuhängen. Als der Münchner Verleger Gerhard Lang 1908 den ersten Bilderkalender drucken ließ, begann er die Zählung vom 1. Dezember an – ließen sich doch so die Druckvorlagen in jedem Jahr wiederverwenden. Die süße Kalendervariante kam erst mit dem Wirtschaftswunder ab 1958 in Mode; man wollte ja auch den Kindern etwas gönnen.

6 // ADENAUER, KONRAD

„Freiheit verpflichtet. Es gibt für uns im Innern nur einen Weg, den Weg des Rechtsstaates, der Demokratie und der sozialen Gerechtigkeit. Es gibt für uns in der Welt nur einen Platz, an der Seite der freien Völker. Unser Ziel ist in einem freien und geeinten Europa ein freies und geeintes Deutschland."

Es ist der zielstrebigen Politik des ersten Bundeskanzlers der Bundesrepublik Deutschland, Konrad Adenauer, zu verdanken, dass die BRD am 5.5.1955 mit der Unterzeichnung der Pariser Verträge ihre Freiheit, sprich Souveränität, erlangte. Und was er in der Rede zum Inkrafttreten dieser Verträge fordert, spiegelt seinen politischen Weg ebenso deutlich wider wie es wegweisend für die Politik seiner Nachfolger ist: Adenauers tiefe Freundschaft zu Frankreichs Präsidenten Charles de Gaulle führt zu einer Aussöhnung mit dem Nachbarland. Eine der großen Leistungen ist die Aufnahme von Gesprächen mit den Volksvertretern Israels und die Zustimmung zu den Wiedergutmachungsforderungen des neuen Staates; und die Wiederaufnahme diplomatischer Beziehungen zur Sowjetunion ermöglichte die Rückkehr der letzten 10.000 deutschen Kriegsgefangenen.

Doch Adenauers Karriere begann nicht erst mit der Gründung der Bundesrepublik – vier Epochen erlebte und gestaltete er mit. Der studierte Jurist wurde am 5. Januar 1876 in Köln geboren und ist 41, als er sein erstes wichtiges politisches Amt antritt: das des Oberbürgermeisters von Köln. In diesem Amt prägte er nicht nur den Satz „Man kennt sich, man hilft sich", der in Köln auch heute noch als Einladung zu Klüngeleien bis Korruption gilt. Er erfand auch das „Adenauerbrot" aus Mais-, Reis- und Gerstenmehl und die „Kölner Wurst", eine Sojawurst, die nur Spuren von Fleisch enthält. Beides sicherte in den Hungerjahren des Ersten Weltkriegs das Überleben der Kölner Bevölkerung.

Als Zentrumspolitiker und Gegner der Nazis wurde Adenauer bei deren Machtübernahme 1933 entlassen; nach dem 20. Juli 1944 war er sogar für einige Monate inhaftiert. So konnte er nach dem Zweiten Weltkrieg als unbedenklicher Politiker seine Blitzkarriere beginnen: zunächst noch einmal als Kölner Oberbürgermeister, dann als Vorsitzender der CDU in der britischen Besatzungszone und schließlich ab dem 15. September 1949 als erster Bundeskanzler. In diesem Amt sollte er 14 Jahre lang, bis Oktober 1963, bleiben.

Die Ära Adenauer stellte die Weichen für die politische, gesellschaftliche und wirtschaftliche Entwicklung der Bundesrepublik. Erst nach der Bundestagswahl im September 1961 geriet die Regierung um Adenauer immer mehr in die Krise: Durch die Spiegel-Affäre 1962 geriet der mittlerweile überall als „der Alte" bezeichnete Politiker auch selbst in die Kritik – am 15. Oktober 1963 trat der 87-Jährige von seinem Amt als Bundeskanzler zurück. Doch getreu seinem Motto, „Wenn die anderen glauben, man ist am Ende, so muss man erst richtig anfangen", ruhte der 2fache Witwer und 7fache Vater keineswegs. In seinem Haus in Rhöndorf schrieb er an seinen Erinnerungen. Er war bis 1966 Mitglied des Bundestages und wurde Ehrenvorsitzender seiner Partei, bis er am 19. April 1967 mit 91 Jahren nach zwei Herzinfarkten starb.

7 // ADIDAS

Wie sich das für eine Legende gehört, beginnt adidas' Geschichte in Mutters Waschküche: Dort fertigte Adolf „Adi" Dassler in den 1920er Jahren die ersten Sportschuhe aus Leder – gefolgt von den ersten Fußballschuhen mit Stollen, was den internationalen Fußball grundlegend veränderte.

Mit der Trennung von seinem Bruder Rudolf, der das Unternehmen Puma gründete, begann 1948 die rasante Erfolgsgeschichte von adidas. Die drei Streifen gelten seitdem nicht nur als Markenzeichen der Firma, sie stehen auch für fortschrittliche Sportwerbung. Sportler, die weltweit als Idole gelten, gehörten zu den Werbeträgern: Muhammed Ali, Franz Beckenbauer und der Afroamerikaner Jesse Owens, der 1936 bei den Olympischen Spielen in Berlin vier Goldmedaillen errang. In Deutschland setzt der DFB seit 1954 auf adidas – und umgekehrt. Und auch international wird mit adidas getreten, natürlich gegen adidas-Bälle.

Aber selbst fernab der Sportplätze setzt adidas Maßstäbe: Der Name „Adilette" steht seit 1972 für Badeschlappen im Allgemeinen, und die Modelle „Samba" und „Allround" erobern seit den 80ern die Schulhöfe – und haben mittlerweile Kultstatus erlangt.

Dass weltweit anerkannte Designer zu seinen Partnern gehören, macht adidas zwar zu einem florierenden Unternehmen – beim Toreschießen hilft es aber meist nicht.

8 // ADORNO, THEODOR W.

Er hatte Talent für alles. Theodor Wiesengrund Adorno war Philosoph und Soziologe, Literaturkritiker, Musikkritiker und Komponist. Er war das Vorbild der frühen Studentenbewegung der 60er Jahre und das kritische Gewissen der jungen Bundesrepublik Deutschland.

Aber vor allem hatte er das Talent, Menschen, die ihn hörten, von sich zu beeindrucken. Gäste seiner Vorlesungen an der Frankfurter Universität waren hingerissen von seinen geordneten und doch verschachtelten Reden. Sie waren aber noch mehr von dem Singsang seiner Stimme fasziniert, der an Musik erinnerte. Und sie waren von seinen philosophisch-soziologischen Thesen begeistert, die nach dem Zweiten Weltkrieg von dem Gedanken geprägt waren, dass Philosophie, Politik und gesellschaftliches Leben nach Auschwitz neu bestimmt und gestaltet werden müssten, dass Auschwitz ein Endpunkt menschlicher Entwicklung gewesen sei.

Adorno, 1903 geboren, dem jüdischen Großbürgertum entstammend und von 1934 bis 1949 im Exil lebend, sah aber auch später in der Wirtschaftswunderzeit ein von Zwängen beherrschtes Dasein des Menschen, dessen Individualität zu wenig beachtet würde:

> *„Starr sind die Menschen, weil sie eigentlich keine Spontaneität mehr haben, weil sie eigentlich gar nicht mehr ganz leben, sondern weil sie selber sich bereits als die Dinge, als die Automaten erfahren, als die sie in der Welt verwendet werden."*

Für Adorno sind die Menschen in den Arbeitsprozess so eingezwängt, dass sie den Gedanken, eine Gesellschaft könne auch anders funktionieren, systematisch verdrängen.

Diese Philosophie der negativen Dialektik und seine antibürgerliche Haltung sind es, die die protestierende Jugend der Nachkriegszeit mit Freuden aufnahm, zu ihrem Nutzen umwandelte – und die Adorno letztendlich in die Kritik brachten.

Die Studentenbewegung forderte die Veränderung der Welt; Adorno, ganz Philosoph, ermutigte zum Denken, nicht zum Handeln, und so zog die Studentenrevolte auch in seinen eigenen Hörsaal ein. Der einst so verehrte Dozent wurde Opfer des schamlosesten Attentats der frühen Studentenbewegung, das als „Busenattentat" in die Geschichte eingehen sollte: Wohlwissend, dass Adorno seine jungen Studentinnen sehr schätzte, tanzten drei von ihnen am 22. April 1969 halbnackt um sein Podium herum. Adorno – dies als Gewaltakt gegen ihn persönlich empfindend – zog sich an diesem Tag nicht nur gedemütigt aus dem Hörsaal zurück, es war auch seine letzte Vorlesung überhaupt. Wenige Monate später, am 6. August 1969, starb er an Herzversagen – einige seiner Biographen meinen aber auch, aus Gram.

Max Horkheimer, Freund und zeitweise Chef Adornos, meinte nach dessen Tod, der Philosoph sei eines der wenigen Genies ihrer Zeit gewesen. Ein Genie, dessen Philosophie nach der Frage, wie die Menschen in dieser Welt ihre Freiheit behaupten können, nichts an Aktualität eingebüßt hat.

9 // AFRI-COLA

Ein Getränk für „Revolutionen": die afri-cola. Vielleicht liegt es an der 5fach erhöhten Koffein-Konzentration der 1931 vom Hersteller Karl Flach entwickelten Limonade, dass sie immer dann zum Kultgetränk ernannt wird, wenn Deutschland in Bewegung ist. 1968 boomte die deutsche Konkurrenz zu Coca Cola nach der Werbekampagne von Charles Wilp: „Sexy-mini-super-flower-pop-op-cola – alles ist in afri-cola." 30 Jahre später erklärten die Demonstranten der Love-Parade afri-cola zu ihrem Getränk schlechthin – klar, wie wäre dieser Marsch auch sonst auszuhalten gewesen. Und natürlich sponsert der neue Hersteller auch andere politische Bewegungen: wie die CSDs (Christopher Street Days) in Deutschland. Ein Sponsoring verschweigt der Hersteller der wirklich leckeren Limo, die sich immer noch in der formschönen, taillierten Flasche von Jupp Ernst aus dem Jahr 1962 präsentiert, allerdings vehement: die Unterstützung der Nationalsozialisten im Dritten Reich.

10 // AGENDA 2010

„Wir werden Leistungen des Staates kürzen, Eigenverantwortung fördern und mehr Eigenleistung von jedem Einzelnen abfordern müssen", erklärte der damalige Bundeskanzler Gerhard Schröder zur Einführung der Agenda 2010 in einer Regierungserklärung am 14. März 2003. Ein nicht mehr finanzierbares Sozialsystem zu sanieren, ist immer eine undankbare Aufgabe. Das musste auch die rot-grüne Regierung miterleben, als sie ihre Reformagenda vorstellte, durch deren Umsetzung die öffentlichen Finanzen konsolidiert, der Arbeitsmarkt neu geregelt und die gesetzliche Krankenversicherung grundlegend reformiert werden sollte. Der schwarz-roten Nachfolgeregierung geht es nicht anders: Auch sie muss weiterhin Hartz IV und Arbeitslosengeld I rechtfertigen, die Haushaltssanierung auch entgegen der öffentlichen Wünsche vorantreiben. Was ist die Alternative in einer Zeit, in der die Volkswirtschaft langsamer wächst als in ihren Nachbarstaaten? Sofern durch die Reformen nicht die Sozialsysteme gezielt unterwandert werden, ist die Forderung nach mehr Eigenverantwortung und Eigenleistung der deutschen Bürger jedenfalls nur recht und billig.

11 // AIRBAG

Ein Modell der Mercedes-S-Klasse war im Dezember 1980 das erste Auto, das seinen Fahrer im Falle eines Unfalls serienmäßig durch einen Airbag sicherte. 10 Jahre hatten die Forscher von Mercedes-Benz daran getüftelt, einen luftgefüllten Sicherheitssack für Autos zu realisieren – wenn auch nicht ganz ohne Hilfe, denn die Idee dazu hatten bereits 1920 zwei Amerikaner gehabt, und auch in den 60er Jahren forschten US-Institute an einer Lösung zu dem Luftsack. Allerdings ohne Erfolg. Die Lösung der deutschen Forscher war schließlich ein kleines Raketentriebwerk, das – ausgelöst durch einen elektronischen Sensor – in Millisekundenschnelle ein Kunststoffkissen im Lenkrad des Fahrers mit Druckluft füllt. Heute ist der Airbag internationaler Sicherheitsstandard. Und er erhöht längst nicht mehr nur die Überlebenschancen des Fahrers bei schweren Unfällen, er sichert auch Beifahrer und andere Insassen ab, wird in Seitenlehnen, Dachrahmen und neuerdings sogar Motorräder integriert.

12 // AKTUELLE KAMERA

Die erste Nachrichtensendung im deutschen Fernsehen war nicht etwa die Tagesschau, sondern ihr Ostpendant, die Aktuelle Kamera, im DDR-Jargon „AK". Sie wurde erstmals am 21. Dezember 1952, fünf Tage vor der ersten Tagesschau, ausgestrahlt und täglich von 19.30 bis 20 Uhr gesendet. Dennoch sollte es noch 37 Jahre dauern, bis die Aktuelle Kamera aus der Rolle der TV-Abteilung des DDR-Zentralkomitees heraustreten und sich zu einer mehr oder weniger unabhängigen Nachrichtensendung entwickeln konnte. Denn erst nach der Wende wurde nicht nur die Hintergrundgrafik modernisiert, AK-Chefredakteur Klaus Schickhelm bekannte Anfang 1990 auch: „Im Augenblick fühlen wir uns wie die freiesten Journalisten der Welt." Ihre Freiheit müssen die Journalisten heute in anderen Sendungen genießen, denn die Aktuelle Kamera wurde am 15. Dezember 1990 endgültig eingestellt.

13 // ALDI

1961 war ein schwarzes Jahr für Deutschland: Die DDR baute die Mauer zwischen West- und Ostdeutschland, und die Brüder Theodor und Karl Albrecht zogen eine imaginäre Linie quer durch die Bundesrepublik und teilten das Land untereinander auf. Seitdem stehen Schnäppchenjäger bei der Wahl ihres Wohnsitzes vor der schweren Entscheidung: Siedle ich im Einzugsgebiet von Aldi Süd oder von Aldi Nord? Trage ich meine Einkäufe in einer weißgrundigen Tüte mit mir herum oder in einer mit orangefarbenem Rahmen?

Die Geschichte der milliardenschweren Albrecht-Brüder ist mehr als ein Wirtschaftswunderphänomen: Sie begannen nach dem Zweiten Weltkrieg ihre Karriere, als sie den Lebensmittelladen der Mutter in Essen-Schonnebeck übernahmen und in Deutschlands ersten Discounter umwandelten. Die Idee der Brüder bestand darin, den damals möglichen Rabatt von 3 % direkt vom Warenpreis abzuziehen. Zudem führten sie strenge Sparmaßnahmen in ihrem Geschäft ein, vermieden hohe Mieten, verzichteten immer auf aufwendige Werbung und gaben alle Einsparungen direkt an ihre Kunden weiter.

Die Geschäfte liefen so gut, dass die Albrecht-Discounter bereits 1960 in über 300 Filialen rund 90 Millionen D-Mark Umsatz machten.

Zur Trennung kam es, weil die Brüder sich nicht einigen konnten, ob in den Filialen Tabakwaren angeboten werden sollten oder nicht. Doch hier spielten nicht etwa gesundheitliche Bedenken eine Rolle, Karl Albrecht fand nur, Zigaretten würden zu häufig geklaut. Also teilten die Albrecht-Brüder kurzerhand freundschaftlich ihre Discounter in Nord und Süd auf. Und tatsächlich bekommt man Zigaretten bei Aldi Süd erst seit der Jahrtausendwende – gut gesichert in vergitterten Schränken.

Die Sparsamkeit ist übrigens keine bloß geschäftsmäßige Attitüde der Albecht-Brüder – auch privat leben sie recht zurückgezogen in eher schlichten Eigenheimen.

14 // ALEXANDRA

Melancholische Lieder und ein früher, tragischer Unfalltod sind ein Garant dafür, einmal eine Legende zu werden. Die deutsche Sängerin Alexandra, mit bürgerlichem Namen Doris Nefedov, kam mit 27 Jahren in einem weißen Mercedes Coupé 220 SE ums Leben; sie hatte von gitarrespielenden Zigeunerjungen gesungen, von gefällten Baumfreunden und davon, dass man an das Glück glauben müsse. Alexandra ist heute eine Legende. Dazu trugen natürlich auch ihre gescheiterte Ehe mit einem 30 Jahre älteren Mann und der spätere Verlobte bei, von dem gemunkelt wurde, er sei US-Spion und in Dänemark verheiratet. Wer dann Alexandras tiefe, rauchige Stimme in ihrem Lied „Die Zärtlichkeit" singen hört: *„Leben kann man ohne Arbeit und ohne die Pflicht, ohne Lachen oder Weinen, doch eins kann man nicht: Leben ohne jede Liebe und ohne Zärtlichkeit – nein, nein, nein, nein, das hieße Einsamkeit"*, der glaubt auch die abwegigsten Theorien zum bis heute ungeklärten Unfalltod der Chansonette.

Ein eigener Verein, der Alexandra-Freunde e. V., kümmert sich heute darum, dass die Lieder der am 19. Mai 1942 in Heydekrug im heutigen Litauen geborenen Sängerin nicht vergessen werden.

15 // ALLGÄU

Das Allgäu liegt nicht an der Sonnenseite der Alpen – die findet sich drüben in Italien und Österreich. Auch im Sommer kann es hier schon mal tagelang regnen und empfindlich kalt sein. Dann sind auch im Allgäu die Städte laut und grau, die Wälder und Wiesen ungemütlich und die Dörfer besonders deprimierend.

Bei klarem Himmel aber ist in der südlichsten Landschaft Deutschlands alles anders: Der Duft von frisch gemähtem Gras vermischt sich mit dem der Kuhfladen, aber nicht unangenehm, sondern zutiefst beglückend. Die Seen sind eiskalt. Prustend hüpft man hinein, schwimmt eilig ein paar Züge. Lange hält man das nicht aus. Der Bergkäse und das Glas Bier in der nächsten Sennerei, mit Blick auf Alpenveilchen und Zwiebelkirchtürme, sind einfach und schmecken gerade deshalb so gut. Zu Hause, in der Stadt, bekommt man so etwas nicht.

16 // ALPEN

Das Alpenglühen ist wohl das spektakulärste Naturereignis in den Alpen. Wenn die Berggipfel am Morgen oder Abend vor einem schwarzen Vordergrund rot-golden erstrahlen, schlägt das Herz jedes Romantikers höher. Es ist kein deutsches Phänomen, denn in den Alpen verschwimmen die künstlich angelegten Grenzen zugunsten der natürlichen. Allgemein haben Natur und Menschen in den Alpen untereinander mehr gemein als mit den jeweiligen Staaten, zu denen sie gehören. Denn obwohl sich die Alpen von Monaco bis nach Slowenien und vom Wienerwald bis nach Genua erstrecken, bilden sie einen verhältnismäßig abgeschlossenen Kulturraum, der sich dem Touristen in Form von Almwirtschaft und Bergkäse, alpenländischer Volksmusik, wunderschönen Bauernhäusern, Edelweiß, Gämsen und Skiliften darstellt.

Mit nur 135 Millionen Jahren sind die Alpen erdgeschichtlich geradezu jung. Sie sind das höchste innereuropäische Gebirge, und ihr deutscher Teil bildet das einzige Hochgebirge des Landes.

Entstanden sind die Alpen – wie auch der Atlas, die Pyrenäen, die Balearen und Karpaten, der Kaukasus und der Himalaja sowie die westlichen Gebirge Malaysias – durch das Zusammenstoßen des afrikanischen Kontinents mit dem europäischen. Die Zugspitze im Wettergebirge ist mit ihren 2.962 m zwar der höchste Berg Deutschlands, der Montblanc überragt sie als höchster Alpengipfel aber beinahe um 2.000 m.

17 // AMIGA

Die AMIGA hat nichts mit dem Proto-PC der 1980er Jahre zu tun, vielmehr handelt es sich um das ostdeutsche Plattenlabel für Populärmusik. Gegründet 1947 von Ernst Busch – jenem Schauspieler und Interpreten von Arbeiterliedern und Liedern Hanns Eislers –, ist AMIGA das älteste noch bestehende Plattenlabel der Republik, mittlerweile allerdings von Sony BMG geleitet. Obwohl staatliches Unternehmen und als solches Monopolist, war das politische Lied immer nur ein Teil des Repertoires. Vielmehr bestritten DDR-Künstler wie Bully Buhlan („Swing it, Mr. Kreutzer") oder Rita Paul („Ja, ich bin perfekt im Küssen") in den Anfängen das Programm, in den 1970er Jahren machten sich Rockbands wie Puhdys und Karat einen Namen und wurden sogleich von AMIGA unter Vertrag genommen. Auch Manfred Krug und Nina Hagen gehörten dazu, bis sie mit „Verlassen" der DDR aus den Regalen verschwanden.

Auch wer in der DDR Musik aus dem Westen bevorzugte, wurde von der AMIGA bedient: Platten von den Beatles über Eric Clapton und Jethro Tull bis zu Santana wurden als Lizenzausgaben in recht hohen Auflagen gepresst, auch BAP und Udo Lindenberg waren zu haben. Reinhard Mey passte dem Regime indessen als „Pazifist" nicht ins Konzept. Man kann Schlimmeres gegen den Sänger vorbringen.

18 // AMPELMÄNNCHEN

„Halt mein Junge, halte an, ruft der rote Ampelmann." Gerade hatte es das Ampelmännchen geschafft, die Kinder der DDR zu mehr Besonnenheit im Straßenverkehr zu erziehen, da sollte es auch schon wieder von deutschen Straßen verschwinden. Denn das 1961 von Karl Peglau entwickelte DDR-Ampelmännchen war nicht nur so beliebt, dass es ab 1982 als Zeichentrickfigur Star der DEFA-Verkehrserziehungsfilme im „Sandmännchen" wurde, es sollte auch im Zuge der deutschen Einheit durch das westdeutsche Männchen ersetzt werden.

Und was der Unwille gegen Hartz IV, Rechtschreibreformen oder Studiengebühren nicht schaffte, konnte ein gedrungenes buntes Männchen erreichen – die Republik, Ost und West in trauter Einigkeit, lehnte sich auf und rettete das Ost-Ampelmännchen. Es war eben doch nicht alles schlecht in der DDR.

19 // AMRUM

„Dü min tüs min öömrang lun, leewen mei din aard bestun!", besingt ein altes Heimatlied im Öömrang-Dialekt die nordfriesische Schönheit: „Du mein Zuhause, mein Amrumer Land, immer soll deine Erde bestehen!" Auch wenn gerade noch ein Drittel der 2.300 Einwohner das echte Inselfriesisch beherrscht, an ihrem Eiland hängen sie und bleiben gern hier. Was schert sie auch die große Welt? Die anonyme Hektik des Festlandes, die Schönen und Reichen auf Sylt, die nächstgelegene Schule auf Föhr – hat man doch vor der eigenen Tür Sandstrände, Dünenlandschaften und einen unendlich weiten Himmel. Der Kniepsand, eine wandernde Nordsee-Sandbank am Westrand der Insel, ist ca. 15 Kilometer lang und 1,5 Kilometer breit und damit der größte Strand Europas – behaupten zumindest stolz die Amrumer. Auf den Trubel der Schickimicki-Insel Sylt schaut man mit einer Mischung aus Belustigung und Gelassenheit, die Sylter wiederum lächeln aus ihrer nördlichen Lage gern auf die kleine weltfremde Schwester herab. Denn auf Amrum gilt noch: Friesenerz statt Jackett, Grog statt Prosecco, Wattwanderung (bei Ebbe gar bis Föhr) statt Shoppingtour. Und spätestens wenn stürmische Böen an Kleidung und Frisur zerren, kalter Regen einem unerbittlich ins Gesicht peitscht und feiner Sand hartnäckig zwischen den Zähnen knirscht, erinnert sich der deutsche Urlauber, warum er diese Insel nur lieben kann.

20 // AMTSDEUTSCH

Was bitte sind „Spontanvegetationen", „nicht lebende Einfriedungen" oder „Biosensoren"? In deutschen Ämtern herrscht eine eigene Welt, und in dieser muss es natürlich auch eine eigene Sprache geben. Warum sollte man auch von „Unkraut", „Zaun" und „Diensthund" sprechen, wenn man doch ganz eigene Wörter erschaffen und zu komplizierten Wortgebilden zusammenfügen kann? In dieser Hinsicht beweisen deutsche Ämter eine erstaunliche Kreativität, die manchmal – zumindest in obigen Fällen – auch ganz amüsant ist.

Leider jagt die Sprache deutscher Ämter den meisten Bürgern eher Angst ein. Die Steuererklärung gilt als alljährliche Tortur – nicht nur, weil sie lästig ist, sondern weil die meisten Deutschen die Formulare schlichtweg nicht verstehen.

Das Amtsdeutsch hat einen Sinn: Es soll offiziell, glaubhaft und unzweideutig klingen. In seiner heutigen Ausbildung ist es allerdings bestenfalls belustigend, schlimmstenfalls bedrohlich.

21 // ANNA-AMALIA-BIBLIOTHEK

Um ein Haar wäre im September 2004 eines der wichtigsten und schönsten kulturellen Güter Deutschlands zerstört worden, die Anna-Amalia-Bibliothek in Weimar. 1691 war sie durch Wilhelm Ernst Herzog von Sachsen-Weimar gegründet worden und 1766 – während der Regentschaft Anna Amalias, Herzogin von Sachsen-Weimar-Eisenach – ins sogenannte Grüne Schlösschen in Weimar übergesiedelt. Dort verwaltete u. a. Goethe die Sammlung über drei Jahrzehnte. Rund 1.000.000 Bücher, Handschriften, Inkunabeln und Landkarten umfasste der Bestand der Bibliothek, als 2004 der Brand im Dachgeschoss ausbrach. Der Schaden an der Sammlung, zu der etwa die weltweit größte Faust-Sammlung und seltene Bibelausgaben gehören, war riesig: 50.000 Bücher und 37 Gemälde verbrannten. 62.000 Bände konnten – schwer beschädigt von Feuer, Löschwasser und Löschschaum – geborgen werden, sie wurden gefriergetrocknet, um sie später restaurieren zu können.

Im Oktober 2007 wurde die Bibliothek wiedereröffnet. Der berühmte Rokokosaal mit seinen hellblauen Bücherregalen und den vergoldeten Stuckaturen strahlt wieder wie zu Zeiten der Herzogin Erhabenheit und Kultur aus.

900.000 Bücher füllen wieder die Bücherregale, davon bereits 28.000 restaurierte, die bei dem Brand zu Schaden gekommen waren. Einzig das berühmte Deckengemälde „Genius des Ruhms" von Johann Heinrich Meyer ist nicht mehr das Original; der Kirchenmaler Hermengild Peiker hat in nur sechs Wochen eine Kopie an die Decke gemalt. Zwei Generationen allerdings soll es noch dauern, bis alle beschädigten Bände restauriert und etwa 3/4 der verbrannten Werke wieder ersetzt worden sind. Der Rest ist unwiederbringlich verloren.

22 // ANPACKEN

Wir müssen die Dinge nur richtig anpacken, zügig, möglichst gemeinsam, ohne Aufschub, dann geht es aufwärts mit Deutschland, dann wird alles gut, die Menschen werden glücklich und vielleicht sogar schön. Aber was sollen wir eigentlich anpacken? Gerhard Schröder meinte bei seinem Innovationsgipfel im Januar 2004, die Forschung in der Automobilindustrie und dem Werkzeugmaschinenbau, aber auch in der Chemie und der Biotechnologie: „Das wollen wir jetzt anpacken." Angela Merkel wollte im September 2006 „ihre Dinge anpacken", indem sie den Trend der Auswirkungen der Agenda 2010 „verstetigt". Und Guido Westerwelle sagte im Februar 2008, ein gerechtes Steuersystem sei „eines der herausragenden Projekte, die wir dringend anpacken müssen". Auch ein anderer deutscher Politiker sprach gern vom Anpacken: „Lassen Sie es uns anpacken – es ist Zeit", verkündete Altkanzler Helmut Kohl noch bei einem Wahlkampfauftritt im September 2002 in Köln – und ist doch selbst für das Aussitzen und Abwarten berühmt. Zumindest ihm persönlich hat dies nie geschadet – vielleicht, weil er vorher die Voraussetzungen für das Anpacken geschaffen hat: Er hat gedacht. Und erkannt, ihm persönlich hilft es eher, abzuwarten.

23 // ARAG

Rund 1,5 Millionen Zivilverfahren werden pro Jahr an deutschen Amts- und Oberlandesgerichten neu eröffnet, das heißt, jedes Jahr verklagen rund 2 Prozent der Deutschen ihre Nachbarn, Freunde, Verwandten, Kollegen oder irgendwelche Fremden. Kein Wunder also, dass Rechtsschutzversicherungen ein Muss bei den Deutschen sind. Die ARAG Allgemeine Rechtsschutz-Versicherungs-AG ist einer der führenden Versicherer in Deutschland. Ihr Kerngeschäft ist der Rechtsschutz, aber auch gegen andere Unbill des Lebens und Ablebens sichern zugehörige Gesellschaften ab. Noch heute residiert der Konzern in Familienhand am ARAG-Platz 1 in Düsseldorf und gehört damit zur Stadt wie die Düsseldorfer Fortuna, die ihre besten Zeiten mit dem ARAG-Logo auf der Brust erlebte. Die Konzernzentrale des „Rechtsschutzpioniers" im Düsseldorfer Stadtteil Mörsenbroich, entworfen von den Architekten Foster & Partner, prägt übrigens nicht nur das nördliche Stadtbild, sie macht durch ihre vier Gartenetagen für die Mitarbeiter auch in Bezug auf Arbeitnehmerfreundlichkeit Furore.

24 // ARBEITERWOHLFAHRT

Um ein Pendant zu den konfessionell gebundenen Wohlfahrtspflegevereinigungen in Deutschland zu schaffen, das neben gesundheitlicher und sozialer Not auch immer sittlicher Gefährdung vorbeugen sollte, gründete die Sozialdemokratin Marie Juchacz 1919 die Arbeiterwohlfahrt: Vornehmlich Frauen versuchten, die soziale und gesundheitliche Situation der Arbeiterschaft zu verbessern, indem sie sich um Schwangere und Wöchnerinnen, unterernährte Kinder, Behinderte, Kriegsversehrte und verwahrloste Kinder kümmerten. Der sozialdemokratischen Arbeiterbewegung verpflichtet, galten auch hier die Grundwerte der Solidarität, Freiheit, Gleichheit und Gerechtigkeit, um der Arbeiterschicht ein menschenwürdiges Dasein zu bereiten.

Heute vornehmlich in der Alten- und Kinderfürsorge tätig, ist die AWO noch immer diesen Grundwerten verpflichtet.

25 // ARCHE

Er ist ein Beispiel eines Geistlichen, der sich in Deutschland an den Kern seiner Religion erinnert und sein Leben in den Dienst christlicher Nächstenliebe stellt: der protestantische Pfarrer Bernd Siggelkow, Gründer des Kinder- und Jugendhilfswerks Arche. Die Geschichte der Arche begann 1995, als der Pfarrer mit seiner Frau und seinen sechs Kindern nach Berlin-Hellersdorf zog, um dort gegen Kinderarmut zu kämpfen; zunächst in seiner eigenen Wohnung, später in einer leerstehenden Plattenbauschule. Dass die Institution in Berlin täglich rund 600 Kinder mit Nahrung, Kleidern, Spielen und Sport versorgt, ist längst nicht alles: Dem Pfarrer und seinen Mitarbeitern ist es zu verdanken, dass über das Thema Kinderarmut in Deutschland überhaupt geredet wird und dadurch auch in Hamburg und München zwei Arche-Häuser eröffnet werden konnten.

Auf Unterstützung durch die Städte können die Helfer dabei kaum zählen – bis auf eine Halbtagsstelle in Berlin finanziert sich die Institution komplett aus Spenden.

26 // ARD

ARD – das verbinden die meisten Deutschen mit dem Ersten Deutschen Fernsehen. Dabei schlossen sich 1950 zunächst nur die einzelnen Landesrundfunkanstalten BR, HR, RB, SDR, SWF und NWDR zur „Arbeitsgemeinschaft der öffentlich-rechtlichen Rundfunkanstalten der Bundesrepublik Deutschland", kurz ARD, zusammen, um technische und programmatische Einrichtungen im Hörfunk gemeinsam nutzen zu können. Eine Zentralisierung war dabei von Anfang an unerwünscht, hatte man die Gefahren eines zentralisierten Rundfunks doch noch zu klar vor Augen.

Der Fernsehbetrieb wurde erst 1952 aufgenommen. Das „Deutsche Fernsehen", das später in „Erstes Deutsches Fernsehen" umbenannt wurde und heute „Das Erste" ist, strahlte Sendungen der bis heute unabhängigen Mitglieder der ARD sowie Gemeinschaftsproduktionen aus: Die Übertragung der Krönung Elisabeths II. am 2. Juni 1953 und der Fußball-Weltmeisterschaft vom 16. Juni bis zum 4. Juli 1954 in Bern verfolgten erstmals Tausende Zuschauer an ihren heimischen Fernsehern.

Die wichtigste Gemeinschaftssendung der ARD ist aber schon seit ihrer ersten Ausstrahlung am 26. Dezember 1952 die Tagesschau, 1970 erstmals in Farbe gesendet und bis heute deutsche Nachrichtensendung Nummer eins.

27 // ARENDT, HANNAH

„Ich kann versprechen, daß ich in Ihrem Sinne nicht aufhören werde, eine Deutsche zu sein; das heißt, daß ich nichts verleugnen werde, nicht Ihr Deutschland und Heinrichs, nicht die Tradition, in der ich groß wurde, und die Sprache, in der ich denke und in der die mir liebsten Gedichte geschrieben wurden. Ich werde mir nichts anschwindeln, weder eine jüdische noch eine amerikanische Vergangenheit", schrieb Hannah Arendt in einem Brief am 1. Januar 1933 an ihren Freund und Lehrer Karl Jaspers. Dennoch ist es beinahe unverschämt, die bedeutende deutschstämmige Philosophin, die 1951 die amerikanische Staatsbürgerschaft erhielt, für ein Deutsch-

landhandbuch zu vereinnahmen. Denn Hannah Arendt schreibt von dem Deutschland der Dichter und Denker, vom Deutschland Heinrich Heines und Hegels, nicht von dem Deutschland, das sie in den vorhergegangenen 20 Jahren erlebt hatte. In dem man sie verfolgt und inhaftiert hatte, in dem man Millionen Menschen ermordet hatte und das sie staatenlos gemacht hatte. Das sie nach dem Krieg besuchte und in dem sie die Deutschen als völlig gleichgültig empfand – dem in Trümmern liegenden Land ebenso wie den Millionen Toten gegenüber.

Dennoch möchten wir Hannah Arendt hier würdigen, nicht nur, weil zeitlebens die deutsche Sprache und die deutsche Philosophie ihre Heimat blieben. Sie hat durch ihre Theorien und vor allem durch eines ihrer bekanntesten und umstrittensten Werke – „Eichmann in Jerusalem. Ein Bericht über die Banalität des Bösen" – die Holocaustforschung in den 60er Jahren neu belebt. Letztendlich führte dies dazu, dass sich Deutschland ernsthaft mit seiner Geschichte auseinandersetzen musste.

28 // ART COLOGNE

Es war ein Skandal, als im Herbst 1967 erstmals eine Kunstmesse eröffnet wurde: Als „Jahrmarkt für Kunst" wurde sie kritisiert, was der Kunst eben nicht angemessen sei. Aber da auch die Kunst leben soll, machten an dieser ersten internationalen Kunstmesse – die damals noch „Kunstmarkt Köln" hieß und im „Gürzenich" genannten mittelalterlichen Tanzhaus Kölns stattfand – die 18 ausstellenden Galerien einen Rekordumsatz von 1 Million D-Mark.

Seitdem gilt die Art Cologne, wie die Messe seit 1984 heißt, als eine der wichtigsten und vor allem größten Kunstmessen weltweit – und geriet gerade damit 35 Jahre nach ihrer Eröffnung wieder in die Kritik. 270 ausstellende Galerien seien einfach zu viel, so die einhellige Meinung der

Fachbesucher, bei diesem Überangebot sei man schnell überfordert. Die Organisatoren reagierten prompt: Seit 2008 werden nur noch 150 Galeristen zugelassen.

29 // ÄRZTE, DIE

Weißäugige Zombies machen sich in einer deutschen Kleinstadt über gute Bürger her – wenn das kein Grund ist, im Jahr 2007 mal wieder ein „Ärzte"-Video auf den Index zu setzen. „Die beste Band der Welt" ist das gewohnt, schließlich wurden gleich zwei Lieder ihres allerersten Albums indiziert. „Claudia hat nen Schäferhund" und das „Schlaflied", 1984 auf der LP „Debil" erschienen, wurden 1986 von der entsprechenden Bundesprüfstelle als jugendgefährdend eingestuft – zusammen mit „Geschwisterliebe" vom damals aktuellen Album „Die Ärzte".

Ihrer Beliebtheit hat das keinen Abbruch getan, denn längst hat die 1982 gegründete Punkband, die einfach keinen politischen Punkrock machen wollte, ihr Ziel erreicht: Sie haben Millionen Mädchenherzen erobert. Und die der Jungs im Übrigen noch dazu, denn nach über 20 Jahren Bandgeschichte gelten Farin Urlaub, Bela B. und Rodrigo Gonzalez – Letzterer ist seit 1993 als Bassist dabei – mehr denn je als Idole. Ihre Touren sind ausverkauft, ihre Platten verkaufen sich nach wie vor hervorragend und die „Ärzte" sind sexy wie nie.

30 // ASBACH URALT

Zum Herrengedeck beim sonntäglichen Frühschoppen gehört er ebenso dazu wie in die leckerste Kaffeespezialität vom Rhein, den Rüdesheimer Kaffee. Das Traditionsunternehmen Asbach aus Rüdesheim brennt seinen Weinbrand Asbach Uralt seit 1908 als Konkurrenz zum französischen Cognac. Seitdem steht Asbach Uralt nicht nur für den deutschen Weinbrand schlechthin, Touristenscharen reißen sich auch darum, einmal einen echten Rüdesheimer Kaffee zu trinken. Für einen echten Rüdesheimer Kaffee geben Sie drei Stücke Würfelzucker in einen Porzellanbecher und gießen 4 cl Asbach Uralt darüber. Mit einem Streichholz anzünden und unter Rühren etwa eine Minute brennen lassen. Mit heißem Kaffee bis 2 cm unter den Becherrand auffüllen und mit einem Klecks Schlagsahne garnieren. Mit Schokoladenraspeln bestreuen und sofort servieren.

31 // ASPIRIN

Sie ist wie ihre Namensgeberin – weiß, duftneutral und vielfältig einsetzbar: die Aspirin-Rose, die 1997 zum 100. Geburtstag der gleichnamigen Schmerztablette gezüchtet wurde. Die eigene Rose hat sich die Aspirin-Tablette wahrlich verdient: Seit mehr als 100 Jahren ist der ursprünglich als Rheumamittel entwickelte Wirkstoff Acetylsalicylsäure eines der weltweit bedeutendsten Schmerzmittel. Etwa 50 Billionen Milligramm des Wirkstoffs werden jährlich hergestellt und unter anderem zu Aspirin-Tabletten gegen Alltagsschmerzen, „Aspirin PLUS C" gegen Erkältungen, „Aspirin direkt" und „forte" oder „Aspirin Effect" verarbeitet. Letzteres sei nach Aussage des Herstellers Bayer ein „völlig neues Aspirin®-Erlebnis" – was auch immer wir uns darunter vorstellen dürfen.

32 // ATOMKRAFT? NEIN DANKE!

Man sagt der Jugend der 80er Jahre nach, sie sei unpolitisch gewesen, eine Generation, die nur Spaß wollte. Die nur Neue Deutsche Welle höre und mit dem Atari spiele. Dabei vergisst man leicht, dass gerade in den Achtzigern wunderbare politische Parolen erdacht wurden: „Freiheit für Nicaragua" riefen in der Mitte des Jahrzehnts Demonstranten, um die sandinistische Regierung in Nicaragua zu unterstützen. In diversen linken Jugendzentren findet man noch heute die in den 80ern entstandenen „Nazis raus"-Buttons, und „Keine Startbahn West" rief die Republik, um die Ausweitung des Frankfurter Flughafens zu stoppen. Doch die wichtigste Bewegung war wohl die Anti-Atomkraft-Bewegung. Eine strahlende rote Sonne war ihr Symbol, „Atomkraft? Nein danke!" ihr Wahlspruch. Dieser überdauerte nicht nur beinahe 30 Jahre, die Demonstrationen gegen Castortransporte und die Schließung von Atomkraftwerken wie Biblis haben immerhin bewirkt, dass Deutschland ab dem Jahr 2021 keinen Atomstrom mehr produzieren will.

33 // AUDI

So wie die fünf olympischen Ringe für die fünf Kontinente der Erde stehen, so sind auch die vier ineinander verschlungenen Audi-Ringe ein Symbol: für die vier unabhängigen Automobilhersteller Audi, DKW, Horch und Wanderer, die sich 1932 zu einem Unternehmen zusammenschlossen. Bereits ab 1899 entwickelte August Horch zuerst in Köln, später in Zwickau Automobile; als er nach einem Streit in seiner ersten Firma diese verließ und ein neues Unternehmen gründen wollte, untersagte man ihm die Nutzung seines Namens. Kurzentschlossen übersetzte Horch seinen Namen ins Lateinische und firmiert seit 1909 unter dem Namen Audi.

Nach dem Zusammenschluss von Audi mit drei weiteren sächsischen Autoherstellern beginnt die Zeit des Aufschwungs für das Unternehmen: Der Auto Union wird entwickelt, der 1937 mit seinen 545 PS als erster Rennwagen 400 km/h auf der Straße erreicht. Seine Triumphe werden heute bei den Deutschen Tourenwagen-Masters fortgesetzt, und alle paar Jahre munkelt die Fachwelt, Audi wolle bald auch in die Formel 1 einsteigen.

34 // AUFKLÄRUNG

„Aufklärung ist der Ausgang des Menschen aus seiner selbstverschuldeten Unmündigkeit. Unmündigkeit ist das Unvermögen, sich seines Verstandes ohne Leitung eines anderen zu bedienen. Selbstverschuldet ist diese Unmündigkeit, wenn die Ursache derselben nicht am Mangel des

Verstandes, sondern der Entschließung und des Mutes liegt, sich seiner ohne Leitung eines anderen zu bedienen. Sapere aude! Habe Mut, dich deines eigenen Verstandes zu bedienen! ist also der Wahlspruch der Aufklärung."

Ganz Europa erfasste zu Beginn des 18. Jahrhunderts eine Welle der Emanzipation – von kirchlicher ebenso wie von absolutistischer Herrschaft. Und wie für Immanuel Kant 1783 in seinem Essay „Was ist Aufklärung?" stand auch bei den anderen Denkern und Dichtern der Epoche der Mensch als Verstandeswesen, als Sinneswesen und als Erfahrungswesen im Mittelpunkt. Grundlage der Aufklärung war dabei der Glaube, dass der Mensch fähig sei, sich fortwährend zu vervollkommnen.

Die im Adel begonnene Bewegung dehnte sich schnell auf das Bürgertum aus, was besonders in der Kunst deutlich wird. Erstmals werden Bürger die Helden von Trauerspielen: In Deutschland gilt Gotthold Ephraim Lessings „Miss Sara Sampson" als erstes bürgerliches Trauerspiel. Damit begründet Lessing nicht nur eine neue literarische Gattung, er schafft auch die Voraussetzung dafür, dass sich das deutsche Bürgertum als eine ökonomisch ohnehin wichtige Schicht auch politisch und individuell begreift.

35 // AUGSBURGER PUPPENKISTE

Jim Knopf und Lukas der Lokomotivführer, Urmel aus dem Eis, das Sams, die Katze mit Hut, Schlupp vom grünen Stern und der Kleine dicke Ritter – kaum ein Kind in Deutschland, das nicht mit den Produktionen der Augsburger Puppenkiste groß geworden ist. Seit 1943 gibt es das Augsburger Marionettentheater, das sich mit seiner ersten Fernsehübertragung von „Peter und der Wolf" bereits 1953 ins Herz der deutschen Kinder gespielt hat. Das traditionelle Puppentheater setzt dabei ganz auf gute Geschichten – von Kinderbüchern adaptiert oder auch selbst geschrieben – statt auf ausgefeilte Technik. Und der Erfolg gibt ihm Recht! Wen stört es schon, dass das Wasser aus Frischhaltefolie herge-stellt wird und die Fäden der Marionetten sichtbar sind, wenn Jim Knopf die süße Prinzessin Li Si rettet oder Don Blech gegen den Goldenen Junker kämpft.

36 // AUSSIEDLER

Sie essen „Butterbrode", gießen Nudeln im „Druschlag" ab und sitzen auf dem „Stul", während sie ein „Fejerwerk" anschauen: die Russen. Es sind vor allem Wörter, aus dem Deutschen ins Russische übernommen, die heute noch von der großen Präsenz der Deutschen in Russland zeugen. Vor allem im 18. Jahrhundert warb Zarin Katharina die Große, selbst eine Deut-sche, zahlreiche deutsche Bauern an, sich in den menschenleeren Gebieten Südrusslands niederzulassen. Rund 100.000 Deutsche sprachen weiterhin Deutsch, lebten ihre deutschen Traditionen und genossen besondere Privile-gien wie Religionsfreiheit und Steuervorteile. 1918 gründeten die Russland-deutschen sogar die „Autonome Sozialistische Sowjetrepublik der Wolga-deutschen", die immerhin bis 1941 bestand.

Es sind größtenteils die Nachkommen dieser Russlanddeutschen, die seit den 50er Jahren als Aussiedler nach Deutschland kommen – zunächst vor allem, um den Repressalien unter Stalin zu entgehen, seit 1989 auch, um in ihrer alt-neuen Heimat ein besseres Leben führen zu können. Als Aussied-ler gilt übrigens, wer seine Zugehörigkeit zum deutschen Volk nachweisen kann und diese in seinem Land auch durch Sprache und Kultur offen aus-gedrückt hat. Gerade der sprachliche Nachweis wird mittlerweile schon vor der Einreise verlangt.

37 // AUTO

Am Samstag wird gebadet. Das gilt in Deutschland nicht nur für den Körper – der wird bei den meisten erfreulicherweise inzwischen täglich geschrubbt. Es gilt besonders für das Auto: Liebevoll wird geseift und ge-putzt – auch an den Felgen, wo sich der ganz Dreck sammelt –, frottiert und gesaugt und am Ende auf Hochglanz poliert. Vor allem die deutschen

Männer umsorgen ihre Autos, wie man dies eben mit einem Kind tut. Denn obwohl im 19. Jahrhundert in ganz Europa Erfinder und Ingenieure in ihren Werkstätten hinter verschlossenen Fensterläden saßen, um als Erster ein selbstfahrendes Gefährt zu bauen, setzten sich letztendlich zwei deutsche Erfindungen aus dem Jahr 1886 durch: Der dreirädrige Motorwagen von Carl Benz aus Mannheim und die Motorkutsche von Gottlieb Daimler aus Cannstatt werden heute als die ersten Automobile angesehen. Ab dem Zeitpunkt war die Entwicklung des Automobils nicht mehr aufzuhalten, auch wenn der deutsche Kaiser Wilhelm II. es auch noch als „vorübergehende Erscheinung" bezeichnete.

Dem Beispiel von Benz und Daimler folgten zahlreiche deutsche Ingenieure, etwa Rudolf Diesel, der einen Motor entwickelte, der mit billigem Schweröl funktionierte. Oder August Horch – besser bekannt unter seinem späteren Firmennamen Audi –, der die Linkssteuerung einführte und die Kardanwelle erfand. Auch das erste Hybridauto wurde 1973 in einer deutschen Werkstatt gefertigt; doch der Hersteller Bosch sah für das Hybridfahrzeug damals keinen Absatzmarkt.

38 // AUTOBAHN

„Wir fahrn, fahrn, fahrn auf der Autobahn" – nicht nur Kraftwerk besang 1975 die Autobahn, täglich freuen sich Tausende deutscher Autofahrer, sich auf deutschen Autobahnen so richtig austoben zu dürfen. Denn anders als in anderen europäischen Ländern gibt es dort nur streckenweise ein Tempolimit, meistenteils darf man so schnell fahren, wie es das Auto erlaubt.

Mit den Worten: „So werden die Straßen der Zukunft aussehen" weihte der damalige Kölner Oberbürgermeister Konrad Adenauer am 6. August 1932 die erste deutsche Autobahn A555 ein. Sie verbindet vierspurig die beiden Rheinmetropolen Köln und Bonn miteinander. Damit ist definitiv die Autobahn keine Erfindung Adolf Hitlers. Ein Argument für irgendetwas Positives im Dritten Reich wäre sie aber selbst dann nicht gewesen. Dennoch kommt alle paar Jahre wieder ein Deutscher auf die Idee, die Autobahnen in irgendeinen Zusammenhang mit dem Dritten Reich zu stellen.

Zuletzt war es 2007 TV-Moderatorin Eva Herrman, die sich danach vom Fernsehen verabschieden musste. Und so sorgten die Pulsadern der deutschen Infrastruktur, denen schon so manches Fleckchen Natur weichen musste, für einen durchaus positiven Nebeneffekt.

39 // AUTOMOBILSTADT STUTTGART

Detroit am Lake St. Clair und Stuttgart am Neckar haben etwas gemeinsam: Sie tragen beide den Ehrentitel Automobilstadt. Doch während der Stern der nordamerikanischen „Motor City" seit Jahrzehnten im Sinken begriffen ist, steht der Mercedes-Stern über Stuttgart als eines der bekanntesten Markenzeichen der Welt für solide Automobile „Made in Germany".

Hinzu kommt das Rössle – so sagt man im Ländle liebevoll – eines berühmten Sportwagenherstellers. Die beiden Marken aus der Hauptstadt Baden-Württembergs begründeten mit anderen den international guten Ruf der deutschen Autoindustrie und sind sogar beide in dem Song „Mercedes Benz" der Sängerin Janis Joplin verewigt. Carl Benz, Gottlieb Daimler und eben Ferdinand Porsche, Technikpioniere zweier Generationen, verhalfen dem Automobil in besonderer Weise zum Durchbruch. Und es gibt eine weitere Gemeinsamkeit der beiden Industriestädte: Beide gelten als Zentren der Musikszene. Was „Motown" für den Soul, ist „Benztown" für deutschen Hip-Hop und Techno.

40 // AUTORITÄT

Wir haben einen Literaturpapst (Marcel Reich-Ranicki) und einen Wanderpapst (Manuel Andrack). Ein Kaiser (Franz Beckenbauer) belehrt uns über den Fußball; die Dudenredaktion unterrichtet uns über die richtige Rechtschreibung, Grammatik und „richtiges und gutes Deutsch". Und Literatur- und Bildungskanons leiten uns in dem, was wir lesen und was wir wissen sollen. Da sagt man noch, die Deutschen seien nicht mehr autoritätsgläubig? Solange wir wider besseres Wissen unse"ren „Päpsten" glauben, was lesenswert ist, statt gerade beim Anblick solcher Bücher die Füße in die Hand zu nehmen, wissen wir: Heinrich Mann hatte Recht damit, dass der Deutsche „strikten Gehorsam und stramme Sitten" liebt.

B

B

Babelsberger Filmstudio / Bach, Johann Sebastian / Bad Kissingen / Baden-Baden / Baedeker / BAföG / Balkonien / Ballack, Michael / BAMBI / BAP / Barbarastollen / Barbarossa / Barlach, Ernst / Baselitz, Georg / BASF / Bauhaus / Bauknecht / Baumkuchen / Bausparvertrag / Bavaria / Baxxter, H. P. / Bayerischer Wald / Bayern / Bayreuther Festspiele / Beamte / Bechstein, Ludwig / Beckenbauer, Franz / Becker, Boris / Beckmesserei / Beethoven, Ludwig van / Bembel / Benedikt / Benjamin Blümchen / Benrather Linie / Bergische Waffeln / Berlichingen, Götz von / Berlin / Berlinale / Berliner / Berliner Philharmoniker / Bernsteinzimmer / Besserwessi / Bethmännchen / Betriebsrat / Beuys, Joseph / Biedermeier / Biene Maja / Bienenstich / Bier / Bierdeckel / Biergarten / Biermann, Wolf / Bildung / Bild-Zeitung / Bimbes / Biolek, Alfred / Bio-Siegel / Birthler-Behörde / Bismarck, Otto von / Bitte ein Bit / Blasmusik / Blaue Blume / Blauer Reiter / Blautopf / Blechspielzeug / Blücher, Gebhard von / BMW / Bocksbeutel / Bockwurst / Bodensee / Bohlen, Dieter / Böhm, Dominikus / Böll, Heinrich / Bolle / Bollerwagen / Bolte-Zwiebel / Bonhoeffer, Dietrich / Bonn / Boot, Das / Borussia / Bosch, Robert / BOSS / Brahms, Johannes / Brandenburg / Brandenburger Tor / Brandt, Carl / Brandt, Willy / Braten / Bratwurst / Brauchtum / Braunkohleförderung / BRAVO / Brecht, Bertolt / Brehms Tierleben / Bremen / Brettspiele / Brezel / Brocken / Brockhaus / Broiler / Brot / Brüder Grimm / Brunhilde / Buchdruck / Buchholz, Horst / Buchmesse Leipzig / Bückware / Büdchen / Buddenbrooks / Bulette / Bundesadler / Bundesgartenschau / Bundesjugendspiele / Bundeskanzler / Bundesländer / Bundesliga / Bundespräsident / Bundestag / Bundesverdienstkreuz / Bundesverfassungsgericht / Bundeszentrale für politische Bildung / Bunsenbrenner / Bunte / Burda, Aenne / Bürgel-Keramik / Burgenromantik / Bürgerinitiative / Bürgerliches Gesetzbuch / Bürokratie / Busch, Wilhelm / Butterbrot / Butterfahrt / Butterkeks / BVB Dortmund

41 // BABELSBERGER FILMSTUDIO

Die Wiege meist glanzvoller Filmgeschichte: Fritz Langs legendärer Science-Fiction-Klassiker „Metropolis" wurde hier 1927 im damals weltweit ersten Großfilmstudio gedreht, aber auch 1940 der perfideste, weil subtilste NS-Propagandafilm „Jud Süß" von Veit Harlan.

Was aus dem Filmstudio Babelsberg stammt, hat Maßstäbe gesetzt: „Der Blaue Engel" mit Marlene Dietrich (1930); der erste Nachkriegsfilm, „Die Mörder sind unter uns" mit Hildegard Knef (1946); der DDR-Kinderklassiker schlechthin, „Der kleine Muck" (1953); „Spur der Steine" mit Manfred Krug, der 1966 wegen antisozialistischer Tendenzen nur drei Tage lang in den Kinos lief; nach der Wende „Sonnenallee" (1999) oder internationale Kassenschlager wie „Mission Impossible III" im Jahr 2006.

Dabei entstand das heute 420.000 m² große Filmareal 1911 eher aus der Not heraus: Die Berliner Filmgesellschaft Bioscop musste aus Brandschutzgründen ihr Berliner Studio räumen. Also baute man eben eine alte Fabrikhalle mitten im Grünen zu einem gläsernen Filmatelier um. Die bald 100-jährige Geschichte ist wechselvoll, aber fast immer erfolgreich. Die Ufa übernahm 1921 das Areal, zu DDR-Zeiten die DEFA. Nach der Wende verkaufte die Treuhand 1992 die Studios an den französischen Konzern „Compagnie Générale des Eaux". Mittlerweile fragt auch Hollywood im Studio Babelsberg an, das seit 2004 zu den Filmbetrieben Berlin-Brandenburg gehört: Denn in den historischen Hallen wird von der Produktion bis zur Synchronisation alles gemacht.

42 // BACH, JOHANN SEBASTIAN

Wo immer wir sind, ist Johann Sebastian Bach. Das Air aus der Suite Nr. 3 klingt als Hammondorgelversion aus dem Supermarktlautsprecher, und auch der ungeschickteste katholische Organist versucht sich während der Wandlung an der Toccata und Fuge in d-Moll. Das klingt nicht schön, aber pompös – und damit fühlt sich der Gläubige seinem Gott doch gleich viel näher.

So hatte es der tiefgläubige Komponist ja auch gewollt: Spiegelbilder des göttlichen Geistes auf Erden sollten seine anspruchsvollen, äußerst komplexen und überirdisch schönen Kunstwerke sein. Sie sollten den Gläubigen erhöhen und zur Andacht ermuntern. Und so macht selbst der Bach-Handyklingelton den Zuhörer vielleicht ein bisschen besser.

Zu Lebzeiten war der am 21. März 1685 in Eisenach geborene Johann Sebastian Bach nicht annähernd so bekannt und auch nicht so beliebt. Seine Stellung als Thomaskantor in Leipzig erhielt er erst, nachdem die erste Wahl, Georg Philipp Telemann, sie nicht annahm. Die Stellung sollte Bachs letzte werden. Vorher hatte er als Organist bzw. Konzertmeister in Mühlhausen und Weimar gewirkt und schließlich als Kapellmeister in Köthen.

In seinen 66 Lebensjahren zeugte Bach in zwei Ehen – mit seiner Cousine Maria Barbara Bach und später Anna Magdalena Wülcken – elf Söhne und neun Töchter, von denen aber nur neun den Vater überlebten. Nebenbei entstanden etwa 200 Kirchenkantaten, einige weltliche Kantaten, unzählige Konzerte, Sonaten, Lieder und natürlich Fugen. Dass der ständig unter Zeitdruck arbeitende Bach dabei auf vorhandenes Material zurückgriff, wurde ihm in der Neuzeit oft zum Vorwurf gemacht. Dabei vergisst man, dass es durchaus üblich war, Themen anderer Musiker oder auch eigene wiederzuverwerten. Bach griff lieber auf seine eigenen Kompositionen zurück. Dass daraus dennoch immer etwas Einzigartiges entstand, veranlasste Robert Schumann vielleicht zu der Bemerkung: „Gegen ihn sind wir alle Stümper!"

43 // BAD KISSINGEN

Sissi und Franzl von Österreich-Ungarn sind wohl die berühmtesten Namen auf der Bad Kissinger Badegästeliste, aber auch die anderen Namen lesen sich wie das Who's Who des 19. Jahrhunderts: Ludwig I. und Ludwig II. von Bayern, Zar Alexander II. und Ehefrau Zarin Maria Alexandrowa von Russland, Alexandra von Dänemark, Herzog Max in Bayern, Oskar I. von Schweden, Leo Tolstoi und Otto von Bismarck, Theodor Fontane, Maria Pawlowna und Auguste Viktoria, die letzte deutsche Kaiserin. Dass sich die hohen Gäste gerade in Unterfranken trafen, lag nicht nur an der idyllischen Landschaft – sondern vor allem am Maxbrunnen, jener Heilquelle, die zum Wohle der Menschheit bzw. vor allem zur Steigerung der Potenz nachweislich seit 1520 sprudelt. Bei den illustren Gästen Bad Kissingen hat die Potenzkur in der Tat geholfen: Ihre Nachkommenschaft ist – von der Ludwigs II. einmal abgesehen – groß, auch wenn die Sterne ihrer Dynastien meist seit Langem untergegangen sind.

44 // BADEN-BADEN

In der berühmtesten Stadt des Schwarzwaldes, Baden-Baden, lebt das russische Zarenreich wieder auf: Wo sich bis Ende des 19. Jahrhunderts russische Literaten und Adlige einen Schluck Heilwasser aus den 17.000 Jahre alten Baden-Badener Heilquellen genehmigten, tummelt sich heute der russische Geldadel aus Erdöl- und Erdgasbranche in der Spielbank und auf den Golfplätzen. Der doppelköpfige Adler führt russische Debütantinnen beim russischen Ball ebenso in die Gesellschaft der feinen russischen Unterwelt ein, wie er die ehemalige Hofapotheke in der Sophienstraße schmückt. „Mui goworim po-russki", „Wir sprechen russisch", heißt es überall in Baden-Baden, dessen heiße Quellen bereits die Römer entdeckt und ausgiebig genutzt haben.

Doch die bildhübsche Stadt im Tal der Oos ist nicht nur für ihre russische Kolonie berühmt, sondern auch für Deutschlands größtes Festspielhaus. 2.500 Gäste finden in dem ersten privat getragenen Opernhaus Europas Platz und können renommierte Künstler erleben – dem russischen Kapital sei Dank.

45 // BAEDEKER

Der „Baedeker" ist dem Bildungsbürger auf großer Fahrt so unentbehrlich wie der Reiseführer „Per Anhalter durch die Galaxis" dem Vagabunden zwischen den Galaxien. Er begleitet seine Leser an die entlegensten Orte der Welt. Und das seit 1835, als mit der Herausgabe der „Rheinreise von Mainz nach Köln" durch den jungen Verlag eine weltweite Erfolgsgeschichte begann. Mit der Neuauflage dieses Büchleins im Jahr 1827 führte der Koblenzer Verleger Karl Baedeker (1801–1859) die ersten Touristen zum Sehnsuchtsort der deutschen Romantik. Bürgerlich und betucht waren seine Leser, die schon 1914 in Indien auf gut recherchierte Reiseinformationen nicht verzichten mussten. So dienen die älteren Ausgaben heute in erster Linie der Kulturwissenschaft als Quelle zur Geschichte der Wahrnehmung der Fremde.

Heute lässt sich mit dem „Baedeker" nahezu die ganze Welt auf hohem Niveau erkunden. Die Kooperation mit einer großen Versicherung legt seit 1979 nahe, bei wem sich der Weltenbummler das Risiko auf Reisen zwischen „Baltikum" und „Bali" abdecken lassen kann.

46 // BAFÖG

Dem einen steht vor Glück das Wasser in den Augen, bei dem anderen die Staatsanwaltschaft vor der Tür. Zwischen diesen beiden Polen liegt die Welt des BAföG. Das „Bundesgesetz über individuelle Förderung der Ausbildung

(Bundesausbildungsförderungsgesetz – BAföG)" vom 26. August 1971 dient dem Ausgleich sozialer Disparitäten durch Gewährung einer individuellen Ausbildungsförderung. Insbesondere bei der Studienfinanzierung spielt es eine große Rolle. Rund ein Viertel der Studierenden erhielt im Jahr 2005 eine Förderung nach dem BAföG, die zur Hälfte als Darlehen gewährt wird. Das sind die Glücklichen, weil viele sich das Studium sonst nicht leisten könnten. Unterstützt werden aber nicht nur Hochschüler, sondern auch Auszubildende an anderen weiterführenden Bildungsstätten. Der BAföG-Empfänger mit Schlabberpullover im 18. Semester Soziologie ist dabei ein Klischee. Nach dem 7. bis 9. Semester ist in der Regel Schluss. Noch schneller endete die Freude bei jenen über 50.000 BAföG-Empfängern, denen bis Ende 2006 die Erschleichung von Leistungen zur Last gelegt wurde. Das waren bei Weitem nicht nur Hüter praller Wertpapierdepots, aber eben auch.

47 // BALKONIEN

Er ist das günstigste Reiseziel der Deutschen und zum heimlichen Urlaubsland avanciert: der eigene Balkon. „Urlaub auf Balkonien" verspricht den Deutschen scheinbar das, was sie am meisten vom Urlaub erwarten: bequeme Liegestühle, ein kühles Bier stets in greifbarer Nähe und ein Leben im Sinne *der* deutschen (Un)Tugend schlechthin, der Sparsamkeit. Dabei begann die Geschichte des Balkons ganz anders: Die Römer unterhielten von dort aus Gäste mit privaten Theateraufführungen, später ließen sich gekrönte Häupter auf ihm von ihrem Volk bejubeln, und Staatsmänner riefen Republiken aus. Die private Nutzung kam erst mit der Industrialisierung auf. Damit führten wohlhabende Bürger des 19. Jahrhunderts das ein, was der Balkon heute für so viele Deutsche ist: ein Stück Lebensqualität und Natur in der Stadt. Letzteres verlieh dem Balkon im Zweiten Weltkrieg eine ganz neue Bedeutung: In den Kriegszeiten wurde er zum kleinen Gemüsegarten, in dem sogar Kartoffeln gezogen wurden. Der Begriff des „Balkonschweins" stammt aus diesen harten Jahren, denn es war durchaus üblich, durch das Halten von Kleintieren die Fleischversorgung der Familie zu sichern.

Heute greifen die Hobbygärtner eher auf Geranien und Primeln als auf Karotten zurück und machen aus ihren Balkonen kleine Gärten. Da ist es nur allzu verständlich, dass es jeden vierten Deutschen im Sommerurlaub eher auf den eigenen Balkon als in die weite Welt zieht.

48 // BALLACK, MICHAEL

Früh übt sich, wer ein Meister werden will. Den Meistertitel in der Bundesliga hat der deutsche Mittelfeldspieler Michael Ballack allein mit seinem Club Bayern München drei Mal geholt. Aber der am 26. September 1976 in Görlitz geborene Sachse hat auch früh mit dem Üben begonnen: Beim Fußballclub BSG Motor „Fritz Heckert" Karl-Marx-Stadt fing er als 7-Jähriger mit dem Fußballspielen an und zog gleich die Aufmerksamkeit seines Trainers Steffen Hänisch auf sich. Seine Gewandtheit mit dem Ball sprach sich bald herum, und vor allem die Beidfüßigkeit Ballacks beeindruckte Zuschauer wie Trainer. Die Erfolge in den verschiedenen Jugendkategorien sprechen für sich; Titel wie die Bezirkshallenmeisterschaft oder die Sachsenmeisterschaft verleiten Ballacks Fans dazu, ihm den Spitznamen „der kleine Kaiser" – in Anspielung auf den großen „Kaiser" Franz Beckenbauer – zu geben. Aber: „Es reicht nicht aus, allein Talent zu haben, man muss auch hart dafür arbeiten, um seine Ziele erreichen zu können." Michael Ballack nimmt seine eigenen Statements sehr ernst, und so erreicht er ein Ziel nach dem anderen. Seine weiteren Stationen: 1990–1997 Chemnitzer FC, 1997–1999 1. FC Kaiserslautern, 1999–2002 Bayer Leverkusen und 2002–2006 FC Bayern München. Mittlerweile ist er beim FC Chelsea in England angekommen, aber natürlich spielt er auch weiterhin in der deutschen Nationalelf. Seine Erfolge sind zahlreich – nicht nur im Mittelfeld auf dem Rasen. Denn bei seinen zahlreichen Nebenjobs in der Werbung ist Ballack der wahre Spitzenreiter: Neben adidas bedient er McDonald's, Coca-Cola, T-Com und Sony und verdiente 2006 von Januar bis zum Beginn der WM im Juni allein 9 Millionen Euro durch Werbung.

Doch zurück zum Fußball: Auch da kann Ballack Leistungen vorweisen: Neben den Deutscher-Meister-Titeln war er Deutscher Pokal- und Liga-Pokal-Sieger und wurde Deutschlands Fußballer des Jahres 2005. Da laut seiner eigenen Aussage der größte Erfolg eines Fußballers aber nur der Weltmeistertitel sein kann, steht die Krönung seiner Karriere wohl noch aus.

49 // BAMBI

Ein graziles vergoldetes Reh ist Deutschlands Antwort auf den amerikanischen Oscar: BAMBI. Die 350 Meter Teppich bei der Preisverleihung sind ebenso rot wie in Hollywood, die Damen gleichermaßen tief dekolletiert – und neben den nationalen deutschen Stars zeigen sich mittlerweile auch Hollywoodgrößen, die mit einer Auszeichnung rechnen können.

Dabei begann die Geschichte des ältesten deutschen Medienpreises wesentlich provinzieller: Der Karlsruher Verleger der Filmillustrierten „Film-Revue", Karl Fritz, ließ durch seine Leser 1948 die beliebtesten Filmstars des Jahres küren – und den überraschten Gewinnern Stewart Granger und Marika Rökk durch einen seiner Redakteure ein weißes Keramikreh überreichen.

Dieses etwas bäuerliche Image hat der BAMBI längst abgestreift: In vergoldeter Bronze erstrahlt das Reh nun, eine Jury wählt in verschiedenen Kategorien die Gewinner, und die Laudatoren bei der öffentlichen Preisverleihung sind ebenso hochkarätig wie die Preisträger selbst.

50 // BAP

Es gab Zeiten, da galt Kölschrock als eigene Musikgattung. Das waren die Zeiten, in denen Wolfgang Niedecken, Frontmann der Kölschrockband BAP, Lieder wie „Kristallnaach" und „Verdamp lang her" ins Mikro klagte. Als BAP glaubte, sie müssten die Nöte des „kleinen Mannes" und die Missstände in Deutschland besingen. Das war in den 80er Jahren.

1976 hatten sich Wolfgang Niedecken, Wolfgang Klever, Manfred Boecker, Hans Heres, Wolfgang Boecker und Bernd Odenthal zu „Wolfgang Niedeckens BAP" zusammengeschlossen: Sie wollten zusammen Rockmusik machen, in Kölscher Mundart. Ihre ersten Auftritte hatten BAP bei Veranstaltungen linker Bürgerinitiativen in Köln – und dies sollte fortan ihre musikalische Heimat bleiben. Bis Mitte der 90er hatte die Gruppe ihre größten Erfolge; einer der Höhepunkte war das Festival „Arsch huh – Zäng ussenander" („Arsch hoch – Zähne auseinander") 1992 gegen Rassismus, für das Niedecken auch den Titelsong schrieb. Danach brach die Band mehr und mehr auseinander, neue Musiker kamen hinzu und gingen wieder. Einzig Wolfgang Niedecken ist von den Gründungsmitgliedern übrig geblieben – und singt nach 30 Jahren noch immer von den Nöten der Welt.

51 // BARBARASTOLLEN

Schauinsland! Der Name des Schwarzwälder Gebirgszuges wirkt geradezu prophetisch. Denn der Höhenzug gewährt nicht nur schöne Ausblicke über den Schwarzwald, in seinem Innern lagert auch die Geschichte Deutschlands – sicher auf Mikrofilm bei 10 °C in stählernen Bierfässern verschlossen.

Es ist der sogenannte Barbarastollen des ehemaligen Silberbergwerks bei Oberried, in dem Deutschland Mikrofilm-Fotos all jener Dokumente sichert, die es für national- oder kulturhistorisch bedeutsam hält: Die Urkunde des Westfälischen Friedens von 1648 findet sich unter dicken Schichten von Gneis, Granit und Schalbeton ebenso wie die Ernennungsurkunde Hitlers zum Reichskanzler, die Goldene Bulle, die Baupläne des Kölner Doms, die Handschriften Johann Sebastian Bachs und der Briefwechsel Franz Kafkas. Auch die Akten der DDR lagern seit der Wende im „Zentralen Bergungsort der Bundesrepublik Deutschland", so der offizielle Name des deutschen Kulturstollens. Und seit ihrer Wiedereröffnung werden auch die Bestände der Anna-Amalia-Bibliothek nach und nach abfotografiert und eingelagert.

Seit den 70er Jahren lagert Deutschland seinen kulturellen Schatz im Barbarastollen – als Reaktion auf die Haager Konvention, durch die die unterzeichnenden Nationen Kulturgüter vor einem neuerlichen Krieg schützen sollten. Die abgelegene Landschaft schien am ehesten geeignet, niemals mit Bomben beworfen zu werden, und da der Stollen seit 1978 UNESCO-Sonderschutz genießt, darf kein Panzer in seine Nähe rollen, kein Militärflugzeug ihn überfliegen.

500–1.500 Jahre sollen die Mikrofilme haltbar sein. Dann werden zumindest 50 Stahlbierfässer des Stollens auf jeden Fall geöffnet. In ihnen durften im Jahr 2004 fünfzig Künstler Kunstwerke verschließen, die außer den Organisatoren des Projekts kein anderes menschliches Auge je zu sehen bekommen hat. Lediglich die blankgeputzten Stahltanks wurden in der Bonner Bundeskunsthalle ausgestellt. Die feierliche Öffnung wird voraussichtlich im Jahr 3504 n. Chr. stattfinden. Wir dürfen gespannt sein.

52 // BARBAROSSA

Ein deutscher Kaiser ertrinkt beim Bad im Saleph, einem Fluss in der heutigen Türkei, inmitten von Ungläubigen und noch dazu in voller Rittermontur. Das ist ein schmachvoller Tod für einen deutschen Nationalhelden wie Friedrich I. Barbarossa, und so haben sich seine vielen Fans ein besseres Ende für ihn ausgedacht: Nun schläft er in einer Höhle im Kyffhäuser und wartet darauf, dass ein mächtiger Adler alle Raben um den Kyffhäuser vertreibt; dann soll Barbarossa erwachen und sein riesiges Heiliges Römisches Reich zu neuen Ehren führen. Da sieht man es mit einem Mal mit gemischten Gefühlen, dass sich die Adlerbestände in Deutschland zunehmend erholen und der edle Vogel nicht mehr vom Aussterben bedroht ist.

Eine Epoche des Friedens und der „Ehre des Reiches", der „Honor Imperii", soll der 1122 geborene, 1152 zum König und schließlich 1155 zum Kaiser des Heiligen Römischen Reiches gekrönte Friedrich eingeläutet haben. Ehre des Reiches umfasste für Friedrich – dem die Italiener den Beinamen Barbarossa, Rotbart, gaben – alle Würden und Rechte, die ihm von alters her als König von Deutschland, Italien, Burgund und als „Kaiser der Römer" zustanden. So beanspruchte er für sich unter anderem Einkünfte, Verfügungsrechte und Rechtsprechung über das Reichsgut in Unter- und Mittelitalien. Doch auch wenn er durch geschickte Verheiratung seines Heinrich mit Konstanze von Sizilien das Reich bis Sizilien ausdehnen konnte, scheiterte Barbarossa letztendlich an den in Europa entstehenden nationalen Königreichen: „Wer hat denn die Deutschen zum Richter über die Nationen bestellt?", zürnte Johann von Salisbury über Friedrich Barbarossas angestrebtes Weltkaisertum und die Könige Europas mit ihm. Sie widersetzten sich der Kaiseridee – auch mit Waffengewalt.

Dass Barbarossas Epoche nicht ganz so friedlich war, wie die Mythen um ihn erzählen, belegt am Ende auch sein Tod im Jahr 1190: Er starb auf dem Weg nach Jerusalem, wo er gegen die Heiden kämpfen und sich selbst als christlichen Kaiser feiern lassen wollte.

53 // BARLACH, ERNST

Ernst Barlach ist berühmt für seine Skulpturen aus Bronze und Holz, etwa für „Die Schwebende", die im Güstrower Dom und in einem Zweitguss in der Kölner Antoniterkirche zu bestaunen ist, die „Trauernde Mutter mit Kind" oder sein „Fries der Lauschenden". Die Werke des 1870 in Holstein Geborenen zeigen die Elenden, Verzweifelten und Suchenden in ihrem täglichen Lebenskampf – wie er es selbst erlebte und später auf einer Russlandreise und als Folge des Ersten Weltkriegs beobachtete. Es waren denn auch keine heroischen Ehrenmäler, sondern Mahn- und Trauerdenkmäler mit großer Innerlichkeit, die Barlachs plastisches Schaffen ausmachten.

Weniger bekannt als seine Skulpturen sind seine Zeichnungen und vor allem sein literarisches Schaffen. Dabei trägt beides nicht minder zu Barlachs Bedeutung als einer der wichtigsten Künstler des 20. Jahrhunderts bei. Dennoch werden Barlachs Dramen heute kaum noch aufgeführt – obwohl Tragödien wie „Der tote Tag" von 1912 oder „Der Findling" von 1922 durch den Versuch, die Welt zu verstehen, heute kaum zeitgemäßer sein könnten.

54 // BASELITZ, GEORG

Wegen „gesellschaftspolitischer Unreife" warf man ihn 1957 in der DDR von der Hochschule für bildende Künste in Berlin-Weißensee, in West-Berlin löste er sechs Jahre später den ersten deutschen Kunstskandal der Nachkriegszeit aus: Georg Baselitz. Der 1938 in dem ostdeutschen Ort Deutsch-Baselitz geborene Hans-Georg Kern hatte – damals bereits unter dem Künstlernamen Georg Baselitz – in einer Berliner Galerie sein Bild „Die große Nacht im Eimer" ausgestellt; darauf onaniert ein Junge mit überlangem Penis. Das galt auch in der jungen Bundesrepublik als Verstoß gegen die Norm; die Staatsanwaltschaft ermittelte wegen Pornografie und beschlagnahmte das Bild – Georg Baselitz aber wurde über Nacht berühmt.

Seitdem polarisiert und provoziert der Künstler und gilt dennoch längst als Meister in der internationalen Kunstszene, dessen neoexpressionistische Bilder nicht nur die deutsche Kunst der letzten vier Jahrzehnte maßgeblich beeinflusst haben – vor allem, weil er mit seiner Kunst gegen gängige Ideale verstößt. Seine auf dem Kopf stehenden Bilder sollen die Sichtweise des Betrachters verändern, indem sie von der Realität ab- und zu den Farben und Formen hinlenken. Ebenso die Frakturbilder, die die Wirklichkeit zergliedern.

Auch mit Kritik spart Baselitz nicht: Seinen Beitrag zur documenta 6 in Kassel zog er 1977 beispielsweise zurück, weil auch DDR-Künstler, die die offizielle Malerei der DDR vertraten, an der Ausstellung teilnahmen.

55 // BASF

Die Industriestadt Ludwigshafen verdankt der BASF zu großen Teilen ihre Existenz, und dem „Tatort" bietet die weltweit größte Produktionsstätte der chemischen Industrie eine faszinierende Kulisse: Von dem kleinen Hersteller für Textilfarben brachte es die frühere „Badische Anilin- & Soda-Fabrik" ab 1865 zu einem Riesen unter den Chemieunternehmen. Düngemittel, synthetischer Kautschuk und später Styropor gehören zu den erfolgreichsten der zahlreichen Entwicklungen des Unternehmens. Produktionsweise und Produkte wurden in der jüngeren Zeit nach Umweltschutzerfordernissen weiterentwickelt. Dennoch ist die BASF – wie alle Chemiekonzerne – bei Umweltschützern nicht gut beleumundet, und von Historikern kommt ebenfalls wenig frohe Kunde: Die BASF beteiligte sich im Ersten Weltkrieg an der Herstellung von Phosgen, das als chemischer Kampfstoff eingesetzt wurde. 1925 erfolgte die Fusion mit fünf anderen Unternehmen der Branche zur IG Farben. Dieses Unternehmenskonglomerat, das spätestens ab 1936 ganz dem Autarkiebestreben der Nationalsozialisten verschrieben war, trug wesentlich zur Aufrechterhaltung der Kriegsmaschinerie im Zweiten Weltkrieg bei. Die hohen Schlote der BASF in Ludwigshafen werfen lange Schatten.

56 // BAUHAUS

„Zurück zum Handwerk" – das war der Leitgedanke Walter Gropius', als er 1919 das Bauhaus gründete. Architekten, Bildhauer und Maler müssten ebenso die Gesamtheit eines Baus wie seine einzelnen Teile verstehen lernen, um die Baukunst der Zukunft ausüben zu können; eine Baukunst, die Künste, Kunstgewerbe und das Handwerk vereine. Kunst und Produktion sollten fortan nicht mehr getrennt, das Handwerk vielmehr die Grundlage der Kunst sein. Denn „der Künstler ist eine Steigerung des Handwerkers", so Gropius. Ziel dieser Vereinigung sollten Räume und Gegenstände sein, die den Lebensbedingungen des Menschen angepasst sind und so ein humaneres Leben ermöglichen.

Mit diesen Ideen, die Gropius zusammen mit anderen Künstlern seit 1919 in Weimar an seiner neuartigen Hochschule für bildende Kunst lehrte, erneuerte er den Begriff von Architektur, Kunst und Design grundlegend. Das „Bauhaus" wurde zum Synonym für die Moderne in Kunst und Architektur schlechthin.

Im Zentrum der Kunsthochschule, die 1923 von Weimar nach Dessau umziehen musste, standen die Werkstätten: Wie im Handwerk wurden die Studenten dort Gesellen und Meister genannt, sie lernten hier Grundlagen des Tischlerns, der Wandmalerei und Werberei, es gab eine plastische und eine typographische Werkstatt. Immer stärker schlossen sich diese Werkstätten mit der Industrie zusammen – Gebrauchsgegenstände wurden so konzipiert, dass sie in Serie produziert werden konnten. 1928 übernahm Hannes Meyer die Direktion der Bauhauses; unter dem Wahlspruch „Volksbedarf statt Luxusbedarf" eröffnete er neue Werkstätten. Vor allem die unter ihm entwickelten Bauhaustapeten waren ausgesprochen erfolgreich. Von 1930 bis 1933 war schließlich Mies van der Rohe Bauhaus-Direktor, bis die Nationalsozialisten die Hochschule durchsuchten, Studenten festnahmen – Mies van der Rohe löste das Bauhaus daraufhin auf.

Die Vertreter des Bauhauses, zu denen neben den drei Direktoren auch Wassily Kandinsky, László Moholy-Nagy, Paul Klee und Walter Peterhans gehörten, führten die Bauhaus-Methode im Exil fort; und auch in Deutschland wurden nach dem Zweiten Weltkrieg an den neu gegründeten Hochschulen für Gestaltung und Design die wegweisenden Bauhaus-Ideen und -Lehren weiterverfolgt – bis heute.

57 // BAUKNECHT

Der Slogan „Bauknecht weiß, was Frauen wollen" mag nicht mehr ganz zeitgemäß sein, dennoch gilt er als einer der berühmtesten deutschen Werberufe und ist noch heute im Gedächtnis. Seit 1948 steht der Name Bauknecht für Kücheneinrichtungen: Mit dem „Allfix", einer Rühr-/Knetmaschine, zog Bauknecht in die deutschen Küchen ein. Dabei hatte Firmengründer Gottlob Bauknecht 1919 noch anderes im Sinn gehabt: Er wollte „schwere Arbeit leichter machen" und entwickelte motorbetriebenes Gerät, um die Arbeit auf Feld und Hof zu vereinfachen. Sein erster Universalmotor „Landfreund" mag auch wirklich revolutionär gewesen sein, doch mit seinen Wasch- und Spülmaschinen,

Herden, Trocknern und Kühlschränken hat Bauknecht vor allem wohl den Hausfrauen – und heute auch den Hausmännern – schwere Lasten von den Schultern genommen.

58 // BAUMKUCHEN

Die Salzwedler wollen ihn ebenso gern erfunden haben wie die Dresdner und Cottbuser – doch den Baumkuchen, also einen am Spieß gebackenen Kuchen, der aus vielen einzelnen Schichten besteht, kannte man schon im antiken Griechenland. Was macht also den deutschen Baumkuchen so einzigartig? Sein Name! Der taucht erstmals 1682 in einem diätetischen Kochbuch von Johann Sigismund Elsholtz, dem Leibarzt von Kurfürst Friedrich Wilhelm, auf und hat sich seitdem in der Welt durchgesetzt. Selbst in den USA und in Japan spricht man von „Baumkuchen", wenn es um den geschichteten Kuchen mit dem Loch in der Mitte geht. In Deutschland besteht ein Baumkuchen übrigens immer aus Butter, Eiern, Zucker, Vanille, Salz und Mehl, wobei Mehl, Butter und Eier im Verhältnis 1:1:2 verwendet werden.

59 // BAUSPARVERTRAG

„Schaffe, schaffe, Häusle baue / Und nit nach den Mädle schaue / Und wenn unser Häusle steht / dann gibt's noch keine Ruh / denn dann sparen wir, dann sparen wir / für ne Ziege und ne Kuh"

– ein bisschen bieder besang Ralf Bendix schon 1964 die Träume der Deutschen. Sparen und bauen und dann wieder sparen. Ein eigenes Haus gilt als der Traum eines jeden Deutschen, aber bitte nicht ganz auf Pump gekauft, sondern ordentlich und sicher finanziert – damit in Deutschland amerikanische Zustände erst gar nicht einreißen.

Da ist der Bausparvertrag doch genau das Richtige: Jeden Monat kann man eine entbehrliche Geldsumme ansparen und bekommt dafür Zinsen und Zinseszinsen – bis man mit dem Bau des Häusles beginnen kann. Dass man nach einer bestimmten Ansparzeit ein besonders günstiges Baudarlehen erhält, macht den Vertrag besonders beliebt.

Die Grundidee des Bausparens ist übrigens, dass man durch kollektives Sparen schneller zu seinem Haus kommt, als wenn man allein darauf spart.

60 // BAVARIA

Ob sommerliches Picknick oder ausgelassenes Feiern auf dem Oktoberfest – immer beobachtet die heldenhafte, vom bayerischen Löwen begleitete Bavaria gelassen das Treiben auf der Münchner Theresienwiese. Eines der sieben Weltwunder, der Koloss von Rhodos, gilt als Vorbild für die von Ludwig Schwanthaler entworfene Kolossalstatue der Bavaria, aber auch der griechische Starbildhauer Phidias wurde mit seiner weltberühmten Zeusstatue zu Rate gezogen, um das Denkmal des weiblichen Symbols und der Patronin Bayerns zu errichten. Als die riesenhafte, 18,52 Meter hohe Gestalt 1850 eingeweiht wurde, drängelten sich über 30 Personen in dem kleinen begehbaren Kopf und genossen erstmals die Aussicht über die Wiesn und die angrenzenden Stadtviertel. Der Guss der innen hohlen Figur galt damals

als technische Meisterleistung. Doch nicht nur die Monumentalstatue, sondern auch die ebenfalls nach der Patronin benannte Filmgesellschaft gilt als Symbol für München. Seit 1919 werden auf dem Gelände im Münchener Süden Filme gedreht: Der erste war „Der Ochsenkrieg" nach einem Ganghofer-Roman, es folgten Heimatfilme und Western ebenso wie Liebesfilme und Komödien. Mittlerweile sind es vor allem deutsche Fernsehfilme, auf die sich die Bavaria-Filmgesellschaft spezialisiert hat.

61 // BAXXTER, H. P.

Die Texte sind schlicht, die Beats beschränkt und Musik mag man das nicht mehr nennen: Doch selbst erklärte Gegner von Scooter sind von den Bühnenshows der Techno-Band um H. P. Baxxter tief beeindruckt. Das mag an den leicht bekleideten Mädchen liegen, die zu dem zackigen Gebrüll von Baxxter die tollsten Verrenkungen machen, an der technisch ausgefeilten Lichtshow oder vielleicht einfach daran, dass man schnell dem Zwang der kollektiven Bewegung ausgeliefert ist und mithüpft und -schreit, um es einfach ein bisschen erträglicher zu machen.

Die Karriere von Scooter begann 1993 in der Telefonmarketingabteilung des Plattenlabels Edel: Baxxter jobbte dort, und als bekannt wurde, dass er bereits einmal Teil einer Elektro-Pop-Band namens „Celebrate the Nun" gewesen war, beauftragte ihn seine zukünftige Plattenfirma, einen Remix der House-Produktion „Vallée de Larmes" herzustellen. Baxxter tat sich mit Ferris Bueller zusammen und gründete Scooter; zwar floppte das Album, doch bereits ein Jahr später hatte Scooter mit der Single „Hyper, Hyper" seinen Durchbruch. Der Scooter-Sound war geboren, ebenso das Erfolgsrezept: Die Single erhielt Platin. Seitdem hat sich in der Bandgeschichte nicht viel getan: Zwar wechseln die Bandmitglieder von Zeit zu Zeit, doch da Baxxter bleibt, bleibt auch der Sound. Auch die Texte ändern sich irgendwie: Mal grölt Baxxter „I want to see you sweat", ein andermal „I want to see your hands up in the air". Aber ansonsten bleibt es beim Alten: Breitbeinig steht Baxxter auf der Bühne, heroisch einen Arm in die Luft gereckt, das Mikro am und bisweilen sogar im Mund, und schreit: „Come on!" Und zu seinen Füßen toben die Fans und kaufen anschließend Platten und T-Shirts und Poster. Kaum einer wird allerdings darunter sein, der je ein Thomas-Bernhard-Hörbuch gekauft hat – das H. P. Baxxter, der in Hannover einst seinen Magister machte, immerhin 2004 gelesen und herausgegeben hat.

62 // BAYERISCHER WALD

Im Nationalpark Bayerischer Wald wird sogar der Borkenkäfer hochgehalten. Zwar hatte er zu Beginn der 90er Jahre beinahe den gesamten Bergfichtenwald zerstört, doch gerade darin sah die Verwaltung des 24.250 Hektar großen, ersten deutschen Nationalparks ihre Chance: Man konnte die Sünden der Vergangenheit ausmerzen, indem man dem europäischen Mischwald wieder eine Möglichkeit gab, sich auszubreiten.

Große Teile des Bayerischen Waldes – der an der Grenze zu Tschechien in den Böhmerwald übergeht und mit diesem das größte zusammenhängende Waldgebiet Zentraleuropas bildet – sind heute Bannwald, in dem die Natur wieder sich selbst überlassen ist und der Mensch nicht eingreift. Zwischen den Stümpfen der alten Fichten sieht man nun immer häufiger Buchen-, Birken- und Tannensetzlinge, auch zuweilen eine Eiche oder Kiefer und natürlich auch Fichten. Aber eben gesündere, kräftigere Exemplare, die Schädlingen nicht so schnell zum Opfer fallen.

Auch die Fauna hat sich seitdem im Nationalpark verändert: Es gilt als kleine Sensation, dass sich innerhalb weniger Jahre Luchs, Wildkatze und Auerhahn wieder im Bayrischen Wald angesiedelt haben. Dass dabei nicht alle Einwohner Deutschlands dem wiedergewonnenen Artenreichtum freundlich gegenüberstehen, zeigte der Fall des Braunbären Bruno. Naturschützer wünschten sich eine Ansiedlung des „Problembären" im Bayrischen Wald – und beschworen nach Brunos Tod alle „Bären der Welt – meidet Bayern".

63 // BAYERN

An Bayern scheiden sich die Geister: Den einen ist das flächenmäßig größte Bundesland ein Garten Eden, andere ärgern sich über die Sonderrolle, die Bayern in Deutschland zu spielen versucht. Manch einer liebt die deftige Küche und das gute Bier unter dem hohen, so oft weiß-blauen Himmel, andere verfluchen den FC Bayern München, der, weil er sich lästige Fußball-Konkurrenz vom Hals halten möchte, die besten Spieler der Bundesliga aufkauft, um sie dann auf der Ersatzbank versauern zu lassen.

Eines aber können selbst die ärgsten Kritiker nicht verhehlen: Bayern ist schön. Mit den Alpen im Süden, den ausgedehnten Wäldern, Seen und Wiesen, seinen Zwiebeltürmen und den schmucken Bauerndörfern, den großen und doch idyllischen Städten, mit seinen Museen, Landschaften und Schlössern steht Bayern nicht nur im Ausland für Deutschland im Allgemeinen. Auch bei den Deutschen selbst wird Bayern immer beliebter: Seit 1990 sind über eine Million Deutsche aus anderen Bundesländern nach Bayern abgewandert. Mittlerweile leben etwa 12,5 Millionen Menschen dort – womit das südlichste Bundesland nach Nordrhein-Westfalen die meisten Bürger hat. Dass Bayern zu den wirtschaftsstärksten und reichsten Bundesländern Deutschlands gehört, mag dabei allerdings auch eine Rolle spielen.

Die Bayern selbst verstehen sich gern als weltoffene, bodenständige und lustige Leute, die das Weißwurstessen auf dem Münchner Marienplatz einem Museumsbesuch vorziehen – doch dies ist eher eine Attitüde, denn mit über 1.150 Museen, zahllosen kommunalen und freien Bühnen und Orchestern steht es auch kulturell an Deutschlands Spitze. Und auch eine der schönsten deutschen Erfindungen stammt aus Bayern, die heute wohl in der ganzen Republik freudig nachgeahmt wird: die des Biergartens. Doch nur in Bayern wird manchmal noch die schöne Tradition gepflegt, dass sich der Gast seine Speisen selbst mitbringen darf.

64 // BAYREUTHER FESTSPIELE

Angela Merkels raffiniertes Handtäschchen machte bei den Bayreuther Festspielen im Jahr 2007 weit mehr Furore als die Inszenierung der „Meistersinger von Nürnberg". Und wenn Thomas und Thea Gottschalk,

Sängerin Margot Werner und Volksmusikkönigin Carolin Reiber bei den Festspielen über den roten Teppich defilieren und den Zuschauern an den Absperrungen gnädig zuwinken, glaubt man ihnen kaum, dass sie wegen der Wagnerschen Opern nach Bayreuth kommen und mit Freude und Aufmerksamkeit fünfstündigen Aufführungen lauschen. Denn längst scheint es dem prominenten Besuch der Festspiele nicht mehr darum zu gehen, Kunst zu genießen, sondern sich als kulturelle Elite Deutschlands darzustellen. Nicht umsonst lässt sich ein Großteil der tatsächlichen Bildungselite des Landes kaum je in Bayreuth sehen.

Dabei hatte Richard Wagner, als er 1876 die Festspiele ins Leben rief, anderes im Sinn als reinen Medienrummel. Bereits 1850 beabsichtigte er, den idealen Rahmen für seinen Siegfried zu schaffen, die „geeignetsten Sänger dazu mir kommen und alles Nötige für diesen einen besonderen Fall mir so herstellen lassen", um allen Interessierten – ungeachtet ihrer monetären Mittel – die Möglichkeit zu geben, die Opern anzuhören. Heute kann man sich beim Richard-Wagner-Verband um ein Stipendium bewerben, um eine Aufführung kostenlos zu besuchen. Oder man bewirbt sich um die Stellung eines „Blauen Mädchens". Die Türsteherinnen, zumeist Musikstudentinnen, dürfen sich die Vorstellungen ebenfalls kostenlos ansehen.

Statt „Siegfried" allein sollte es der gesamte „Ring der Nibelungen" sein, den Wagner selbst 1876 im eigens dafür errichteten Festspielhaus auf dem „Grünen Hügel" in Bayreuth inszenierte. Wagner hatte den Ort seines Festspielhauses mit Bedacht gewählt: In der ruhigen Umgebung sollten sich die Gäste schon im Vorhinein ganz auf die Opern konzentrieren können. Auch im Innern durfte es daher keine Ablenkungen geben: Der Zuschauerraum ist einem antiken Amphitheater nachempfunden und ermöglicht eine ideale Sicht auf die Bühne. Vor allem aber hat Wagner darauf bestanden, den Orchestergraben für den Zuschauer unsichtbar zu gestalten. Ein Schalldeckel grenzt das Orchester nach außen ab, so dass der Zuschauer nicht von dem „technischen Apparat" des Orchesters gestört wird. Gerade dieser Schalldeckel macht die Bayreuther Festspiele musikalisch und akustisch zu einer absoluten Besonderheit; durch ihn entsteht ein Mischklang, der ein Bestimmen der einzelnen Instrumente fast unmöglich macht. Es ist allerdings nicht anzunehmen, dass die meisten prominenten Gäste aus Showbusiness und Politik diese feinen Klänge aus Wagners sogenanntem „mystischen Abgrund" zu schätzen wissen.

65 // BEAMTE

„Der Beamte dient dem ganzen Volk, nicht einer Partei. Er hat seine Aufgaben unparteiisch und gerecht zu erfüllen und bei seiner Amtsführung auf das Wohl der Allgemeinheit Bedacht zu nehmen. Er muss sich durch sein gesamtes Verhalten zu der freiheitlichen demokratischen Grundordnung im Sinne des Grundgesetzes bekennen und für deren Erhaltung eintreten. Der Beamte hat sich mit voller Hingabe seinem Beruf zu widmen. Er hat sein Amt uneigennützig nach bestem Gewissen zu verwalten. Sein Verhalten innerhalb und außerhalb des Dienstes muss der Achtung und dem Vertrauen gerecht werden, die sein Beruf erfordert."

Dienen sollen sie dem Volk – und wie so viele Diener einst von ihren Herren nur Tadel ernteten, so sind auch die Diener des deutschen Volkes nicht unbedingt wohlgelitten. Der Staub von Akten hängt ihnen an, Faulheit und Langsamkeit sagt man ihnen nach. Dabei haben Studien ergeben, dass die deutschen Beamten im Durchschnitt zwölf Prozent mehr arbeiten als Angestellte in der freien Wirtschaft, trotzdem rund fünf Prozent weniger verdienen und auch noch höher qualifiziert sein müssen. Dass sie darüber hinaus nicht streiken dürfen und bei einer Kündigung all ihre Pensionsansprüche verlieren, macht sie nicht nur ziemlich machtlos, es macht ihre Arbeit auch recht unattraktiv.

Seien wir also froh, dass sich ein paar Bundesbürger – tatsächlich nur etwa 3 Millionen – opfern, um uns zu dienen.

66 // BECHSTEIN, LUDWIG

Es war einmal eine arme verlassene Frau, die brachte in Thüringen einen Knaben zur Welt. Der französische Vater hatte sie nicht heiraten wollen, und so musste sie den Jungen, den sie Louis nannte, allein und in Armut großziehen. Sein Oheim aber war ein gerechter und reicher Mann und nahm sich des Knaben an. So etwa hätte Ludwig Bechstein selbst sein Leben erzählen können, denn die Kindheit eines der wohl bedeutendsten deutschen Märchenerzähler des 19. Jahrhunderts hatte viel Erstaunliches und Wunderbares. Und wunderbar musste etwas sein, damit Bechstein daraus ein Märchen schreiben konnte. Das Wunderbare war für Bechstein das dem Märchen Eigenste.

Tatsächlich wurde Louis Dupontreau, wie er ursprünglich hieß, 1801 als uneheliches Kind geboren und musste bis zu seinem 10. Lebensjahr mehr schlecht als recht sein Leben fristen. Dann adoptierte ihn sein Onkel Johann Matthäus Bechstein, und in dessen Haus in Dreißigacker verschlang Ludwig das, was bald seine Lebensaufgabe werden sollte: Volksmärchen und Sagen.

Dennoch wurde er zunächst Apotheker, schrieb und sammelte währenddessen Geschichten und brachte 1823 sein erstes Märchenbuch heraus: „Thüringische Volksmärchen". Diesem Werk sollten bis zu seinem Tod 1860 noch viele folgen.

Bechstein war davon überzeugt, dass nur immer wieder neu erzählte Märchen lebendig bleiben würden, und so schrieb er die der Gebrüder Grimm – die er zeit seines Lebens bewunderte – in neuen Versionen. Vielleicht ist es höchste Zeit, auch die Bechsteinschen Märchen hervorzuholen und mit neuem Leben zu füllen.

67 // BECKENBAUER, FRANZ

Noch immer gilt das WM-Halbfinale 1970 zwischen Italien und Deutschland als eines der spannendsten Spiele der Fußballgeschichte: Italien führt seit der 7. Minute mit 1:0, als Franz Beckenbauer in der 65. Minute beim Angriff auf das gegnerische Tor schwer gefoult wird und sich das Schultergelenk auskugelt. Trotz Verletzung muss Beckenbauer weiterspielen, weil das Auswechselkontingent erschöpft ist. Mit am Körper fixiertem Arm muss er weitere 55 Minuten durchhalten. Spätestens seit diesem Spiel gilt Franz Anton Beckenbauer, geboren am 11.9.1945 in München, als einer der besten Fußballspieler Deutschlands. Selbst der britische „Evening Standard" berichtet anerkennend:

„Der Münchner verließ das Feld wie ein verwundeter, besiegter, aber stolzer preußischer Offizier. Einer der größten Spieler dieser WM wurde bei jedem Schritt umjubelt."

Seitdem ist Franz „der Kaiser" Beckenbauer der unbestrittene Held, die Lichtgestalt des deutschen Fußballs: Er wurde insgesamt fünf Mal Deutscher Meister, Weltmeister als Fußballspieler wie als Trainer, Europameister, Sieger im Europapokal der Landesmeister und gewann den Europapokal der Pokalsieger. Vier Mal wurde Beckenbauer zum deutschen Fußballer des

Jahres gekürt, zwei Mal zum europäischen. Er machte – zusammen mit Sepp Maier und Gerd Müller – den FC Bayern München erst zu dem, was er heute ist. Und er erreichte die Austragung der Fußballweltmeisterschaft 2006 in Deutschland.

Doch es gab auch schwarze Stunden im Leben des Fußballers: Als er in den 70er Jahren eine Affäre mit der Sportfotografin Diana Sandmann begann und sich kurz darauf scheiden ließ, musste er 1977 Bayern München als Spieler verlassen – nachdem er 19 Jahre für den Verein gespielt hatte. Auch für die Nationalelf bedeutete dies das Aus. Beckenbauer aber nahm es nicht krumm: Nach einem Intermezzo in New York kam er 1980 nach Deutschland, zum HSV, zurück, war ab 1984 Teamchef der Nationalmannschaft und leitete danach die zweite Hochphase seines Vereins FC Bayern München ein.

68 // BECKER, BORIS

Game, set and match Becker! Am 7. Juli 1985 um 18.26 Uhr schaffte der damals 17-Jährige die absolute Weltsensation: Als jüngster Spieler und erster Deutscher gewann er Wimbledon und eroberte damit das Mekka der Tenniswelt. Danach sollte er sein „Wohnzimmer", wie er später den Centre Court liebevoll nannte, noch zweimal – in den Jahren 1986 und 1989 – als Finalsieger verlassen. Er gewann zudem zweimal die Australien Open, einmal die US-Open, einmal olympisches Gold mit Michael Stich und zweimal mit der deutschen Mannschaft den Davis Cup. Der Serve-and-Volley-Spezialist bot dabei Sekundärunterhaltung auf dem Platz, schimpfte wütend, hechtete dem Ball am Netz mit der „Becker-Rolle" hinterher und zeigte die „Beckerfaust". So viel Körpereinsatz war nicht leicht zu besiegen. Andre Agassi versuchte es da mit Köpfchen. Er bemerkte, dass Becker beim Aufschlag seine Zunge in die Richtung aus dem Mund streckte, in die er aufschlug – so gewann Agassi genug Zeit, um Becker einen platzierten Return um die Ohren zu schlagen.

Nach seiner Tenniskarriere versucht es denn auch „Bobbele" oder „Bumm Bumm Boris" mit Köpfchen. Er ist an verschiedenen Unternehmen beteiligt, gibt den Sportkommentator, Kolumnist oder Buchautor und schlägt in der Werbepause immer wieder in deutschen Stuben auf. Schlüpfrige Details aus dem Privatleben bleiben der Nation ebenfalls nicht erspart – eigentlich ein Grund, die Beckerfaust nicht nur zu zeigen, sondern gemeinwohlfördernd gegen die Boulevardpresse einzusetzen.

69 // BECKMESSEREI

„Sie Beckmesser!", möchte man manches Mal seinen Finanzbeamten beschimpfen und tut es nur deshalb nicht, weil man sich damit höchstwahrscheinlich der Beamtenbeleidigung schuldig machen würde. Den Deutschen sagt man nach, sie seien kleinlich. Auf keinen Fall aber sind sie kleinlich in Bezug auf ihre Synonyme für Kleinlichkeit: „Engherzig" und „pedantisch" klingen ja noch eher fade, aber bei „pinslig", „krähwinklig" und „ehrpusslig" waren Meister der Wortschöpfung am Werk. Eines der schönsten Worte aber ist die Beckmesserei. Man sollte es im scharfen Stakkato aussprechen, damit es besser wirkt. Der Begriff geht auf Richard Wagners „Meistersinger von Nürnberg" zurück: Der Meistersinger Sixtus Beckmesser versucht, seinen Nebenbuhler Walter von Stolzing auszuschalten, indem er dessen Vorsingen äußerst pingelig kritisiert und spitzfindig nach Regelverstößen sucht. Wagners Figur errang so viel Beachtung, dass Beckmesser fortan für einen Erbsenzähler steht.

70 // BEETHOVEN, LUDWIG VAN

„Auf den gebt acht, der wird einmal in der Welt von sich reden machen", soll Wolfgang Amadeus Mozart schon 1787 über Ludwig van Beethoven gesagt haben. Beethoven war gerade 17 Jahre alt und wollte bei Mozart in Wien studieren. Doch dann starb seine Mutter, er kehrte in seine Geburtsstadt Bonn zurück und kümmerte sich um seinen alkoholkranken Vater. Fünf Jahre später, sein Vater und auch Mozart sind bereits tot, reist er wieder nach Wien. Dieses Mal nimmt sich Joseph Haydn seiner an, von Beethoven ähnlich beeindruckt wie einst Mozart.

Von sich reden machte Beethoven prompt: Er galt nicht nur als hervorragender Pianist, auch seine Kompositionen fanden am Wiener Hof und beim Adel Anklang. Wo Beethoven auftrat, waren die Konzertsäle gefüllt – was sich bis heute kaum geändert hat: Darbietungen seiner Werke gehören in deutschen wie in internationalen Konzertsälen zu den bestbesuchten, Einspielungen seiner Konzerte und Symphonien versprechen den Künstlern hervorragende Verkaufszahlen.

Beethoven selbst war dagegen zu Lebzeiten nicht immer beliebt; ab seinem 20. Lebensjahr galt er als ruppig und jähzornig. Seinem Verleger schrieb er beispielsweise 1811 bei der Durchsicht von Notendruckvorlagen, in denen er zahllose Fehler fand: „Fehler – Fehler – sie sind selbst ein einziger Fehler." Wissenschaftler, die Beethovens Schädelknochen untersucht haben, meinen, dies hinge mit einer schweren Bleivergiftung zusammen. Beethoven selbst sah den Grund seiner Launenhaftigkeit in seiner beginnenden Taubheit, die ihn einsam und störrisch mache. 1795 verschlechterte sich sein Hörvermögen, 1818 hatte der Komponist endgültig sein Gehör verloren. Dennoch arbeitete Ludwig van Beethoven bis zu seinem Tod am 26. März 1827 in Wien unermüdlich weiter. Hinterlassen hat er unter anderem neun Symphonien, 16 Streichquartette, 5 Klavierkonzerte, 32 Klaviersonaten, 2 Messen und die Oper „Fidelio".

71 // BEMBEL

Heinz Schenk hat ihn in seiner beliebten Fernsehsendung „Zum blauen Bock" regelmäßig geleert, den Bembel. Dickbauchig fasst der Tonkrug zwischen 1 und 12 Liter Apfelwein, ist meist grau glasiert und mit blauen Mustern bemalt. Seine Heimat ist der Westerwald zwischen Rhein und Montabaur, der wegen seines Tons und der Keramikindustrie von den Einheimischen auch Kannenbäckerland genannt wird. Das Wort Bembel leitet sich – als Verweis auf die Dickbauchigkeit des Krugs – von „Bombe" ab. Und da die Endsilbe -el im Hessischen eine Verniedlichung bezeichnet, handelt es sich also um eine kleine und mit Sicherheit auch eher harmlose Bombe.

72 // BENEDIKT XVI

„Wir sind Papst", bejubelte die Bild-Zeitung am 20. April 2005 die Wahl Joseph Kardinal Ratzingers zum Oberhaupt der römisch-katholischen Kirche. Nach nur 26 Stunden Konklave war der bayrische Kardinal einen Tag zuvor zum Nachfolger Papst Johannes Paul II. berufen worden. Seit Papst Hadrian VI. – 482 Jahre zuvor – sitzt damit erstmals wieder ein Deutscher auf dem Heiligen Stuhl.

Nicht jeder stand der Wahl Ratzingers zum Papst unkritisch gegenüber, gilt er doch allgemein als sehr konservativ. Sein bayrischer Geburtsort

Marktl am Inn aber feierte seine Wahl ausgelassen mit Feuerwerk und Freibier. Dort wurde Joseph Alois Ratzinger am 16. April 1927, einem Karsamstag, geboren. Bereits als 3-Jähriger soll er dem Münchner Kardinal Faulhaber angekündigt haben: „Ich werde auch mal Kardinal" – was ihm 47 Jahre später tatsächlich gelang.

Für einen Kardinal war er damals recht jung, und Ratzingers Karriere ging weiterhin steil bergauf: Bereits vier Jahre später, 1981, berief Papst Johannes Paul II. ihn nach Rom. Dass er selbst noch 1968 die katholische Kirche als zu zentralistisch und zu stark von Rom kontrolliert ansah, schien vergessen, als man ihm in Rom das Nachfolgeamt des mittelalterlichen Großinquisitors anbot: den Vorsitz der Glaubenskongregation. Das brachte ihm – zumal er in seiner gewissenhaften Kirchenpolitik dem amtierenden Papst in nichts nachstand – bald den Spitznamen „der Großinquisitor" ein.

Kardinal hatte Ratzinger werden wollen, Papst nie: Zu seinem 75. Geburtstag bat er Johannes Paul II. um seine Entlassung, um sich in seiner bayrischen Heimat ganz der Schriftstellerei zu widmen – der Papst lehnte ab. Das hielt Ratzinger jedoch nicht davon ab, sich als Benedikt XVI. doch dem Schreiben zu widmen: Im Frühjahr 2007 erschien sein erstes Buch „Jesus von Nazareth". Und es hielt ihn nicht davon ab, seinen Vorgänger als großen Papst zu feiern. Was Normalsterblichen erst nach fünf Jahren möglich ist, wurde für den Unfehlbaren ein wenig beschleunigt: Bald nach der Beisetzung Johannes Paul II. setzte Benedikt XVI. die Seligsprechungsregelungen außer Kraft und leitete den Seligsprechungsprozess ein.

Überhaupt setzt sich Benedikt gern über Regeln und Traditionen hinweg und verändert mittlerweile sogar die göttlichen Strukturen: Im April 2007 erklärte der Papst die Vorhölle für ungetaufte Kinder für überholt. Für ihn sei dies „immer nur eine Hypothese gewesen". Bleibt nur zu hoffen, dass er auch endlich den Rest der katholischen Lehre als reine Hypothese erkennen und für überkommen erklären wird.

73 // BENJAMIN BLÜMCHEN

Er kann sprechen, geht immer neuen Berufen nach und lebt im Neustädter Zoo: Benjamin Blümchen, der fröhliche Elefant aus der Feder der Kinderbuchautorin Elfie Donnelly. „Ich hielt die Geschichte für ein nettes Hörspiel und konnte mir vorstellen, dass es vielleicht noch zwei, drei Folgen geben würde. Die Kassette legte auch überhaupt keinen Blitzstart hin, sondern der Verkauf lief ganz langsam an. Erst allmählich kam der Erfolg." Mittlerweile wurden mehrere Millionen Euro an den über einhundert Hörspielfolgen, Trickfilmen und Comics eingenommen.

Seit Benjamin 1977 zum ersten Mal sein „Törööö" im Radio erklingen ließ, gehört er – zusammen mit Bibi Blocksberg – zu den beliebtesten deutschen Hörspielen überhaupt. Wie Benjamin Blümchen ist auch Bibi Blocksberg eine Figur Donnellys, beide Hörspiele sind unter der Regie von Erfolgsregisseur Ulli Herzog entstanden, und beide Hauptfiguren treten in ihrer Heimat Neustadt für Gerechtigkeit und das Gemeinwohl ein. Obwohl beide Hörspielreihen hoch geschätzt werden, stehen sie in den letzten Jahren immer mehr in der Kritik. Zu sehr würde den Kindern ein negatives staatliches Bild vermittelt – in Form des Neustädter Bürgermeisters und des Polizeipräsidenten, die in den Hörspielen eher schlecht wegkommen. Ob das die Sozialisation der Kinder als mündige Bürger wirklich hemmt, bleibt doch eher fraglich.

74 // BENRATHER LINIE

Mitten durch Deutschland verläuft eine fiktive Grenze. Sie erstreckt sich von Aachen im Westen über Düsseldorf, Kassel, Magdeburg bis nach Frankfurt an der Oder im Osten. Die sogenannte Benrather Linie – benannt nach dem idyllischen kleinen Düsseldorfer Stadtteil Benrath, an dem die

Grenze den Rhein überquert – teilt das Land grob in zwei Dialektgruppen: in die niederdeutschen Mundarten und die hochdeutschen Dialekte bzw. das Hochdeutsche überhaupt. Die Benrather Linie wird auch als „Maken-machen-Linie" bezeichnet: Die Dialekte nördlich der Linie haben ein k, die südlichen ein ch in diesem Wort. Düsseldorf liegt unmittelbar nördlich der Linie, der dortige Dialekt hat „maken".

Entstanden ist die Benrather Linie während der sogenannten Zweiten Lautverschiebung, die sich südlich der Dialektgrenze an der Wende vom ersten zum zweiten Jahrtausend vollzog. Neben dem k zu ch haben sich p zu f oder pf, t zu s oder z „verschoben".

Nördlich der Benrather Linie fand diese Lautverschiebung nicht statt, wodurch die Dialekte mit dem Englischen und dem Niederländischen verwandt sind. Doch das Hochdeutsche breitet sich zunehmend aus: Durch die Zuwanderer aus hochdeutschen Gebieten ist das „machen" auch in Berlin angekommen, und die Benrather Linie verschiebt sich unmerklich nach Norden.

75 // BERGISCHE WAFFELN

Kaum einem Duft kann man weniger widerstehen als dem frisch gebackener Waffeln. Selbst auf Rummelplätzen und sonstigen Volksfesten, von denen man weiß, dass sie weder Vergnügen noch kulinarische Genüsse versprechen, fällt man dem Geruch zum Opfer, bestellt eine Waffel mit heißen Kirschen und Sahne und weiß sofort: Das war ein Fehler. Die Sahne kommt aus der Dose, die Kirschen sind rosa, weil mit zu viel Stärke gebunden, und die Waffel – sie ist viereckig. Dass sie wie Pappe schmeckt, könnte man ihr verzeihen, weil sie ja vom Rummel stammt. Aber dass sie viereckig ist, das nicht. Fünf zauberhafte kleine Herzen haben sich zu einer Waffel zu formen – alles andere geht gar nicht.

Im Bergischen Land trifft man allerorten auf Bergische Waffeln. Sie sind rund, aus wohlgeformten Herzen zusammengesetzt und schmecken süß und buttrig. Auch hier werden sie mit heißen Kirschen und Sahne serviert, die frisch ist und lecker. Ein wirklicher Hochgenuss aber ist es, wenn man das Glück hat, eines der ganz wenigen Gasthäuser zu finden, in denen die original Bergischen Waffeln zur Bergischen Kaffeetafel serviert werden: Kirschen und Sahne sind bei den aus Hafermehl zubereiteten Waffeln verpönt, stattdessen gibt es einen Klecks bestes Rübenkraut dazu.

76 // BERLICHINGEN, GÖTZ VON

Es ist wohl das einzige klassische Zitat, das in Deutschland wirklich jeder kennt, jedenfalls in seiner verkürzten Form: „Er aber, sag's ihm, er kann mich im Arsche lecken!" Johann Wolfgang von Goethe legte diese Worte seinem „Götz von Berlichingen mit der eisernen Faust" in den Mund, und das dürfte wohl so ziemlich das Einzige sein, was Goethes Götz mit der historischen Figur gemeinsam hat. Denn wo Goethe seinen Götz als einen Ausbund ritterlicher Tugend darstellte, fürsorglich sich den Bauern und Unterdrückten annehmend, war der historische Götz ein Raufbold, getrieben von Selbstherrlichkeit und Habgier. Der schwäbische Ritter, geboren um 1480 vermutlich in Jagsthausen, verdingte sich nach seinem Ritterschlag bald unter dem berüchtigten Raubritter Thalacker von Massenbach und lehnte keine Fehde, die er für ein paar Gulden ausfechten konnte, ab. Als er im Mai 1512 bei Forchheim 95 Kaufleute überfiel, wurde er von Kaiser Maximilian I. mit der Reichsacht belegt. Der Vogelfreie kaufte sich von dieser Acht frei und nahm gleich darauf den Grafen Philipp von Waldeck gefangen, um Lösegeld zu erpressen. Nachdem er sich schließlich im deutschen Bauernkrieg 1525 als Hauptmann der Bauern hervorgetan, deren Plündereien begünstigt hatte und in einige weitere kriegerische Auseinandersetzungen verwickelt gewesen war, wurde der mittlerweile 50-Jährige auf seine Burg Hornberg verbannt, von der er sich nicht entfernen durfte.

Noch eines hat Götz von Berlichingen allerdings mit Goethes Figur gemein: die Eisenfaust. Ein Schuss aus einer Feldkanone 1504 zerschmetterte seine rechte Hand. Vom Dorfschmied ließ sich Götz eine eiserne Prothese anfertigen, die als technische Meisterleistung gilt. Sie konnte durch ein System von Federn und Zahnrädern bewegt werden, die der Träger per Knopfdruck mit der anderen Hand betätigte. Die Finger ließen sich einzeln krümmen. Sein fester Griff mit der Eisenhand ließ Götz von Berlichingen das Schwert noch härter führen und lehrte seine Feinde das Fürchten.

77 // BERLIN

„Tagsüber ging man in Museen, nachts in todschicke Clubs, und am Wochenende fuhr man raus an den Wannsee." (David Bowie)

Zu Plattenaufnahmen kam David Bowie 1977 nach Berlin – und blieb. Und mit ihm junge New Yorker, Londoner und deutsche Künstler, die die

exzessive Stimmung der freien, von der DDR-Diktatur umschlossenen Stadt zu schätzen wussten. Schöneberg und Kreuzberg wurden das Zentrum dieser jungen internationalen Avantgarde.

Dreißig Jahre später erlebt die ostdeutsche Metropole, seit 1999 Hauptstadt der nun wiedervereinigten Bundesrepublik Deutschland, ein Revival. Was nach der Wende international zunächst mit Skepsis aufgenommen wurde, die Hauptstadt Berlin, gilt heute als eine der aufregendsten Metropolen Europas.

Vor allem ihr heute frisch renovierter Osten, in dessen maroden Mauern sich nach dem Fall der Mauer deutsche Künstler wegen der billigen Mieten niederließen, ist Dreh- und Angelpunkt eines pulsierenden Großstadtlebens.

Mit rund 892 m² Fläche und 3,4 Millionen Einwohnern ist Berlin Deutschlands größte Stadt. Ihre Größe von vor dem Zweiten Weltkrieg hat sie damit lange nicht erreicht. Die zu Beginn des 12. Jahrhunderts auf einer Spreeinsel gegründete Stadt erlebte ihre erste Blütezeit mit Gründung des Deutschen Reiches 1871. 300 Neu-Berliner wurden in der neuen Reichshauptstadt jeden Tag angemeldet, innerhalb kürzester Zeit hatte Berlin die Einwohnerzahl von 4 Millionen überschritten.

Es ist eine Mischung aus den Goldenen Zwanzigern und dem „Milljöh" Heinrich Zilles, die das heutige Bild in Berlin bestimmt: Auf der einen Seite die Sehenswürdigkeiten wie der Reichstag und das Brandenburger Tor; der Boulevard Unter den Linden, dessen berühmte Bäume Adolf Hitler fällen ließ; der Kurfürstendamm, noch immer eine der bekanntesten Straßen. Dann die Hinterhöfe, die zwar nicht mehr das proletarische Ambiente der Jahrhundertwende präsentieren, die aber jungen Schreibern und Künstlern ein Zuhause bieten. Am Potsdamer Platz, dort, wo einst Mauer und Todesstreifen entlangliefen, die Hochhausbauten und Parkhäuser, ein neues Zentrum der Wirtschaft. Und in den einzelnen Vierteln das alltägliche Leben auf Plätzen und in Straßencafés, wie man es eher in einer deutschen Kleinstadt vermutet.

78 // BERLINALE

Deutschlands berühmtestes Filmfestival sorgte schon in seinen Anfangsjahren weltweit für Furore, wenn auch nicht ausschließlich wegen der cineastischen Wettbewerbsbeiträge. 1953, zwei Jahre nach Eröffnung der 1. Berlinale, ließ sich US-Star Gary Cooper in der offenen Limousine vom Flughafen Tempelhof durch Berlin kutschieren – für Hunderttausende von kriegsgeschädigten und glamourhungrigen Berlinern entlang der Fahrstrecke ein riesiges Spektakel. Auch 1961 war es ein Hollywoodstar, diesmal ein weiblicher, der die Aufmerksamkeit der Weltöffentlichkeit an die Spree lenkte. Jayne Mansfield, bekannt als Busenwunder, wurde ihrem Ruf gerecht und ließ vor versammelter Fotografenschaft ihr Kleid platzen. Die „Busen-Berlinale" war von da an in aller Munde.

Der Film „O.K." von Michael Verhoeven sorgte 1970 für den ersten handfesten Skandal: Der damalige Juryvorsitzende George Stevens vermutete in der Vietnamkriegs-Parabel antiamerikanische Tendenzen, es kam zum Streit unter den Jury-Mitgliedern – mit dem Ergebnis, dass sich die Jury auflöste und das Festival abgebrochen wurde. Morddrohungen sorgten 1986 für einen der größten Polizeieinsätze auf der Berlinale: Volker Hauffs Film „Stammheim" über den RAF-Prozess wurde deshalb unter immensen Sicherheitsvorkehrungen vorgeführt. Zum Eklat kam es jedoch erst, als Jury-Mitglied Gina Lollobrigida bei der Preisverleihung gegen ihre Schweigepflicht verstieß und die Auszeichnung kritisierte. 1994 war es wieder ein Vietnamkriegsdrama, das die Gemüter erregte und für diplomatische Verwicklungen sorgte: Moskau beschwerte sich über die negative Darstellung der Vietnamesen in Michael Ciminos „The Deer Hunter" und beorderte alle moskaunahen Delegationen zurück nach Hause. Lustig wurde es für die anwesenden Journalisten bei zwei Pressekonferenzen 1994 und 1996. Bei ersterer war der finnische Regisseur Aki Kaurismäki gelangweilt oder genervt (oder vielleicht beides?) und wurde im Laufe der Pressekonferenz zusehends betrunkener. Zwei Jahre später redete sich Robert Downey Jr. um Kopf und Kragen, als er sich über seinen englischen Schauspielerkollegen Hugh Grant in Rage lästerte.

Eine Berliner Zeitung heizte 2000 die Hysterie um Teenie-Star Leonardo di Caprio noch zusätzlich an, indem sie eine „Kussprämie" auf den Star aussetzte. Der hätte sich daraufhin vermutlich am liebsten in seinem Hotelzimmer eingeschlossen. In den folgenden Jahren waren es wieder nackte Tatsachen, die die Berichterstattung über die Berlinale bestimmten: „Gegen die Wand" von Fatih Akin erhielt 2004 den Goldenen Bären und jede Menge empörter Schlagzeilen, als herauskam, dass Hauptdarstellerin Sibel Kekilli in Pornofilmen mitgewirkt hatte. Als „Berlinackte" ging 2005 Jurymitglied Bai Ling in die Analen ein, als sie sich sehr offenherzig auf diversen Partys zeigte. Auch 44 Jahre nach Jayne Mansfield ist ein nackter Busen offensichtlich immer noch Garant für journalistisches Interesse ...

79 // BERLINER

Wer beim Kurzurlaub in der Hauptstadt auf Schmalzgebäck mit Puder-zuckerhäubchen nicht verzichten möchte, muss sich auf Schwierigkeiten gefasst machen: „Wat wolln Se? Balina? Det bin icke! Wennse Pfannkuchen haben wolln, müssense det ooch saren!" Zwar heißt der faustgroße Ballen überall anders, doch jeder kennt den Berliner: einen saftigen Hefeteigkloß, in Fett ausgebacken und mit Marmelade oder Pflaumenmus gefüllt. Be-streut oder glasiert – die weiche Backware mit der süßen Füllung schmeckt einfach gut und macht satt, weshalb sie auch traditionell vor Beginn der Fastenzeit als letzte Stärkung gereicht wird. Dann auch schon mal mit Senf gefüllt, der guten Stimmung wegen. Ein Berliner Zuckerbäcker soll ihn erfunden haben, weshalb er auch außerhalb Deutschlands als „Berliner Ballen" bekannt ist. Doch auch Römer und Ägypter kannten das Schmalz-gebäck, allerdings ohne fruchtiges Innenleben. Gerne verteilt sich Letzteres beim Reinbeißen auf Hemd und Hose, also lieber kurz nachschauen, wo der Berliner, also der Pfannkuchen, sein Loch hat.

80 // BERLINER PHILHARMONIKER

Wer würde heute vermuten, dass die Gründerväter der Berliner Phil-harmoniker einst bei Kaffeegesellschaften aufspielten, gilt das Orche-ster doch spätestens seit den 50er Jahren als eines der bedeutendsten Orchester der Welt. Herbert von Karajan ist dieser Weltruhm zu einem Großteil zu verdanken, denn der heute umstrittene Dirigent sorgte durch die Vielzahl an Tourneen, Konzerten und vor allem Schallplattenauf-nahmen für die internationale Vermarktung der Philharmoniker.

Als Johann Bilse 1867 sein Orchester zusammenstellte, waren es einzig Ruhm und Ehre, die das Ensemble – das in den ersten Jahren Unterhal-tungsmusik in Teesalons spielte – erlangen konnten. Denn schon einige Jahre nach ihrer Gründung durften die Musiker zwar unter Richard

Wagner spielen, sie wurden aber so schlecht bezahlt, dass sie zu Konzerten in Eisenbahnwaggons der 4. Klasse fahren mussten. Bald reichte es einigen Musikern. Sie trennten sich von Bilse, gründeten zunächst die „Frühere Bilsesche Kapelle" und im Sommer 1882 das „Berliner Philharmonische Orchester". Mit der Kaffeehausmusik war es damit endgültig vorbei: In einer zum Konzerthaus umgebauten Rollschuhhalle arbeitete Johannes Brahms mit den Musikern zusammen, ebenso Hans von Bülow. Wichtige Sponsoren wie die Familie Mendelssohn finanzierten unter anderem Gastdirigenten wie Peter Tschaikowsky, Edvard Grieg und Gustav Mahler.

Unter Arthur Nikisch als musikalischem Leiter kommt es zum ersten kommerziellen Höhepunkt: Das Philharmonische Orchester nimmt seine erste Schallplatte auf. Beethovens 5. Sinfonie ist das erste sinfonische Werk, das ungekürzt auf eine Schallplatte gepresst wird.

Der berühmte Wilhelm Furtwängler übernahm die Nachfolge Nikischs, und unter ihm erlangten die Philharmoniker erstmals Weltruhm: als Interpreten der Wiener Klassiker und der Romantiker, zu Beginn der NS-Zeit mit ihren Aufführungen des verbotenen Mendelssohns und des „entarteten" Hindemiths. Daraufhin zwang man den Dirigenten 1934, von allen Ämtern zurückzutreten; dennoch durfte Furtwängler sein Orchester ab 1935 weiterdirigieren. Bis zu seinem Tod 1954 blieb er – mit einigen Unterbrechungen – der musikalische Leiter in Berlin.

Ihm folgte Herbert von Karajan; schön sollten die Philharmoniker damals klingen und technisch perfekt sein. Dafür wurde von Karajan damals hofiert und heute oft kritisiert. Als die Musiker nicht mehr nur technisch schön spielen wollten, musste der Dirigent 1989 gehen – und starb im selben Jahr. Claudio Abbado folgte für einige Jahre. Heute ist es Sir Simon Rattle, der nicht nur in Berlin für Furore sorgt: Denn unter seiner Maxime „Kunst ist kein Luxus, Kunst gehört zum Leben wie die Luft, die wir atmen" strömen nicht nur Jugendliche in die Konzerte der Berliner Philharmoniker, das Berliner Orchester wird auch mit Preisen wie dem „Echo" und dem „Grammy" überhäuft.

81 // BERNSTEINZIMMER

Seit mehr als 60 Jahren wird in Deutschland vermessen und gebuddelt, gerechnet und auch mal getaucht; Höhlen, Schiffswracks, Bunker und Stollen werden durchsucht – und das alles, um das 1941 von den

Nazis aus Russland geraubte, seit 1945 verschollene Bernsteinzimmer zu finden. Dabei ist es längst wieder im Sommerpalast von Zarskoje Selo bei St. Petersburg aufgebaut. Gut, nicht im Original, sondern in einer detailgetreuen Replik, die russische Restauratoren zwischen 1979 und 2003 aus sechs Tonnen Bernstein und für 11,5 Millionen Dollar geschnitzt haben. Vom Original, das Preußenkönig Friedrich Wilhelm I. dem russischen Zaren Peter dem Großen für knapp 250 besonders große Soldaten schenkte, sind ein Steinrelief und eine Kommode wiedergefunden worden. Aber was passierte mit dem Rest, rätseln die Schatzsucher dieser Welt, nachdem die Nazis das Zimmer aus fossilem Harz nach Königsberg gebracht hatten? Liegt es noch immer in dem verschütteten unterirdischen Stollenlabyrinth des alten Königsschlosses? Ist es bei dessen Zerstörung mit verbrannt? Oder wurde es nach Deutschland geschmuggelt und liegt jetzt im Erzgebirge vergraben, wie der Bürgermeister von Deutschneuburg 2008 vermutete? Werden wir es je erfahren? Oder ist es nicht auch gänzlich unwichtig, weil das Bernsteinzimmer, schon 1945 stark verwittert, kaum noch erkennbar sein wird, falls es jeweils wieder auftaucht? Sein Wert wäre der eines Haufen fossilen Harzes.

82 // BESSERWESSI

Gehört er heute eher zu den vom Aussterben bedrohten Arten, so war er nach dem 3. Oktober 1990 eine in Deutschland äußert häufig anzutreffende Spezies: der Besserwessi.

Die vom „Jammerossi" so benannten westdeutschen Ausbildungs- und Führungskräfte zogen nach der Wiedervereinigung mit der verantwortungsvollen Aufgabe in die neuen Bundesländer, das dortige Wirtschaftssystem den westlichen Verhältnissen anzupassen. Die Bürger der ehemaligen DDR fühlten sich dadurch eher bevormundet und ihrer Identität beraubt, was sich vielerorts in wachsendem Zweifeln gegenüber dem frisch vereinten Deutschland niederschlug. Denn nach Ansicht vieler Ostdeutscher funktionierte in der BRD längst nicht alles besser – zumal die eingeschränkte Wettbewerbsfähigkeit der neuen Bundesländer deren Bürger zahlreiche Arbeitsplätze kostete. So wurde der Begriff „Besserwessi" – nicht zuletzt durch den Einfluss der Medien – bald zum Synonym für den erfolgreichen, vermögenden, angeblich alles besser wissenden Westdeutschen und 1991 sogar von der Gesellschaft für Deutsche Sprache zum Wort des Jahres gewählt.

83 // BETHMÄNNCHEN

Sie gelten als eine der feinsten Weihnachtsleckereien: die Frankfurter Bethmännchen. Feingeriebene Mandeln werden mit Puderzucker, wenigen Tropfen Rosenwasser, etwas Mehl und geschlagenem Eiweiß verknetet, zu kleinen Kugeln geformt, mit drei geschälten Mandelhälften dekoriert und mit Eigelb bestrichen goldgelb gebacken. Der Küchenchef der Frankfurter Bankiersfamilie Bethmann, Jean Jacques Gautenier, gilt als Erfinder des Gebäcks. Er verzierte die Plätzchen um 1830 ursprünglich mit vier Mandeln: Je eine für die vier Söhne des Bankiers, Moritz, Karl, Alexander und Heinrich. Als Heinrich 1845 starb, besetzte der Koch die Bethmännchen nur noch mit drei Mandeln.

84 // BETRIEBSRAT

Im Schlecker um die Ecke ist es immer eng. In den Gängen stapelt sich die Ware, die noch eingeräumt werden muss, aber die einzige Verkäuferin muss kassieren; sie hat keine Zeit zu erklären, wo die Nivea steht, oder gar das Waschpulver nachzuräumen. Gut zehn Jahre gibt es bei der Handelskette Schlecker nun erste Betriebsräte, seit 1995. Laut der Gewerkschaft ver.di sind die Arbeitsbedingungen in Filialen, in denen sich Betriebsräte für ihre Kollegen einsetzen, dadurch deutlich verbessert worden. Der Schlecker um die Ecke scheint keinen Betriebsrat zu haben.

Auch der Discounter Lidl macht es seinen Arbeitnehmern schwer, Betriebsräte zu gründen – dabei könnten diese gegen Bespitzelungen seitens der Arbeitgeber wirkungsvoller vorgehen ...

Seit 1329, als in Breslau Gürtlergesellen erstmals streikten, kämpfen in Deutschland Arbeitnehmer aller Art für mehr Mitbestimmung. Doch die systematische Forderung nach Interessenvertretungen für Arbeitnehmer begann mit der Revolution von 1848: Sie legten der Nationalversammlung in der Frankfurter Paulskirche einen Entwurf über die Gestaltung von Betriebsvertretungen vor, der nur aufgrund des Scheiterns der Revolution nicht verabschiedet werden konnte. In der Weimarer Verfassung erhielten Betriebsräte eine erste rechtliche Grundlage zur Beratung der Arbeitnehmer, doch erst seit 1952 regelt das Betriebsverfassungsgesetz endgültig Aufgaben und Pflichten des Betriebsrates. Arbeitnehmer in privaten Betrieben und Unternehmen dürfen heute ab einer Größe von mindestens 5 Mitarbeitern einen Betriebsrat gründen, der ihre Interessen gegenüber dem Arbeitgeber vertritt und ein Mitspracherecht bei Kündigungen und Einstellungen hat. Das ist Unternehmen wie Schlecker und Lidl nicht ganz geheuer, die jeden Versuch neuer Betriebsratsgründungen zu unterbinden trachten. Andere Firmen sehen in den Betriebsräten aber auch Chancen für eine gute Firmenpolitik: Wie Aldi Nord, das seinen Betriebsräten jahrelang horrende Beraterhonorare zahlte und damit für ein arbeitgeberfreundliches Betriebsklima sorgte.

85 // BEUYS, JOSEPH

Der süßliche, penetrante Geruch im Berliner Hamburger Bahnhof, Museum für Gegenwart, strömt aus einem der hinteren Räume, in dem Joseph Beuys' Skulptur „Unschlitt" ausgestellt ist. Unschlitt ist ein altes Wort für Talg – neben Filz das Lieblingsmaterial des Künstlers, weil es sich verändert und weil es ein wärmendes Material ist. Tote Architektur wollte Beuys durch seine Fettskulpturen wiederbeleben, wie im Fall von „Unschlitt": Er baute den toten Raum unter einer Fußgängerbrücke nach, goss die Form mit Rindertalg aus und zerteilte sie in riesige Fettblöcke. Und tatsächlich scheint „Unschlitt" zu leben: Riesige Risse sind in den Fettklötzen entstanden, noch immer entströmt ihnen ein tierischer Geruch, und trotz optimaler Temperierung und Konservierung verändern die Blöcke ihre Farbe, werden gelblicher und ranziger. Das ist ganz im Sinne Beuys': Der Visionär wollte keine statische, festgefügte Kunst schaffen, sie sollte sich vielmehr wie die Gesellschaft selbst verändern und dadurch wiederum die Gesellschaft beeinflussen.

Damit veränderte Joseph Beuys den Kunstbegriff maßgeblich: Sein „erweiterter Kunstbegriff" bezog die Gesellschaft ein. Jeder Mensch galt für den 1921 geborenen Beuys als Künstler, dessen Ziel es sein müsse, an dem großen gesellschaftlichen Kunstwerk, einer neuen sozialen und demokratischen Lebensform mitzuwirken, der sogenannten „sozialen Plastik".

Auch eines seiner umfangreichsten Kunstwerke, „Stadtverwaldung statt Stadtverwaltung", das er 1982 bei der documenta 7 begann und in dessen Zuge er 7.000 Eichen pflanzen wollte, folgt dieser Idee. Das Projekt wurde nie zu Ende geführt: Als Joseph Beuys 1986 starb, hatte er lediglich 5.500 Eichen angepflanzt.

86 // BIEDERMEIER

Der lebende Beweis, dass auch Kleinbürger Ruhm erlangen können, ist Gottlieb Biedermaier. Ein einfacher Dorflehrer gab einer ganzen Epoche zwischen 1815 und 1845 ihren Namen. Dabei war Herr Biedermaier ganz und gar nicht anspruchsvoll: Schon „seine kleine Stube" und sein „enger Garten" verhalfen ihm „zu irdischer Glückseligkeit". So schrieb es jedenfalls sein Schöpfer, der Schriftsteller Ludwig Eichrodt in der humoristischen Wochenschrift „Fliegende Blätter". Eichrodt und der Arzt Kußmaul ließen darin ab 1855 kein gutes Haar an Biedermaier und seinesgleichen.

Denn während Napoleon besiegt war und die europäischen Monarchen die alte Ordnung mittels Zensur und Einschränkung politischer Tätigkeiten wiederherzustellen versuchten, besann sich die bildende Kunst auf geschönte Genre- und Landschaftsmalerei, und Hausmusik diente dem häuslichen Glück. In modischen Reifröcken saßen die Damen beim Kaffeekränzchen, während die Herren im Vatermörderkragen nach Luft für ein möglichst unpolitisches Geplauder rangen.

Die Epochenbezeichnung Biedermeier wird erst seit Ende des 19. Jahrhunderts als leicht abfällige Hommage an den eingangs erwähnten Gottlieb Biedermaier verwendet und blickt eher naserümpfend auf das ins Private immigrierte Bürgertum jener Zeit.

87 // BIENE MAJA

Kein Insekt hat es in Deutschland so weit gebracht wie die Biene Maja. Seit 1976 bringt die liebenswerte Zeichentrickfigur mit den gelben Haaren und großen Augen deutschen und bereits seit 1975 japanischen Kindern bei, was Freundschaft und Hilfsbereitschaft sind und wie schön es ist, Abenteuer zu erleben.

Dass die kleine Biene das Licht der Welt allerdings nicht als Zeichentrickbiene, sondern als Romanfigur erblickte, weiß kaum jemand in Deutschland. 1912 veröffentlichte der deutsche Schriftsteller Walter Bonsel „Biene Maja und ihre Abenteuer", eine Geschichte um die neugierige Honigbiene Maja, die das aufregende Abenteuer dem arbeitsamen und strengen Leben im Bienenstock vorzieht. Das Kinderbuch wurde in 41 Sprachen übersetzt.

Erst durch die japanisch-deutsch-österreichische Trickfilmadaption brachte es Maja zu Weltruhm. Der US-Zeichner Marty Murphy entwarf für das ZDF die Figuren und Drehbücher, der japanische Regisseur Hiroshi Saito übernahm die Regie. Die erste Staffel verfolgten etwa vier Millionen Kinder im ZDF, und selbst der Titelsong, gesungen von Karel Gott, landete auf Platz eins der NDR-Schlagerparade – ein für die damalige Zeit überwältigender Erfolg.

88 // BIENENSTICH

Im Mittelalter, als der Rhein ein wichtiger Handelsweg war und er der Stadt, die Rheinzoll erheben durfte, zu Reichtum verhalf, nahm der Kölner Erzbischof der Stadt Linz dieses Recht und gewährte es den Andernachern. Das mochten die Linzer nicht hinnehmen und planten einen Überfall: Eines Nachts fuhren sie mit Booten nach Andernach, um im ersten Morgengrauen die Stadt anzugreifen.

In jener Nacht hatten die Andernacher Bürger ein Fest gefeiert. Als der Morgen dämmerte, waren daher nur die beiden Bäckerjungen Fränzje und Döres auf den Beinen, verrichteten ihre Arbeit und gingen, als sie damit fertig waren, zur Stadtmauer, um auf deren Wehren heimlich Honig zu naschen. Wie entsetzt waren sie, als sie zu ihren Füßen das Linzer Heer entdeckten! Geistesgegenwärtig nahmen sie die Bienenstöcke und bewarfen die Linzer Ritter damit. Augenblicklich umschwirrten die aufgebrachten Tierchen die Krieger, drangen in ihre Rüstungen ein und schlugen sie in die Flucht.

Den beiden Bäckerjungen wurde in Andernach danach nicht nur ein Denkmal gesetzt, man buk ihnen zu Ehren auch einen Kuchen: den Bienenstich. Der zweilagige Hefekuchen vom Blech wird mit einer feinen Vanillecreme gefüllt und mit einer Masse aus Butter, Zucker und gehobelten Mandeln bedeckt.

89 // BIER

Eiskalt schäumt es in Tulpe oder Krug, in Stange, Seidel, Stößchen oder einfach im Willybecher – das zweitliebste Kaltgetränk der Deutschen. Deutschland ist das Land des Bieres, und das nicht nur europa-, sondern im Verhältnis gesehen sogar weltweit. Denn während in China etwa 250 Millionen und in den USA 230 Millionen Hektoliter Bier gebraut werden, schafft Deutschland immerhin rund 100 Millionen Hektoliter jährlich;

das ist über ein Viertel der gesamteuropäischen Bierproduktion. Kein Wunder also, dass das Hofbräuhaus in München als eine der touristischen Attraktionen japanischer Deutschlandbesucher gilt.

Doch die Zeiten, in denen die Deutschen mehr Bier als Wasser tranken, sind längst vorbei: 117 Liter Bier im Jahr stehen 130 Liter Mineralwasser gegenüber. 1971 war das noch ganz anders, da trank der Deutsche im Durchschnitt 151 Liter Bier im Jahr bei gerade einmal 12,5 Litern Mineralwasser. Das hat den Deutschen beim Bier den ersten Platz auf der europäischen Pro-Kopf-Verbrauchsliste gekostet, den mittlerweile Irland belegt.

So groß die deutsche Bierproduktion, so vielfältig sind die getrunkenen Sorten. Das beliebteste Bier ist mit 60 Prozent das Pils, die wesentlichen anderen Biere sind Altbier, Export, Kölsch und Weizen. Eine Besonderheit stellen die stärker alkoholhaltigen Bockbiere dar. Sie alle unterscheiden sich ganz erheblich im Geschmack, obwohl alle Varianten nur in zwei verschiedenen Verfahren, nämlich ober- oder untergärig, gebraut werden.

Der Brauprozess aber ist stets der gleiche: Aus Braugerste, manchmal auch Weizen oder Roggen, wird Malz gewonnen, aus dem anschließend mit Wasser und durch Erhitzen die Würze hergestellt wird.

Die Beigabe von Hopfen gibt dem Bier sein charakteristisches Aroma und macht es länger haltbar. Ansonsten ist das Bierbrauen in erster Linie eine Sache der Gärung – denn alle weiteren Zutaten sind in deutschen Brauereien absolut verboten. Das wurde bereits im deutschen Reinheitsgebot von 1513 festgelegt, nach dem Bier nur aus Wasser, Malz, Hopfen und Hefe hergestellt werden darf. Und weil die Deutschen darauf besonderen Wert legen und reines Bier bevorzugen, schreiben sich auch ausländische Bierbrauer mittlerweile gern ein „gebraut nach dem deutschen Reinheitsgebot" auf die Fahnen bzw. aufs Etikett.

Das erste deutsche Bier wurde um 800 v. Chr. gebraut, allerdings ohne Hopfen, der erst etwa 1.500 Jahre später dazukam. Dass Deutschland mehr als 1.200 Brauereien besitzt, verdanken wir den mittelalterlichen Klöstern. Durch sie wurde das Bier zum Grundnahrungsmittel, das selbst das vorösterliche Fasten nicht brach. Und da Wissenschaftler mittlerweile entdeckt haben, dass maßvoller Biergenuss der Arterienverkalkung vorbeugt, wird es wohl in Deutschland auch weiterhin heißen: „Hopfen und Malz, Gott erhalts."

90 // BIERDECKEL

Die Steuererklärung sollte nach den Vorstellungen des CDU-Politikers Friedrich Merz auf einen Bierdeckel passen. Das ist bis heute nicht gelungen, hat aber die Bedeutung des Bierdeckels nicht geschmälert. Als Robert Sputh aus Dresden 1892 das Patent 68499 zur Herstellung der sogenannten Holzfilzplatten anmeldete, war er wahrscheinlich noch nicht davon ausgegangen, dass der Bierdeckel so zahlreiche Verwendungsmöglichkeiten finden würde. Zunächst sollte der Bierdeckel lediglich das Kondenswasser aufsaugen, das sich an einem kalten Bierglas sammelt, bevor hässliche Flecken auf Holztischen oder den Hosen des Gastes entstehen. Heutzutage freut man sich über den Bierdeckel, wenn die nette Kneipenbekanntschaft am Ende des Abends ihre Telefonnummer herausrückt. Kellner notieren in kleinen Strichlisten die Menge des Bierverzehrs am Deckelrand. Kreditwürdige Stammgäste dürfen „einen Deckel machen" und ihre Zeche später bezahlen. Der kippelnde Tisch im Biergarten wird am allerbesten mit einem oder mehreren Bierdeckelschnipseln fixiert, außerdem eignet sich der Bierfilz hervorragend als Getränkeschutzschild vor Wespen. Dieselbe Methode schützt im Rheinland vor eifrigen Köbessen (Kellnern). Kölsch und Alt werden dort nämlich weiter geliefert, bis der Gast den Bierdeckel aufs Glas legt. Bierdeckelhäuschen bauen ist eine beliebte Beschäftigung von einsamen Tresenhockern und gelangweilten Kindern beim Restaurantbesuch. Zu guter Letzt noch eine Verwendungsmethode, die wohl am häufigsten belächelt wird: das Bierdeckelsammeln. Dessen Anhänger sind – typisch deutsch – sogar in Verbänden organisiert.

91 // BIERGARTEN

Auch wenn inzwischen allerorten biergartenähnliche Schankbetriebe entstanden sind, vor dem geistigen Auge erscheinen nur sie: Die zupackenden Serviererinnen im feschen Dirndl, die unter königsblauem Himmel mit schneeweißen Schönwetterwolken den internationalen Gästen deutsche Lebensart auf die hölzernen Tische stellen. Dazu gibt's die selbst mitgebrachte Brotzeit. Und tatsächlich hat München Anspruch darauf, als Heimat des Biergartens zu gelten. Die bayerische Staatsregierung hat vermittels ihrer Biergartenverordnung den Biergarten als regionales Kulturgut gewürdigt und es geschafft, Lebensfreude und Lärmschutz unter einen Hut zu bringen.

Am Anfang stand eine Verordnung, in der der König das Brauen auf das Winterhalbjahr beschränkte. Zur Lagerung des wertvollen Produkts wurden neue Keller angelegt. Darauf wurden als Schattenspender Kastanien gepflanzt, und Kies hielt die Feuchtigkeit im Boden, was zusätzliche Kühlung brachte. Und wo eine neue Fläche unter prächtigen Bäumen entstanden war, konnte man das Bier doch gleich bei Sonnenschein statt im miefigen Gasthaus ausschenken.

92 // BIERMANN, WOLF

Am 16. November 1976 wurde Wolf Biermann wegen „grober Verletzungen staatsbürgerlicher Pflichten" die Rückreise in die Deutsche Demokratische Republik auf Dauer verweigert. Drei Tage zuvor hatte er sein berühmt gewordenes Konzert in der Kölner Sporthalle gegeben, das erste nach 11 Jahren absoluten Auftrittverbots. Für den Kader der DDR eine willkommene Gelegenheit, sich eines ihrer schärfsten Kritiker zu entledigen. So wie sein jüdischer Vater, der 1943 in Auschwitz umgebracht worden war, war Biermann Kommunist, hatte sogar vergeblich versucht, der SED beizutreten. Doch in seinen Liedern und Gedichten ließ der am 15. November 1936 geborene Hamburger kein gutes Haar an seiner Wahlheimat DDR, in die er als 17-Jähriger übergesiedelt war. Bespitzelung und Schikanierung von Andersdenkenden hatten für ihn nichts mit den Ideen von Marx und Engels zu tun. Biermanns Ausbürgerung und die Art, wie mit den folgenden Protesten umgegangen wurde, offenbarten auch anderen Künstlern und Dissidenten, dass die DDR ein menschenfeindliches und reformunfähiges Land bleiben würde – eine

Welle von Fluchten, Verhaftungen und Ausweisungen folgten. Doch es sollte noch 13 Jahre dauern, bis der von Biermann auch weiterhin singend und dichtend beschimpfte Überwachungsstaat endgültig in sich zusammenbrach.

93 // BILDUNG

Bildung hat es in den letzten Jahren arg schwer in Deutschland: Dem alten Land der Dichter und Denker fehlt es an Studenten und Akademikern, an Facharbeitern und Lehrlingen, an Gesellen und Meistern, an klugen Köpfen im Allgemeinen. Das besagen die Studien der Organisation für wirtschaftliche Zusammenarbeit und Entwicklung, OECD, zuletzt die von 2007.

Danach stieg die Anzahl der Studenten in Deutschland seit 1995 um nur 5 %, im OECD-Durchschnitt dagegen um 41 %.

Für die Ausbildung eines Studenten gibt Deutschland 7.724 US-Dollar im Jahr aus, die Vergleichsländer durchschnittlich 7.951. Knapp 20 % der Studenten machen einen akademischen Abschluss, im OECD-Schnitt schaffen das 36 %.

Rechnet man Abiturienten und alle Lehrabschlüsse zusammen, dann haben in der Bundesrepublik 83 % aller 25- bis 64-Jährigen einen Sekundar-II-Abschluss – im Vergleich zu 63 % im OECD-Schnitt. Damit erreicht Deutschland unter den 29 verglichenen Staaten Platz 9. Betrachtet man nur die 25- bis 34-Jährigen, dann fällt Deutschland auf Platz 16 zurück.

Der Anteil der Bildungsausgaben von Staat und Wirtschaft am Bruttoinlandsprodukt liegt in Deutschland mit 5,2 % deutlich unter dem OECD-Mittel von 5,7 %. In der Gruppe der 29 verglichenen Industrienationen kommt Deutschland damit auf Platz 21: Pro Grundschüler wendet Deutschland 4.948 US-Dollar auf und liegt damit nur an 19. Stelle.

Da verwundert es nicht, dass 80.000 deutsche Jugendliche jährlich die Schulen verlassen, ohne auch nur einen Hauptschulabschluss zu haben. Die meisten von ihnen verfügen über nur rudimentäre Lesefähigkeiten und werden aller Wahrscheinlichkeit nach auch diese verlieren. Zur Zeit gibt es 4 Millionen erwachsene Analphabeten in Deutschland. Seit der Aufklärung aber galt in Europa gerade das Lesen als der einzige Weg, ein freier Mensch zu werden.

94 // BILD-ZEITUNG

„Bild dir deine Meinung", fordert die Zeitung mit der drittgrößten Auflage weltweit – und rund 3,4 Millionen zahlende Leser folgen täglich diesem Ruf. Am 24.6.1952 begann die Schwindel erregende Erfolgsgeschichte des größten deutschen Boulevardblattes. Unter dem Namen „10-Pfennig-Bildzeitung" wurde sie von uniformierten Straßenhändlern in Bauchläden verkauft. Und genau dahin sollte das Blatt auch wieder bei der Leserschaft – weniger ins Hirn als in den Bauch.

Nach dem Vorbild der britischen Yellow Press wollte der Vater und Herausgeber Axel Springer keinen investigativen Journalismus bieten, sondern den Geschmack und das Gemüt der Masse bedienen. Also gab es in der ersten Ausgabe vor allem Bilder, Witze und Horoskope als leicht verdauliche Geisteshäppchen für jedermann.

Ende der 50er Jahre rückte – neben Klatsch- und Tratschgeschichten – die Politik stärker in den Mittelpunkt. Mit einer strikten antikommunistischen Haltung trat die Bild-Zeitung gegen die deutsche Teilung ein. Nach dem Bau der Berliner Mauer am 13. August 1961 titelte sie empört: „Der Osten handelt – was tut der Westen? Der Westen tut nichts!"

Angesichts der steigenden Einflussnahme auf das politische Geschehen regte sich lautstarke Kritik im linken und liberalen Lager. Gegen die Studentenunruhen der 60er Jahre bezog die Bild-Zeitung Stellung und berichtete etwa über den Tod Benno Ohnesorgs lediglich am Rande. Die Studentenbewegung warf der Bild-Zeitung daraufhin Meinungsmache vor und machte sie 1968 nach der Schlagzeile „Rudi Dutschke – Staatsfeind Nr. 1!" schließlich direkt für die Schüsse auf ihren Berliner Sprecher verantwortlich. In der Folge wurde das Verlagsgebäude belagert, Fahrzeuge wurden in Brand gesteckt und Mitarbeiter tätlich angegriffen.

Auch deutsche Intellektuelle wie Golo Mann und Heinrich Böll wandten sich gegen die Methoden und Berichterstattungen. Ihren Höhepunkt erreichte die öffentliche Kritik, als Günter Wallraff sich 1977 als Lokalreporter bei dem Blatt einschlich und so zahlreiche journalistische Versäumnisse nachweisen konnte.

Doch alle Kritik und Rügenrekorde durch den Deutschen Presserat konnten die Erfolgsgeschichte der Bild-Zeitung nicht schmälern. Wer würde auch sonst die Öffentlichkeit über Verfehlungen des angeblich luxuriös lebenden Sozialhilfeempfängers „Florida-Rolf" aufklären? Und wer könnte in Swimmingpools herumturtelnden Ex-Minister wie „Plansch-Scharping" zu Fall bringen? Deutschland bildet sich seine Meinung ...

95 // BIMBES

Asche, Kohle, Flocken – oder Bimbes. Im Dialekt der Pfalz ist damit also einfach nur Geld gemeint. Dass der Bimbes den Landstrich im Südwesten der Bundesrepublik überhaupt je verließ, ist einer der großen Verdienste des Ur-Pfälzers und Altkanzlers Helmut Kohl. Als „Bimbes" bezeichnete er in einem ZDF-Interview am 16. Dezember 1999 jovial die geheimen Spendengelder, die während seiner 16-jährigen Amtszeit geflossen sind – und schwieg sich dann über die ursprünglichen Besitzer des schwarzen Bimbes aus. Die juristischen Untersuchungen verliefen daraufhin weitestgehend im Sande. Bimbes aber gilt seither nicht nur als Helmuts Kohle, sondern bezeichnet Schmiergelder im Allgemeinen. Kreative Abwandlungen wie „Bimbesrepublik", „Bimbeskanzler" oder „heiliger Bimbes" bereichern nun auch den allgemeinen deutschen Wortschatz: Der CDU-Schwarzgeldaffäre sei Dank.

96 // BIOLEK, ALFRED

Mit seiner Kochsendung „alfredissimo" machte Alfred Biolek das Miteinanderkochen in Deutschland populär. Das Konzept der Sendung: Bioleks prominente Gäste brachten ihr Lieblingsrezept mit, Biolek ein eigenes; er kaufte ein, stellte die Küche zur Verfügung, und während man kochte und dabei unterschiedliche Weine probierte, sprach man über Alltag und Beruf, übers Kochen und Essen, sang auch mal ein kleines Lied. „alfredissimo" war der Höhepunkt der gepflegten Biolekschen Unterhaltung, gab sich entspannt und vermittelte dabei einen wunderbar alltäglichen Eindruck von den bekannten Gästen. Unvergessen bleibt etwa die Sendung mit Hannelore Kohl, in der sie nicht nur des Ex-Kanzlers Lieblingsspeise „Pfälzer Saumagen" zubereitete, sondern Herrn Biolek auch streng durch die Küche delegierte.

Was in der Kochshow seine Blüte fand, hatte der 1934 in Freistadt (heute Karviná in Tschechien) geborene Alfred Franz Maria Biolek 1975 mit der

Talkshow „Kölner Treff" begonnen und in den Sendungen „Bios Bahnhof", „Bei Bio" und „Boulevard Bio" fortgeführt: Auf gepflegte, nie provokante Weise unterhielt sich Biolek vor laufender Kamera mit seinen Gästen. 2007 hat sich Biolek, der ursprünglich als promovierter Jurist seine Karriere beim ZDF begann, aus dem aktiven Fernsehleben zurückgezogen.

97 // BIO-SIEGEL

Bioland, Biopark, Demeter, EcoVin, Naturland, Gäa, Ifoam, Ökosiegel, Biokreis – Verbände, die sich der biologischen Landwirtschaft verschrieben haben, gibt es glücklicherweise mittlerweile eine ganze Menge. Ein Siegel aber ist es, das dem Verbraucher garantiert, dass die Verbände auch halten, was sie versprechen. Unter strengen Kontrollen bürgt das achteckige deutsche Bio-Siegel seit 2001 für eine artgerechte Tierhaltung und natürliche Futtermittel, Herstellung ohne chemische Pflanzenschutzmittel, Wachstumsförderer, synthetische Düngemittel und Gentechnik und die Verarbeitung ohne Geschmacksverstärker, künstliche Aromen oder Bestrahlung. Mittlerweile sind es über 46.000 Produkte und 2.700 Unternehmen, die das Bio-Siegel führen dürfen, oft in Verbindung mit einem der obigen Zeichen, die auch noch Auskunft über Anbaugebiete etc. geben.

98 // BIRTHLER-BEHÖRDE

Sie ist die „Bundesbeauftragte für die Unterlagen des Staatssicherheitsdienstes der ehemaligen Deutschen Demokratischen Republik" und ein Organ der öffentlichen Verwaltung: Marianne Birthler, deren Behörde zur Freude jedes zeilensparenden Journalisten mit ihrem Namen abgekürzt wird. Seit dem 19. September 2000 hat sie ihr Amt inne und wacht über die Akten des ehemaligen DDR-Ministeriums für Staatssicherheit.

Es fing mit dem Fall der Mauer im Herbst 1989 an: Die Stasi hatte mit der Vernichtung geheimer Unterlagen begonnen – bis mutige Bürgerrechtler im Dezember Stasi-Dienststellen besetzten und der Vernichtung Einhalt geboten. Sie stellten die verbliebenen Akten, Tonbänder, Mikrofiches, Karteikarten und Filme sicher: Unmengen, nämlich 180 Kilometer an greifbaren Beweisen für den Bespitzelungsapparat der Stasi. Hinzu kamen noch einmal 16.250 Säcke voller Papierschnipsel – schätzungsweise 45 Millionen DIN-A4-Seiten hatten die Stasi-Mitarbeiter in den vergangenen

Monaten von Hand zerrissen oder geschreddert –, die mittlerweile mit neuster Fraunhofer-Technik wieder zusammengesetzt werden.

Es war vor allem der Wille der DDR-Bürger, diese Dokumente zu bewahren und zugänglich zu machen – so dass im Zuge der Deutschen Einheit am 3. Oktober 1990 die Behörde gegründet wurde: Damals mit Joachim Gauck als Leiter, weshalb die Behörde bis zum Jahr 2000 „Gauck-Behörde" bzw. offiziell „der Beauftragte für die Unterlagen ..." hieß. Privatpersonen konnten nun „ihre" Stasiakten, Journalisten und Wissenschaftler das DDR-Geheimdienstmaterial zu „Personen der Zeitgeschichte" – sofern es nicht Persönliches betraf – studieren.

Die Birthler-Behörde ist eine in Deutschland einzigartige Behörde, eine Mischung aus Archiv und politisch-historischer Bildungsstätte, die von Anfang an eine Vielzahl von Gegnern hatte: all diejenigen, die solch eine geschichtliche Offenlegung in kein günstiges Licht rücken würde.

99 // BISMARCK, OTTO VON

„Preußen muss seine Kraft zusammenfassen und zusammenhalten auf den günstigen Augenblick, der schon einige Male verpasst ist; Preußens Grenzen nach den Wiener Verträgen sind zu einem gesunden Staatsleben nicht günstig; nicht durch Reden und Majoritätsbeschlüsse werden die großen Fragen der Zeit entschieden – das ist der große Fehler von 1848 und 1849 gewesen –, sondern durch Eisen und Blut."

Es ist die sogenannte Blut-und-Eisen-Rede, die Preußens neuer Ministerpräsident Otto von Bismarck am 30. September 1862 vor dem Abgeordnetenhaus hält, die Bismarcks Streben und seine Politik zusammenfasst: die Vormachtstellung Preußens vor Österreich, die Schaffung eines einheitlichen deutschen Staates unter preußischer Führung sowie die Unterdrückung aller liberalen Bestrebungen.

Zu dieser Zeit hatte Bismarck eine Position in Preußen erkämpft, in der der 1815 geborene Sohn eines Großgrundbesitzers seine eiserne Politik zielstrebig verfolgen konnte: Im deutsch-österreichischen Krieg gelang es Bismarck 1866, Österreich auszuschalten. 1870 kam es zu einem neuen Konflikt, dieses Mal zwischen Frankreich und Preußen. Den darauffolgenden Sieg nutzte Bismarck geschickt aus: Am 18. Januar 1871 wurde im Spiegelsaal von Schloss Versailles der einheitliche deutsche Nationalstaat ausgerufen und Wilhelm I. zum deutschen Kaiser ernannt. „Blut und Eisen" hieß Bismarcks Devise in der Außenpolitik, „Eisen" zumindest noch in der Innenpolitik: Otto von Bismarck wird erster Reichskanzler, und wegen seines scharfen Vorgehens gegen die Sozialdemokratie wird er bald „Der Eiserne Kanzler" genannt.

Für Deutschland ist Bismarck aber vor allem wegen seiner fortschrittlichen Reformen im Innern von Bedeutung: Im sogenannten Kulturkampf schwächt er den Einfluss der Kirche und führt bindend die Zivilehe ein. Seine Sozialgesetze waren vorbildlich: Die Krankenversicherungs- und Unfallversicherungsgesetze von 1883/84 und schließlich die Alters- und Invaliditätsgesetze von 1889 sicherten die Arbeiter erstmals umfassend ab. Sein Ziel, die Arbeiter damit für den Staat zu gewinnen und von ihrer politischen Organisation abzubringen, erreichte Bismarck allerdings nicht. Als Wilhelm I. 1888 starb, waren auch Bismarcks Tage im Amt gezählt. Der erste deutsche Reichskanzler überwarf sich mit dem neuen Kaiser Wilhelm II. und musste im März 1890 schließlich zurücktreten. Er lebte noch 8 Jahre auf seinem Gut in Friedrichsruh bei Hamburg, wo er am 30. Juli 1898 in einem Mausoleum neben seiner Frau begraben wurde.

Nach seinem Tod setzte eine beispiellose Bismarck-Verehrung ein: Landstriche, Inseln und Gebirge und natürlich Straßen und Plätze sind nach ihm benannt, mit Bismarckbraun wird noch heute vor allem Leder gefärbt, seine Büste wurde in der Walhalla aufgestellt, und der Bismarckhering bezeichnet ein sauer eingelegtes Heringsfilet. Unübersehbar sind auch die Bismarcktürme – monumentale Aussichtstürme, die nicht nur in Deutschland in Massen, sondern auch in Polen, Tschechien und selbst in Chile und Kamerun zu finden sind.

100 // BITTE EIN BIT

Irgendjemand bestellte 1950 während einer fröhlichen Stammtischrunde mit „Bitte ein Bit" beim Kellner sein Bitburger Pils: Ein Werbeslogan war geboren, den Bert Simon, Brauer und Teilhaber an der Bitburger-Brauerei, handschriftlich notierte und den in Deutschland so ziemlich jeder kennt. Auf der Ernährungsmesse ANUGA wurde der Slogan 1951 erstmals vorgestellt und ziert seitdem nicht nur die Bitburger-Pils-Flaschen, sondern auch deutsche Autos. Seit Jahrzehnten ist der goldene Schriftzug „Bitte ein Bit" am Heck vieler Fahrzeuge zu finden, gleich neben einem Sylt- oder Ein-Herz-für-Kinder-Aufkleber. Damit ist das Bitburger Pils wohl das einzige Bier Deutschlands, für das kostenlos auf Privatautos geworben wird.

101 // BLASMUSIK

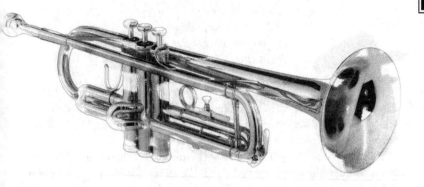

Natürlich kann man auch die Trompeten- und Saxophonklänge von Miles Davis und John Coltrane zur Blasmusik zählen oder die Deutsche Bläserphilharmonie, die Werke von Edward Elgar und Igor Strawinsky spielt. Aber in Deutschland bezeichnet „Blasmusik" vor allem eins: Blaskapellen, die sich auf volkstümliche Blasmusik spezialisiert haben, wie sie in Festzelten bei ländlichen Schützenfesten beliebt ist.

Schon im Auftreten unterscheiden sich die Kapellen kaum voneinander: Überwiegend aus Männern bestehend, trägt man schwarze Hosen und weiße Hemden, darüber gern eine offene Weste in Bordeaux oder Hellbraun, auf dem Revers Enzian- und Edelweiß-Nadeln und natürlich das Vereinswappen. Wie die klassischen bestehen auch die volkstümlichen Blasorchester aus Holz- und Blechblasinstrumenten, also Flöte und Fagotte, Oboen, Klarinetten und Saxophone ebenso wie Trompeten, Posaunen, Hörner und Tuben.

Zu Amboss- und Amsel-Polka, „Herzilein" und dem Kufstein-Lied schunkelt das Publikum an seinen Biertischen fröhlich mit und schwingt zu späterer Stunde auch gerne mal das Tanzbein.

Seit 1957 wird deutschen Blaskapellen in New York eine besondere Ehre zuteil: Die Amerikaner, fast noch heißer auf die deutsche Blasmusik als die Deutschen selbst, veranstalten alljährlich in New York die Steubenparade; um die deutsch-amerikanische Freundschaft hochleben zu lassen, reisen 45 deutsche Blaskapellen, Karnevalsgesellschaften, Trachten- und Schützenvereine nach New York und marschieren über die 5th Avenue – umjubelt von rund 100.000 Zuschauern. Es gilt als die größte Auszeichnung für eine Blaskapelle, hier aufspielen zu dürfen.

102 // BLAUE BLUME

„Ich suche die blaue Blume,
Ich suche und finde sie nie,
Mir träumt, dass in der Blume
Mein gutes Glück mir blüh."

Was wie die Aufzeichnungen eines verzweifelten Botanikers klingt, entstammt der Feder eines bedeutenden Dichters der 19. Jahrhunderts. In seinem Gedicht „Die blaue Blume" beschrieb Joseph von Eichendorff ein zentrales künstlerisches Motiv seiner Epoche.

Seit Ende des 18. Jahrhunderts steht die blaue Blume für eine tiefe Sehnsucht des Menschen: Sie verkörpert die Hinwendung zu Gefühlen und Träumen, zu Phantasie und Mystik, ist eine Reaktion auf die von Verstand und Nützlichkeitsdenken geprägte Gesellschaft.

Es war der deutsche Dichter Novalis, auch bekannt als Friedrich von Hardenberg, der die Blaue Blume erstmals literarisch verarbeitete. In Romanfragment „Heinrich von Ofterdingen" von 1802 erzählt er die Geschichte eines jungen Mannes, der im Traum „eine hohe lichtblaue Blume" erblickt und in ihr seine wahre Liebe zu einem Mädchen erkennt. Damit greift Novalis auf die thüringische Sage vom Kyffhäuser und die Sage von der Wunderblume in der Johannisnacht zurück, in denen ein blaues Pflänzchen den Weg zu großem Glück weisen konnte. Das Motiv taucht bei vielen Dichtern der Romantik auf.

Auch für die 1896 in Deutschland entstandene Wandervogel-Bewegung wurde die blaue Blume Ausdruck einer Sehnsucht, die beim Durchqueren von Wald und Wiesen fröhlich besungen wurde: „Es blühet im Walde tief drinnen die blaue Blume fein, die Blume zu gewinnen, ziehn wir in die Welt hinein." Denn Blau ist die Farbe des Himmels und des Wassers; Blau steht für die Ferne und das Unerreichbare. Und das gilt bis heute: Hartnäckig bemühen sich daher Züchter und Gentechniker, eine rein blaue Rose – die edelste aller Blumen – zu züchten.

103 // BLAUER REITER

Es war ein kleines oberbayerische Städtchen, Murnau am Staffelsee, und die es umgebende voralpenländische Idylle, die eine der bedeutendsten expressionistischen Künstlervereinigungen hervorbrachte. Ab

Sommer 1908 ließen sich die Künstler Gabriele Münter und Wassily Kandinsky, Franz Marc, Marianne von Werefkin und Alexej Jawlensky in Murnau nieder und begannen, Kühe, Pferde und Wiesen und die Plätze und Häuser der Stadt in leuchtenden Farben auf ihre Leinwände zu bringen – nicht mehr als wirkliches Abbild der Natur, sondern als reduzierte Bildgestaltung, die auf alles Belanglose verzichtete. Die Künstler gaben ihre subjektiven Eindrücke und Empfindungen wieder, statt die Natur nachzuzeichnen.

Dies als Befreiung von der traditionellen Malerei der Akademien empfindend, beschlossen Kandinsky und Marc 1911, die Künstlergruppe „Der Blaue Reiter" zu gründen – als lose Gruppierung ohne Statuten, die nicht einen bestimmten Stil bewerben, sondern lediglich Gleichgesinnten eine Basis bieten sollte. Der Name leitete sich von einem 1903 entstandenen, gleichnamigen Gemälde Kandinskys ab. Zunächst planten Marc und Kandinsky, einen Almanach mit Retrospektiven und Aufsätzen herauszugeben, dann aber entschlossen sie sich zu einer ersten Ausstellung.

Diese fand vom 18. Dezember 1911 bis zum 1. Januar 1912 in der Münchner Galerie Tannhauser statt: Neben den Murnauer Künstlern gehörten auch August Macke und Alfred Kubin zum „Blauen Reiter"; Paul Klee war kein Mitglied, aber Sympathisant.

Bei Ausbruch des Ersten Weltkriegs trennte sich Kandinsky von Gabriele Münter – er musste Deutschland verlassen; August Macke und Franz Marc fielen in Frankreich – der „Blaue Reiter" zerfiel. Die Werke der Künstler aber bereiteten der modernen Kunst den Weg. Sie konnten, obwohl von den Nazis als „entartet" abgestempelt, zu einem Großteil gerettet werden: von Gabriele Münter im Keller ihres Hauses in Murnau, das heute wieder besichtigt werden kann.

104 // BLAUTOPF

„Im Schwabenlande sieht man nächst einer jähen Felsenwand den großen runden Kessel einer wundersamen Quelle, der Blautopf genannt. Gen Morgen sendet er ein Flüßchen aus, die Blau, welche der Donau zufällt. Dieser Teich ist einwärts wie ein tiefer Trichter, sein Wasser ist von Farbe ganz blau, sehr herrlich, mit Worten nicht wohl zu beschreiben; wenn man es aber schöpft, sieht es ganz hell in dem Gefäß. Zuunterst auf dem Grund saß ehemals eine Wasserfrau mit langen fließenden Haaren."

So beschrieb Eduard Mörike die berühmte Karstquelle bei Blaubeuren. Doch die Antwort, dass die Haare einer Wasserfrau die unglaubliche Farbe in den kleinen See zaubern, will uns nicht ganz einleuchten. Auch das Wasserwesen, das täglich Tinte in das Gewässer schüttet, scheint keine befriedigende Antwort – zumal der Blautopf weit häufiger nur hellblau, grünlich oder sogar schlammigbraun ist. Auch der Widerschein des Himmels – alles Quatsch.

Wer häufiger kommt, der sieht, dass der Blautopf nur nach einer längeren Regenpause in seinem satten Königsblau erstrahlt: Dann durchdringen Sonnenstrahlen das sehr reine und tiefe Wasser; die roten und gelben Spektralfarben des Lichts werden absorbiert, und nur das intensive Blau wird zum Auge des Betrachters zurückgeworfen. Vielleicht keine Geschichte von mystischen Wesen, aber ein eindrucksvoller Beweis für die Wirkungen der Physik.

105 // BLECHSPIELZEUG

Spielzeug wird gewöhnlich aus dem Material hergestellt, aus dem auch die meisten Gebrauchsgegenstände gefertigt werden. Heute ist das Kunststoff, im antiken Ägypten und Griechenland war es Ton, im 16. und 17. Jahrhundert in Deutschland Holz und seit Beginn der Industrialisierung dann Blech. Weißblech war billig und konnte bis zu einem gewissen Grad maschinell verarbeitet werden.

Das bekannteste und auch heute noch beliebteste Spielzeug aus Blech ist wohl der Brummkreisel. 1913 erfand die Firma Bolz in Zirndorf die Drillstange und ersetzte den bis dahin üblichen Schnurkreisel.

Zu dieser Zeit aber war vor allem Süddeutschland längst ein Zentrum der Blechspielwarenhersteller. Die erste Manufaktur wurde mit Rock & Graner 1813 in Biberach gegründet, 1818 folgten Issmayer in Nürnberg, 1826 Hess und 1851 Karl Bub. Blechspielzeuge aller Art wurden noch von Hand hergestellt, wodurch sie zunächst nur für die deutsche Oberschicht erschwinglich waren. Mit der zunehmenden Mechanisierung der Arbeitsprozesse und dem farbigen Lithografiedruck war das Blechspielzeug aber bald in allen Kinderhänden.

Heute haben es Sammler auf die begehrten Originale abgesehen. Aber auch Neuwaren sind noch immer gefragt – wie die bunte Knackente, mit der Kinder einen schönen Höllenlärm veranstalten können.

106 // BLÜCHER, GEBHARD VON

„Ich wollte, es wäre Nacht oder die Preußen kämen", soll der englische Herzog von Wellington am 18. Juni 1815 bei der erbitterten Schlacht von Waterloo gegen das Heer Napoleons I. ausgerufen haben. Als hätte er den Ruf gehört, dauerte es nicht lange, bis der preußische Generalfeldmarschall Gebhard Leberecht von Blücher das Schlachtfeld erreichte. Völlig unerwartet griff das preußische Heer – das zwei Tage zuvor noch bei Ligny geschlagen worden war und von dem Napoleon annahm, es befinde sich auf dem Rückzug nach Preußen – die Flanke der französischen Truppen an und entschied nicht nur diese Schlacht, sondern auch den Ausgang der Befreiungskriege für die Koalition der europäischen Mächte gegen Napoleon.

Schon bei der Völkerschlacht bei Leipzig 1813 war es der Schnelligkeit und Art der Angriffe Blüchers zu verdanken, dass Napoleon ein erstes Mal abdanken musste. Blücher erhielt dadurch nicht nur den Beinamen „Marschall Vorwärts", er wurde auch von Friedrich Wilhelm III. mit dem Titel des Fürsten von Wahlstatt und den reichen schlesischen Gütern von Krieblowitz beschenkt.

107 // BMW

Weiß-blau ist der Himmel über München, weiß-blau ist auch das Logo der Bayrischen Motorenwerke, die ihren Sitz seit 1917 in der bayrischen Metropole haben. In jenem Jahr wurden die ehemaligen Rapp-Motorenwerke in BMW umbenannt, das seit 1918 zunächst Flugmotoren für Militärflugzeuge herstellte. Nachdem BMW 1928 die Fahrzeugfabrik Eisenach übernommen hatte, begann mit dem „Dixi" auch die Automobilproduktion, doch der erste typische BMW war wohl das Modell Sport-Roadster 328 von 1936: Auf dem Nürburgring fuhr Ernst Henne mit ihm auf Anhieb zum Sieg, diesem Triumph sollten zwischen 1936 und 1940 noch 130 weitere folgen. Nur 464 Exemplare wurden vom 328 gebaut, dennoch steht er für den BMW an sich. Und er weist neben dem BMW-Logo das Markenzeichen aller späteren BMWs auf: die Doppelnieren am Kühlergrill, die zwar mittlerweile auch mal viereckig sein können, aber immer zu zweit auftreten.

108 // BOCKSBEUTEL

Die einen glauben, der Name würde sich von Ziegenhoden ableiten, andere, er würde den Bücherbeutel bezeichnen, mit dem man im Mittelalter Gebetsbücher vor der Abnutzung schützte. Aber egal, ob man ihm nun einen heiligen oder eher vulgären Ursprung verleiht, im deutschen Bocksbeutel findet sich heute ausschließlich fränkischer Wein und noch dazu der feinste. Das hat Tradition: Um den edlen, schon damals berühmten Wein vom „Würzburger Stein" vor billigen Fälschungen zu schützen, befahlen die Stadträte Würzburgs 1728, den Wein in die abgeflachten runden Flaschen abzufüllen und diese anschließend mit dem Stadtwappen zu versiegeln. Seitdem wurden edle Frankengewächse ausschließlich im Bocksbeutel angeboten. Dass dies findige Billigwinzer in den letzten Jahren auszunutzen verstanden und ihren Fusel ebenfalls in Bocksbeutel abfüllten, hat dem Ansehen des fränkischen Weins so schwer geschadet, dass viele Winzer hochwertiger Frankenweine sogar den Bocksbeutel vernachlässigten. Ihn ganz zu verdrängen ist ihnen indes nicht gelungen, und so gibt es noch Hoffnung auf eine Bocksbeutel-Renaissance.

109 // BOCKWURST

Nach den Leitsätzen für Fleisch und Fleischerzeugnisse des Deutschen Lebensmittelbuchs bestehen Bockwürste aus grob entsehntem Rindfleisch, fettgewebereichem Schweinefleisch und Speck. Das Brät wird mit Gewürzen fein zerkleinert im Naturdarm gebrüht. Mit Brötchen oder der ungetoasteten Ecke Weißbrot und Senf ist es ein heute nicht mehr ganz so beliebter Snack zum Bier. Anders in der DDR: Bis zu deren Ende soll die Bockwurst dort samt Bier (0,3 l, helles) und Brötchen für 1,36 Mark in den HO-Gaststätten zu haben gewesen sein. Senf ging aufs Haus. Diese Subvention könnte durchaus zum wirtschaftlichen Ruin des Staats beigetragen haben.

Der Legende nach wurde diese Variation der Brühwurst von dem koscheren Berliner Fleischermeister Löwenthal erfunden – damals noch ohne Schweinefleisch. Zu ihrem Namen sei sie gekommen, heißt es, weil eines Tages Studenten in der Kneipe des Büfettiers Richard Scholtz – die der Fleischerei gegenüberlag – zum Bockbier diese „feinere" Wurst gereicht bekamen. Seitdem gehört sie zum Bockbier dazu – bis etwa 1900 zusammen mit Bratkartoffeln und Bratensoße.

110 // BODENSEE

Kleine rotbackige Elstar entwickeln in der fetten Erde am Bodensee ihr süß-saures Aroma, grüne knackige Golden Delicious und saftige Jonagold gedeihen im beständigen Sonnenschein perfekt, der rau-schalige Lagerapfel Boskoop, bei dem einem auch im kommenden Frühjahr noch das Wasser im Mund zusammenläuft, reift im milden Klima langsam heran. Am Bodensee wachsen die besten deutschen Äpfel. Auch Kirschen, Birnen und Zwetschgen werden angebaut, auch sie sind hervorragend.

Es ist dem einmaligen Klima am Bodensee zu verdanken, dass Obst hier so ausgezeichnet wächst. Die insgesamt 535 m² Oberfläche des in der letzten Eiszeit entstandenen Sees reflektieren die Sonneneinstrahlung, was selbst 300 Meter vom Ufer entfernt zu spüren ist. Auch der Föhn trägt zum milden Klima an Ober- und Untersee, aus denen sich der Bodensee zusammensetzt, bei. Verbunden werden die beiden Seen durch den See-Rhein. Auf der Grenze zwischen Deutschland, der Schweiz und Österreich liegend, versorgt der See die ihn umgebenden Regionen mit allem Lebensnotwendigen: mit Trinkwasser und Gemüse, Obst, aus dem hier auch feinste Obstbrände hergestellt werden, Bodenseefelchen und Wein.

111 // BOHLEN, DIETER

„Mir geht dabei einer ab." Wenn Dieter Bohlen auf seine Art 22-jährigen Frauen öffentlich im Fernsehen bei „Deutschland sucht den Superstar" erklärt, wie sexy sie sind, dann ist das für durchschnittlich 12,8 Millionen Zuschauer keine sexuelle Belästigung, sondern gilt als Unterhaltung. Ja, über Geschmack lässt sich streiten, und Dieter Bohlen liefert seit Jahrzehnten Stoff für Diskussionen.

Seit seinem Posten als „DSDS"-Juror gilt Bohlen endgültig als Deutschlands Pop-Papst, der hier allerdings eher durch seine derben Kommentare als durch seinen Sachverstand Furore macht. Ob er die Kandidaten der Show von seiner Urteilsfähigkeit überzeugt, wenn er ihnen rät, sie sollen nur bekannte Lieder singen, denn zumindest er könne sonst nicht beurteilen, ob „der Song geil oder nicht geil" gesungen sei?

Scheinbar instinktiv weiß der 1954 geborene Oldenburger aber dennoch immer, was im Musikgeschäft gerade gefragt ist. Als er 1979 – nach Studium und verschiedenen eher erfolglosen Bandprojekten – einen Vertrag bei Intersong unterschrieb, begann seine Musikkarriere. Er produzierte die deutsche Schlagerwelt von Howard Carpendale über Rex Gildo bis hin zu den Wildecker Herzbuben, gründete 1983 mit Thomas Anders das Duo „Modern Talking", landete damit 5 Nummer-eins-Hits in Folge, schrieb zusammen mit einer Bild-Redakteurin zwei Biografien. Sein Leben wurde sogar als Zeichentrickfilm verfilmt. Und per Gericht wurde sein Juroren-Dasein bei „Deutschland sucht den Superstar" sogar als Kunst bestätigt: RTL, das die Sendung überträgt, wollte entsprechende Gebühren an die Künstlersozialkasse nicht zahlen. Das Gericht entschied, dass es ungeachtet des Niveaus genüge, „in Ansätzen eine freie, schöpferische Tätigkeit" auszuüben, um sie als künstlerisch einzustufen.

112 // BÖHM, DOMINIKUS

Dominikus Böhm war einer der bedeutendsten deutschen Kirchenbaumeister des 20. Jahrhunderts. Im Übergang vom 19. zum 20. Jahrhundert sollten die Gläubigen durch die Kirchenreformen der katholischen Kirche aktiver in den Gottesdienst eingebunden werden. Dominikus Böhm, 1880 im katholischen Jettingen in Schwaben geboren, schaffte für diese Gottesdienste den architektonischen Raum.

Sein nicht realisierter Kirchenentwurf „Circumstantes" von 1922 rückte bereits den Altar wieder ins Zentrum der Gemeinde, statt wie bislang von ihr weg.

Böhms Gotteshäuser sind wegweisend in der Kirchenarchitektur: Er erschafft offene einschiffige Kirchen, die einer strengen Geometrie folgen. Meisterhaft versteht es Böhm, mit Lichteffekten zu spielen.

Können Böhms Werke noch bis Ende der 20er Jahre dem Kubismus und Expressionismus zugeordnet werden, so zeichnen sich seine späteren Bauten durch eine noch schlichtere Sachlichkeit aus.

Bahnbrechende Beispiele seiner Werke sind die Christkönigkirche in Bischofsheim bei Mainz – mit ihrem parabolisch rohen Betongewölbe über dem Innenraum – und die wohl bekannteste Böhmsche Kirche: St. Engelbert in Köln-Riehl. Die bemerkenswerte Form aus schwingenden Backsteinschilden und Betonschalen brachte der Kirche in Köln den Namen „Zitronenpresse" ein.

Auch die Kinder Böhms treten in seine Fußstapfen: Als einziger Deutscher gewann 1986 Gottfried Böhm den renommierten Pritzker Architecture Prize. Paul Böhm dagegen ist zu verdanken, dass auch die Kompositionen Dominikus Böhms – Kinderlieder, Volkslieder, Klavierstücke und geistliche Lieder – in den letzten Jahrzehnten bekannt wurden.

Dominikus Böhm starb 1955 in Köln.

113 // BÖLL, HEINRICH

1960 floh der Musikprofessor Thomas Mandl aus der Tschechoslowakei nach Deutschland und wurde der Privatsekretär Heinrich Bölls. Da Mandls Frau, die Pianistin Jaroslava Mandlová, ihrem Mann nicht folgen durfte, ließ Böll 1961 von einem Bühnenzauberer einen doppelten Boden in seinen Citroën einbauen, fuhr mit Sohn und Frau zu einer Vortragsreise in die Tschechoslowakei und schmuggelte die Pianistin auf dem Rückweg nach Deutschland. Zwei Stunden dauerte die Durchsuchung an der tschechischen Grenze – Mandlová wurde nicht entdeckt.

Heinrich Böll war keiner, der nur schreibend Stellung bezog: Er half beim Wahlkampf Willy Brandts, wie er später die Grünen unterstützte. Er nahm politische Flüchtlinge wie Alexander Solschenizyn in seinem Haus auf und machte bei Sitzblockaden gegen die Stationierung amerikanischer Pershing-Raketen in Deutschland mit. Und der 1917 in Köln geborene Böll schrieb gesellschaftskritische Literatur – was ihm einerseits den Literaturnobelpreis einbrachte, andererseits, vor allem nach seinem Tod 1985, jede Menge Spott. Dabei wollte Böll lediglich ein kritischer, aufmerksamer Bürger sein, wie er 1971 an Hilde Domin schrieb, kein Präzeptor oder das „Gewissen der Nation". Dass er dadurch eher unbequem war und häufig angegriffen wurde, hat ihm nicht nur zeitlebens persönlich zugesetzt, auch seine Literatur ist dabei weitgehend in Vergessenheit geraten. Eine Literatur, die für „zeitgeschichtlichen Weitblick und liebevolle Gestaltungskraft" ausgezeichnet wurde und deren Themen heute noch durch ihre Gegenwärtigkeit bestechen.

114 // BOLLE

Nirgendwo ist für den Berliner das Gemüse gesünder und der Käse frischer als bei Bolle. Da gibt es keine sich wellende Jagdwurst an der Fleischtheke oder abgelaufene Milchprodukte im Kühlregal; bei Bolle ist alles proper und blitzeblank. Neun Filialen zählt die Berliner Supermarktkette heute wieder, nachdem sie 1881 als Meierei Carl Bolle startete, zunächst einen der erfolgreichsten Milchhandel Berlins eröffnete und dieser 1969 in eine Supermarktkette umgewandelt wurde, deren 66 Filialen dreißig Jahre später von SPAR aufgekauft wurden. Doch die Berliner wollten auf Bolle nicht verzichten: Seit dem Jahr 2004 ziert deshalb das Bolle-Milchmännchen, zusammengesetzt aus dem Namen und einer Glocke, wieder erste Supermärkte – und es werden alljährlich mehr.

115 // BOLLERWAGEN

Es ist Christi Himmelfahrt, Vatertag, ein Donnerstag im Mai – und die deutschen Straßen und Waldwege sind wieder von Bollerwagen bevölkert. Bierfässer, Grills und Würste türmen sich auf den Handwagen, die von einer grölenden Männergruppe gezogen werden. Wer an einem solchen Tag seine Ruhe haben möchte, sollte zu Hause bleiben oder sich ins Dickicht schlagen, dorthin, wo die Bollerwagen nicht hinkommen.

Wie Christi Himmelfahrt hatte auch der Bollerwagen einst eine andere Funktion: Als solides, günstiges Transportmittel für Kohle, Lebensmittel oder Holz geboren, wurde der kleine Handkarren bereits im 19. Jahrhundert zum rollbaren Picknickkorb bei den norddeutschen Kohlfahrten umfunktioniert. Die „feinen Herrschaften" aus der Stadt fuhren aufs Land, im Bollerwagen ein bisschen hochprozentige Verpflegung, um nach der Landpartie in einem Gasthaus traditionelle Kohlgerichte zu probieren.

116 // BOLTE-ZWIEBEL

Deutschland ist eine Zwiebel. Das stellte der Soziologe Karl Martin Bolte in den 60er Jahren fest und meinte damit nicht, dass Deutschland einem die Tränen in die Augen treibe. Vielmehr spiegeln sich im Bild der Zwiebel, laut Bolte, die unterschiedlichen sozialen Schichten wider. Die dickbäuchige Küchenzwiebel mit ihrer dünnen Oberschicht, einer breiten Mittelschicht

– wiederum untereinander abgestuft – und einer kleinen Unterschicht zeige genau die Schichten der deutschen Gesellschaft. Das genaue Ergebnis: 2 % der deutschen Bürger gehören der Oberschicht, 5 % der oberen, 14 % der mittleren, 29 % der unteren und 29 % der untersten Mittelschicht, 17 % der Unterschicht und 4 % den sozial Geächteten an. Mittlerweile ist die Bolte-Zwiebel ein bisschen mutiert, schrumpfen doch die Mittelschichten zugunsten der Ober- und vor allem der Unterschicht zunehmend zusammen.

117 // BONHOEFFER, DIETRICH

„Selig, die um der Gerechtigkeit willen verfolgt werden; denn ihnen gehört das Himmelreich." Es war immer die Bergpredigt, die Dietrich Bonhoeffer ins Zentrum seines Denkens und Handelns stellte. Für diesen Glauben, dass der Mensch barmherzig und gerecht sein solle, ist der lutherische Theologe gestorben. Am 9. April 1945, einen Monat vor Kriegsende, wurde Bonhoeffer von den Nationalsozialisten im Konzentrationslager Flossenbürg erhängt, weil er dem deutschen Widerstand angehörte.

Obwohl der am 4. Februar 1906 in Breslau als Sohn des berühmten Neurologen Karl Bonhoeffer geborene Dietrich Bonhoeffer nicht religiös erzogen wurde, wandte er sich früh dem Protestantismus zu, begann sein Studium der Theologie und wurde Pfarrer der Bekennenden Kirche, einer Oppositionsbewegung der Protestanten gegen die Gleichschaltung der evangelischen Kirche im Dritten Reich.

Schon mit der Machtergreifung Hitlers richtete Bonhoeffer seine Predigten gegen den Führeranspruch Hitlers. Er durfte daraufhin nicht mehr öffentlich auftreten und keine Schriften veröffentlichen. 1941 verfasste er Berichte über Judendeportationen, mit denen er das Ausland über die Verhältnisse in Deutschland aufklärt. Erst im Zuge des 20.-Juli-Attentats konnte Bonhoeffer jedoch seine Zugehörigkeit zum deutschen Widerstand nachgewiesen werden. Selbst noch in der Haft, ein halbes Jahr vor seiner Hinrichtung, schrieb Bonhoeffer an einen Freund: „Du darfst nie daran zweifeln, daß ich dankbar und froh den Weg gehe, den ich geführt werde. Mein vergangenes Leben ist übervoll von Gottes Güte, und über der Schuld steht die vergebende Liebe des Gekreuzigten." Obwohl Bonhoeffer nur 39 Jahre alt wurde, hat er wie kein anderer Theologe in Kirche und Gesellschaft des 20. Jahrhunderts hineingewirkt.

118 // BONN

Die Legende von der deutschen Sauberkeit muss in Bonn entstanden sein. Kein Papier ist in den Büschen zu finden, nicht mal Kaugummi klebt auf dem Gehweg. In Bonn ist alles sauber und adrett.

Bonn hat nichts von einer Großstadt, jeder Stadtteil wirkt wie ein eigenständiges Dorf – selbst das ehemalige Regierungsviertel, das wie ein Museum zur Geschichte der BRD wirkt. Jeden Samstag und Sonntag um 14 und 15 Uhr kann man den ehemaligen Bundestag besichtigen, auch das Palais Schaumburg und die Villa Hammerschmidt – Spuren der sogenannten „Bonner Republik".

Am 29. November 1949 wurde Bonn zur provisorischen Hauptstadt der entstehenden Bundesrepublik gewählt, erst 1973 ernannte Bundeskanzler Willy Brandt die kleine Rheinstadt zur Bundeshauptstadt, ein Status, den sie 1990 zugunsten Berlins wieder verlieren sollte. Doch Bonn hat sich dadurch kaum verändert: Noch immer arbeiten rund 10.000 Beamte in den verbliebenen acht Bundesministerien; der sogenannte Lange Eugen, früher das Bürohaus der Abgeordneten, ist heute das Hauptquartier der UN am Rhein. Und der einzigen Bundesstadt des Landes stehen finanzielle Mittel zur Verfügung, die nicht nur hervorragende Museen finanzieren, sondern auch das Image der Bonner Bundesrepublik bewahren helfen. Das eines sauberen, properen Staates.

119 // BOOT, DAS

Für eine ganze Riege von Schauspielern und anderen Filmschaffenden bedeutete die Verfilmung des 1973 erschienenen Bestsellers „Das Boot" von Lothar-Günther Buchheim den nationalen wie internationalen Durchbruch: Jürgen Prochnow und Regisseur Wolfgang Petersen machten sich international einen Namen, Herbert Grönemeyer fiel in der 23-Millionen-DM-Produktion erstmals als Schauspieler auf, und auch der Jazzsaxophonist Klaus Doldinger wurde durch seine Filmmusik endgültig auch als Komponist populär.

1981 verfolgten allein im Kino 5,8 Millionen Deutsche gebannt die wahre Geschichte des U-Boots 96, das vom Jäger zum Gejagten wird und schließlich schwer beschädigt auf den Grund des Meeres sinkt. Unter größten Mühen gelingt der Mannschaft das Unmögliche: Das Boot kann wieder auftauchen und sich trotz der schweren Schäden in einen rettenden Hafen schleppen. Doch hier offenbart sich die ganze Sinnlosigkeit des Krieges: Schon im vermeintlich sicheren Hafen wird das Boot durch Luftangriffe zerstört, ein Großteil der Mannschaft stirbt.

Mit einem Budget von umgerechnet knapp 16 Millionen Euro das damals teuerste deutsche Filmereignis, wurde das Boot mit 6 Oscars – unter anderem für Regie und Kamera –, der Goldenen Kamera, dem Bayrischen Filmpreis und dem Bundesfilmpreis ausgezeichnet. Auch die 1985 ausgestrahlte TV-Version erhielt die Goldene Kamera.

120 // BORUSSIA

Der gemeine Borusse meint, es gäbe „nur eine Borussia". Dies ist ein ebenso großer wie überzeugend vorgetragener Irrtum, denn neben Mönchengladbach und Dortmund schmücken sich auch Dingelstädt und Criewen sowie unzählige andere Sportvereine mit diesem Namen. Und auch bei den Burschenschaften zwischen Bonn und Wolfenbüttel ist die lateinisierte Form des deutschen Wortes Preußen beliebt. Die Verwendung dieser Bezeichnung folgt der Mischung aus Ehrerbietung und Anbiederung, die im 19. Jahrhundert dazu führte, dass jede Stadt ihre „Königsstraße" und ihren „Kaiserplatz" bekam. Mindestens in Preußen jedenfalls. Vereine und Vereinigungen wollten da natürlich nicht zurückstehen. Die lateinische Sprache verleiht dabei imperialen Glanz, Größe und Erhabenheit. Und sie ist zeitlos. Wie die „Borussia". Das weiß auch der Kuttenträger ohne großes Latinum.

121 // BOSCH, ROBERT

Es ist nicht gerade das Bild eines Menschenfreunds, das man mit einem erfolgreichen Unternehmer verbindet. Der Feinmechaniker und Unternehmer Robert Bosch (1861–1940) steht jedoch für beides: Er war ein bedeutender Unternehmer, und er war ein guter Mensch. Seine 1886 gegründete „Werkstätte für Feinmechanik und Elektrotechnik" war bereits zu Beginn des neuen Jahrhunderts ein international tätiger Konzern, dessen Gewinne Bosch planvoll nutzte, um Menschen zu helfen. Und das nicht nur innerhalb seines Unternehmens: Dort hatte er als einer der ersten in Deutschland den 8-Stunden-Tag und umfassende Sozialabsicherungen für seine Arbeiter eingeführt; ansonsten spendete er Millionen für die technische Forschung an Hochschulen, für die Einrichtung homöopathischer Krankenhäuser und die Vorläufer der deutschen Volkshochschulen. Mit Rüstungsaufträgen wollte Bosch im Ersten Weltkrieg nichts verdienen, nahm sie aber an und spendete die Millionengewinne für die deutsche Wohlfahrtspflege.

Boschs demokratische Gesinnung, für die er sich während der Weimarer Republik stark engagierte, ließen ihn auch im Nationalsozialismus seine Menschlichkeit bewahren: Obwohl er wiederum Rüstungsaufträge erhielt und ausführte und auch Zwangsarbeiter beschäftigte, unterstützte er nicht nur ab 1936 jüdische Wohlfahrtseinrichtungen finanziell. Robert Bosch half auch, inhaftierte Juden freizukaufen und ihnen die Ausreise zu ermöglichen, und beschäftigte rassisch und politisch Verfolgte in seinen Betrieben.

Selbst noch in seinem Testament bestimmte Bosch, dass ein Teil seiner Firmenanteile für gemeinnützige Zwecke zu verwenden sei: „Meine Absicht geht dahin, neben der Linderung von allerhand Not vor allem auf die Hebung der sittlichen, gesundheitlichen und geistigen Kräfte des Volkes hinzuwirken."

Robert Bosch starb im Jahr 1940.

122 // BOSS

In der Welt der Mode steht der Name Hugo Boss für Herrenmode schlechthin. Kaum ein Label verkauft maskulinere Düfte, coolere Accessoires und besser geschnittenere, aber lässige Anzüge – so jedenfalls das Image. Zumindest aber um die Lässigkeit war es bei Gründung des Unternehmens schlecht bestellt: In der Schneiderei, die in den 20er Jahren in Metzingen gegründeten worden war, ließ Hugo Boss zunächst Hemden, dann Arbeitskleidung und bald Uniformen für die deutsche Wehrmacht herstellen. Zucht und Ordnung waren dort die Devise und ein akkurates Arbeiten – weshalb Boss nicht nur die besten deutschen Schneider, sondern auch die fähigsten Zwangsarbeiter beschäftigte.

Als die Uniformschneiderei nach dem Krieg unrentabel wurde, setzten die Enkel des Firmengründers bald auf schicke Herrenmode, der bald auch ein eigenes Damenlabel folgte. Den Geist der Tradition konnten aber auch die Enkel Hugo Boss' nie ganz abstreifen: Noch immer ist der Herrenanzug das Paradestück der Marke, und selbst die Damenmode erinnert in ihrer Strenge und Männlichkeit mitunter an einen Waffenrock.

123 // BRAHMS, JOHANNES

„Wenn er seinen Zauberstab dahin senken wird, wo ihm die Mächte der Massen, im Chor und Orchester, ihre Kräfte leihen, so stehen uns noch wunderbarere Blicke in die Geheimnisse der Geisterwelt bevor." Robert Schumann lenkte mit seinem begeisterten Artikel „Neue Bahnen" von 1853 mit einem Mal das Interesse der Öffentlichkeit auf seinen Freund Johannes Brahms.

Erst 20 Jahre zuvor, am 7. Mai 1833, war Johannes Brahms in Hamburg geboren worden. Seine Eltern erkannten früh die besondere Begabung ihres Sohnes und ließen ihn trotz Armut ab dem 7. Lebensjahr Klavierunterricht nehmen; mit 10 galt er als Wunderkind. Doch sein eigentliches Potential sah schon sein Klavierlehrer Cossel in der Komposition. Auf einer Reise nach Düsseldorf schloss Brahms 1853 Freundschaft mit Robert und Clara Schumann, die den jungen Komponisten in seiner Arbeit ermutigten: Robert war begeistert von den Fähigkeiten des jungen Mannes, und die 14 Jahre ältere Clara Schumann verband mit Brahms eine innige Freundschaft und Liebe, die bis zu ihrem Tod anhielt. Ein Jahr nach dem Tod Robert Schumanns siedelte Brahms 1857 für zwei Jahre nach Detmold über, wo er sein erstes Klavierkonzert op. 15 in d-Moll, Orchesterserenaden und einige Lieder schuf. Seine bedeutendsten Werke kreierte er jedoch in Wien, wo er von 1859 bis zu seinem Tode am 3. April

1897 lebte. Hier entstanden das Deutsche Requiem, das er aus Trauer um seine 1865 verstorbene Mutter komponierte, daneben Ouvertüren, Kammermusik und vier Symphonien. Aufgrund seines mannigfachen Werkes wurde Brahms bereits zu Lebzeiten als der Erbe Beethovens gefeiert. Und auch wenn ihm dieser Vergleich missfiel, zählt Johannes Brahms unstreitig zu den wichtigsten Komponisten des 19. Jahrhunderts.

124 // BRANDENBURG

Die einstige „Streusandbüchse des Heiligen Römischen Reiches" bildet heute das Bundesland, das Berlin umgibt. Seine sandigen Böden sind der eiszeitlichen Prägung des reichgegliederten Gebiets zu verdanken. Adenauer soll diesen Teil Deutschlands mit „Sibirien" assoziiert haben, das man vorzugsweise mit zugezogenen Vorhängen durchfahre. Hielte man sich daran, würde man die von Theodor Fontane so unnachahmlich beschriebenen abwechslungsreichen Landschaften versäumen. Auch so einmalige Naturräume wie den Spreewald und das [sic!] Oderbruch, das immer wieder wegen spektakulärer Überschwemmungen Schlagzeilen macht.

Das historische Territorium wurde nach der Wende in der DDR um einige Gebiete beschnitten als Bundesland wiedererrichtet. Seine Ostgrenze ist Teil der Grenze Deutschlands zu Polen. Ein Teil der slawischen Minderheit der Sorben hat im Land seine Heimat, doch insgesamt leben immer weniger Menschen hier. Sie konzentrieren sich zudem auf den sogenannten Speckgürtel um Berlin.

Die Vereinigung des Landes Brandenburg mit dem Land Berlin scheiterte 1996 an der zu geringen Zustimmung der Brandenburger, die wohl eine Übervorteilung fürchteten. Ein neuer Versuch steht in den Sternen, insbesondere angesichts der finanziellen Misere Berlins. Dennoch sind die Länder vielfältige Kooperationen eingegangen. So gibt es eine gemeinsame Landesplanung, gemeinsame Fachobergerichte und den Verkehrsverbund Berlin-Brandenburg.

125 // BRANDENBURGER TOR

In 26 Meter Höhe thront die Siegesgöttin Viktoria mit vierspänniger Kutsche auf dem Schicksalstor der Deutschen. Eine illustre Schar zog seit ihrer Erschaffung 1793 unter ihrer Rennkutsche hindurch: Kaiser und

Könige, Diktatoren und Despoten, Menschenmassen und Mauertouristen. Preußens König Friedrich Wilhelm II. hatte die Errichtung eines Tores als würdigen Abschluss für die Prachtstraße „Unter den Linden" befohlen. Gekrönt wurde das Brandenburger Tor von einer Skulptur aus Kupferblech, eine strahlende Göttin mit vier Pferden an einem Kutschwagen.

Seitdem sind Tor und Skulptur Sinnbild für die Wirrungen der deutschen Geschichte, drei Mal wurden Viktoria und ihre Rösser gar Opfer von Räubern und Vandalen. Bei wichtigen politischen Ereignissen ging es zuerst der blechernen Dame an den Kragen. 1806 fand Kaiser Napoleon anlässlich der Eroberung Preußens Gefallen an ihr und ließ sie nach Paris verladen. Viel Freude sollte er daran nicht haben: Noch bevor sie einen festen Standort hatte, wurde Napoleon abgesetzt und die Quadriga ziemlich ramponiert wieder nach Berlin zurückgeschafft. Am 30. Januar 1933 musste sie tatenlos zusehen, wie die Nationalsozialisten in Reih und Glied, mit Fackeln bewaffnet, die Machtergreifung feierten und durch das Tor marschierten. Während des 2. Weltkrieges wurden Tor und Quadriga erneut schwer beschädigt. Nach der Teilung Deutschlands gab es heftige Streitereien um die Restaurierung, trotzdem gelang nach zähem Ringen wenigstens hier eine Einigung: Die Ostberliner Seite übernahm die Reparaturarbeiten am Säulenbau, Westberlin ließ eine neue Quadriga gießen. Nur wenig später war jedoch Schluss mit der oberflächlichen Einigkeit: Die DDR begann mit dem Mauerbau, das Brandenburger Tor lag daraufhin mitten im Sperrgebiet und war von keiner Seite mehr durchquerbar. Nur Grenzsoldaten und einige wenige ausgewählte DDR-Gäste hatten noch Zugang. Der spätere Bundespräsident Richard von Weizsäcker bemerkte dazu treffend: „Solange das Brandenburger Tor geschlossen ist, ist die Deutsche Frage offen." Und US-Präsident Ronald Reagan adressierte 1987 bei einem Berlinbesuch an Moskau:

"Mr. Gorbachev, open this gate!"
(„Herr Gorbatschow, öffnen Sie dieses Tor!")

Zweieinhalb Jahre später waren Reagans Forderungen in der DDR angekommen, über 100.000 Menschen feierten in der Silvesternacht 1989/90 euphorisch die Wiedervereinigung Deutschlands und die Öffnung des Brandenburger Tores. Leider hat Viktoria in dieser Nacht mächtig Federn gelassen – Zuschauern erklommen das Tor und raubten Zaumzeug und andere Teile der Quadriga. Das war jedoch das kleinere Übel: 20 Jahre saurer Regen und Trabigestank hatten sowohl der Skulptur als auch dem Sandstein des Tores wesentlich schlimmer zugesetzt. Wieder mussten Restaurateure Hand anlegen. Knapp zwei Jahre später erstrahlte es wieder in vollem Glanz, das Schicksalstor der Deutschen. Über die ravenden Massen der Love Parade hat Viktoria übrigens gnädig gelächelt.

126 // BRANDT, CARL

Seit 1912 ist sein Name Synonym für Zwieback – zuerst in Handarbeit in seiner Märkischen Zwieback- und Keksfabrik in Hagen gebacken, ab 1929 dann maschinell mit der ersten im Haus entwickelten und patentierten Zwieback-Schneidemaschine hergestellt. Markenzeichen seines Zwiebacks: das Brandt-Kind, ein Kindergesicht, das die Zwieback-Packung ziert. 1984 wurde dieses Gesicht zum letzten Mal erneuert. Gerade in der Nachkriegszeit und zur Zeit des Wirtschaftswunders zählte der Brandt-Zwieback zu den Grundnahrungsmittel für Kinder, zumal er mit 85 Pfennig pro 225-g-Packung sehr günstig war. Für diese Verdienste wurde Carl Brandt daher 1956 im Alter von 70 Jahren mit dem Bundesverdienstkreuz erster Klasse ausgezeichnet.

127 // BRANDT, WILLY

Er war vielleicht der umstrittenste, aber auch als Mensch beliebteste Kanzler der BRD. In allen Teilen der Welt gelte er als Symbol für den Kampf und den Widerstandsgeist, erklärte J. F. Kennedy in seiner berühmten Rede vor dem Schöneberger Rathaus am 26. Juni 1963 über den damaligen Regierenden Bürgermeister von Berlin, Willy Brandt. Aber was für die Welt galt, galt noch lange nicht für Deutschland. In einer Zeit, in der zahllose Ex-Nazis die Spitzenpositionen in der deutschen Wirtschaft und Politik besetzten, wurde Willy Brandt wegen seiner antifaschistischen Vergangenheit als Vaterlandsverräter diffamiert und verleumdet, habe er doch angeblich im Zweiten Weltkrieg in norwegischer Uniform in Spanien gegen deutsche Soldaten gekämpft. Auch die Beschimpfung als „Bastard" musste sich Willy Brandt immer wieder gefallen lassen, denn der am 18. Dezember 1913 in Lübeck unter dem Namen Herbert Ernst Karl Frahm geborene Brandt hatte seinen Vater nie kennengelernt.

Schon früh in der sozialistischen Bewegung engagiert, musste Frahm unter dem Decknamen Willy Brandt im Dritten Reich nach Norwegen emigrieren.

Trotz seiner vorübergehenden Ausbürgerung durch die Nazis zog es ihn wieder nach Deutschland: Ende der 40er Jahre kehrte Brandt zurück, und nun begann seine steile politische Karriere. Am 3. Oktober 1957 wurde er zum Regierenden Bürgermeister Berlins gewählt. In dieser Position wurde er zum Symbol für den Freiheitswillen der Stadt: Die Aufforderung Nikita Chruschtschows, Berlin müsse entmilitarisiert werden, lehnt Brandt nachdrücklich ab, was ihm die Sympathien der Deutschen und der westlichen Welt einträgt. Seinem Aufruf zu einer Freiheitsbekundung am 1. Mai 1960 folgen 750.000 West-Berliner und bejubeln auf dem Platz der Republik vor dem Reichstagsgebäude seine Worte an den Osten: „Überspannt den Bogen nicht! Recht und Gerechtigkeit haben sich noch niemals auf die Dauer unterdrücken lassen!"

Gleichzeitig sucht er das Gespräch mit Ost-Berliner Politikern und Chruschtschow, auch wenn seine westdeutschen politischen Gegner diese Treffen immer wieder kritisieren.

Trotz seiner Popularität erlebt Brandt als Kanzlerkandidat der SPD in den Jahren 1961 und 1965 herbe Rückschläge. Zwar wird er unter Bundeskanzler Kiesinger am 6. Dezember 1966 zum Außenminister ernannt, doch erst beim dritten Versuch kann er sich 1969 gegen seine Gegner als Bundeskanzler durchsetzen. Bis 1974 soll Brandt nun Kanzler der Bundesrepublik bleiben.

Seine Amtzeit ist vor allem durch die Neue Ostpolitik geprägt: „Wandel durch Annäherung" und „Politik der kleinen Schritte" sind die Leitsätze des Kanzlers, die sich der Welt unter anderem durch den Knie- fall in Warschau am 7. Dezember 1970 vor dem Mahnmal für die Opfer des Aufstandes im Warschauer Ghetto einprägen. Dass Brandt international für diese Politik 1971 mit dem Friedensnobelpreis geehrt wird, steht in krassem Gegensatz zu seinem Ansehen innerhalb Deutschlands. Hier muss er sich von der Opposition anhören, er verkaufe Deutschland mit seiner Politik. Der Bundestag reagiert am 27. April 1972 mit einem konstruktiven Misstrauensvotum – das scheitert, Brandt selbst stellt im September darauf die Vertrauensfrage.

Es kommt zu Neuwahlen. Jetzt zeigt sich, dass das deutsche Volk durchaus hinter Brandt steht: Die SPD wird erstmals die stärkste Partei im Parlament, Willy Brandt in seinem Amt als Bundeskanzler bestätigt. Meilenstein der zweiten Amtperiode: Brandt besucht im Juni 1973 als erster deutscher Bundeskanzler Israel.

Knapp ein Jahr später dann das Ende der Ära Brandt: Die Guillaume-Affäre, bei der sich Brandts persönlicher Referent Günter Guillaume als Ost-Spion entpuppt, zwingt Willy Brandt am 7. Mai 1974 zum Rücktritt als Bundeskanzler. „Scheißleben" soll er dazu gesagt haben. Am 8. Oktober 1992 stirbt Willy Brandt in seinem Haus in Unkel bei Bonn. Als erster demokratischer Staatsmann seit Gustav Stresemann wird er mit einem Staatsakt im Berliner Reichstag geehrt.

128 // BRATEN

Herrlich duftend lockt der Braten nicht nur am Sonntag und weckt bei dem einen oder anderen Kindheitserinnerungen. Denn nichts ist typischer für ein Essen „bei Muttern" als das Fleischstück vom Schwein, Rind, Wild oder einem anderen geeigneten Tier, das in den Ofen geschoben wird und durch mehrmaliges Übergießen mit Sud, Wein oder Brühe seine wunderbare Saftigkeit und sein besonderes Aroma erhält. Eher selten wird in einem Privathaushalt hingegen die Variante am Spieß serviert, die nach demselben Prinzip, aber statt in der Röhre über dem offenen Feuer zubereitet wird. Zwar gilt Süddeutschland und im Besonderen Bayern als Hochburg der Bratenkultur, aber nahezu jedes Bundesland wartet mit einer eigenen Bratenspezialität wie dem rheinischen Sauerbraten oder dem Thüringer Rostbraten auf.

129 // BRATWURST

Nürnberg und Thüringen liegen mit ihren Rostbratwürsten wohl ganz weit vorn, aber auch die anderen deutschen Regionen und Städte haben ihre Bratwurstspezialitäten, den beliebtesten Fast-Food-Snack der Deutschen. Traditionell im Schweinedarm abgefüllt, leitet sich das Wort nicht von der Zubereitungsart Braten ab, sondern vom Schweine- oder Kalbsbrät, mit dem die Würste gefüllt sind. Die Bratwurst kann also nicht nur gebraten, sondern auch gegrillt und gekocht auf den Tisch kommen. Neben den diversen regionalen Spezialitäten gibt es noch eine deutschlandweite Besonderheit: die Stadionwurst. Sie ist der unverzichtbare Zuschauer-Happen in Fußball- oder anderen Sportstadien.

130 // BRAUCHTUM

Nur in klaren Mondnächten zur Sonnenwende dürfe die Wurzel der Alraune von einem Hund aus dem Boden gebuddelt werden. Die uralte Heilpflanze, die aus den Tränen von Erhängten wachse, würde einen Menschen, der sie ausgräbt, zu Stein erstarren lassen. So die mittelalterliche Vorstellung, die in der teilweise so menschlich wirkenden Pflanzenwurzel eher ein Zauber- denn ein Heilmittel sah, dem man mit magischen Riten begegnen musste.

Es ist nicht dieses Brauchtum, das die Touristen aus Übersee in Scharen nach Deutschland lockt, sondern eher Karneval am Rhein und Dirndl und Weißwurst in Bayern, hölzerne Weihnachtspyramiden aus dem Erzgebirge, Biikebrennen in Norddeutschland, die zahllosen Weihnachtsmärkte oder modernere Bräuche wie CSDs oder die Love Parade. Aber es sind die mittelalterlichen Riten, die den Stoff für deutsche Sagen lieferten und die sich teilweise so fest in unser Alltagsleben eingegraben haben, dass wir den uralten Brauch dahinter gar nicht mehr kennen – wie etwa das Aufstellen und Umtanzen des Maibaums, wodurch einst die Fruchtbarkeit der Natur gefeiert und erweckt wurde.

131 // BRAUNKOHLEFÖRDERUNG

Eigentlich ist es ein ganz natürlicher Prozess. Abgestorbene Pflanzen werden von Sedimenten überdeckt und unter Luftabschluss und Druck zu Braunkohle. Aber die im Zeitalter des Tertiärs entstandene Kohle wieder zu heben, ist ein Prozess, der Naturschützer regelmäßig auf die Barrikaden treibt. Denn die Braunkohle, die jüngere und qualitativ geringwertigere Vorstufe zur Steinkohle, liegt relativ dicht unter der Erdoberfläche und muss deshalb im Tagebau gefördert werden – was zu einer Umsiedelung ganzer Städte und Dörfer und zur Zerstörung von riesigen Landflächen führt. Die „Braunkohlewüsten" müssen nach vollständigem Abbau langwierig wieder rekultiviert werden.

Dennoch ist Deutschland der weltgrößte Förderer von Braunkohle und besitzt drei Großreviere: das Rheinische Braunkohlenrevier, das Mitteldeutsche Braunkohlenrevier und das Lausitzer Revier. Zirka 30 % der deutschen Energie wird immer noch aus Braunkohle gewonnen. Bei der Verbrennung von Braunkohle werden allerdings große Mengen an CO_2 freigesetzt – ein weiterer Grund, warum Klimaschützer von der Braunkohleförderung zur Stromerzeugung nicht begeistert sind. Alternativen muss man sich ohnehin spätestens in 200 Jahren suchen, denn nach Ablauf dieser Zeit sollen die weltweiten Vorräte erschöpft sein.

132 // BRAVO

Der Donnerstagmorgen ist BRAVO-Morgen: Noch am Kiosk schauen 1,5 Millionen deutsche Teenager nach, ob es sich lohnt, die Poster über dem Bett in dieser Woche auszutauschen. Im Schulbus werden anschließend Köpfe zusammengesteckt, die neuesten Trends aufgesogen, die Fotos im „Love & Sex"-Report bekichert und die Fortsetzung der Foto-Lovestory verschlungen. Aber erst zu Hause im Kinderzimmer wird der wichtigste Teil des Zentralorgans deutscher Jugendlicher, die Seiten des Dr.-Sommer-Teams, aufmerksam gelesen. Was in der großen Pause mit einem wissenden Blick überflogen wurde, wirft jetzt brandaktuelle Fragen auf, die Psychologen und Sozialpädagogen täglich zwei Stunden am Telefon oder in den Hunderten von Leserbriefen beantworten.

Seit über einem halben Jahrhundert begleitet die BRAVO deutsche Jugendliche durch die Pubertät. Was im August 1956 als Zeitschrift für Film und Fernsehen und mit Marilyn Monroe und Richard Widmark auf dem Cover begann, hat sich zum größten Teenagermagazin Deutschlands gemausert. Und das bei immer gleichem Konzept: Pop und Petting sind die Themen des mit Bildern vollgestopften Blatts, dazu Poster der aktuellen Stars und natürlich der Starschnitt, den 1959 erstmals die kurvenreiche Brigitte Bardot zierte.

133 // BRECHT, BERTOLT

„Erst kommt das Fressen, dann kommt die Moral" ist das wohl bekannteste Brecht-Zitat und stammt aus seinem international größten Erfolg – der „Dreigroschenoper". Mit dem von Kurz Weill vertonten Stück gelang dem am 10. Februar 1898 geborenen Brecht 1928 der weltweite Durchbruch. Auch heute ist das sozialkritische Werk um den Ganoven Mackie Messer und der Hure Jenny an deutschen Bühnen ein Publikumsmagnet. Brecht siedelte hier wie häufig seine Figuren am Rande der Gesellschaft an, und aufgrund der Sympathie für marxistische und kommunistische Ideale war er nach der Machtergreifung der Nationalsozialisten gefährdet. Am 28. Februar 1933 floh Brecht aus Deutschland. Im Exil in den USA schuf er einige seiner wichtigsten Werke, darunter „Mutter Courage und ihre Kinder", „Herr Puntila und sein Knecht Matti", „Der gute Mensch von Sezuan" und das „Leben des Galilei", mit denen er auch die Theatertheorie entscheidend beeinflusste. So wandte sich Brecht gegen das aristotelische Theater. Der Zuschauer sollte stattdessen erleben, dass er, der Zuschauer, etwas verändern könne. Daher müsse das Dargestellte verfremdet werden, denn es dürfe keine Illusion von Wirklichkeit entstehen.

So groß Brechts literarische Verdienste auch waren, so unerwünscht waren jedoch seine politischen Ansichten auch im Exil. Als er 1947 wegen des Verdachts kommunistischer Betätigung vor dem „Committee on Unamerican Activities" in Washington verhört worden war, reiste er nach Zürich aus. Aus der Schweiz bemühte sich Brecht zunächst vergeblich um die österreichische Staatsbürgerschaft und zog schließlich nach Ostberlin, wo er 1949 mit seiner Frau Helene Waigel das Berliner Ensemble gründete und der ostdeutschen Theaterszene zu Weltrang verhalf. 1950 erwarb er endlich die österreichische Staatsbürgerschaft. Am 14. August 1956 erlag Brecht den Folgen eines Herzinfarkts. Als einer der bedeutendsten deutschen Dramatiker und Theatertheoretiker des 20. Jahrhunderts hinterließ er ein umfangreiches Werk aus Dramen, Romanen, Prosatexten, Gedichten und Liedern.

134 // BREHMS TIERLEBEN

„Kein Tier, das kann wohl ohne Übertreibung behauptet werden, ist dem Mensch ohne sein Zutun und ohne ihn selbst zu bewohnen ein so treuer, in der Regel recht lästiger, unter Umständen unausstehlicher Begleiter als die Stubenfliege. Sie versteht es ebenso gut, sich im kalten Lappland häuslich einzurichten wie die Annehmlichkeiten der Länder unter dem heißen Erdgürtel zu würdigen. Wir alle kennen ihre schlimmen Eigenschaften: die Zudringlichkeiten, Naschhaftigkeit und die Sucht, alles und jedes zu besudeln. Eine Tugend wird niemand von ihr zu rühmen wissen."

Es gibt kaum ein schöneres und unterhaltsameres Tierlexikon auf der Welt als „Brehms Tierleben". Die vermenschlichende Darstellung allein der Stubenfliege lässt selbst dieses störende Tierchen beinahe liebenswert erscheinen. Und das gelingt dem Autor und Tierforscher Alfred Brehm, der die Welt auf der Suche nach spannenden Tiergeschichten bereiste, in jedem seiner Artikel. In zunächst sechs Bänden veröffentlichte der abenteuerlustige Schriftsteller von 1863 bis 1869 sein „Illustrirtes Thierleben", das wegen der großen Nachfrage schon 1876 in einer zweiten, auf zehn Bände erweiterten Ausgabe erscheinen musste. Seitdem wird das wunderbare Werk nicht nur unter dem Namen „Brehms Tierleben" veröffentlicht, es erscheint auch in immer neuen Ausgaben, in gekürzter und erweiterter Form, führt den Leser aber immer durch Brehms ganz eigenes Tierreich.

135 // BREMEN

Die Hauptstadt des 2-Städte-Bundeslandes Bremen, zu dem noch die 60 Kilometer nördlich gelegene Stadtgemeinde Bremerhaven gehört, ist die zehntgrößte Metropole Deutschlands. Das Wahrzeichen der Stadt, die große Rolandstatue und das danebenliegende, Rathaus gehören zum UNESCO-Weltkulturerbe. Die vielen Handelsgebäude künden von der wechselhaften und wohlhabenden Geschichte der Hansestadt. Bereits Karl der Große erhob die Stadt im Jahre 787 zum Bischofssitz, und im Jahre 845 wurde Bremen zum Erzbistum. Mit dem Beitritt zur Hanse 1260 erlebte Bremen einen wirtschaftlichen Aufschwung, der die weltliche Gesinnung stärkte und die Herrschaft der Bischöfe bröckeln ließ.

Die über 1.200-jährige Geschichte der Stadt ist noch überall präsent. Zum Beispiel im Barock- und Renaissance-Stil des Marktplatzes, im Rathaus und im Roland, in den Patrizierhäusern und im Schütting, der alten Handelskammer der Hansestadt. Die Böttcherstraße, die einst Handwerkergasse war, ist heute Kunst- und Kulturzentrum. Und der Schnoor, ein hübsch herausgeputztes Altstadtquartier, lädt Touristen aus aller Welt zum Verweilen ein. Wer mag, lässt es sich hier bei lokalen kulinarischen Spezialitäten wie dem Bremer Plettenpudding oder gar dem Verschleierten Bauernmädchen gutgehen.

136 // BRETTSPIELE

Die gesellige Freizeitbeschäftigung ist nicht nur bei deutschen Kindern höchst beliebt, das deutsche Brettspiel genießt auch international und bei Erwachsenen einen hervorragenden Ruf. Und der kommt nicht von ungefähr, denn die Deutschen sind bei der Entwicklung immer neuer Brettspielideen besonders emsig: In keinem anderen Land gibt es so viele Spieleerfinder, und in keinem anderen Land werden jedes Jahr so viele Ideen zur Marktreife gebracht. Mit Spielen wie „Scotland Yard", „Tabu" und „Die Siedler von Catan " vertreiben deutsche Hersteller weltweit erfolgreiche Kassenschlager. Allein „Die Siedler von Catan" wurde in den letzten zehn Jahren mehr als 9 Millionen Mal verkauft. Der Erfindungsreichtum der Deutschen in Sachen Brettspiele hat sich längst in der Welt herumgesprochen – und Spieleverleger aus der ganzen Welt suchen hier nach den neuesten Trends. Ob Computergames die Brettspiele auf längere Sicht ablösen, ist daher eher fraglich, denn zumindest für die Geselligkeit sind die Letztgenannten fraglos die bessere Alternative.

137 // BREZEL

Die wohl schlimmste Art, den Morgen zu beginnen, ist, sich mit frischem Mut Salz statt Zucker in den Kaffee zu schütten und dann nichtsahnend einen großen Schluck davon zu nehmen. Aber aufgrund ebenjener Verwechslung soll angeblich die Laugenbrezel entstanden sein. Versehentlich glasierte ein Münchner Bäcker im 19. Jahrhundert die Brezel statt mit Zuckerwasser mit Natronlauge, die er eigentlich als Putzmittel für die Backbleche verwendete. Das knusprige Gebäck wurde dennoch einem Gast vorgesetzt, der die salzige Brezel in vollen Zügen genoss. Fortan bot der Bäcker neben der süßen auch die salzige Variante an. Auch zur Entstehung der Form gibt es zahlreiche Anekdoten. Ein Hofbäcker war bei seinem Grafen in Ungnade gefallen, und der Adelige drohte dem armen Bäcker mit der Todesstrafe, erfände er nicht innerhalb von drei Tagen einen Kuchen oder ein Brot, durch welches dreimal die Sonne scheine. Der Bäcker machte sich umgehend ans Werk und rettete mit der lichtdurchlässigen Brezel seinen Kopf. Seitdem ist die Brezel auch das Zeichen der deutschen Bäckerzunft. Sie wird traditionell aus Mehl, Malz, Salz, Backhefe und Wasser gebacken und ist regional in allerlei süßen und herzhaften Varianten anzutreffen.

138 // BROCKEN

Der Brocken in Sachsen-Anhalt ist mit 1.142 Höhenmetern die höchste Erhebung des Harzes und damit ein attraktives und beliebtes Wandergebiet. Das erste Gasthaus auf dem Gipfel wurde 1800 errichtet. Auch berühmte Wanderer wie Goethe und Heinrich Heine (Harzreise) kehrten hier ein. Der Biologe Albert Peter legte 1890 den Brockengarten, den ersten deutschen Alpengarten, an, und 1895 erfolgte der Bau einer Wetterwarte. Seit der Gipfel bequem mit der schmalspurigen Brockenbahn erreicht werden kann (1899), nahm auch der Massentourismus seinen Lauf. Die exponierte Lage nutzend, errichtete man 1936 auf dem Brocken den ersten Fernsehturm der Welt.

Nach dem 2. Weltkrieg war der Brocken zunächst von amerikanischen Truppen besetzt, ging aber 1947 im Zuge des Gebietsaustausches in die sowjetische Besatzungszone über. Weil er im unmittelbaren Grenzgebiet der DDR zur Bundesrepublik lag, wurde er in den 1960er Jahren zum militärischen Sperrgebiet erklärt und militärisch stark ausgebaut. Für die Bevölkerung war er unzugänglich.

Mit dem Mauerfall verschwand auch das Militär sukzessive, die Bergkuppe wurde renaturiert und bildet wieder einen Anziehungspunkt im 1990 gegründeten Nationalpark Harz. Da der Brockengipfel oberhalb der Baumgrenze liegt, ist er nur karg bewachsen. Die Winter sind lang, die Stürme erreichen Orkanstärke. An mehr als 300 Tagen umwabert Nebel den Gipfel. Oder ist es das Brockengespenst, das hier schon zahlreiche Wanderer erschreckt hat? Ohnehin ist der Brocken, im Volksmund auch Blocksberg genannt, Treffpunkt zahlreicher dämonischer Wesen. Hexen feiern hier nicht nur in der Walpurgisnacht orgiastische Feste mit dem Teufel. Goethe nutzte den Brocken in Faust I auch als Schauplatz der Handlung.

139 // BROCKHAUS

Wenn einen das Wissen verlässt, gilt die Devise: „Da schau ich mal im Brockhaus nach." Gemeint ist damit die vom Verlag „Bibliographisches Institut & F. A. Brockhaus AG" herausgegebene Enzyklopädie, die man als Mutter aller deutschen Lexika bezeichnen kann. Der Verleger Friedrich Arnold Brockhaus legte den Grundstein, als er im Jahre 1808 die Rechte an dem sechsbändigen „Conversations-Lexicon oder kurzgefasstes Handwörterbuch für die in der gesellschaftlichen Unterhaltung aus den Wissenschaften und Künsten vorkommenden Gegenstände mit beständiger Rücksicht auf die Ereignisse der älteren und neueren Zeit" von Renatus Löbel und Christian Franke erwarb. Was einst schon sperrig vom Namen, gedieh zu einer sperrigen Angelegenheit für jedes Regal und manches Portemonnaie. Bis zur aktuellen 21. Auflage schwoll die Enzyklopädie auf 30 Bände an – doch die Verkaufszahlen schrumpften in den letzten Jahren merklich. Schuld sind unter anderem die Gratisquellen im Internet, die sich jeder leisten kann und bei denen die Stichwörter interaktiv mitgestaltet werden können. So kündigte der Verlag an, dass die 21. Auflage der Brockhaus-Enzyklopädie die letzte sein solle. Ein werbefinanziertes Online-Portal solle künftig der virtuelle Ersatz für die dicken Wälzer sein. Nostalgiker, die immer noch lieber Bücher in der Hand haben, wird diese Kapitulation schmerzen.

140 // BROILER

„Broiler" ist nicht einfach der ostdeutsche Name für Brathähnchen – nein, es ist die Kapitulation des Sozialismus vor dem kapitalistischen Zuchterfolg. Um nicht an einem mageren Hühnerbein nagen zu müssen, züchteten die Amerikaner ein besonders fleischreiches Huhn, das man bestens braten oder grillen (englisch: to broil) konnte – den Broiler. Da es weder der DDR noch den anderen Ostblockstaaten gelang, einen ähnlich fetten Flattermann heranzuziehen, kapitulierte die Planwirtschaft und wandte sich hilfesuchend an den Westen. Vom Klassenfeind USA importierte man fleißig die dicken Hühnchen und übernahm erstaunlicherweise sogar den Namen. So hielt sich die Bezeichnung „Broiler" bis zum heutigen Tage, und besonders in Ostdeutschland ist inzwischen jedes Huhn vom Imbiss – ganz egal, ob fett oder mager – ein leckerer Broiler.

141 // BROT

Ein singendes, ewig schlecht gelauntes Kastenweißbrot aus Plüsch erobert seit dem Jahr 2000 die Herzen deutscher Kinder: Bernd das Brot. Spätestens seitdem ist klar, dass die Deutschen ihr Brot über alles lieben – wenn auch das Weißbrot dabei nicht an erster Stelle steht.

Von den rund 300 Brot- und 1.200 Brötchensorten, die hierzulande hergestellt werden, stehen vor allem Graubrote, also Roggen- und Roggenmischbrote, und Schwarzbrote in der Gunst des Essers. Davon kann er im Jahr durchschnittlich 1.500 Scheiben und 350 Brötchen, also rund 87 Kilogramm, verputzen – womit er sich an die Spitze des weltweiten Brotverbrauchs futtert. Auch in Sachen Brotvielfalt ist Deutschland nicht zu übertreffen.

Der Hang zu dunklen Roggen- und Schwarzbroten liegt in der nasskalten deutschen Witterung begründet: Roggen ist wesentlich widerstandsfähiger als Weizen, so dass er seltener fault und schimmelt. Zu dem Roggenmehl oder Roggenschrot wurde traditionell Sauerteig gemischt, um eine lockere Krume zu erhalten – eine deutsche Spezialität war geboren. Sie gilt als eine der wenigen, die Deutsche im Ausland wirklich vermissen, weshalb ein findiger Hamburger Bäcker das Schwarzbrot in Dosen erfand. Mindestens zwei Jahre ist es haltbar und wird weltweit versandt, um das Heimweh nach Deutschland zu lindern.

142 // BRÜDER GRIMM

Kein deutsches Kind wächst wohl ohne die Märchen von Jacob und Wilhelm Grimm auf. Dabei war es ein Juraprofessor, Friedrich Carl von Savigny, der den beiden Jurastudenten an der Uni Marburg erst einmal die Liebe zur Romantik, zu Minnesang und zu volkstümlichen Geschichten nahebringen musste. Doch danach waren die beiden Brüder nicht mehr aufzuhalten: Emsig begannen der 1785 in Hanau geborene Jacob und sein ein Jahr jüngerer Bruder Wilhelm mit der Sammlung alter Märchen, Mythen und Sagen. Neben Einzelpublikationen veröffentlichen die Geschwister gemeinsam „Die beiden ältesten deutschen Gedichte aus dem 8. Jahrhundert: Das Lied von Hildebrand und Hadubrand und das Weißenbrunner Gebet" (1812), „Kinder- und Hausmärchen" (1812 und 1815), die Zeitschrift „Altdeutsche Wälder" (1813—1816), „Die Lieder der alten Edda" (1815) und „Deutsche Sagen" (1816 und 1818).

Daneben aber machten die unzertrennlichen Brüder als politische Aufrührer von sich reden: Der Protest gegen die Aufhebung der Verfassung brachte nicht nur König Ernst August II. von Hannover gegen sie auf, der sie kurzerhand ihrer Lehrämter an der Göttinger Universität enthob, 1848 wurde Jacob Grimm dadurch auch zum Mitglied der Frankfurter Nationalversammlung gewählt. Bis zu ihrem Tod waren die Brüder inniglich miteinander verbunden. Wilhelm Grimm starb am 16. Dezember 1859 in Berlin, und sein Bruder Jacob folgte ihm im Jahre 1863 – aber in ihren Märchen, da leben sie noch heute.

143 // BRUNHILDE

Sie gilt nicht gerade als das Sinnbild des ergebenen Weibs, die stolze isländische Königin Brunhilde, eine der Hauptpersonen im Nibelungenlied. Schön war sie, aber auch mit übermenschlichen Kräften versehen, und sie forderte jeden Mann, der um sie warb, zum Zweikampf heraus. Unterlag er, so musste er sterben. Unterlag sie, so würde sie seine Frau werden.

Als ausgerechnet der schwächliche Burgunderkönig Gunther sich in das Bild der sagenumwobenen Isländerin verliebte, verabredete er mit dem Helden Siegfried einen Pakt: Dieser dürfe seine Schwester Kriemhild heiraten, wenn er – unsichtbar durch seine Tarnkappe – Brunhilde an Gunthers statt besiegen würde. Siegfried siegte im Zweikampf, half Gunther am Wormser Hof sogar noch in der Hochzeitsnacht aus, und Brunhilde verlor ihre Kräfte. Das Komplott gelang – doch um welchen Preis! Als Brunhilde Jahre später von der Intrige erfuhr, wurde sie zur bitteren Rächerin des feigen Verrates: Siegfried musste sterben und letztendlich das gesamte Geschlecht der Burgunder. Eine eigentlich verständliche Reaktion. Doch während Siegfried noch heute als der tapfere Recke gilt, wird Brunhilde mehr und mehr – sehr zu Unrecht – als männermordendes, rachsüchtiges Weib angesehen.

144 // BUCHDRUCK

Es ist ein weitverbreiteter Irrtum, dass der Buchdruck von einem Deutschen erfunden wurde. In Wirklichkeit druckten die Chinesen bereits im 2. Jahrhundert Bücher, zunächst mit Stein-, dann mit Holzplatten. Doch es war ein Deutscher, der den Buchdruck entscheidend vereinfachte und dadurch revolutionierte.

Der 1400 geborene Mainzer Johannes Gensfleisch, besser bekannt als Johannes Gutenberg, hatte die ebenso simple wie geniale Idee, den Text nicht seitenverkehrt in eine feste Holzplatte zu schneiden, sondern ihn in alle Einzelelemente (Klein- und Großbuchstaben, Satzzeichen etc.) zu zerlegen. Gutenberg stellte für jeden Buchstaben einen seitenverkehrten Stempel her; dieser wurde in weiches Metall geschlagen, und mit dieser Hohlform konnten beliebig viele Lettern gegossen werden, im Setzrahmen zu Wörtern, Sätzen und Seiten zusammengefügt. So wurde der Druck wesentlich günstiger und das Buch bald zu einem relativ erschwinglichen Artikel. Als erstes Buch wurde von 1452 bis 1454 mit diesem Verfahren

Luthers Bibelübersetzung gedruckt: Eine Revolution, wurde die Bibel dadurch doch all jenen zugänglich, die immerhin Deutsch lesen konnten.

145 // BUCHHOLZ, HORST

Der am 4.12.1933 in Berlin geborene Schauspieler, der auch liebevoll „Hotte" genannt wurde, galt lange Zeit als der deutsche James Dean. Mit dem Film „Die Halbstarken" von 1956 gelang Horst Buchholz nicht nur der Durchbruch, der Streifen brachte ihm auch das Image des aufsässigen Rebellen und jungen Wilden ein. Und Hotte war nicht nur in Deutschland erfolgreich, er kam sogar bis nach Hollywood. Als renitenter Kommunist Otto Piffl ging Buchholz in Billy Wilders Komödie „Eins, zwei, drei" in die Filmgeschichte ein, und als übermütiger Springinsfeld Chico brillierte er neben Yul Brynner und Charles Bronson in dem legendären Western „Die glorreichen Sieben". Erst mit der Hollywood-Krise Ende der 60er Jahre sank auch Buchholz' cineastischer Stern in Amerika. Er musste sich mit Serien über Wasser halten: In den USA war er in „Drei Engel für Charlie" zu sehen, in Deutschland nahm er sich der Serien „Derrick", „Der Alte" und „Klimbim" an – bis ihn schließlich das europäische Kino wiederentdeckte: In „In weiter Ferne so nah" von Wim Wenders und „Das Leben ist schön" von Roberto Benigni konnte er noch einmal alle Facetten seines Könnens beweisen. Als Horst Buchholz am 3.3.2003 starb, galt er als einer der wenigen deutschen Schauspieler, die es schafften, weltweit Filmgeschichte mitzuschreiben.

146 // BUCHMESSE LEIPZIG

Die im März stattfindende Leipziger Buchmesse ist nach jener in Frankfurt die zweitgrößte Buchmesse Deutschlands. Als größter Frühjahrstreff der Buch- und Medienbranche ist sie ein wichtiger Absatzmotor für die Anfang des Jahres erscheinenden Publikationen. Die Leipziger Buchmesse positioniert sich dabei eher als Publikumsmesse, die den Verlagen und Autoren eine Plattform für ihre Neuerscheinungen bietet. Und das tut sie mit Erfolg: Im Jahre 2008 informierten sich 129.000 Besucher über die Programme der rund 2.300 ausstellenden internationalen Verlage.

Die Bedeutung Leipzigs für den deutschen Buchhandel hat eine lange Tradition: Anderthalb Jahrhunderte lang war die Stadt konkurrenzlos das deutsche Buchzentrum. Ab 1825 beherbergte der „Leipziger Platz" den Börsenverein der deutschen Buchhändler, ab 1912 auch die Deutsche Bücherei. Hier saßen Verlage wie Breitkopf, Brockhaus, Reclam, Baedeker, Bibliographisches Institut und Insel. Erst nach 1945 lief die Frankfurter Buchmesse Leipzig den Spitzenrang ab. Nach der Wiedervereinigung wuchs die Bedeutung Leipzigs wieder stetig, und die Besucherzahlen steigen jedes Jahr kontinuierlich.

147 // BÜCKWARE

Man kennt es: Nach Feierabend noch schnell in den Supermarkt sausen und das Nötige fürs Abendessen besorgen. Da greift man rasch rechts und links ins Regal, klaubt alles Erforderliche zusammen – und merkt gar nicht, dass man viel zu viel Geld ausgibt. Denn wer an die günstige Supermarktware will, der muss sich bücken. Wo heute Waren ohne Namen und Billigerzeugnisse platziert werden, lagerten früher, als es noch die Ladentheke mit Personal dahinter gab, knappe, begehrte, verbotene oder peinliche Dinge – die dem Kunden dann „unter der Ladentheke" zugeschoben wurden.

In der DDR wurde aus dieser Bückware eine ironische Bezeichnung für Dinge, die zu bestimmten Zeiten nicht oder nur in geringen Mengen verfügbar waren. Und das waren neben Büchern und Zeitschriften auch Dinge des täglichen Bedarfs. Wer Glück hatte oder Westmark besaß, dem legten die freundlichen Verkäufer auch diese Waren unter der Ladentheke beiseite, bei anderen wurde die vorsichtige Anfrage mit einem monotonen „Ham wa nich" quittiert. Und wer das noch erlebt hat, der geht für Bückware – wenn er kann – wohl nicht mehr in die Knie.

148 // BÜDCHEN

Im Ruhrgebiet heißen sie „Trinkhalle", in Berlin „Spätkauf". Aber nirgendwo ist die Kioskkultur so weit fortgeschritten wie am Rhein. Die Büdchen sind das wahre Markenzeichen des Rheinlands. Der Rheinländer hat sein Stammbüdchen; da kennt man sich, da mag man sich, und da wird ungefragt die gewünschte Zeitung auf den Tresen gelegt. Das Büdchen öffnet weit vor allen anderen Läden, meist um halb sechs, damit auch der Schichtarbeiter seinen Kaffee noch rechtzeitig bekommt. (Deshalb ist der „Coffee to go" auch keine Erfindung aus Amerika, sondern eindeutig rheinisches Brauchtum.) Das Büdchen schließt lange nach allen anderen Läden, damit keiner ohne Feierabendbier ins Bett muss und auch ein später Gast noch ausreichend bewirtet werden kann. Der Single tätigt im Büdchen nach der durchtanzten Nacht seinen sonntäglichen Frühstückseinkauf mit Brötchen, Butter, Milch und Eiern, Kinder setzen ihr wöchentliches Taschengeld in Sammelbilder und Weingummitiere um, Frau Frings hat die Rätselzeitung zurücklegen lassen, und wem fatalerweise das Klopapier ausgegangen ist, der findet ebenfalls im Büdchen seine Rettung. Spötter behaupten, der Rheinländer könne nicht haushalten. Wieso kauft er denn die Dinge nicht wie jeder normale Mensch zu normalen Öffnungszeiten im Supermarkt? Die Antwort ist ganz einfach: Warum sollte er? Nirgendwo kauft es sich so nett und persönlich wie im Büdchen. Und wer das nicht glaubt, darf gerne einmal nach Süddeutschland reisen. Dort sucht man die geliebten Büdchen vergeblich. Die Büdchendiaspora hat schon manchen Rheinländer zurück in die alte Heimat getrieben. Wo soll man denn sonst bitteschön einkaufen?

149 // BUDDENBROOKS

„Buddenbrooks – Verfall einer Familie" war Thomas Manns erster Roman, und es ist das wohl bekannteste und beliebteste seiner Werke. Das Buch, 1901 erschienen, ist der eigentliche Grund, dass Mann 1929 mit dem Literaturnobelpreis ausgezeichnet wurde, denn der Roman „has won steadily increased recognition as one of the classic works of contemporary literature", so die Begründung der schwedischen Akademie.

Obwohl sich die Handlung des Romans nur über rund vierzig Jahre erstreckt, werden vier Generationen der Buddenbrooks, einer Lübecker Kaufmannsfamilie, dargestellt: in dem selbstbewussten, forschen, aber lebensfrohen Urgroßvater Johann und seinem Sohn Konsul Johann Buddenbrook, der nach den gleichen großbürgerlichen Idealen seines Vaters lebt, diese aber zu starren Dogmen erhebt. Die Kinder des Konsuls wiederum, zwischen den bürgerlichen Idealen und dem aufstrebenden verantwortungslosen Unternehmertum hin- und hergerissen, und schließlich der Enkel, sensibel und lebensfremd.

Die „Buddenbrooks" sind eine Komposition aus Familiengeschichte und Geschichte, aus Philosophie und wissenschaftlichen Ausführungen, ein Meisterwerk, das sich nicht überlebt und daher noch Generationen überleben wird.

150 // BULETTE

Niemand würde vermuten, dass der Name dieser handlichen, aber unscheinbaren Masse aus Fleisch, Zwiebeln und alten Brötchen eine solch geschichtsträchtige Vergangenheit hat: Am 8. November 1685 erließ der Große Kurfürst von Brandenburg, Friedrich Wilhelm I., das Edikt von Potsdam. Indem er den wegen ihres protestantischen Glaubens in Frankreich verfolgten Hugenotten mit dem Gesetz vielerlei wirtschaftliche Privilegien zusicherte, lockte er sie nach Brandenburg, das durch den Dreißigjährigen Krieg stark entvölkert war. Bis zum Jahre 1701 hatten sich bereits etwa 20.000 Hugenotten in Brandenburg und Berlin niedergelassen. Das französische Ersatzbürgertum brachte nicht nur umfangreiche Kenntnisse in Handwerk und Wissenschaft ins Land, sondern auch die „boulette", die kleine Kugel, auf den deutschen Speiseplan.

Einfach und schnell zubereitet, ist sie bis heute ein beliebter Snack für zwischendurch und eignet sich hervorragend für unkomplizierte Party-Buffets. Regional abweichend bezeichnen auch „Fleischpflanzerl" oder „Hackküchle" den appetitlichen Happen. Doch ob „Frika" oder „Klops", ob im Brötchen oder „auffe Faust" – die Bulette schmeckt einfach immer und überall.

151 // BUNDESADLER

Ein schwarzer Adler „auf goldgelbem Grunde (...), den Kopf nach rechts gewendet, die Flügel offen, aber mit geschlossenem Gefieder, Schnabel, Zunge und Fänge von roter Farbe" bildet seit 1919 das Wappen der deutschen Republik. Womit die Nationalfarben ebenfalls geklärt waren. Die Nationalsozialisten stauchten den armen Vogel zwischenzeitlich gehörig zusammen und drückten ihm ein Hakenkreuz in die Fänge. Davon befreit, verkörpert das Wappentier seit 1950 nach Verkündung durch Theodor Heuss in fast unveränderter Form auch die zweite deutsche und demokratische, die

Bundesrepublik. Diese legt viel Wert auf ihr Symbol, denn die unbefugte Verwendung des Bundesadlers stellt eine Ordnungswidrigkeit dar. Der Bundesadler ziert Wappen und Flaggen, Siegel, Drucksachen, Briefmarken und Münzen. Und den Bundestag. Anfangs noch als „fette Henne" verspottet, passte die rundliche Plastik des Kölner Künstlers Ludwig Gies aus dem Jahr 1953 ganz gut zu den fetten Jahren, die folgen sollten. Nach deren Ende besannen sich die Satiriker des deutlich hagereren eigentlichen Bundesadlers und sprachen ornithologisch falsch gern vom „Pleitegeier". Den Plenarsaal des Reichstagsgebäudes schmückt nach dem Umbau durch Sir Norman Foster eine bearbeitete Fassung des Gies'schen Adlers.

152 // BUNDESGARTENSCHAU

Die Deutschen lieben das Gärtnern. Eifrig wird gepflanzt, gestutzt, bewässert, gemäht, gesät und wieder gefällt, um ein wenig Natur vor dem Domizil zu schaffen und danach gleich zu bändigen. Naturgemäß hat dieser Freizeitspaß dann auch eine groß angelegte Mutterveranstaltung: die Bundesgartenschau, abgekürzt BUGA. Am 28. April 1951 wurde die erste Bundesgartenschau vom damaligen Bundespräsidenten Theodor Heuss in Hannover eröffnet. Seitdem sind die alle zwei Jahre in verschiedenen Städten stattfindenden BUGAs ein Muss für jeden Liebhaber von Gartenbau und Landschaftsarchitektur. Mit großem finanziellen Aufwand werden dabei große Flächen umgestaltet, durch die rund 7 Monate lang unzählige Besucher aus der ganzen Republik spazieren, um sich Inspiration für die Begrünung von Balkonien oder der eigenen Landparzelle vor dem Haus zu holen. Für die ausrichtenden Städte soll sich das Ganze natürlich auch auszahlen: Zunächst durch die Touristenscharen und später dann durch die Erhöhung der Lebensqualität für die eigenen Einwohner. So pflanzt zumindest die BUGA bundesweit die von Helmut Kohl prophezeiten blühenden Landschaften.

153 // BUNDESJUGENDSPIELE

Am Ende des Schuljahres, wenn die Sechs-Wochen-Pause schon in greifbare Nähe rückt, müssen die deutschen Schüler noch eine letzte Hürde nehmen: die jährlichen Bundesjugendspiele, ein Turnfest der ganz besonderen Art. Wettkampfbegeisterte haben hieran ihre wahre Freude, können bei Weitsprung, Schlagballwurf oder 50-Meter-Lauf ordentlich punkten. Alle anderen werden spätestens beim Anblick der rötlichen Bodenbeläge kurzatmig oder nach dem ersten Warmlaufen von der alten Knieverletzung geplagt. Doch wer sich nicht ins Gras, sondern ins Zeug legt, ergattert vielleicht am Ende eine der begehrten Ehrenurkunden, versehen mit der vorgedruckten Unterschrift des Bundespräsidenten. Aber bis es so weit ist, gilt es erst einmal, schwitzend in der Sonne auszuharren. Und das möglicherweise für einige Stunden.

Denn die Einzelsportarten erfordern neben körperlicher Fitness vor allem Zeit. Ein Grund, warum der Ablauf der 1951 ins Leben gerufenen Bundesjugendspiele häufiger von Schülern und Lehrern kritisiert wurde. Auch der pädagogische Nutzen für unsportliche Schüler ist fraglich, wenn sich diese vor der versammelten Schule zum Narren machen. Doch angesichts der bevorstehenden Sommerferien wird vielleicht auch diese Schmach zum erträglichen Übel.

154 // BUNDESKANZLER

Nur acht Bundeskanzler regierten Deutschland seit Gründung der Bundesrepublik im Jahr 1949, ein Zeichen für die Stabilität des deutschen Regierungssystems. Vor allem vor dem Hintergrund, dass die erste deutsche Republik, die Weimarer Republik, für die kurze Zeit von 1918 bis 1933 sechzehn Kanzler vorweisen kann.

Dass seit 2005 – nur 15 Jahre nach der Wiedervereinigung – mit Angela Merkel zudem die erste Frau im Bundeskanzleramt sitzt, die aus Ostdeutschland stammt, zeugt auch von einem zeitgemäßen Denken einer Mehrheit der Deutschen.

Der deutsche Bundeskanzler ist das einzige Regierungsmitglied, das gewählt wird – allerdings nicht direkt vom Volk. Denn obwohl die Parteien den Wahlkampf mit ihrem Kanzlerkandidaten bestreiten, wählt das Volk de facto Parteien. Über den Bundeskanzler entscheidet anschließend die Mehrheit des Bundestags. In den folgenden vier Jahren Legislaturperiode bestimmt das Oberhaupt der deutschen Regierung nicht nur die Bundesminister (die der Bundespräsident anschließend ernennt), sondern auch die Richtlinien der Politik.

Es ist dieses sogenannte Kanzlerprinzip, dass nämlich der Kanzler über die Grundsätze der Politik entscheidet und „dafür die Verantwortung" trägt (Artikel 65 des Grundgesetzes), das die Regierungspolitik in Deutschland maßgeblich bestimmt. Weshalb die Bundesrepublik schon unter dem ersten deutschen Bundeskanzler, Konrad Adenauer, als „Kanzlerdemokratie" bezeichnet wurde.

Die deutschen Bundeskanzler in chronologischer Reihenfolge:
1949–1963 Konrad Adenauer (CDU), 1963–1966 Ludwig Erhard (CDU), 1966–1969 Kurt Georg Kiesinger (CDU), 1969–1974 Willy Brandt (SPD), 1974–1982 Helmut Schmidt (SPD), 1982–1998 Helmut Kohl (CDU), 1998–2005 Gerhard Schröder (SPD), seit 2005 Angela Merkel (CDU).

155 // BUNDESLÄNDER

Wie viele Bundesländer hat Deutschland? Die beliebte Frage bringt nicht nur Quizshow-Kandidaten ins Schwitzen; beinahe die Hälfte der Deutschen weiß nicht, dass die Bundesrepublik seit 1990 aus 16 Bundesländern besteht! Vom Ende des Zweiten Weltkrieges bis zur Wiedervereinigung waren es nur elf. Die Erfahrungen mit dem nationalsozialistischen Einheitsstaat waren für die Entscheidung maßgeblich, Deutschland föderalistisch zu organisieren. Die Aufteilung in eigenständige, zu einem Bund zusammengeschlossene Gebiete wurde sogar im Grundgesetz als unveränderlich festgelegt: Jedes Land ist danach an der allgemeinen Gesetzgebung beteiligt und gleichzeitig für bestimmte Bereiche der Politik selbst verantwortlich. Bildung und innere Sicherheit sind klare Landesaufgaben, weshalb es in Berlin vorerst keine blauen Polizeiuniformen und in Mainz kein Zentralabitur geben wird. Und der Langzeitstudent aus Halle an der Saale ärgert sich, weil sein Freund an der nur 40 Kilometer entfernten Leipziger Uni 500 Euro spart. Wie deutlich sich die Bildungsstandards der einzelnen Bundesländer voneinander unterscheiden, wissen wir spätestens seit der PISA-Studie. Kein Wunder also, dass sich die Mehrheit der Deutschen bundesweit vergleichbare Zustände in Kindergärten, Schulen und Universitäten wünscht. Denn nur so dringt auch in die letzte Ecke des Landes, dass Baden-Württemberg, Bayern, Berlin, Brandenburg, Bremen, Hamburg, Hessen, Mecklenburg-Vorpommern, Niedersachsen, Nordrhein-Westfalen, Rheinland-Pfalz, Saarland, Sachsen, Sachsen-Anhalt, Schleswig-Holstein und Thüringen unsere 16 Bundesländer sind.

156 // BUNDESLIGA

1. FC Köln, 1. FC Saarbrücken, 1. FC Nürnberg, 1. FC Kaiserslautern, Borussia Dortmund, Eintracht Braunschweig, Eintracht Frankfurt, FC Schalke 04, Hamburger SV, Hertha BSC Berlin, Karlsruher SC, Meidericher SV, Preußen Münster, SV Werder Bremen, TSV 1860 München, VfB Stuttgart. So hießen sie: die ersten 16 Vereine, die in der neugegründeten Bundesliga der Saison 1963/64 gegeneinander antreten durften. Der Dortmunder Borusse Timo Konietzka erzielte das allererste Bundesligator, und der 1. FC Köln nahm als erster Bundesligameister die alte „Salatschüssel" mit nach Hause.

Inzwischen treten 18 Mannschaften (von denen der HSV als einziges Gründungsmitglied immer dabei war) in den Hin- und Rückrunden gegeneinander an, die 3-Punkte-Regelung wurde eingeführt, die beiden Erstplatzierten dürfen sicher in die Champions League, die Ränge 3–5 schaffen es auf jeden Fall in den UEFA-Cup, und die drei Letzten müssen das Paradies der 1. Bundesliga wieder verlassen. Diesem Treiben im fußballerischen Garten Eden schauen jeden Freitag, Samstag und Sonntag Millionen Menschen in den Stadien und vor den Fernsehgeräten zu. Gestandene Männer flennen wie Kinder dem misslungenen Klassenerhalt oder der verpassten Meisterschaft hinterher, Menschen brüllen mit Inbrunst ihre Mattscheibe an, als könne sie irgendwer da draußen hören, und Fans von noch so erfolglosen Teams geben nie die Hoffnung auf, dass der Fußballgott irgendwann ihre Gebete erhöre. Das alles und noch viel mehr ist die Bundesliga, und irgendwie wären die Samstage verdammt trist ohne sie. Aber glücklicherweise hat uns ja bereits Sepp Herberger glaubhaft versichert: Nach dem Spiel ist vor dem Spiel!

157 // BUNDESPRÄSIDENT

Dass im Mai 1974 ein Entertainer das Amt des deutschen Staatsoberhauptes einnahm, der noch vier Monate zuvor einen Top-five-Hit in den deutschen Charts platziert hatte, mag vielleicht verwunderlich sein, ist aber absolut verfassungsgemäß. Denn zum Bundespräsidenten können alle Deutschen gewählt werden, die mindestens vierzig Jahre alt sind. Sie müssen weder politisch aktiv sein noch überhaupt einer Partei angehören.

Im Falle Walter Scheels, der im Januar 1974 in Wim Thoelkes Fernsehshow „Drei mal neun" zugunsten der „Aktion Sorgenkind" das beliebte Volkslied

„Hoch auf dem gelben Wagen" einsang, wurde allerdings auch ein hochkarätiger FDP-Politiker, der im Kabinett Willy Brandts sowohl Vizekanzler als auch Außenminister war, zum Präsidenten Deutschlands gewählt.

Der Bundespräsident, das Staatsoberhaupt Deutschlands, wird auf fünf Jahre von der Bundesversammlung gewählt und kann nur ein Mal wiedergewählt werden. Seine Hauptaufgabe liegt in der Vertretung Deutschlands gegenüber dem Ausland und dem Abschluss von Verträgen mit anderen Ländern. In seiner Kompetenz liegen aber unter anderem auch die Verkündigung und Ausfertigung der Gesetze und das Recht, Begnadigungen auszusprechen.

Seit ihrer Gründung 1949 hatte die BRD neun Bundespräsidenten:
Theodor Heuss (FDP) 1949–1959; Heinrich Lübke (CDU) 1959–1969; Gustav Heinemann (SPD) 1969–1974; Walter Scheel (FDP) 1974–1979; Karl Carstens (CDU) 1979–1984; Richard von Weizsäcker (CDU) 1984–1994; Roman Herzog (CDU) 1994–1999; Johannes Rau (SPD) 1999–2004; Horst Köhler (CDU) seit 2004.

158 // BUNDESTAG

Der Bundestag hat seinen Sitz im Reichstagsgebäude in Berlin. Dessen Fundamente bilden dicke Eichenpfähle im unsicheren Grund der Hauptstadt. Glücklicherweise, denn eine stabile Grundlage braucht das deutsche Parlament. Es erfüllt drei wichtige Funktionen im komplexen deutschen und europäischen politischen System: Seine Mitglieder wählen den Bundeskanzler, kontrollieren die Regierung und beschließen Gesetze. Hierzu zählt auch die Umsetzung der EU-Regelungen in deutsches Recht.

Die Vorarbeiten und Debatten zur Gesetzgebung machen den wichtigsten Teil der Arbeit der 614 Abgeordneten aus. Da diese nicht nur im Plenum, sondern auch in Ausschüssen, Arbeitsgruppen, Konferenzen etc. stattfinden, ist der Plenarsaal selten voll besetzt. Die Kosten halten sich in Grenzen: Rund 7 Euro pro Jahr kosten jeden Bürger die Abgeordneten und knapp 7.000 Mitarbeiter im Bundestag. Dafür leistet der Bundestag die schwierige und nicht immer für alle befriedigende Arbeit der demokratischen Organisation unseres Staatswesens. Sternstunden des Parlamentarismus werden Abstimmungen genannt, bei denen die Abgeordneten ohne den vielkritisierten „Fraktionszwang" abstimmen können. Zu den weiteren Höhepunkten zählen bewegende oder empörende Reden, Aufstieg und Fall der Kanzler sowie das spontane Singen der Hymne zur verfrühten Maueröffnung durch Günter Schabowski. Keine Sternstunde war die Rede des durch Alkohol sichtlich und hörbar angeschlagenen Abgeordneten Detlef Kleinert. Aufstrebende Journalisten seien noch gewarnt vor dem umtriebigen fiktiven SPD-Abgeordneten Jakob Maria Mierscheid, dem Phantom des Bundestags.

159 // BUNDESVERDIENSTKREUZ

Verdienstmedaille, Verdienstkreuz am Bande, Verdienstkreuz 1. Klasse, Großes Verdienstkreuz, Großes Verdienstkreuz mit Stern, Großes Verdienstkreuz mit Stern und Schulterband, Großkreuz und die Sonderstufe des Großkreuzes – das sind die acht Stufen des deutschen Bundesverdienstkreuzes, wobei es (außer bei der Verdienstmedaille) immer eine Herren- und eine Damenausführung gibt. Das schlichte rot-goldene Kreuz mit dem Bundesadler in der Mitte wird für Männer am Band gereicht, während sich Frauen eine Schleife anbinden müssen.

Erstmals verlieh Bundespräsident und Stifter Theodor Heuss das Bundesverdienstkreuz im zweiten Gründungsjahr der Bundesrepublik, 1951, in „dem Wunsche, verdienten Männern und Frauen des deutschen Volkes und des Auslandes Anerkennung und Dank sichtbar zum Ausdruck zu bringen". Seitdem wurde der Orden über 220.000 Mal „für Leistungen (überreicht), die im Bereich der politischen, der wirtschaftlich-sozialen und der geistigen Arbeit dem Wiederaufbau des Vaterlandes dienten, und soll eine Auszeichnung all derer bedeuten, deren Wirken zum friedlichen Aufstieg der Bundesrepublik Deutschland beiträgt".

160 // BUNDESVERFASSUNGSGERICHT

„Die Anbringung eines Kreuzes oder Kruzifixes in den Unterrichtsräumen einer staatlichen Pflichtschule, die keine Bekenntnisschule ist, verstößt gegen Art. 4 I GG. § 13 I 3 BayVSO ist mit Art. 4 I GG unvereinbar und nichtig." Dieser kurze Tenor, der als „Kruzifix-Urteil" durch die Medien ging, zeigt exemplarisch die Macht des Bundesverfassungsgerichts, denn er stellt gleich mehrere Dinge unanfechtbar fest: Der Staat darf einen Glauben weder verbieten noch vorschreiben. Zur Religionsfreiheit gehört auch die Freiheit, an kultischen Handlungen, in denen ein Glaube Ausdruck findet, nicht teilzuhaben. Ferner besagt die Entscheidung, dass der vorherige Beschluss des bayrischen Verwaltungsgerichts falsch war und die bayerische Schulordnung gegen das Grundgesetz verstößt – und nichtig ist. Ein Spruch kann also Normen, die durch die Legislative erlassen wurden, einfach pulverisieren. Denn das Bundesverfassungsgericht mit Sitz in Karlsruhe wacht über das Grundgesetz der Bundesrepublik Deutschland. Jeder, der sich durch ein Gericht, eine Behörde oder ein Gesetz in seinen Grundrechten verletzt fühlt, darf das Bundesverfassungsgericht anrufen (Verfassungsbeschwerde). Doch dessen Einfluss geht noch weiter. Wenn ein anderes Gericht der Auffassung ist, dass ein Gesetz gegen das Grundgesetz verstößt, muss es die Entscheidung des Bundesverfassungsgerichts einholen. Gleiches gilt, wenn die Bundes- oder eine Landesregierung oder ein Drittel des Bundestages sich der Verfassungskonformität eines Gesetzes versichern will (Normenkontrollverfahren). Und streiten sich unsere Verfassungsorgane oder Bund und Länder über ihre gegenseitigen Rechte und Pflichten, können sie das Bundesverfassungsgericht einschalten (Verfassungsstreit). Zudem darf nur dieses Gericht eine Partei verbieten – selbst wenn die gesamte Volksvertretung dies wünschen sollte. Die Tendenz in der Rechtsprechung des BVerfG ist allerdings keineswegs starr, denn die acht Richter werden auf 12 Jahre zur Hälfte von Bundestag und Bundesrat berufen, und eine Veränderung der Zusammensetzung kann durchaus auch eine Veränderung in der Rechtsauslegung bedeuten.

---

161 // BUNDESZENTRALE FÜR POLITISCHE BILDUNG

Wissen Sie schon, welche Partei Sie bei der nächsten Bundestagswahl wählen möchten? Haben Sie ausgiebig die Parteiprogramme durchgearbeitet, gehen Sie regelmäßig zu Wahlveranstaltungen der verschiedenen Parteien, und sind Sie tagespolitisch auf dem aktuellen Stand? Nein? Dann sollten Sie es mit dem Wahl-O-Mat der Bundeszentrale für politische Bildung versuchen. Anhand von 30 auf die aktuellen Wahlprogramme bezogenen Thesen wird Ihre politische Tendenz den verschiedenen Parteien zugeordnet: Am Ende wissen Sie, ob SPD oder CDU, die Grünen, FDP oder die Linke am besten zu Ihnen und Ihrer Meinung passt.

Sie können aber natürlich auch den klassischen Weg der politischen Bildung einschlagen und die hervorragenden Publikationen der Bundeszentrale

– die es meistens umsonst gibt – sorgfältig durchackern. Aufgabe der Institution ist es, Verständnis für politische Sachverhalte zu fördern, das demokratische Bewusstsein zu festigen und die Bereitschaft zur politischen Mitarbeit zu stärken – dazu ist der Wahl-O-Mat bestimmt ein wichtiger Schritt.

162 // BUNSENBRENNER

Sobald die Flamme auf die feine Schicht Zucker trifft, beginnen die weißen Kristalle zu schmelzen, verflüssigen sich zu einer bräunlich-zähen, glühend heißen Masse, die beim Abkühlen die typische dünne Kruste auf der Crème brulée bildet. Es ist Robert Wilhelm Bunsen zu verdanken, dass das feine französische Dessert ohne Gefahr für Leib und Leben gebrannt werden kann. Denn er verbesserte den Bunsenbrenner, den Wilhelm Faraday erfand, 1855 entscheidend – wenn auch nicht zum Zwecke des Kochens, sondern um durch das Erhitzen in Flammen die charakteristischen Spektrallinien chemischer Substanzen zu untersuchen. So entdeckte er unter anderem zusammen mit Robert Kirchhoff 1860/61 durch die Spektralanalyse des Bad Dürkheimer Mineralwassers die Elemente Rubidium und Cäsium.

Der Bunsenbrenner besteht aus einem kurzen Rohr, durch das das Gas emporströmt. Dabei saugt es durch regulierbare Öffnungen die Verbrennungsluft an. Im bläulichen Innenkegel der Flamme beträgt die Temperatur 300 °C, im äußeren Flammenkegel bis zu 1.500 °C. Die heißeste Flamme, bei der das Gas vollständig verbrannt ist, ist farblos. Chemische Elemente oder ihre Ionen geben in dieser farblosen Flamme Licht spezifischer Wellenlängen ab – so dass sich aus der Flammenprobe eines Minerals Schlüsse auf dessen chemische Zusammensetzung ziehen lassen. Was Bunsen wohl beim Verbrennen des Crème-brulée-Zuckers entdeckt hätte?

163 // BUNTE

Wer möchte nicht gern wissen, dass die Lieblingsfarbe von Letitia, Kronprinzessin von Spanien, Knallrot und dass Sarah Connor trotz Mutterschaft wieder gertenschlank ist oder dass die Tochter von US-Präsident George W. Bush, Jenna, in ländlicher Idylle statt im Weißen Haus geheiratet hat? Damit Deutschland nichts, aber auch gar nichts, aus dem Leben der High Society verpasst, informiert die Illustrierte „Bunte" seit mittlerweile 60 Jahren wöchentlich über eine Welt, von der die Leser allenfalls träumen können.

Die Erfolgsstory der Bunten begann am 1. April 1948, als Verleger Franz Burda die erste Ausgabe der Zeitschrift „Das Ufer" herausgab – leider kein Aprilscherz, sondern das erste „People"-Magazin Deutschlands, das die Deutschen durch die Welt der Filmstars den Krieg vergessen machen wollte. Als die Illustrierte 1972 in „Bunte" umbenannt wurde, hatte sich die Welt zwar längst gewandelt, aber ohne Klatsch und Tratsch kam sie dennoch nicht aus. Heute verkauft der Burda-Verlag wöchentlich rund 700.000 Exemplare, darunter zirka 118.000 Abonnements.

164 // BURDA, AENNE

Es ist eine Geschichte, wie sie seine eigene Zeitschrift, die „Bunte", kaum schöner hätte schreiben können: die Geschichte des Verlegerehepaares Franz und Aenne Burda. Jahrelang war Aenne Burda ihrem Mann eine aufopfernde Ehefrau und Mutter, dann musste sie von zahlreichen Affären ihres Mannes erfahren. Seine Sekretärin und Geliebte Elfriede Breuer setzte er sogar als Verlegerin einer Schnittmoden-Zeitschrift, „Elfi-Moden", ein. Als Aenne Burda hinter die Geheimnisse ihres Mannes kam, forderte sie nicht nur das Ende der Affäre, sie wollte auch eine Wiedergutmachung: den maroden Verlag ihrer Rivalin.

Damit begann 1948 der beispiellose Erfolg von Burda Moden: In der mageren Nachkriegszeit war die Schnittmoden-Zeitschrift die Rettung für die modebewusste deutsche Frau, denn schicke Kleidung war teuer. Und Aenne Burda ließ Mode entwerfen, die Raffinesse und Chic mit Alltagstauglichkeit verband: Ihre Mode sollte „wie Frauen sein – schön sein, elegant sein, gescheit sein". Um sich ihren Platz im Markt zu sichern, kaufte Burda etwaige Konkurrenz auf, vergrößerte die Produktpalette um junge Mode, Sondergrößen, Festkleidung, Karnevalskostüme etc. Heute erscheint „die Burda" in 89 Ländern und in 16 Sprachen.

165 // BÜRGEL-KERAMIK

Jeder hat sie schon mal gesehen, aber nur wenige kennen ihren Namen – zumindest im Westen der Republik: die Keramik aus Bürgel. Im Osten aber war sie zu DDR-Zeiten so begehrt und so selten, dass sich ihr Name wohl ebenso tief ins Gedächtnis jedes Bürgers eingebrannt hat wie die blau-weiße Glasur auf der Töpferware.

Schon seit dem 16. Jahrhundert ist das Töpferhandwerk eine feste Institution in dem thüringischen Städtchen Bürgel, doch erst im 19. Jahrhundert setzte sich das heute bekannte Dekor durch, eine dunkelblaue (mittlerweile auch hellblaue) Glasur mit weißen Punkten. In der DDR war das Bürgel-Geschirr einer der Exportschlager: 90 Prozent der Produktion wurden nach Westdeutschland und in andere Länder verschickt, den DDR-Bürgern blieb hauptsächlich die fehlerhafte Ware. Dennoch bildeten sich Schlangen, wo immer Bürgel-Keramik zu ergattern war. Das hat sich kaum geändert: Bierkrüge und Namenstassen sind die begehrtesten Souvenirs, selbst in bayrischen und niedersächsischen Shops, in denen all jene Touristen kaufen, die auf Andenken „handmade in Germany" stehen.

166 // BURGENROMANTIK

Ritterlichkeit und wahre Minne, glänzende Rüstungen, golddurchwirkte Kleider und teppichgeschmückte Burgen mit prasselndem Kamin und Bibliothek – so etwa stellte man sich zur Zeit der Romantik (ca. 1790–1850) das Mittelalter vor. Dass die Realität ganz anders aussah und vor allem die mittelalterlichen Burgen karg und kalt waren, war den schwärmerischen Fürsten in deutschen Ländern recht gleichgültig. Sie ließen vermeintlich mittelalterliche Burgen erbauen, die an Komfort ihresgleichen suchten. Besonders entlang des Rheins wurden die ehemaligen Festungen, die längst in Ruinen lagen, instand gesetzt – zu bequemen Schlössern, die nur äußerlich noch an die wehrhaften Bastionen erinnerten. Ihren Höhepunkt erlebte die Burgenromantik in den künstlichen Burgruinen. Eines der bekanntesten Beispiele: das Schlösschen auf der Pfaueninsel im Berliner Wannsee.

167 // BÜRGERINITIATIVE

Bürger für Lärmschutz, Bürger für Technik, Bäuerliche Notgemeinschaft, Hauptstraße ohne Raser, Bürger gegen erhöhte Abgaben etc. Wer sich von Parteien und Interessensverbänden nicht hinreichend vertreten fühlt, kann sich Mitstreiter suchen, um die eigene Meinung zu einem beliebigen Thema in der Gruppe kundzutun: Fertig ist die Bürgerinitiative – und derer gibt es unzählige in Deutschland. Gemeinsam werden Unterschriften gesammelt, Petitionen eingereicht, Demonstrationen veranstaltet, Kommunalpolitiker zum Gespräch aufgesucht oder gar Bürgerbegehren in die Wege geleitet.

Doch was in den 70er Jahren noch ein probates Mittel außerparlamentarischer Opposition war, hat heute ein etwas piefiges Image: Mittelgraue Blousonjacken scheinen ebenso zur Bürgerinitiative zu gehören wie wutschnaubende offene Briefe in lokalen Tageszeitungen, deren Unsachlichkeit eher nervt, statt zum Mitmachen anzuregen.

Meist beschränken sich die Aktivitäten von Bürgerinitiativen auf sachlich und lokal beschränkte Themen, um basisdemokratischen Druck auf die Politik auszuüben – geht den Mitgliedern die Puste aus oder ist das Ziel erreicht, lösen sich Bürgerinitiativen in der Regel wieder auf. Unbestreitbar ist, dass das Mitstreiten in Bürgerinitiativen jedenfalls zeitweise ein adäquates Mittel ist, um direkte Demokratie zu praktizieren und das Heft selbst in die Hand zu nehmen, statt einfach nur über die „Politiker da oben" zu meckern.

168 // BÜRGERLICHES GESETZBUCH

Kaufen, mieten, heiraten, Familien gründen, sterben, erben ... Damit das alles in geregelten Bahnen abläuft, gibt es das Bürgerliche Gesetzbuch. Mit dem Inkrafttreten des BGB am 1. Januar 1900 wurde erstmals eine einheitliche Kodifizierung geschaffen, die die Freiheit und rechtliche Gleichheit aller Bürger im Rechtsverkehr zugrunde legte (Privatautonomie). Das BGB ist seither das zentrale Gesetzeswerk des bürgerlichen Rechts und regelt das alltägliche Verhältnis von Privatpersonen und Unternehmen untereinander. Diese Regelungen können mitunter bis ins insektoide Detail gehen. Bei Jurastudenten ist deshalb unter anderem § 961 sehr beliebt: „Der Eigentümer des Bienenschwarms darf bei der Verfolgung fremde Grundstücke betreten. Ist der Schwarm in eine fremde, nicht besetzte Bienenwohnung eingezogen, so darf der Eigentümer des Schwarmes zum Zwecke des Einfangens die Wohnung öffnen und die Waben herausnehmen oder herausbrechen. Er hat den entstehenden Schaden zu ersetzen."

169 // BÜROKRATIE

„Von der Wiege bis zur Bahre, Formulare, Formulare" – kein Sprichwort beschreibt die deutsche Bürokratie treffender. Ob Namengebung, Einschulung, BAföG-Antrag, Arbeitslosengeld oder Erbschaftssteuer – überall versteckt sich der Freund und Feind des deutschen Staatsbürgers, die papiergewordene Seele des Verwaltungsapparats. Doch was gelegentlich den Ruf eines zur Unbeweglichkeit erstarrten Monstrums hat, ist im Grunde ein notwendiges Verwaltungssystem. Schließlich steuert es die einheitliche und gerechte Umsetzung von Gesetzen innerhalb einer Gesellschaft. Jeder Fall und jeder Antrag wird nach immer gleichbleibenden Standards bearbeitet. Willkürliche Handlungen seitens der Regierung oder der Polizei sollen dadurch verhindert werden.

Weil aber die Selbstverwaltung der deutschen Behörden häufig mehr Zeit und Geld in Anspruch nimmt als ihre eigentliche Aufgabe, werden die Stimmen nach Entbürokratisierung immer lauter. Längst ist die Ausforstung des deutschen Verordnungs-Dschungels überfällig – gestaltet sich aber gar nicht so einfach. Was über Jahre wuchern und verwachsen konnte, lässt sich nicht so ohne Weiteres mit der Wurzel herausziehen.

170 // BUSCH, WILHELM

„Ach, was muss man oft von bösen Kindern hören oder lesen! Wie zum Beispiel hier von diesen, welche Max und Moritz hießen ..." Kaum ein Kind wächst ohne die Bildergeschichten von Wilhelm Busch auf, die seinen Ruhm begründeten und die Vorläufer zu Comic und Zeichentrickfilm waren. Der am 15. April 1832 in Wiedensahl geborene Wilhelm Busch begann auf Wunsch seines Vaters zunächst ein Maschinenbau-Studium, das er jedoch 1851 abbrach – denn seine wahre Leidenschaft galt immer der Malerei. Er wechselte daher auf die Kunstakademien in Düsseldorf, Antwerpen und München und schuf unzählige Zeichnungen und Gemälde, die er nie veröffentlichte. Auch die Gedichte und Erzählungen des Literaten Busch wollten zu seinen Lebzeiten niemanden so recht interessieren. Seine lustigen Bildergeschichten aber fanden reißenden Absatz. Nach ersten gezeichneten Beiträgen in Zeitungen veröffentlichte der Verleger Kaspar Braun im Jahre 1865 „Max und Moritz". Damit wurde Busch zwar schlagartig berühmt, reich wurde indes nur sein Verleger. Aber auch Busch litt dank weiterer Bildergeschichten nicht länger Hunger, denn auch die Nachfolger von Max und Moritz kamen bestens an, wie Hans Huckebein, der Unglücksrabe, die fromme Helene oder Fipps, der Affe. Im Jahre 1884 veröffentlichte der Maler Busch seine letzte große Bildergeschichte mit dem bezeichnenden Titel: „Maler Klecksel". Nachdem er zwei Nikotinvergiftungen überstanden hatte, starb der bis heute erfolgreiche Satiriker am 9. Januar 1908 in Mechtshausen an Herzversagen. Gerhart Hauptmann sagte über ihn:

> *„Wilhelm Busch ist der Klassiker deutschen Humors, und das will in gewissem Sinne auch sagen, des deutschen Ernstes. So verehre ich ihn als eine der köstlichsten Emanationen deutschen Wesens. Er säte weltüberwindendes Lachen über Groß und Klein: Dank ihm! Wie viele Tränen hat er getrocknet! Und er ist ein Weiser."*

171 // BUTTERBROT

Der Niedergang des deutschen Butterbrots mag mit dem unglaublich hohen Verbrauch an Butterbrottüten in Deutschland zusammenhängen. Statt leckere Bemmen frischzuhalten, müssen die Tüten ein Dasein auf Kaffeehaustischen fristen, befüllt mit Teelichtern – für ein gemütliches, warmes Licht. Was vielleicht einmal als originell-witzige Idee begann, hat sich mittlerweile in nahezu jedem deutschen Studenten-Café als Standard etabliert. Käse- und Wurstkniften haben das Nachsehen: Weil Tupperdosen zu sperrig sind und Butterbrotpapier nicht stabil genug ist – wer erinnert sich nicht an das sich unverhüllt wellende Brot im Schulranzen –, müssen vor allem Schüler auf fertig gekaufte „Pausensnacks" in Form von „Milchschnitten", Crackern und Käsewürfeln zurückgreifen.

Doch Hilfe ist in Sicht: Die CMA, die Marketing-Gesellschaft der deutschen Agrarwirtschaft, hat zur Ehrenrettung der Stulle den „Tag des deutschen Butterbrots" am letzten Freitag im September eingeführt.

129

172 // BUTTERFAHRT

Zehn frische Landeier, ein Bauernbrot (1.500 g schwer), ein Pfund Butter und Kaffee und Kuchen in idyllischer Atmosphäre: Damit lockten zahlreiche Busunternehmen, die mit den Ausflügen für 20 Mark ihre Verkaufsfahrten für Heizdecken und Kochtopfsets tarnten. So sah am Ende die Butterfahrt aus, als sie längst nicht mehr dem Ergattern großer Mengen guter Butter diente und die Zollgrenzen rund um Deutschland herum gefallen waren. In den 50er Jahren war die Butterfahrt dagegen die Fortsetzung der Hamsterfahrten nach dem Krieg. Es galt, günstige und gute Lebensmittel zu ergattern, die in Deutschland noch zu teuer waren. Vor allem nach Dänemark schiffte man sich also ein, um dort das mild gesalzene, in Deutschland so kostbare Fett zu erwerben. Dass man damit nicht nur hohe Preise, sondern auch die Zahlung von Steuern und Zoll umgehen konnte, war ein besonderer Spaß für die mittellosen Kreuzfahrer. Denn die deutsche Butterfahrt nutzt aus, dass im grenzüberschreitenden Schiffsverkehr keine Steuern und kein Zoll erhoben werden. Nachdem im Jahr 2006 auch Polen der EU beigetreten ist, gilt als letztes echtes Butterfahrtziel nur noch Helgoland: 200 Zigaretten, 50 Zigarren, 1 l Alkohol über 22 Vol.-%, 2 l Alkohol unter 22 Vol.-%, 500 g Kaffee, 50 ml Parfüm und 5 kg Butter dürfen die Reisenden mit an Bord nehmen, wenn sie die Insel wieder verlassen, und bezahlen dafür keine Mehrwertsteuer.

173 // BUTTERKEKS

Deutschland und Frankreich verbindet vieles: Auch 14 Zähne an der Längs- und zehn Zähne an der Schmalseite eines krümelnden Weizengebäcks mit hohem Butteranteil. Ende des neunzehnten Jahrhunderts wurde der Butterkeks in Nantes und wenig später zum zweiten Mal in Hannover erfunden. 1891 brachte Hermann Bahlsen dort noch unter englischer Bezeichnung die „besten Butter-Cakes" auf den Markt. Benannt wurde das Gebäck nach dem bis dahin bekanntesten Einwohner der Stadt, dem Gelehrten Gottfried Wilhelm Leibniz. Mit einer Goldmedaille in Chicago bedacht, auf dem ersten europäischen Fließband verpackt und in einer innovativen „ewigdauernden" Hülle ausgeliefert, trat der Butterkeks seinen Siegeszug an. Geschicktes Marketing führte zum weltweiten Erfolg der ehemals kleinen Bäckerei. Bis heute hat der holprige Slogan von 1898 seine Gültigkeit nicht verloren: „Was isst die Menschheit unterwegs? Na, selbstverständlich Leibniz-Cakes!"

174 // BVB DORTMUND

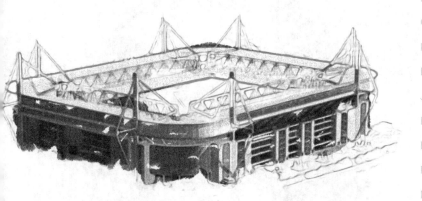

Jahrelang hatte man in einer Dortmunder Kirchengemeinde zusammen gekickt, dann gab es Streit mit dem Kaplan, es kam zur Schlägerei, und 18 wackere Fußballer gründeten den „Ballspiel-Verein Borussia 1909". Doch es sollte zeitlebens turbulent weitergehen: Schon in den 1920er Jahren kam es zur ersten Krise; der Verein hatte sich bei Investitionen in den „Borussia-Sportplatz" ein wenig verhoben. 1947 berappelte sich der Verein für einige Jahre: Nach herben Schlappen gegen die in jener Zeit überragenden Schalker obsiegte der BVB und wurde mit einem 3:2 Westfalenmeister. Bis zur Gründung der Bundesliga 1963 spielte der BVB ganz oben mit und wurde dreimal sogar Deutscher Meister. Pokalsieg und Gewinn des Europapokals folgten, bis 1972 der Abstieg plötzlich besiegelt war. Der BVB war wieder einmal klamm. Sogar Schalke half mit einem Benefizspiel, wodurch die Borussia in den 90er Jahren eine neue Blüte erleben durfte: Pokalsieger 1989, Vizemeister, zweimal Meister, 2002 sogar noch einmal, zwei UEFA-Cup-Endspiele und 1997 Champions-League- und Weltcup-Sieger. Eben eine sportliche Legende mit Höhen und Tiefen.

C

Camping / Can / Cannstatter Volksfest / Cap Anamur / Caritas / CeBIT / Champagner Bratbirne / Chancengleichheit / Charell, Marlène / Chemiedreieck / Chiemsee / Christbaum / Christkindlesmarkt / Christstollen / Claudius, Matthias / Comedian Harmonists / Conrady, Karl Otto / Currywurst

175 // CAMPING

Das Wort Camping leitet sich vom lateinischen „campus", Feld, ab: Der preisorientierte und freiheitsliebende Urlauber nächtigt hierbei in Zelten, Wohnwagen oder Wohnmobilen und erfreut sich der Natur.

Eigentlich sollte der besondere Reiz beim Camping in der Möglichkeit liegen, beim Herumreisen gerade dort zu bleiben, wo es einem gut gefällt. Umso überraschender die Tatsache, dass die meisten deutschen Wohnwagenbesitzer einen Wohnwagen erwerben – um ihn dann an einem lauschigen Plätzchen für immer abzustellen. Dieses mobil-immobile Paradoxon fasst man unter dem Begriff „Dauercamper" zusammen. Das Phänomen mag vielleicht auch daran liegen, dass es mit der Freiheit im Allgemeinen so eine Sache ist. Denn in den meisten europäischen Ländern ist Camping in freier Wildbahn gar nicht erlaubt. Hier schaffen jedoch die vielen mietbaren Landparzellen Abhilfe, die dem Camper die Welt bedeuten: die Campingplätze. Derer gibt es rund 3.500 in Deutschland, und über 3 Millionen Übernachtungen im Jahr beweisen, dass unsere Republik ein äußerst beliebtes Ziel für in- und ausländische Campingtouristen ist. Die letztgenannte Gruppe setzt sich – nicht ganz unerwartet – vor allem aus Niederländern zusammen, deren Wohnmobil Statussymbol und nationales Markenzeichen zu sein scheint. Mit einigem Abstand folgen die Dänen, Schweizer, Briten und Belgier.

Als unverzichtbare Accessoires gelten dem deutschen wie dem internationalen Camper Klappstühle, Grill und Gaskocher. Komfortfördernde

Utensilien sind daneben zum Beispiel Fernseher mit Satellitenanlagen, Tisch-Waschmaschinen für fünf Handtücher oder Bräunungsmatratzen, dank derer man sich beim Sonnen nicht mehr umdrehen muss. Wem das noch nicht reicht, der kann auch einen Zaun um seine Parzelle ziehen, um den Nachbarn die bestehenden Eigentumsverhältnisse unmissverständlich klarzumachen. Für die echten Camper kommt dies indes nicht in Frage, lieben sie doch die wilde Natur – und die Freiheit.

176 // CAN

„Diese Burschen sitzen auf hölzernen Stühlen und spielen elektrische Instrumente. Es wäre besser, wenn sie auf elektrischen Stühlen säßen und hölzerne Instrumente spielen würden", urteilten Schweizer Volksblätter 1972 über die deutsche Band Can, während die Krautrocker in Großbritannien frenetisch umjubelt wurden und es dort hieß: Can sind ihrer Zeit 40 Jahre voraus.

Es gab eine ganze Reihe großer Krautrock-Bands Anfang der 70er – Amon Düül II, Faust, Kraan und natürlich Kraftwerk –, aber Can unterscheidet sich doch noch einmal ganz wesentlich von diesen: Mit Holger Czukay, Michael Karoli, Irmin Schmidt und Jaki Liebezeit fanden sich ausgebildete Musiker zusammen, Schüler von Karlheinz Stockhausen, Mitglieder der Wiener Philharmoniker und des Ensembles für Neue Musik, Free-Jazzer aus dem Quintett Manfred Schoof. Sie komponierten ihre Musik aus der Situation heraus, instinktiv, und kein Instrument musste sich dem anderen unterordnen. Ihren bekanntesten Song nahmen sie 1974 mit „Spoon" auf. Er war die Titelmusik zu dem Durbridge-Krimi „Das Messer" und Namensgeber für das renommierte Plattenlabel von Can, Spoon Records.

177 // CANNSTATTER VOLKSFEST

Was dem Münchner die Wiesn ist dem Stuttgarter der Wasen. Auf dem Gelände am Ufer des Neckars findet jedes Jahr im Herbst das Cannstatter Volksfest statt. Zu verdanken haben das die Schwaben und der Rest der Welt dem württembergischen König Wilhelm I., der mit der Gründung der „Centralstelle des landwirtschaftlichen Vereins" im Jahre 1817 die Wirtschaft ankurbeln wollte. Das ist ihm in vielerlei Hinsicht bis heute geglückt. Auf der einst idyllischen Neckaraue zwischen Wiesen und Weinbergen fand im Jahre 1818 erstmals eine landwirtschaftliche Feier mit Pferderennen und Preisverleihungen für Viehzucht statt, die sich inzwischen zum größten Schaustellerfest Europas gemausert hat. Rund vier Millionen Gäste strömen alljährlich auf den 68.000 m² großen Cannstatter Wasen: Zum Essen, Trinken, Karussellfahren und um eins der offiziellen Maskottchen der Wasen zu ergattern: Den WasenHasi – die possierlich grinsende Erinnerung an zwei Wochen puren Spaß in Stuttgart.

178 // CAP ANAMUR

Dass man auch mit kleinen Mitteln Großes bewirken kann, haben Christel und Rupert Neudeck bewiesen. Sie wollten vietnamesischen „boat people" helfen, die über das Südchinesische Meer in ein menschenwürdigeres Leben flüchten wollten. Auf den überfüllten, teils seeuntauglichen Booten fuhren damals Tausende Menschen in den Tod. Das Paar gründete daher mit Freunden im Jahre 1979 das Komitee „Ein Schiff für Vietnam" und charterte für die Rettungsmission den Frachter „Cap Anamur". Das Schiff wurde zu einer Arche der Menschlichkeit: 10.375 „boat people" konnten aus dem Meer gerettet und weitere 35.000 Flüchtlinge an Bord medizinisch versorgt werden.

Die Spendenfreude der deutschen Bevölkerung führte dazu, dass die Arbeit auch in anderen Teilen der Welt fortgeführt werden – und 2004 gar eine „Cap Anamur" gekauft werden konnte. Die Hilfsorganisation mit gleichem Namen ist inzwischen rund um den Globus im Einsatz.

179 // CARITAS

Seit 1897 ist der Deutsche Caritasverband – kurz einfach die Caritas – das gute Herz Deutschlands. Zwar ist der Wohlfahrtsverband katholisch, er hat sich aber dennoch die Nächstenliebe zum Ziel gesetzt und hilft bis heute vor allem den Alten, Kranken, Armen und Schutzbedürftigen. Das hat Tradition, denn als der junge Priester Lorenz Werthmann in Köln den „Charitasverband für das katholische Deutschland" begann, nahm er sich zunächst einmal der Hilfsbedürftigen Deutschlands an: Tippelbrüder und Kranke, Trinker und Seeleute, schutzlose Mädchen, Frauen und Behinderte erhielten von der Caritas Nahrung und Kleidung, Pflege und Beratung in allen Lebenslagen. Rund 10 Millionen Menschen finden mittlerweile allein in Deutschland bei der Caritas ein offenes Ohr für ihre Nöte – weltweit agiert die Caritas in etwa

200 Ländern mit jährlich rund 1.500 Hilfsprojekten. Bei solchen Größenordnungen ist auch die Caritas nicht davor gefeit, dass manch ein Mitarbeiter eher an sich selbst als an seinen Nächsten denkt – wie die Affäre um illegal kassierte Provisionen bei der Caritas Trägergesellschaft Trier zeigten. Auch im arbeitsrechtlichen Bereich – der bei der Caritas in erster Linie vom Kirchenrecht bestimmt wird – finden sich Strukturen, die eher dem Unternehmen als den Arbeitnehmern dienen; wird Letztgenannten doch beispielsweise das Streikrecht und die Anrufung staatlicher Arbeitsgerichte verwehrt. Als Begründung meint die Caritas, innerkirchliches Recht würde den rechtsstaatlichen Anforderungen genügen. Für all diejenigen, die in Deutschland irgendeinen Beistand brauchen, ist dies wohl weniger von Belang: Schließlich können sie sich darauf verlassen, dass die christlichen Grundsätze der Nächstenliebe ihnen gegenüber auf jeden Fall gewahrt werden.

180 // CEBIT

Bereits in den 50er Jahren war auf der Hannover Messe die Branche „Büroindustrie" auf den dritten Rang aller ausstellenden Industriezweige vorgerückt. Da reichte bald der Platz nicht mehr aus, und 1970 musste eine neue Halle gebaut werden, die 1984 als weltgrößte ebenerdige Messehalle ins Guinnessbuch der Rekorde aufgenommen wurde. Mit dem neuen Standort erhielt der Ausstellungsschwerpunkt „Büroindustrie" dann auch einen neuen Namen: CeBIT – „Centrum der Büro- und Informationstechnik". Er hatte sich mit knapper Mehrheit gegenüber CeBOT – „Centrum für Büro- und Organisationstechnik" durchgesetzt. Schnell waren auch die neugewonnenen riesigen Platzkapazitäten erschöpft. Daher gab die Deutsche Messe AG 1984 bekannt, ab 1986 eine „Hannover Messe CeBIT" im März und eine „Hannover Messe Industrie" im April zu veranstalten. Mit weit mehr als 5.500 Ausstellern ist die CeBIT heute die bedeutendste Messe für die digitale Industrie. Die Branche sorgt auf ihrem Industrietreff seit der Gründung für zahlreiche Höhepunkte, Innovationen und manchmal auch für Tragödien. So stellte hier Heinz Nixdorf 1965 den ersten Mikroprogramm-gesteuerten Kleincomputer der Welt vor und verstarb 1986 an gleicher Stelle.

181 // CHAMPAGNER BRATBIRNE

Bei der Champagner Bratbirne handelt es sich nicht etwa um eine frittierte Frucht, die mit einem edlen Tropfen abgelöscht wird, sondern schlicht um eine alte Obstsorte. Seitdem allerdings ein findiger Gastronom aus dem Gewächs einen Schaumwein herstellt, schäumt auch die französische Champagnerwirtschaft und klagte gegen den feinen Tropfen. Auf den Zug des guten Namens wolle da jemand aufspringen, hohe Gütevorstellungen würden bei potenziellen Trinkern geweckt, und sowieso werde das deutsch-französische Abkommen von 1960 zum Schutz der Bezeichnung „Champagner" verletzt! Dies indes weckte den Kampfgeist deutscher Streuobstliebhaber. Eilig gründeten engagierte Bürger den „Verein zur Erhaltung und Förderung alter Obstsorten – Rettet die Champagner Bratbirne e. V.", und der Beklagte holte ein Gutachten von einem promovierten Streuobst-Experten ein. Die Champagner Bratbirne könne doch schließlich nichts für ihren Namen, verteidigte man sich vehement, und es müsse doch auf der Flasche draufstehen, was in der Flasche drin sei! Alles umsonst: Der BGH gab den Franzosen Recht – jedenfalls fast. Der Hinweis auf die verwendete Obstsorte sei zwar berechtigt, aber halt nicht so „blickfangmäßig". So überlebt denn die Champagner Bratbirne bescheiden und klein auch auf Flaschenetiketten. Ob und womit sich die Vereinsmitglieder zur Feier dieser Tatsache zugeprostet haben, ist leider nicht überliefert.

182 // CHANCENGLEICHHEIT

Die gleichen Lebens-, Bildungs- und Karrieremöglichkeiten für alle Mitglieder der Gesellschaft bezeichnet man als Chancengleichheit. Seine rechtliche Ausprägung findet dieses hehre Ansinnen unter anderem in Artikel 3 des Grundgesetzes; dort heißt es: „Niemand darf wegen seines Geschlechtes, seiner Abstammung, seiner Rasse, seiner Sprache, seiner Heimat und Herkunft, seines Glaubens, seiner religiösen oder politischen Anschauungen benachteiligt oder bevorzugt werden. Niemand darf wegen seiner Behinderung benachteiligt werden." So weit die freundlichen rechtlichen Rahmenbedingungen. Und wie sieht's in der Realität aus? Zur Erhellung seien exemplarisch drei Fragen gestellt: Findet Herr Özcan in Deutschland genauso leicht eine Wohnung wie der finanziell gleichgestellte Herr Müller? Sind die Aussichten von Frau Dr. Schulz auf den Chefarztposten genauso groß die des Herrn Dr. Schulz? Und wird Sozialhilfe-Empfängerin Gisela mit der gleichen Wahrscheinlichkeit studieren wie Millionärstochter Sarah? Mancher wird da freudig rufen: „Aber klar doch!", die meisten aber eher „Nö" murmeln und denken: „Es ist noch ein langer Weg zur durchweg realisierten Chancengleichheit in Deutschland."

183 // CHARELL, MARLÈNE

Was für Beine! Ihre langen Beine, gehüllt lediglich in zarte Nylons, waren schon immer Marlène Charells Markenzeichen. Und natürlich die blonden Haare, schlicht links und rechts am Gesicht herabwallend. Im silberdurchwirkten Frackoberteil mit dem knappen Höschen der Lido-Tänzerin, wo Marlène Charell 1968 Karriere machte, sah man sie in diversen deutschen Fernsehshows tanzen und später, 1983 in der Rudi-Sedlmayer-Halle in München, als Moderatorin des Grand Prix Eurovision de la Chanson. Es war ein Fest, als die Charell in schlechtem Englisch und Französisch, stattdessen aber in tadellos sitzenden Abendroben und einer gekonnten tänzerischen Pauseneinlage durch den Abend führte.

Ihren Namen hat die 1944 als Angela Miebs in Winsen geborene Tänzerin und Moderatorin übrigens aus denen Marlene Dietrichs und Erik Charells zusammengestellt: Marlene Dietrich wahrscheinlich, weil sie deren Beine eindeutig geerbt hat, und Erik Charell, der Revue-König, hatte jahrelang die künstlerische Leitung im Friedrichstadt-Palast inne. Mit deren Namen, aber nicht in deren Schatten, hat sich Marlène Charell denn auch zum Weltstar hochgetanzt und kann mittlerweile sogar eine Rosensorte ihr Eigen nennen. Zartrosa, stark gefüllt, reich blühend und gesund ist die Rose. So wie die Tänzerin, die auch mit nunmehr 62 Jahren noch auf der Bühne steht und tanzt.

184 // CHEMIEDREIECK

Ein Chemiedreieck ist keine geometrisch angeordnete Atomverbindung, sondern ein Wirtschaftsraum, in dem die Chemieindustrie stimmt. Phantasiebegabte Menschen erkennen auf der Landkarte ganz deutlich, dass diese Wirtschafträume in einem imaginären Dreieck liegen. Wie im Übrigen alles in einem Dreieck liegt – wenn man's denn drum herummalt. Chemiedreiecke gibt es gleich zwei in Deutschland, zum einen das mitteldeutsche, zum anderen das bayerische. Ersteres schmiegt sich u. a. um die Städte Halle,

Bitterfeld und Schwarzheide. Slogans wie „Plaste und Elaste aus Schkopau" begeistern noch heute den mitteldeutschen Industriefan, und zusammen mit dem bayerischen Dreieck um die Landkreise Mühldorf, Traunstein und Altötting wird sogar fast ein bundesdeutsches Rechteck draus.

185 // CHIEMSEE

Berge und Meer – man kann halt nicht immer alles haben. „Mitnichten", denkt sich da der Südbajuware und nennt den Chiemsee einfach liebevoll Bayerisches Meer. Dieser ist ja immerhin der flächenmäßig drittgrößte See Deutschlands. Der größte Zufluss des Quasi-Ozeans ist die Tiroler Achen, und der größte Abfluss ist die Alz. Und wie bei jedem ausgewachsenen Meer gibt's auch im Chiemsee Inseln. Ob die Namen der drei größeren Eilande Programm sind? Ob sich die Bewohner der Fraueninsel mit jenen der Herreninsel auf der Krautinsel gern mal einen schmauchen? Wohl eher nicht. Auf der Fraueninsel befindet sich ein Nonnenkloster, auf der Herreninsel baute Ludwig II. zum Touristenentzücken ein unvollendetes Imitat von Schloss Versailles, und auf der unbewohnten Krautinsel herrscht paradiesische Ruhe. Wo früher die Ordensschwestern der Nachbarinsel ihr Grünzeug pflanzten, genießen heute Festland-Kühe im Sommer ihr Gras.

186 // CHRISTBAUM

Der Brauch, Bäume zu Festlichkeiten zu verzieren, ist wohl so alt wie die zivilisierte Menschheit. Angeblich soll der allererste Christbaum im Jahre 1419 in Freiburg aufgetaucht sein, den Bäcker mit Nüssen, Obst und Süßig-

keiten schmückten. Am Neujahrstag durften Freiburger Kinder die leckere
Zierde plündern und vernaschen. Später wurden dann Bäume zu Krippen-
spielen mit Äpfeln geschmückt, um den Sündenfall zu symbolisieren. Auch
heute noch werden Nordmanntanne, Fichte, Kiefer & Co. erst mit dem
richtigen Schmuck zu einem ordentlichen Christbaum – und der Phantasie
sind da keine Grenzen gesetzt. Ganz nach persönlichem Geschmack kann
man das Immergrün mit Lametta, Kugeln und allerlei Behang schmücken
oder entstellen. Frei nach dem Motto: Zeig mir deinen Weihnachtsbaum,
und ich sag dir, wer du bist.

187 // CHRISTKINDLESMARKT

Das Christkind in der Funktion eines weihnachtlichen Gabenbringers
für Kinder geht auf Martin Luther zurück: Im Hause des Reformators bescherte das Christkind die Geschenke und ersetzte den Nikolaus, der als
katholische Heiligenfigur von den Protestanten abgelehnt wurde. Umso
erstaunlicher, dass das Christkind heutzutage fast nur noch die Kinder in
katholischen Gegenden beglückt. Denn im Rest der Republik verdrängt zunehmend der Weihnachtsmann die engelhafte Mädchenfigur. Eines konnte
der pausbäckige und dicke Geselle dem Christkind jedoch nicht nehmen:
Seine weit über die Grenzen der Republik bekannten Märkte. Ob in München, Passau, Regensburg oder anderen Städten – Christkindlesmärkte
locken Besucher auf der ganzen Welt zum stimmungsvollen Bummeln, Naschen und zum Erwerb von Handwerkskunst ein.

Einer der ältesten und wohl der berühmteste Adventsmarkt ist jedoch der
Nürnberger Christkindlesmarkt. Wahrscheinlich boten dort bereits im 16.
Jahrhundert Nürnberger Handwerker in der weihnachtlichen Budenstadt ihre
Waren feil. Ende des 19. Jahrhunderts verlor der Markt jedoch zunehmend
seine Bedeutung, bis die Nationalsozialisten die Veranstaltung für ihre Zwecke
nutzten und versuchten, das Image Nürnbergs als „des Deutschen Reiches
Schatzkästlein" aufzupolieren. 1933 wurde daher der Weihnachtsmarkt mit
einer rührselig inszenierten Feier wieder auf dem Hauptmarkt eröffnet. Dieses
Ritual kam und kommt bis heute bestens an. Zum Startschuss am Freitag
vor dem 1. Advent ertönen pünktlich um 17.30 Uhr Trompetenfanfaren,
der Nürnberger Musikschulenchor singt Weihnachtslieder, auf der Empore
erscheint im Scheinwerferlicht das strahlende Nürnberger Christkind und
spricht den feierlichen Eröffnungsprolog. Diese Ehre wird einer Nürnbergerin
zwischen 16 und 19 Jahren zuteil, die das Amt zwei Jahre innehat und dann

abgelöst wird. Dies muss das wirkliche Christkind indes nicht fürchten, es sei denn, der Weihnachtsmann hat es nicht nur auf den Posten als Gabenbringer, sondern auch auf des Christkinds Märkte abgesehen.

188 // CHRISTSTOLLEN

Taucht er in den Regalen von Geschäften und Supermärkten auf, weiß der Kunde: Es weihnachtet. Bereits die Form des Christstollens und seine dicke Puderzuckerschicht erinnern an das gewickelte Jesuskind. Mehl, reichlich Butter, Zucker, Trockenfrüchte, Orangeat oder Zitronat sind heute die Hauptbestandteile des festlichen Gebäcks, wobei die Rezepte je nach Region variieren.

Die erste Erwähnung findet der Stollen anno 1329 in Naumburg an der Saale. Erst im Jahre 1474 wird der berühmte Dresdner Christstollen, auch Christbrod oder Striezel genannt, schriftlich erwähnt. Zu jener Zeit bestand die mittelalterliche Fastenspeise lediglich aus Mehl, Hefe, Öl und Wasser. Weder Butter noch Milch waren aufgrund der katholischen Dogmen erlaubt. Verständlicherweise fand die fade diätetische Originalversion schon damals wenig Anklang, weshalb der sächsische Kurfürst Ernst den Heiligen Vater Nikolaus V. im Namen des guten Stollengeschmacks um die Aufhebung des Verbots bat. Doch erst Papst Innozenz VIII. ließ sich erweichen und gewährte im sogenannten Butterbrief von 1491 den Verzehr von Milchprodukten auch während der Fastenzeit – allerdings nur gegen harte Gulden. So wurde aus dem kalorienreichen Geschmacks-auch ein veritabler Bauträger: Mit der fettigen Ablass-Zahlung wurden Genusssünden vergeben und Kirchen finanziert, so dass ausufernde Stollensünden heute nicht mehr Sache des Jüngsten Gerichts sind, sondern allein der Personenwaage überlassen werden.

189 // CLAUDIUS, MATTHIAS

„Der Mond ist aufgegangen, die goldnen Sternlein prangen, am Himmel hell und klar ..." Das Abendlied ist das wohl bekannteste Werk des Dichters und Journalisten Matthias Claudius. Durch die Vertonung von Johann Abraham Peter Schulz ist es ein fester Bestandteil deutschen Liedgutes geworden, und zumindest die ersten Zeilen kann fast jedermann auswendig.

Geboren wurde Claudius am 15.8.1740 im holsteinischen Reinfeld als Sohn einer Pastorenfamilie. So studierte er denn auch zunächst Theologie, dann Jura und Kameralistik und bewies, dass man auch als Studienabbrecher Erfolg haben kann. Er arbeitete als Sekretär des Grafen Holstein in Kopenhagen und redigierte von 1771–1775 den „Wandsbecker Bothen". Dieser war wegen seines originellen Feuilletons und der Beiträge von bekannten Autorenpersönlichkeiten wie Johann Wolfgang von Goethe, Gotthold Ephraim Lessing und Johann Gottfried Herder äußerst beliebt. Dennoch erwies sich das Blatt als unrentabel und musste 1775 eingestellt werden. Ab 1777 arbeitete Claudius als freier Schriftsteller in Wandsbek. Erleichtert wurde dies durch eine Jahrespension des dänischen Kronprinzen, der ihm zudem eine bezahlte Stelle als Revisor der Altonaer Bank vermittelte, für die Claudius aber nie arbeiten musste – ein Luxus, von dem manch ein armer Poet heute nur träumen kann.

Claudius gab seine Arbeiten in acht Teilen unter dem Titel „Asmus omnia sua secum portans oder Sämtliche Werke des Wandsbecker Bothen" heraus. Zu seinen weiteren Werken zählen unter anderem „Tändelleyen und Erzählungen" und Übersetzungen, wie die „Geschichte des ägyptischen Königs Sethos". Matthias Claudius starb am 21.1.1815 in Hamburg.

190 // COMEDIAN HARMONISTS

Dank einer Anzeige im Berliner Lokal-Anzeiger, die Harry Frommermann am 18.12.1927 aufgab, gründete sich die erste deutsche Boyband, die als „Comedian Harmonists" in die Geschichte eingehen sollte – das vielleicht erste Superstar-Casting in der Geschichte der Republik. Der einzig brauchbare Kandidat unter den zahlreichen Bewerbern schien Frommermann allerdings nur Robert Biberti zu sein, der mit seiner unverwechselbaren Bassstimme und seiner Begeisterung für die Revelers Frommermann überzeugte. Biberti brachte kurz darauf seine Kollegen Ari Leschnikoff und Roman Cycowski in die Formation, Leschnikoff wiederum seinen Freund Erwin Bootz – und mit Erich Collin war das Sextett schließlich komplett.

Ein erstes Vorsingen in der „Berliner Scala" scheiterte jedoch kläglich. Man erklärte den jungen Männern, dass die Scala kein Vergnügungslokal sei – und auch kein Beerdigungsinstitut. Der Varietékönig Erik Charell erkannte jedoch das Talent der Gruppe und bot den Comedian Harmonists eine Auftrittsmöglichkeit innerhalb seines Revueprogramms an. Am 28.

September 1928 kam es in Charells „Großem Schauspielhaus" zum ersten Auftritt. Schon bald darauf folgten Gastspiele in anderen Berliner Häusern sowie Auftritte in Hamburg, Köln und Leipzig. Die Vorstellungen waren in kürzester Zeit ausverkauft, und so wagten sich die Sänger 1930 sogar an eine selbstorganisierte Konzerttournee. Der Mut zahlte sich aus, und Biberti erinnerte sich: „Eine Zeitungsnotiz genügte: Die Comedian Harmonists kommen! – Keine Reklame, nichts – wir waren sofort ausverkauft." Gassenhauer wie „Mein kleiner grüner Kaktus", „Veronika, der Lenz ist da" und „Wochenend und Sonnenschein" begeisterten die Massen und brachten reichlich Geld ein – das Ensemble war auf dem Höhepunkt seiner Karriere angelangt.

Ein jähes Ende fand der kometenhafte Aufstieg der Gruppe mit der Machtübernahme der Nationalsozialisten, denn Frommermann, Collin und Cycowski waren Juden und durften somit ab dem 1.5.1934 nicht mehr auf deutschen Bühnen musizieren. Nach einigen Gastspielen im Ausland zerbrach hierüber das Ensemble, und die drei jüdischen Mitglieder wanderten schließlich 1935 endgültig aus. Zwischen 1935 und 1941 existierten zwei Nachfolgegruppen: Die verbliebenen „Arier" traten mit neuen Sängern unter dem Namen „Meistersextett" auf. Die jüdischen Mitglieder tourten als „Comedy Harmonists". Keine der beiden Nachfolgeformationen kam auch nur annähernd an den Ruhm der Comedian Harmonists heran. Die sechs Männer traten danach nie wieder miteinander auf.

191 // CONRADY, KARL OTTO

Willst du mit Poesie beglücken, sollst du den Conrady zücken – auch wenn dieser Reim wohl niemals in den „Conrady" aufgenommen wird, spricht er doch die lautere Wahrheit. Denn der Name des Professors für Neuere Deutsche Literatur, Karl Otto Conrady, ist mittlerweile Synonym für seine umfassende Gedichtsammlung, die einen wunderbaren Einblick in die deutsche Lyrik seit dem Mittelalter gibt. Die 1977 erstmals und mittlerweile in der dritten Auflage herausgegebene Anthologie „Der Neue Conrady. Das Große Deutsche Gedichtbuch" lässt jeden erahnen, was es mit dem „Volk der Dichter und Denker" auf sich hat.

192 // CURRYWURST

„Mediale Installationen schaffen eine interaktive Umgebung, die alle Sinne anspricht und den Besucher in die Welt der Currywurst entführt", verspricht die Internetseite des ersten deutschen Currywurstmuseums in Berlin – und lässt uns mit der bangen Frage allein, was uns wohl in der Welt der Currywurst erwarten möge. Jedenfalls wird die Herkunft der Cörrywuast, wie der Ruhrpottler zu sagen pflegt, wohl auf ewig unter Ketchup verborgen bleiben. Denn sowohl Hamburger und Berliner als auch die Bewohner des Ruhrgebiets schreiben sich die Innovation der zumeist gestückelten Brüh- oder Bratwurst zu, die unter einer tomatigen Sauce ihre kulinarische Heimat findet. Immerhin ließ sich die Berlinerin Herta Heuwer, die an ihrem Imbissstand bereits 1949 gebratene Brühwurst mit einer Sauce aus Tomatenmark, Currypulver und Worcestersauce verkaufte, ihre Soßenvariante namens „Chillup" patentieren. Herta Heuwer ging hiermit als die Erfinderin der Currywurst in die Geschichte ein – Anlass genug, ihr eine Gedenktafel in der Hauptstadt zu widmen.

Die Currywurst-Rezepte variieren indes in jeder Region, und viele Imbissbuden pflegen ihr ganz eigenes „Currywurstgeheimnis". Ob mit Darm oder ohne, ob mit Zwiebeln, Schaschliksud oder gar Blattgold verfeinert, ob begleitet von Brötchen, Toast, Pommes, Bier oder Schampus – wir beginnen zu ahnen, dass die oben beschriebene Welt der Currywurst paradiesische Vielfalt bieten muss. Und auch wenn sie gegen Burger, Döner oder Pizza bestehen muss, selbst wenn sie von Vegetariern und Fitnessfetischisten naserümpfend beäugt wird, halten es ihre Liebhaber treu mit Herbert Grönemeyers poetischstem Lied und schmettern: „Kommste vonne Schicht, wat schönret gibt et nich als wie Currywurst."

Da da da / Dackel / Daimler / Daunenbett / DDR / Dederon / Delling, Gerhard / Denkmalschutz / Derrick / Deutsche Bahn / Deutsche Eiche / Deutsche Einheit / Deutsche Mark / Deutsche Motorradstraße / Deutsche Telekom / Deutscher Fernsehpreis / Deutscher Michel / Deutscher Mieterbund / Deutsches Eck / Deutsches Grünes Kreuz / Deutschrock / DFB / Dichter und Denker / Dienstleistung / Diesel, Rudolf / Dietrich, Marlene / DIN / Dinner for one / Dirndl / Disziplin / Dix, Otto / DLRG / documenta / Dönhoff, Marion Gräfin / Doppelkopf / Dosenpfand / dpa / Dr. Hauschka / Dr. Oetker / Drachenfels / Drais, Karl / Drehscheibe / Drosselgasse / Droste-Hülshoff, Annette von / Du bist Deutschland / Duden, Konrad / Dürer, Albrecht / Düsentriebwerk / Dutschke, Rudi

193 // DA DA DA

Sie ist wohl die einzige Band der Neuen Deutschen Welle, von der man im Nachhinein sagen kann, dass die Musiker normal bis gut aussahen. Bei „Trio" gab's keine Nackenspoiler, nur bedingt Röhrenjeans, stattdessen Kurzhaarfrisur und Dreitagebart bei Sänger und Casiospieler Stephan Remmler. Einzig die roten Hosenträger von Trommler Peter Behrens zeugen von den Achtzigern, sonst könnten die Videos und Auftritte auch aus 2009 stammen.

So schlicht das Auftreten der Band, so spartanisch war auch ihre Musik. Als „Trio" 1982 „Da da da du liebst mich nicht ich lieb dich nicht" veröffentlichte, waren sie zwar bereits eine Weile mit ihrer ersten LP durch Deutschland getourt, doch es war ebenjener Song, der dem Trio den nationalen wie internationalen Durchbruch brachte: 13 Millionen Mal verkaufte sich „Da da da" in 20 Ländern; in Deutschland wurde das Lied mit der Neuen Deutschen Welle – zu der Remmler und seine Jungs eigentlich nicht gehören wollten – in alle Haushalte gespült.

Den ersten Platz der Charts erreichte „Da da da" in Deutschland allerdings nie: Den blockierte Nicoles „Ein bisschen Frieden" 26 Wochen lang. Weil bereits seit seiner Entstehung über den Sinn des Liedes diskutiert wird, haben sich ihm Musikwissenschaftler späterer Jahrzehnte angenommen, die sich darin einig sind, dass „Da da da" eine Kritik am deutschen Schlager ist.

194 // DACKEL

Irgendwie sieht er schon unförmig aus – der Dackel, Dachshund oder Teckel: Kurze Beine hat er, einen kleinen Brustumfang und eine ziemlich lange Wirbelsäule. Und warum? Weil es so praktisch ist. Gezüchtet wurde diese international anerkannte deutsche Hunderasse nämlich für die Jagd. Durch gezielte Selektion auf Achondroplasie, eine krankhaften Mutation, die das Wachstum des Skeletts hemmt, sieht der Dackel so aus, wie er aussieht. Dank seines Körperbaus kann er nun prima in die unterirdischen Baue von Fuchs und Dachs eindringen, ist possierlich anzuschauen und wird auch als Familienhund geschätzt.

Gezüchtet wird der Dackel in drei Größen und Frisurtypen: Standard-, Zwerg- und Kaninchendackel präsentieren sich jeweils in der Kurz-, Rau- und Langhaarvariante. An seiner Figur hat der Teckel allerdings oft nicht allzu lange Freude, denn wegen seines praktischen Körperbaus leidet er häufig an Dackellähme, einem durch das lange Rückgrat verursachten Bandscheibenvorfall. Für derlei Beschwerden ist zumindest die im Straßenverkehr anzutreffende Nachbildung nicht anfällig: Manch ein Wackeldackel sitzt kerngesund auf der Hutablage und nickt und nickt und nickt fröhlich vor sich hin.

195 // DAIMLER

Mit dem Namen „Daimler" sind Luxus, Zuverlässigkeit und wirtschaftlicher Erfolg im Automobilbau verbunden. Heute besinnt sich das traditionsreiche Unternehmen auch im Namen wieder ganz auf einen der Väter des Automobils. Nutzfahrzeuge und Personenkraftwagen der Ober- und Luxusklasse werden mit unterschiedlichen Markennamen unter dem Dach der „Daimler AG" hergestellt. Verwirrend: Auch in Großbritannien werden Luxuskarossen unter dem ehrwürdigen Namen verkauft – unter anderem an die Queen. Denn Gottlieb Wilhelm Daimler (1834–1900) hatte die Namensrechte auf die Insel verkauft. So gerieten sie an Ford und mussten teuer zurückerworben werden.

Daimler war an der Entwicklung zeitgenössischer Verbrennungsmotoren wie dem Ottomotor beteiligt und schuf eigene Motoren. Mit dem Einbau in eine Kutsche war 1886 das erste vierrädrige Automobil geboren. Karl Benz (1844–1929) hatte sich im Jahr zuvor das erste, dreirädrige Auto patentieren lassen. Nach einigen getrennten Wegen fusionierten die Unternehmen der beiden Pioniere 1926 zur „Daimler-Benz AG".

196 // DAUNENBETT

Wilhelm Busch zeichnete es groß, rund, rot-weiß kariert und überaus einladend, und im Grimmschen Märchen schüttelt es Frau Holle, damit es schneie auf der Welt. Wohlig warm wird's einem ums Herz angesichts eines monströs aufgeplusterten Daunenbettes, das Geborgenheit und gute Träume verspricht. Wüsste man es nicht zu schätzen, zollte man den vielen Gänsen keinen Respekt, die für so viel Gemütlichkeit ihre Federn ließen.

Doch das deutsche Federbett eignet sich nur für ruhige Schläfer. Wer sich allzu viel im Schlaf herumwälzt, wacht in der Mitte der Nacht ganz plötzlich zähneklappernd auf: Rechts und links vom Körper türmen sich zwar immer noch die Federn, doch oben auf dem Körper ist nichts als reiner Stoff. Da heißt es: raus aus den Federn und kräftig aufschütteln. Unsere europäischen Nachbarn sind daher längst dazu übergegangen, Kassettensteppdecken zu verwenden, und auch in Deutschland verdrängt die gesteppte Daune mehr und mehr die ungesteppte. Nur wer in bayrischen Pensionen nächtigt, der kann sicher sein, dass er noch unter einem gigantischen Kissen gebettet wird.

197 // DDR

Es war nicht alles schlecht in der DDR? Als am 7. Oktober 1949der „deutsche Arbeiter- und Bauernstaat", die Deutsche Demokratische Republik, auf dem Gebiet der sowjetischen Besatzungszone gegründet wurde, war es mit der im Namen versprochenen Demokratie nicht weit her. Es herrschte die faktische Einparteiendiktatur der SED, deren Machtanspruch regelmäßig mit fast 100%iger Mehrheit unter den gestrengen Augen von Wahlhelfern „bestätigt" wurde. Derlei Demokratieverständnis, willkürliche Repressalien und die sich rasch ausbildende wirtschaftliche Schere zwischen BRD und DDR führten schnell dazu, dass viele Bürger das Weite gen Westen suchten. Zwischen 1949 und 1961 flohen etwa 2,7 Millionen Menschen aus der DDR. Den Spruch „Reisende soll man nicht aufhalten" nahmen die Machthaber nicht allzu wörtlich und suchten die „Republik-flucht" mit Schusswaffen und Beton zu verhindern. Walter Ulbricht tönte am 15.6.1961 noch vehement: „Niemand hat die Absicht, eine Mauer zu bauen", um ebenjene am 13.8.1961 dann doch zu errichten. Wie viele Menschen bei ihrem Fluchtversuch über die Land- und Seegrenzen den Tod fanden, ist nicht abschließend geklärt.

Auch ansonsten waren das Überwachungssystem des Ministeriums für Staatssicherheit, die Zensur der Medien, die Verfolgung und Bestrafung politisch Andersdenkender sicher kein Grund, die DDR zu lieben. So kam es, wie es kommen musste, aber friedlicher und schneller, als man es sich ein paar Jahre zuvor noch hätte erträumen können. Die Perestroika-Politik Michael Gorbatschows leitete das Ende der DDR ein, das mit der Wieder-vereinigung am 3.10.1990 endgültig besiegelt wurde.

Dennoch verschaffte die Ostalgie den Emblemen und Alltagsprodukten der DDR eine unerwartete Renaissance. Spreewaldgurken, die „Puhdys", Ampelmännchen und Konsorten erinnern daran, dass es innerhalb der Grenzen dieses Staatssystems auch ein normales Leben gab. Ein Alltagsle-ben, in dem man wie in der BRD Freundschaften pflegte, liebte und seine persönlichen Geschichten schrieb. Diesbezüglich war nicht alles schlecht in der DDR.

198 // DEDERON

Nylons waren bis kurz vor Ende der DDR noch immer beliebte Mit-bringsel für den Osten, konnten die Oststrümpfe an Feinheit doch mit den Westexemplaren einfach nicht mithalten. Kein Wunder, denn aus der hierfür verwendeten Polyamid-6-Faser waren im Krieg noch Fallschirme hergestellt worden. Doch weil man nun einmal Strümpfe brauchte, ließ sich der sozialistische Staat nicht lumpen und taufte die gute alte Faser – im Westen unter dem Namen „Perlon" bekannt – auf den Namen „Dederon". Das klang doch schon nach DDR. Mit großem Tamtam wurde diese „Erfin-dung" als Beleg für die Überlegenheit des Sozialismus gefeiert. Schließlich ließen sich aus der äußerst dehnbaren Faser robuste Einkaufsbeutel herstel-len, die man wunderbar zusammenknüllen und bei Bedarf (das heißt, wenn es etwas zu kaufen gab) aus dem Handtäschchen fischen konnte. Am Bein der ostdeutschen Damen aber war sie nicht ganz so begehrt – und so blieb der Dederonstrumpf in der Schublade, wann immer sich ein Feinstrumpf aus dem Westen ergattern ließ.

199 // DELLING, GERHARD

Marianne und Michael. Cindy und Bert. Delling und Netzer – sie sind das neue Traumpaar der deutschen Fernsehunterhaltung. Die beiden verschonen das Publikum bei Länderspielen weitestgehend mit Spielanalysen und präsentieren stattdessen Szenen einer Ehe. Das brachte den beiden im Jahr 2000 gar den Adolf-Grimme-Preis ein. Denn der Günter zeigt dem Gerhard meistens, wo es langgeht. Er erklärt ihm die Welt des Fußballs und kümmert sich auch um die menschliche Annäherung der beiden: „Die Sache habe ich in die Hand genommen. Das musste ich, weil ich die größere Lebenserfahrung habe, weil ich für ihn mitgedacht habe und weil ich die Dinge forciert habe, für die er wahrscheinlich noch zehn Jahre gebraucht hätte." Außerdem bleibt das Traumpaar auch bei Beleidigungen immer höflich: „Sie Milchbubi" neckt der Netzer den Delling und darf zum Dank Trauzeuge beim Gerhard sein. Da stellt sich die leise Frage: Gibt es einen Gerhard ohne den Günter? Aber sicher. Er war „Tagesthemen"-Vertretung, moderierte das NDR-Magazin „Zapp" und präsentiert sich in „Dellings Woche" als investigativer Journalist. Die bessere Unterhaltung bietet er aber allemal mit seiner besseren Hälfte.

200 // DENKMALSCHUTZ

Hat Ihr Haus einen besonderen historischen oder künstlerischen Wert? Hat es eine wissenschaftliche oder gar technikgeschichtliche Bedeutung? Wenn ja, besteht die Gefahr, dass es unter Denkmalschutz gestellt wird und Sie nichts mehr umbauen dürfen. Der Denkmalschutz soll nämlich Boden-, Bau- und Kulturdenkmale vor Zerstörung oder Veränderung schützen. Er kann sich auf einzelne Gebäude oder ganze Stadtviertel beziehen. Zuständig sind die 16 Bundesländer, die – soweit ein öffentliches Interesse besteht – Ihr Häuschen in die Denkmalliste aufnehmen können. Das ist zwar sehr schön für die Allgemeinheit – aber weniger für Sie. Als Eigentümer sind Sie nämlich aufgrund der Denkmalschutzgesetze zum Erhalt Ihres Denkmals verpflichtet. Und wenn es durch die alten Fenster zieht, heißt es künftig eventuell: warm anziehen. Den kulturell interessierten Besuchern Ihrer Stadt aber wird's schon beim Anblick Ihres Heimes warm ums Herz: Auch in Deutschland geht halt manchmal schön vor praktisch.

201 // DERRICK

„Mein Name ist Derrick, ich leite die Ermittlungen", sagt Oberinspektor Stephan Derrick in gewohnt lethargischer Manier, und die gesamte Fangemeinde der international erfolgreichsten deutschen Krimiserie bricht in Verzückung aus. Es mag an der Entdeckung der Langsamkeit liegen, mit der die Darsteller auf dem flachen Spannungsbogen elegant und niemals halsbrecherisch balancierten. Oder war es eher die subtile Sexiness, mit der Derrick und sein Assistent Klein die Zuschauer am Einschlafen hinderten? Jedenfalls war „Derrick" der einzig nennenswerte deutsche TV-Exportschlager und ist heute noch Kult. In über 102 Ländern auf 4 Kontinenten zeigte Derrick, dass Korrektheit ohne Ecken und Kanten ein wahrer Einschaltquotenrenner sein kann. Ein anderes Bild des Deutschen bekam die Welt auf einmal vorgesetzt: Der Deutsche war nicht mehr brutaler Nazi, sondern langweiliger Polizist. Diese Imagepolitur war jüngst der norwegischen Willy-Brandt-Stiftung sogar eine Auszeichnung wert.

Derrick alias Horst Tappert legte von 1973 bis 1998 in 281 Folgen 278 Tätern das Handwerk. Er rächte mit eisigem Gemüt den Tod von 344 Opfern. Sein dienstbarer Assistent Harry Klein alias Fritz Wepper schaute ihm dabei zu und durfte manchmal so etwas sagen wie: „Es ist die Tatwaffe, Stephan." Bis zur letzten Folge, in der Derrick zu Europol befördert und von München erlöst wird, begeisterte Derrick einmal im Monat den gemütlichen Krimiliebhaber. Glücklicherweise bleiben uns Stephan und Harry dank vieler Wiederholungen dennoch erhalten. In diesem Sinne schließen wir vorläufig die Akte Derrick mit den Worten: „Harry, hier können wir nichts mehr tun."

202 // DEUTSCHE BAHN

Die Deutsche Bahn AG hat es schwer. Viele Bürger kritisieren schlechten Service und Verspätungen wie bei einem heruntergewirtschafteten Staatsunternehmen, Streckenstilllegungen, Vernachlässigung der Infrastruktur und Gewinnstreben. Eigentümer- statt Kundenorientierung, so lassen sich einige Vorwürfe gegen die Bahn zusammenfassen. Und jeder hat seine kleinen Geschichten über Ärgernisse, undurchsichtiges Preissystem, Datensammelwut und fehlende Informationen beizutragen. Dabei ist Bahnfahren heute schneller und bequemer denn je. Im Zug lässt sich arbeiten, essen, flirten oder schlafen. Erfolgreich ist der Konzern durchaus, nur sind die Vision der Bahn und die Erwartungen der Nutzer bedauerlicherweise schwer in Übereinstimmung zu bringen.

Die Bahn ist nicht mehr, was sie vielleicht nie war: Ein günstiger und zuverlässiger Massentransporteur, der einer großen Eisenbahnerfamilie Lohn und Brot gibt. Sie erfüllt aber auch nicht das Leitbild, das wahrscheinlich die meisten Kunden im Kopf haben: Sie soll ein zuverlässiger Anbieter von Transportdienstleistungen für die Bedürfnisse der individualisierten Gesellschaft sein, modern, flexibel und günstig. Die Wahrnehmung der Bahn ist, sie habe die Börse im Blick und die Fahrgäste auf dem Bahnsteig vergessen. Auf die zahlreichen, sich manches Mal widersprechenden Anforderungen reagiert die Bahn oft stur.

Noble Prestigebauten und ein Chef, der lieber fliegt, tun ihr Übriges. Es fehlt das positive Image. Die Deutsche Bahn macht es sich also manchmal selbst schwer.

203 // DEUTSCHE EICHE

„Fest wie unsre Eichen halten allezeit wir stand, wenn Stürme brausen übers deutsche Vaterland." Die Eiche wird – wie hier im Niedersachsenlied – häufig besungen, allzu oft für Vergleiche bemüht, und überhaupt gilt sie als Sinnbild des Deutschen. Das Holz ist hart, es ist zäh, es ist haltbar und braun. Nun wird die Wahrheit den ein oder anderen allzu patriotischen Holzkopf grämen. Denn das deutscheste aller Gewächse ist gar nicht deutsch und existiert noch nicht einmal als botanische Art. „Deutsche Eiche" ist vielmehr eine andere Bezeichnung für die Stieleiche – und die wächst und gedeiht prächtig in ganz Europa.

Die Stieleiche wird bis zu 50 Meter hoch und erreicht einen Stammdurchmesser von bis zu drei Metern. Das Holz ist bestens zu verarbeiten und vielseitig einzusetzen. Da die Stieleiche mit einem Lebensalter von bis zu 1.300 Jahren schon viele Irrtümer hat kommen und gehen sehen, ist es ihr vielleicht egal, dass sie teutonisiert wird. Auf deutschem Boden wird sie halt zu einer deutschen Eiche.

204 // DEUTSCHE EINHEIT

Wessis konnten im Jahr 1989 via Fernsehen verfolgen, dass Menschen in der Lage sind, ihr Regime zu stürzen und sich die Freiheit, die sie verdienen, zu nehmen. Im Westen war das nach sieben Jahren Kohl ja schon gar nicht mehr denkbar. Damals war die russische Sprache in aller Munde: „Glasnost" und „Perestroika" waren zu festen Begriffen geworden, die jedermann locker über die Lippen gingen.

Die Wende in der DDR kam in Gang, als Fälschungen der Kommunalwahl im Mai 1989 offenkundig wurden. Die Bürger hatten tatsächlich stichprobenartig mitgezählt! Unter den Bedingungen der „Transparenz" und des „Umbaus" verlor insbesondere Ungarn zunehmend die Lust am Bewachen seiner Grenzen. In der halsstarrigen DDR stieg trotz Massenflucht der Druck im maroden Kessel. Schabowski plauderte schließlich einfach so über den Sperrvermerk hinweg. Da war es eigentlich keine Überraschung mehr, dass die Grenztruppen vor dem folgenden Ansturm schnell kapitulierten. Im weiteren Verlauf der Ereignisse wurde aus „dem" Volk „ein" Volk, und im Osten sprach man die unmissverständliche Drohung aus, zur DM zu gehen, wenn sie nicht käme. Internationale Verhandlungen und nationale Beschlüsse ebneten überraschend schnell den Weg zur Einheit, die am 3. Oktober 1990 zur großen Freude aller vollendet wurde.

205 // DEUTSCHE MARK

So richtig ins Herz geschlossen scheint ihn der deutsche Bürger nicht zu haben. „Teuro" wird er beschimpft, und so mancher ruft beim Genuss eines 2,50-Euro-Biers empört: „Das sind doch 5 Mark!" Ja, sie liegt uns noch am Herzen, die Deutsche Mark. Rosarot scheinen die Zeiten, als in der BRD noch Heiermänner mit Zwickel und Groschen im Portemonnaie klimperten und Gelehrte und Künstler den Schein schönten. Auf dem Fünfer der vierten Serie war grünen Gesichtes Bettina von Arnim zu bewundern, und manch ein Hans im Glück steckte sogar die bräunlichen Gebrüder Grimm auf dem Tausender in die Tasche.

Die Deutsche Mark löste in den westlichen Besatzungszonen am 21. Juni 1948 die Reichsmark als gesetzliche Währung ab. Und auch die DDR hatte kurz eine „Deutsche Mark" (DM), die dann namentlich zur „Mark der Deutschen Notenbank" (MDN) aufgeplustert und schließlich wieder auf „Mark" (M) abgespeckt wurde. Mit der Wirtschafts-, Währungs- und Sozialunion am 1. Juli 1990 wurde die Deutsche Mark schließlich gesetzliches Zahlungsmittel im wiedervereinigten Deutschland, bis sie im Jahre 2002 endgültig vom Euro ersetzt wurde. Wenn man heute in einer Fußgängerzone mit den erwartungsfrohen Worten angesprochen wird: „Haste mal 'n Euro?", denkt vielleicht der ein oder andere voll Gram: „Das sind doch zwei Mark!"

206 // DEUTSCHE MOTORRADSTRASSE

Wenn von „schön" und „kurvenreich" die Rede ist, meint der geneigte Biker im Zweifel nicht die Frau, sondern DMS. Dabei handelt es sich wiederum nicht um einen tödlichen Virus, sondern um die Abkürzung für eine rund 9.000 Kilometer lange Rundkursempfehlung für Motorradfahrer, die Deutsche Motorradstraße. Diese wurde so festgelegt, dass die Träume deutscher Easy Rider erfüllt werden: Den „Spirit" der Route 66 sollte sie haben, zusammenhängen und landschaftlich reizvoll sein. Herausgekommen bei derart hohen Ansprüchen ist eine Strecke, die in mehreren Etappen quer durch Deutschland führt und schön ist und kurvenreich – auch ohne Frau.

207 // DEUTSCHE TELEKOM

„Bitte warten Sie ... Bitte warten Sie ..." Ist sie wirklich ein Grund, Deutschland zu lieben? Müsste man ständig in ihrer Warteschleife hängen oder nonstop ihre Fernsehwerbung sehen, wohl eher nicht. Aber da man das nun mal nicht muss, hier zu den Fakten: Die Deutsche Telekom ist Europas größtes Telekommunikationsunternehmen und ging im Jahre 1994 aus der Privatisierung der Deutschen Bundespost, Bereich Fernmeldedienst, hervor. Das Unternehmen betreibt Breitband-, Fest- und Mobilfunknetze sowie Internetdienste. Es ist außerdem einer der wichtigsten Betreiber von Rundfunksendern in Deutschland.

Liebenswert ist vielleicht die Tatsache, dass die Deutsche Telekom ein riesiger Arbeitgeber ist und weltweit rund 240.000 Mitarbeiter beschäftigt. Um den Gewinn zu steigern oder, wie es so schön heißt, wettbewerbsfähig zu bleiben, möchte man allerdings künftig nicht mehr so viele Arbeitnehmer haben. Den größten Aktienbesitzer sollte dies wiederum nicht freuen: Die Bundesrepublik Deutschland hält direkt und indirekt rund 21 Prozent des Unternehmens. Und dank des PR-trächtigen Börsengangs wurde auch Otto Normalverbraucher zum Aktienbesitzer: Mit 17 Prozent Privatanlegern ist das Papier der Deutschen Telekom eine Art Volksaktie. Dass allerdings seit dem Börsengang der Wert des Papiers erheblich gesunken ist, verärgerte die Kleinstanleger und ließ sie gar gegen die Telekom vor Gericht ziehen. Die größte Klage von Aktionären gegen ein Unternehmen in der Geschichte der Republik wird sich voraussichtlich noch einige Jahre hinziehen. Aber vielleicht steigt der Kurs ja in der Zwischenzeit wieder. Es sei den Anlegern aufmunternd zugerufen: „Bitte warten Sie ..."

208 // DEUTSCHER FERNSEHPREIS

„Ein Bündnis für mehr Qualität im Programm – so verstehen ARD, ZDF, SAT.1 und RTL den Deutschen Fernsehpreis, dessen Premiere Sie heute Abend erleben werden", sprach Gerhard Zeiler, Geschäftsführer von RTL, am 2. Oktober 1999 und eröffnete die erste Verleihung des neugeschaffenen Preises. Die vier größten Sender der Republik taten sich zusammen und versuchten, ein Pendant zum amerikanischen „Emmy" zu schaffen. „Der Goldene Löwe" von RTL und der „Telestar" von ARD und ZDF waren damit Geschichte.

Verliehen wird der Deutsche Fernsehpreis von einer wechselnden Jury, und die „Experten" haben ihn bisher an fast alles vergeben, was man so im deutschen Fernsehen findet. Ausgezeichnet fand das Gremium unter anderem Reinhold Beckmann als besten Informationsmoderator und „RTL aktuell" als beste Informationssendung. Es ist halt ein ziemlich breites Bündnis für mehr Qualität im Programm – da darf fast jeder mal ran. Sehr zum Ärger von Literaturpapst Marcel Reich-Ranicki, der die Auszeichnung 2008 ablehnte mit der Begründung, das allgemeine Niveau ließe arg zu wünschen übrig.

209 // DEUTSCHER MICHEL

Er ist das spöttische Bild des deutschen Wesens. Erstmals taperte der Deutsche Michel 1541 durch die „Sprichwörtersammlung" des Dichters Sebastian Franck und war dort ein ungebildeter, fauler, der Fremdsprachen unkundiger Tölpel. Dass die Bezeichnung direkt auf den Erzengel und Schutzpatron der Deutschen zurückgeht, ist eine weitverbreitete These. Wahrscheinlicher ist jedoch, dass Michael (Koseform Michel) einfach ein häufiger Name bei Bauern war. Eine kurzfristige Rehabilitation erfuhr die Figur im 17. Jahrhundert als Verfechter der deutschen Sprache und Sinnbild nationaler Gesinnung. Doch diese positive Wendung währte nicht lange: Im Vormärz des 19. Jahrhunderts wurde er bei der nationalen Bewegung zum Inbegriff des einfältigen Deutschen, der obrigkeitshörig dahindümpelt und wachgerüttelt werden muss. Besonders gern wird der Deutsche Michel auch heute noch mit Schlafmütze dargestellt und gilt als beliebter Vergleich für das Beamtenwesen und das Duckmäusertum.

210 // DEUTSCHER MIETERBUND

Deutschland ist das Land der Vereine. Und so ist der Deutsche Mieterbund auch ein Verein – ein bundesweit tätiger noch dazu. Unter dem Dach des Deutschen Mieterbundes sind 15 Landesverbände und 320 Mietervereine organisiert. Gegen einen Mitgliedsbeitrag kann der Mieter mit voller Vereinsmacht gegen seinen renitenten Vermieter vorgehen und seine Ansprüche durchsetzen. Zudem sind die Mietervereine recht einflussreiche Interessenvertretungen, die an der Entwicklung von örtlichen Mietspiegeln beteiligt werden und die Interessen der Mieter in der kommunalen Wohnungspolitik wahren. Derlei Engagement hat eine lange Tradition: Der erste „Miethbewohnerverein" entstand 1868 in Dresden, und 1900 gründeten 25 Mietervereine in Leipzig den Bund der Mietervereine. Nach der Gleichschaltung in der NS-Zeit mit dem natürlichen Erzfeind, dem Reichsbund der Haus- und Grundbesitzer, wurde im Jahre 1951 der Deutsche Mieterbund mit Sitz in Köln gegründet. Maßgebliche politische Erfolge waren sicher die Forcierung von Änderungen der Kündigungsschutzgesetze zugunsten der Mieter.

211 // DEUTSCHES ECK

Allen, die gern „Deutschland einig Vaterland" singen, sei geraten: Ab ins Eck! Wo Rhein und Mosel in Koblenz malerisch zusammenfließen, errichtete man ein Denkmal für den ersten Herrscher des 1871 gegründeten Deutschen Kaiserreichs. Auf Geheiß des Sohnemanns wurde der Hafenbereich der Honsschwanzinsel aufgeschüttet und eine Landzunge geschaffen, auf der bis 1897 ein monumentaler Denkmalkomplex entstand. Herzstück war ein 14 Meter hohes Reiterstandbild Kaiser Wilhelms I. Das Hinterteil des Rosses zeigte provozierend gen Frankreich, während Kaiser seinen Blick nach Berlin richtete. Zum Bedauern aller Pathos-Liebenden schossen amerikanische Soldaten Ende des Zweiten Weltkrieges den Kaiser samt Pferd vom Sockel. Der Sockel diente

daher von 1953 bis 1990 als Mahnmal der deutschen Einheit, auf dem die Deutschlandflagge statt des aristokratischen Reiters sattelte. Aber die Koblenzer Bürger fanden monumentalen Stein irgendwie prächtiger als ordinären Stoff und wünschten sich ihren Wilhelm zurück. Einem Koblenzer Verlegerpaar war das gar 3 Millionen DM wert. Derart finanziell ausgestattet, rekonstruierte der Düsseldorfer Bildhauer Raimund Kittl das Reiterstandbild, das am 25. September 1993 feierlich enthüllt wurde. Drumherum wurden dann noch die 16 Fahnen der Bundesländer und 3 Teile der Berliner Mauer postiert, um an die jüngere deutsche Einheit zu erinnern. Das Einheitssammelsurium lockt jedes Jahr unzählige Besucher aus aller Welt, die – mit dem Allerwertesten gen Denkmal – den Blick auf Rhein und Mosel voll und ganz genießen können.

212 // DEUTSCHES GRÜNES KREUZ

Das Deutsche Grüne Kreuz wurde 1948 in Frankfurt am Main gegründet und sitzt seit 1950 in Marburg an der Lahn. Es ist die älteste gemeinnützige Vereinigung zur Förderung der gesundheitlichen Vorsorge und Kommunikation in Deutschland. Laut Satzung besteht die Aufgabe des Deutschen Grünen Kreuzes darin, „Maßnahmen der Gesundheitsvorsorge und Gesundheitsaufklärung zu entwickeln und durchzuführen sowie Schädigungen des Menschen auf allen Gebieten des Lebens und seines täglichen Bedarfs abzuwenden und zu mindern. Die Ziele des Deutschen Grünen Kreuzes erstrecken sich ferner auf die Bekämpfung von Gefahren und Schäden aller Art für Tier und Pflanze." Dieses Anliegen verfolgt der Verein mit Information und Kampagnen zu Themen wie „Allergie und Haut", „Frauengesundheit" und „Erektile Dysfunktion". Diese werden über die Medien gestreut und erreichen unter anderem die höchste nachgedruckte Auflage von Gesundheitsinformationen im Bundesgebiet. Finanziert werden die Aktivitäten durch den Verkauf von Forschungsberichten, Studien und Dokumentationen sowie den Vertrieb internationaler Zertifikate und medizinischer Software.

213 // DEUTSCHROCK

Rockiger Gitarrensound mit deutschen Texten – daraus machen wir doch gleich mal ein Musikgenre. Tatsache ist jedoch, dass die in der Deutschrockschublade gefangenen Musiker musikalisch und intellektuell nicht viel gemein haben. Peter Maffay und „Ton Steine Scherben" spielten sicher nicht freiwillig in derselben Kategorie, und Udo Lindenberg hätte wohl lieber in einem eigenen Genre für eine bessere Welt genäselt. Westernhagen, „Pur", Doro Pesch, „Puhdys", „Tokio Hotel" und – sie mögen es uns verzeihen – die „Ärzte" könnte man ebenfalls in die Deutschrockgemeinde zwangsinternieren. Einige der Künstler würden sich wohl zu Recht mit gezückter Gitarre dagegen wehren. Festzustellen bleibt also, dass eine präzise musikalische Definition des Begriffes fehlt. Fest steht aber auch, dass sich in jüngster Zeit immer mehr einheimische Bands ihrer Muttersprache besinnen. Das macht manche Texte zwar nicht besser – aber verständlicher.

214 // DFB

Mit über 6 Millionen Mitgliedern und rund 26.000 Vereinen ist er der größte Einzelsportverband der Welt. Am 28. Januar 1900 wurde der „Deutsche Fußball-Bund" von 86 Vereinen gegründet. Diese hatten sich ab 1870 zusammengefunden und zelebrierten damals eher eine Mischung aus Rugby und Fußball. Der Braunschweiger Professor Konrad Koch verfasste 1874 mit seinen „Regeln für das Fußballspiel" erstmals einen deutschsprachigen Verhaltenskodex, brachte Ordnung ins Spiel und legte den Grundstein für den Verband. So waren schon damals Tätlichkeiten verboten. Und schon damals gab es einen Kaiser: Wer schlug, trat oder allzu blutgrätschte, konnte vom Mannschaftskapitän – dem „Spielkaiser" – vom Platz genommen werden.

Meilensteine der DFB-Geschichte waren unter anderem die Einführung der Deutschen Meisterschaft 1903, die Wiedergründung des DFB nach dem Zweiten Weltkrieg 1949, die Rückkehr des DFB in den Fußball-Weltverband 1950 und der Beitritt des zuvor gegründeten Nordostdeutschen Fußball-Verbandes im Jahre 1990. Dass der DFB in mancherlei Hinsicht rückständig war, zeigt unter anderem das 1955 beschlossene Verbot von Frauenfußball aus ästhetischen Gründen und grundsätzlichen Erwägungen. So sinnierte der Bundestag des DFB zu diesem Thema: „Im Kampf um den Ball verschwindet die weibliche Anmut, Körper und Seele erleiden unweigerlich Schaden, und das Zurschaustellen des Körpers verletzt Schicklichkeit und Anstand." Vereine durften somit keine Abteilungen für Frauen gründen oder ihnen Sportplätze zur Verfügung stellen. Aus ästhetischen Gründen hätte man allerdings auch der ein oder anderen männlichen Fußballmatte die Lizenz entziehen müssen. 15 Jahre später wurde das Verbot gnädigerweise wieder aufgehoben.

Auch in Sachen Schaffung einer höchsten Spielklasse waren die verantwortlichen Funktionäre vergleichsweise langsam: Erst im Jahr 1963 wurde die Bundesliga der Herren als Profiliga gegründet – die DDR-Funktionäre waren da progressiver. Und bei der Aufarbeitung der NS-Vergangenheit frönte man bis zum Erscheinen des Jubiläumsbandes „100 Jahre DFB" eher dem Spruch „Reden ist Silber, Schweigen ist Gold." Aber genug des Anpfiffs – heute zeigt sich der DFB-Präsident schließlich gern mit den Fußballweltmeisterinnen, die Aufarbeitung läuft, und der nächste Skandal ist noch nicht in Sicht. Bis dahin gilt: Fußball ist König, und der DFB verwaltet seine Regentschaft.

215 // DICHTER UND DENKER

Deutschland ist das Land der ... heißt es hier und in der Welt, und gemeint sind Goethe, Schiller, Kant, Nietzsche und andere große Dichter und Denker, die vor allem eines sind: tot. Dass sich die Republik gern des Geistes dieser Menschen rühmt, ist in Zeiten, in denen eher der Zeitgeist regiert, interessant. Und dieser verordnet vorrangig Gewinnmaximierung, Wachstum und Wettbewerbsfähigkeit – ein schlechtes Pflaster für die Verbreitung scheinbar unproduktiven Gedankenguts. So kämpfen viele Theater und Opern ums Überleben, weil es sich offenbar nicht rechnet, die Werke der so gerühmten Dichter und Denker unter das Volk zu bringen. So bleibt zu hoffen, dass der hohlen Phrase wieder Leben eingehaucht wird – und da ist die Politik genauso gefragt wie das Interesse der Rezipienten.

216 // DIENSTLEISTUNG

„Was man nicht in den Armen hat, muss man halt im Kopf haben!", könnten wir im Chor singen, denn Deutschland ist eine Dienstleistungsgesellschaft, die auf dem tertiären Sektor liegt. Dieser ist wiederum nicht die geographische Heimat für die Dritte Welt, sondern ein Wohlstandsindikator. Volkswirtschaftlich gesehen dient die Dienstleistung nicht der Produktion eines materiellen Gutes. Die Urproduktion (primärer Sektor – von Landwirtschaft bis Bergbau) und die Produktion von Industriegütern (sekundärer Sektor) sind davon abzugrenzen. Im Dienstleistungssektor tummeln sich Banker, Prostituierte, Anwälte, Friseure und Sänger gleichermaßen und zeigen, dass zumindest qua Definition alle gleich sind.

217 // DIESEL, RUDOLF

10. Oktober 1913: Eine stark verweste männliche Leiche treibt im Ärmelkanal. Die Besatzung der niederländischen „Coertsen" kann sie wegen der rauen See nicht bergen. Die Matrosen fischen jedoch einige Kleidungsstücke und Gegenstände aus dem Wasser – ein Portemonnaie, ein Taschenmesser, eine Pastillendose und ein Brillenetui. Die Gegenstände gehören Rudolf Diesel ...

Rudolf Diesel wurde am 18. März 1858 als zweites Kind von Theodor und Elise Diesel in Paris geboren. Bereits mit vierzehn Jahren teilte er seinen Eltern in einem Brief mit, dass er Ingenieur werden wolle, und immatrikulierte sich tatsächlich 1875 an der Technischen Hochschule in München. Seit er in den Vorlesungen Carl von Lindes gehört hatte, dass die Dampfmaschine nur 6 bis 10 Prozent der Energie des Brennstoffes in Leistung umsetzt, dachte er über Wärmekraftmaschinen mit besseren Wirkungsgraden nach. Rudolf Diesel notierte sich: „Studieren, ob es nicht möglich ist, die Isotherme praktisch zu verwirklichen." Damit war der Grundstein zur

Erfindung des Dieselmotors gelegt, patentiert wurde die Erfindung knapp 20 Jahre später, im Jahr 1893. Die wirtschaftliche Umsetzung dieser Neukonstruktion gestaltete sich jedoch schwer: Die erst 1898 gegründete Dieselmotorenfabrik in Augsburg wurde nach zermürbenden Patentprozessen und wirtschaftlicher Unrentabilität im Jahre 1911 wieder aufgelöst. Diesel stand vor dem finanziellen Bankrott. Am 29. September 1913 ging Rudolf Diesel in Antwerpen an Bord des Postdampfers „Dresden", um in London an einem Treffen der „Consolidated Diesel Manufacturing Ltd." teilzunehmen. An jenem Tag wurde er das letzte Mal lebend gesehen.

218 // DIETRICH, MARLENE

Als schönste und bedeutendste deutsche Schauspielerin wurde die am 27. Dezember 1901 unter dem Namen Marie Magdalene von Losch geborene Marlene Dietrich international gefeiert; den Deutschen war sie jahrzehntelang als Verräterin verhasst. Doch obwohl man Marlene Dietrich in Deutschland erst sehr spät die Anerkennung zollte, die sie verdiente, veröffentlichte sie ihre Memoiren 1987 ein weiteres Mal unter dem Titel: „Ich bin, Gott sei Dank, Berlinerin".

Berühmt wurde die Dietrich quasi über Nacht: Als „Lola" überzeugte sie in Josef von Sternbergs Film „Der blaue Engel" nicht nur das deutsche Publikum, sondern auch die Filmgesellschaft „Paramount Pictures" in Hollywood, mit der sie einen Sieben-Jahres-Vertrag abschloss. Dort schockierte sie erst einmal das prüde Amerika, indem sie in ihrem ersten Film („Morocco") erst einmal in Männerkleidung auftrat – und löste sogleich eine trotzige Modebewegung aus. Von 1936–1939 filmte die Dietrich unter der Regie von Ernst Lubitsch, Billy Wilder, Alfred Hitchcock und Orson Welles und etablierte sich gleichzeitig als verrucht auftretende Chansonnette. Im Jahre 1939 erhielt sie die amerikanische Staatsbürgerschaft.

Nachdem sich ihr Geliebter Jean Gabin freiwillig der Résistance in Frankreich angeschlossen hatte, unterbrach sie für kurze Zeit ihre Karriere und leistete ihren Beitrag im Kampf gegen Hitlerdeutschland. Sie sang für amerikanische Soldaten an der afrikanischen und europäischen Front. Das brachte ihr zwar bei den Alliierten große Anerkennung ein – in Deutschland wurde sie dagegen als „Landesverräterin" beschimpft. Selbst noch 1960, als sie im Zuge einer Europatournee wieder erstmals deutschen Boden betrat, schlug ihr nicht nur enthusiastische Begeisterung, sondern auch größte Ablehnung entgegen. Dennoch übernahm sie 1961 ihre letzte große Rolle als Witwe eines hingerichteten deutschen Generals in „Judgement at Nuremberg". Erst nach ihrem Tod am 6. Mai 1992 wurden Marlene Dietrich und ihr Lebenswerk auch in Deutschland gewürdigt. Ihr Grab findet sich in Berlin-Friedenau.

219 // DIN

Das Deutsche Institut für Normung e. V. hat seinen Sitz in Berlin. Gegründet wurde es 1917 während des Ersten Weltkriegs. So war die erste Norm auch kriegstauglich: DIN 1 betraf Kegelstifte, die bei Maschinen und Maschinengewehren Verwendung fanden. Der Hauptnutzen der Normung liegt in der Vereinfachung von Arbeit und in der Mehrung von Wohlstand. Dass Deutschland wirtschaftlich so erfolgreich ist, hat es nicht zuletzt DIN zu verdanken. Privatwirtschaftlich organisiert und vom deutschen Staat als Normungsinstitut anerkannt, besteht seine Aufgabe darin, in allen Bereichen der Gesellschaft nach Konsensregeln und Standards zu suchen, zunehmend im europäischen und internationalen Kontext.

Die bekannteste Norm ist DIN A4, das moderne deutsche Briefformat. Das Goethe-Institut setzte diesem Format sogar ein Denkmal und erklärt es mit unfaltbaren Worten zu einer Ikone des deutschen Designs: „Für ein einheitliches Bild im Schriftverkehr entwickelte der Berliner Ingenieur Dr. Walter Porstmann 1922 das DIN-A4-Format. Das Ausgangsformat bildet A0 mit einer Länge von 841 mm und einer Breite von 1189 mm. Viermal gefaltet erhält man DIN A4 (210 mm x 297 mm). Jedes DIN-Format ergibt sich aus Verdoppelung oder Halbierung. Aus unerfindlichen Gründen können Grafiker die DIN-A4-Seite nicht ausstehen." Gut für unseren Grafiker, dass dieses Buch in einem anderen Format erscheint.

220 // DINNER FOR ONE

"*James:* Good evening, Miss Sophie, good evening.
Miss Sophie: Good evening, James.
James: You are looking very well this evening, Miss Sophie.
Miss Sophie: Well, I am feeling very much better, thank you, James.
James: Good, good.
Miss Sophie: Well, I must say that everything looks nice.
James: Thank you very much, Miss Sophie, thank you.
Miss Sophie: Is everybody here?
James: Indeed, they are, yeah. Yes... They are all here for your anniversary, Miss Sophie.
Miss Sophie: All five places are laid out?
James: All laid out as usual.
Miss Sophie: Sir Toby?
James: Sir Toby, yes, he's sitting here this year, Miss Sophie.
Miss Sophie: Admiral von Schneider?
James: Admiral von Schneider is sitting here, Miss Sophie.
Miss Sophie: Mr. Pommeroy?
James: Mr. Pommeroy I put round here for you.
Miss Sophie: And my very dear friend, Mr. Winterbottom?
James: On your right, as you requested, Miss Sophie!
Miss Sophie: Thank you, James. You may now serve the soup.“

Ein Jahr, das in Deutschland nicht mit diesem Dialog endet, muss als freudloses Jahr bezeichnet werden. Warum sollte man sich sonst den Sketch „Dinner for one", der alljährlich von den öffentlich-rechtlichen Sendern wiederholt wird, entgehen lassen – „the same procedure as every year"!

Der Komiker Peter Frankenfeld entdeckte die Posse in den 60ern in England und lud die Schauspieler Freddie Frinton und May Warden 1963 in seine deutsche Sendung ein, wo sie das Stück aufführten. Der Erfolg war überwältigend, die ARD zeichnete den Sketch auf – erstaunlicherweise in Englisch –, sendete ihn (unsynchronisiert!) im Juni 1964 und danach an jedem Silvesterabend. Mittlerweile ist „Dinner for one" nicht nur die erfolgreichste Sendung im deutschen Fernsehen, auch das europäische Ausland übernimmt die deutsche Tradition zusehends.

221 // DIRNDL

Blüschen, Rock, Schürze und ein Mieder, das die Brust ein wenig gen Hals schiebt – fertig ist das Kleid, das von einem Dirndl getragen wird und deshalb seinen Namen trägt. Denn „Dirndl" heißt in Bayern und Österreich eigentlich schlicht „Mädchen". Was vor einiger Zeit noch als leicht spießig verschrien war, gilt nicht nur auf dem Oktoberfest inzwischen als Haute Couture und wird von den Gattinnen der Schickeria mit Stolz präsentiert. Aber das Dirndl ist nicht nur eine stoffgewordene Mixtur aus Sex und Unschuld, es ist auch noch praktisch. Wird die Schürze rechts geknotet, weiß jeder, dass die Trägerin bereits vergeben ist – Vorsicht ist beim Heranpirschen angesagt. Sitzt der Knoten links, ist zumindest von Ehegatten-Seite kein Widerstand zu erwarten.

222 // DISZIPLIN

Sie ist vielleicht die wichtigste der oft heraufbeschworenen und viel zu häufig strapazierten deutschen Tugenden: Disziplin, von lateinisch „disciplina" für „Zucht", ist die Überwindung von Gefühlen und Neigungen kraft des eigenen Willens, um ein bestimmtes Ziel zu erreichen. Ebenjene Fähigkeit wird von jedem guten Deutschen erwartet. Ausschlafen oder Krankfeiern ist halt nicht drin – auch wenn das allzu ungehorsame Gefühl genau das häufig empfiehlt. Erfüllt ein renitenter Angestellter seine vertragsgemäßen Pflichten nicht, wird mit „Disziplinarmaßnahmen" gewunken, um den

Willen wieder in die richtigen Bahnen zu lenken. Zügelloses Fressen oder Saufen sind genauso verpönt, und da das leider von keiner Seite geahndet werden kann, hilft nur noch „Selbstdisziplin". Auch Sportkommentatoren beschwören sie immer wieder. Günter Netzer zum Beispiel liebt sie heiß und innig und scheint in einer geistigen Feedbackschleife gefangen zu sein, wenn er sie wiederholt fordert. Glänzt die deutsche Fußball-Nationalelf nicht mit technischen Fähigkeiten, möge sie dieses Manko mit „Disziplin und Kampfgeist" überwinden und dennoch gewinnen. Wo kein Talent, da halt Disziplin. Mit beidem ausgestattet, ist der Mensch hoffentlich am Höhepunkt des menschlich Machbaren angelangt.

223 // DIX, OTTO

Otto Dix wurde am 2. Dezember 1891 in Gera-Untermhaus geboren (der Ort heißt nur so – der kleine Otto kam natürlich oberirdisch zur Welt). Seine Bilder waren von Impressionismus, Expressionismus und Dadaismus geprägt, viel mehr aber noch vom Ersten Weltkrieg, den er von 1914 bis 1918 an der Front erlebte und dessen Grauen er später in der 50 Blätter umfassenden Radierfolge „Der Krieg" und in einem gleichnamigen Tryptichon verarbeitete. „Der Krieg war eine scheußliche Sache, aber trotzdem etwas Gewaltiges. Das durfte ich auf keinen Fall versäumen. Man muss den Menschen in diesem entfesselten Zustand erlebt haben, um etwas über den Menschen zu wissen", erklärte er 1961. Zu dieser Zeit hatte er auch den Zweiten Weltkrieg erlebt, auch dies ein einschneidendes Erlebnis. Seine Kunst war als entartet diffamiert und eines seiner bedeutendsten Werke, „Der Schützengraben", von den Nationalsozialisten beschlagnahmt und vermutlich auch zerstört worden. Im sogenannten „Rassekundeatlas" wurde sogar Dix' Bild „Der Kriegskrüppel" abgedruckt – mit dem Obertitel „Der Jude verfälscht die deutsche Kunst". Da ihm also untersagt wurde, seine eigene Kunst zu malen, finanzierte sich Otto Dix eine Weile damit, für private Käufer Bilder im Stil der alten Meister zu produzieren – bis er 1945 noch zum Volkssturm eingezogen wurde und in französische Kriegsgefangenschaft geriet.

In der Nachkriegszeit fiel es dem Künstler schwer, der neuen abstrakten Kunstrichtung zu folgen, und das öffentliche Interesse an seinen neuen Arbeiten schwand. Dennoch erhielt Dix zahlreiche Auszeichnungen, so 1959 etwa das Bundesverdienstkreuz. Nach einer Griechenland-Reise erlitt Otto Dix im November 1967 einen Schlaganfall, an dessen Folgen er am 25. Juli 1969 in Singen verstarb.

224 // DLRG

Ja, im Land der Vereine gibt es auch einen, der sich schon namentlich um die Wahrung der menschlichen Existenz bemüht. Und da der Mensch nun einmal ein Landtier ist und kein Fisch, ist im nassen Element die menschliche Existenz besonders gefährdet. Daher sorgt die Deutsche Lebens-Rettungs-Gesellschaft e. V. seit 1913 dafür, dass der Deutsche beim Planschen nicht ertrinkt, und ist zudem die größte freiwillige Wasserrettungsorganisation der Welt. Über 60.000 Rettungsschwimmer der DLRG wachen über die Sicherheit von Badenden und Wassersportlern und bewahren so jedes Jahr hunderte Menschen vor dem Ertrinken. Die DLRG setzt sich auch in internationalen Dachverbänden, wie der International Life Saving Federation, für bessere Sicherheitsstandards ein.

225 // DOCUMENTA

Die documenta in Kassel gilt weltweit als eine der bedeutendsten Ausstellungen zeitgenössischer Kunst. Sie wurde im Jahr 1955 vom Künstler und Kunsterzieher Arnold Bode ins Leben gerufen. Die erste Ausstellung sollte jedoch weniger aktuelle Künstler „dokumentieren", sondern jene Werke der Öffentlichkeit näherbringen, die unter den Nationalsozialisten als „entartet" diffamiert wurden. In den Folgejahren entwickelte sich die documenta immer mehr zu einem international anerkannten Gradmesser zeitgenössischer Kunst, bis sie 1968 ihre endgültige Form gefunden hatte. Von da an widmete sie sich ausschließlich der Ausstellung aktueller Kunstproduktionen: In einem gemächlichen Turnus von mittlerweile fünf

Jahren zeigt sie 100 Tage lang, „ob es der Kunst gelingt, die Welt in Bilder zu fassen, und ob diese Bilder für ihr Publikum Gültigkeit haben".

Seit 1980 verleiht die Stiftung des „Vaters der documenta" alle ein bis zwei Jahre, immer aber im documenta-Jahr, an zeitgenössische Künstler den mit 10.000 Euro dotierten Arnold-Bode-Preis – in Anerkennung ihrer herausragenden Leistungen für die Kunst der Gegenwart. Maßstab der Entscheidung für einen Künstler ist immer dessen „documenta-Niveau".

226 // DÖNHOFF, MARION GRÄFIN

„Denkt nicht nur an das eigene Leben, denn jeder von uns ist für das Ganze mitverantwortlich. Die Gesellschaft kann nicht besser sein als die Summe ihrer Bürger."

Zeitlebens hat Marion Gräfin Dönhoff (1909–2002) nach diesem Grundsatz gelebt. Sie zählte zwischen 1940 und 1945 zum deutschen Widerstand um die Gruppe des 20. Juli 1944. 1945 gelang ihr eine spektakuläre Flucht aus ihrer Heimat Ostpreußen vor den russischen Truppen: Auf ihrem Fuchswallach ritt sie sieben Wochen lang durch Schnee und Eis nach Westen. Dort verfasste sie ein Memorandum für einen britischen Offizier, das den Gründern der Zeitschrift „Die Zeit" in die Hände fiel: Dönhoff wurde auf der Stelle zur Ressortleiterin für Politik sowie zur stellvertretenden Chefredakteurin ernannt, übernahm ab 1968 die Chefredaktion der ZEIT und ab 1972 die Position der Herausgeberin, die sie bis zu ihrem Tod bleiben sollte. In diesen Stellungen setzte sie die Maßstäbe für den politischen Journalismus in Deutschland: Ihr kritischer, unerbittlich moralischer Ton und ihre Freude an Auseinandersetzungen und politischen Debatten prägten das Bild der ZEIT nachhaltig. Und sie konnte dabei ihre privaten Interessen denen Deutschlands unterordnen; etwa als sie 1970 die Anerkennung der Oder-Neiße-Linie als endgültige deutsche Grenze vehement befürwortete, obwohl sie damit ihre geliebte ostpreußische Heimat verlor.

227 // DOPPELKOPF

„Schweine, Hochzeit, Re, keine 9, keine 6, schwarz." Was wie die Vision eines Geisteskranken klingt, ist in Wirklichkeit der Gau für jeden Doppelkopf-Zocker – so er denn in der Kontra-Partei spielt. Grob gesagt ist Doppelkopf ein Skat-verwandtes Kartenspiel, das zu viert gespielt wird.

Normalerweise bilden die beiden Besitzer der Kreuz-Dame (die „Alten") ein Team gegen die anderen beiden Spieler, und es geht darum, gemeinsam so viele Stiche wie möglich zu machen. Die Partei, die mehr als 121 Augen gesammelt hat, gewinnt. Der besondere Reiz liegt darin, dass sich meist erst im Spielverlauf herausstellt, wer der eigene Partner ist. Aber auch Berufssingles kommen hier auf ihre Kosten: Hat man ein entsprechendes Blatt auf der Hand, kann man z. B. mit dem „Fleischlosen" bzw. „Farben-, Buben- oder Damensolo" gegen alle anderen spielen. Die Regeln variieren allerdings sogar innerhalb einer Region stark, und eine vorherige Absprache ist daher empfehlenswert. Das sollte jedoch kein Grund sein, es nicht mal auszuprobieren: Also Karten austeilen und Fuchs oder Karlchen fangen, Herz-10 erbeuten, Stille Hochzeit feiern, Armut schieben. Was total bescheuert anmutet, macht tatsächlich Spaß.

228 // DOSENPFAND

Dosenpfand, das Pfand auf Einwegverpackungen, wurde 2003 als weiteres Pfandmodell neben dem bewährten Mehrwegpfand eingeführt. Die Verwirrung beim Verbraucher war groß, gab es doch während der ersten drei Jahre mehr als fünf verschiedene Dosenpfandsysteme. Schwer durchschaubar war auch, welche Getränke nun pfandpflichtig waren: Bier und alle Biermischgetränke, Mineralwasser mit und ohne Kohlensäure und Erfrischungsgetränke mit Kohlensäure. Ausgenommen waren Milch, Wein, Sekt und Spirituosen sowie Erfrischungsgetränke ohne Kohlensäure. In der Praxis führte dies zu Blüten der Pfandkultur: Während für Bier mit Schuss Pfand anfiel, war Wodka-Lemon pfandfrei, da es zu den Spirituosen gezählt wurde.

Die Mehrheit der Deutschen kümmerte sich zunächst wenig um das neue Pfandgesetz, sondern besorgte sich palettenweise Dosengetränke aus dem angrenzenden Ausland und zelebrierte die „freien Dosen". Da zunächst in den Geschäften auch nur zurückgenommen werden musste, was tatsächlich dort gekauft worden war, triezten Einzelhandel und Kioske den Verbraucher mit Pfandbons, Pfandmarken oder unbegründeter Nichtrücknahme. Und so landete die Flasche in vielen Fällen dort, wo sie eigentlich nicht hinsollte: auf dem Müll. Im Jahre 2006 wurde das System ein drittes Mal verfeinert, diesmal zugunsten von Verbrauchern und Kleinunternehmern. Seither müssen Geschäfte, die größer als 200 m² sind, alle Getränkeverpackungen zurücknehmen, unabhängig davon, ob sie das spezifische Getränk verkaufen oder nicht. Leider sind auch heute Sätze wie „Dat hamse aber nich hier jekauft" oder „Wir führen keine Dosen" keine Seltenheit. Der Nachweis, ob das Einwegpfandsystem wirklich dazu dient, Ressourcen zu schonen und die Abfallproduktion zu verringern, steht übrigens noch aus.

229 // DPA

Die Deutsche Presse-Agentur (kurz dpa) ist die größte Nachrichtagentur Deutschlands. Sie wurde am 18. August 1949 in Goslar gegründet und vereinigte so die DENA, die Südena und den dpd. Die heutige Unternehmenszentrale ist in Hamburg.

Die dpa verbreitet Nachrichten aus aller Welt in Wort und Bild – und das seit 1988 ausschließlich durch eigene Korrespondenten. Sie beliefert fast alle deutschen Zeitungen, Fernsehsender und Radiosender; zu den Abonnenten gehören aber auch Politiker, Verbände und die Wirtschaft. Die Gesellschafter der dpa sind ausschließlich Medienunternehmen wie Verlage und Rundfunkanstalten, wobei viele der belieferten Medienunternehmen gleichzeitig Gesellschafter der dpa sind. Allerdings dürfen einzelne Unternehmen maximal 1,5 % des Stammkapitals erwerben und die Rundfunkanstalten zusammen maximal 25 %, um eine inhaltliche Beeinflussung so weit wie möglich auszuschließen.

230 // DR. HAUSCHKA

Der Chemiker Dr. Rudolf Hauschka gründete 1935 das Arzneimittelunternehmen WALA, das sich zum Ziel gesetzt hatte, nach anthroposophischen Grundsätzen, zur Erhaltung der Natur und im Sinne der „Auflösung des Gegensatzes von Arbeit und Kapital" zu agieren. Wegen des Verbots der Anthroposophie im Dritten Reich und der Inhaftierung Hauschkas musste das Laboratorium jedoch 1941 schließen und setzte erst im Jahre 1947 seine Arbeit fort.

Das Produktspektrum des Mutterunternehmens mit Sitz in Bad Boll umfasst heute verschiedene Arzneimittel, Gesundheitspflegeprodukte und Kosmetika, die unter den Marken „WALA Arzneimittel", „WalaVita Mund- und Zahnpflege" und „Dr. Hauschka Kosmetik" vertrieben werden. Die Arzneimittel basieren noch heute auf der anthroposophischen Medizin und bestehen aus Heilpflanzen und Natursubstanzen. Die Kosmetik-Marke „Dr. Hauschka" verzichtet bereits seit ihrer Eintragung im Jahre 1967 auf Tierversuche.

231 // DR. OETKER

Es ist weiß, wird in kleinen Tütchen verkauft und dient dem Trieb. Ein junger Apotheker mischte des Nachts in der Hinterstube seiner Bielefelder Apotheke so lange herum, bis er gefunden hatte, was die Hausfrauen fortan in Hochstimmung versetzte: das „Backin". Im Jahre 1891 revolutionierte Dr. August Oetker die Backgewohnheiten der Deutschen, als er die exakte Menge Triebmittel für ein Pfund Mehl in kleine Tütchen portionierte und später als Massenprodukt vertrieb.

Dr. Oetkers Produkt entwickelte die Erfindung eines anderen fort: Justus von Liebig, Begründer der Agrikulturchemie. Liebig hatte nach einer Alternative zum klassischen Triebmittel gesucht und fand 1833 eine Verbindung von Natron und Monokalziumphosphat, die beim Mischen mit Wasser Kohlendioxid freigab. Allerdings war Liebigs Entdeckung weder lagerfähig noch geschmacksneutral. Das änderte sich mit August Oetkers Mixtur, die dank einer geschickten Vermarktungsstrategie zum ersten Mal die Zielgruppe Hausfrau in Massen eroberte. Folgeprodukte wie Puddingpulver und Speisestärke knüpften an dieses Prinzip an.

Im Jahre 1919 verstarb der Firmenvater, doch das Unternehmen in Familienbesitz expandierte weiter. Nicht zuletzt – was die Firmenhistorie gern verschweigt – während des Dritten Reichs: Firmenleiter Dr. Kaselowsky war Mitglied der NSDAP, er unterstützte die Nationalsozialisten finanziell und gab die antisemitische Tageszeitung „Westfälische Neueste Nachrichten" heraus. Das Unternehmen Dr. Oetker beschäftigte nicht nur Zwangsarbeiter, es wurde 1937 auch als „Nationalsozialistischer Musterbetrieb" geehrt. Der Erfolg setzte sich in der Nachkriegszeit unaufhaltsam fort. Neben dem sogenannten „Convenience Food" für den arbeitsscheuen Genießer stieg der Konzern in den letzten Jahren auch in andere Sparten wie Getränke, Schifffahrt und Finanzdienstleistungen ein und macht inzwischen einen Umsatz von ca. 7 Milliarden Euro jährlich.

Neben einem ausgeprägten Geschäftssinn zeichnet sich die Familie Oetker durch soziales Engagement, Feingeist und Mäzenatentum aus und finanzierte unter anderem die Bielefelder Kunsthalle. Als Rudolf-August Oetker das Haus nach seinem bereits erwähnten Stiefvater Richard Kaselowsky benennen wollte und der Bielefelder Stadtrat dies 1998 verweigerte, kündigte Oetker seine finanzielle Unterstützung auf, zog seine Leihgaben zurück und drohte, das Unternehmen nach Hamburg zu verlegen. Er starb 2007, bevor er seinen Plan in die Tat umsetzen konnte. So ist das Unternehmen noch in Bielefeld beheimatet, und der Pudding aus dem Hause Dr. Oetker wird für viele Deutsche wohl immer als das Sinnbild von familiärer Geborgenheit gelten.

232 // DRACHENFELS

Der Drachenfels bei Königswinter, ein eher kleiner Berg des Siebengebirges, ist weniger wegen seiner Größe als wegen seiner auffälligen Form und der bunten Sagenwelt, die sich um ihn rankt, bekannt. Auf dem Gipfel thront die Ruine der Burg Drachenfels, das Wahrzeichen des Siebengebirges, über dem Rheintal. Die Burg wurde im 12. Jahrhundert erbaut und während des Dreißigjährigen Krieges vom Kurfürsten von Köln abgetragen. Heute kann man die Ruine bequem per Drachenfelsbahn besuchen oder den Gipfel im traditionellen Anstieg via Eselsweg erklimmen.

Der Legende nach lebte auf dem Drachenfels mindestens ein drachenähnliches Ungeheuer in einer Höhle, das sich unter anderem von Menschenfleisch ernährte. Nach der Nibelungensage tötete Siegfried den Drachen, badete im Blut des Ungeheuers und wurde dadurch unverwundbar.

Ungünstigerweise fiel ihm während des Bades ein Blatt auf den Rücken – diese Schwachstelle sollte ihm später zum tödlichen Verhängnis werden.

Die Burg und die Bergkuppe bestehen aus wertvollem Trachyt, der im Mittelalter unter anderem zum Bau von Kirchen eingesetzt wurde. So wurde ein großer Teil des Drachenfels-Trachyts für den Bau des Kölner Doms verwendet.

233 // DRAIS, KARL

Er ist der Urvater des Zweirads, der am 1785 in Karlsruhe geborene Friedrich Christian Ludwig Freiherr Drais von Sauerbronn, der wegen seiner Sympathie für die demokratische Bewegung seine Titel ablegte und lieber Maschinen erfand, statt auf seinen Gütern zu jagen.

Als Erstes entwickelte Drais 1813 eine vierrädrige „Fahrmaschine ohne Pferde", die durch

den „insitzenden Menschen, vermöge des einfachen und desto dauerhaften Maschinenwerks" angetrieben wurde. Große Begeisterung löste er damit zunächst nicht aus: Die Gutachter stellten vernichtend fest, man könne, wenn man das Vierrad schon mit den Füßen vorwärtsschieben müsse, ebenso gut zu Fuß laufen. Aber der Erfinder ließ sich von derlei banalen Einwänden nicht entmutigen und stellte vier Jahre später ein neues Gefährt vor: die zweirädrige Laufmaschine. Auf dem Urtyp des heutigen Fahrrads war eine Lenkstange als umgekehrte Deichsel angebracht, man platzierte sich zwischen den beiden Rädern auf einem Sattel und stieß sich mit den Füßen vom Boden ab – ebenfalls eine etwas unzweckmäßige Maschine.

In der Mechanik nicht erfolgreich und wegen seiner demokratischen Überzeugung Verleumdungen ausgesetzt, verarmte Karl Drais zusehends. Seine vierrädrige Maschine vollendete er zwar (sie ist noch unter dem Namen Eisenbahndraisine bekannt), doch Anerkennung als geistiger Vater des Fahrrads sollte ihm erst Jahre nach seinem einsamen Tod am 10. Dezember 1851 zuteilwerden.

234 // DREHSCHEIBE

Die „Drehscheibe" war eine Art frühes Allround-Boulevardmagazin, kombiniert mit Ratgeberelementen und technischen Themen, das von 1964 bis 1982 im Vorabendprogramm des ZDF ausgestrahlt wurde. Markenzeichen der Show war eine sich drehende kreisrunde Scheibe, auf der der Schriftzug „Drehschreibe" angebracht war. War die erste Version dieser Scheibe noch mittels eines Keilriemens von Hand hinter den Kulissen gekurbelt worden, sollte diese leidige Praktikantentätigkeit bald durch einen Elektromotor ersetzt werden. Klassiker der Fernsehunterhaltung waren die gelegentlichen Ausfälle des Antriebs.

Die Sendung wurde mit Live-Publikum im Studio produziert, zum Moderatorenteam gehörten Rut Speer, Gerd Mausbach, Christine Westermann, Peter Nemec und die beiden „Ich habe da mal was vorbereitet"-TV-Köche Max Inzinger und Ulrich Klever. Der junge Alfred Biolek war einer der Redakteure des Magazins. Neben gesellschaftlichen und kulturellen Themen, die auch auf lokaler Basis in der Rubrik „Berichte aus den Ländern" vorgestellt wurden, bot die Sendung auch Praxistests, Kochen live im Studio, Interviews mit Studiogästen und Showeinlagen.

235 // DROSSELGASSE

Drei Millionen Touristen schieben sich jedes Jahr durch die winzige Drosselgasse in Rüdesheim am Rhein. Drei Millionen, die nicht wegen der entzückenden Häuser mit ihrem geschnitzten Fachwerk hierherkommen, sondern ausschließlich zum Feiern in den unzähligen Weinhäusern und Gartenlokalen, die sich in dem nur drei Meter breiten und 145 Meter langen Sträßchen aneinanderreihen. Vielleicht macht auch mal jemand mit der Seilbahn einen kurzen Abstecher in die Weinberge, bevor er sich zu dem einen oder anderen Schoppen in der Drosselgasse niederlässt, aber üblich ist das nicht. Denn die Drosselgasse ist der inländische Ballermann. Wein wird hier weder verkostet noch getrunken, er wird geschüttet – davon zeugen nicht zuletzt die Kotzbecken auf den Herrentoiletten, in die man sich kurz einmal übergibt, bevor man sich zum Weitertrinken in den Schankraum zurückbegibt.

Verdient hat die schmale Gasse das nicht. Denn sie ist schön. Oder sie wäre es, wenn man Zeit hätte, sie anzusehen: etwa das älteste Gasthaus, den „Drosselhof", mit seinem bunten Wettervogel auf dem Dach. Gegenüber ein

Erker mit geschnitzten Weinranken und dem Spruch „Wein, Weib und Gesang" oder die Schenke „Rüdesheimer Schloss" mit ihrem Glockenspielturm. Für all das haben die Touristen nur selten ein Auge – oder keine Gelegenheit, es anzusehen. Schieben doch von hinten unbarmherzig die Zecher.

236 // DROSTE-HÜLSHOFF, ANNETTE VON

Ihr Taufname ist fast so lang wie die Liste ihrer Werke: Anna Elisabeth Franziska Maria Adolphina Wilhelmina Ludowica von Droste-Hülshoff. Unter diesem Namen wurde 1797 auf Schoss Hülshoff im Westfälischen die Dichterin geboren, die später unter dem Namen Annette von Droste-Hülshoff bekannt werden sollte.

Bereits als 7-Jährige fällt ihr dichterisches Talent auf, als 16-Jährige sammelt sie Märchen für die Brüder Grimm. Dann aber widmet sie sich ganz ihrer eigenen Kunst: Die westfälische Kultur und Landschaft, in der sie aufwächst und einen Großteil ihres Lebens verbringt, sind ihre Inspirationsquellen ebenso wie das Rheinland und der Bodensee, der ihre zweite Heimat wird. Der Ruhm der Dichterin gründet sich auf ihrer Naturlyrik und auf der Novelle „Die Judenbuche". Und er gründet sich auf ihrer Lebensweise, die ganz und gar nicht der einer Frau ihrer Zeit entspricht. Droste-Hülshoff heiratet nicht, betätigt sich stattdessen literarisch und veröffentlicht ihre Werke auch noch selbstbewusst. Allein damit setzt sie sich über die bestehenden gesellschaftlichen Regeln hinweg. Und sie zeigt einen Freiheitswillen, der bei Frauen ihres Jahrhunderts seinesgleichen sucht – in ihrer Literatur und in dem Kauf des „Fürstenhäusles" bei Meersburg, das sie von ihrem eigenen selbst verdienten Geld erwirbt und in dem sie nach Gutdünken walten kann.

237 // DU BIST DEUTSCHLAND

Deutschland im Jahr 2005. Die Stimmung war schlecht, und der konjunkturelle Aufschwung kam bei Otto Normalverbraucher nicht an. Da muss ein Ruck durch Deutschland gehen, sagten sich einige Werbe- und Medienunternehmen und versuchten auf eigene Kosten, den Deutschen ordentlich Optimismus und Selbstvertrauen einzubimsen. In minutenlangen teuren Werbespots und riesigen Zeitungsanzeigen mit glaubwürdigen Prominenten aus allen Branchen wurde uns gesagt, dass ja wohl alles gar nicht so schlecht sei und sich jetzt jeder mal am Riemen reißen solle. Sogar eine Art „Manifest" wurde aufgesetzt, mit markigen Worten: „Wir sind 82 Millionen. Machen wir uns die Hände schmutzig. Du bist die Hand. Du bist 82 Millionen. Behandle dein Land doch einfach wie einen guten Freund. Meckere nicht über ihn [...] Du bist Deutschland." Wie erfolgreich die Muntermacher-Kampagne tatsächlich war, wird kontrovers diskutiert, die Initiatoren hatten jedenfalls Glück, dass ihnen die Fußball-WM in Deutschland dazwischenkam und die allgemeine Volkslaune sowieso stieg. Im Internet kursierten bald Satiren auf die reichlich emotionalen und pathetischen Werbespots mit verballhornten Slogans wie „Du bist arbeitslos" oder „Du bist Asylbewerber".

Seit Dezember 2007 läuft eine neue „Du bist Deutschland"-Kampagne. Diesmal stehen Kinder und ein kinderfreundliches Deutschland im Mittelpunkt, weswegen die Kampagne längst nicht mehr so heftig kritisiert wird.

238 // DUDEN, KONRAD

„Da schau ich mal im Duden nach", heißt der Leitspruch, wenn einen das Wissen um richtiges Deutsch verlässt – und gemeint ist nicht der Schöpfer, sondern sein Werk. Konrad Duden, geboren am 3.1.1829 in Wesel, setzte sich zeit seines Lebens für die Vereinheitlichung der deutschen Rechtschreibung ein. Nicht zuletzt seine Schulwechsel führten dem Gymnasiallehrer die Rechtschreibproblematik seiner Zeit vor Augen. Jede Schule, jeder Verlag und jede Behörde bediente sich einer eigenen Orthographie, mangels einheitlich verbindlicher Regeln. Nach der Gründung des Deutschen Reiches legte Duden also die Notwendigkeit einer Vereinheitlichung in der 1872 erschienenen Schrift „Die deutsche Rechtschreibung" dar und fügte ein Wörterverzeichnis mit Regeln hinzu. Als Experte für Fragen der Rechtschreibung wurde er daraufhin zur ersten Orthographischen Konferenz 1876 nach Berlin eingeladen. Als man sich dort auf keinen einheitlichen Weg einigen konnte, veröffentlichte Konrad Duden 1880 einfach ein „Vollständiges Orthographisches Wörterbuch der deutschen Sprache" mit 27.000 Stichwörtern. Dieser „Urduden" legte den Grundstein zur ersten deutschen Rechtschreibreform, die zu dem führte, was in der zweiten Rechtschreibreform teils wieder abgeschafft wurde. Im Jahr 1901 trafen sich bei den „Beratungen über die Einheitlichkeit der deutschen Rechtschreibung" erneut Vertreter Österrei-

chs, der deutschen Bundesstaaten und Experten wie Konrad Duden. Die Anwesenden einigten sich auf ein Regelwerk, das in allen deutschen Bundesstaaten, Österreich und der Schweiz verbindlich wurde. Ab 1902 war Konrad Dudens „Orthographisches Wörterbuch der deutschen Sprache" das faktisch offizielle Regelwerk.

Als Konrad Duden am 1. August 1911 starb, hinterließ er das unvollendete Manuskript für die 9. Auflage, das im Jahr 1915 erstmals unter dem Namen „Duden – Rechtschreibung der deutschen Sprache und der Fremdwörter" erschien.

Bis zum heutigen Tag ist der Duden gewissermaßen das privatwirtschaftlich geführte Gesetz- buch der deutschen Sprache. Der Verlag „Bibliographisches Institut & F. A. Brockhaus AG", zu dem die Marke Duden heute gehört, dürfte sich über die letzte Rechtsschreibreform daher nicht allzu sehr gegrämt haben.

239 // DÜRER, ALBRECHT

Wer kennt sie nicht, die betenden Hände und den Feldhasen, die in keiner gut sortierten Kunstdrucksammlung fehlen dürfen? Ob Albrecht Dürer ahnte, dass ausgerechnet die erwähnten Motive ein sprudelnder Quell der Postkarten- und Kalenderindustrie werden würden? Oder dass ein den Drogen nicht abgeneigter Künstler namens Andy Warhol die ergebenen Hände gar seitenverkehrt auf seinem Grabstein trägt? Wohl kaum, denn Albrecht Dürer wurde rund ein halbes Jahrtausend früher, am 21. Mai 1471, in Nürnberg in eine Zeit geboren, die mit anderem Ungemach zu kämpfen hatte.

Zunächst erlernte der junge Albrecht das Goldschmiedehandwerk bei seinem Vater und ging danach bei dem Maler Michael Wolgemut in die Lehre. In den Jahren von 1490 bis 1495 reiste Dürer nach Colmar, Basel, Straßburg und Italien und malte aus seinem Gesamtwerk herausstechende

Landschaftsaquarelle und eindringliche Selbstbildnisse. Nach seiner Rückkehr nach Nürnberg schuf er den „Wittenberger Altar", ab 1498 folgten Graphikzyklen und 15 Holzschnitte zur Apokalypse. Sein Mäzen, der Nürnberger Drucker und Verleger Anton Koberger, sorgte dafür, dass Dürer durch die in deutscher und lateinischer Fassung gedruckte Publikation bereits über die Landesgrenzen hinweg bekannt wurde. Im Jahr 1505 reiste Albrecht Dürer zum zweiten Mal nach Italien und erhielt in Venedig den privaten Auftrag zur Herstellung des Altarbildes „Rosenkranzfest". In dieser Zeit entstand auch das „Brustbild einer jungen Venezianerin", das später den 5-DM-Schein schmückte.

Dürer ist vor allem als großer Maler und Grafiker bekannt, jedoch setzte er sich am Ende seines Lebens vermehrt mit den Grundlagen der Geometrie, der Befestigungskunst, den menschlichen Proportionen und den theoretischen Grundlagen seiner Kunst auseinander. Die Mathematik bediente sich später der Untersuchungen Dürers zur darstellenden Geometrie, die auch Galilei und Kepler inspirierten. Es ist also vielmehr als Hase und Hände, was der am April 1528 in seiner Heimatstadt verstorbene Dürer der Welt hinterlassen hat.

240 // DÜSENTRIEBWERK

Nicht Daniel aus Entenhausen, sondern der Pabst hat's erfunden, und zwar Hans Joachim Pabst von Ohain. Der 1911 geborene Physiker gilt neben Frank Whittle als Vater des Strahl- oder Düsentriebwerks. Von Ohain promovierte 1935 an der Universität Göttingen in Physik und Aerodynamik und meldete bereits ein Jahr später ein Patent auf ein Strahltriebwerk an. Das Patent wurde rasch in die Tat umgesetzt, denn der Erfinder konnte den Unternehmer Ernst Heinkel von der Idee überzeugen. Emsig wurde am Bau des Flüssigtreibstoff-Strahltriebwerks gearbeitet und parallel dazu ein maßgeschneidertes Flugzeug gefertigt. Bereits am 27. August 1939 flog der Testpilot Erich Warsitz in der Heinkel He 178 den ersten Düsenflug der Welt. Nach dem Krieg suchten die Amerikaner das Wissen von Ohains zu nutzen und brachten ihn zusammen mit anderen namhaften deutschen Wissenschaftlern in die USA, wo er bei der Entwicklung amerikanischer Düsentriebwerke half, ohne die der moderne Luftverkehr gar nicht mehr denkbar wäre. Der Mensch bewegt sich dabei im Vogelterrain vorwärts, weil Düsentriebwerke Umgebungsluft ansaugen und die Verbrennungsprodukte des Kraftstoffs wieder ausstoßen. Dieser Rückstoß erzeugt Schubkraft. Allen Flugmuffeln, denen das bisher schon unheimlich war, wird durch die Erklärung sicher nicht wohler zumute.

241 // DUTSCHKE, RUDI

Nun ist es offiziell. Dank des letztinstanzlichen Urteils des Oberverwaltungsgerichts Berlin-Brandenburg wurde ein Teil der Kreuzberger Kochstraße in Rudi-Dutschke-Straße umbenannt. Das Brisante daran: Die Schilder „Axel-Springer-Straße" und „Rudi-Dutschke-Straße" werden künftig in postmortaler Eintracht an einem Mast hängen. Rund 40 Jahre zuvor, am 11. April 1968, hatte die „Bild" noch getitelt: „Rudi Dutschke – Staatsfeind Nr. 1!" Am selben Tag wurde Rudi Dutschke durch einen jungen Hilfsarbeiter, der dem rechtsextremen Lager zugeordnet wurde, mit drei Schüssen lebensgefährlich verletzt. Die Tat löste heftige, teils gewaltsame Protestkundgebungen aus, die sich vor allem gegen den Springer Verlag als „geistigen Täter" richteten. Das Attentat machte Rudi Dutschke zu einem Mythos der 68er-Generation, doch sein politisches Engagement begann bereits in jungen Jahren.

Rudi Dutschke wurde am 7. März 1940 bei Luckenwalde in der Mark Brandenburg geboren. Wegen seiner Unterstützung eines demokratischen Sozialismus und seiner ablehnenden Haltung gegenüber der Volksarmee durfte er nach dem Abitur in der DDR nicht studieren. Dutschke absolvierte daher bis 1960 zunächst eine Lehre zum Industriekaufmann, pendelte aber immer wieder nach Westberlin, um nach dem Westabitur studieren zu können. Ein kleines Zubrot verdiente er sich durch das Verfassen von Sportreportagen, die er pikanterweise auch für den Axel Springer Verlag schrieb.

Im August 1961 zog er nach Westberlin, um Soziologie, Ethnologie, Philosophie und Geschichtswissenschaft an der Freien Universität zu studieren. In den Folgejahren gründete er die „Subversive Aktion" mit, die sich 1964 dem „Sozialistischen Studentenbund" (SDS) anschloss. Mit dem SDS organisierte Dutschke zahlreiche Demonstrationen gegen den Vietnamkrieg, für Hochschulreformen, gegen die Große Koalition und die Notstandsgesetze. Die immer breiter werdende Basis der Studentenbewegung verstand sich als außerparlamentarische Opposition und wandte sich gegen die mangelnde Aufarbeitung der Nazi-Vergangenheit durch ihre Elterngeneration. Die konservativen Strömungen im Lande fürchteten einen sozialistischen Umsturz von innen und traten der Bewegung mit aggressiver Ablehnung und teils polemischer Berichterstattung entgegen. Trauriger Höhepunkt der Auseinandersetzungen waren die angeblich in „Putativ-Notwehr" begangene Tötung von Benno Ohnesorg durch einen Polizisten und das Attentat auf Dutschke. Dieser verließ zur Genesung das Land und siedelte nach kurzen Zwischenstationen in der Schweiz, in Italien und Großbritannien nach Dänemark über, wo er als Dozent an der Universität Aarhus tätig wurde. Dutschke promovierte im Fach Soziologie, zeigte ab 1976 wieder ein verstärktes politisches Engagement und engagierte sich für die neue Bewegung der Grünen. Rudi Dutschke starb am 24. Dezember 1979 im dänischen Aarhus – vermutlich an den Spätfolgen der Attentatsverletzungen.

Auch wenn der Springer Verlag mit seiner renitenten Haltung gegenüber der Straßenbenennung das gesellschaftliche Engagement Dutschkes negiert, könnte die namentliche Präsenz Dutschkes vor dem Verlagshaus zu einem Zeichen der Aussöhnung zweier ehemaliger Erzfeinde werden.

Ebert, Friedrich / Echo / Eckkneipe / edding / Edgar-Wallace-Filme / Eichendorff, Joseph von / Eifel / Eigenheim / Ein bisschen Frieden / Einstein, Albert / Eintopf / Elbe / Elbsandsteingebirge / Emsland / Ende, Michael / Energiesparen / Erbswurst / Erhard, Ludwig / Erhardt, Heinz / Ernst, Max / Erster Mai / Erzgebirge / Eulenspiegel, Till / Europa-Park / Exportweltmeister / Externsteine

242 // EBERT, FRIEDRICH

Friedrich Ebert (1871–1925) war der erste Reichskanzler und Reichspräsident der Weimarer Republik, der ersten deutschen Demokratie.

Schon mit achtzehn tritt der in Heidelberg geborene Ebert der SPD bei und bleibt ihr treu. Er engagiert sich gewerkschaftlich und wird um 1890, noch unter Reichskanzler Bismarck, polizeilich gesucht. In Bremen beginnt seine Abgeordnetenkarriere, 1905 siedelt er, nun SPD-Vorstandssekretär, nach Berlin über, ab 1912 ist er Abgeordneter des Reichstags. 1913, nach Bebels Tod, wird er zum Parteivorsitzenden. Während des Ersten Weltkriegs kommt es zur Spaltung der SPD. Von den Linksabtrünnigen wird er als Arbeiterverräter, von den Rechten als Vaterlandsverräter bekämpft. Als um Ausgleich bemühter Realpolitiker hat er damit der SPD ihren spannenden Platz zwischen den politischen Fronten zugewiesen. Am 9. November 1918 wird er von Prinz Max von Baden, der eigenmächtig die Abdankung von Kaiser Wilhelm II. verkündet hat, zum Reichskanzler berufen. Schon kurze Zeit später wählt ihn die Nationalversammlung zum ersten Präsidenten Deutschlands. In den bürgerkriegsartigen Wirren von 1919 befürwortet er die gewaltsame Niederschlagung der radikalen Arbeiterschaft.

In seine Zeit der umkämpften, ungeliebten, jungen Demokratie fiel neben anderen Katastrophen die verheerende Inflation von 1923. Präsident blieb er bis zu seinem Tod im Jahre 1925. Nach ihm wurde die parteinahe Stiftung der SPD benannt.

243 // ECHO

Der Musikpreis der Deutschen Phono-Akademie, sprich der Plattenindustrie, wird seit 1992 jährlich vergeben. Und zwar getrennt nach „Pop" und „Klassik". Es handelt sich um so etwas Ähnliches wie den „Grammy". In gut zwei Dutzend Kategorien werden nationale und internationale Stars in glamourösem Rahmen mit Ehrungen bedacht. Niemand von Rang und Namen im Showbusiness darf im Publikum fehlen. Auch nicht die Macher, die „Sakkos tragen wie aus einem Fachgeschäft für Zaubereibedarf" (Der Spiegel). Bundespräsidenten verleihen durch ihre Anwesenheit republikanische Weihen. Johannes Rau aber zeigte sich einmal unter der Folter Ingo Appelts nicht besonders amüsiert.

Das Reglement scheint denkbar einfach: Wer am meisten verkauft, gewinnt. Nachwuchsförderung und Lebenswerksauszeichnungen gehen extra. Das Medienecho ist des Öfteren geteilt: Im Boulevard finden die Künstler meist den ihnen gebührenden Resonanzboden. Die Feuilletons überregionaler Zeitungen beweisen hingegen regelmäßig ihre Unkenntnis des deutschen Musikgeschmacks und können sich über die wiederkehrenden Preisverleihungen an Herbert Grönemeyer, DJ Ötzi, „Pur" oder die „Kastelruther Spatzen" nicht so recht freuen.

244 // ECKKNEIPE

Sie muss nicht zwangsläufig an einer Ecke liegen, tut es aber doch häufig. Die Eckkneipe ist klein, hat in der Regel nur einen Raum (und vielleicht im Keller eine Bundeskegelbahn), die Wände sind bis auf halbe Höhe mit braunem Holz vertäfelt, darüber hängen Vereinsfotos und Wandteller, auf Borden prangen Pokale. In einer Ecke steht der Sparkasten, hinterm Tresen fast immer der Wirt selbst. Und vor dem Tresen? Ja, davor sitzt der Horst von nebenan, er ist hier Stammgast und kommt immer direkt nach der Arbeit. Rita kommt auch allein, ihr Mann hat sie vor 'nem Jahr verlassen. Sie macht beim Sparverein mit – davon kann man dann mal einen Ausflug machen. Franz und Annemarie, seit 20 Jahren verheiratet, kommen jeden Abend gemeinsam, um ein Feierabendbierchen zu trinken. Und Udo und Robby spielen zusammen Dart, mindestens ein Mal die Woche.

Schon Peter Alexander hat die Eckkneipe als „kleine Kneipe" besungen, „da, wo das Leben noch lebenswert ist", und lieferte auch gleich den Grund, warum sie so beliebt ist: Denn „da fragt dich keiner, was du hast oder bist".

245 // EDDING

Der „edding" ist ein Filzschreiber. Aber er ist zugleich viel mehr. Wie bei „Tempo" oder „Tesa" handelt es sich um einen generalisierten Markennamen. Unterschiedslos bezeichnet der Begriff alle Stifte, die wasserfest auf den allermeisten Unterlagen haften. In Konferenzräumen lebt er mit dem Flip-Chart in symbiotischer Beziehung. Auf den großen Papierbogen werden mit ihm die Bilanzen und Zukünfte ganzer Konzerne skizziert. Eine scharfe Waffe des Controllers hier, eine Lehrhilfe für den Dozenten dort. Für die kommunalen Verkehrsbetriebe ist der „edding" der Inbegriff des Schreckens. Mit scheinbar ins Unendliche wachsender Schriftstärke hinterlassen manche Jugendliche ihre „Tags" zum Beweis ihres Daseins auf Sitzen, Verkleidungen, Scheiben.

Die Firma edding wurde 1960 von Carl-Wilhelm Edding und Volker D. Ledermann gegründet. Letzterer brachte die Idee des Filzschreibers aus Japan mit. Bis heute sind überraschend viele Spezialanwendungen entwickelt worden. Ein Filzstift kann heute erstaunliche Dinge. Er zeigt dem Schweißer wie dem Chirurgen, wo's langgeht.

246 // EDGAR-WALLACE-FILME

Nebel durchzieht den düsteren Wald. Eine vierspännige Leichenkutsche tastet sich den schmalen Weg hindurch, hält vor dem Eingang eines hochherrschaftlichen englischen Landsitzes. Vier dunkle Gesellen tragen den Sarg hinein, in ein Kellerverlies, nur durch einige Kerzen erhellt, und öffnen den Sarg. „Ich will nicht sterben!", schreit ein junger Mann und springt aus dem Sarg. „Nicht durch den Henker von London." Dann wird ihm der Strick um den Hals gelegt ...

Grusel- und Spukgeschichten erfüllten die deutschen Kinosäle zwischen 1959 und 1972, als die Verfilmungen der Edgar-Wallace-Filme Millionen von Zuschauern anlockten. „Der Frosch mit der Maske" war der erste Film, in dem ein furchterregender Verbrecher – mit einem Strumpf über dem Kopf und zwei Teesieben als Augen – in London sein Unwesen treibt. 37 weitere Edgar-Wallace-Filme sollten folgen, darunter Highlights wie „Der Henker von London", „Das Gasthaus an der Themse", „Die toten Augen von London" und natürlich „Der Hexer". In den von Rialto verfilmten englischen Kriminalgeschichten erschossen die Mörder ihre Opfer nicht, nein: Seltene Gifte, Harpunen, Pfeile und Peitschen waren die Todeswerkzeuge, die die Kommissare – allein 13 Mal Joachim Fuchsberger, 9 Mal Heinz Drache und 4 Mal Siegfried Lowitz – aufspüren mussten. In den Nebenrollen glänzten der junge Klaus Kinski, der besonderes Grauen verströmte, und Eddi Arent als komische Nummer.

Heute sind die Filme eher Kult- als Gruselfilme, denn seit „Nightmare on Elm Street" oder „Scream" fürchtet man sich wohl nicht mehr vor den weit aufgerissenen Augen von Brigitte Horney. Freude macht es aber immer, sich die genügsamen Kulissen und durchschaubaren Geschichten anzusehen, die die Deutschen im Nachkriegsdeutschland das Fürchten lehrten.

247 // EICHENDORFF, JOSEPH VON

Wir verdanken ihm einige der schönsten Volkslieder: „Wenn ich ein Vöglein wär", „Wem Gott will rechte Gunst erweisen" oder „Abschied vom Walde". Eichendorff verfasste sie als Gedichte, vertont wurden sie u. a. von Robert Schumann, Felix Mendelssohn-Bartholdy und Johannes Brahms. Eichendorff war einer der wichtigsten Vertreter der deutschen Romantik, auch wenn sein bürgerlicher Beruf als Ministerialbeamter des mittleren Dienstes eher profan anmutet. Vielleicht hätte der kleine Joseph, geboren 1788 auf Schloss Ludibor in Schlesien, gar nicht mehr arbeiten müssen, hätte sein Vater etwas umsichtiger gewirtschaftet. So aber mussten Joseph und sein Bruder Wilhelm Berufe ergreifen, die ein späteres Auskommen ermöglichten. Sie wurden zum Jurastudium geschickt und bereisten – durchaus üblich für Studenten der damaligen Zeit – nebenbei ganz Europa. In Heidelberg traf Eichendorff auf die Dichterkollegen Clemens

Brentano und Achim von Arnim; es entwickelte sich ein reger Austausch, den er auch in Wien mit Friedrich von Schlegel fortsetzte.

Schon als Kind hatte sich Joseph in romantische Phantasiewelten geflüchtet, zu Ritterburgen und Königsschlössern, und diese Geschichten in Tagebüchern notiert. Die gleichen Motive finden sich auch in Lyrik und Prosa des erwachsenen Eichendorff wieder. Es geht um verwunschene Schlösser, nebelverhangene Wiesen und dunkle Wälder – typisch romantisch. Sein bekanntestes Werk, „Aus dem Leben eines Taugenichts", beschreibt die Reise eines jungen Tunichtguts in die Welt hinaus. Das Werk wurde lange Zeit als Prototyp der romantischen Existenz interpretiert, inzwischen gibt es jedoch auch Deutungen, die von einer ironischen Sichtweise auf Eichendorffs eigenes langweiliges Beamtendasein sprechen. Ausgelastet war er in seiner niederen Laufbahn tatsächlich nicht, denn er verfasste die meisten Werke während seiner Beamtenjahre in Breslau, Berlin, Königsberg und Danzig. Am 26. November 1897 starb Joseph von Eichendorff nur wenige Monate nach dem Tod seiner Frau Luise im oberschlesischen Neisse.

248 // EIFEL

In einer gewaltigen Explosion entlädt sich die Urgewalt der Erde. Der Druck aus höllischen Tiefen sprengt einen mächtigen Vulkan. Mehrere Meter hoch liegt der Bimssteintuff, als Wochen später die Lavaströme zum Stehen gekommen sind und sich der Staub gelegt hat. Seine feineren Anteile haben sich über Europa von Skandinavien bis zu den französischen Westalpen gelegt. Über die Empfindungen und Schicksale der Zeugen wissen wir allerdings nichts, denn die Naturkatastrophe ereignete sich vor knapp 13.000 Jahren. Sie ließ später den Laacher See entstehen, der heute eines der beliebtesten Ausflugsziele der reizvollen Eifel ist. Noch immer steigen in ihm Gasbläschen auf und zeigen an, dass die Erdgeschichte in einem eigenen Takt schlägt.

Vor 400 Millionen Jahren wurde das Grundgebirge der Eifel abgelagert und später zu einem mächtigen Gebirge gefaltet. Zu einem flachen Rumpf abgetragen, teilweise mit jüngeren Gesteinen überdeckt und schließlich wieder herausgehoben, präsentiert sich heute zwischen Mosel, Rhein, Kölner Bucht und Ardennen eine sehr abwechslungsreiche Landschaft. Weil sie vergleichsweise schwer zu erschließen war, hat sie sich viel von ihrer Natur bewahren können. Nicht nur für die Menschen an Rhein und Ruhr sind das Ahrtal mit seinen Weingärten, die Maare, die Kalk- und die Schnee-Eifel willkommene Erholungsräume.

249 // EIGENHEIM

Eine der häufigsten Antworten auf die Frage, was typisch deutsch sei, ist die vom Eigenheim. Immerhin träumen knapp 70 Prozent der Deutschen von den „eigenen vier Wänden" in Form eines freistehenden Hauses mit Garage und großem Garten. Ist dies unerreichbar, tut es auch das Reihenhaus und notfalls die Eigentumswohnung. 32 Millionen Bausparverträge sollen die Träume der Deutschen finanzieren, womit unser Land europaweit an erster Bausparstelle steht – denn der gesamte übrige Kontinent bringt es zusammen nur auf 44 Millionen Bausparverträge.

Warum aber bringen es nur 40 Prozent aller Deutschen, aber z. B. über 80 Prozent der Spanier zu einem eigenen Zuhause? Ganz klar: Die Grundstückspreise bzw. Preise für Einfamilienhäuser sind in Deutschland zu hoch. Allerdings ist in den letzten Jahren eine Trendwende zu sehen: Neue Häuser werden in Deutschland billiger, während sie in den meisten anderen Ländern Europas teurer werden. Es wird sich also in den nächsten Jahren zeigen, ob die Deutschen tatsächlich vom Eigenheim träumen oder ob das nur die Ausrede für mehr Sparsamkeit ist – die ja ebenfalls als eine sehr deutsche Eigenschaft angesehen wird.

250 // EIN BISSCHEN FRIEDEN

Einmal, ein einziges Mal hat Deutschland den Eurovision Song Contest gewonnen. Das war im Jahr 1982, als die gerade 18-jährige Nicole „Ein bisschen Frieden" sang. Viersprachig! In Deutschland stand das Lied 26 Wochen auf dem ersten Platz der Charts. Wunderbar war es auch, dass sich das Lied auch in Großbritannien und Irland elf Wochen auf diesem Platz halten konnte. Rührend jung und unbedarft saß Nicole da auf ihrem Hocker und sang von Frieden – was Europa aus deutschem Mund immer gern hört:

„Ein bisschen Frieden, ein bisschen Sonne
Für diese Erde, auf der wir wohnen,
Ein bisschen Frieden, ein bisschen Freude
Ein bisschen Wärme, das wünsch ich mir.
Ein bisschen Frieden, ein bisschen Träumen
Und dass die Menschen nicht so oft weinen,
Ein bisschen Frieden, ein bisschen Liebe
Dass ich die Hoffnung nie mehr verlier."

Nicole ist seitdem fester Bestandteil der deutschen Schlagerwelt – an ihren Grand-Prix-Erfolg versucht ihre Konkurrenz bislang erfolglos heranzukommen.

251 // EINSTEIN, ALBERT

Albert Einstein ist der Popstar unter den Wissenschaftlern. Seine Relativitätstheorien, für die er 1921 den Nobelpreis erhielt, war-fen – auch wenn sie kaum jemand wirklich versteht – das bisherige Weltbild komplett über den Haufen. Sein berühmtes „Zungenfoto" von 1951 räumte mit dem Image des weltfremden, verschrobenen und strengen Wissenschaftlers an sich auf. Albert Einstein war innerlich ein freier, unkonventioneller Mensch; er erkannte die Gesetze der Natur an, während er sich gegen die meist willkürlichen Gesetze und Konventionen der Menschen sträubte. Das machte ihn schon zu Lebzeiten so beliebt und zu einem umjubelten Medienstar.

1897 in Ulm geboren, war Albert Einstein – entgegen der gängigen Meinung – durchaus ein guter Schüler. Dass er als 15-jähriger Gymnasiast seine Münchner Schule verlassen musste, lag nicht an seinen Noten, sondern am aufkeimenden Antisemitismus. Die Familie siedelte zunächst nach Mailand, dann in die Schweiz um, wo Einstein nach dem Studium im Patentamt von Bern arbeitete. Neben der Arbeit entwickelte er dort seine Relativitätstheorien, die er bereits 1905 veröffentlichte.

Max Planck holte ihn schließlich 1914 nach Berlin. Als Einstein 1921 mit dem Nobelpreis für Physik und 1929 mit der Max-Planck-Medaille ausgezeichnet wurde, war er auf dem Höhepunkt seiner Karriere. Sofort wurden einerseits Einsteins Leistungen als nationale Kulturleistungen vereinnahmt, andererseits wurde er von den Nationalsozialisten verleumdet. Sein Kommentar dazu: „Drollige Gesellschaft, diese Deutschen. Ich bin ihnen eine stinkende Blume, und sie stecken mich doch immer wieder ins Knopfloch." 1933 verließ Einstein Deutschland. Bis zu seinem Tod 1955 lebte und arbeitete er in den USA.

252 // EINTOPF

Es gibt Wörter, die so deutsch klingen, dass man sie im Ausland für erfunden halten mag. „Eintopf" ist ein solches Wort, ein Kompositum, das genauso klingt, wie es schmeckt. Man wirft alles in einen Topf, ohne Diskriminierung, und kocht es so lange, bis man die einzelnen Zutaten kaum noch voneinander unterscheiden kann.

Im Zuge des Prosecco-Paella-Falafel-Wahns der 80er und 90er Jahre, in denen die deutsche Küche das kümmerliche Dasein eines vergessenen Kellerkindes fristen musste, ist der Eintopf fast von der Roten auf die Schwarze Liste der bedrohten Kulinaria gerutscht. Inzwischen ist das zum Glück anders – man entdeckt wieder den Charme regionaler und traditioneller Gerichte, wertet sie durch raffinierte Zutaten ein wenig auf und verhilft ihnen so zu redlich verdientem Ansehen. Und was gibt es Schöneres, als dem grimmigen Winter mit einem Teller heißer Erbsen- oder Linsensuppe, Grünkohl mit Pinkel, Gulasch, Pfundstopf oder Moppelkotze zu begegnen? In einer immer komplizierter werdenden Welt mit ihren internationalen Datennetzen und globalisierten Wirtschaftswegen symbolisiert der Eintopf eine Zeit, in der es noch das Einfache, Ehrliche, Gemütliche gab – in der die Welt noch in einen Topf passte.

253 // ELBE

Mit dem Dresdener Elbtal und den sieben Schloss- und Parkanlagen bei Dessau-Wörlitz liegen gleich zwei UNESCO-Kulturdenkmäler direkt an der Elbe. Doch das eigentliche Kleinod des 1.091 km langen Flusses, der als

Labe im tschechischen Riesengebirge entspringt und hinter Hamburg in die Nordsee mündet, sind die wunderbaren Auwälder im Bereich der Mittleren Elbe. Sie wurden zu einem großen Teil 1997 ebenfalls von der UNESCO zum Biosphärenreservat erklärt. Silberweiden und Schwarzpappeln prägen die in Mitteleuropa kaum noch vorkommenden Auwälder etwa im Dessauer Elbtal. Noch seltener sind die sogenannten Hartholzauwälder mit ihren Ulmen, Eichen und Eschen.

Dort sind auch wieder Tier- und Pflanzenarten heimisch, die jahrzehntelang stark vom Aussterben bedroht waren. Dank umfangreicher Schutzmaßnahmen siedeln sich nun wieder Seeadler und Fischotter in den Auwäldern an, und auch den Elbebiber kann man neuerdings beobachten.

Erreicht man die Untere Elbe, so verändert sich die Landschaft grundlegend: Hinter Deutschlands größtem Hafen in Hamburg eröffnet sich eine Marschlandschaft, die stark von der Nordsee geprägt ist und fruchtbares Land für die Landwirtschaft bereithält.

254 // ELBSANDSTEINGEBIRGE

Kaum hat man Dresden in Richtung Osten verlassen, beginnt, dort im hintersten Winkel der Republik, eine der aufregendsten deutschen Landschaften. Aus mildem, sanftem Terrain wachsen plötzlich Tafelberge hervor, später folgen dunkle, wilde Wälder, in denen schroffe, phantastisch verwitterte Felstürme aufragen. Bäche mit Wasserfällen schlängeln sich durch tiefe, moosbewachsene Schluchten, über denen sich natürliche Felsentore wölben. Es ist die Sächsische Schweiz, die zusammen mit der Böhmischen Schweiz hinter der tschechischen Grenze das Elbsandsteingebirge bildet. Die Landschaft war einst, in der Kreidezeit vor rund 100 Millionen Jahren, von einem Meer bedeckt. Als das Meer zurückging, bildete sich der von der Elbe und ihren Nebenflüssen durchzogene Cañon – zwar nicht so gewaltig, aber ebenso reizvoll wie der Grand Canyon in den USA.

Wilde Orchideen, wie das Breitblättrige Knabenkraut, wachsen in den einzigartigen Naturschutzgebieten, auch Luchse und Mufflons sind im Elbsandsteingebirge wieder heimisch. Allein 250 verschiedene Vogelarten leben hier.

Doch das Elbsandsteingebirge ist nicht nur ein Ort der Erholung: Seit dem 14. Jahrhundert wird hier Sandstein abgebaut; die Dresdner Frauenkirche wurde beispielsweise daraus gebaut. Heute gibt es immerhin noch sieben Steinbrüche, und es heißt, dass in Dresden nur eine Baugenehmigung erhält, wer bereit ist, sein Haus mit Elbsandstein zu verkleiden.

255 // EMSLAND

„Durchs Emsland fahr ich emsig, erst hinterm Emsland brems ich!" Wer immer dieses Sprichwort ersonnen hat, war entweder blind, oder er hat das Emsland nie durchfahren. Denn entgegen landläufiger Meinung ist die Landschaft im nördlichen Westfalen und westlichen Niedersachsen – direkt an der niederländischen Grenze – schön. Sanft schlängelt sich die Ems durch die von Glockenheide und Mooren, Birkenhainen, Buchenwäldern und Feldern geprägte Landschaft. Wer Ruhe wünscht, der ist im Emsland gerade richtig, denn zwischen den Kuh- und Pferdeweiden suchen selbst die meisten Mobiltelefone vergeblich nach einem Netz. Wandern und Reiten ist stattdessen angesagt, auch Kanufahrten auf der Hase, einem Nebenfluss der Ems. Und selbst wer auf Kultur nicht verzichten möchte, wird von dem spätbarocken Jagdschlossensemble Clemenswerth begeistert sein. Der sternförmig angelegte Komplex aus Schlösschen, Gästepavillons, Kapelle und Marstall ist von einem üppigen Waldpark mit reichen Fischteichen umgeben und wurde zwischen 1737 und 1747 für den Kurfürsten Clemens August, Erzbischof von Köln, erbaut.

256 // ENDE, MICHAEL

Es sind phantastische Welten, die Michael Ende (1929–1995) in seinen Romanen heraufbeschwört: Da kämpft ein kleines Mädchen namens Momo gegen graue Herren, die den Menschen die Zeit stehlen, und ein kleiner dicker Junge wird in der „Unendlichen Geschichte" Teil der Handlung, um die Welt Phantasiens zu retten.

Ein Großteil seines Lebens musste der Autor diese Phantasiewelten verteidigen: Zuerst im Deutschland der 70er Jahre, in denen keine schöpferische, sondern politische und sozialkritische Literatur gefragt war. Phantasie war da höchstens den Kindern vorbehalten. Später, als seine Bücher längst Weltgeltung hatten, musste Michael Ende sich mit einer für ihn selbst unerträglichen Film-Adaption seiner „Unendlichen Geschichte" durch Wolfgang Petersen und Bernd Eichinger abfinden, die aus seiner Geschichte ein kitschiges Hollywoodschauspiel machten. Zwar klagte Ende gegen die Verfilmung – leider jedoch ohne Erfolg. Nur bei den Kindern kamen Endes Geschichten von Anfang an bedingungslos gut an: ob Jim Knopf und Lukas der Lokomotivführer, mit deren „Puppenkisten"-Adaption Ende sehr zufrieden war, oder seine zahlreichen Bilderbücher.

257 // ENERGIESPAREN

Esoteriker wissen es schon lange: Wir sind immer und überall von Energie umgeben. Gemeint ist hier aber weder gute noch schlechte, sondern verbrauchte Energie. Die lässt sich sparen. Gespart werden sollte sie, weil sie – aus fossilen Rohstoffen gewonnen – durch Kohlendioxid zur Klimaveränderung beiträgt. Atomkraftwerke wiederum können explodieren und hinterlassen üblen Müll. Ach ja, teuer ist Energie auch noch. Politik, Wirtschaft und Verbraucher haben aus finanziellen und ökologischen Gründen das Energiesparen entdeckt. Zwei Möglichkeiten bieten sich an: Erstens, den Einsatz von Energie mit Hilfe moderner Technik effizienter zu gestalten, und zweitens, Energieverbrauch zu vermeiden. Da trotz Klimawandels in unseren Breiten eine Heizung auf absehbare Zeit nicht entbehrlich ist und es nachts immer noch dunkel wird, kommt hier vor allem die erste Option in Betracht. Ähnliche Naturgesetze verhindern scheinbar auch ein Tempolimit auf Autobahnen und zwingen zu immerwährendem Konsum. Ältere Energiesparmaßnahmen wie autofreie Sonntage und die Sommerzeit übrigens haben sich nicht durchgesetzt oder sind nur begrenzt erfolgreich.

258 // ERBSWURST

Vielleicht wäre das Deutsche Reich ohne Johann Heinrich Grüneberg aus Berlin 1871 gar nicht gegründet worden. Denn der Koch hatte 1867 die Erbswurst erfunden: Eine aus Erbsenmehl, Rinderfett, Speck, Zwiebeln, Salz und Gewürzen eingekochte, anschließend getrocknete und zuletzt in Pergamentpapier gerollte Suppe, die ab 1870 erstmals im Deutsch-Französischen Krieg den Soldaten das Überleben sicherte. Zuvor mussten sich Testpersonen sechs Wochen lang ausschließlich von Erbswurst und Brot ernähren: Als sie das Experiment ohne Schäden – alle Achtung! – überstanden hatten, wurde das kaiserliche Heer mit der haltbaren, nahrhaften und leichten Konserve versorgt. Pro Tag kochten 1.700 Arbeiter bis zu 65 Tonnen Erbswurst für den Staat Preußen, der Grüneberg das Rezept für 35.000 Taler abgekauft hatte. 1889 übernahm dann das Heilbronner Unternehmen Knorr das Erbswurst-Patent – und schaffte damit den Durchbruch als Hersteller von Fertigsuppen.

Noch immer in der Papierwurst verkauft, lassen sich die fertig geschnittenen Portionen zur Zubereitung entnehmen. Man löst sie in kaltem Wasser und kocht sie auf. Ein Gericht, das vielleicht keinen Feinschmecker an den Tisch lockt, das aber einen müden und hungrigen Wanderer doch halbwegs froh machen dürfte.

259 // ERHARD, LUDWIG

Wohlstand für alle – das war der Slogan, mit dem sich der CDU-Politiker Ludwig Erhard in die Herzen der Wirtschaftswunderdeutschen pflanzte. Viel mehr noch – der mollige, zigarrenrauchende Franke wurde zum menschgewordenen Symbol für das Wirtschaftswunder schlechthin. Von 1949 bis 1963 war Erhard Wirtschaftsminister, von 1963 bis 1966 Bundeskanzler der jungen Bundesrepublik Deutschland. „Ich meine, dass der Markt an sich sozial ist, nicht dass er sozial gemacht werden muss", sagte er selbst, trotzdem gilt er als Erfinder des Systems soziale Marktwirtschaft.

Ludwig Erhard war nie angepasst – stets versuchte er, seinen eigenen Kopf durchzusetzen und schreckte dabei weder vor Konfrontationen mit den Nationalsozialisten noch später mit den Alliierten oder gar den eigenen Parteimitgliedern zurück. Der Erfolg seiner Politik gab ihm Recht, auch wenn seine Reformen anfänglich erhebliche wirtschaftliche Einbußen zur Folge hatten. Doch dann ging es steil bergauf, und der Begriff „Wirtschaftswunder" machte die Runde. Sehr zum Ärger Erhards, der selbst sagte: „Es gibt keine Wunder." Zeitzeugen zufolge rauchte Erhard 15 bis 20 Zigarren pro Tag – schließlich starb er im Mai 1977 an Herzversagen.

260 // ERHARDT, HEINZ

„Ich will die Leute zum Lachen bringen, zu einem Lachen, dessen sie sich später nicht zu schämen brauchen." Es gab in der Nachkriegszeit, in der Heinz Erhardts (1909–1979) eigentliche Komiker-Karriere startete, in Deutschland nicht viel zu lachen. Umso mehr liebte das Publikum den Komiker, der scheinbar tapsig und unbeholfen und mit scheinheiliger Unschuld der Härte des All-

tags begegnete und die täglichen Konflikte in Familie und Beruf einfach wegblödelte. Verklemmt kichernd, etwas spießig und autoritär wirkend, spielte Heinz Erhardt den deutschen Durchschnittsbürger – den er mit seinen Wortklaubereien und verdrehten Lebensweisheiten stets sogleich entlarvte und lächerlich machte. Aber eben nie bösartig und mit erhobenem Zeigefinger, sondern nur grinsend am unbedingten Optimismus des Wirtschaftswunders zweifelnd.

Als komisch-vertrottelter Familienvater, als biederer Beamter oder kleinkarierter Unternehmer und als tollpatschiger Bühnenkomiker stillte Heinz Erhardt die Heile-Welt-Sehnsucht der Deutschen in den 50er und 60er Jahren, ohne ihnen dabei die Augen zu wischen und das Leben zu beschönigen. Und so blieb seinem Publikum das Lachen auch dann nicht im Halse stecken, wenn er die deutsche Vergangenheit ansprach:

„*Nun: Wollt ihr, daß im Alphabet*
es mit dem D jetzt weitergeht?
Ist es nicht besser, wenn ich ende?
Wascht nur in Unschuld eure Hände
und greift, kraft eigenen Ermessens,
zum güt'gen Handtuch des Vergessens ...
Doch hilft das Waschen nicht und Reiben:
Die Flecke bleiben!"

261 // ERNST, MAX

Wegen eines seiner Bilder wurde der Zeichner, Maler, Bildhauer und Dichter aus der katholischen Kirche verbannt. Mit „Die Jungfrau züchtigt das Jesuskind vor drei Zeugen" nahm Ernst mit viel Humor die christliche Ikonographie auf den Arm: Während Maria Jesus übers Knie legt, fällt dem Knaben der Heiligenschein vom Kopf – direkt auf den Boden, dort, wo Max Ernst sein Gemälde signiert hat. Es war ein Skandal in Paris, wo Ernst

1926 das Bild zum ersten Mal zeigte, dass der Surrealist so deutlich den Erlösungsanspruch der Religion anzuzweifeln und ihn der Kunst zuzubilligen wagte; und es war ein Skandal in Köln, als Max Ernst das Bild kurz darauf dort zeigte: Der Kölner Erzbischof reagierte umgehend mit der Exkommunikation des Malers wegen Gotteslästerung. Heute hängt das Gemälde nur wenige Meter vom Kölner Dom entfernt im Museum Ludwig und gilt längst als Klassiker der Kunstgeschichte.

Überhaupt zählt Max Ernst heute zu den wichtigsten Vertretern von Dadaismus und Surrealismus. Ernst brach mit den Traditionen: thematisch – was ihm immer das Wichtigste war – und technisch. Collagen gehörten von jeher zu seinen Werken, Methoden wie das Durchreibe- (Frottage) und das Abkratzverfahren (Grattage) führte er zur Perfektion. Max Ernst war Autodidakt, das wurde bei ihm oft bemängelt. Doch dem großen Künstler war die Idee immer wichtiger als die bloße malerische Umsetzung.

262 // ERSTER MAI

Am Tag der Arbeit, dem ersten Mai, wird, wie jeder weiß, nicht gearbeitet, sondern demonstriert. Selbst wenn der Kopf vom „Tanz in den Mai" in der vergangenen Nacht noch etwas dick ist, geht der Arbeiter am Morgen des 1. Mai auf die Straße und demonstriert für bessere Arbeitsbedingungen, faire Löhne und kürzere Arbeitszeiten.

Seinen Ursprung hat der Tag der Arbeit nicht, wie viele glauben, in Russland, sondern in Australien. Am 1. Mai 1856 gab es dort zum ersten Mal eine Massenkundgebung, die den Achtstundentag forderte. Richtig bekannt wurde der 1. Mai im Zusammenhang mit der Arbeiterbewegung allerdings im Jahr 1886 in Chicago. Nach dem australischen Vorbild wurde dort mehrere Tage für den Achtstundentag demonstriert, doch am 4. Mai kam es zu gewalttätigen Auseinandersetzungen mit der Polizei, bei denen mehrere Dutzend Menschen getötet wurden. Die Initiatoren der Versammlung wurden verhaftet und die meisten von ihnen hingerichtet. Der sogenannte „Haymarket Riot" wurde bei der Zweiten Internationalen 1889 als Anlass zur Ernennung des 1. Mai als „Kampftag der Arbeiterbewegung" genommen. Gewalttätig wurde es 1929 wieder in Berlin – im sogenannten Blutmai wurden über 30 Zivilisten getötet und über 200 verletzt. Knapp 60 Jahre später, 1987, plünderten Demonstranten in Berlin-Kreuzberg den Supermarkt Bolle, steckten ihn anschließend in Brand und begründeten so den Mythos vom sozialen Brennpunkt Kreuzberg und vom Kiezaufstand. Noch heute ist Berlin-Kreuzberg Zentrum der mittlerweile weit friedvolleren Kundgebungen zum 1. Mai.

263 // ERZGEBIRGE

Das Erzgebirge schlängelt sich als natürliche Grenze zwischen Sachsen und Böhmen, also entlang der heutigen Staatsgrenze zwischen Deutschland und Tschechien. Der wohl berühmteste Bewohner dieses Mittelgebirges ist das Räuchermännchen. Vor 300 Jahren entstanden die ersten typisch erzgebirgischen Figuren – aus der Not heraus: Silber- und Zinnerzfunde hatten im 15. Jahrhundert viele Bergleute in die unwirtliche, dicht bewaldete Gegend gelockt. Eine gigantische Besiedelungswelle begann, wohl am besten vergleichbar mit dem Goldrausch in Nordamerika. Freizeit hatten die Bergleute wenig, und wenn, dann verbrachten sie sie mit der Anfertigung kleiner Schnitzereien. Ein Glück, denn als die Erzvorkommen im 16. Jahrhundert langsam versiegten, fanden die Bergarbeiter mit Drechsel- und Schnitzarbeiten ein Auskommen. Holz gab es in Hülle und Fülle, und das hergestellte Holzspielzeug war so hübsch, dass es bald seinen Siegeszug um die Welt antrat. Schon im 19. Jahrhundert wurde es in großem Umfang nach Amerika geliefert. Räuchermännchen, Nussknacker, Engelchen und Co. sind inzwischen populärer denn je, daran konnten auch DDR, eiserner Vorhang und saurer Regen nichts ändern.

264 // EULENSPIEGEL, TILL

„Ich bin heute aber auch wieder ein Schelm ..." Auch wenn dieser Satz Mitte der 1960er Jahre von Heinz Erhardt erstmals ausgesprochen wurde, wird es sich der angeblich 660 Jahre früher geborene Till Eulenspiegel wahrscheinlich täglich gedacht haben – während er das Mehl im Mondschein beutelte, Eulen und Meerkatzen buk, einen Esel eine Psalter lesen lehrte oder einen Wirt mit dem Klang des Geldes bezahlte.

Ein altes deutsches Volksbuch (die älteste Fassung stammt aus 1510) erzählt die Geschichten des Schalks Till Eulenspiegel, der durch die deutschen Lande reiste und die Äußerungen seiner Mitmenschen immer etwas zu wörtlich nahm. Als Verfasser des „Till Eulenspiegel" gilt der Braunschweiger Amtvogt Hermann Bote, der sich vorher schon einmal am „Reinke de Vos" (Reineke Fuchs) und an Braunschweiger Geschichten versuchte. Weltweiten Durchbruch schaffte aber nur der „Eulenspiegel", dessen 96 Historien sich bald über ganz Europa ausbreiteten.

265 // EUROPA-PARK

Der vielfach ausgezeichnete Europa-Park ist ein Freizeitpark im Südwesten der Republik in Rust bei Freiburg. Der größte in Deutschland und der größte der Welt unter denen, die nicht das ganze Jahr geöffnet haben. Ein etwas gestelzter, aber unbestrittener Spitzenplatz. Der Name ist Programm, denn der Park mit seinen über 30 Attraktionen ist gegliedert nach zwölf Ländern unseres Kontinents. Die Illusion zwischen „Taverna Mykonos" und des Zaren Zwiebeltürmchen ist perfekt. Themenhotels, Kinos, Erlebnisgastronomie und Events runden das Angebot für alle Altersgruppen ab.

1975 wurde der Europa-Park eröffnet. Als Schaufenster für große Fahrgeschäfte der Unternehmerfamilie Mack gedacht, hat er inzwischen 74 Millionen Besucher angelockt. Die Liste der prominenten Gäste reicht von Gerhard (Ex-Kanzler) bis Yvonne Schröder (Ex-Next-Topmodel). Auch die Kirchen sind vertreten. In der norwegischen Stabkirche etwa oder im Café Benedetto bemühen sich zwei Geistliche um das Seelenheil ihrer Schäfchen. Falls mal Freizeitstress aufkommt.

266 // EXPORTWELTMEISTER

Seit 2003 ist Deutschland ununterbrochen Exportweltmeister im Güterbereich. Damit ist gemeint, dass Deutschland Güter liefert, die zusammen einen höheren Wert haben als die jeder anderen Exportnation. China ist knapp geschlagener Zweiter, die USA und Japan belegen die weiteren Plätze.

Die wichtigsten deutschen Exportwaren sind Kraftfahrzeuge, Maschinen und chemische Erzeugnisse. Ein Dilemma liegt darin, dass mit Maschinen im Ausland wiederum Waren hergestellt werden, die ihrerseits auf den Weltmarkt drängen. So hilft Deutschland China, Spitzenreiter zu wer-

den. In Politik und Wirtschaftswissenschaft besteht kein Konsens über die Bedeutung des Meistertitels. Regierende Politiker neigen zu euphorischen Bewertungen, denn sie sind prinzipiell verantwortlich für Erfolge. Gewerkschaften zeigen auf die Exporte und schließen, dass es um die Wettbewerbsfähigkeit nicht so schlecht bestellt sein kann. Kein Grund also für niedrige Löhne. Manche Ökonomen halten dagegen, der hohe Exportüberschuss sei gerade ein Indiz dafür, dass andernorts das Investitionsklima besser sei. Je nach Couleur schließen sich die Politiker der Opposition dieser oder jener Auffassung an. Es ist ein schöner Titel, aber keiner, um sich darauf auszuruhen.

267 // EXTERNSTEINE

Inmitten des Teutoburger Waldes nahe dem Städtchen Horn-Bad Meinberg erheben sich recht unvermittelt die Externsteine, eine augenfällige graue Sandsteinformation. Die skurrilen natürlichen Formen regen seit Jahrtausenden die Phantasie der Menschen an, und so sind schon aus Paläo- und Mesolithikum menschliche Spuren um die Externsteine herum belegt. Die Steine boten den Menschen Schutz und mögen auch Kultstätte gewesen sein – die mystische Atmosphäre des Ortes legt das nahe. Ganz gesichert ist jedoch nicht, dass hier auch die Heiden ihren Göttern huldigten. Die Christen aber taten es: Künstliche Grotten wurden in den Stein geschlagen und zu Kapellen geweiht, und eines der bedeutendsten mittelalterlichen

Großreliefs Europas findet sich hier. Direkt in den Felsen gehauen, wird auf 4,80 mal 3,70 Metern im mittleren Teil die Abnahme Jesu vom Kreuz gezeigt, darüber schwingt Gott die Siegesfahne. Unter der Kreuzabnahme umschlingt ein drachenartiges Wesen zwei Menschen – ob sie auf Vorchristliches hindeuten oder ob sie Adam und Eva, gefangen in der Erbsünde, darstellen, darüber streiten sich bis heute die Wissenschaftler. Doch auch ohne das genaue Wissen um die genaue Bedeutung der Externsteine: Ihre Gräber und Felsenreliefs, Hohlwege und Grotten machen sie zu einem geradezu mystischen Ort.

Faber-Castell / Fachwerk / Fahrradstraßen / Fantastischen Vier, Die / Fasnet / Faßbender, Heribert / Fassbinder, Rainer Werner / Fassbrause / Faust / Feierabend / Feinmechanik / Feldberg / Fernsehturm / Fewa / Fichtelgebirge / Filterkaffee / Fingerhakeln / Fischer, Artur / Fischer, Joschka / Fischer-Chöre / FKK / Fleiß / Fön / Fontane, Theodor / Formel 1 / Forschung / Fossilien / Frankfurter Allgemeine Zeitung / Frankfurter Kranz / Frankfurter Schule, Neue / Frauenfußball / Frauentag (8. März) / Fraunhofer-Institut / Freilichtmuseum / Friedrich, Caspar David / Friedrich der Große / Frühstück / Fugger, Jakob / Fuggerei / Fürst-Pückler-Eis / Fußball / Fußgängerzone

268 // FABER-CASTELL

Als man im 16. Jahrhundert in einer Grube der gebirgigen nordenglischen Grafschaft Cumbria etwas fand, was die Finger fettig schwärzte, sich aber hervorragend zum Zeichnen eignete, hielt man es für Bleierz. Das führte zu der Bezeichnung „Bleistift". Erst zweihundert Jahre später stellte sich heraus, dass es sich um Graphit handelte.

1761 gründete Kaspar Faber (1730–1784) in Stein bei Nürnberg eine Bleistiftfabrik, aus der sich das heutige Unternehmen Faber-Castell entwickelte. Urenkel Lothar von Faber (1817–1896), der eine Graphitmine im fernen Irkutsk erwarb und ein modernes Verfahren der Bleistiftminenherstellung anwandte, revolutionierte das Produkt und das Marketing. Er schuf die bekannte Sechseckform, versah die Stifte erstmals mit seinem Namen und internationalisierte den Vertrieb. Seine Petition an den Reichstag gilt als wegweisend für den Markenschutz. Außerdem legte er die bis heute gängigen Härtegrade der Bleistiftminen fest. Als es der Familie an einem Stammhalter mangelte, verfügte der Patriarch testamentarisch, dass der Name Faber zu erhalten sei. So wurde aus „A. W. Faber" nach der Heirat seiner Enkelin „Faber-Castell". Die allgemeine Schreibwut machte die Firma zum weltgrößten Bleistiftproduzenten.

269 // FACHWERK

Japanische, amerikanische und sogar britische Besucher erwarten eigentlich etwas anderes, wenn sie nach Berlin, Hamburg, München oder Köln kommen. Sie erwarten dicke, fortwährend Wurst mampfende Männer und Frauen, die in ihren Trachten aus den Fenstern pittoresker Fachwerkhäuser schauen. Klar, so ist Deutschland. Wir haben auch noch keinen Kühlschrank. Was man nicht glauben würde, wenn es die Nachbarin von nebenan erzählt, hat der Deutsche Akademische Austauschdienst (DAAD) tatsächlich herausgefunden: Selbst im europäischen Ausland kursieren immer noch die Klischees der hinterwäldlerischen Deutschen bei Sauerkraut und Klößen. Und das eben im malerischen Fachwerkhaus.

Dabei ist das Fachwerkhaus weder eine deutsche Erfindung noch eine deutsche Erscheinung: Fachwerk bezeichnet eine – vor allem im Mittelalter beliebte – Wandbauweise aus (äußerlich sichtbaren) Holzbalken, deren Zwischenräume (Gefache) mit einem anderen Material (meist einer Mischung aus Lehm und Stroh) ausgefüllt werden. Und das findet der Tourist zwar nach wie vor in westfälischen Städtchen und in der Drosselgasse in Rüdesheim am Rhein, aber auch im französischen Rouen, im niederländischen Amsterdam und im englischen Warwick. Und selbst in Hollywood wurden noch in den 30er Jahren riesige Fachwerkvillen errichtet.

270 // FAHRRADSTRASSEN

Sie lassen das Herz jedes Radfahrers höherschlagen. Hier sind Radfahrer bevorrechtigt und können – sogar nebeneinander – unbeschwert radeln. Falls andere motorisierte Fahrzeuge dennoch in Ausnahmefällen zugelassen sind, müssen sie sich dem Fahrradverkehr unterordnen und dürfen nur mit mäßiger Geschwindigkeit fahren. Im Gegensatz zu Radwegen, die in der Regel neben einer für Kraftfahrzeuge zugelassenen Fahrbahn entlangführen, steht bei Fahrradstraßen die gesamte Fahrbahn dem Radverkehr zur Verfügung. Dadurch werden Konflikte mit motorisierten Verkehrsteilnehmern weitgehend vermieden, und die Sicherheit des Radverkehrs wird deutlich gesteigert.

In Städten wie Münster, Bremen und Lübeck zeigt sich, dass die Einrichtung von Fahrradstraßen die Attraktivität des Radfahrens weiter erhöht und dadurch einen erfolgreichen Beitrag zu Verkehrsberuhigung und Verkehrsverlagerung leistet. Selbstverständlich kennzeichnet ein entsprechendes Verkehrsschild Anfang und Ende einer jeden Radstraße, so dass auch hier für Ordnung gesorgt ist. Vielleicht sollten nun noch Mindestgeschwindigkeiten oder Tempolimits festgelegt werden, damit sich die Radfahrer nun nicht wegen zu schnellen bzw. zu langsamen Fahrens untereinander die Köpfe einschlagen.

271 // FANTASTISCHEN VIER, DIE

Rapmusik? Und das auf Deutsch? Das kann nicht gutgehen! Das war in den achtziger Jahren die verbreitete Meinung – bis 1989 die „Fantastischen Vier", liebevoll auch „Fanta4" genannt, in der deutschen Popmusiklandschaft auftauchten. SMUDO (Bernd Schmidt), Hausmeister Thomas D. (Thomas Dürr), Dee Jot Hausmarke (Michael Beck) und And.Ypsilon (Andreas Rieke) landeten 1992 mit „Die da" einen Hit, den bald das halbe Land auswendig konnte. Seitdem gehören die vier Jungs aus Stuttgart zu den Konstanten im Musikgeschäft, mit jedem neuen Album entwickelten und verfeinerten sie sich sowohl musikalisch als auch textlich.

Auch in anderen Bandprojekten oder als Solokünstler sind die Mitglieder von Fanta4 erfolgreich. Mit den gängigen Klischees der Hip-Hop-Szene haben sie nichts am Hut, vor experimentellen Flirts mit anderen Musikstilen schrecken sie nicht zurück. Nach mehreren erfolgreichen Kooperationen mit anderen Künstlern haben sie in ihrem 2007 erschienenen Album „Fornika" sogar ein Lied mit Herbert Grönemeyer aufgenommen. Was ist das Geheimnis dieser erfolgreichen Band? Warum stimmt „Vier Gewinnt?" „Das Schwierigste", erklärt Thomas D., „ist die Leichtigkeit."

272 // FASNET

Wie am Rhein sind die tollen Tage auch im schwäbisch-alemannischen Raum geprägt von unzähligen ortstypischen Festivitäten und noch zahlreicheren Vereinen und Narrenzünften. Die Fasnet, die mit ihren furchteinflößenden Masken („Larven" genannt) und traditionellen Kostümen („Häs") der Hexen und Wilden Männer so urtümlich daherkommt, ist eine wiedergeborene Tradition. Denn die „Leitkultur", der Karneval rheinischer Prägung, hatte ihr im 19. Jahrhundert bereits fast den Garaus gemacht.

Wie man hört, nahm sie ihren modernen Aufschwung mit neun Getreuen im Jahr 1903 in Rottweil. Was aus dem 15. Jahrhundert überliefert worden war, wurde von der neuen Narrenzunft teilweise mit neuem Leben erfüllt. Geblieben ist der „Narrensprung", der den Umzug der Narren und ihren rhythmischen Hüpfsprung bezeichnet. Nachdem sie am Karnevalssonntag die Macht über die Stadt übernommen haben, ziehen am Montag und Dienstag Gschell, Biß, Fransenkleid, Schantle, Federahannes, das Scheinpferd Bennerrössle mit zwei Treibern und der liebestolle Guller vor Tausenden begeisterten Zuschauern durch die Stadt. Beim anschließenden „Aufsagen" klären die Narren die Bürger über missliche Ereignisse der jüngeren Vergangenheit auf. Die Opfer dürften in der örtlichen Prominenz zu suchen sein.

273 // FASSBENDER, HERIBERT

Er war eine Kapazität unter den Sportkommentatoren in der Fußballfakultät. Der Einzige seiner Zunft, dessen Werke in einer Gesamtausgabe verewigt werden sollen. Leider ist diese bisher Fragment geblieben, denn die Herausgeber Roth und Herrndorf sind bedauerlicherweise über den ersten Band IX/5 seit 1998 nicht hinausgekommen. Es bleibt nur die Hoffnung, dass ihre detailverliebte und kompetente Arbeit fortgesetzt werden kann. Nur so können die Fußballaphorismen des Heribert Faßbender in den historischen Kontext eingeordnet und gewürdigt werden.

„Mister Sportschau" hinterließ uns Versöhnliches wie „Koemann. Der heißt schon so. Dem würde ich auch nicht über den Weg trauen!", Prophetisches wie „Die Freistoßentfernungen kommen immer näher" und auch Politisches: „Das Stadion darf nicht renoviert werden, weil es unter Naturschutz steht." Seine Beiträge zur Logik („Es steht im Augenblick 0:0. Aber es hätte auch umgekehrt lauten können.") und zur Dialektik („Dem Kampf gegen unsportliches Verhalten soll ja hier der Kampf angesagt werden.") sind dokumentiert, aber bisher von der Forschung weitgehend unbeachtet geblieben. Der Ratinger, Jahrgang 1941, ist Jurist und wurde 2006 als langjähriger Mitarbeiter und schließlich Sportchef des WDR nach acht Fußballweltmeisterschaften in den Ruhestand verabschiedet.

274 // FASSBINDER, RAINER WERNER

Rainer Werner Fassbinder (geboren 1945) war das Enfant terrible des Neuen Deutschen Films. Mit einer unglaublichen Schaffenswut setzte er von 1966 bis zu seinem Tod im Jahr 1982 Dutzende von Kurz- und Spielfilmen, Theaterstücken und Hörspielen in die Welt. Dabei wirkte er sowohl im Film als auch auf der Bühne oft auch als Darsteller mit.

Schon seine frühen Filme „Liebe ist kälter als der Tod" und „Katzelmacher" erregten mit ihrer sehr eigenen Ästhetik und ihrer an die französische Nouvelle Vague anknüpfenden Filmsprache große Aufmerksamkeit – und das, obwohl Fassbinder zuvor an keiner der deutschen Film- oder Theaterhochschulen aufgenommen worden war. Zeit seines Lebens war die Schauspielerin Hanna Schygulla eine große Inspiration für sein Werk, und umgekehrt war es Fassbinder, der ihr großes Talent entsprechend zu würdigen wusste. Er inszenierte sie als Fontanes Effi Briest, als die vermeintliche Soldatenwitwe Maria Braun oder als Lili Marleen und schuf damit einige der facettenreichsten Frauenfiguren der Filmgeschichte. Mit seinem Film „Die Sehnsucht der Veronika Voss" gewann er 1982 den Goldenen Bären auf der Berlinale – im selben Jahr starb er an Herzversagen aufgrund einer verheerenden Mischung aus Kokain, Schlaftabletten und Alkohol.

275 // FASSBRAUSE

Die Globalisierung macht auch vor dem Getränkeregal nicht Halt. Im Gegenteil – dort hat sie sogar sehr früh ihre gleichmacherische Kraft entfaltet: Coca-Cola, Pepsi, Schweppes und Fanta überschwemmen seit vielen, vielen Jahren süß blubbernd den blauen Planeten, und inzwischen gibt es wohl keinen Winkel mehr in der Welt, in dem man die immer gleiche Globalisierungslimo nicht schlürfen könnte. Aber wo gibt es noch ein Erfrischungsgetränk, das ganz anders ist? Nicht so süß, nicht so künstlich, nicht so fad? Nicht so „gebrandet", „gestreamlinet" und „gehypet"? Dafür sollte die Reise nach Berlin und in seine Umgebung gehen. Hier ist die „Fassbrause" zu Hause, ein Getränk, das nicht nur einen unglaublich unglobalisierbaren Namen trägt, sondern auch ganz neue Geschmacks- und Erfrischungserlebnisse jenseits des Mainstreams garantiert. Original ist die Fassbrause natürlich, wie der Name schon sagt, nur vom Fass. Leider gibt es nicht mehr allzu viele Wirte, die die Brause auf die althergebrachte Art ausschenken, aber wer sucht, der findet sie noch bei Liebhabern des guten Geschmacks. Fassbrause könnte auf den ersten Blick mit Bier verwechselt werden, sie schäumt (oder sollte man sagen „braust"?) sehr munter und erfreut die durstige Kehle mit einem leicht säuerlichen Geschmack von grünen Früchten und Kräutern. Und natürlich kommt die Brause auch ohne Alkohol aus. Wer demnächst also schwitzend vom Fahrrad steigt, sollte einmal „Goodbye Energydrink" und „Hallo Fassbrause" sagen.

276 // FAUST

Es ist die alte Wette zwischen Gott und dem Teufel, der im Alten Testament Hiob auf seine Gottesfürchtigkeit hin prüfen darf, die das wohl herausragendste Werk Johann Wolfgang Goethes aufgreift. Denn obwohl der Stoff um die Sage des Doktor Faustus vor und nach Goethes „Faust" oft in Literatur, bildender Kunst und Musik verwendet wurde, ist es die Tragödie des Weimarer Klassikers, die den Stoff in ganz Deutschland populär und bekannt gemacht hat.

Die mittelalterliche Sage erzählt die Geschichte des Gelehrten Doktor Faust, der, mit seinem Schicksal hadernd, fortwährend nach Wissen und Gelehrsamkeit strebt. Auf der ruhelosen Suche nach Weisheit und Lebensgenüssen geht Gott, der fest an das Gute in Faust glaubt, mit Mephisto, dem Teufel, eine Wette ein. Mephisto darf Faust versuchen; sein Werkzeug ist das ebenso schöne wie fromme Gretchen.

Nicht weniger als 30 Jahre beschäftigte sich Goethe mit seiner Tragödie: Schon 1774 hatte er erste Fragmente erarbeitet, die er immer wieder veränderte und verbesserte, bis „Faust I" 1808 veröffentlicht wurde. Endgültig stellte Goethe sein Lebenswerk jedoch erst 1831, ein Jahr vor seinem Tod, fertig, mit „Faust II".

277 // FEIERABEND

„Hermann? – Ja? – Was machst Du da? – Nichts. – Nichts? Wieso nichts? – Ich mache nichts. – Gar nichts? – Nein." So beginnt Loriots wunderbarer Cartoon „Feierabend", in dem ein unbescholtener Bürger seinen Feierabend genießen und „einfach nur dasitzen will", von seiner Frau aber genau deshalb zur Weißglut getrieben wird. Der Sketch bringt es auf den Punkt: „Einfach nur dasitzen" ist keine anerkannte Feierabendtätigkeit. Man muss wenigstens etwas lesen, besser noch, sich körperlich ertüchtigen. Wer heutzutage seinen Feierabend nicht im Fitnessstudio oder joggenderweise im Wald verbringt, braucht schon eine gute Entschuldigung. Ein zertrümmertes Knie reicht schon lange nicht mehr, denn damit könnte man ja immerhin an der Wassergymnastik teilnehmen. Einzig zulässiges Alternativprogramm: Geselligkeit. Konventioneller Vertreter ist das Feierabendbier – direkt nach der Arbeit gegen 18 Uhr in einer Kneipe in Büronähe zu sich genommen. Zur Tagesschau ist man bereits zu Hause. Angesagte Agenturangestellte und solche, die es werden wollen, trifft man auf After-Work-Partys. Dress-Code ist legere Businesskleidung, gefeiert wird zwischen 18 und 22 Uhr in Clubs, damit der Großstadt-Single auf seinem Sofa nicht vereinsamt. Gott sei Dank hat diese Art der Geselligkeit ihren Zenit bereits überschritten und macht wieder Platz für das gepflegte Feierabendbier.

278 // FEINMECHANIK

Deutschland gilt als die Wiege der Feinmechanik, der meist die Optik zur Seite gestellt wird. Unternehmen dieser Branchen trugen wesentlich zur Industrialisierung Deutschlands bei. Frühe Standorte finden sich besonders an der Peripherie, wo sich bis heute wahre Cluster erhalten haben. Schwenningen war ein Zentrum der Uhrenindustrie, ebenso Ruhla in Thüringen. Jena mauserte sich zu einem bedeutenden Standort der optischen Industrie. Aus Chemnitz kam das Handwerkszeug der technischen Zeichner. Weltbekannt wurden auch Produkte aus Wetzlar. Das Schwergewicht Berlin ist die Heimat zahlreicher Produzenten von wissenschaftlichen und nautischen Messinstrumenten, Medizin-, Regelungs- und Antriebstechnik. Die Branche war und ist gut organisiert und der Zukunft zugewandt. Sie rühmt sich hoher Investitionen in Ausbildung, Forschung und Entwicklung.

279 // FELDBERG

Feldberge gibt es in Deutschland eine ganze Reihe, aber der bekannteste ist immer noch jener mit 1.493 m höchste Berg des Schwarzwalds und der deutschen Mittelgebirge im Allgemeinen. Im Sommer bevölkern Wanderer die Wälder rund um die karge Feldbergkuppe, doch die eigentliche Feldbergsaison beginnt im Winter, wenn Schnee den unbewaldeten Gipfel bedeckt und vor allem Langläufer ihre Spuren durch das Weiß ziehen. Ohnehin ist es auf dem Feldberg an klaren Wintertagen am schönsten: Dann nämlich reicht der Blick bis zu den Vogesen im Westen, die Schwäbische Alb ist im Nordosten erkennbar, und die Allgäuer und Schweizer Alpen präsentieren sich in ihrer vollendeten Pracht.

280 // FERNSEHTURM

Der Stuttgarter Fernsehturm gehört mit seinen 217 Metern zwar nicht zu den höchsten – nicht mal in Deutschland. Aber er ist der erste seiner Art. Weltweit. Nach knapp zwei Jahren Bauzeit war 1956 der Prototyp des Stahlbetonturms aus dem Wald südlich über dem Stuttgarter Talkessel erwachsen. Konstruiert hatte ihn der Ingenieur Fritz Leonhardt, der auch die bahnbrechende Idee zu dem neuartigen Fernmeldeturmkonzept hatte. Er traf jedoch zunächst auf verbreitete Skepsis, war es bis dahin doch üblich gewesen, mit Stahlseilen verspannte Gittermasten für die Übertragung von Radio- und Fernsehsignalen zu errichten.

Doch die Besucher waren von dem Turm begeistert; die touristische und gastronomische Nutzung der Aussichtsplattform und des Turmkorbs spielte die Baukosten in Höhe von 4,2 Millionen D-Mark in nur fünf Jahren ein und löste sofort eine Turmbauwelle aus: Zur Weltausstellung 1962 errichtete man in Seattle „ein Restaurant in den Wolken" in der „Space Needle". Im gleichen Jahr eröffnete auch der heute „Sentech Tower" genannte Turm in Johannesburg, der sehr große Ähnlichkeiten mit jenem in Stuttgart aufweist. Und das Moskauer Exemplar dürfte der freien Welt ein Dorn im Auge gewesen sein: Zwischen 1967 und 1975 war es das höchste freistehende Bauwerk der Welt.

281 // FEWA

Fewa ist nicht nur, wie der Name schon sagt, ein *Fein*waschmittel, es ist auch ein deutsch-deutsches Kuriosum. Im Osten wie im Westen wuschen Hausfrauen und Junggesellen ihr Wollenes und Feines mit diesem Produkt. Ein Rückblick mag erläutern, wie es dazu kommen konnte: Bei der „Böhme Fettchemie" in Chemnitz entwickelt der Chemieunternehmer Bruno Wolf 1932 das synthetische Fewa. Das erfolgreiche Produkt lenkte die Aufmerksamkeit des Unternehmens Henkel auf die Firma. Henkel kaufte sich nach bewährtem Muster ein, und die Düsseldorfer partizipierten umso kräftiger an dem Erfolg Fewas, als sie Böhme vollends übernahmen. Nach dem Krieg und den Sozialisierungen der Sowjets verlagerte die Henkel-Tochter Böhme ihren Sitz an den Rhein. Fortan wurde das Markenwaschmittel in der DDR und der BRD hergestellt. Aber auch sein sympathisches Maskottchen, die lustige Waschfrau in Rock und Bluse mit Dutt und spitzem Näschen, bewarb hüben wie drüben das Waschpulver weiter: die Werbe-Ikone „Fewa-Johanna" der 1930er Jahre. Im Osten etwas blasser in den Farben und nur bis zum Werbeverbot 1975 im Fernsehen. Fewa galt als so schonend, dass Johanna es sogar für ein Bad der vierbeinigen Freunde empfahl. Nach der Wende verschwand sie. Glückliche Models traten an ihre Stelle.

282 // FICHTELGEBIRGE

Für den Geologen ist das im Norden Bayerns gelegene Fichtelgebirge ein wahres Paradies. Dort, wo gleich vier große Flüsse – die Saale, der Weiße Main, die Eger und die Naab – entspringen und die europäische Hauptwasserscheide zwischen Nordsee und Schwarzem Meer bilden, bedeckte einst ein Ozean die Erdoberfläche. Später wuchs ein europäisches Hochgebirge daraus empor, das die Alpen um einiges überragt hätte – wäre es nicht wieder in den Fluten versunken.

Zurückgeblieben sind aus den bewegten Jahrmillionen vor allem Granite: Porphyrgranit und Reutgranit, Randgranit und Zinngranit sind nur einige der Gesteine, die sich im Fichtelgebirge zu sogenannten Felsenlabyrinthen, Blockmeeren, Matratzenlagern und Wollsäcken auftürmen. Unter diesen bizarren Granitformationen lagerten früher Erze, wie Eisenerz und Zinn. Wertvoller aber waren die Gold- und Silbervorkommen. Auch Topase wurden gefunden, und bis ins letzte Jahrhundert wurde Speckstein im Fichtelgebirge abgebaut.

Wer durch das Fichtelgebirge wandert, der lernt in den dichten Wäldern überall etwas über die spannende geologische Entstehungsgeschichte des bayrischen Mittelgebirges – oder er genießt einfach nur die Schönheit der Natur.

283 // FILTERKAFFEE

Jeden Morgen rülpst und zischt in deutschen Büros die Kaffeemaschine heißes Wasser auf das Kaffeepulver, mit leisem Geplätscher läuft der Kaffee in die Kanne. Um sie herum warten müde Angestellte, die sich von einer Tasse Kaffee Erweckung und Anregung erhoffen. Doch wenig später beginnt das Grauen in deutschen Büros: Es liegt nicht in der Arbeit, es liegt im Kaffee, im Filterkaffee. Die erste Tasse mag noch angehen, ist frisch gebrühter Filterkaffee mit einer guten Kaffeemaschine doch noch ganz erträglich, obwohl er auf Dauer Sodbrennen und Gastritis verursacht.

Schlimm aber trifft es jene, die sich eine Weile später eine zweite oder dritte Tasse genehmigen möchten: Der langsam auf der Warmhalteplatte sirupartig eingedampfte Kaffee ist eigentlich nicht mehr genießbar. Abgestumpft aber und müde, gießt der Angestellte sich seinen Becher voll, ein Tröpfchen Kondensmilch dazu, und zurück geht es an den Arbeitsplatz. Und übersieht das Wesentliche: Die aufputschende Wirkung des Kaffees liegt nicht allein im Koffein, an das gewöhnt sich der Körper schnell. Sie kommt vom Genuss und von der kleinen Pause, die man beim genussreichen Trinken macht. Eine kleine Espressomaschine könnte also in jedem Büro Wunder wirken. Und wenn es schon Filterkaffee sein muss, dann sollte man Warmhalteplatten und Thermoskannen vergessen und ihn frisch zubereiten!

284 // FINGERHAKELN

In Bayern darf es gerne einmal deftiger zugehen. Hier sind die Berge höher, die Bierkrüge größer und die Dirndl enger. Da überrascht es nicht, dass die Bajuwaren auch ihre eigene, zünftige Version einer Kampfsportart entwickelt haben. Und das traditionelle „Fingerhakeln" muss sich vor Judo, Karate und Kung-Fu nicht verstecken – auch hier bedarf es einer ausgefeilten Technik, schier übermenschlicher Konzentration und Zen-hafter Überwindung der inneren Barrieren, um gegen einen starken Gegner zu gewinnen.

Wie menschlich und gefühlvoll der Bayer gegenüber den Kämpfern aus Fernost ist, ist allein daran zu sehen, dass das Ziel des Fingerhakelns nicht ist, den Gegner auf den Boden zu schicken, sondern vielmehr, ihn zu sich herüberzuziehen, gewissermaßen auf den eigenen Schoß. Dazu haken die Kontrahenten ihre Mittelfinger in einen soliden Lederriemen (bei Fehlen desselben kann auch direkt eingehakt werden), bestimmen einen oder eine Unparteiische (im Idealfall sollte es eine fesche Zenzi sein), organisieren sich Freunde zum Anfeuern und Auffangen – falls der Hakler den Halt verliert und hintenüberkippt. Und dann wird gezogen. Und gezogen. Und gezogen. Es gewinnt nicht unbedingt der Stärkere, denn auch Taktik und vor allem Psychologie sind gefragt. Und wenn fertig gehakelt wurde, hat man sich bei einem zünftigen Schluck wieder lieb.

285 // FISCHER, ARTUR

Wenn es ihn nicht gäbe, hingen unsere Küchenschränke um einiges wackliger an der Wand: Artur Fischer erfand 1958 den klassischen grauen Kunststoffdübel. Das hätte für ein Leben als Privatier wahrscheinlich schon gereicht, aber Artur Fischer ist keiner, der sich auf seinen Lorbeeren ausruht. Der fleißige Schwabe, geboren am Silvesterabend 1919 im Nordschwarzwald, ist einer der erfolgreichsten Erfinder der Welt. Er besitzt 1.080 Patente, sein großes Vorbild Thomas Edison kam auf 1.093. Besonders bekannt sind außer dem Dübel das Blitzlicht und der „Fischertechnik"-Baukasten, der in jedem Jungenzimmer zu finden ist. So zahlreich wie seine Patente sind auch seine Titel: Artur Fischer ist Prof. Dr.-Ing. E. h. Dr. h. c. Senator E. h. Die Fischer-Werke, deren Hauptsitz noch immer in Fischers Geburtsort Waldachtal angesiedelt ist, stellen allein im Schwarzwald 7 Millionen Dübel am Tag her, der Unternehmensumsatz liegt weltweit bei ca. 400 Mio. Euro jährlich. Negative Schlagzeilen macht allerdings ein gerichtlicher Streit mit Tochter Margot. Es geht – natürlich – ums liebe Geld.

286 // FISCHER, JOSCHKA

In grobem Sakko, ohne Krawatte und in Turnschuhen erschien Joschka Fischer zu seiner Vereidigung zum hessischen Staatsminister für Umwelt und Energie. In diesem Aufzug hatte er 1984 auch mit anderen Parteigenossen Einzug in den Bundestag gehalten, wo er später Bundestagspräsident Richard Stücklen mit den Worten „Mit Verlaub Herr Präsident, Sie sind ein Arschloch" beleidigte und daraufhin des Saals verwiesen wurde.

Jahre zuvor hatte der 1948 unter dem Namen Josef Martin Fischer Geborene zusammen mit der Studentenbewegung für Unruhe in Deutschland gesorgt; in seinem Auto transportierte – angeblich ohne Fischers Wissen – der spätere Terrorist Hans-Joachim Klein gestohlene Waffen, mit denen 1981 der hessische Wirtschaftminister Karry ermordet wurde. Vor seinem Beitritt zur Partei „Die Grünen" hatte Fischer niemals gewählt.

Er war nicht gerade der Vorzeigepolitiker, als er nach der Bundestagswahl 1998 im Kabinett Gerhard Schröders das Amt des Bundesaußenministers und Vizekanzlers übernahm. Vielleicht war er aber gerade deshalb bei den deutschen Bürgern so beliebt; vielleicht lag es aber auch daran, dass er den Eindruck eines ehrlichen und besonnenen Diplomaten erweckte, der sich nicht scheute, sich auch der eigenen Partei gegenüber kritisch zu äußern.

287 // FISCHER-CHÖRE

Er wollte eigentlich Sportlehrer werden. Dann übernahm Gotthilf Fischer kurz nach Ende des Zweiten Weltkriegs die Leitung eines Gesangsvereins des württembergischen Städtchens Deizisau – und innerhalb weniger Monate dirigierte er Heerscharen von Chören, die er unter dem Namen Fischer-Chöre zusammenfasste. Seitdem fehlt Fischer mit seinen Chören in keiner deutschen Unterhaltungssendung, hat unzählige Preise abgeräumt und wurde sogar im Vatikan und in europäischen Königshäusern empfangen. Doch das eigentliche Verdienst Fischers und seiner Chöre liegt in der Rettung des deutschen Volksliedes: So präsentieren die Chöre nicht nur seit über 60 Jahren deutsche Volksweisen, der 80-jährige Dirigent hat auch eine Techno-Version von „Hoch auf dem gelben Wagen" geschrieben und trat damit im Jahr 2000 auf der Berliner Love Parade auf.

288 // FKK

Man kann sie nur lieben oder verachten, die Freikörperkultur oder kurz FKK. Seit sich vor etwas mehr als 100 Jahren in Essen der erste Nacke-dei-Verein gründete, hat sich eine ganze Bewegung entwickelt, die dem Nacktsein in freier Natur huldigt. Es gibt Campingplätze, Strände, ja ganze Dörfer, die ausschließlich mit unbekleideten Menschen bevölkert sind.

Bis in die 80er Jahre des 20. Jahrhunderts war die öffentliche Nacktheit natürlich ein mittelgroßer Skandal, weswegen die Nudisten notgedrungen unter sich blieben. Weil sie früher ausgegrenzt wurden, neigen die FKK-Anhänger auch heute noch dazu, sich abzugrenzen. Wehe, Sie tragen an einem FKK-Strand ein Handtuch ums Gesäß, da werden Sie mit Schimpf und Schande vom Hof gejagt! Heutzutage kräht zwar kein Hahn mehr nach einem entblößten Po, allerdings muss man unterscheiden zwischen denen, die einfach nur nackt baden, und den Hardcore-FKKlern, die jede Tätigkeit nackt verrichten. Da wird dann auch nackt gekegelt, Auto gefahren oder gejoggt. In der ehemaligen DDR war die Anzahl der Nudisten besonders groß. Wo es sonst schon keine Freiheiten gab, schuf man sie sich eben im privaten Bereich. Die Anhänger der Bewegung wehren sich übrigens gegen die Gleichsetzung von Freikörperkultur und aufreizender sexueller Nacktheit. Wer je einen FKK-Campingplatz von innen gesehen hat, kann das nur unterschreiben.

289 // FLEISS

Fleiß ist eine der deutschesten Tugenden überhaupt, so wie Gründlichkeit, Pünktlichkeit und Treue auch. Ohne Fleiß wäre Deutschland nicht das, was es ist. Man wäre beispielsweise nicht Exportweltmeister geworden ohne die fleißigen Hände der Gesellen und Meister. Sich des Fleißes zu befleißigen gilt auch fürs Lernen, von Fleißigen dann „büffeln" oder „pauken" genannt.

Der Fleißige ist nicht nur emsig, sondern tritt bescheiden hinter andere Tugendhafte zurück. Der Fleiß wird nämlich gern vom fleißigen deutschen

Philister als Sekundärtugend gerühmt und verunglimpft. Ohne Fleiß kein Preis, heißt es daher auch so richtig in diesem unserem Land.

In den guten Zeiten wurde der Fleiß noch benotet. Damals war er auch noch preußisch, und man hatte das fleißige Vorhaben, die Nummer eins in der Welt zu werden. Das hat man – bekanntlich – mit allem Fleiß vergeigt. Der Ehrgeiz, die Zwillingstugend des Fleißes, war mit den Deutschen durchgegangen. Da hatte man nun den Scherbenhaufen, doch mit allem Fleiß wurde Deutschland wieder aufgebaut. Nur heutzutage scheint es beinahe, als gäbe es nicht nur Fleiß in Deutschland, sondern auch Faulheit. Das wäre allerdings endlich mal normal in der Welt.

290 // FÖN

„Du hast die Haare schön, du hast die Haare schön", trällert der singende Friseur Tim Toupet in seiner Hymne an den Haartrockner. Keine Erfindung ist wertvoller für den Sitz der Frisur in unseren Breiten. Wie sollte man sonst innerhalb eines akzeptablen Zeitraums die Don-Johnson-Gedächtnis-Frisur in Form bringen oder den Betonscheitel an der richtigen Stelle befestigen? Der Fön, das Wunderwerk der Technik, eroberte die Welt im Sturm und ist eine typisch deutsche Erfindung. Die Allgemeine Elektricitäts-Gesellschaft, kurz AEG, aus Nürnberg meldete den Fön 1908 zum Patent an und ließ sich Namen und Schreibweise schützen. AEG gibt es nicht mehr, der Fö(h)n jedoch hat an Popularität nichts verloren, auch wenn noch immer keine Einigkeit darüber herrscht, ob das Ding bei AEG nun „Fön" oder „Foen" heißt. Unverfänglicher und internationaler ist der Begriff „Haartrockner", so lautet entsprechend die Übersetzung in den meisten Sprachen. Namengebend für den deutschen Fön oder Föhn ist der bayerische Föhnwind, der warm und kopfschmerzgefährlich in der Alpengegend vorkommt. Das ist vielleicht auch die Herkunft für die saloppe Redewendung „einen Föhn kriegen": Die besondere Wetterlage verleitet anfällige Gemüter geradezu, sich zu ärgern und aufzuregen.

291 // FONTANE, THEODOR

Seine „Effi Briest" gehört zu den meistgelesenen Klassikern der deutschen Literatur – nicht immer freiwillig, denn an deutschen Gymnasien ist sie Pflichtlektüre. An dem Roman schrieb Theodor Fontane (1819–1898) fünf Jahre lang und erlitt darüber einen Nervenzusammenbruch, doch es lohnte sich. „Effi Briest" war der erste Roman, mit dem Theodor Fontane – der sich bis dahin vor allem mit Gedichten, aber auch mit journalistischen Arbeiten z. B. über den Krieg einen Namen gemacht hatte – großer Erfolg beschieden war. Es sind vor allem Natürlichkeit und menschliche Schwächen, die Fontane an Effi Briest darstellet: „Dies Natürliche hat es mir seit langem angetan (...) und dies ist wohl der Grund, warum alle meine Frauengestalten einen Knacks weghaben", schrieb er Colmar Grünhagen 1895 über den Roman. Es ist die Kritik an Konventionen, die weder natürlich noch menschlich sind, verbunden mit einer einzigartigen ironischen Ausdruckskraft, die seine Romane auch heute noch lesbar machen und die Fontane den Ruf als bedeutendster Vertreter des deutschen Realismus einbrachte.

292 // FORMEL 1

Mit „Formel 1" wird allgemein die „FIA Formula One World Championship", die Formel-Eins-Weltmeisterschaft des Automobilsports, bezeichnet. Diese WM ist die Königsklasse der Rennfahrer. Ausgetragen wird sie seit 1950 und hat sich seitdem zu einem blühenden Wirtschaftsunternehmen entwickelt.

Die Beliebtheit des Sports nimmt paradoxerweise parallel zum Bewusstsein über die Klimaschädlichkeit der Verbrennungsmotoren zu. Rennen – Grand Prix genannt – haben auf allen Kontinenten stattgefunden. Die Popularität hierzulande hängt wesentlich mit der sensationellen Fahrerleistung Michael Schumachers zusammen, der Mitte der 1990er zweimal und 2000 bis 2004 ununterbrochen den Weltmeistertitel errang. Er ist damit der erfolgreichste Fahrer aller Zeiten und der einzige deutsche Titelgewinner. Der Mainzer Jochen Rindt, der 1970 posthum Weltmeister wurde, war für Österreich gestartet.

Für die großen Autobauer ist eine Formel-1-Teilnahme eine Prestigeangelegenheit. Hier setzt Ferrari die Maßstäbe. Legendär sind allerdings die „Silberpfeile" von Mercedes. Die gern verwendete Bezeichnung verweist auf jene Rennfahrzeuge, die die Vorkriegszeit dominierten. Gegenüber den früheren Jahren hat das oft umstrittene Regelwerk die Rennen recht sicher gemacht.

293 // FORSCHUNG

Kein Mensch wird bestreiten, dass die Forschung einige weltbewegende und weltverändernde Entdeckungen gemacht hat. Robert Koch fand den Tuberkulose- und den Choleravirus, Conrad Röntgen entwickelte die nach ihm benannte Methode, das Knochengerüst zu fotografieren, Sigmund Freud klärte uns über den Ödipus-Komplex auf, und Albert Einstein errechnete $E = m \times c^2$ und damit die Relativitätstheorie (worum ging's da noch mal ...?).

Es gibt aber auch immer wieder Forschungsprojekte, deren Nutzen sich dem Laien und auch vielen Experten nicht recht erschließen will. Kürzlich fand man beispielsweise heraus, dass Viagra bei Mäusen den Jetlag mindert. Gott sei Dank, möchte man da ausrufen. Dann sind die Mäuse bei ihren wichtigen Terminen in Übersee wenigstens fit und ausgeschlafen! Die Schwertschlucker dieser Welt werden dankbar sein, dass sich ein Forschungsteam den Nebenwirkungen ihres Jobs angenommen hat. Das dürfte auch für die Berufsgenossenschaften interessant sein. Ratten wurden bis jetzt für sehr intelligente Zeitgenossen gehalten. Irrtum! Forscher haben herausgefunden, dass die Nager manchmal nicht unterscheiden können, ob jemand Japanisch oder Niederländisch rückwärts spricht. Rektale Fingermassage hilft übrigens gegen hartnäckigen Schluckauf, ebenfalls ein sehr skurriles Forschungsergebnis und vollkommen untauglich für die Anwendung in der Öffentlichkeit. Genug gespottet, vielleicht werden diese Genies einfach nur völlig verkannt und erst von der Nachwelt gebührend gewürdigt.

294 // FOSSILIEN

Als Fossilien bezeichnet man die versteinerten Überreste und Spuren von vorzeitlichen Organismen. Wer dazuzählen will, muss vor Ende der letzten Eiszeit, also vor mindestens 10.000 Jahren, das Zeitliche gesegnet haben.

Spektakuläre Dinosaurierfunde werden zwar meist anderswo gemacht, aber Deutschland weist zahlreiche Fossilienfundstätten auf. Die berühmteste ist die Grube Messel bei Darmstadt. In der zeitweise zur Müllkippe auserkorenen Ölschiefergrube findet man bis heute mehrere Hundert Arten von Pflanzen und Tieren aus der Zeit vor 47 Millionen Jahren. Darunter ist das Urpferdchen weltberühmt. Große Augen haben die Entdecker sicher gemacht, als sie 1876 den ersten Alligator fanden. Im Kampf gegen die Evolutionstheorie stöbern auch die Kreationisten nach Fossilien. Der Knüller wäre eine Fußspur Adams neben der eines Brachiosaurus. Da können sie noch lange suchen.

295 // FRANKFURTER ALLGEMEINE ZEITUNG

Die Frankfurter Allgemeine Zeitung täglich vollständig zu lesen, stellt allein aufgrund ihres Umfanges eine nahezu nicht zu bewältigende Herausforderung dar. Also pickt man sich aus Wirtschaft, Politik und Feuilleton gerade das heraus, was einen besonders interessiert. Trotzdem bleibt die F.A.Z. eine Zeitung, die sich nicht mal eben zwischen Tür und Angel oder in der Straßenbahn stehend auf dem Weg zur Arbeit lesen lässt – und so ist sie auch nicht die Zeitung des deutschen Durchschnittsbürgers, sondern soll die 30- bis 55-Jährigen mit hohem Bildungsstand ansprechen.

Zunächst lagen aber vor allem demokratische Umerziehung und Werbung für die Idee der sozialen Marktwirtschaft im Interesse der Frankfurter Allgemeinen Zeitung, als sie am 1. November 1949 mit gerade mal 9.000 Exemplaren erstmals erschien. Heute sind es täglich etwa 360.000 Stück der überregionalen, politisch liberal-konservativ ausgerichteten Tageszeitung, die in Deutschland und 140 Ländern der Welt verkauft werden. Damit hat die F.A.Z. – von den Boulevardblättern einmal abgesehen – die größte Auslandsverbreitung aller deutschen Zeitungen.

Anders als die meisten anderen Zeitungen und Zeitschriften bestimmen seit ihrem ersten Erscheinen fünf Herausgeber die Linie der F.A.Z.

Die Frankfurter Allgemeine Zeitung gewann zahlreiche renommierte Auszeichnungen und Preise, etwa den Ludwig-Erhard-Preis für Wirtschaftsjournalismus im Sinne der sozialen Marktwirtschaft und den Award of Excellence für die Abbildung einer Sequenz des menschlichen Genoms und die Titelseite. Im Jahr 2000 wurde darüber hinaus die Frankfurter Allgemeine Sonntagszeitung eingeführt.

296 // FRANKFURTER KRANZ

Er ist der Tortenklassiker der 50er bis 80er Jahre, der Frankfurter Kranz. Mit seinen Schichten aus Biskuitteig, Buttercreme und Mandelkrokant bringt er nicht nur jeden Sonntag die Kalorien auf den Kaffeetisch, die während der Kriegsjahre eingespart wurden, er stellt auch die eher flachen Torten unserer europäischen Nachbarn zumindest durch seine Höhe in den Schatten. Und so wird die Spezialität aus Frankfurt am Main gemacht:

Für den Teig 120 g Butter zerlassen und abkühlen lassen. 6 Eier mit 140 ml Wasser cremig schlagen und 330 g Zucker nach und nach einrühren. 330 g Mehl mit 2 TL Backpulver mischen, sieben und vorsichtig unterheben. Die zerlassene Butter unterrühren. Den Teig in eine am Boden gefettete Kranz-Springform füllen und ca. 40 Minuten bei 180 °C backen. Abkühlen lassen.

Für die Füllung 50 g Vanillepuddingpulver, 50 g Vanillesoßenpulver, 150 g Zucker und 30 g Vanillezucker mit etwa 100 ml Milch anrühren. 900 ml Milch zum Kochen bringen, den Puddingansatz einrühren und aufkochen lassen. Unter Rühren abkühlen lassen. 400 g weiche Butter schaumig rühren und den abgekühlten Pudding löffelweise dazugeben.

Den Tortenboden dreimal durchschneiden; drei Böden zuerst mit etwas Aprikosenkonfitüre, dann mit Buttercreme bestreichen und aufeinandersetzen. Mit dem vierten Boden abdecken und die ganze Torte rundherum mit der restlichen Buttercreme bestreichen. Mit Mandelkrokant bestreuen und vor dem Servieren einige Stunden kühl stellen.

297 // FRANKFURTER SCHULE, NEUE

„Die schärfsten Kritiker der Elche waren früher selber welche." Dieses Verdikt, geäußert vom Philosophen und Humorkritiker Bernstein über den Philosophen und Musikkritiker Adorno, beschreibt die ironische Position, die die Neue Frankfurter Schule gegenüber der Frankfurter Schule einnimmt. Aus sicherer Gagdistanz übt sie Kritik, verhohnepipelt einerseits die Altehrwürdigen, führt aber andererseits die Aufklärung mit anderen Mitteln fort. Dass das neben Anerkennung auch Verständnislosigkeit auf den Plan rufen musste, versteht sich von selbst. Ein guter Witz ist im „valschen" nicht möglich, hatte Gernhardt zwischen den Zeilen adornoesk geraunt, der Rest ist Geschichte. Was bleibt: Dass manche immer noch einen anderen Humor haben als die „Titanic"-Redakteure, die – vereinfacht betrachtet – ihre eigene untergegangene Satirezeitschrift „Pardon" beerbten. Am Anfang hieß das Projekt, den bundesdeutschen Humor zu verfeinern. Daran machten sich neben Bernstein noch Eilert, Gernhardt, Henscheid, Knorr, Poth, Traxler und F. K. Waechter. Das „endgültige Satiremagazin Titanic" ist das offizielle Sprachrohr der Gruppe. Zur zweiten Generation der NFS sind noch Max Goldt oder Rattelschneck zu rechnen. Mit Frankfurt haben die wenigsten der einst dort Wohnenden noch etwas am Hut. Nur der kritische Geist ist geblieben.

298 // FRAUENFUSSBALL

Ein Jahr nach dem Erweckungserlebnis Fußballweltmeisterschaft der Männer 1954 trat der DFB auf die Bremse. In bester Diktionstradition hieß es, der „Kampfsport" Fußball sei „der Natur des Weibes" fremd und sowieso „unschicklich". Der Verband verbot seinen Vereinen, Frauenabteilungen zu gründen und Frauen Fußballplätze zur Verfügung zu stellen. 1970 fiel das Verbot, und erst 1991 fand die erste Damen-Weltmeisterschaft statt. Zwei der fünf Turniere konnte die deutsche Auswahl für sich entscheiden. Und sie hofft, 2011 im eigenen Land mit den Männern gleichzuziehen; in einem atemberaubenden Tempo und mit dem dann dritten Titel in Folge. 2003 gewannen die Frauen das Finale in den USA gegen Schweden nach einer abwechslungsreichen Partie durch ein Golden Goal von Nia Künzer. 2007 in China siegte das Team nach toller Mannschaftsleistung 2:0 gegen Brasilien. Den zwischenzeitlich durch Foulelfmeter möglichen Ausgleich verhinderte die Torfrau Nadine Angerer. So viel Erfolg machte selbst den DFB schwach. Als dann die kleine große Allzweckunterhaltungswaffe Oliver Pocher die Animation der Meisterfeier in Frankfurt vor Tausenden frenetischer Fans übernahm, wurde klar: Die deutschen Fußball-Weltmeisterinnen waren auch im Medienzirkus angekommen. Herzlich willkommen.

299 // FRAUENTAG (8. MÄRZ)

Die Geschichte der Frauenbewegung ist eng mit der Geschichte einer weiteren gesellschaftlichen Bewegung verknüpft, und zwar mit der der kommunistischen Revolution. Auf der Zweiten Internationalen Konferenz kommunistischer Frauen, die 1921 in Moskau stattfand, wurde der 8. März als internationaler Gedenktag eingeführt. Das Datum wurde gewählt, weil streikende Frauen vier Jahre zuvor in Sankt Petersburg die Februarrevolution eingeleitet hatten.

Seitdem hat dieser Tag eine wechselhafte Geschichte hinter sich – teils vergessen, teils verboten, wie unter den Nazis, teils politisch instrumentalisiert wie in der DDR; so hat es lange gedauert, bis sich die Frauen nach und nach ihre Rechte erobern konnten: Das Wahlrecht, das Recht auf freie Selbstbestimmung und die Chancengleichheit in Beruf und Gesellschaft. Leider ist es noch immer so, dass Frauen in den gleichen Positionen durchschnittlich 20 % weniger verdienen und in Spitzenpositionen unterrepräsentiert sind. Die Einstellung zum Frauentag hat sich ebenfalls gewandelt – im Jahr 2008 forderte die EU-Kommissarin Viviane Reding sogar dessen Abschaffung: „Solange wir einen Frauentag feiern müssen, bedeutet das, dass wir keine Gleichberechtigung haben."

300 // FRAUNHOFER-INSTITUT

Seit ihrer Gründung 1949 hat sich die Fraunhofer-Gesellschaft in München zu einem festen Bestandteil der deutschen Forschungslandschaft entwickelt. Was mit einer Handvoll Mitarbeiter begann, hat sich gegen anfängliche Widerstände zu einer bedeutenden Säule der außeruniversitären wissenschaftlichen Forschung und Entwicklung formiert. Neben der Deutschen Forschungsgemeinschaft, Max-Planck-Gesellschaft, Helmholtz-Gemeinschaft und Leibniz-Gemeinschaft forschen ihre 56 Institute vor allem anwendungsorientiert. Dabei beschreibt sie sich als führend in Europa. Ihre 13.000 Mitarbeiterinnen und Mitarbeiter erforschen an 40 Standorten in Deutschland so unterschiedliche Wissensgebiete wie Kommunikationstechnik, Life Sciences oder Sicherheit und Verteidigung.

Die Institute bieten Staat und Wirtschaft an, kooperativ nach innovativen und wirtschaftlichen Lösungen zu suchen. Ergebnis einer solchen Kooperation war beispielsweise eine optomechanische Anlage zur Fremdkörperbeseitigung aus Tee. Ein anderes Fraunhofer-Institut bringt Autokarosserien bei, mitzudenken, um Insassen noch besser vor den Folgen eines Unfalls zu schützen. Eine besondere Innovation gelang dem Team um Professor Brandenburg im Jahr 2000: Das heute allgegenwärtige Audioformat „MP3". Die Leistungen des Namensgebers Joseph von Fraunhofer (1787–1826) verpflichten: Mit seinem selbstentwickelten Spektrometer vermaß er als Erster das Sonnenlichtspektrum.

301 // FREILICHTMUSEUM

In Freizeitparks kommt die Tradition in teils bizarrer Überzeichnung und Künstlichkeit daher. Für diese Art der Darstellung zeichneten in früheren Zeiten gern absolutistische Fürsten verantwortlich. Jean-Jacques Rousseau (1712–1778) rief seinerzeit zur Rückkehr zum einfachen Leben auf. Königin Marie-Antoinette (1755–1793) nahm ihn beim Wort und ließ im Versailler Schlosspark ein „authentisches" Dörfchen errichten. Zur Vollendung des Kunstwerks musste sogar eine echte Familie aus der Provinz die bäuerliche Wirtschaft betreiben. Marie-Antoinettes Liebe zur Einfachheit überzeugte nicht alle, das Volk brachte sie auf die Guillotine. Die schlechten Erfahrungen mit jenem ersten Versuch und das Prinzip der Wissenschaftlichkeit haben das moderne Freilichtmuseum befördert. Authentische Orte oder arrangierte Ensembles dienen dem Erhalt, der Untersuchung und Präsentation eines Ausschnitts der meist vorindustriell-bäuerlichen Kulturlandschaft. Mit der aufkommenden Industrialisierung und der Zerstörung traditioneller Bauten und Lebensweisen entwickelte sich eine Bewegung zu ihrem Schutz. 1899 entstand mit der Wiedererrichtung eines historischen Flachhallenhauses in Husum das erste von heute über einhundert gutbesuchten deutschen Freilichtmuseen.

302 // FRIEDRICH, CASPAR DAVID

Wer Caspar David Friedrich als deutschen Maler der Romantik bezeichnet, irrt eigentlich. Friedrich war Schwede, denn sein Geburtsort Greifswald stand in seinem Geburtsjahr 1774 noch unter der Flagge des schwedischen Königs; Friedrich besaß zeitlebens den schwedischen Pass. Trotzdem ist er natürlich der wichtigste Vertreter der romantischen Malerei in Deutschland. Auch seine politische Einstellung ist über jeden Zweifel erhaben, er war sogar überzeugter Anhänger der patriotischen deutschen Burschenschafter. Die hatten damals eine völlig andere Bestimmung als heute: Die Burschenschaften des 19. Jahrhunderts traten für Meinungsfreiheit, politische Mitbestimmung und Überwindung der deutschen Kleinstaaterei ein. Wie alle Romantiker erhebt Friedrich Natur und Religion zu einer transzendental-mystischen Einheit, nicht die Natur selbst wird auf den Gemälden abgebildet, sondern die Natur als Spiegel menschlicher Empfindungen. Im berühmten Eismeer-Gemälde von 1823 steht das Schiffswrack im zerklüfteten Meer für gescheiterte Hoffnungen, an den berühmten Kreidefelsen der Insel Rügen balanciert der Wanderer am Abgrund und nicht nur bildlich am Rand des Todes.

Friedrich gehörte zur ersten Generation von Malern, die nicht im Auftrag arbeiteten, sondern freischaffend ihre Kunst über Galerien verkauften. Schon zu Lebzeiten bekam er Höhen und Tiefen des Künstlerlebens zu spüren. Trotz bescheidener Erfolge geriet er nach einem Schlaganfall zum Ende seines Lebens zunächst in Vergessenheit. Erst nach seinem Tod 1840 erkannte man seine wahre Bedeutung für die Malerei dieser Zeit.

303 // FRIEDRICH DER GROSSE

Im Leben Friedrichs II. (1712–1786), dem schon zu Lebzeiten von seinen Untertanen der Beiname „der Große" verliehen wurde, lief bei Weitem nicht alles so, wie er es wünschte. Bereits als Kind galten seine Interessen der Musik, der Literatur und der Philosophie – sein strenger Vater Friedrich Wilhelm I. brachte dafür kein Verständnis auf und sah eine militärische Karriere für Friedrich vor. Als Friedrich vor dem strengen Elternhaus zu fliehen versuchte, wurde er 1730 gefasst, in der Festung Küstrin inhaftiert und sollte zunächst sogar auf Wunsch seines Vaters wegen Verrats zusammen mit seinem Freund Hans Hermann von Katte hingerichtet werden. Katte wurde enthauptet, Friedrich blieb ein Jahr in Haft. Nach König Friedrichs Tod wiederum gehorchte man nicht seinem Wunsch, in einer Gruft auf der Terrasse von Schloss Sanssouci beigesetzt zu werden: Friedrich der Große wurde zunächst in der Potsdamer Garnisonskirche bestattet, nach 1945 immer wieder umgebettet, und erst 1991 wurden seine Gebeine in die Gruft von Sanssouci überführt.

Die Regierungszeit Friedrichs des Großen ist dagegen sowohl militärisch als auch künstlerisch eine für Preußen bedeutende Epoche: Durch die Schlesischen Kriege und den Siebenjährigen Krieg stieg Preußen erstmals zur europäischen Großmacht auf; Friedrichs wahre Leidenschaft aber galt weiterhin den schönen Künsten: Philosophen und Künstler zog es an seinen Hof, und der nach ihm benannte friderizianische Rokoko erreichte in Schloss Sanssouci seinen Höhepunkt.

304 // FRÜHSTÜCK

„Morgens essen wie ein König, mittags wie ein Bürger und abends wie ein Bettler" – das alte Sprichwort stimmt schon irgendwie, auch wenn das deutsche Abendbrot nicht ärmlich sein muss, nur weil es meist aus Brot und Aufschnitt besteht. Tatsächlich ist aber das Frühstück in Deutschland eine der üppigsten Mahlzeiten – zumindest am Sonntag, wenn die Zeit für ein ausgiebiges Frühstück reicht. Der Sonntagmorgen besteht aus Brötchen mit Marmelade und Nougatcreme, Käse, Wurst, dem obligatorischen 3-Minuten-Ei, vielleicht gibt es dazu ein bisschen Obstsalat und Quark, ein knuspriges Croissant oder gar einen frischen Hefestuten. Mit viel Kaffee, Orangensaft und manchmal einem Glas Sekt wird das Ganze heruntergespült, und natürlich darf eine Sonntagszeitung nicht fehlen.

Anders sieht es aber in der Woche aus: Zwar frühstücken immerhin 86 Prozent der Deutschen jeden Morgen, doch das Frühstück erinnert mittlerweile eher an das Frühstück in Italien, Frankreich oder Spanien: Zu einer schnellen Tasse Kaffee gibt es ein Brötchen, ein Croissant oder ein süßes Teilchen, dann geht's los zur Arbeit oder in die Schule. Bei den wenigsten Deutschen gibt's das knappe Frühstück übrigens am Tisch, stattdessen isst man im Stehen, teils sogar schon beim Anziehen.

305 // FUGGER, JAKOB

Selbst für heutige Maßstäbe ist der Beiname Jakob Fuggers, „der Reiche",
fast untertrieben – zwei Millionen Gulden umfasste Fuggers Vermögen bei
seinem Tod am 30. Dezember 1525. Das lässt sich nicht in Euro umrech-
nen, aber nach heutigen Maßstäben dürfte Fuggers Vermögen etwa dem der
drei größten Weltkonzerne zusammen entsprechen. Deren Vorläufer ist er
ohnehin: Sein Unternehmen gilt als der erste internationale Mischkonzern
der Welt.

Dabei sollte der 1459 als zehntes von elf Kindern geborene Jakob
zunächst Kleriker werden, war doch für das Handelshaus Fugger in
Augsburg durch fünf ältere Brüder gesorgt. Er erhielt schon die niederen
Weihen, als drei seiner Brüder starben und der damals 19-Jährige
deren Platz einnehmen sollte: Zunächst in Italien seinen neuen Beruf
erlernend, führte er in den dortigen Handelsniederlassungen bald die
neue, in Italien gebräuchliche doppelte Buchführung ein, erfand selbst
das Sachkonto und brachte beides mit zurück nach Deutschland. Durch
geschicktes Taktieren – mit nicht immer lauteren Mitteln – erwarb er
das Kupfermonopol in Süddeutschland und Österreich; die Fugger-Bank
wurde zum größten Bankhaus Europas, in der das päpstliche Vermögen
in Deutschland verwaltet wurde und von der Kaiser Maximilian I. und
andere europäische Fürsten ihre Darlehen erhielten. In Lissabon eröffnete
Fugger eine Faktorei, um Handel mit edlen Gewürzen und Edelsteinen
betreiben zu können. Als sein letzter Bruder 1511 starb, betrug das
Familienvermögen etwa 54.000 Gulden, in nur 14 Jahren konnte Jakob
Fugger es fast vervierzigfachen.

306 // FUGGEREI

Die Fuggerei in Augsburg ist die älteste Sozialsiedlung der Welt. Sie wur-
de im Jahr 1521 von Jakob Fugger, zu seiner Zeit Europas bedeutendster
Kaufmann und Bankier, gegründet. Hier sollten schuldlos in Not geratene
Menschen ein Dach über dem Kopf erhalten – sofern sie Augsburger und
katholisch waren, versteht sich. Die Regeln sind heute immer noch die-
selben, und auch der Preis für die Jahresmiete ist gleich geblieben: Ein
Rheinischer Gulden, was heute ungefähr 88 Eurocent entspricht. Teil der
„Miete" ist allerdings auch das tägliche Gebet, das die Bewohner für die
Stifter sprechen müssen.

Die Fuggerei ist als „Stadt in der Stadt" angelegt und umfasst 67 Häuser mit insgesamt 140 Wohnungen, eine Kirche und einen Brunnen. Nach Zerstörungen im Zweiten Weltkrieg wurde die Fuggerei mit Geldern der Fuggerschen Stiftung sehr bald wieder aufgebaut – dieselbe Stiftung, die die Siedlung auch heute noch verwaltet. Eine Besichtigung ist, gegen ein kleines Entgelt, möglich. Ein posthum berühmt gewordener Bewohner der Fuggerei war übrigens der Maurermeister Franz Mozart – Urgroßvater des weltberühmten Komponisten.

307 // FÜRST-PÜCKLER-EIS

Es war der Abschluss jedes festlichen Menüs der 50er bis 80er Jahre (Gut, ab und zu machten auch Birne Helene oder Pfirsich Melba das Rennen). Wir erinnern uns an eine halbrunde Rolle, Erdbeereis innen, außen Schokolade, dazwischen Vanille. Obendrauf ein paar Schokoladenstreusel. Unbeteiligt ließ man als Kind Kraftbrühe und Cordon Bleu mit Karotten und Erbsen an sich vorüberziehen, wohlwissend, dass man am Schluss für alles entschädigt würde.

Aber mal ehrlich: Gibt es ein langweiligeres Eis als das Fürst-Pückler-Eis? Zumindest in der industriellen Darreichungsform ist es an Belanglosigkeit nicht mehr zu überbieten und deshalb vollkommen zu Recht aus der Mode gekommen. Warum diese Kreation die Jahrhunderte der Konditorkunst überdauert hat, wird wohl auf ewig ein Rätsel bleiben. Vielleicht, weil sich Mittelmaß immer durchsetzt?

Rätselhaft ist jedenfalls auch die Verbindung des Eises zum Landschaftsarchitekten und Gourmet Fürst Hermann Pückler-Muskau. Lange Zeit nahm man an, dass ein Konditor namens Schultz aus Muskau für das Eisverbrechen verantwortlich war und den Fürsten um die Erlaubnis der Namensverwendung bat. Sicher ist dies nach neuesten Recherchen nicht mehr, zumal das Originalrezept sowieso verschollen ist. Das bis heute älteste auffindbare Rezept stammt vom Koch Friedrich Wilhelms III. und ist in der „Vollständigen und umfassenden theoretisch-praktischen Anweisung der gesammten [sic] Kochkunst" veröffentlicht. Darin werden neben Himbeeren und Erdbeeren grüne Pflaumen und gelbe Aprikosen verwendet. Sieh einer an! Das Original-Fürst-Pückler-Eis war also rot, gelb und grün und nicht fahl-braun, asch-weiß und fad-rosa! Mit dieser Kombination kann man ein Revival durchaus befürworten.

308 // FUSSBALL

Wir spielen nicht schön, wir spielen nicht schnell, aber wir spielen trotzdem gut. Wie sich das zusammenreimt, ist zwar nicht ganz klar, aber der deutsche Fußball ist nun einmal erfolgreich, und damit ist der Rest egal. Drei Mal waren die deutschen Herren Fußballweltmeister (1954, 1974, 1990), vier Mal Vizeweltmeister, drei Mal Europameister. Auch die deutschen Frauen wurden – in bislang nur fünf Turnieren – zwei Mal Fußballweltmeister (2003, 2007) und ein Mal Vizeweltmeister.

Der Deutsche Fußballbund ist mit 6,5 Millionen Mitgliedern Deutschlands größter Verband, und Millionen deutsche Bürger verfolgen die Spiele der Bundesliga jedes Wochenende – wenn sie nicht zu den Tausenden in den Stadien gehören – in Kneipen oder zu Hause am Radio oder Fernseher.

Aber der deutsche Fußballfan ist nicht nur passiv, er kickt auch gern selbst: Im Verein, im Park, auch mal nur zu viert, wenn sonst niemand Zeit hat. Fußball ist und bleibt *der* deutsche Sport schlechthin, weder Basketball noch Tennis – obwohl überaus erfolgreich in Deutschland – konnten jemals an ihn heranreichen. Und das wird mit Sicherheit auch so bleiben.

309 // FUSSGÄNGERZONE

Als Deutschland 1945 in weiten Teilen in Schutt und Asche lag, begann zumindest für einen Berufsstand eine neue Ära: Städteplaner hatten freie Hand, sie konnten die deutschen Städte nach eigenem Gutdünken gestalten. Als in Kassel mit der Treppenstraße 1953 die erste deutsche Fußgängerzone eröffnet wurde, war sie so was von chic. Ohne auf den Verkehr zu achten, konnten die Kasseler bummeln und einkaufen – ein Vergnügen, auf das sie lange hatten verzichten müssen. Bald wollte jede deutsche Stadt ihre Fußgängerzone haben, und so wurden Schneisen in deutsche Städte geschlagen und mit Beton ausgegossen. Rechts und links der Straße eröffnete der Einzelhandel seine Läden, Blumenkästen aus Betonguss wurden mit Primeln und dauergrünen Sträuchern bepflanzt. Brunnen wurden an zentralen Plätzen errichtet, darum gruppieren die Straßencafés nach italienischem Vorbild ihre Stühle – *la dolce vita* in Deutschland; die deutsche Fußgängerzone wurde zum Sinnbild des Wirtschaftswunders.

Heute, mehr als 50 Jahre danach, hat sich das Bild gewandelt. Die Fußgängerzone vor allem in deutschen Kleinstädten ist tot. Trübsinnig eilen die

Fußgänger durch das Shopping-Areal, das überall, wirklich überall, gleich aussieht. Die niederen 50er-Jahre-Bauten haben ihren Glanz verloren, grau sind sie, obwohl – oder vielleicht weil – sie in den 80ern „renoviert" wurden; Filialisten haben den Einzelhandel vertrieben. Und immer häufiger bleiben die Kunden fern – sie gehen in die Seitenstraßen rechts und links der Fußgängerzone, in denen sich noch individuelle Geschäfte finden und in denen nebenbei auch ein bisschen Verkehr für mehr Leben sorgt.

Games Convention / Garmisch-Partenkirchen / Gartenzwerg / Gastarbeiter / GEFRO-Suppe / Gelsenkirchener Barock / Gemütlichkeit / Gerhardt, Paul / Gernhardt, Robert / Gesunde Ernährung / Gesundheitsstadt Wiesbaden / Gewerkschaften / Geysir von Andernach / Glasmurmeln / Gleichstellung / Gloriosa / Glühlampe / Goethe, Johann Wolfgang von / Goethe-Institut / Goldbären / Goldene Kamera / Goldener Bär / Göltzschtalbrücke / Gotik / Graf, Steffi / Grass, Günter / Gretchenfrage / Grießbrei / Grillen / Grönemeyer, Herbert / Gropius, Walter / Groß, Michael / Große Preis, Der / Grube Messel / Gründerjahre / Grundgesetz / Gründlichkeit / Grüner Punkt / Grünkohlessen / Gruppe 47 / Gutenberg, Johannes

310 // GAMES CONVENTION

Seit 2002 findet in Leipzig jährlich die Games Convention statt. Zehntausende Besucher nutzen die Gelegenheit, Computerspiele und Neuigkeiten des interaktiven Entertainments auszuprobieren. Mit dem Fachpublikum und den Entwicklern machen sie die GC zur bedeutendsten Messe ihrer Art in Europa. Dabei handelt es sich nicht um ein Treffen von lauter Nerds. Vielmehr findet sich die wachsende, bunte Fangemeinde dieser Form der Freizeitgestaltung ein.

Vermutlich weil sie ihr Geld lieber in Hard- und Software investieren, campieren viele junge Besucher auf dem Freestyle-Gelände. Das hat dann eher Festival-Charakter. Mit Bier um halb sieben – morgens. Verständlich, dass die Branche da um ihr Image besorgt ist. In einem Familienbereich demonstriert sie die Jugendverträglichkeit ihrer Produkte und besänftigt Eltern wie Pädagogen. Für die Kids eine prima Gelegenheit, die Eltern eine Zeitlang in gute Hände zu geben. Dann macht das Zocken viel mehr Spaß.

311 // GARMISCH-PARTENKIRCHEN

Zwischen Flensburg und Garmisch-Partenkirchen liegt sprichwörtlich die Republik. Geographisch ist das nicht ganz korrekt. Der Marktort im Trogtal der Loisach ist aber so schön gelegen, dass diese Vergröberung in

Ordnung geht. Umgeben ist der Ort vom Ammergebirge, Estergebirge und Wettersteingebirge. Von Garmisch aus führt die Zahnradbahn gen Zugspitze, dem höchsten Berg Deutschlands, mit dem Gletscherskigebiet Zugspitzplatt. Die Landschaft ist der Inbegriff alpiner Herrlichkeit – auch wenn der Schnee immer häufiger aus der Kanone statt vom Himmel fällt.

Der traditionsreiche Touristenort scheint allerdings ein wenig betagt. Einen Modernisierungsschub erhofft man sich von zukünftigen sportlichen Großereignissen. Die liegen nämlich schon ein wenig zurück: 1978 Alpine Skiweltmeisterschaft und 1936 Winterolympiade. Letzterer verdankt der Ort seine Bindestrich-Existenz: Die Nationalsozialisten setzten die Vereinigung von Garmisch und Partenkirchen gegen die „Ureinwohner" durch; sie galt ihnen als Voraussetzung für die Spiele.

312 // GARTENZWERG

Millionen und Abermillionen kleine Wichtelmänner bevölkern deutsche Gärten und Balkone, wachen dort über sorgsam gestutztes Gras, dienen den Wicken als Stütze oder fläzen sich faul unter überdimensionalen Fliegenpilzen. Seit Philipp Griebel vor knapp 150 Jahren im thüringischen Gräfenroda den ersten Gartenzwerg modellierte, breitet sich der tönerne Kobold rasant aus – zunächst in deutschen Gärten, mittlerweile aber in der ganzen Welt. Jeder dritte der jährlich rund 1,5 Millionen produzierten Gartenzwerge verlässt Deutschland in Richtung Großbritannien, Frankreich, USA oder Australien.

Als Inspiration dienten Griebel die barocken Zwergengärten, die fürstliche Schlösser zierten, er stattete die Wichtelmänner aber mit den typischen Accessoires der thüringischen Bergleute aus: signalrote Zipfelmütze, Laterne, Schubkarre, Hammer und Pickel. Die Zwergenmenagerie für den Garten des kleinen Mannes.

235

313 // GASTARBEITER

Die Geschichte der Gastarbeiter in Deutschland ist fast so alt wie die der Bundesrepublik selbst. Die heute kaum mehr vorstellbare Vollbeschäftigung der späten Nachkriegsjahre machte ein Anwerben von Arbeitnehmern aus dem Ausland nötig. So schloss die Regierung Adenauer 1955 den ersten Anwerbevertrag mit Italien, und Giacomo, Sergio, Marco und Tausende ihrer Freunde und Verwandten schickten sich an, mit ihrer Arbeit in Industrie und Bergbau das deutsche Wirtschaftswunder am Leben zu halten. In den Folgejahren kamen junge, kräftige Menschen aus Griechenland, Spanien, der Türkei, Marokko und Portugal hinzu.

Das hatte man sich in Deutschland schön einfach vorgestellt: Leute zum Arbeiten herbestellen und sie nach sechs oder zwölf Monaten wieder heimschicken. Doch nachrückende Familienangehörige aus den Anwerbeländern machten der Regierung einen Strich durch die Rechnung. Zum Glück, denn die deutsche Multi-Kulti-Gesellschaft wäre – bei allen Schwierigkeiten – um einige Schätze ärmer: Pizza, Pasta, italienisches Speiseeis, das türkische Lebensmittelgeschäft um die Ecke, Gyros-Pita, Tsatsiki ... und erst Döner! Das würzige Schnetzelfleisch im Fladenbrot begann seinen Siegeszug der Legende nach in den 70er Jahren in einem türkischen Imbiss in Berlin – und ist längst das unangefochtene Lieblings-Fast-Food-Gericht der Deutschen.

314 // GEFRO-SUPPE

Die Suppe des GEFRO-Reformversandes Frommlet KG ist ein Klassiker in deutschen Küchen. Seit über 80 Jahren verfeinert das Würzpulver aus Memmingen Suppen und Soßen. Der Bekanntheitsgrad ragt bei der älteren Generation an jenen von Maggi oder Persil heran.

1924 gründeten die Gebrüder Frommlet eine Handelsgesellschaft zum Vertrieb ihres Suppen- und Würzpulvers. Das Unternehmen machte sich mit Handelsvertretern und Anzeigen erst im Allgäu und später in der ganzen Republik bekannt. So entwickelte sich das Würzmittel bald laut Eigenwerbung zum allgegenwärtigen „Freund der Hausfrau". Aber gutes Suppenpulver herzustellen reichte den Gründern nicht. GEFRO sei eine Philosophie, heißt es. Das passt gut in die heutige „bewusste" Zeit. Ein Fertigprodukt bleibt es dennoch, mögen passionierte Köche denken.

315 // GELSENKIRCHENER BAROCK

Der Gelsenkirchener Barock kehrt zurück – zumindest, wenn die Ausstellungsflächen bei IKEA Rückschlüsse auf die tatsächliche Möblierung in deutschen Wohnungen zulassen: viel massives Holz, Troddeln und florale Muster an den Textilien. Manchmal fehlen nur noch die Scheibengardinen in den Küchenschränken. Mit dem Frisiertisch „Vinstra" und der Möbelserie „Hemnes" ist IKEA auf dem richtigen Weg, die Möbelformen der 30er bis 50er Jahre ins deutsche Heim zurückzuholen.

Dabei war der Gelsenkirchener Barock schon totgesagt. 1954 schrieb die Kölnische Rundschau im Zuge der Kölner Möbelmesse: „Gelsenkirchener Barock ist nicht mehr gefragt." Gemeint waren die massiven oder edelholzfurnierten abgerundeten Möbel, die bis dahin die Wohnstube von Arbeitern und Handwerkern geziert hatten und die eine Reaktion auf die funktionalen Formen des Bauhaus gewesen waren. Und nach zwei Jahrzehnten immer schlichter werdender Designs scheinen die Deutschen auch jetzt wieder überbordende Ornamente und überschwängliche Formen zu brauchen, in denen man sich wieder wohlfühlen kann und die auch in die kleinste Wohnung einen Hauch barocker Pracht und Luxus bringen.

316 // GEMÜTLICHKEIT

Warum ausgerechnet die Deutschen mit dem ihnen nachgesagten Hang zu Ordnung, Disziplin und Pünktlichkeit die Weltmeister der Gemütlichkeit sind, ist ein Mysterium. Vielleicht, weil sie auch die Gemütlichkeit mit einer Gründlichkeit betreiben, die ihresgleichen sucht. Die Gemütlichkeit hat sogar Einzug gehalten in die englische Sprache, obwohl mit dem Wort

„cosiness" eine recht passende Entsprechung existiert. Grundsätzlich blüht die Gemütlichkeit in sorgenfreiem, ruhigem und harmonischem Umfeld, doch jeder von uns hat seine eigene Vorstellung von „es sich gemütlich machen". Mal ist es der kuschelige Abend auf der Couch, mal die heitergesellige Runde im Wirtshaus; die Übergänge sind fließend. So fließend, ja sogar schwammig, dass sich die Gemütlichkeit kaum abgrenzen lässt von ihren Schwestern „Behaglichkeit" und „Wohlfühlen".

Die Entstehung dieser privaten Kuscheligkeit ist vermutlich auf die deutsche Romantik und den deutschen Biedermeier zurückzuführen. Das Bürgertum zog sich wegen der politischen Wirrungen dieser Zeit physisch und psychisch in die eigenen vier Wände zurück, besann sich auf sein Gemüt statt auf den Intellekt und richtete sich behaglich ein. Dieses Phänomen hat den Rest der Welt offenbar so beeindruckt, dass man sich das Wort geborgt hat, so wie wir uns „dolce vita" von den Italienern leihen und „savoir vivre" von den Franzosen.

317 // GERHARDT, PAUL

„Geh aus, mein Herz, und suche Freud / in dieser lieben Sommerzeit / An deines Gottes Gaben / schau an der schönen Gärten Zier / und siehe, wie sie mir und dir / sich ausgeschmücket haben."

Nein, dies ist kein deutsches Volkslied, das die Sommerzeit besingt. Es ist eines von 134 deutschen Kirchenliedern, die Paul Gerhardt (1607–1676), der strenge protestantische Geistliche, in seinem Leben geschrieben hat. 26 davon sind im evangelischen Gesangsbuch enthalten, immerhin noch sechs im katholischen Gotteslob. Damit ist Paul Gerhardt nach Martin Luther der bedeutendste Dichter von Kirchenliedern der Christenheit.

Viele herausragende Komponisten haben seine Gedichte vertont, allen voran Johann Sebastian Bach, der „Wie soll ich dich empfangen" im Weihnachtsoratorium und „Oh Haupt voll Blut und Wunden" in der Matthäus-Passion verarbeitete. Übrigens zur gleichen Melodie. Paul Gerhardts Gedichte waren immer als barocke Kirchenlieder gedacht; und dennoch beschwören sie selten Höllenqualen herauf: Freude, Glück und Trost sind Gerhardts Themen – natürlich mehr im Jenseits, aber das Diesseits wird nicht ganz vernachlässigt. Vielleicht ein Grund, warum die Lieder auch heute noch singbar sind.

318 // GERNHARDT, ROBERT

Es gibt so viele wunderbare, tiefsinnige, geistreiche, witzige und alberne Verse von Robert Gernhardt, dass man den Artikel am liebsten ausschließlich mit seinen Zitaten bestücken möchte. Weil es nicht geht, sei nur ein feines kleines Nonsensegedicht genannt: „Paulus schrieb an die Apatschen: Ihr sollt nicht nach der Predigt klatschen. Paulus schrieb an die Komantschen: Erst kommt die Taufe, dann das Plantschen. Paulus schrieb den Irokesen: Euch schreib ich nichts, lernt erst mal lesen."

Nanu? Gernhardt? Das kenne ich doch noch aus uralten Shows des Komikers Otto, werden Sie nun vielleicht sagen. Stimmt! Robert Gernhardt war Ottos Leib- und Magen-Autor. Für den Komiker schrieb er Gags und die Drehbücher für vier Otto-Filme. Er war Satiriker bei der „Titanic" und früher bei „Pardon". Mit Kollegen wie Chlodwig Poth und Eckhard Henscheid gründete der 1937 in Estland geborene Maler und Dichter den Künstlerbund „Neue Frankfurter Schule". Erst spät, dann aber gewaltig, wurde Gernhardt von der Kritik als bedeutender Lyriker anerkannt; ihm gelang die Brücke zwischen sogenannter ernster und unterhaltender Kunst aufs Vortrefflichste. Im Laufe der 90er Jahre wurde Gernhardt einer der beliebtesten deutschen Wort- und Bildkünstler.

2002 erkrankte er an Darmkrebs, nach vielen Therapien war klar, dass er sich nicht mehr erholen würde. Dieses Wissen verarbeitete er in zahlreichen Gedichten. Er starb 2006 in seiner Wahlheimat Frankfurt am Main. „Selbstfindung. Ich weiß nicht, was ich bin. Ich schreibe das gleich hin. Da hab'n wir den Salat: Ich bin ein Literat." Einer von den Großen.

319 // GESUNDE ERNÄHRUNG

Das Thema gesunde Ernährung ist ungefähr so vielen Schwankungen unterworfen wie die saisonale Rocklänge. Der Spinatirrtum aus dem letzten Jahrhundert hat sich inzwischen weitestgehend herumgesprochen: Ein falsch gesetztes Komma führte dazu, dass Millionen von Kindern mit angeblich hoch eisenhaltigem Spinat malträtiert wurden. In Wahrheit ist Spinat zwar gesund, enthält aber kaum mehr Eisen als viele andere Gemüsesorten.

Es ist ein Kreuz: Mal ist schwarzer Kaffee gut für den Blutdruck, dann wird er zum Teufelstrank erklärt, weil er dem Körper Wasser entzieht. Aber kaum eine Studie später ist das alles wieder Humbug, und man kann vollkommen unbedenklich vier Tassen am Tag in sich hineingießen, selbst wenn man danach der Hysterie nah ist. Salat z. B. war immer das Mittel der Wahl, um gesund und schlank zu bleiben. Jetzt stellt sich heraus: Schlank bleibt man wohl, gesund aber noch lange nicht. Ein Kopfsalat aus herkömmlichem Anbau enthält ungefähr so viele Nährstoffe wie ein Tempo-Taschentuch, dafür aber das Dreifache an schädlichem Nitrat. Genauso schiefgewickelt sind wir bei den Vitaminen. Bei einer drohenden Erkältung bombardieren wir unseren Organismus mit Vitamin C, frei nach dem Motto: Viel hilft viel! Auch das ist nach neuen Erkenntnissen ein fataler Irrtum, denn erstens wird dadurch kein Abwehrkörperchen mehr mobilisiert und zweitens kann im schlimmsten Fall der Hormonhaushalt gehörig durcheinanderkommen. Was nutzt also die verhinderte Erkältung, wenn einem stattdessen ein mäßig eleganter Damenbart wächst?

Vielleicht sollte man es mit der Ernährung genauso halten wie mit der Rocklänge: Übertreibungen sind nur in Ausnahmefällen angesagt. Es gilt Mäßigung im Alltag und Fokus auf die Qualität des Stoffes. Dann kann man so viel nicht falsch machen.

320 // GESUNDHEITSSTADT WIESBADEN

Wer weiß, hätten die Römer nicht so gerne im warmen Wasser herumgelümmelt, vielleicht würden wir Wiesbaden gar nicht kennen. Aber was jene Aquae Mattiacorum getauft hatten, entwickelte sich im 19. Jahrhundert aus einem kleinen Nest zur noblen „Weltkurstadt". Am Fuß des Taunus gelegen, entstand eine Stadt im historistischen Stil, die heute Landeshauptstadt und bevorzugter Wohnstandort im Rhein-Main-Gebiet ist.

26 heiße Thermalquellen sind die Grundlage des heutigen Profils der „Gesundheitsstadt". Diese Geschichte begann 1836 mit der „Orthopädischen Heilanstalt". Neben der renommierten „Deutschen Klinik für Diagnostik" haben sich heute mehrere Kliniken auf rheumatische Erkrankungen, Erkrankungen des Bewegungsapparats, des Nervensystems und auf die Rekonvaleszenz spezialisiert. Die Kaiser-Friedrich-Therme bietet Wellness für jedermann. Zu den prominenten Gästen der Stadt gehörten Dostojewski und Goethe, Richard Wagner, Elvis und selbstverständlich Kaiser Wilhelm II. Mancher soll in der ortsansässigen Spielbank sein Glück auf die Probe gestellt haben.

321 // GEWERKSCHAFTEN

Ob Arbeiter, Angestellte, Beamte oder Auszubildende: Wenn deutsche ArbeitnehmerInnen ihre Interessen durchsetzungsstark präsentieren wollen, dann organisieren sie sich – frei nach dem Motto „Gemeinsam sind wir stark" – in einer Gewerkschaft. Unabhängig von Staat, Kirchen und politischen Parteien verhandeln sie mit den Arbeitgebern über Löhne, Arbeitszeiten und -bedingungen. Gelingt eine Einigung, steht am Ende des zähen Streits ein Tarifvertrag, der den neuen Rahmen für die Beschäftigung festlegt.

Da viele der deutschen Gewerkschaften auf Zusammenschlüsse von Selbsthilfe- und Schutzvereinen zur Zeit der Arbeiterbewegung zurückgehen, verfügen sie zumeist über einen reichen Erfahrungsschatz, wie sie ihren sozialen und wirtschaftlichen Interessen am besten Nachdruck verleihen können. Und das bedeutet in der Regel Boykott und Streik, der schon mal zum Stillstand von Fabrik und Eisenbahn und zu einer trillerpfeifenden Belegschaft vor dem Werkstor führen kann. Von der IG Medien bis zum Verband deutscher Straßenwärter, vom Marburger Bund bis zur Vereinigung der Vertragsfußballspieler – ohne Gewerkschaften ist organisierter Lohnkampf in Deutschland einfach undenkbar.

322 // GEYSIR VON ANDERNACH

Wie bei einer zu stark geschüttelten Flasche Mineralwasser schießt die Fontäne des höchsten Kaltwassergeysirs der Welt regelmäßig in die Höhe. Es ist ein wenig bekanntes Schauspiel, das die Deutschen erst seit einigen Jahren wieder im Naturschutzgebiet Halbinsel Namedyer Werth in Rheinland-Pfalz beobachten dürfen.

Der Eifel-Vulkanismus – immer noch aktiv – sorgt für die explosive Mischung aus Kohlensäure und recht kaltem Grundwasser, die für einen Kaltwasser-Geysir nötig ist. Kalter Sprudel, der sich 1903 bei Probebohrungen Bahn brach. Das 350 m tiefe Bohrloch hatte sich mit Grundwasser gefüllt, bis der wachsende Druck der gleichzeitig aufsteigenden Kohlensäure das Wasser in die Höhe schleuderte: damals etwa 40 Meter hoch, heute sogar bis zu 60. Nach jedem Ausbruch lief wieder Grundwasser nach. Als die Geysir-Öffnung 1957 bei Straßenarbeiten verschüttet wurde, war es jahrzehntelang vorbei mit dem spektakulären Geo-Schauspiel. Zwar bohrten Ingenieure den Geysir im Jahr 2001 erneut auf, doch Naturschützer verhinderten seine touristische Erschließung. Erst seit 2008 springt die Andernacher Kaltwasserfontäne wieder ganz ungehindert und für jeden Besucher sichtbar.

323 // GLASMURMELN

Das Spiel mit Murmeln ist bereits sehr alt, wie Funde aus babylonischer, römischer und germanischer Zeit belegen. Allerdings wurde zu jener Zeit mit Kugeln aus Marmor gespielt, woher die Murmel auch ihren Namen bezogen hat. Erst 1848 entwickelte man in der thüringischen Stadt Laschau die Glasmurmel. Dies allerdings eher beiläufig, denn das eigentliche Ziel des Glasbläsers Christoph Simon Karl Greiner war die Herstellung von Augenprothesen, die bis dahin mit kostspieligen Halbedelsteinen gefertigt worden waren. Dieser kostensparenden Entwicklung zum Dank können seitdem die Anhänger des „Märbeln", „Duxer" oder auch „Schusser" genannten Spiels die schönsten Farbkugeln aus Glas einsetzen, wenn es in einer der unzähligen Varianten des Murmelspiels ums Schießen, Schnippen oder Tuppen geht.

Fast genauso wichtig wie das Spiel selbst sind natürlich auch das Sammeln und Tauschen der kunstvoll gestalteten Kugeln, die auch aus Holz, Metall, Keramik oder Stein gefertigt sein können, dann jedoch nicht solche filigranen Verzierungen im Inneren aufweisen wie die Ausführung aus Glas. Und so liegt der größte Unterschied zwischen dem Murmelspiel römischer und heutiger Kinder wohl einzig und allein darin, dass die auf dem Schulhof getauschten Spielkugeln heutzutage durchsichtig sind und bei jedem Treffer so herrlich glasklar klickern.

324 // GLEICHSTELLUNG

Die Gleichstellung ist quasi die Exekutive der Gleichberechtigung. Obwohl theoretisch und gesetzlich inzwischen alle Bevölkerungsgruppen gleichgestellt sind, hapert es häufig noch mit der praktischen Umsetzung.

So wird ein Schwerbehinderter mit besten Qualifikationen gegenüber dem Nichtbehinderten benachteiligt oder eine Frau für denselben Job schlechter bezahlt als ein Mann. Die Gleichstellung bzw. das Gleichstellungsgesetz soll dafür sorgen, dass diese Missstände beseitigt werden. So finden wir häufig in Stellenausschreibungen für den öffentlichen Dienst eine Formulierung, dass Schwerbehinderte mit entsprechender Eignung bei der Einstellung bevorzugt werden.

Viele, auch viele Betroffene, kritisieren, dass mit der gesetzlichen Gleichstellung der Bock zum Gärtner gemacht wurde, Stichwort „positive Diskriminierung". Der Behinderte zum Beispiel, der wegen seiner Beeinträchtigung bevorzugt wird, sei dadurch erst recht stigmatisiert und von der Gleichberechtigung ausgeschlossen, meinen die Gleichstellungsgegner. Außerdem fühlten sich wiederum die Männer diskriminiert, wenn Frauen aus Gründen der Anti-Diskriminierung bei der Stellenvergabe bevorzugt wurden. Deshalb wird heutzutage in den Zeitungsannoncen etwas verblümter formuliert: Man „begrüßt" die Bewerbung von Frauen, man verspricht ihnen aber nicht direkt den Arbeitsplatz.

325 // GLORIOSA

Ein tiefes, sattes E erfüllt Erfurt, wann immer die Gloriosa angeschlagen wird, dann breitet sich der Nachhall aus; sechs Minuten lang sorgen bis zu 50 Obertöne für den besonders weichen Klang der größten freischwingenden mittelalterlichen Glocke der Welt. Es ist ihr Klang, der seit über 500 Jahren zu hohen kirchlichen Feiertagen wie Weihnachten, Oster- und Pfingstsonntag in den Straßen und Häusern der Stadt erschallt – ein akustisches Denkmal, das uns in die Zeit des Mittelalters zurückversetzt.

Nachdem fünf Vorgängerglocken im Laufe des 12. und 13. Jahrhunderts zerstört worden oder unbrauchbar geworden waren, goss der berühmte niederländische Glockengießer Gerhard de Wou von Kampen am 7. Juli 1497 die heutige Gloriosa für den Erfurter Dom. Sie wiegt 11,5 Tonnen, hat einen Durchmesser von 2,57 m und eine Schlagringstärke von 18,1 cm. Um die Glocke im Mittelturm des Doms aufzuhängen, mussten zwei Gewölbe durchbrochen und anschließend wieder zugemauert werden – was ganze zwei Jahre in Anspruch nahm. Wie in ihrer Inschrift prophezeit, wehrte sie 1717 „Blitze und böse Geister ab" und überstand als einzige Glocke im Dom einen Brand. Erst 1984 entstand beim Einläuten des Weihnachtsfestes ein Haarriss, ein weiterer wurde 2004 in einer aufsehenerregenden Rettungsaktion, bei der die Glocke erstmals nach 500 Jahren ihren Turm verließ, behoben.

326 // GLÜHLAMPE

Die älteste intakte Glühbirne brennt bei der Feuerwehr in Livermore, Kalifornien, USA. Seit 1901. Die erste Internet-Kamera, die aller Welt Bilder der alten Dame lieferte, hielt nur drei Jahre. Jetzt liegt es nahe, zu beklagen, dass heutige Produkte und Glühbirnen im Besonderen absichtlich so konstruiert sind, dass sie schnell kaputtgehen. Das ist aber nur ein Gerücht. Gerüchteweise soll auch nicht etwa Thomas Alva Edison die Glühbirne erfunden haben, wie allgemein bekannt ist. Vielmehr sei es Heinrich Göbel (1818–1893) aus Springe bei Hannover gewesen. In den „Brockhaus", auf eine Briefmarke und in eine ZDF-Erfinder-Hitparade hatte er es posthum schon geschafft. Bei einem „Professor Münchhausen" in Hannover wollte der Schlosser das Rüstzeug zur Herstellung der Lampe erworben haben. In Amerika habe er mit einem Kölnisch-Wasser-Flakon schon 1854 die erste Birne gebaut. Immerhin 25 Jahre vor Edison.

Der Einwanderer Henry Goebel war tatsächlich nur das vermeintliche Ass im Ärmel einer Firma vor Gericht, die Edisons Patent verletzt hatte. Die Story hat gegen Edisons Erfolg nicht viel ausrichten können. In Deutschland aber war ein kleiner Mythos geboren. Bis Hans-Christian Rohde „Die Göbel-Legende" aufklärte. Zu uns kam die Glühlampe durch Emil Moritz Rathenau (1838–1915). Der erwarb die nötigen Patente, gründete die Vorläuferin der „AEG" und bereitete dem elektrischen Licht hierzulande den Weg.

327 // GOETHE, JOHANN WOLFGANG VON

Johann Wolfgang von Goethe (1749–1832) ist der bedeutendste Dichter Deutschlands, Begründer und Vollender klassischer, deutscher Literatur. Im „Sturm und Drang" begann sein Werk. Sein junger „Werther" war der tragisch endende, idealistische Schwärmer zartester Empfindung, dessen pathetische Feinfühligkeit derart zur Mode wurde, dass manch zeit-

genössische Leseratte ihm selbsttötend folgte. Goethes „Prometheus" reckt die reimende Faust gegen die antike Götterwelt und ist zwischen den Zeilen Plädoyer für Aufklärung und Freigeisterei, ein kondensiertes „ergreife den Tag" und „wage zu wissen".

Das berühmteste deutsche Theaterstück „Faust" stammt ebenfalls aus der Feder des Geheimrats. Streben nach Wissen und Macht zerstört hier blindlings die persönliche Liebe. Und die Liebe zu den Frauen war dem Lebemann und Genussmenschen Goethe ein überaus wichtiges Anliegen, ebenso wie das sittlich tätige Schauen des Schönen, Edlen und Guten. Goethes Werke erfreuen oder quälen, je nach Geschmack, noch immer Generationen von Schülern, das Goethe-Institut verbreitet deutsche Kultur auf dem gesamten Erdball, und vom „Pudels Kern" bis zum „ganz besonderen Saft" ist Goethe bis heute in aller Munde.

328 // GOETHE-INSTITUT

Selbst in die virtuelle Welt möchte das Goethe-Institut deutsche Sprache und Kultur hinaustragen und plant, mit der „Goethe-Insel" eine Niederlassung im Internet-Spiel „Second Life" zu eröffnen.

Im wirklichen Leben wirbt das Institut, das 1951 die Nachfolge der 1945 aufgelösten Deutschen Akademie antrat, in 80 Ländern und rund 130 ausländischen Bildungsstätten für Deutschland, die deutsche Sprache und das kulturelle, gesellschaftliche und politische Leben in Deutschland – mit Hilfe von Sprachkursen ebenso wie mit Ausstellungen, der Organisation von Künstlertourneen und Vortragsreisen. So regelte das Institut die Tour der bayrischen Kabarettisten „Biermösl Blosn", die in Namibia und Südafrika Schuhplattlerkurse gaben, ebenso wie die Lehrgänge des DJ Hans Nieswandt zur deutschen elektronischen Tanzmusik, die er in Jakarta gab. Ein buntes Potpourri deutschen Kultur eben.

329 // GOLDBÄREN

„Goldbären" lautet der offizielle Markenname der Gummibärchen von Haribo. HAns RIegel aus BOnn brachte die fruchtig-klebrige Süßigkeit 1922 als Erster auf den Markt, damals noch unter dem Namen „Tanzbär"; erst in den 60er Jahren wurde der Goldbär geboren. Dieser trat in wenigen Jahrzehnten den Siegeszug um die Welt an. 2005 produzierte Haribo täglich die unvorstellbare Menge von 100 Millionen Goldbären und versorgt damit über 100 Länder weltweit.

Die Verteilung der Farben und Geschmacksrichtungen war bis 2007 folgende: Orange schmeckte nach Orange, gelb nach Zitrone, weiß nach Ananas, rot nach Himbeere und grün merkwürdigerweise nach Erdbeere. Diese Absonderlichkeit änderte sich nach 2007, eine sechste Geschmacksrichtung (Apfel) kam hinzu und erhielt die passende Farbe Grün, während die Erdbeere hellrot wurde. Die Verteilung ist keineswegs dem Zufall überlassen, pro Packung sind 1/3 rote und jeweils 1/6 grüne, gelbe, orangefarbene und weiße Goldbären zugeteilt. Studien haben nämlich ergeben, dass die roten die beliebtesten, die weißen mit Abstand die unbeliebtesten sind. Für den deutschen Markt werden die Goldbären inzwischen mit natürlichen Fruchtextrakten gefärbt. Deswegen gibt es auch bis heute keine blauen Goldbären: In der Natur existiert schlichtweg keine Pflanze, aus der ein akzeptabler blauer Farbstoff gewonnen werden kann.

330 // GOLDENE KAMERA

Wenn alljährlich im Februar die Fernsehzeitschrift „Hörzu" zur Verleihung der „Goldenen Kamera" lädt, dann kommen sie alle, die Stars und Sternchen aus Rock und Pop, aus Film, Funk, Fernsehen und Sport. Dann rollen die edlen Limousinen durch Berlin, und die großen Namen aus der Welt des deutschen Glamours geben sich in ein Stelldichein. Objekt der Begierde der prominenten Gästeschar ist ein Medienpreis in Form einer Kamera, der seit 1965 in wechselnden Kategorien verliehen und mitunter sogar als deutscher „Oscar" bezeichnet wird. Der Preis wird stilecht im Rahmen einer großen Fernsehgala überreicht, bei der weder das Blitzlichtgewitter auf dem roten Teppich noch die stehenden Ovationen für die verzückten Preisträger fehlen dürfen. Neben einer Vielzahl deutscher Größen erhielten auch internationale Stars wie Jack Nicholson und Robert de Niro den Preis, was der Goldenen Kamera einen ganz besonderen Glanz verleiht. Dass man in Los Angeles mit dem „Oscar" eine fast vier Kilo schwere Goldfigur überreicht, während man in Berlin eine etwa 600 Gramm leichte Statue aus vergoldetem Silber präsentiert, fällt bei so viel Hollywood an der Spree nicht weiter ins Gewicht.

331 // GOLDENER BÄR

Nein, der Goldene Bär ist nicht etwa eine Auszeichnung für erfolgreiche Großwildjäger, es ist der wohl wichtigste deutsche Filmpreis, der alljährlich auf der Berlinale verliehen wird.

Seit 1951 wird die kleine vergoldete Statuette – die von der Bildhauerin Renée Sintenis nach dem Vorbild des Berliner Stadtwappens gestaltet wurde – an den besten internationalen Film und den besten Kurzfilm verliehen. Wurden im ersten Jahr immerhin noch vier Filme ausgezeichnet, die vom Publikum gewählt worden waren, so entscheidet heute eine Jury über den weltweit besten Film, verleiht zudem sieben silberne Bären an bedeutende Schauspieler und Regisseure und würdigt mit dem Goldenen Ehrenbären eine herausragende Persönlichkeit des Films.

332 // GÖLTZSCHTALBRÜCKE

Es war nicht das „zänkische Bergvolk", als das sich die Vogtländer selbstironisch darstellen, das den Bau der Göltzschtalbrücke ab 1846 fünf Jahre dauern ließ. Vielmehr waren technische und finanzielle Probleme zu lösen. Außerdem waren die Vorgänger der Bundesländer Bayern und Sachsen beteiligt. Was das bedeutet, davon lässt sich auch in der föderalen Bundesrepublik noch ein Lied singen. Zu Spott und Häme gab den Zeitgenossen der ebenfalls bis heute auftretende Umstand Anlass, dass die private Eisenbahngesellschaft nur einen Bruchteil des erforderlichen Geldes zusammenbrachte. Der Staat musste einspringen. Schließlich entstand aber nahe Reichenbach diese ästhetische und mit 78 Metern höchste Brücke aus Ziegelsteinen. Ein Wettbewerb hatte zahlreiche Entwürfe ohne statische Überprüfung eingebracht. Die Berechnungen holte man glücklicherweise nach. Der Viadukt mit seinen zahlreichen, in vier Ebenen übereinanderstehenden und zwei mächtigen mittigen Bögen führt deshalb noch heute Züge 574 Meter weit über die Göltzsch.

333 // GOTIK

Als „Barbarenkunst" wurden das Freiburger Münster, die Wiesenkirche in Soest, das Holstentor in Lübeck und auch der Kölner Dom teils wenige Jahrzehnte nach ihrer Entstehung beschimpft. Barbarisch, hatten doch die Goten – nach Ansicht des Renaissance-Malers Giorgio Vasari – das Römische Reich zerstört und damit auch die hehre antike Kunst. Und so galten die Bauten, die während der Gotik (ca. 1130–1500) errichtet wurden und inzwischen staunend bewundert werden, bis ins 18. Jahrhundert hinein als mittelalterlich schlechter Stil.

Dabei zeichnet sich gerade die gotische Architektur durch ihre lichte, großzügige Raumstruktur aus, durch ihre reichen Verzierungen mit Maßwerk und Fensterrosen, Rippen, Strebewerk und Wimpergen. Kreuzrippen tragen die spitzen Gewölbe und leiten den Druck zu zierlichen Pfeilern, was tragende Mauern beinahe überflüssig macht.

Es waren vor allem sakrale Bauten, später auch Rat- und Bürgerhäuser, die die gotische Architektur ausmachten; Bauten wie der Kölner Dom, der als die reinste und vollkommenste hochgotische Kathedrale überhaupt gilt. Kaum weniger hinreißend aber sind die norddeutschen Städte aus Backstein, womit die Hansestädte einen Sonderweg der deutschen Gotik einschlugen. Die sogenannte Backsteingotik zeigt ihre schönsten Blüten heute noch in Wismar und Stralsund.

334 // GRAF, STEFFI

Wenn wir ehrlich sind, die tollste Steffi Graf ist doch die nach dem Ende ihrer Profi-Tenniskarriere. Glücklich, strahlend, warmherzig, verliebt und grundsympathisch. Die Wundertennisspielerin Graf dagegen war die scheinbare Überspitzung der deutschen Tugenden: diszipliniert bis zur Selbstaufgabe, fleißig bis zum Umfallen und unprätentiös bis zur Unscheinbarkeit. Aber vielleicht machte gerade das die Brühlerin so beliebt. Ihre Leistungen fanden auf dem Tennisplatz statt, ehrlich und schweißgebadet, und nicht in den Modemagazinen mit tief ausgeschnittenem Dekolleté. Es war ihr Vater und Manager Peter Graf, der die Schlagzeilen abseits des Courts machte, mit Steuerhinterziehung und Rotlichtaffären. Zugegeben, man litt nicht bei jedem einzelnen Ballwechsel mit Steffi, wie man das bei Boris Becker tat, dazu war sie zu ruhig, zu spröde. Trotzdem schluckte man kräftig, als sie verletzungsgeplagt im August 1999 unter Tränen ihren Rückzug vom Profitennis bekanntgab. Aus tiefstem Herzen gönnte man der kleinen Fleißbiene das Familienglück mit dem Tennisparadiesvogel André Agassi, den sie nach ihrem Karriereende heiratete. Aus der leicht verkniffenen Sportskanone wurde eine selbstbewusste, glückliche und offensichtlich befreite Frau. „Das Beste am Tennis war, dass ich dich gefunden habe. Dafür bin ich immer dankbar", gestand Steffi Graf ihrem Ehemann öffentlich bei der Aufnahme in die „Hall of Fame" des Tennissports. Wie recht sie hat!

335 // GRASS, GÜNTER

Günter Grass wurde 1927 in Danzig geboren und studierte nach Kriegsteilnahme und Gefangenschaft in der Düsseldorfer Altstadt und in Berlin Bildende Kunst. Sein schriftstellerisches Werk, das später vom Schwafelvorwurf begleitet wurde, erfuhr mit der „Blechtrommel" und mit „Katz und Maus" frühe Höhepunkte. 1999 erhielt er gerade für die erzählerisch üppige und humorvolle „Blechtrommel" den langersehnten Literaturnobelpreis. Geehrt wurde aber auch sein Gesamtwerk „gegen das Vergessen", mit dem er Deutsche wie Polen ansprach.

Der Dichter war stets parteipolitisch. Er unterstützte Willy Brandt, und 1999 nach Oskar Lafontaines Abgang aus Berlin machte er laut Berliner Zeitung deutlich, wie er sich eine Parteiführung vorstellte: Früher wäre Lafontaine von einem Mann wie Herbert Wehner „übers Knie gelegt" worden. Sein spätes Eingeständnis, ab 1944 Mitglied der Waffen-SS gewesen zu sein, führte zu einer Kontroverse im In- und Ausland. Die Gelegenheit war günstig, mit der „moralischen Instanz" hart ins Gericht zu gehen. Manche verloren fast die Besinnung, andere nur kurz. Lech Wałęsa nahm seine spontane Kritik bald zurück, und aus den USA mailte John Irving: „Grass bleibt für mich ein Held, sowohl als Schriftsteller als auch als moralischer Kompass."

336 // GRETCHENFRAGE

Mit dicken blonden Zöpfen und einem freundlichen, lieben Wesen sitzt es am Spinnrad und seufzt traurig: „Meine Ruh ist hin, / Mein Herz ist schwer, / Ich finde sie nimmer / Und nimmermehr." Es ist Goethes Gretchen aus „Faust I", ein einfaches, aber frommes Mädchen, das dem verliebten Drängen des Gelehrten Heinrich Faust kaum noch standhalten kann und ihm daher die sprichwörtlich gewordene Gretchenfrage stellt:

„Nun sag, wie hast du's mit der Religion? Du bist ein herzlich guter Mann, allein ich glaub, du hältst nicht viel davon." Faust ist um eine eindeutige Antwort verlegen, windet sich mit einem pompösen Vortrag heraus, denn er weiß, dass von seiner Antwort sein Glück abhängt – und er hat Erfolg mit seiner Taktik, obwohl Gretchen nicht ganz überzeugt ist. Seitdem bezeichnet man mit „Gretchenfrage" eine Gewissensfrage, die den Befragten in schwere Konflikte bringt und auf die man eine ausweichende, nicht klare Antwort erwartet.

337 // GRIESSBREI

Eine der hervorstechendsten Eigenschaften des Grießbreis ist seine Klebrigkeit. Die Schauspielerin Romy Schneider beklagte sich einst bitterlich, dass ihr immer noch die Rolle der „Sissi" anhafte „wie Grießbrei". Hier schimmert auch durch, dass der Ruf jenes halbflüssigen Weichweizenschleims damals gründlich verdorben war. Als großes Glück wurde es von den Heranwachsenden begriffen, der zwangsweisen Verabreichung des Breis entwachsen zu sein.

Heute feiert der Grießbrei bei den jungen Erwachsenen wieder fröhliche Urständ. Ob Reminiszenzen an eine unbeschwerte Jugend, eine milde Form der Regression oder Kochfaulheit dafür verantwortlich sind, ist ungeklärt. Klar ist dagegen, dass Milupa 1959 den Instantgrießbrei auf den Markt brachte. Der erleichterte die Zubereitung enorm. Denn bei eigener Herstellung droht Ungemach: Wie Pudding brennt der Grießbrei schnell an, und Milch kocht bekanntlich gerne über. Das nicht obligatorische Eigelb sollte nicht gerinnen, sondern den Brei geschmeidiger machen. Dafür lässt sich der Hausmacherbrei flexibler zuckern und aromatisieren: Mit Zimt, Zitronenschale, Vanilleschote und einer Prise Salz. Mit Eischnee versetzt, wird daraus im Ofen ein köstlicher Auflauf. Dazu: Kirschen, Apfelkompott oder zerstoßene Erdbeeren.

338 // GRILLEN

Der Teutonengrill im Allgemeinen befindet sich auf Mallorca, doch den Grill im Besonderen findet man bei den Teutonen in kleinen Gärten und auf Balkonen. Ein Volk, das sich in zersiedelter Vereinzelung nach Gemeinschaftserlebnissen (Fußballweltmeisterschaften) sehnt, braucht den Grill als sinnstiftendes Gerät des Sommers – der auch unter dem Namen „Grillsaison" firmiert. Am Grill zu stehen ist nichts für warm duschende Würstchenwender und schattenparkende Steakschubser. Am Grill zeigt sich, in wem noch ein echter deutscher Mann steckt. Wer sich in der Nachbarschaft als selbsternannter Fußballexperte hervortut, ist sicher auch ein ganz großer Grillprofi und weiß, welcher Spieß über welche Kohle und welches Bier wann und in welcher Menge zum Würzen verspritzt werden muss. Am Grill kommt der verschüttet geglaubte Instinkt des deutschen Mannes wieder zum Vorschein – genau wie der nackte Bierbauch. Am Grill ist die Welt noch in Ordnung, und die Komplexität der Moderne reduziert sich für den, der wirklich grillen kann, auf die gekonnte Handhabe der Lafer'schen Grillzange. Diese Könner des Brikettkohlegrillens können in ihrem duftigen Dunstkreis über Elektrogriller nur mit rauchig heiserer Stimme mannhaft lachen.

339 // GRÖNEMEYER, HERBERT

An Herbert Grönemeyer scheiden sich die Geister; entweder man liebt seine Musik, oder man kann sie nicht ertragen – dazwischen gibt es praktisch nichts. Das mag an Grönemeyers reibeisener Stimme liegen, die immer etwas zu betroffen klingt, an seiner eher abgehackten Art zu singen oder an seinen die Welt so oft beklagenden Texten.

Doch die Fangemeinde des 1956 geborenen Göttingers ist wesentlich größer als die seiner Kritiker: Mit über 10 Millionen verkaufte CDs, zahlreichen Goldenen und Platin-Schallplatten und Auszeichnungen wie dem „Echo", dem „Comet" und der „1Live Krone" zählt er zu den erfolgreichsten deutschen Rockmusikern.

Dass Herbert Grönemeyer eigentlich zunächst als Schauspieler Karriere machte, ist dagegen weniger bekannt: In „Till Eulenspiegel" und „Frühlings Erwachen" stand er auf der Bühne und übernahm in den Siebzigern auch erste Film- und Fernsehrollen. Doch als er seinen schauspielerischen Durchbruch 1981 mit „Das Boot" gerade erreicht hatte, besiegelte seine Platte „Bochum" 1984 und der mit ihr verbundene enorme musikalische Erfolg diese sofort wieder. Mittlerweile hat es Grönemeyer sogar geschafft – immerhin mit deutscher Rockmusik –, in die Liste der „European Heroes" aufgenommen zu werden.

340 // GROPIUS, WALTER

Bereits mit seinem ersten Auftrag als freiberuflicher Architekt machte Walter Gropius (1883–1969) Furore. Der Bau des Fagus-Werks in Alfeld an der Leine von 1911 stach nicht nur durch die neuartigen Materialien Stahl und Glas ins Auge, auch die sachlichen, schlichten Formen stellten alles bis dahin Errichtete in den Schatten. Gropius' Architektur galt fortan als wegweisend für die moderne Architektur in Deutschland.

Zuvor hatte der Großneffe von Martin Gropius in München und Berlin studiert, ohne jedoch einen Abschluss zu machen, und war Assistent des Architekten Peter Behrens. Ab 1910 arbeitete Gropius als freischaffender Architekt. Als solcher widmete er sich einer Bauweise, die ebenso funktional wie schön sein sollte, die Kunst und Technik miteinander verband und die zudem eine soziale Aufgabe erfüllen sollte. Licht, Luft und Sonne sollten seine Gebäude den Menschen, die darin lebten und arbeiteten, nicht länger vorenthalten.

Als er 1919 zum Leiter an die „Großherzoglich-Sächsische Hochschule für Bildende Künste" berufen wurde, die er bald in „Staatliches Bauhaus in Weimar" umbenannte, machte er sich an die Umsetzung seiner Theorien zur Architektur: Kunst und Handwerk sollten in seinen Bauten verschmelzen. Architektur wird zum Gesamtkunstwerk, in dem Formen, Farben und Materialien miteinander optimal harmonieren. Als das Bauhaus nach Dessau umzog, gelang Gropius mit dem Hochschul-Neubau zum ersten Mal ein solches Gesamtkunstwerk.

341 // GROSS, MICHAEL

Los Angeles 1984. Im olympischen Schwimmstadion steht der 20-jährige Michael Groß auf dem Startblock zu 200 Meter Freistil. „Albatros" hat ihn die amerikanische Presse getauft, kein Wunder bei einer Flügel-, Verzeihung, Armspannweite von 2,11 Metern. Groß hatte sich bereits als 16-Jähriger für die Olympischen Spiele in Moskau qualifiziert, wegen des internationalen Boykotts musste er jedoch zu Hause bleiben.

Vier Jahre später in Los Angeles geht er als eindeutiger Favorit ins Rennen, drei Mal hat er bereits seinen eigenen Weltrekord über die Strecke verbessert. Auch in Los Angeles überbietet er sich selbst und gewinnt neben dem erneuten Weltrekord zum ersten Mal eine olympische Medaille. In Deutschland wird Kommentator Jörg Wontorra berühmt mit dem Satz: „Flieg, Albatros, flieg."

Der Rest ist beeindruckende Sportlergeschichte: drei olympische Goldmedaillen, 12 Weltrekorde und 24 Europarekorde. 5 Mal wurde er Weltmeister und 13 Mal Europameister. Die Deutschen wählten ihn zwischen 1982 und 1988 vier Mal zum Sportler des Jahres. Michael Groß war nie Everybody's Darling und deshalb umso beliebter. Nach dem Ende seiner Schwimmerkarriere machte der ehrgeizige Frankfurter seinen Doktor in Germanistik und arbeitet nun als Unternehmensberater. An seine sportlichen Erfolge konnte bis jetzt kein deutscher Schwimmer anknüpfen. Den deutschen Rekord von 1986 über 200 Meter Schmetterling hält er noch immer.

342 // GROSSE PREIS, DER

Wim Thoelke und seine Assistentin Beate in der Rateshow „Der große Preis" sind wohl der Inbegriff der Fernsehunterhaltung der 70er und 80er Jahre. Zwar sind Einschaltquoten von 61 Prozent bei nur zwei Hauptsendern und einer Handvoll regionaler Programme noch kein Zeichen von Güte. Doch die Ratesendung, die zugunsten der „Aktion Sorgenkind" veranstaltet wurde, konnte mit ihrem Konzept wirklich überzeugen: Drei Kandidaten mussten sich pro Sendung den Fragen Wim Thoelkes stellen. Zunächst wurde in zwei Spielrunden die Allgemeinbildung geprüft, in der dritten Runde wurde eine dreiteilige Frage zum Spezialgebiet des Kandidaten gestellt, die dieser binnen 60 Sekunden beantworten musste. Um die Familienfreundlichkeit der Sendung zu unterstreichen, sorgten die Zeichentrickfiguren Wum und Wendelin, gezeichnet von Loriot, und Auftritte von Stars wie Nana Mouskouri, Romy Schneider, Roger Whittaker und Kirk Douglas für ein bisschen Abwechslung.

Von 1974 bis 1992 moderierte Wim Thoelke insgesamt 219 Folgen vom „großen Preis"; als er sich aus dem Showgeschäft zurückzog, versuchten zwar noch verschiedene andere Moderatoren, die Sendung weiterzuführen. Es stellte sich aber letztendlich heraus, dass kaum jemand das Format Thoelkes ausfüllte.

343 // GRUBE MESSEL

Leicht vorstellbar ist es nicht, aber die Fossilienfundstätte Grube Messel bei Darmstadt entstand vor 47 Millionen Jahren dort, wo heute Italien liegt. Erst die Verschiebung Europas brachte das damalige Maar nach Norden. Die Erdkruste war mit Entstehung der Alpen mächtig in Bewegung geraten. Durch den Kontakt glutheißer Gesteinsschmelze aus dem Untergrund mit Grundwasser kam es zu Explosionen, die einen Krater entstehen ließen. Der füllte sich mit Wasser. Ohne Frischwasserzufluss füllte sich der See mit Faulschlamm und feinen Sedimenten. Gerieten Tiere wie das berühmte Urpferdchen und Pflanzen in diese Brühe, wurden sie nicht zersetzt, sondern blieben in seltener Güte und Vielfalt in dem im weiteren Verlauf der Erdgeschichte entstehenden

Ölschiefer erhalten. Mehrere Hundert Arten der tropischen Flora und Fauna fand man in dem wertvollen Fenster ins Eozän. Buchstäblich mit Haut und Haaren, nicht abgelegten Eiern und Exkrementen. Nach dem Ende der bewegten Bergbaugeschichte der Grube sollte sie zur Müllkippe werden. Stattdessen wurde sie UNESCO-Welterbestätte.

344 // GRÜNDERJAHRE

Mit den „Gründerjahren" weiß jeder irgendetwas anzufangen – nur nicht immer dasselbe. Die Gründerjahre der Bundesrepublik mit Wiederaufbau und Wirtschaftswunder. Oder jene der Fußballbundesliga. Der 1. FC Köln wurde Meister, und die Bayern waren noch gar nicht dabei. Ebenso eindeutig ist der Begriff in seiner engeren Bedeutung bestimmt: Er bezeichnet eine Epoche im 19. Jahrhundert. Aber selbst das Deutsche Historische Museum in Berlin legt sich gleich zweimal fest: Eine große Ausstellung verlegt die Gründerjahre in den Zeitraum 1848–1871. Dabei stellt das Museum auf den Beginn der Industrialisierung ab. In seiner Online-Ausstellung dagegen liegen die Gründerjahre zwischen 1871 und dem Kriegsbeginn 1914. Der deutsche Sieg im Deutsch-Französischen Krieg 1870/71 spülte hohe Reparationszahlungen Frankreichs ins Land, die einen schönen Aufschwung brachten. Zwar kam es 1873 mit dem „Gründerkrach" an der Börse zu einem jähen Ende dieses Booms, anschließend setzte sich die Industrialisierung allerdings weiter fort und brachte eine neue industriell-bürgerliche Schicht hervor. Am anderen Ende der Gesellschaft verschärfte sich die soziale Frage. Die Städte wuchsen gewaltig, und es entstanden untragbare Mietskasernen und die heute so beliebten noblen „Altbauten" im historistischen Stil.

345 // GRUNDGESETZ

Das deutsche Grundgesetz gilt als in Stein gemeißelte Grundlage für die Bundesrepublik Deutschland und das Zusammenleben des deutschen Volkes. Streng genommen ist es aber lediglich eine Übergangslösung, denn im letzten Paragraphen heißt es: „Dieses Grundgesetz, das nach Vollendung der Einheit und Freiheit Deutschlands für das gesamte deutsche Volk gilt, verliert seine Gültigkeit an dem Tage, an dem eine Verfassung in Kraft tritt, die von dem deutschen Volke in freier Entscheidung beschlossen worden ist."

In der Praxis hat sich das Grundgesetz jedoch als Erfolgsmodell erwiesen, das selbst nach so großen Umwälzungen wie der deutschen Wiedervereinigung mit nur wenigen Änderungen beibehalten wurde. Am 8. Mai 1949 war das Grundgesetz nach teilweise heftigen Debatten und gegen die Stimmen der CSU und der KPD vom Parlamentarischen Rat angenommen worden. Vier Tage später genehmigten die Alliierten das Papier, danach die Landtage. Als einzige Volksvertretung stimmten die Bayern gegen das Grundgesetz; ihnen gingen die föderalen Befugnisse nicht weit genug. Nach Ratifizierung in allen anderen Ländern mussten jedoch auch sie sich vor dem Grundgesetz beugen.

Wichtig war den Vätern und Müttern (Elisabeth Selbert, Friederike Nadig, Helene Wessel und Helene Weber werden häufig vergessen) des Grundgesetzes vor allem, die Fehler der Weimarer Republik und die dadurch möglich gewordene Machtübernahme durch die Nationalsozialisten nicht zu wiederholen. Die Grundrechte (z. B. Meinungs- und Pressefreiheit, Glaubensfreiheit, Recht auf die Entfaltung der eigenen Persönlichkeit) sind nicht wie damals nur Staatsziele, sondern unmittelbar geltendes Recht. Die sogenannte Ewigkeitsklausel in Artikel 79 besagt, dass diese Grundrechte ihrem Sinn nach nie verändert werden dürfen. Außerdem wird die Regierung gegenüber dem Staatsoberhaupt gestärkt, sie ist jetzt nur noch vom Bundestag abhängig.

Auch wenn das Grundgesetz dem Wesen nach nicht verändert werden darf, Umgestaltungen und Neuerungen hat es in den vergangenen Jahrzehnten viele gegeben, einige waren und sind heftig umstritten. 1968 beispielsweise verabschiedete die damalige große Koalition aus CDU/CSU und SPD die Notstandsverfassung, die die Handlungsspielräume der Parlamente im Ernstfall regelt. Ebenfalls heftig umkämpft waren 1993 die Einschränkung des Grundrechts auf Asyl und 1998 die Einführung des großen Lauschangriffs.

346 // GRÜNDLICHKEIT

Die Gründlichkeit gilt wohl vielen Nichtdeutschen als die deutscheste aller deutschen Tugenden, und bei ihr haben Deutsche wie Nichtdeutsche die wohl zwiespältigsten Gefühle überhaupt: Ist doch das Dritte Reich noch nicht allzu lange her, in dem diese „Tugend" Millionen Menschen das Leben kostete.

Inzwischen aber weiß selbst das Ausland die Akribie und den Fleiß, mit dem die Deutschen angeblich zu Werke gehen, wieder zu schätzen: Allseits wird die deutsche Gründlichkeit wieder gelobt, und deutsche Handwerker und Ingenieure finden im Ausland ihrer gründlichen und sorgfältigen Arbeit wegen mit Kusshand Jobs. Beim Recycling und Energiesparen gilt „German efficiency" als vorbildhaft, ebenso bei deutschen Waren, allen voran den Autos. Besonders beachtenswert aber und ein Beweis sprichwörtlicher Gründlichkeit sind für Touristen in Deutschland die automatischen, selbstreinigenden Toilettensitze. Und das sehen die Deutschen genauso: Gründlich saubere Toiletten gelten 60 Prozent aller Bundesbürger als Visitenkarte des Hauses, und sie reinigen sie daher mindestens einmal wöchentlich.

347 // GRÜNER PUNKT

Ein wenig erinnert der „Grüne Punkt" an Yin und Yang. Licht und Schatten verbinden sich mit dem Dualen System Deutschland (DSD), dessen Symbol die beiden ineinandergreifenden runden Pfeile in Grün und Weiß sind. Das Unternehmen wurde 1990 zur Förderung der Müllvermeidung und Wiederverwertung gegründet. Das Logo dürfen Lizenznehmer gegen Gebühr auf ihre Verkaufsverpackungen

drucken. So gekennzeichneter Abfall wird nach der getrennten Sammlung durch Entsorgungspartner des DSD gegen Entgelt verwertet. Manche Kritiker beschreiben diese Lösung so: Sie sei aufwendig, teuer und anfällig für Manipulationen, bringe dafür aber nichts und tue keinem weh.

Das DSD erfüllt die gesetzlichen Recyclingvorgaben. Papier, Glas und Metall sind aber auch früher schon größtenteils wiederverwertet worden. Kunststoffe werden dagegen nur zu minderwertigen Produkten oder sie werden verbrannt. Wie gehabt. Eines hat das Symbol sicher befördert: Die Selbstwahrnehmung der Deutschen als Umweltschutzweltmeister.

348 // GRÜNKOHLESSEN

So, wie das Mysterium des Weißwurstzuzelns Norddeutschen wohl ewig verschlossen bleiben wird, so werden Süddeutsche vielleicht nie verstehen, wie viel Heimatgefühl, Glück und Geborgenheit das Grünkohlessen vermittelt. Wer Grünkohl isst, taucht ein in die gute alte Zeit und bietet dem Winter trotzig die Stirn. Wer Grünkohl isst, ahnt, wie hart es früher gewesen sein muss, den Dezember zu überleben. Nur wer Grünkohl gegessen hat, hat somit Weihnachten wirklich verdient. Wer Grünkohl isst, braucht keine Globalisierung der Speiselandschaft; Sushi und Tapas sind als Grünkohlessensbegleiter fehl am Platz. Wer Grünkohl isst, braucht Pinkel (und einen ehrlichen Korn). Pinkel! Wie fein das schon klingt, doch mit dem Pinkeln hat es trotz anderslautender Minderheitsmeinung wenig zu tun. Vielmehr kommt „Pinkel" aus dem Ostfriesischen, so wie auch der beste Grünkohl aus Ostfriesland und aus dem Oldenburgischen Land kommt. Namensgeschichtlich ließe sich „Pinkel" als „kleiner Finger", „kleine Wurst" übersetzen. In Kombination mit Kasseler und einer schier überlangen Schmurgelphase durchwirkt diese äußerst fettreiche, geräucherte Grützwurst den Grünkohl erst so richtig, den man nicht vor dem ersten Frost ernten und verzehren soll. Grünkohl zu essen ist also nicht nur ein Beweis von Charakter, es kann lecker schmecken.

349 // GRUPPE 47

Sie ist eine Legende: die „Gruppe 47", 1947 von Alfred Andersch und Hans Werner Richter mit der Absicht gegründet, nach dem Zweiten Weltkrieg die deutsche Literatur neu zu begründen. Wer zu den halbjährlichen losen Treffen der Gruppe eingeladen wurde, um dort unveröffentlichte Manuskripte zu lesen, über die Entnazifizierungspolitik der Alliierten und die Restaurationspolitik der Adenauerära zu diskutieren und einen klaren Bruch mit aller während des Nationalsozialismus entstandenen Literatur herbeizuführen, galt bald als der neuen literarischen Elite des Landes angehörig. Die Literatur der langsam aus dem Exil heimkehrenden deutschen Schriftsteller lehnten die Gründungsväter jedoch ebenso ab wie jene der „Inneren Emigration" und forderten: „Wer im Nationalsozialismus wirklich mitgemacht hatte, konnte nicht bei der Gruppe 47 sein! (...) Wer im Dritten Reich mitgeschrieben hatte, war nicht eingeladen!" So zählten bald Siegfried Lenz und Heinrich Böll ebenso zu den Mitgliedern der Gruppe 47 wie Ilse Aichinger, Ingeborg Bachmann, Fritz Joachim Raddatz, Paul Celan, Hans Magnus Enzensberger und Günter Grass – auch wenn einige von ihnen nicht gar so unschuldig den Nationalsozialismus überstanden hatten.

350 // GUTENBERG, JOHANNES

Man weiß kaum etwas über den Mann, der durch die Erfindung der beweglichen Lettern den Buchdruck revolutionierte und mit der 42-zeiligen Gutenberg-Bibel ein frühes Meisterwerk der Buchdruckerkunst schuf.

Irgendwann um 1400 herum wurde Johannes Gutenberg unter dem Namen Johannes Gensfleisch zur Laden geboren, als Sohn eines Patriziers. Man weiß, dass er zwischendurch in Straßburg lebte, sich dort Geld lieh und vermutlich – obwohl er auch als Goldschmied arbeitete – mit dem Buchdruck experimentierte. Doch seine Erfindung kann er erst in der reichen kurfürstlichen Stadt Mainz machen, in die er nach einigen Jahren zurückkehrt; dort eröffnet er mit geliehenem Geld eine Druckerwerkstatt, deren bedeutendstes Werk die besagte Bibel ist: Mit Hilfe von etwa 20 Mitarbeitern erscheint die Heilige Schrift in zwei Bänden mit insgesamt 1.282 Seiten. Gutenberg druckt die insgesamt etwa 180 Exemplare nicht nur mit beweglichen Lettern, sondern auch dreifarbig. Noch knapp 50 Exemplare der teils auf Papier, teils auf Pergament gedruckten Werke sind erhalten und können unter anderem im Gutenberg-Museum in Mainz besichtigt werden.

Johannes Gutenberg starb 1468 und ist in der Franziskanerkirche zu Mainz begraben.

H

Haffner, Sebastian / Hagen, Nina / Hagen von Tronje / Hahn, Otto / Hallervorden, Dieter / Halligen / Hamann, Evelyn / Hambacher Fest / Hamburg / Hamburger Michel / Hamburger Schule / Hammelsprung / Handball / Händel, Georg Friedrich / Handkäs mit Musik / Handwerk / Hannover / Hannoveraner / Hansaplast / Hanse / Hanse Sail in Rostock / Hänsel und Gretel / Hartmann von Aue / Harz / Harzer Käse / Hauff, Wilhelm / Hauptmann, Gerhart / Hauptmann von Köpenick / Hausbuch / Hauser, Kaspar / Hausfrau / Hausschuhe / Haxe / HB-Männchen / Heck, Dieter Thomas / Hegelianismus / Heide / Heidegger, Martin / Heilbäder / Heimat / Heimatfilm / Heimweh / Heine, Heinrich / Heinemann, Gustav / Heinzelmännchen / Held der Arbeit / Helgoland / Hempels / Henckel von Donnersmarck, Florian / Henkel / Henkell Trocken / Herberger, Sepp / Hermann der Cherusker / Herrengedeck / Hertha BSC / Hertz / Herzog, Roman / Hessen / Heuss, Theodor / Heym, Stefan / Hiddensee / Hildebrandt, Dieter / Hildegard von Bingen / Hindemith, Paul / Hipp / Hirsch, röhrender / Hirschgeweih / Hitparade / Hockenheimring / Hoesch AG / Hofbräuhaus / Hohenzollern / Holbein, Hans / Hölderlin, Friedrich / Holzmaden / Homo steinheimensis / Homöopathie / Hopfen und Malz / Hubschrauber / Hufeland, Christoph Wilhelm / Humboldt, Alexander Freiherr von / Humor / Hygiene

351 // HAFFNER, SEBASTIAN

Der herausragende Publizist wurde unter dem Namen Raimund Pretzel am 27. Dezember 1907 in Berlin geboren. Haffner kam aus einer preußischen Familie und sollte wie sein Vater eine Laufbahn im Staatsdienst einschlagen. So studierte er Jura, promovierte und qualifizierte sich zum Richteramt. Doch unter dem Naziregime wollte Haffner diese Tätigkeit nicht ausüben, schlug sich mit Anwaltsvertretungen durch, wandte sich dem Kulturjournalismus zu und emigrierte im Jahr 1938 mit seiner jüdischen Verlobten nach London. Dort arbeitete er zunächst in der Exilzeitung „Die Zeitung" und legte sich das Pseudonym Sebastian Haffner zu, um seine in Deutschland verbliebene Familie nicht zu gefährden. Ab 1942 schrieb Haffner für den Observer und arbeitete von 1954 bis 1961 als Deutschlandkorrespondent für die Londoner Sonntagszeitung.

Seine konservativen Meinungsbeiträge bei Werner Höfers Internationalem Frühschoppen, aber auch seine eher linken Ansichten, die er im Schatten der „Spiegel-Affäre" in seiner Kolumne im „Stern" ab 1963 kundtat, waren bei Haffner nie ein Widerspruch. Denn Haffner war nicht eindeutig einer politischen Richtung zuzuordnen, er bildete seine Positionen aus den Tatsachen und seinen Vorstellungen von Ethik und Moral – nach seiner „Nase", wie er selbst in der „Geschichte eines Deutschen" sagte. Mit seiner Churchill-Biographie von 1967 ließ Haffner erstmals seine historisch-analytische Meisterschaft aufblitzen. Diese brachte er mit den 1978 veröffentlichten „Anmerkungen zu Hitler" zur Vollendung und schuf einen Meilenstein der geschichtsessayistischen Literatur, indem er mit unaufgeregten und anschaulichen Worten das Hitler-Regime in einer unprätentiösen Weise auseinandernahm, an der sich die medial allgegenwärtigen Unterhaltungs- und „Faszination-des-Grauens-Historiker" ein Beispiel nehmen sollten.

Sebastian Haffner, der am 2. Januar 1999 im Alter von 91 Jahren starb, war eine der größten Figuren der deutschen Publizistik. In seinem Nachlass fand man sein erstes Werk „Geschichte eines Deutschen – Die Erinnerungen von 1914–1933", das von seiner Frau Sarah Haffner und seinem Sohn Oliver Pretzel post mortem veröffentlicht und sein letzter großer Erfolg wurde.

352 // HAGEN, NINA

Die 1955 in Berlin (Ost) geborene Nina Hagen ist Sängerin, Schauspielerin und Ufo-Gläubige. Die Tochter der Schauspielerin Eva-Maria und des Drehbuchautors Hans Hagen wird wahrgenommen als schwererziehbarer Paradiesvogel, wabernd zwischen Wahnsinn und kosmischer Erleuchtung. Dabei ist die Ziehtochter Wolf Biermanns an künstlerischer Originalität, Kompromisslosigkeit und Langlebigkeit kaum zu überbieten.

Zwanzig Alben und zahlreiche Singles sang und schrieb die ausgebildete Sängerin. Die Platten „Nina Hagen Band" und „Unbehagen" zählen für viele zum Besten, was deutscher Rock hervorgebracht hat. Schon in der DDR wurde sie mit dem Song „Du hast den Farbfilm vergessen" populär. Das von Michael Heubach von „Automobil" geschriebene Stück gehört heute zum Soundtrack eines verschwundenen Landes. Dem westdeutschen Publikum wurde sie nach ihrer Emigration durch ihre Interpretation des Rock mit schriller und alternierender Charakterstimme zum Begriff.

Ihren ersten Berufswunsch hat sie bis in die jüngste Zeit in einigen Filmen und Serien-Auftritten verwirklicht, obwohl ihr Talent zu Beginn nicht für die Schauspielschule reichte. Legendär sind ihre Fernsehauftritte. Im ORF erläuterte sie gestenreich die weibliche Masturbation, und im ZDF fällte sie über Jutta Ditfurth ein vernichtendes Urteil: „Blöde, blöde Kuh!"

353 // HAGEN VON TRONJE

Hagen von Tronje ist wohl eines der besten Beispiele dafür, dass man nicht zu tief ins Glas schauen sollte. Denn während seine Mutter Ute einst betrunken war, erschien ihr ein Alb (ein eher dämonisches Wesen der germanischen Mythologie) und zeugte mit ihr ein Kind: Hagen.

Und so zeigt Hagen auch im Nibelungenlied immer sein janusköpfiges Gesicht: als heldenhafter Recke, der seinem König Gunther als treuer Vasall und Ratgeber zur Seite steht, und als verschlagener Judas, der Vertrauen und Brüderlichkeit verrät, um die gekränkte Eitelkeit seiner Königin Brünhild zu rächen. Er meuchelt den stolzen, eigentlich unverwundbaren Siegfried hinterrücks mit seiner Lanze, die er in die einzige verwundbare Stelle dessen Körpers stößt, und stiehlt danach das Gold der Nibelungen, damit sich Siegfrieds Frau Kriemhild nicht rächen kann. Doch die Stunde der jungen Witwe schlägt, als der Hunnenkönig Etzel (Attila) um sie wirbt. Sie lockt das ganze Burgundergeschlecht in einen Hinterhalt, und obwohl Hagen diesen ahnt, zieht er an Etzels Hof, um nicht als Feigling zu gelten. Sein Motto: Wenn wir schon untergehen müssen, dann nehmen wir so viele Feinde wie möglich mit. Und so tötet er auf der Reise Wasserfrauen, die ihm wahrsagen, einen Fährmann, zahllose Hunnen und schließlich Kriemhilds Sohn, bis er von deren Hand endlich niedergestreckt wird. Von so viel brutalem Amazonentum entsetzt, erschlägt schließlich der alte Waffenmeister Dietrichs von Bern, Hildebrandt, die stolze Burgundertochter, um Hagens Tod durch ein Weibsbild zu sühnen.

354 // HAHN, OTTO

1945 wurde der deutsche Chemiker Otto Hahn von der Königlich Schwedischen Akademie mit dem Nobelpreis ausgezeichnet, der ihm 1946 von König Gustav V. von Schweden überreicht wurde. Hahn hatte ab 1938 in Berlin bewiesen, dass ein Urankern, den man mit Neutronen beschießt, in kleinere Atomkerne gespalten wird. Bis dahin hatte die wissenschaftliche Welt angenommen, er würde sich – etwa wie ein Wassertropfen, auf den ein weiterer Wassertropfen fällt – einfach vergrößern.

Seit Jahren hatten Otto Hahn und die österreichische Physikerin Lise Meitner gemeinsam in ihrem Labor im Kaiser-Wilhelm-Institut Berlin an dem Beschuss von Uran mit Neutronen gearbeitet. Ihre Forschungen standen kurz vor dem Abschluss, als die Jüdin Meitner 1938 über die Niederlande nach Schweden fliehen musste. In einem regen Briefwechsel informierte Hahn Meitner wenig später, er habe bei zwei Versuchen Spuren des Elements Barium nach dem Beschuss des Urans nachweisen können. Hahn selbst hielt dies für einen Fehler im Versuchsaufbau, während Meitner in ihrem schwedischen Exil den Schluss zog, der Urankern habe sich gespalten. Ihr wurde dabei ebenso klar, dass sich die dafür nötige Energie mit Einsteins $E = m \times c^2$ erklären ließ.

Otto Hahn führte daraufhin seine Versuchsreihen fort und konnte im Dezember 1938 die Kernspaltung beweisen. Seine Ergebnisse veröffentlichte er im Januar 1939 in der Zeitschrift „Die Naturwissenschaften"; Lise Meitner lieferte im Februar 1939 – zusammen mit ihrem Neffen Otto Robert Frisch – die theoretisch-physikalische Erklärung für die Kernspaltung in der britischen Zeitschrift „Nature".

Für die Entdeckung der Kernspaltung erhielt Hahn allein den Nobelpreis für Chemie. Lise Meitner wurde später lediglich mit dem Otto-Hahn-Preis und dem Bundesverdienstkreuz ausgezeichnet.

355 // HALLERVORDEN, DIETER

„Mann, ist das langweilig!" Zwei Gefängnisinsassen sitzen enerviert auf ihren Pritschen und kommen auf eine brillante Idee: „Komm, wir spielen Kaufmannsladen ..." Gesagt, getan – der erste Insasse betritt den imaginären Laden: „Palim, Palim – ich hätte gerne eine Flasche Pommes Frites." Der zweite Insasse ist aus seinem Konzept gebracht und fordert seinen Kumpel auf, das Ganze ernster zu nehmen und noch einmal hereinzukommen. Hallervorden leistet gehorsam Folge: „Palim, Palim, ich hätte gerne eine kleine Flasche Pommes Frites." – „Komm ich zeig dir mal, wie man so was spielt", spricht der andere verzweifelt. So tauschen die beiden die Rollen, und die Szene beginnt von Neuem: „Palim, Palim

– ich hätte gerne Pommes Frites", ruft der Gefängniskollege freudig, und Hallervorden entgegnet: „Ja haben Sie denn 'ne Flasche mit?"

Der deutsche Humor des letzten Jahrtausends hatte in Dieter Hallervorden zweifelsohne seinen Kaiser, und mit dem Sketch „Palim, Palim" aus der Serie „Nonstop Nonsens" hat er sich bis heute in die Hirne der Zeitzeugen gebrannt.

Der am 05.09.1935 als Dieter Herbst in Dessau geborene Komiker, Moderator und Entertainer versuchte nach seinem Studium in West-Berlin vergeblich, an der Schauspielschule angenommen zu werden, und gründete kurzerhand 1960 die Kabarettbühne „Die Wühlmäuse", der er bis heute als Direktor vorsteht.

Nach ersten Fernseh- und Filmauftritten gelang Hallervorden im Jahre 1975 der Durchbruch mit der Sketch-Serie „Nonstop Nonsens". Aber er machte auch als „Sänger" mit Hits wie „Die Wanne ist voll" Karriere und brachte insgesamt zehn Filme ins Kino. Nach verschiedenen Fernsehproduktionen wie „Spottschau", „Hallervordens Spott-Light" und „Verstehen Sie Spaß?" widmet sich Dieter Hallervorden heute wieder verstärkt seinen Bühnenprogrammen. Immer in der Hoffnung, dass niemand auf die Idee kommt, im Sinne der „Palim-Palim-Gefängnisinsassen" zu behaupten: „Mann, ist das langweilig."

356 // HALLIGEN

Die Halligen sind eine aufregende Besonderheit des schleswig-holsteinischen Wattenmeeres. Zehn winzige Eilande mit knapp 300 gastfreundlichen Bewohnern bieten Touristen einzigartige Natur, der Vogelwelt ein Paradies und der Festlandküste wichtigen Schutz vor den Gewalten der Nordsee.

Von der größten Hallig, Langeneß, über die bekannteste, Hooge, bis zur kleinsten, Habel, sind sie allesamt Überreste eines weiten Marschlandes, das der heutigen Küstenlinie einstmals vorgelagert war. Diese sogenannten Uthlande wurden bei zahlreichen Sturmfluten weitgehend zerstört, wobei tausende Menschen starben.

Bis heute ist das Leben oder ein Besuch auf einer Hallig sehr abenteuerlich, denn die flachen Inseln werden viele Male im Jahr vom Hochwasser überspült. Deshalb leben die Menschen auf künstlich aufgeschütteten Warften, und ein sturmflutsicherer Schutzraum auf Betonstelzen ist obligatorisch.

357 // HAMANN, EVELYN

„Liebe Frau Hamann, wenn Sie auf unsere Kosten mehrere Wochen täglich Schweinshaxen essen, meinen Sie, Sie werden dann fülliger?", fragte Vicco von Bülow Evelyn Hamann bei ihrer ersten Begegnung, die Teil ihrer späterer Sketche hätte sein können. Suchte Loriot eigentlich eine Partnerin vom Typ „blonde, pummelige Hausfrau", so war die am 06.08.1942 in Hamburg geborene Hamann das genaue Gegenteil – brünett, schlaksig und nordisch unterkühlt. Doch ihr herausragendes Talent überzeugte auch den Meister der Milieustudien-Komik, und Hamann wurde Loriots bessere Hälfte.

Von 1976 bis 1979 entblößten die beiden in der ARD-Serie „Loriot I bis VI" die Nöte und Absurditäten des bürgerlichen Lebens à la: „Sie haben ..." – „Nein, sagen Sie noch nichts!" Diese romantische Unterhaltung, die durch eine heimtückisch klebende und wandernde Nudel untergraben wird, ist inzwischen zu einem fast sprichwörtlichen Bild alltäglichen Scheiterns geworden. Und auch die Kinoleinwand konnten von Bülow und Hamann spielend ausfüllen. Als Angebetete bzw. Ehefrau in „Ödipussi" (1988) und „Pappa ante Portas" (1991) brillierte Evelyn Hamann mit ihrer trockenen Zielsicherheit.

Evelyn Hamann starb am 27.10.2007 im Alter von 65 Jahren nach kurzer schwerer Krankheit. Vicco von Bülow traf wie immer die leisen Töne für sein künstlerisches alter Ego und verabschiedete sich mit den Worten: „Liebe Evelyn, dein Timing war immer perfekt – nur heute hast du die Reihenfolge nicht eingehalten." Dann fügte er mit einem sanften Lächeln hinzu: „Na, warte."

358 // HAMBACHER FEST

Freiheit, Gleichheit und Toleranz sind die Grundpfeiler unseres Grundgesetzes – und sie haben ihren Ursprung in einer frühliberalen Bewegung, zu deren Symbol ein Volksfest wurde.

Nach der Niederlage Napoleons, dem Wiener Kongress und den Bestrebungen, nationale und demokratische Bewegungen wieder zu unterdrücken, bildete sich auch außerhalb Frankreichs zunehmend eine bürgerliche Opposition, die auf die neugewonnenen Rechte nicht verzichten wollte. Enorm hohe Steuern, ein ungerechtes Zollsystem und wirtschaftliche Not schufen eine breite Basis für Widerstand. Um sich gegen die Einschränkung der Pressefreiheit und die um sich greifende Zensur zu wehren, gründeten liberale Pfälzer Bürger und Journalisten unter der Führung der Publizisten Philipp Jakob Siebenpfeiffer und Johann Georg August Wirth im Jahre 1832 den „Deutschen Preß- und Vaterlandsverein", der in kürzester Zeit über 5.000 Mitglieder zählte.

Da politische Versammlungen verboten waren, organisierte der Preßverein am 27. Mai 1832 ein Volksfest auf dem Hambacher Schlossberg. Rund 30.000 Menschen, darunter Franzosen, Polen, Frauen, Abgeordnete, Studenten, Handwerker, Bürger und Bauern, zogen singend, mit wehenden schwarz-rot-goldenen Flaggen zur Hambacher Schlossruine. Die Redner forderten Freiheit, Bürgerrechte und die nationale Einheit Deutschlands. Zwar wurde in der Folge die Pressezensur verschärft und politische Vereine, das Tragen der Farben Schwarz-Rot-Gold und die Aufstellung von Freiheitsbäumen wurden verboten, doch das Hambacher Fest blieb immer ein Symbol der Hoffnung auf Demokratie in Deutschland.

359 // HAMBURG

„Hamburg, meine Perle, du wunderschöne Stadt, du bist mein Zuhaus, du bist mein Leben, du bist die Stadt, auf die ich kann", singt Lotto King Karl vor jedem Heimspiel mit Begleitung der HSV-Fans in der Arena.

Und er hat Recht: Hamburg ist einfach eine der schönsten Städte in Deutschland. Es gibt dermaßen viel Wasser – die Elbe, den Hafen und die Alster, ein großer See mitten in der Stadt, der bei gutem Wetter mit kleinen Segelbooten übersät ist. Hamburg ist durchzogen von Fleeten und Kanälen, zählt rund 2.496 Brücken, mehr als in Venedig und Amsterdam zusammen.

Natürlich hat Hamburg noch viel mehr zu bieten: Jeder kennt die Reeperbahn, die Landungsbrücken, die Speicherstadt, den Michel, den Jungfernstieg, St. Pauli. Und gleichzeitig rechnet jeder Besucher mit schlechtem Wetter und der kühlen Hamburger Art. Dabei ist Wuppertal erwiesenermaßen die Stadt mit dem meisten Niederschlag, und an den raueren Charme der Hamburger hat man sich schnell gewöhnt. Dafür kann man sich fast nicht sattsehen an den vielen Stadtvillen, ganzen Straßenzügen und Stadtteilen mit hohem Altbaubestand und so viel Grün!

360 // HAMBURGER MICHEL

Der Hamburger Michel ist das Wahrzeichen der Freien und Hansestadt Hamburg und die größte Barockkirche der Hafenstadt. Sein Bau begann 1647 gegen Ende des Dreißigjährigen Krieges, als Hamburg um die Neustadt erweitert wurde. Die Turmuhr ist mit acht Meter Durchmesser die größte Kirchenuhr in Deutschland. Die charakteristische Kupferkuppel war mal mehr, mal weniger mit Patina überzogen. So wechselte die Farbe mehrfach von Rötlichbraun bis ins hamburgische Hellgrün, das auch die Dächer rings der Binnenalster ziert. Die Kirche wurde dreimal durch Brand zerstört und wieder aufgebaut, so war sie gerade nach den verheerenden Zerstörungen des Zweiten Weltkriegs ein Symbol für den Wiederaufbau der ganzen Stadt.

Sie ist eine der fünf Hauptkirchen Hamburgs, jedoch die bekannteste unter ihnen. Auf drei großen Orgeln begleitet könnte das in den evangelischen Gottesdiensten von St. Michaelis feierlich besungen werden. Die berühmtesten Kantoren dieser musischen und sangesfreudigen Gemeinde waren auch keine Geringeren als Georg Philipp Telemann und Carl Philipp Emanuel Bach. Für Seemänner ist der 132 Meter hohe Turm der dem Erzengel Michael geweihten Kirche stets Orientierung gewesen. Und war man da angelangt, hatte man die Reeperbahn verpasst.

361 // HAMBURGER SCHULE

Was den Philosophen die Frankfurter, ist den Popmusikern die Hamburger Schule. Der vom „taz"-Redakteur Thomas Groß geprägte Begriff deutet an, was leicht als Größenwahn verstanden werden könnte: Deutsche Songtexte, die sich anspruchsvoller als das Mainstream-Gesingsange mit gesellschaftspolitischen und existentiellen Themen auseinandersetzen, sind im Land der Dichter und Denker zumindest namentlich gleich in der philosophischen Ecke anzusiedeln.

Die ersten Vertreter dieser eher schlecht gelaunten Elite waren in den 1980er Jahren „Cpt. Kirk &.", „Kolossale Jugend", „Die Erde", „Die Goldenen Zitronen" und „Huah!". Bald darauf bildete sich eine erstaunliche Allianz aus der westfälischen Wald- und Auenmetropole Bad Salzuflen und Hamburg. Vermutlich aus Verzweiflung hatte sich in Bad Salzuflen eine eigene Szene deutschsprachiger Musik gebildet, zu der unter anderem Frank Spilker („Die Sterne"), Bernadette La Hengst („Die Braut haut ins Auge"), Jochen Distelmeyer („Blumfeld") und Bernd Begemann („Die Antwort") gehörten. Letzterer zog nach Hamburg und holte viele Künstler des Bad Salzufler „Fast Weltweit"-Labels nach Hamburg. Mit Erfolg: In den 90er Jahren schafften vor allem drei Bands, die zur Hamburger Schule gezählt werden, den kommerziellen Durchbruch: „Blumfeld", „Die Sterne" und „Tocotronic".

362 // HAMMELSPRUNG

Auf der Heimreise vom Trojanischen Krieg landete Odysseus mit seinen Gefährten auf einer Insel, die von Zyklopen bewohnt war. Mit zwölf Männern betrat er die Höhle des Polyphem, um Nahrung zu erbitten. Doch Polyphem, Sohn des Poseidon, kannte das Gastrecht nicht, verschloss seine Höhle und fraß zwei Männer des Odysseus auf. Odysseus, der sich dem einäugigen Riesen unter dem Namen „Niemand" vorgestellt hatte, begann, ihn mit mitgebrachtem Wein betrunken zu machen. Dann nahm er einen brennenden Holzstab und rammte ihn in des Zyklopen Auge. Der brüllte vor Schmerz, doch weil er rief: „Niemand würgt mich mit Arglist!", kam ihm keiner seiner Genossen zu Hilfe. Odysseus aber versteckte sich mit seinen Männern, und als Polyphem am nächsten Tag seine dickwolligen Widder auf die Weide bringen wollte, klammerten sich die Männer am Bauchvlies der Tiere fest. Einzeln ließ Polyphem die Tiere aus der Höhle, tastete ihre Rücken ab und konnte Odysseus mit seinen Männern doch nicht entdecken. So entkam Odysseus dem Zyklopen Polyphem.

Damit bei Abstimmungen im Deutschen Bundestag bzw. früher im Reichstag in Zweifelsfällen keine Stimme entkommt, wurde 1874 das Hammelsprungverfahren eingeführt. In der Regel wird im Deutschen Bundestag durch Handzeichen oder durch Aufstehen bzw. Sitzenbleiben abgestimmt; in Zweifelsfällen aber, wenn auch die Gegenprobe kein eindeutiges Ergebnis ergibt, verlassen die Abgeordneten den Plenarsaal und betreten ihn durch eine von drei Türen, die jeweils für Ja, Nein oder Enthaltung stehen. Und weil im alten Berliner Reichstag ein Intarsienbild über der „Ja"-Türe den geblendeten Zyklopen Polyphem zeigte, der seinen Widdern über den Rücken streicht, nannten die Abgeordneten dieses Verfahren bald Hammelsprung.

363 // HANDBALL

Mancher mag sich verwundert die Augen reiben: Nach der „Fußlümmelei" ist Handball die zweitbeliebteste Sportart in Deutschland. Allerdings in jeder Hinsicht mit weitem Abstand: Bei den Zuschauerzahlen, der allgemeinen Medienaufmerksamkeit und nicht zuletzt beim zu verteilenden Geld trennen die Sportarten noch Welten. Das mag damit zusammenhängen, dass Handball besonders in der Provinz verankert ist. Aus Gummersbach, Lemgo oder Flensburg kommen die Spitzenteams. Und selbstverständlich aus Kiel mit dem Rekordmeister THW. Allein Hamburg hält das Banner der Metropolen hoch.

Dabei kann der junge Sport auf eine große Tradition im Land zurückblicken. Lässt man seine Vorläufer in grauer Vergangenheit einmal außen vor, trugen deutsche Regelfestlegungen nach dem Ersten Weltkrieg ganz wesentlich zur Entwicklung des Handballs bei. Und zwar zuerst für Mädchen und Frauen und draußen auf dem Feld. Erst in der zweiten Hälfte des 20. Jahrhunderts setzte sich die Halle durch. Von Beginn an haben deutsche Vereins- und Ländermannschaften der Herren und Damen eine ansehnliche Reihe von Titeln in Europa und der Welt erspielt. Auch deswegen erfreut sich der schnelle, abwechslungsreiche und körperbetonte Ballsport wachsender Beliebtheit.

364 // HÄNDEL, GEORG FRIEDRICH

Zu Georg Friedrichs Zeiten ging es nicht immer allzu kultiviert zu in der Musikwelt. In Hamburg duellierten sich der Dirigent Mattheson und sein Freund und Cembalist Händel, weil Händel Mattheson den Platz im Orchester verweigerte. In London beschimpften und schlugen sich zwei Primadonnen der von Händel geleiteten „Royal Academy of Music" während

der Vorstellung. In der britischen Hauptstadt gründeten sich regelrecht verfeindete Fanblöcke, die entweder Händel oder den Komponisten Bononcini unterstützten.

Der am 23.03.1685 in Halle an der Saale geborene Georg Friedrich Händel konnte sich wahrlich nicht über ein unbewegtes Leben beklagen. Bereits als Junge zeigte sich seine außergewöhnliche musikalische Begabung, und er erhielt beim renommierten Organisten Friedrich Wilhelm Zachow eine musikalische Ausbildung. Im Jahre 1703 ging Händel zunächst als Violinist an die erste deutsche Oper in Hamburg. In der Elbstadt erlebte das Publikum nicht nur Händels Raufereien, sondern auch die Uraufführung dreier Opern. Nach einer Zwischenstation in Italien, wo Händel nur bewundernd „Il Sassone" (der Sachse) genannt wurde, begab er sich 1712 nach London, wo er bis zu seinem Tod die meiste Zeit seines Lebens verbrachte. Nach mehreren Misserfolgen im Opernbereich widmete sich Händel in London verstärkt den Oratorien und schuf unvergessliche Werke, wie „Judas Maccabaeus" und „Messias". Manch ein Chorsänger ist bereits an der Generalpause gescheitert, verzählte sich beim „Halleluja" und sang zum Leidwesen der Kollegen mit Inbrunst in die Pause hinein.

Am 14. April 1759 starb Händel in London, und ihm wurde die seltene Ehre zuteil, dort in der Westminster Abbey beigesetzt zu werden.

365 // HANDKÄS MIT MUSIK

Was trennt den Hessen von einem Rheinhessen? Die historisch willkürlich gezogene Bundeslandgrenze zwischen Hessen und Rheinland-Pfalz. Und was verbindet die beiden nach wie vor? Der Handkäs mit Musik!

Sollten Sie sich im Umkreis von Mainz befinden, dann bestellen Sie dieses höchst gesunde Gericht, das meist mit herzhaftem Grau- oder Schwarzbrot gereicht wird und sich hervorragend als Grundlage für (rhein)hessischen Woi-(Wein-) oder Ebbelwoi-Genuss eignet.

Der Handkäs ist ein traditioneller Sauermilchkäse, der wahrscheinlich aus der Umgebung Frankfurts stammt. Der kleine, runde Käse erinnert ein wenig an Harzer. Die Spezialität mariniert man für mindestens eine Stunde bei Zimmertemperatur, am besten bedeckt. Die Marinade besteht üblicherweise aus Weinessig, Apfelwein, Sonnenblumenöl, Pfeffer und Salz. Hinzugegeben werden noch die entscheidenden, möglichst klein gewürfelten Zwiebeln sowie die darmbesänftigenden Kümmelsamen. Je länger der Handkäs in der Marinade zieht, desto weicher, geschmacklich feiner und bekömmlicher ist er. Die humoristisch vielgerühmte „Musik" geht naturgemäß von den Zwiebeln aus. Auch sie kann je nach Laune, Sitzordnung und Geräuschkulisse die Grenze zwischen einem Hessen und einem Rheinhessen überwinden.

366 // HANDWERK

„Handwerk hat goldenen Boden", heißt es im Volksmund, und rund 4,8 Millionen Arbeitskräfte und eine halbe Million Auszubildende bewegen sich in Deutschland auf diesem edlen Untergrund. Und golden ist auch der Griff, wenn man sich einen gut ausgebildeten Handwerker in die eigenen vier Wände holt. Wer schon mal mit angeblichen Alleskönnern und „Das machen wir unter der Hand"-Flüsterern seine Wohnung auf Vordermann bringen wollte, weiß danach die Kunst eines gut ausgebildeten Handwerkers zu schätzen. Denn bundesdeutsche Gesellen und Meister gelten auch international als besonders gewissenhaft, zuverlässig und präzise in der Ausübung ihres Handwerks.

Voraussetzung für den Betrieb des zulassungspflichtigen Handwerks ist in der Regel die Ablegung einer Meisterprüfung und die Eintragung in die Handwerksrolle – was zunehmend auf Kritik stieß. Gegen den heftigen Widerstand des Handwerksverbandes schaffte daher die rot-grüne Bundesregierung im Jahre 2004 den Meisterzwang in 53 von 94 Vollhandwerken ab; das führte prompt zu einem Gründungsboom im Handwerk mit einem Betriebsanstieg von rund 4,8 Prozent. Ob diese Zunahme auch der Ausbildung von Gesellen und der Qualität zugute kommt, wird sich wohl erst langfristig zeigen.

367 // HANNOVER

Hannover eilt nicht der Ruf voraus, besonders aufregend zu sein. Andere Städte sind Hauptstädte der Mode, der Banken oder des Sex-Appeals. Hannover ist die Hauptstadt Niedersachsens. Es liegt am Flüsschen Leine, dort, wo das Land norddeutsch, tief und eben wird.

Aus einem hochwassersicheren Marktflecken am Kreuzungspunkt wichtiger Handelsstraßen entwickelte sich der Ort zur welfischen Residenz-, preußischen Provinzhauptstadt und schließlich zur Landeshauptstadt. Die Verkehrsgunst blieb ein Trumpf der Stadt, und die Verkehrsinfrastruktur entwickelte sich mit den Ansprüchen der Zeit. Den alten Handelsstraßen folgten Eisenbahn, Mittellandkanal und Autobahnen. Heute ist die während des Wiederaufbaus autogerecht überplante Stadt ein wichtiger Industrie-, Dienstleistungs- und Messestandort. Bekannte Firmen haben hier ihren Sitz und gewährleisten eine gute wirtschaftliche Entwicklung. Nicht ganz erfüllte die Expo 2000 genannte Weltausstellung die aberwitzigen Erwartungen.

Außergewöhnlich gute Naherholungsmöglichkeiten bieten großzügige Grünflächen und der künstliche Maschsee. Über die kulturelle Blütezeit lässt sich streiten: Früher wirkten hier Gottfried Wilhelm Leibniz und Georg Friedrich Händel, heutzutage die „Scorpions" und „Scooter". Das klingt alles nicht langweiliger als anderswo.

368 // HANNOVERANER

„Rechteckmodell, langbeinig, großrahmig und geschlossen mit harmonischer Oberlinie, d. h. gut angesetzter Hals, schräge Schulter, langer Widerrist, genügend langer Rücken, breite, gut bemuskelte Lende. Lange, geneigte, muskulöse Kruppe, Aufteilung des Rumpfes etwa gleichlang in Vorhand, Mittelhand und Hinterhand, genügend Brusttiefe bei geschlossener Flanke." So sieht der Prototyp des gut gewachsenen Hannoveraners aus. Mit rund 19.000 eingetragenen Zuchtstuten und 500 Hengsten ist die Hannoveraner- die zahlenmäßig stärkste deutsche Warmblutzucht.

Die Anfänge lassen sich bis ins 16. Jahrhundert zurückverfolgen, denn in Hannover war Pferdezucht seit jeher eine wichtige Einnahmequelle der Bauern – und auch heute noch befindet sich ein Großteil der Stuten in bäuerlicher Hand. Georg II., König von England aus dem Hause Hannover, errichtete 1735 das Landgestüt Celle, das den bäuerlichen Züchtern beste

Hengste zur Verfügung stellte und auch heute noch die tragende Rolle bei der Hannoveranerzucht spielt.

Die Hannoveraner werden heute meist im Dressur- und Springsport eingesetzt, wo sie zu den erfolgreichsten Zuchtrassen gehören.

369 // HANSAPLAST

Ob Buchdruck, Ottomotor oder MP3-Format – erfunden haben es nicht etwa die Schweizer, sondern die Deutschen. Und auch das „Hansaplast"-Pflaster, die geniale Kombination von „Leukoplast" und einer Mullauflage, ist ein Beispiel für den Ideenreichtum und die Kreativität deutscher Erfinder.

Selbstklebend, aber doch leicht ablösbar hilft es bei Wunden und Schnitten, seit die Firma Beiersdorf das Pflaster 1922 unter dem Namen „Leukoplast schneller Wundverband" auf dem Markt brachte. Auch wenn bis heute ungeklärt ist, woher der Name „Hansaplast" eigentlich stammt, so trat der antiseptische Schnellverband seinen weltweiten Siegeszug gegen kleine Verletzungen dennoch unter diesem Namen an. Die kluge Erfindung, die rasch zur Allzweckwaffe in deutschen Erste-Hilfe-Kästen wurde, entwickelte man über die Jahre selbstverständlich weiter: Erst wurde „Hansaplast" elastischer, dann wasserfest, dann kindgerecht bunt, und schließlich kam es sogar als Sprühpflaster aus der Dose. Und so helfen seit Generationen ein Pflaster auf der Wunde, ein Kuss auf die Wange und ein Sprüchlein auf den Lippen, um weinende Kinderaugen zu trocknen: „Heile, heile Segen, drei Tage Regen, drei Tage Schnee – tut schon nicht mehr weh."

370 // HANSE

„Lübeck ein Kaufhaus, Köln ein Weinhaus, Braunschweig ein Honighaus, Danzig ein Kornhaus, Magdeburg ein Backhaus, Rostock ein Malzhaus", hieß es zu Zeiten der Hanse, und der rege Handel sorgte in den Hansestädten für Wohlstand und Reichtum.

Ab Beginn des 14. Jahrhunderts schlossen sich niederdeutsche Fernkaufleute zu der Handelsorganisation zusammen, der bald rund 70 große und 100 bis 130 kleinere Städte angehörten. An der Spitze standen Rostock, Wismar, Stralsund, Greifswald und Wolgast, die ihre wirtschaftlichen Interessen zur Not auch mit politischen und kriegerischen Mitteln durchsetzten. Später umfasste der Bund Städte von den Niederlanden im Westen bis zum Baltikum im Osten und von

Skandinavien im Norden bis nach Krakau im Süden. Aus diesem Raum heraus erschlossen sich die hansischen Fernkaufleute einen wirtschaftlichen Einflussbereich, der im 16. Jahrhundert von Portugal bis Russland und von den skandinavischen Ländern bis nach Italien reichte.

Mit der Schließung des hansischen Kontors in Nowgorod setzte der langsame Niedergang der Hanse ein, der durch die Entdeckung neuer Seewege nach Westen und den Dreißigjährigen Krieg beschleunigt wurde. Nach dem Dreißigjährigen Krieg wurde die hansische Tradition vor allen Dingen in Lübeck, Hamburg und Bremen fortgeführt.

371 // HANSE SAIL IN ROSTOCK

Jedes Jahr seit 1991 trifft sich am zweiten Wochenende im August in Rostock die Fangemeinde der großen Segelschiffe. Hunderttausende Zuschauer betrachten das Schauspiel, wenn bis zu 300 Segel- und Museumsschiffe sowie exklusive maritime Gäste über die Unterwarnow zwischen Rostocker Stadthafen und Ostsee ein- und ausfahren. Dann gehen die Bilder geblähter Segel auf der Ostsee um die Welt.

Tatsächlich sind die Schiffe unterschiedlicher Kategorien ein spektakuläres Motiv vor blauem Himmel, im Sturm oder sogar im Nebel. Koggen und Yachten, Schoner und Haikutter finden sich ein. Dazu kommen Barken wie das Segelschulschiff „Gorch Fock" oder das „Beck's Bier"-Schiff „Alexander von Humboldt". Der Sportsgeist der Windjammerbesatzungen wird bei der Hanse-Sail- und der Hiorten-Regatta von Karlskrona nach Rostock herausgefordert.

372 // HÄNSEL UND GRETEL

Die Sammlung deutscher „Kinder- und Hausmärchen" der Brüder Grimm hält für junge und alte Märchenfreunde viele unvergessliche Geschichten bereit. Darunter „Schneewittchen", „Das tapfere Schneiderlein" und „Aschenputtel". Zu ganz außerordentlicher Berühmtheit hat es aber vor allem die Erzählung vom Geschwisterpaar Hänsel und Gretel geschafft, das sich im Wald verirrt und zu einem Hexenhäuschen gelangt, dessen Besitzerin die beiden gefangen hält, bis es ihnen gelingt, die Hexe in den Ofen zu stoßen.

Trotz der insbesondere für Kinder furchteinflößenden Handlung, in der die Mutter dafür verantwortlich gemacht wird, dass Hänsel und Gretel im Wald ausgesetzt werden, erfreut sich das Märchen seit seiner Veröffentlichung im Jahr 1812 größter Beliebtheit. In den 1890er Jahren ist es von Engelbert Humperdinck sogar als Oper für Kinder, allerdings in einer etwas kindergerechteren Version, vertont worden. Auch das beliebte Kinderlied „Hänsel und Gretel verliefen sich im Wald" kommt ohne die sozialkritische Anlage der ursprünglichen Fassung aus und wird bis heute gern in der Weihnachtszeit beim Verknuspern eines Pfefferkuchenhauses gesungen. Mit derartigen Überlieferungen können sich die Kinder in Deutschland auch in Zukunft noch vor der Hexe gruseln und den praktischen Tipp verinnerlichen, Wegmarkierungen im Wald besser nicht mit Brotkrümeln zu streuen.

373 // HARTMANN VON AUE

„Ein ritter sô gelêret was / daz er an den buochen las / swaz er dar an geschriben vant: / der was Hartman genant". Über das Leben des ersten großen Epikers der hochhöfischen Zeit, Hartmann von Aue, ist wenig gesichert oder überliefert. In den ersten Zeilen des „armen Heinrichs" beschreibt er sich selbst als Ritter, der so gelehrt war, dass er alle Bücher las, die er finden konnte. Das war wohl das Mindeste, was man Hartmann von der Aue zuschreiben sollte, denn gemeinsam mit Heinrich von Veldeke ist er der erste bedeutende Vertreter des aus Frankreich übernommenen höfischen Romans und gilt neben Wolfram von Eschenbach und Gottfried von Straßburg als der bedeutendste Epiker der mittelhochdeutschen Klassik.

Um 1160 geboren, nahm er nach 1189 oder 1197 an einem Kreuzzug teil und starb nach 1210. Zu seinem Werk gehören die beiden Artusromane „Erec" und „Iwein", die Verserzählung „Der arme Heinrich" und das

Streitgespräch im „Klagebüchlein" über das rechte Werben um ein holdes Weib. Wer ein wenig Nachhilfe in diesem Bereich braucht, dem sei mit den Worten Hartmann von Aues geraten: „Swes vröide an guoten wîben stât / der sol in sprechen wol / und wesen undertân. / daz ist mîn site und ouch mîn rât".

374 // HARZ

Mit seiner „Harzreise" hat Heinrich Heine eine literarische Beschreibung geliefert, die jeder Besucher im Gepäck haben sollte. Mit ihr lässt sich das Mittelgebirge prächtig erfahren.

Der Harz erstreckt sich von Goslar im Nordwesten bis Sangerhausen im Südosten. Die im Erdaltertum gefalteten vielfältigen Gesteine und das raue Klima ließen eine abwechslungsreiche Naturlandschaft entstehen, die im „Nationalpark Harz" Schutz gefunden hat. Besonders im ehemaligen Grenzstreifen des Eisernen Vorhangs, der quer über den 1.142 m hohen Brocken verlief, konnte sie sich erhalten. Der Brocken ist jener Berg, von dem den Tagesschau-Zuschauer in schöner Regelmäßigkeit Bilder von sich fröhlich gegen den Wind lehnenden Menschen erreichen.

Erzbergbau und Forstwirtschaft haben den Raum jahrhundertelang geprägt. Heute lädt der kulturgeschichtlich reiche Harz Touristen zum Wandern, Klettern, Radfahren und Mountainbiking, Wintersport und Baden ein. Die Sole-Thermalquellen rund um den Harz haben eine ganze Reihe Traditionskurorte entstehen lassen. Dort lindern Profis die alters- und wohlstandstypischen Erkrankungen der modernen Menschen. Damit diese anschließend zu den Hexen auf den Brocken (auch „Blocksberg") ziehen und Walpurgisnacht feiern können.

375 // HARZER KÄSE

Harzer Käse ist der Käse mit dem geringsten Fettgehalt der Welt, wenn nicht der ganzen Milchstraße. Er enthält weniger als 1 % Fett in der Trockenmasse. Wenn Sie also ein paar Pfunde verlieren möchten, dann können Sie sich zwar nicht den mühseligen Sport, aber immerhin die gerade modische Diät sparen. Mit gutem Gewissen können Sie nach altdeutscher Art den Harzer Käse herzhaft genießen und nehmen dabei noch lebenswichtige Inhaltsstoffe auf: viel Eiweiß, Kalzium und Vitamine.

Bei dem Traditionsprodukt handelt es sich um einen Sauermilchkäse aus Magerquark, der im weitergefassten Harzland seit Jahrhunderten hergestellt wird. Der mehr oder weniger pikante Geschmack hängt in erster Linie vom Reifegrad ab. Auch die leicht rötliche Farbe ist geschmacksrelevant, sie entsteht bei der Verfeinerung des Käses durch die erwünschten Rotschmierekulturen.

Harzer Käse genießt man traditionsgemäß auf schrotigem Schwarzbrot, urigem Graubrot, mit oder ohne Butter, doch immer mit kulinarisch dazu harmonierendem und bekömmlichem Kümmel. Man kann mit Harzer auch raffinierte Gratins und Soufflés bereiten. Der Phantasie sind keine Grenzen gesetzt. Nur beim Geruch schreckt manchmal die Einbildungskraft zurück.

376 // HAUFF, WILHELM

Mit 25 Jahren fängt heute für viele Deutsche das Leben erst richtig an – das Wilhelm Hauffs endete knapp 25-jährig, als er am 19. November 1827 in Stuttgart einem Nervenfieber erlag. Doch in seinen wenigen Lebensjahren hat Hauff mehr geschaffen, als die meisten Menschen nach 80 Lebensjahren von sich behaupten können.

Die heute noch bekannten Werke des Dichters sind wohl seine drei Märchenalmanache, die unter den Namen „Die Karawane", „Der Scheich von Alessandria und seine Sklaven" und „Das Wirtshaus im Spessart" bekannt sind. Diese Werke der Spätromantik gehören zu den schönsten deutschen Märchen überhaupt und werden mittlerweile durchaus als Weltliteratur angesehen – auch wenn Hauffs Zeitgenossen sie kaum wahrnahmen. Zu unmodern war das Genre zu Hauffs Zeit.

Stattdessen galt Wilhelm Hauff als Romanautor: Mit „Lichtenstein" feierte er 1826 seinen größten literarischen Erfolg, mit „Der Mann im Mond oder Der Zug des Herzens ist des Schicksals Stimme" wurde er 1825 über Nacht berühmt und gleich verklagt: Unter dem Namen H. Clauren, einem Zeitgenossen, dessen Schundromane beliebt waren, schrieb Hauff das Buch in so übertriebener Weise, um die Leser von schlechter Literatur zu „kurieren". Doch diese wollten sich nicht kurieren lassen; sie feierten den neuen Roman, den sie Clauren zuschrieben. Claurens Verlag klagte, und Hauff wurde zu 50 Talern Geldbuße verurteilt – die er in kürzester Zeit mit seinem satirischen Roman wieder eingenommen hatte. Denn nun kauften nicht nur die Clauren-Fans, sondern auch die Neugierigen – Hauff war berühmt.

Zwei Jahre verblieben Hauff danach noch, um seine Hauptwerke zu verfassen, die heute ein fester Bestandteil eines jeden Bücherregals sein sollten.

377 // HAUPTMANN, GERHART

Einer der bedeutendsten Vertreter naturalistischer Dichtkunst wurde am 15. November 1862 im schlesischen Ober Salzbrunn (heute Szczawno Zdrój/Bad Salzbrunn) als Sohn eines Wirts geboren. Gerhart Hauptmanns Weg zur Schriftstellerei führte jedoch über viele Umwege: eine Landwirtschaftslehre, ein Kunst- und später Philosophiestudium, dann eine Arbeit als Bildhauer in Rom. Dank seiner Ehe mit der Großkaufmannstochter Marie Tiedemann konnte er sich das frühe Scheitern zumindest in finanzieller Hinsicht leisten.

Als er dann endlich zu schreiben begann, wurde er mit seinen Sozialdramen „Vor Sonnenaufgang" (1889), „Die Weber" (1892) und „Biberpelz" (1893) schlagartig bekannt. Wegen der ihnen innewohnenden Sozialkritik und der freimütigen Darstellung von Sexualität und Alkoholismus konnten Hauptmanns Stücke jedoch zunächst nur auf geschlossenen Gesellschaften vorgeführt werden. Während Hauptmann in der Folge von sozialdemokratischen Kreisen gefeiert wurde, bekannte sich Kaiser Wilhelm als ausgewiesener Gegner Hauptmanns. Der Kaiser kündigte seine Loge im Deutschen Theater und legte gegen die Verleihung des Schillerpreises an Hauptmann im Jahre 1896 sein Veto ein.

Nach der Jahrhundertwende war die öffentliche Wertschätzung Hauptmanns jedoch nicht mehr aufzuhalten – der Höhepunkt zahlreicher Ehrungen war die Verleihung des Literaturnobelpreises an Gerhart Hauptmann im Jahre 1912.

378 // HAUPTMANN VON KÖPENICK

Der größte Coup der deutschen Kriminalgeschichte, die größte Hanswurstiade und Eulenspiegelei ereignete sich 1906 in Köpenick, damals Vorort von Berlin: Ein aktenkundiger Schlawiner namens Wilhelm Voigt schlug den preußischen Militär- und Obrigkeitsstaat mit dessen eigenen Waffen. Er war ein vom Leben geprüfter Pechvogel, ein aus Ostpreußen stammender arbeitsloser Schuhmacher, der selbstverschuldet mit der Justiz in Konflikt kam, dann aber auf bürokratische Unbarmherzigkeit stieß, die ihm den Rückweg in die Gesellschaft praktisch unmöglich machte. Sein Geniestreich war einfacher Art: Verkleidet als preußischer Hauptmann scharte er zehn Gardesoldaten um sich, mit deren Beistand er den Bürgermeister von Köpenick seines Amtes enthob und die Stadtkasse an sich nahm. Die Beamten ließ er verhaften und nach Berlin zur Neuen Wache führen. All das geschah „auf allerhöchsten Befehl" – mit der Autorität der Uniform. Kaiser Wilhelm II. zeigte sich amüsiert: „Da kann man sehen, was Disziplin heißt. Kein Volk der Erde macht uns das nach!", soll sein Kommentar gewesen sein. Wilhelm Voigt wurde begnadigt und machte Tournee mit seiner Geschichte. Carl Zuckmayer schrieb ein Stück dazu, und Harald Juhnke war die perfekte tragikomische Besetzung.

379 // HAUSBUCH

Als Hausbücher bezeichnet man allgemein von Gelehrten verfasste Sammelhandbücher aus dem 15. und 16. Jahrhundert, die vor allem von Adelsfamilien und später auch vom wohlhabenden Bürgertum in Auftrag gegeben wurden. In den Hausbüchern wurden hauswirtschaftliche, gesellschaftliche, geistliche und auch Texte zur Kriegskunde zusammengefasst und oft reich bebildert und illustriert.

Das berühmteste Hausbuch stammt aus dem Jahre 1480 und befand sich ab dem 17. Jahrhundert im Besitz der oberschwäbischen Adelsfamilie Waldburg-Wolfegg. Es enthält neben der Sammlung praktischen Wissens zahlreiche prächtige Zeichnungen auf Pergament, die wertvolle Einblicke in den Alltag des Spätmittelalters geben. Außer medizinischen und hauswirtschaftlichen Rezepten finden sich in dem Kompendium unter anderem auch Texte zur Gedächtniskunst, zum ritterlichen Leben und zur Kriegskunst. Das wissenschaftlich unbezahlbare Werk wird auf einen Wert von ca. 20 Millionen Euro geschätzt und wurde im Jahre 2008 an einen Kunstsammler aus Bayern verkauft. Die baden-württembergische Landesregierung, die ein Vorkaufsrecht auf das Hausbuch besaß, genehmigte im Nachhinein den Kauf unter der Bedingung, dass der Erwerber in einer schriftlichen Erklärung die konservatorisch korrekte Aufbewahrung zusichert.

380 // HAUSER, KASPAR

Wer war der Fremde, der am Pfingstmontag des Jahres 1828 in Nürnberg etwa 16-jährig unter dem Namen Kaspar Hauser auftauchte und nur fünf Jahre später in Ansbach ermordet wurde? Ein badischer Erbprinz oder ein Betrüger?

Verschwörungstheorien sind auch für die Deutschen das Größte, und so spekuliert das Land seit Hausers Auftauchen, was es mit dem geheimnisvollen Jungen auf sich hat, der kaum gehen und sprechen konnte, aber schon vier Jahre später hervorragende Aquarelle malte und sein Geld als Schreiber verdiente.

Als man Kaspar Hauser plötzlich in Nürnberg sah, wurde er erst einmal eingesperrt – und in seinem Gefängnisturm wie im Zoo begafft. Zu sehr erinnerte Hauser an die Wolfskind-Experimente des 18. Jahrhunderts. Doch mit der Wildheit war es schnell vorbei: Hauser wurde von dem Gymnasiallehrer Daumer aufgenommen und erzogen, lernte lesen und schreiben, malen und rechnen und entpuppte sich als pfiffiger Junge, der sich nur spärlich an seine Kindheit bei Wasser und Brot in einem dunklen Verlies und ohne menschliche Fürsorge erinnern konnte – der perfekte Nährboden für die bald entstehenden Gerüchte, Kaspar sei ein entführter Prinz. Die gerichtlichen Ermittlungen übernahm Anselm von Feuerbach, der tatsächlich zu dem Schluss kam, Hauser sei der Sohn des Großherzogs Karl von Baden, aus Erbfolgegründen beiseitegeschafft. Hauser sei ein Betrüger, behauptete dagegen ein Berliner Polizeirat – selbst dann noch, als Kaspar bei einem ersten Attentat schwer verletzt wurde und an den Verletzungen eines zweiten am 17.12.1833 starb.

Es ist Historikern seitdem gelungen, durch eine recht dichte Reihe von Indizien die Prinzentheorie zu untermauern. Auch DNA-Analysen bringen im Fall Kaspar Hausers echte Beweise für eine Verschwörung: Hatte noch 1998 „Der Spiegel" eine angebliche Unterhose Hausers untersuchen lassen, deren DNA-Spuren nicht mit denen des Herrscherhauses Baden übereinstimmten, so ließ „Arte" 2002 von namhaften Hauser-Forschern Haare des jungen Mannes analysieren, die beweisen: Kaspar Hauser war Spross des großherzoglichen Herrscherhauses Baden.

381 // HAUSFRAU

„Das bisschen Wäsche ist doch kein Problem, sagt mein Mann. Und auch das Bügeln schafft man ganz bequem, sagt mein Mann. Wie eine Frau von heut da gleich verzweifeln kann, ist nicht zu fassen, sagt mein Mann", beklagt sich Johanna von Koczian in ihrem Schlager von 1977 und traf die Befindlichkeit von Millionen entnervter Hausfrauen. Waschen, bügeln, einkaufen, aufräumen, putzen, Pflanzen pflegen, spülen, kochen, backen, Kinder erziehen – und das alles ohne geldwerten Lohn: So sieht es aus, das harte Leben, das inzwischen auch von einigen Männern gelebt wird.

Was einst als alternativlose Aufgabe für das weibliche Geschlecht galt, wurde nach der Emanzipationsbewegung als Sklavenarbeit für dumme Muttchen verstanden und erlebt heute eine kräftige Imagepolitur. Als „Familienmanagerin" wird sie von einem Staubsaugerhersteller geadelt, die Familienpolitik fordert mehr Wertschätzung, und sogar ein Haushaltsentgelt steht immer mal wieder auf der Agenda. Dass heutzutage zumindest in Singlehaushalten jeder und jede neben der beruflichen Tätigkeit gleichzeitig Hausmann oder Hausfrau ist, ist eine Realität, die bisher glücklicherweise noch nicht von der Schlagerindustrie vertont wurde.

382 // HAUSSCHUHE

Die Straßentreter ordentlich auf der Fußmatte abgeputzt, rein in die Wohnung und hinein in die Hausschuhe mit oder ohne Fersenteil. Letztere fallen eigentlich konsequenterweise unter die Gattung Pantoffel, doch die genaue Definition verschwamm im Laufe der Zeit. Damit man auch daheim nicht nackten Fußes oder auf Socken sein Dasein fristen muss, gibt es den Hausschuh in vielen modischen und blindmachenden Varianten. Birkenstocks, Adilette, Bärentatze, Tigerpranke, Lederslipper, Filzschlappe und beplüschte sowie beblumte Varianten schlurfen durch die heimischen vier Wände, damit die unteren Extremitäten wohlig warm bleiben und einem ebendies ums Herz wird. Frei nach dem Motto: „Zeig mir deinen Hausschuh, und ich sag dir, wer du bist."

383 // HAXE

In Deutschland isst man gerne Schweinefleisch, ob als Wurst, Schnitzel, Kotelett oder sonstige Variation. Am beliebtesten ist es möglicherweise in seiner prächtigsten Form: als mächtige Haxe, als klassisches Eisbein oder rheinisches „Hämmche".

Der Schwerpunkt dieser für Diätfanatiker furchteinflößenden Haxenkultur liegt in Süddeutschland, um nicht zu sagen in Bayern. Die Portionen genügen für gewöhnlich selbst den ungenügsamen Ansprüchen von Scheunendreschern und anderen echten Mannsbildern. Mit Püree und Sauerkraut ist das Nationalgericht komplett. Natürlich gibt es viele Variationen. Das Eisbein an Erbsenphantasie beispielsweise genießt man in Berlin. Was man dabei verspeist, wenn man Schwein hat, ist der Teil des sensiblen und allesfressenden Nutztieres, der sich direkt oberhalb des Fußgelenkes befindet. Das Fleisch sollte von einer dicken, aromatischen Speckschicht umgeben sein, so kann es äußerst zart und delikat geraten, wenn es gekonnt gekocht oder auch liebevoll geschmort wird.

Wohl mit keinem anderen Gericht kann man ausländischen Gästen oder inländischen Novizen deutlicher die Eigentümlichkeiten unserer traditionellen Küche vor Augen führen. Wer Schwein mag, sollte diese zumeist gepökelte Spezialität unbedingt probieren.

384 // HB-MÄNNCHEN

„Halt, mein Freund! Wer wird denn gleich in die Luft gehen? Gut gelaunt geht alles wie von selbst." Äußerst ungeschickt, immer schimpfend und schlecht gelaunt macht zwischen 1958 und 1984 eine Zeichentrickfigur in Deutschland von sich reden: das HB-Männchen. Es wirbt für HB-Zigaretten, die dank ihm bald zur beliebtesten Zigarettenmarke Deutschlands avancieren. Was immer Bruno – so der inoffizielle Name der Zeichentrickfigur aus der Feder Roland Töpfers – auch anpackte: Es misslang. Vor lauter

Missmut über seine ständigen Missgeschicke beim Rasenmähen, in der Werkstatt und selbst beim Zeitunglesen geht er buchstäblich in die Luft, um als HB-rauchender König gelassen auf die Erde zurückzuschweben. Mit einer leckeren Zigarette wird eben alles gut.

385 // HECK, DIETER THOMAS

„Samstag, 3. Juli, 19.00 Uhr und 57 Sekunden. Guten Abend, meine Damen und Herren in Berlin, und es heißt wieder einmal: Hitparade!" Von 1969 bis 1985 waren das die Worte, die deutsche Familien vor die Mattscheibe lockten. Begeistert wurde verfolgt, welcher Schlagersänger die Show diesmal gewinnen würde, und eifrig wurde in heimischer Runde mitgetippt, welcher Barde auch in der nächsten Sendung die Nation beglücken dürfe. Würde es diesmal „Der Roland. Der Kaiser. Der Roland Kaiser" sein? Oder vielleicht doch „Der Bernhard. Der Brink. Der Bernhard Brink"? Mittels Postkarte, die im Vorfeld abgesendet werden musste, konnte man Einfluss auf die wichtigste aller Fragen in der deutschen Schlagerwelt nehmen.

Dieter Thomas Heck wird immer untrennbar mit der ZDF-Hitparade verbunden sein, und seine beiden Nachfolger Viktor Worms und Uwe Hübner konnten nie an die Popularität des Altmeisters des seichten Entertainments anknüpfen. Heck moderierte außerdem unter anderem „Die Pyramide", „Melodien für Millionen" und initiierte den Musikpreis „Die goldene Stimmgabel".

Am 18. November 2007 gab der Moderator nach 38 Jahren und 11 Monaten seinen Rücktritt bekannt. Mit Dieter Thomas Heck verabschiedete sich eines der letzten Urgesteine der monopolistischen öffentlich-rechtlichen Fernsehunterhaltung von seinem Publikum.

386 // HEGELIANISMUS

Das Geistige allein ist das Wirkliche.

(G. W. F. Hegel, „Phänomenologie des Geistes")

Nach Kant war Hegel die nächste Supernova am deutschen Philosophenfirmament. Hegel war Geist pur. Das Rationale war für ihn das einzig Wirkliche. Der Weltgeist schreitet seinen Schlüssen zufolge vernünftig fort und findet über immer höhere Synthesen zu sich selbst. Diesem idealistischen Transformationsprozess wollte er auf die Sprünge helfen bzw. die intimsten Geheimnisse des Weltgeistes seinen hörigen Studenten näherbringen. Das ärgerte seinen philosophischen Nebenbuhler und pessimistischen Konterpart Schopenhauer aufs Äußerste. Hegels geistiger Ziehsohn Karl Marx nahm den geschichtlichen Fortschritts- und Endzielgedanken folgenschwererweise allzu wörtlich.

Hegel, als Berliner Philosophieprofessor, war Vordenker des reformierten Preußischen Staates. Seine Philosophie war im Praktischen rechtspolitisch, staatserhaltend, unrevolutionär. An seinem Staatsphilosophentum rieben sich die phänomenologisch-transzendental-rational-idealistischen Hegelianer, die auf ihn folgten. Spätestens seit Marx spalten sich seine Jünger in Rechte und Linke. Selbstverständlich gibt es auch immer noch Neuhegelianer. Ihnen gemeinsam ist die antinihilistische Überzeugung, dass es die Welt der Vernunft gibt und dass man nur vernünftig genug sein muss, um das zu erkennen.

387 // HEIDE

Die Heide an sich und die vielen Heidelandschaften im Besonderen kennt man vor allem aus Norddeutschland. Es sind Kulturlandschaften, die den Kulturpessimisten Mut machen könnten. Denn wie sind die Heiden in mittelalterlicher und frühneuzeitlicher Zeit entstanden? Durch wackere Brandrodung und konsequentes Abholzen. Wenn Urwälder verschwinden, können Heiden entstehen, am liebsten dort, wo sandige Böden vorherrschen, die ein kräftiges Nachwachsen verhindern.

Die malerisch wilde Flora wird vom Heidekraut, den windzerzausten Zwergkiefern und dem romantischen Heideröslein geprägt. Dazwischen als friedliche Fauna die niedlichen wie appetitlichen Heidschnucken. Hier und da rollt mal ein herbstlich geschmückter Panzer durch die Landschaft. Das zu beobachten macht Spaß, daher sind auch die meisten Heiden beliebte Ausflugs- und Naherholungsziele. Meist sind sie sogar Naturschutzgebiete, über die sich der freie Himmel spannt. Anderswo ist Deutschland zersiedelt, hier wandert man noch freier Wege.

Die größte und bekannteste deutsche Heidelandschaft ist sicherlich die Lüneburger Heide. Doch auch die anderen Heiden sind allesamt eine Reise wert. Und hat man Goethe im Gepäck, erfreut man sich, ob als Christ oder als Heide, am Röslein auf der Heiden.

388 // HEIDEGGER, MARTIN

„Das Spiegel-Spiel der weltenden Welt entringt als das Gering des Ringes die einigen Vier in das eigene Fügsame, das Ringe ihres Wesens." Dem philosophisch Bewanderten reicht normalerweise ein Satz, um ihn als Heideggers Werk zu identifizieren. Und auch für den Laien ist es nicht wirklich schwer. Wenn man auch beim achtzehnten Lesen nur Bahnhof versteht, hat garantiert Herr Heidegger seine Finger im Spiel gehabt.

Martin Heidegger, geboren 1889 im badischen Meßkirch, gilt als einflussreichster und umstrittenster Denker des 20. Jahrhunderts. Die einen betrachten ihn als Existenzialisten, die anderen als Phänomenologen, mal ist er ein Nazi, mal ein Schaumschläger. Einig sind sich jedoch fast alle darin, dass man seinen Sätzen kaum folgen kann und es beinahe unmöglich ist, seine Philosophie in wenigen Worten zusammenzufassen. Auf jeden Fall ist einer der Schwerpunkte seines Denkens die Frage nach „dem Sinn von Sein". Überhaupt sind es *Fragen*, die seiner Ansicht nach alles bestimmen – die Antworten bringen uns nicht weiter.

Heidegger lebte und arbeitete vor allem im Schwarzwald; mit dieser Gegend ist er untrennbar verbunden. In Freiburg schlug er seine akademische Laufbahn ein. In der Idylle von Todtnauberg bezogen er und seine Frau Elisabeth ein Berghäuschen, hier entstanden viele seiner Werke. Nur die Liebe traf er an einem anderen Ort: Während seiner Professur in Marburg lernte er 1925 die spätere Philosophin Hannah Arendt kennen, ihr Briefwechsel wurde nach dem Tod der beiden gefunden und veröffentlicht. Man schmunzelt ein wenig, wenn man die Zeilen des Philosophen an die junge Studentin liest, denn im typischen Heidegger-Jargon wird die Romantik nicht allzu deutlich.

Hannah Arendt ergriff später Partei für ihn, als er wegen seiner Rolle während der Nazi-Herrschaft von allen Seiten heftig angegriffen wurde. Es habe sich lediglich um eine „Eskapade" gehandelt, meinte die jüdische Schriftstellerin, immerhin habe er seinen Irrtum schneller erkannt als manch einer seiner Kritiker. Fakt ist, dass Heidegger die Machtübernahme zunächst sehr begrüßte. Er wollte Teil dieses Umschwungs sein und wurde 1933 Rektor der Freiburger Universität und Mitglied der NSDAP. Seine Antrittsrede, in der er u. a. von der „Größe und Herrlichkeit dieses Aufbruchs" schwadronierte, hat bis heute viel Aufsehen erregt. Er beteiligte sich aktiv an Gleichschaltung und Propaganda, auch wenn er Bücherverbrennungen und antisemitische Hetzparolen an der Uni Freiburg verbot. Umgekehrt nutzte er die judenfeindliche Stimmung jedoch während eines fachlichen

Streits und denunzierte einen Kollegen bei der nazistischen Professoren-schaft. Wie sehr Leben und Werk Heideggers von nationalsozialistischem Gedankengut durchdrungen sind, darüber gibt es so viele Meinungen wie Gegenmeinungen. Die Krux ist, dass sich Heidegger nie ausführlich und klar distanziert hat, höchstens Andeutungen über ein schlechtes Gewissen machte oder sich in nebulös-heideggersche Formulierungen flüchtete.

1976 starb der umstrittene Denker hochbetagt im geliebten Freiburg, begraben ist er in seiner Geburtsstadt Meßkirch.

389 // HEILBÄDER

Zu den besten Zeiten der berühmten Heilbäder, zum Anfang des 20. Jahrhunderts, schrieb der Düsseldorfer Satiriker Hermann Harry Schmitz: Habe der Junggeselle nur tüchtig gelebt, komme irgendwann „der Moment, wo man sich den intensivsten Anstrengungen eines lustigen Lebemannda-seins nicht mehr so recht gewachsen fühlt, da heißt es, entweder heiraten oder auf einige Zeit in ein Sanatorium gehen".

Das Mondäne jener Jahre mit gekrönten Häuptern und Dichtern vom Schlage Dostojewskis oder Goethes als Gästen fehlt den heutigen Heilbä-dern zwar, aber durchweg haben sich die rund dreihundert Heilbäder den Erfordernissen der Zeit angepasst. Neben Kuren stehen heute Wellness und individuelle Gesundheitsvorsorge im Zentrum der Angebote moder-ner Kurbetriebe. Wer sich Thermal-, See- oder Kneippheilbad nennen darf, bestimmen Ländergesetze und die „Begriffsbestimmungen" des Deutschen Heilbäderverbandes e. V. Dieser setzt seit 1892 zur Gesundung ganz auf eine naturgemäße, systematisierte Reiz-Reaktionsbehandlung. Mit Schmitz lässt sich empfehlend ergänzen: „Eine Kur in einem Sanatorium ist einer Heirat unbedingt vorzuziehen, sie verpflichtet zu nichts, ist billiger und gilt, was wohl das Wesentlichste ist, heute für schick."

390 // HEIMAT

Was ist Heimat? Die Bundesrepublik Deutschland, die Heimatstadt, eine Landschaft? „Heimat" ist kein geographischer Begriff, und er lässt sich schon gar nicht mit einer braunen „Blut und Boden"-Mentalität erklären. Die Umgebung, in der jemand aufgewachsen ist oder in der er sich niederge-lassen hat, Erinnerungen, Sprache, Dialekte, Familie und Freunde, vertraute

Gerüche, Speisen und Musik – erst die Gesamtheit der Lebensumstände und eine liebevolle Beziehung hierzu können einen Ort zur Heimat erheben. Ob die Wohnkasernen in Neukölln, die Mosel-Weinberge, die Dünen der Nordsee, die Berge Bayerns oder Europa im Ganzen: Jeder Ort ist so gut oder schlecht zur Bildung eines Heimatgefühls geeignet wie der Mensch, der sich in dieser Umgebung bewegt. Wer beklagt, den Deutschen mangele es an Heimatgefühl, dem sei entgegnet, dass ein Mangel an tumbem Nationalismus durchaus die Bildung eines Heimatgefühls begünstigt – und die allermeisten Deutschen fühlen sich fernab von völkischer Ideologie irgendwo in Deutschland heimisch.

391 // HEIMATFILM

Saftige Auen, blühende Wiesen, mächtige Berge und prächtige Täler sind die perfekte Umgebung für einen ordentlichen deutschen Heimatfilm. Titel wie „Almenrausch und Edelweiß", „Das Mädchen vom Moorhof" und „Der Wilderer vom Silberwald" deuten an, worum es immer wieder geht: Inmitten einer bilderbuchähnlichen Landschaft müssen sich Liebe, Ehre, Freundschaft und Familie gegen die Widerstände des Bösen durchsetzen. Nicht selten ist das Gute in einem Förster personifiziert, der sich mit einem wildernden Schurken auseinandersetzen muss. Fast obligatorisch gibt es ein Liebespaar, das sich durch ein Dickicht von Hindernissen, wie Standesunterschiede, Familienfehden oder Intrigen, den Weg zueinander erkämpfen muss. Dies gelingt natürlich am Ende immer, Gut setzt sich gegen Böse durch, und ein Happy End versöhnt die Protagonisten miteinander.

In dem von physischen und psychischen Zerstörungen geprägten Deutschland der 50er Jahre lechzten viele Menschen nach dieser heilen Welt, die die Schrecken der Vergangenheit vergessen machen sollte, und so erlebte das Heimatfilmgenre seine Blüte bis in die 60er Jahre. Doch auch später bediente sich die deutsche Fernsehunterhaltung immer wieder ähnlicher Stilmittel und Klischees, auf denen die gesamte Handlung fußt: „Die Schwarzwaldklinik", „Forsthaus Falkenau", „Ein Schloss am Wörtersee" oder „Sturm der Liebe" stehen in der Tradition der Heimatfilme und erlauben es dem Publikum ohne Weiteres, das Gehirn ein bisschen vermoosen zu lassen.

392 // HEIMWEH

Heimweh dürfte jedem Kind als Gefühl vertraut sein, das einmal gegen seinen Willen ins Landschulheim oder zum frühkindlichen Sprachurlaub nach Amerika verschickt wurde. Umso erstaunlicher, dass das Heimweh als solches der Ärzteschaft über Jahrhunderte ein Rätsel aufgab. Es entstünde, weil das Blut verstärkt gegen das Herz gepresst würde, dachte man noch in der frühen Neuzeit. Vermehrt trat es bei Schweizer Söldnern auf, bei denen diese mysteriöse Krankheit teilweise sogar zum Tode führte. Daher wurde Heimweh auch gerne die „Schweizer Krankheit" genannt.

Heute geht man – vielleicht ebenso abergläubisch – davon aus, dass dieses Leiden psychisch ist. Eine romantische, wenn auch unangenehme Sehnsucht verzehrt die fremdelnde Seele. Als wehmütigem Deutschem widerfährt einem dieses Leiden am ehesten, wenn es jenseits der Heimat an reinem Bier und saftigem Schwarzbrot schmerzlich fehlt. Da dieses Leiden in der Fremde am stärksten ist, verwundert es nicht, dass es die kriegsgeprüfte Generation war, die sich fragte, ob nur Hunger schlimmer als Heimweh sei oder es sich doch umgekehrt verhielte. Das Lied „Heimweh nach Köln" von Willi Ostermann wurde entsprechend zum Sehnsuchtslied aller deutschen Kriegsgefangenen.

393 // HEINE, HEINRICH

„Denk ich an Deutschland in der Nacht / Dann bin ich um den Schlaf gebracht", dichtete Heinrich Heine (1797–1856), einer der bedeutendsten Literaten und Erneuerer deutscher Sprache. Der deutschlandkritische und spöttische Geist zeichnete den als Harry Heine in Düsseldorf Geborenen aus, der vom Judentum zum Christentum konvertierte. Er war Kosmopolit, zum Teil erzwungenermaßen, denn die politischen Verhältnisse und seine journalistischen Aktivitäten zwangen ihn, nach Paris zu emigrieren.

Seine spöttische Distanz zu Deutschland drückt sich am augenfälligsten in „Deutschland. Ein Wintermärchen" aus. Fast jede Region bekommt hier ihr Fett weg. Im Bereich der Literatur kann Heine als Überwinder, vielleicht auch als Vollender der Romantik gelten. Nietzsche erkannte: „Man wird einmal sagen, dass Heine und ich bei weitem die ersten Artisten der deutschen Sprache gewesen sind." Heine hätte das – selbstbewusster Ironiker auch er – möglicherweise durchgehen lassen, in jedem Fall aber mit einem zusätzlichen, herzhaften Seitenhieb verbunden. Bei allem kritischen Bewusstsein waren es auch die irdischen Genüsse, die ihn bewegten und dichten ließen: „Schlage die Trommel und fürchte dich nicht, / Und küsse die Marketenderin! / Das ist die ganze Wissenschaft, / Das ist der Bücher tiefster Sinn."

394 // HEINEMANN, GUSTAV

„Ich liebe nicht den Staat, ich liebe meine Frau", sagte der am 23.07.1899 in Schwelm geborene Gustav Walter Heinemann, der als einer der menschlichsten Bundespräsidenten in die Geschichte einging. Der promovierte Politologe und Jurist engagierte sich sehr früh politisch, unter anderem – nach der nationalsozialistischen Machtübernahme – ab 1934 in der Bekennenden Kirche, der etwa auch Dietrich Bonhoeffer angehörte. Nachdem Heinemann 1945 der CDU beigetreten, als Essener Oberbürgermeister und nordrhein-westfälischer Justizminister im nordrhein-westfälischen Landtag tätig und 1949 von Kanzler Adenauer zum Innenminister berufen worden war, kollidierte seine pazifistische Gesinnung bald mit seinem Amt. Adenauer hatte den Westmächten die Wiederbewaffnung der Bundesrepublik vorgeschlagen, weshalb Heinemann nur zwei Wochen nach seiner Berufung von dem Amt zurücktrat und zwei Jahre später auch die CDU verließ.

Seine politischen Ziele setzte Heinemann ab 1957 in der SPD weiter fort, galt als scharfer Gegner Adenauers und dessen Remilitarisierungspolitik und war ab 1966 Bundesministerminister der Großen Koalition. Als Heinrich Lübke 1969 vom Amt des Bundespräsidenten zurücktrat, wurde Heinemann zu dessen Nachfolger gewählt.

Indem sich Gustav Heinemann für die Aussöhnung mit den von den Nazis angegriffenen und besetzten europäischen Staaten einsetzte, zu seinen Neujahrsempfängen einfache Bürger oder wenig geachtete Berufsgruppen wie Müllmänner einlud und mehr Eigenverantwortung für die Bürger forderte, galt er bald als der bis dato freundlichste Bundespräsident. „Apo-

Opa" schimpften ihn deshalb seine politischen Gegner, was ihn jedoch nie von seinen Positionen abrücken ließ.

Der Politiker verstarb am 07.07.1976 in Essen. Sein enger Freund Helmut Gollwitzer sagte in seiner Trauerrede, Heinemann habe so manchen Disput mit dem Satz beendet: „Bring du mal diese Welt in Ordnung!" Gustav Heinemann hat es zumindest versucht.

395 // HEINZELMÄNNCHEN

„Nee, wat wör dat schön!" Das denkt der Rheinländer, wenn er an die hilfreichen Geister Kölns denkt. Während die Jecken vom Rhein sich nächtens vom Feiern erholten, erledigten fleißige Gnome das Tagwerk. Das goldene Zeitalter!

Nach dem Kunstexperten und Gelegenheitsdichter August Kopisch (1799–1853) zimmerten und buken sie, gingen dem dösenden Fleischer zur Hand und panschten sogar den Wein für den Küfer im Rausch. Die Gattin des Schneiders aber konnte es dabei nicht bewenden lassen und stellte den Zipfelmützen aus Neugierde eine Falle. Seitdem sind sie nicht wiedergekehrt und überlassen den Menschen die Plage der Arbeit. Im katholischen Rheinland gilt dies als die wahre Vertreibung aus dem Paradies.

Der Ursprung der Sage könnte in der französischen Besatzungszeit liegen, die die „gute" alte Zunftordnung hinwegfegte und das behäbige Zunftleben aufmischte. Dem Preußen Kopisch mag es ein Vergnügen gewesen sein, den gemütlichen Rheinländern den Spiegel vorzuhalten. Das ficht die aber nicht an.

396 // HELD DER ARBEIT

Im dekadenten Westen ist der Held der Arbeit kein ehrenvoller Titel. Dieses Prädikat rückt seinen Träger in die Nähe des beflissenen Bürostrebers. In der Wohngemeinschaft zeichnet er jene aus, deren Namenskürzel einsam auf dem Putzplan steht und die Mitbewohner gehörig unter Zugzwang setzt. Nur selten schwingt etwas von jener anerkennenden Bewunderung mit, die in der DDR alle Arbeiter und Bauern zur Planerfüllung motivieren sollte.

Am 27. Juli 1950 gründete der Ministerrat unter Walter Ulbricht eine Aktivistenbewegung nach sowjetischem Vorbild. Eine ihrer Auszeichnungen war der Ehrentitel „Held der Arbeit" samt silbernem Abzeichen an rotem Band. Dotiert war der Titel mit 10.000 Mark und bevorzugter Berücksichtigung bei der Wohnungsvergabe und bei Urlaubsheimplätzen. Ausgezeichnet wurden Werktätige, die sich „besondere Verdienste um den Aufbau und den Sieg des Sozialismus erworben haben". Das traf nicht nur auf „einfache" Arbeiter zu. Der Staat zeichnete sich auch gern selbst aus: Helden ganz eigener Art waren Mielke, Schalck-Golodkowski und Margot Honecker.

397 // HELGOLAND

Auf nur 1,7 km2 Fläche leben 1.500 Menschen, und jeden Tag pendeln gierige Tagesausflügler auf das Eiland, um sich mit Zigaretten, Alkohol, Parfüm und allerlei anderen Schnäppchen einzudecken. Dieses Phänomen erklärt sich aus der Tatsache, dass die Insel aufgrund ihrer Hochseelage als Drittland gilt. Das heißt, rechtlich gehört Helgoland zwar zum deutschen Wirtschaftsgebiet, zollrechtlich aber nicht zur Europäischen Union. So locken zahlreiche von Mehrwertsteuer und Zoll befreite Waren die Schnäppchenjäger vom Festland an, und die Helgoländer bieten in dichtgedrängten Läden und Boutiquen ihre Waren feil.

Der Handel hat auf Helgoland eine lange Tradition, war die Insel doch im 19. Jahrhundert ein beliebter Schmuggelumschlagplatz für zwielichtige Kaufleute. Auch sonst kann das Eiland auf eine bewegte Geschichte zurückblicken: Nachdem die Insel lange unter der dänischen Flagge gestanden hatte, wurde sie im Jahr 1807 von britischen Truppen besetzt und dem

Empire einverleibt. Wilhelm II. erhob Ansprüche auf Helgoland, und das Empire tauschte schließlich im Jahre 1890 die Insel gegen das ostafrikanische Sultanat Sansibar ein. „Knopf gegen Hose" wurde dieser Handel spöttisch in der deutschen Bevölkerung in Anspielung auf Größe und Wert der beiden Tauschobjekte genannt. Heutzutage wissen zumindest die Shopper den dichtbesiedelten Knopf zu schätzen.

398 // HEMPELS

Schlampig geht's zu bei den Hempels, unordentlich, unaufgeräumt – und was sich bei einem Blick unter ihre gepolsterte Sitzgelegenheit auftut, ist der Horror für jeden Putzteufel. Woher der Ausspruch „Hier sieht's aus wie bei Hempels unterm Sofa!" stammt, wird wohl auf ewig im Dunkel bleiben – und warum es gerade die arme Familie Hempel als Sinnbild der ungepflegten Sippe erwischt hat, ebenso. Sollten Sie zufällig einmal bei einer bemitleidenswerten Familie Hempel eingeladen sein und sich unbeliebt machen wollen, können Sie vielleicht beim Betreten der ordentlichen Hempelschen Gemächer ein Liedchen von Reinhard Mey anstimmen: „Ach wie schön, ach wie nett! Aber wie sieht's aus bei Hempels unterm Bett?"

399 // HENCKEL VON DONNERSMARCK, FLORIAN

Er sieht ein bisschen aus wie Quentin Tarantino, und zumindest an dessen Erfolg scheint er sich ein Beispiel zu nehmen: Florian Henckel von Donnersmarck ist einer der bekanntesten deutschen Regisseure, Produzenten und Drehbuchautoren Deutschlands. Mit sechs Filmen seit 1997 hat er es zu einer umfangreichen Palette von Filmpreisen und Auszeichnungen gebracht.

Beachtlich ist vor allem der internationale Erfolg seines Films „Das Leben der Anderen": Mehr als zwei Millionen Zuschauer allein in Deutschland sahen den Film, der mit der Geschichte der Wandlung eines Spitzels zum Guten die Schaurigkeit der DDR-Staatssicherheit zeigen will. Zwischen der allgemeinen Begeisterung über diesen Erfolg, der einer aller Deutschen zu sein schien, gab es zwar ab und zu Kritik an historisch-sachlichen Fehlern, und auch der Vorwurf der Verharmlosung kam auf – ausgezeichnet wurde der Film dennoch mit dem „Bayerischen Filmpreis", dem „Europäischen Filmpreis", dem „Friedenspreis des Deutschen Films" und dem „Quadriga Preis". Auch für den „Golden Globe" wurde der Film nominiert und von Donnersmarck letztendlich 2007 mit dem Oscar belohnt. Einer Trophäe, die er in seinen zärtlichen Händen als „goldenen Phallus" pries.

400 // HENKEL

Am 3. November 1956 flimmert der erste Fernsehspot über die deutschen Mattscheiben. Es ist Werbung für das Waschpulver „Persil", Darsteller sind die beliebten Volksschauspieler Beppo Brem und Liesl Karlstadt. Es ist nicht das erste Mal, dass das Düsseldorfer Unternehmen Henkel Werbegeschichte schreibt, denn schon zur Markteinführung von „Persil" 1907 wurde in einem bis dahin nicht gekannten Ausmaß die Werbetrommel gerührt.

Obwohl das Waschmittel noch gar nicht in den Läden steht, weisen Zeitungsanzeigen auf die baldige Markteinführung des ersten „selbsttätigen" Waschmittels hin. „Selbsttätig" klingt wie Musik in den Ohren der Hausfrauen, die bis dahin ihre Wäsche noch mühsam gekocht, am Waschbrett gerieben und gebläut haben. Fritz Henkel, der das Unternehmen 1876 mit einer Bleichsoda gegründet hatte, setzt wie kaum ein anderer Unternehmer dieser Zeit auf ungewöhnliche Werbemaßnahmen. Weiß gekleidete Männer schlendern mit „Persil"-Schirmen durch Fußgängerzonen, später werden ihnen sogar überlebensgroße „Persil"-Kartons übergestülpt. In den 20ern schreiben Flugzeuge „Persil" in den Himmel, selbst mit Leuchtkanonen wird der Name in die Nacht geworfen. Sogar abendfüllende Kinofilme mit so „dezenten" Titeln wie „Wäsche, Waschen, Wohlergehen" werden produziert. Der Film wird mit sagenhaften 30 Millionen Zuschauern einer der erfolgreichsten deutschen Kinofilme der dreißiger Jahre. Zehn Jahre lang, von 1975 bis 1985, prägt der „Persil"-Mann Jan-Gert Hagemeyer eine ganze Generation, indem er ihr das Waschmittel ans Herz legt: „Da weiß man, was man hat. Guten Abend." Der Aufwand zahlt sich aus: „Persil" ist heute noch das meistgekaufte Waschmittel Deutschlands und findet sogar in China und dem Libanon reißenden Absatz.

Auch wenn „Persil" immer die Außenwirkung der Firma Henkel bestimmt hat, erwirtschaftet das Unternehmen einen großen Teil des Umsatzes mit Klebern und Körperpflegeprodukten. Henkel ist seit seiner Einführung 1988 ein Dax-Wert, noch immer liegt die Aktienmehrheit in der Hand der

Familie Henkel. Zum ersten Mal wird nun eine Frau die Geschicke des Traditionsunternehmens lenken: Simone Bagel-Trah, Ur-Ur-Enkelin der Firmengründers.

401 // HENKELL TROCKEN

Sie trafen sich am 9. November abends an der Berliner Mauer. Wenn man so will, waren sie der Stoff, an dem sich die Nation in jener Nacht berauschte. „Henkell Trocken", ein Klassiker der deutschen Schaumweine, steht für die alte Bundesrepublik wie sein Pendant, der „Rotkäppchen-Sekt", für die DDR. Diese prickelnden Weine gelten nicht eben als Sinnbild hipper Modernität. Dennoch sind beide nach Unternehmensauskunft der beliebteste Sekt in deutschen Landen.

Die Henkell-Tradition begann 1832, als Adam Henkell eine kleine Weinhandlung in Mainz eröffnete. Dem ab 1856 produzierten Sekt verlieh sein Enkel Otto jenen bis heute gängigen Markennamen. Mit einem für damalige Verhältnisse üppigen Werbeetat etablierte er ab 1894 die Marke. So trat „Henkell Trocken" seinen Siegeszug an. Aus dem von Paul Bonatz 1909 gebauten Firmensitz in Wiesbaden heraus wurde er zum Synonym für deutschen Sekt. Das gilt auch für den „Pikkolo", ein Warenzeichen der Firma Henkell aus den 1930er Jahren. Mehr als 15 Millionen Flaschen allein des Klassikers werden weltweit im Jahr getrunken. Regelmäßig wird die feinperlige Cuvée aus nicht näher benannten Rebsorten ungenannter Herkunft in Verkostungen mit französischen Verwandten verglichen – und besteht trotz der in der Champagne verpönten Fassgärung.

402 // HERBERGER, SEPP

„Das Spiel ist aus! Deutschland ist Weltmeister!", so schallt es seit dem 4. Juli 1954 immer wieder durch ganz Deutschland, wenn das „Wunder von Bern" – der erste Gewinn der Fußballweltmeisterschaft durch die deutsche Nationalelf – zelebriert wird. Ein für unmöglich gehaltener Erfolg gegen das hoch favorisierte Ungarn, der nicht nur der Treffsicherheit eines Fritz Walters oder der Unüberwindbarkeit des Torwarts Toni Turek, sondern auch der taktischen Raffinesse des Trainers Sepp Herberger zu verdanken war.

Herberger, 1897 in Mannheim geboren, begann seine Laufbahn als Sportlehrer im Anschluss an seine Fußballerkarriere 1930 mit einer Diplomarbeit, der er den verheißungsvollen Titel „Der Weg zur Höchstleistung im Fußballsport" gab. Neben seinem Engagement als Verantwortlicher für die deutsche Auswahlmannschaft, die er von 1936 bis 1942 und von 1950 bis 1964 betreute, dozierte er auch an der Sporthochschule Köln und übernahm dort überdies die Trainerausbildung. Vermutlich legte er so nicht nur den Grundstein für den nachhaltigen Erfolg des deutschen Fußballs, sondern begründete gleichzeitig auch die spezielle Schule der hohen Fußballphilosophie, die noch heute die schönsten Blüten treibt. Und so würde heute sicherlich so manchem Sportübungsleiter ohne die mittlerweile zum Kulturgut gewordenen Weisheiten des Bundesverdienstkreuzträgers Herberger das rechte Vokabular fehlen, um fachgerecht auszudrücken, dass der Ball rund, der nächste Gegner immer der schwerste oder nach dem Spiel vor dem Spiel ist.

403 // HERMANN DER CHERUSKER

Eigentlich hieß der Hermann ja Arminius – aber weil Arminius nicht so richtig teutonisch klingt, feierten Deutsche Nationalisten im 19. Jahrhundert Arminius lieber unter dem Namen Hermann als Nationalhelden, weil er die Germanen von der römischen Herrschaft befreit hatte.

Arminius diente selbst lange Zeit in der römischen Armee und erhielt für seine Verdienste das römische Bürgerrecht und die Ritterwürde. Nach seiner Rückkehr in die Heimat um 7 n. Chr. musste er jedoch die Unterdrückung seines Volkes ansehen und organisierte den Widerstand gegen den römischen Statthalter Varus. Um 9 n. Chr. besiegte Arminius mit seinen Männern das römische Heer in der Schlacht im Teutoburger Wald und zwang die Römer zum Rückzug an den Rhein. Die Befreiung war jedoch zunächst nur von kurzer Dauer: 15 n. Chr. fielen die Römer unter dem römischen Feldherrn Germanicus wieder in Germanien ein und besiegten Arminius. Als der siegreiche Germanicus wieder nach Rom zurückbeordert wurde, konnte Arminius die Römer endgültig aus dem Kerngebiet Germaniens vertreiben. In der Folge kam es unter den germanischen Stämmen zu Machkämpfen, in deren Verlauf Arminius ermordet wurde.

In Detmold kündet noch heute das 1875 errichtete riesige Hermannsdenkmal vom Sieg des Arminius im Teutoburger Wald.

404 // HERRENGEDECK

Wer sich ein wenig schneller in die ewigen Jagdgründe trinken will, der bestelle sich in einer Gaststätte gleich ein Herrengedeck. Dieses besteht zumeist aus einem lokalen Bier – z. B. Weißbier, Pils, Kölsch oder Alt – und einem „Kurzen", wie Korn oder Weinbrand. Werden die beiden Getränke synchron hinuntergestürzt, indem man das Bier in einer Hand hält und den Kurzen elegant mit dem kleinen Finger an das Bierglas schmiegt, bevor man beides gleichzeitig der Leber zuführt, spricht man in Norddeutschland von „Lütt un Lütt". In einigen Gegenden wie Hamburg besteht das Herrengedeck hingegen eher aus Bier und Sekt. Aber in welcher lokalen Kombination das Duo auch immer serviert wird – fest steht, dass nach einem langen Abend so mancher Herr und nicht wenige Damen irgendwann Tisch und Herrengedeck von unten sehen.

405 // HERTHA BSC

Die „alte Dame" Hertha hat sich ihren Beinamen redlich verdient. Seit 1892 spielt sie mit und brachte es 1930 und 1931 zum Meistertitel. Gern mischte sie danach oben mit, zu den großen Siegen reichte es aber nicht mehr. In der ewigen Fußballbundesligatabelle steht sie hinter dem VFL Bochum und nicht weit vor Fortuna Düsseldorf auf Platz 13. Mit einer peinlichen Unterbrechung gehörte sie von Beginn an zum Bundesligainventar. 1980 allerdings kamen die Wechseljahre mit Abstieg in die dritte Liga, bis sich die Mannschaft ab 1997 wieder in der Bundesliga etablieren konnte. Zu ihren ligaweit beliebtesten Spielern gehörten „Billy" Reina, „Paule" Beinlich, Wosz (die „Zaubermaus"), Michael Preetz (der „Lange"), Otto Rehhagel und natürlich Marcelinho.

Herthas Charakter gilt als schwierig. Zu regulären Deklassierungen kamen Zwangsabstiege wegen Regelverstößen. Wie ihre Heimatstadt Berlin wähnt sie sich gerne mal in höheren Sphären. Läuft es einmal nicht so gut, wird die Hertha von den eigenen Fans auch liebevoll als „alte Tante" apostrophiert: Wenn der Verein sich launisch zeigt oder altbacken, wenn die Spieler fußlahm über den Platz schlurfen oder sich im Strafraum des

Gegners vertüddeln und das Toreschießen vergessen. Außerhalb Berlins ist dieser Spitzname gang und gäbe.

406 // HERTZ

Von Heinrich Rudolf Hertz (1857–1894) ist überliefert, dass er außergewöhnlich begabt war, weshalb sein Vater ihm zur Belohnung Extraunterricht verschaffte. Nach einer Orientierungsphase und dem Militärdienst studierte er Mathematik und Physik in München und Berlin, wo er 1880 bei Hermann von Helmholtz (1821–1894) promovierte. Mit 26 Jahren habilitierte er in Kiel. Als Professor in Karlsruhe ließ er 1886 zwischen zwei Kugeln elektrische Funken sprühen. In einigem Abstand und ohne Verbindung mit diesem Oszillator fand an einem einfachen Drahtring das gleiche Schauspiel statt. So wies er als Erster elektromagnetische Wellen nach. Er schuf damit die Grundlagen für den Rundfunk – und die Plage Mobiltelefon.

Die Einheit, die die Frequenz von Schwingungen angibt, heißt nach ihm „Hertz" (Hz) und entspricht einer Schwingung pro Sekunde. Heinrichs Neffe, Gustav Ludwig Hertz (1887–1975), war ebenfalls Physiker. Er erwarb sich größte Verdienste zusammen mit James Franck (1882–1964) im Bereich der Atomphysik und Quantentheorie. In der DDR trug er maßgeblich zur friedlichen Nutzung der Atomenergie bei. Gustav Hertz, der mit Franck 1925 den Nobelpreis erhielt, gilt als einziger Nobelpreisträger der DDR. Auch wenn es die seinerzeit noch gar nicht gab.

407 // HERZOG, ROMAN

„Aber es ist auch noch nicht zu spät. Durch Deutschland muss ein Ruck gehen. Wir müssen Abschied nehmen von liebgewordenen Besitzständen. Alle sind angesprochen, alle müssen Opfer bringen, alle müssen mitmachen ..." Der siebte Bundespräsident der Bundesrepublik Deutschland ging vor allem mit seiner legendären „Ruck-Rede" vom 26.04.1997 in das kollektive Gedächtnis ein, in der er individuelle Eigenverantwortung, politisch beherztes Handeln und die Bildung einer neuen „Vision" gegen wirtschaftliche Rezession, gesellschaftliche Erstarrung und mentale Depression forderte.

Roman Herzog bekleidete das höchste Amt im Staat von 1994–1999 und galt bis zu jener Rede eher als zurückhaltend – ja fast farblos. Dabei konnte der am 05.04.1934 in Landshut geborene promovierte Jurist bereits vor Amtsantritt auf eine beachtliche Karriere zurückblicken. So war er unter anderem Kultus- und Innenminister des Landes Baden-Württemberg, Richter und Präsident des Bundesverfassungsgerichts und Mitherausgeber des Rheinischen Merkurs.

Und nicht zuletzt gab er den Deutschen in seiner berühmten Rede das Patentrezept für eine rosige Zukunft in fünf pauschalen Punkten mit auf den Weg: Die Arbeitgeber sollten ihre Kosten nicht nur durch Entlassungen senken, die Arbeitnehmer sollten Arbeitszeit und -löhne mit der Lage ihrer Betriebe in Einklang bringen, die Gewerkschaften mögen betriebsnahe Tarifabschlüsse und flexiblere Arbeitsbeziehungen ermöglichen, Bundestag und Bundesrat sollten die großen Reformprojekte jetzt rasch voranbringen, und die Interessengruppen sollten nicht zu Lasten des Gemeininteresses wirken.

Warum der große Ruck dann trotzdem nie kam? Horst Köhler erklärte das in seiner Antrittsrede so: „Warum bekommen wir den Ruck noch immer nicht hin? Weil wir alle immer noch zu sehr darauf warten, dass er passiert."

408 // HESSEN

„An Hessen führt kein Weg vorbei." Dieser Landeswerbespruch klingt ein wenig vermessen, trifft aber den geographischen Kern von Hessen. Wer beispielsweise aus Sachsen-Anhalt, dem Land der Frühaufsteher, kommend die Rüdesheimer Drosselgasse besichtigen will, ist gut beraten, durch Hessen zu fahren. Ebenso derjenige, der alles kann, nur kein Hochdeutsch, und der die documenta besuchen möchte. Hessen ist folglich, einem hessischen Witz nach, von Deutschen umzingelt. Das vereint die eher wortkargen Kasseler mit den lebensfroh daherbabbelnden Rheingauern.

Der Hesse trinkt Äbbelwoi, zumindest in Frankfurt und dort am liebsten in Sachsenhausen. In den vielen romantischen Fachwerkstädtchen ist einem wohl eher ein Bier der Marke Licher sicher. Dichten und denken liegen, wie auch das Vergessen, in der Natur des Hessen. Dies, das und jenes hat wie kein zweiter Goethe, der größte der Hessen, verkörpert.

„Neige, Du Schmerzensreiche" machte der Geheimrat zum hessischen Reimpaar. Der alte Frankfurter Bub hatte wohl wieder zu viel des Weines, hessisch „Woi", genossen. Von ihm hätte demnach auch das legendärste aller Hessengedichte stammen können: „Alä Hesä sin Värbräschä, dänn sä klauä Aschäbäschä." Tut es aber nicht.

409 // HEUSS, THEODOR

Theodor Heuss (1884–1963) war der erste Bundespräsident der Bundesrepublik Deutschland, der dem Präsidentenamt, dessen Macht aufgrund der negativen Erfahrung der Weimarer Zeit stark beschnitten war, wieder zu Ansehen und Würde verhalf. „Papa Heuss" war die Integrationsfigur der jungen Republik. Mit seiner Persönlichkeit, seinen Reden und Schriften erinnerte er an die kulturelleren Tage vor dem Naziregime. Dem Ansehen Deutschlands in der politischen Welt hat er mit seiner Integrität einen großen und nachhaltigen Nutzen erwiesen. Er war einer der guten geistigen Väter der neuen Republik. Die Villa Hammerschmidt wurde unter ihm präsidiale Wohnung. Sein Wirken war immer kulturvoll und maßvoll zugleich. Eine dritte Amtszeit als Präsident lehnte er ab.

Vor dem Krieg war er Abgeordneter der Deutschen Demokratischen Partei, Journalist, politischer Biograph und Schriftsteller, dessen Bücher von den Nazis verbrannt wurden. Er war der erste Kultusminister Baden-Württembergs, er selbst ein gebürtiger Schwabe. Er war auch der erste Vorsitzende der FDP. Die nach ihm benannte Stiftung soll sein Lebenswerk fortsetzen, die demokratische Kultur und politische Bildung in Deutschland zu fördern. Und wenn bei den Fußballländerspielen unsere Helden „Einigkeit und Recht und Freiheit" singen, haben wir das Theodor Heuss zu verdanken, der die dritte Strophe des Deutschlandliedes zur Nationalhymne erklärte.

410 // HEYM, STEFAN

„Die Herren exportieren deutsches Wesen zu den Chinesen! Zu den Chinesen!" Der am 10.04.1913 als jüdischer Kaufmannssohn Helmut Flieg geborene Querdenker veröffentlichte bereits als 18-Jähriger in der Chemnitzer „Volksstimme" das Gedicht „Exportgeschäft", in dem er den deutschen Militarismus anprangerte. Der Verweis vom Gymnasium und nationalsozialistische Repressalien waren die Folgen.

Nach dem immer weiter ausufernden Naziterror legte Flieg sich das Pseudonym Stefan Heym zu und emigrierte zunächst nach Prag und später in die USA, wo er sein literarisches Erstlingswerk „Hostage" verfasste und später in die Army eintrat, um gegen das Hitler-Regime aktiv zu kämpfen. Nach dem Krieg wurde Heym jedoch von den Amerikanern wegen „prokommunistischer Haltung" aus der Armee entlassen. Aus Protest gegen den

Koreakrieg gab er schließlich alle militärischen Auszeichnungen zurück, verließ die USA und siedelte 1952 mit seiner amerikanischen Frau nach Ost-Berlin um, wo er 1953 zum Mitglied des PEN-Zentrums Ost und West gewählt wurde.

Als Autor der zu Klassikern gewordenen Romane wie „Kreuzfahrer von heute", „Der Fall Glasenapp", „Die Augen der Vernunft", „Lasalle" und „Der König David Bericht" fand er in Ost und West eine große Leserschaft und staatliche Anerkennung.

Seinen Mund ließ sich Heym jedoch auch in der DDR nicht verbieten: Er kritisierte den „real existierenden Sozialismus", die Ausbürgerung Wolf Biermanns und engagierte sich leidenschaftlich bei den Protestkundgebungen, die schließlich zum Ende der DDR führten. In der BRD zog er bald – begleitet von öffentlicher Kritik – als Parteiloser auf der offenen Liste der PDS in den Bundestag ein und hielt im November 1994 als Alterspräsident die Eröffnungsrede zum 13. Deutschen Bundestag: Der offene Affront der CDU/CSU-Bundestagsfraktion, die ihm mit Ausnahme von Rita Süssmuth den Schlussapplaus verweigerte, ging als einmaliger Vorgang in die Geschichte der Republik ein. Bereits ein Jahr später legte Heym sein Mandat aus Protest gegen eine geplante Verfassungsänderung im Zusammenhang mit der Erhöhung der Diäten für Bundestagsabgeordnete nieder.

Stefan Heym verstarb am 16.12.2001 im israelischen Ein Bokek und hinterlässt neben einem bedeutenden literarischen Werk die Erinnerung an einen engagierten Mann, der nach seiner Vorstellung von Humanismus und sozialer Gerechtigkeit sprach – und auch handelte.

411 // HIDDENSEE

Albert Einstein wandelte hier einst unter klarem Sternenhimmel, Gerhart Hauptmann war in den Sommermonaten ein ständiger Gast des „geistigsten aller Seebäder". Wie er besaßen viele Dichter, Schriftsteller und Maler auf der westlich von Rügen gelegenen Insel Hiddensee ein Sommerhaus, um sich jenseits des hektischen Alltags inspirieren zu lassen. Denn während sich zu Beginn des 20. Jahrhunderts auf Rügen und Usedom schon eine Art Massentourismus abzeichnete, blieb es auf Hiddensee ruhig. Autos wurden 1923 verboten, Pferdekutschen und Fahrräder sind bis heute die einzigen Verkehrsmittel. Und vielen Menschen fehlte einfach der Platz auf dem Streifen Land, der an der schmalsten Stelle gerade mal 250 Meter breit ist.

Doch spätestens seit der Wende wissen auch die Bewohner vom „söten Länneken", dem süßen Ländchen, wie sich das Idyll dieser Künstlerkolonie einer breiten Öffentlichkeit verkaufen lässt. Mit Fähren und Wassertaxis kommen heute neben Langzeiturlaubern viele Tagesgäste, um etwas von der meditativen Ruhe aufzusaugen. Dennoch ist ein wenig Eile geboten: Knapp 30 Zentimeter Land werden jährlich an der Nordseite der Insel vom Meer abgetragen. Wer auf Einsteins Spuren wandeln will, hat also nur noch knappe 56.000 Jahre Zeit.

412 // HILDEBRANDT, DIETER

Die politische Satire hat in Deutschland eine große Tradition – Namen wie Kurt Tucholsky, Erich Kästner oder Karl Valentin sind unvergessen. Aus dieser Tradition entwickelte sich in den Nachkriegsjahren ein lebendiges und scharfzüngiges politisches Kabarett. Dieter Hildebrandt hat wesentlich zum Gedeihen dieser Kunstform beigetragen – der 1927 geborene Niederschlesier war in den 50er Jahren Mitbegründer der berühmt-berüchtigten Münchner Lach- und Schießgesellschaft, in den 70ern moderierte er die erfolgreiche Sendung „Notizen aus der Provinz", und 1980 war er zum ersten Mal in der Sendung zu sehen, die für ihn die Hauptbühne seines Schaffens werden sollte: der „Scheibenwischer" in der ARD. Dreiundzwanzig Jahre lang lieferte das Format den Fernsehzuschauern politisches Kabarett von allerhöchster Qualität; Hildebrandt ließ sich weder von Skandalen noch von Prozessen abschrecken, blieb immer bissig und unangepasst und machte die Sendung zu einer kulturellen Institution. Doch auch nach seinem altersbedingten Ausscheiden im Jahr 2003 wurde es nicht ruhig um ihn – noch immer ist er auf Bühnen, als Gast in TV-Sendungen oder auf Literaturfestivals zu sehen, und seine Zunge ist schärfer denn je.

413 // HILDEGARD VON BINGEN

Hildegard von Bingen (ca. 1098–1179) ist eine historische Figur, deren Bedeutung zwar unbestritten ist, die sich jedoch gleichzeitig jeder Kategorisierung entzieht. Sie war Äbtissin, Künstlerin, Autorin, Sprach- und Naturwissenschaftlerin, Philosophin, Ärztin, Kräuterkundige, Komponistin, Kosmologin und Dichterin. Als zehntes Kind einer adeligen Familie war ihre Laufbahn im klösterlichen Umfeld vorbestimmt.

Doch bereits in jungen Jahren begann Hildegard von Bingen anzuecken – sie stellte klösterliche Reglements in Frage und wollte ihre eigenen Vorstellungen von der Auslegung der christlichen Lehre durchsetzen. Das Wichtigste waren ihr selbst allerdings ihre Visionen, denen sie folgte und die sie zum Anlass ihres Handelns nahm – auch gegen den Widerstand vieler bedeutender Geistlicher. Der Glaube an sich selbst war schließlich stärker als alle Widerstände – Hildegard von Bingen wurde bald wie eine Heilige verehrt und gründete die Klöster Rupertsberg und Eibingen.

Stets war es ihr wichtig, die Herzen der Menschen zu erreichen, oder, in ihren eigenen Worten:

„Jedes Geschöpf ist mit einem anderen verbunden,
und jedes Wesen wird durch ein anderes gehalten.“

414 // HINDEMITH, PAUL

Der am 16.11.1895 in Hanau geborene Violinist, Bratschist und Komponist studierte am Hoch'schen Konservatorium in Frankfurt am Main Violine und Komposition bei Adolf Rebner, Arnold Mendelssohn, Bernhard Sekles und Fritz Bassermann. Bereits im jungen Alter von 20 Jahren berief man ihn zum Konzertmeister des Frankfurter Opernorchesters.

Als Mitbegründer der Donaueschinger Musiktage schaffte er mit der Uraufführung seines Streichquartetts Op. 22 im Jahre 1921 den Durchbruch. 1927 wurde er zum Professor für Komposition an die Berliner Hochschule für Musik berufen, doch der Blütezeit seiner Kompositionskarriere wurde mit der Machtübernahme der Nazis ein jähes Ende bereitet, die mit seinen modernen, oft sperrigen Werken nichts anfangen konnten. Hindemith emigrierte schließlich im Jahre 1938 in die Schweiz und später in die USA, deren Staatsbürger er wurde. Nach Kriegsende nahm er im Jahre 1951 einen Lehrauftrag in Zürich an und ließ sich dort nieder.

Paul Hindemith ging als einer der führenden Komponisten des 20. Jahrhunderts, aber auch als Dirigent und Philosoph in die Musikgeschichte ein. Sein kompositorisches Werk umfasst Opern, Orchester- und Chorwerke, Solokonzerte, Kammermusik, Lieder und Ballette. Paul Hindemith starb 1963 in Frankfurt am Main.

415 // HIPP

Ein Logo, das Eltern für kindgerecht halten sollen, bunt und mit Herzchen, und Claus Hipp in Lodenjacke und Krawatte, der mit seinem Namen für die Produktqualität bürgt: Diese Markenzeichen stehen für den bekannten, beliebten und preisgekrönten Babynahrungshersteller.

Die Firmensaga begann 1899, als „Großvater" Joseph Hipp (1867–1926) zur Beköstigung seiner Zwillinge Zwiebackmehl herstellte. Der Muttermilch beigemengt, sorgte es für prächtiges Wachstum. Mit dem erfolgreichen Pulver gründete Georg Hipp (1905–1967) im Jahr 1932 ein eigenes Unternehmen in Pfaffenhofen. Mitte der 1950er Jahre brachte er die Beikost wie in den USA aus der Fabrik ins Glas.

Seit 1967 bereits leitet Claus Hipp das Familienunternehmen. Er steht „mit seinem Namen" für umweltgerechte, gesunde und gentechnikfreie Produkte. Hipp gibt zu Klagen kaum Anlass. Allerdings sind nicht alle Produkte „Bio" – ein Blick aufs Etikett lohnt immer.

Hipp ist in ganz Europa vertreten, außerdem im Nahen und Fernen Osten, in Zentralasien und in Nordafrika. Eltern wird empfohlen, auf Reisen die gewohnten Produkte mit sich zu führen. Die Rezepturen könnten in den Urlaubsländern abweichen. Gut vorstellbar, dass der Geschmack mongolischer oder usbekischer Sprösslinge von jenem unserer erheblich abweicht.

416 // HIRSCH, RÖHRENDER

Es darf in keinem Wohnzimmer Marke „Gelsenkirchener Barock" und in einem Jagdhaus fehlen: das Gemälde eines röhrenden Hirschen. Nichts scheint ein geeigneterer Ausdruck kapitaler Männlichkeit und heimeligen Deutschtums zu sein als das Bild des geweihten Paarhufers an der Wand. Die Liebhaber der Brunftschrei-Kunst wird's kaum stören, dass nichts auf der Welt spießiger scheint als das millionenfach gemalte Motiv patriarchaler Urtriebe.

Die Tradition der „Röhrender Hirsch"-Malerei geht übrigens auf das frühe 18. bis späte 19. Jahrhundert zurück, als Jagd- und Naturszenen vielfach die deutschen Schlösschen und Bürgerhäuser zierten. Wichtige Vertreter sind so unbekannte Meister wie A. Schwerzer und P. Frey.

417 // HIRSCHGEWEIH

Was beim Gemälde des röhrenden Hirsches noch zweidimensionaler Schrecken, wird beim Hirschgeweih an der Wand zum dreidimensionalen Horror. Besonders Jäger hängen sich gern die Beweise ihrer Schießkunst an die Wände, als Ausdruck tiefster Naturverbundenheit und Trophäe im Kampf Mann gegen tierische Männlichkeit. Wer's richtig gut trifft, traf einen Hirsch mit vielen Enden an der Stange. Das sieht aufgehängt besonders prächtig aus und spricht für Alter und Stärke des Tieres. Und es bringt noch mehr Ruhm für den kühnen, aus sicherem Abstand schießenden Jäger.

418 // HITPARADE

Siebziger Jahre, Samstagabend in Deutschland. Eine Generation sitzt nach dem wöchentlichen Bade im Schlafanzug vor dem Fernseher und lauscht den gewohnten Anmoderationen von Schnellsprecher Dieter Thomas Heck: „Es ist 19 Uhr 31 und 12 Sekunden, hier ist Berlin, hier ist Ihre Deutsche Hitparade." Die Worte „Rainer (später Klaus), fahr ab!" gehören noch heute ins Repertoire der Generation Golf. Um genau zu sein: Dieter Thomas Heck sprach seine Texte eigentlich nicht, er brüllte sie, als wäre das Mikrofon noch nicht erfunden und als müsste er allein durch seine Stimmgewalt ein Stadion unterhalten. Einzig- und eigenartig war auch Hecks Angewohnheit, die Namen der Sendungsbeteiligten am Ende nicht dem Abspann zu überlassen, sondern selbst vorzulesen, und auch die Tatsache, dass die Sendung aus dem „Studio 1 der Berliner Union Film" kam, interessierte wohl die wenigsten. Aber die Leute mochten ihn, und die „Hitparade" war Kult, auch wenn man das Abstimmungsprozedere im SMS-Zeitalter kaum noch glauben mag. Das Publikum entschied tatsächlich per Postkarte über den Gewinner der Sendung, der dann in der nächsten Show noch einmal auftreten durfte. Später wurde die Postkarte vom „TED" abgelöst, mit dem man den Gewinner sogar noch in der laufenden Sendung bekanntgeben konnte.

Die „Hitparade" war eine Sendung des deutschen Schlagers, erst durch das Aufkommen der Neuen Deutschen Welle kam das Konzept etwas durcheinander. Bands wie „Trio" und „Frl. Menke" brachten einige Betonfrisuren der älteren Generation zum Beben. Mitte der 80er sagte Heck „Danke, Berlin" und wurde von Victor Worms abgelöst. Viel wurde ab dann an der deutschen Hitparade herumgedoktert. Sendeplätze wurden gewürfelt, englischsprachige Songs zugelassen, das Abstimmungsprozedere verstand zwischenzeitlich gar niemand mehr, und die Hitparade verlor langsam, aber stetig ihr komplettes Stammpublikum. Ein Moderatorenwechsel – Uwe Hübner hieß das neue Gesicht – und die Rückkehr zum deutschen Schlager konnten den Niedergang nur verlangsamen, aber nicht aufhalten. Mit dem 67. Auftritt von Roland Kaiser war 2000 Schluss mit der Hitparade im „Zett-De-Eff".

419 // HOCKENHEIMRING

Die Motorsport-Rennstrecke Hockenheimring ist benannt nach der nordbadischen Kleinstadt Hockenheim südwestlich von Heidelberg. 1932 gelang der Spargelstadt ein Coup, der ihren Namen in der Folge in den Kreisen der Motorsportbegeisterten weltberühmt gemacht hat: Die Behörden hatten eine Rennstrecke in Karlsruhe stillgelegt. Diese Gelegenheit nutzte der Hilfszeitnehmer Ernst Christ, um in seiner Heimatstadt mit Unterstützung des Bürgermeisters und des ansässigen Motorradclubs das Vorhaben einer Test- und Rennstrecke zu verwirklichen. In kürzester Zeit entstand ein Dreieckskurs durch den Wald auf unbefestigten Wegen. Vor 45.000 Zuschauern fand das erste Motorradrennen statt. Mit diesem Sportgerät wurden die allermeisten Rennen auch nach der Verkürzung und dem Umbau zur Hochgeschwindigkeitsstrecke, die nun Kurpfalzring hieß, ab 1938 ausgetragen. Nach dem Bau des Motodroms Mitte der 1960er Jahre brachten tragische Umstände den Hockenheimring in die Königsklasse des Automobilsports: Weil sich die Fahrer weigerten, auf dem unfallträchtigen Nürburgring zu fahren, wich man nach Hockenheim aus. Ein fernsehgerechter erneuter Umbau erfolgte 2002. In Zukunft werden die verlustbringenden Formel-1-Rennen in Deutschland abwechselnd in Nordbaden und der Eifel veranstaltet.

420 // HOESCH AG

Leopold Hoesch (1820–1899) stammte aus Düren zwischen Köln und Aachen. Dort leitete er ab 1852 das Puddelwerk seines verstorbenen Onkels, bevor er 1871 die spätere Westfalenhütte in Dortmund-Osterholz gründete. Damit forcierte er nicht nur die bereits laufende Konzentration der Stahlproduktion im Ruhrgebiet, sondern er begründete auch ein Unternehmen von besonderem Ruf. Die Mitarbeiter verstanden sich bald als „Hoeschianer". Mit Beginn der Produktion 1874 richtete Hoesch bereits eine bis heute bestehende Betriebskrankenkasse ein. Darüber hinaus ließ Hoesch Werkswohnungen und einen Park zur Erholung bauen. Auch unter dem Generaldirektor und Aufsichtsratsvorsitzenden Friedrich Springorum wurde dieses Engagement fortgesetzt.

Um 1960 arbeiteten in den drei integrierten Stahlwerken Dortmunds, die nun zur Hoesch AG gehörten, rund 40.000 selbstbewusste Arbeiter. Das bekamen ab 1969 Gewerkschaften, Arbeitgeber und Bundesregierung gleichermaßen zu spüren, als wilde Streiks um höhere Löhne begannen. Krupp konnte nach der Übernahme Hoeschs 1993 auf Druck der Arbeiter ebenso wenig seine Rationalisierungsvorstellungen vollständig durchsetzen wie später der neue Besitzer ThyssenKrupp, der ein Stahlwerk und die Kokerei nach China verfrachten ließ.

421 // HOFBRÄUHAUS

Was wären die Münchener nur ohne ihr Bier? Mit Sicherheit um eine Attraktion ärmer, denn das „Hofbräuhaus am Platzl" wurde 1589 vom bayerischen Herzog Wilhelm V. eigens zur Bier-Versorgung des durstigen Hofstaats errichtet. Seitdem Prinzregent Luitpold die Brauerei jedoch 1896 an einen anderen Standort verlegte und das Gebäude umgestaltet wurde, steht heutzutage in der Münchener Altstadt strenggenommen gar kein Brauhaus mehr. Vielmehr sollte man von einem wahrhaften Ausschank-Palast sprechen, der sämtliche Träume von bayerischer Bier- und Tafelfreude wahrmacht.

Dass der zünftige Schluck hier besonders gut schmeckt, liegt jedoch nicht nur an den deftigen Speisen, die zum Bier gereicht werden, sondern auch an der unverwechselbaren Atmosphäre und dem urigen Ambiente des Gastraums. Letzterer ist auf der ganzen Welt sogar so gern gesehen, dass man in Las Vegas gleich einen originalgetreuen Nachbau errichten ließ. Dennoch ist das Original selbstverständlich nur in München zu haben. Dies beweist allein der stimmungsvolle Refrain des Hofbräuhaus-Liedes, in dem es schließlich heißt:

„In München steht ein Hofbräuhaus: Oans, zwoa, g'suffa!"

422 // HOHENZOLLERN

Neben den Habsburgern ist kein anderes deutsches Fürstengeschlecht so eng mit der deutschen Geschichte verbunden wie das Haus Hohenzollern. Aus dieser Dynastie gingen ab 1701 sämtliche preußischen Könige hervor und ab 1871 zudem die Kaiser des Deutschen Reiches. Der Aufstieg Preußens zu einer europäischen Großmacht und die Einigung der deutschen Länder zu einem deutschen Nationalstaat vollzogen sich ebenso unter der Regentschaft der Hohenzollern wie das Ende der Monarchie in Deutschland am Ende des Ersten Weltkriegs. Von Friedrich III. über den „alten Fritz" bis hin zu Wilhelm II. – die Familie hat eine Reihe entscheidender Persönlichkeiten hervorgebracht, die Deutschland nachhaltig geprägt haben. Und sind auch nicht alle Taten positiv zu betrachten, so wären doch zumindest die preußischen Tugenden wie Zuverlässigkeit oder Fleiß ohne ihr Wirken nicht zu den deutschen Eigenschaften geworden, die heute weltweit gerühmt werden.

Das Haus Hohenzollern, dessen Familiengeschichte bis ins 11. Jahrhundert zurückreicht, besteht heute auch ohne könig-kaiserliche Würden fort und hält nach wie vor seinen alten Stammsitz in der Burg Hohenzollern. In dessen Regalen findet sich übrigens auch – nur für alle Fälle, sollte doch noch einmal wieder Bedarf entstehen – die alte preußische Königskrone ...

423 // HOLBEIN, HANS

Beihilfe zu Mord und Hans Holbein der Jüngere? Nicht ganz – aber Hans Holbein reiste mehrfach über den Kontinent, um heiratsfähige Jungfrauen für den blutrünstigen englischen König Heinrich den VIII. zu porträtieren. Doch der vermutlich 1497 in Augsburg geborene bedeutende Maler und Grafiker ist mitnichten durch das königliche Brautcasting in die Geschichte eingegangen, sondern durch ein Lebenswerk, das erstmals den Übergang von der spätgotischen Malerei zur Kunst der Renaissance darstellt.

Hans Holbein stammte aus einer Künstlerfamilie und wurde genau wie sein Bruder Ambrosius in der Werkstatt seines Vaters Hans Holbein dem Älteren ausgebildet. Sein außergewöhnliches Talent zeigte sich bereits in seinen ersten Porträtauftragsarbeiten „Der Bürgermeister Jacob Meyer zum Hasen und seine Frau Dorothea Kannengießer", in den Illustrationen für den Buchdrucker Johann Froben oder in den Fresken im Luzerner Hertensteinhaus, die er zusammen mit seinem Vater Hans Holbein d. Ä. ausführte. Nachdem Holbein im Jahre 1519 das Bürgerrecht in Basel erworben hatte, kam er einige Jahre später auf Empfehlung von Erasmus von Rotterdam an den französischen Hof und später nach London, wo er vornehmlich Porträts der englischen Königsfamilie und des britischen Hochadels anfertigte.

Hans Holbein verstarb am 29.11.1543 in London, vermutlich durch die damals grassierende Pest.

424 // HÖLDERLIN, FRIEDRICH

Seine letzten 36 Lebensjahre verbrachte der 1770 in Lauffen am Neckar geborene Friedrich Hölderlin eingesperrt in einem umgebauten Tübinger Stadtturm – er litt an einer Psychose, und ein Tübinger Tischlermeister und Bewunderer des Hyperion-Zimmers nahm sich des kranken Dichters an und pflegte ihn. Obwohl er auch in seinem Turm unter dem Namen „Scardanelli" ein paar wenige Gedichte verfasste, lag seine größte dichterische Schaffenskraft in der ersten Hälfte seines Lebens.

Zunächst Theologie in Tübingen studierend, sah er sich jedoch nie zum Pfarrberuf berufen. Stattdessen lernte er am Tübinger Priesterseminar die Philosophen Hegel und Schelling kennen, zu denen er eine tiefe Freundschaft entwickelte und die sich fortan in Denken und Werk gegenseitig stark beeinflussen sollten. Im Jahre 1791 veröffentliche Hölderlin die ersten Gedichte in Stäudlins „Musenalmanach fürs Jahr 1792", während er sich gleichzeitig als Hauslehrer verdingte. Zwischen 1797 und 1799 erschienen die beiden Bände des „Hyperion", eines lyrischen Briefromans, der als das Hauptwerk Hölderlins gilt. Bereits damals begann seine Krankheit: Im Jahre 1803 kehrte Hölderlin völlig zerrüttet zu seiner Mutter nach Nürtingen zurück, konzentrierte sich weiter auf sein schriftstellerisches Schaffen, bis er 1806 vollends zusammenbrach und in das Tübinger Autenriethsche Klinikum eingewiesen wurde. Nach erfolglosen Therapieversuchen kam Hölderlin im Jahre 1807 in die Pflege des Tischlermeisters, wo er bis zu seinem Tod 1843 die meiste Zeit vor sich hin dämmerte.

425 // HOLZMADEN

Keine Angst – dieser Artikel hat nichts mit fiesem Gewimmel oder Nahrung für B-Promis im Dschungel zu tun. Holzmaden ist eine kleine, verschlafene Gemeinde am Albtrauf mit 2.000 Einwohnern an der Autobahn zwischen Stuttgart und Ulm. Und niemand würde sich für diese Ortschaft interessieren, hätte sie nicht auch den ältesten Bewohnern der Gemeinde ihren Namen gegeben: den bis zu 180 Millionen Jahre alten Fossilienfunden, die heute im Urwelt-Museum Hauff zu bewundern sind. Holzmaden liegt auf dem Schwarzjura, einer fossilreichen Sedimentschicht, und wurde 1979 zum Grabungsschutzgebiet erklärt, das unter anderem Ammoniten, Fischsaurier, Meereskrokodile und Plesiosaurier zutage brachte. Wer sich selbst als Forscher betätigen will, kann in öffentlich zugänglichen Steinbrüchen höchstpersönlich nach spektakulären Fossilien suchen.

426 // HOMO STEINHEIMENSIS

Lucy ist nicht gerade eine Schönheit. Und zu allem Übel muss sie ihre Zeit in einem Stahlschrank verbringen – noch dazu in einem Stuttgarter Stahlschrank. Dabei ist Lucy in den besten Jahren: Ca. 250.000 Jahre hat die Dame auf dem Buckel, wobei sie zum Zeitpunkt ihres wohl gewaltsamen Todes zarte 25 Lenze zählte.

Das Licht der modernen Welt erblickte Lucy am 24.07.1933, als sie beim Kiesabbau in Steinheim an der Murr zutage gefördert wurde. Ein absoluter Jahrhundertfund, denn der Schädel ohne Unterkiefer gehörte einer Frau aus dem Pleistozän und war eine Übergangsform des Homo heidelbergensis zum Neandertaler, wobei die genaue Zuordnung in der Forschung umstritten ist.

Unzweifelhaft gingen jedoch die lieben Zeitgenossen mit ihr nicht sonderlich zimperlich um, denn man trennte den Kopf von der Leiche ab; vermutlich, um des Gehirns teilhaftig zu werden und es vielleicht bei einer kultischen Handlung zu verspeisen. So gesehen hat es Lucy heute gar nicht allzu schlecht – in ihrem Stahlschrank des Staatlichen Museums für Naturkunde in Stuttgart.

427 // HOMÖOPATHIE

Als Christian Friedrich Samuel Hahnemann (1755–1843) im Jahr 1810 das Buch mit dem Titel „Organon der Heilkunst" fertigstellte, hatte der Meißener Arzt das bis heute gültige Grundlagenwerk der Homöopathie geschaffen. Kern seines neu entwickelten Naturheilverfahrens war das „Ähnlichkeitsprinzip": Ein Kranker wird genau mit der Substanz behandelt, die in hoher Dosierung die Symptome auslösen würde, an denen er leidet. Die körpereigenen Selbstheilungskräfte sollen dadurch verstärkt werden, deshalb dürfen homöopathische Medikamente nur in extrem verdünnter Form verabreicht werden. Diese „sanfte Medizin", deren aus dem Griechischen stammender Name sich mit „ähnliches Leiden" übersetzen lässt, wird von der Schulmedizin jedoch nicht unkritisch betrachtet, da in homöopathischen Medikamenten oft kein Wirkstoff und den Behandlungen bloß die Wirkung eines Placebo-Effekt nachgewiesen werden könne. Dennoch haben Ignatia und Besenginster nicht nur Christian Hahnemann ein reiches und über 88 Jahre währendes Leben ermöglicht, sondern auch vielen weiteren Anhängern der Homöopathie auf der ganzen Welt geholfen.

428 // HOPFEN UND MALZ

„Hopfen und Malz – Gott erhalt's." So lautet der oft und gern zitierte Brauerspruch, der mit dem Lieblingsgetränk der Deutschen, dem Bier, untrennbar verbunden ist. Denn Bier besteht hierzulande ausschließlich aus vier Dingen: Wasser, Hefe und eben Hopfen und Malz. Das war nicht immer und überall so, denn ob Ägypter, Kelten, Germanen oder Römer – bis zum Mittelalter, als man in den Klöstern die Braukunst verfeinerte, wurde der gegorene Getreidesaft allerorten nur aus Gerste oder Weizen gebraut. Erst mit dem Reinheitsgebot für das Brauen von Bier, das 1516 der bayerische Herzog Wilhelm IV. verkündete, begann der Siegeszug von Hopfen und Malz, die seitdem zur einzigartigen Qualität des deutschen Bieres beitragen.

Dabei sorgt die Blüte der Hopfen-Schlingpflanze, die vor allem in Süddeutschland angebaut wird, für ein feines Bitter-Aroma und reichert das Bier mit einer Vielzahl gesundheitsförderlicher Substanzen an. Gleichzeitig sorgt das Gerstenmalz für den Alkoholgehalt, die Farbe und die Geschmacksfülle eines Bieres. Ob ober- oder untergärig, trüb oder klar, das weltberühmte deutsche Bier wäre ohne Hopfen und Malz sicherlich nicht zu dem Geschmackserlebnis geworden, das man heute in so vielfältiger Form genießen kann. Und waren es einst Mönche, die diese zwei zentralen Ingredienzien für das Bierbrauen entdeckten, soll zur Bewahrung dieser Zutaten auch in Zukunft der Beistand von höchster Stelle nicht fehlen – Gott erhalt's!

429 // HUBSCHRAUBER

Aus Berichten über die Weiten Russlands kennt man monströse Hubschrauber, die von tollkühnen Piloten sicher in die entlegensten Regionen gelenkt werden. In den Alpen stellen sie den modernen Almabtrieb mit flie-

genden Kühen sicher. In Deutschland hat sich ihr Einsatz zur Linderung der Folgen der Sturmflut in Hamburg ins kollektive Gedächtnis eingeprägt. Wer in der Nähe eines großen Krankenhauses lebt, kennt die täglichen Flüge der Rettungshubschrauber.

Das Prinzip des Hubschraubers hat die Natur entworfen, die den Samen des Ahorns auf diese Weise sanft zu Boden schweben lässt. Die Chinesen kannten 400 Jahre vor unserer Zeitrechnung bereits ein Spielzeug mit diesem Funktionsprinzip. Leonardo da Vinci beließ es mangels eines geeigneten Antriebs bei einer Studie. Ähnlich wie in der Flugzeugentwicklung wurde die Geschichte der Hubschrauber Ende des 19. Jahrhunderts von vielen Pionieren vorangetrieben. Den ersten flugfähigen Hubschrauber entwarf aber Heinrich Focke (1890–1979) mit dem Focke-Wulf Fw 61. Im Jahr 1938 steuerte die Pilotin Hanna Reitsch (1912–1979) den Helikopter durch die Deutschlandhalle. International wird der Hubschrauber mit dem Russen Igor Sikorsky assoziiert, der außerordentlich erfolgreich in den USA arbeitete. Immer mit seinem Filzhut.

430 // HUFELAND, CHRISTOPH WILHELM

Christoph Wilhelm Hufeland (1762–1836) war ein bedeutender Arzt und Wissenschaftler und gilt als einer der Väter der Naturheilkunde. Sein 1797 erschienenes Werk „Die Kunst, das menschliche Leben zu verlängern", in dem er seine Lehre der gesunden Lebensordnung darstellte, machte ihn in den Fachkreisen der Medizin weltberühmt. In seiner umfangreichen Beschäftigung als Universitätsprofessor und als praktizierender Arzt – darunter als königlicher Leibarzt und als erster Arzt der Charité in Berlin – gelang es ihm stets, die Volksheilkunde mit den neuesten Forschungen der Wissenschaft zum Nutzen der Kranken harmonisch zu verbinden. Früh erkannte er den medizinischen Nutzen von Akupunktur

und Schutzimpfungen und sah auch in der Homöopathie und der Wasserheilkunde wertvolle Ergänzungen zu den bisherigen therapeutischen wie diagnostischen Verfahren. Darüber hinaus forderte Hufeland staatliche Hygienegesetze und initiierte die unentgeltliche Behandlung mitteloser Kranker. Sein wissenschaftlich brillantes wie gesellschaftlich bedeutsames Schaffen war von solch nachhaltiger Bedeutung, dass einige der von ihm geprägten Grundsätze – wie beispielsweise „Vorbeugen ist besser als Heilen" – bis heute nicht an Gültigkeit verloren haben.

431 // HUMBOLDT, ALEXANDER FREIHERR VON

Anders als der Geograph in Saint-Exupérys „Kleinem Prinzen" war sich Alexander Freiherr von Humboldt (1769–1859) nicht zu wichtig, in der Welt herumzustreunen. Nach kurzer Dienstzeit als Bergassessor begab sich der Begründer der Physischen Geographie gemeinsam mit dem Botaniker Aimé Bonpland 1799 auf seine abenteuerliche Südamerikareise. Die Ergebnisse seiner fünfjährigen Forschungen fasste er in dreißig Bänden zusammen. Zeitgenössische Porträts zeigen ihn aber auch im Arbeitszimmer zu Hause oder mit offenem Hemd am improvisierten Schreibtisch in den Tropen. Stets ist er umgeben von selbst zusammengetragenen Pflanzen und seinen Instrumenten.

Seine Reise und diese Darstellungen prägen bis heute das Bild eines Naturforschers, der sich auf Empirie und Theorie versteht. Auf ihn geht die Typisierung der Pflanzen nach Klimazonen und Höhenstufen zurück. Das Umschlagbild des witzigen und kenntnisreichen Romans „Die Vermessung der Welt" von Sebastian Kehlmann zeigt in typischer Schönheit die vertikale Gliederung der Erdoberflächengestalt, der Wolken und der Pflanzen am Vulkan Chimborazo in Ecuador. Diese Systematisierung und Zusammenschau der Geofaktoren hat Humboldts wissenschaftlichen Ruf begründet. Seine egomanisch-autistischen Züge zeigt uns Kehlmann.

432 // HUMOR

„Deftig", „wenig feinsinnig", „nicht sonderlich ausgeprägt" – bis „nicht vorhanden". Der Deutschen Humor hat es nicht leicht in der internationalen Wahrnehmung, gilt der Deutsche doch eher als diszipliniert, ordentlich, arbeitswütig und viel zu steif, um witzig zu sein. Und wenn man sich den „Deutschen Comedypreis" ansieht, mag man wild nicken und zustimmen und so manchen deutschen Humoristen zum Schutze der Menschheit verbieten. Aber mit diesem Phänomen werden wohl auch andere Nationen zu kämpfen haben, und Feingeister oder Draufschläger wie Loriot, Hape Kerkeling und Wiglaf Droste lassen doch zumindest feststellen, dass es bei manchen Menschen im Lande nicht allzu schlecht um Humor und Intelligenz bestellt ist.

433 // HYGIENE

„Sauber und hygienisch rein!", wirbt so mancher Putzmittelhersteller und lässt schon erahnen, dass Hygiene irgendwie mehr sein muss als einfach nur Sauberkeit. Mikroskopische Reinheit wird denn auch gern der besonders ordentlichen deutschen Hausfrau angedient, um in den eigenen vier Wänden klinische Zustände zu erzeugen. Denn im engeren, medizinischen Sinne ist Hygiene die Ergreifung aller Maßnahmen zur Vorbeugung von Infektionskrankheiten – hierzu gehören insbesondere Reinigung, Desinfektion und Sterilisation. Die große Bedeutung zeigt sich auch in der Tatsache, dass spezialisierte Hygieneärzte sich ausschließlich um dieses Gebiet kümmern und dafür sorgen, dass bei und nach der eigentlichen medizinischen Behandlung nichts schiefgeht. Und damit auch im Haushalt nichts passiert, kann man sich mit allerlei Mittelchen eindecken, damit ja kein Bazillus sich erdreistet, sich auf Klobrille und Co. häuslich einzurichten. Erwiesenermaßen ist diese häusliche sterile Hygiene aber alles andere als gesundheitsfördernd – ist sie doch mit daran schuld, dass immer mehr Menschen an Allergien leiden.

I

ICC / ICE / Idealismus / Igelpensionen / In den April schicken / Internationale Funkausstellung / Internationale Grüne Woche / Internationale Tourismus-Börse / Isetta

434 // ICC

Der Geschäftsleitung der Betreibergesellschaft des Internationalen Congress Centrums (ICC) in Berlin wurde zur Eröffnung des Gebäudes unweit des Funkturms am 2. April 1979 mit den Worten zitiert: „Wir können mit diesem Haus nichts verdienen, Berlin allerdings kann viel gewinnen."

Dieser weise Spruch sollte sich als zutreffend erweisen, soweit man unter „gewinnen" auch Ärger und Ausgabeposten für das chronisch klamme Land Berlin versteht. Der Gegenentwurf der freien Welt zum Palast der Republik er- und überlebte in seiner über zehnjährigen Entstehungszeit eine sagenhafte Verachtfachung der Baukosten auf knapp eine Milliarde D-Mark. Er erwies sich mit seinen 80 Sälen als fehldimensioniert, und seine technischen Einrichtungen haben das Stromverbrauchspotential einer Kleinstadt. Das ICC, dessen Körper in eine äußere Hülle geschoben scheint, wirkt wie ein U-Boot-Bunker mit Aluhülle. Außenliegende konstruktive und funktionale Elemente wie Treppenhäuser und Entlüftungsschächte sprechen die berüchtigte futuristische Sprache. Gewiss, Hunderttausende Besucher werden trotzdem ihren Spaß gehabt haben bei Udo Jürgens, ITB und ver.di-Weihnachtsfeier. Aber seit Mitte der 1990er Jahre, nach teurer Asbestsanierung, stirbt das Millionengrab unbeirrbar vor sich hin.

435 // ICE

Der Intercity-Express ist seit 1991 das Premiumprodukt der Deutschen Bahn. Das klingt nach Champagner und Kaviar, was aber nicht gemeint ist. Ganz chic ist er schon, aber die verspätete deutsche Antwort auf Shinkansen und den international erfolgreichen TGV ist ein Zug wie alle anderen auch – mit Rekruten rund ums Wochenende, mit Kegelverein und Fernpendlern,

mit Geschäftsreisenden, die ihre Präsentation vorbereiten oder doch nur am Computer spielen, Mobilfunkterror inklusive.

Auf manchen Strecken muss der Fahrgast all dies allerdings deutlich kürzer ertragen. So gelangt der Kunde in erfrischenden fünfzig Minuten von Köln zum Frankfurter Flughafen. Die Fahrzeit aus dem Rheinland nach Berlin hat sich glatt halbiert. Nach Hamburg spart man dagegen mit dem herkömmlichen Intercity sechs Minuten und zehn Euro. Was dem neuen Zug seinerzeit heftige Kritik einbrachte, dass nämlich durchgehende Fernverbindungen reihenweise gekappt wurden, gereicht ihm andererseits zum Vorteil: Nie wieder Braunschweig und Magdeburg auf dem Weg in die Hauptstadt. Dafür kommt man jetzt ratzfatz nach Montabaur. Wer allerdings schon einmal mit dem TGV in drei Stunden von Paris nach Nîmes gefahren ist, für unter vierzig Euro, der hat von „Premium" einen anderen Begriff.

436 // IDEALISMUS

Vier Namen stehen für den deutschen Idealismus: Kant, Hegel, Fichte und Schelling. Mit ihnen verbinden wir heute die deutsche Philosophie schlechthin, jene abstrakten Hypothesen, verfasst in einer komplizierten Sprache, hinter denen ein hochgradig sittlicher und metaphysischer Idealismus steht. Doch so komplex die Gedanken der vier Idealisten auch sind und so unterschiedlich sie auch in einzelnen Fragen argumentieren und denken: Gemeinsam ist ihnen der Versuch, die ethischen Werte und metaphysischen

Erkenntnisse des Abendlandes in das neue Zeitalter der Technik und Wissenschaft zu retten.

Kant leitet diese neue Epoche der deutschen Philosophie 1781 mit seiner „Kritik der reinen Vernunft" ein, wobei dort noch die Kritik im Vordergrund steht. Erst Fichte, Schelling und Hegel entwickeln daraufhin ihre durchweg positiven Systeme, in denen die gesamte Wirklichkeit aus einem geistigen Prinzip metaphysisch abgeleitet wird. Diese Prinzipien aufgreifend, wird der deutsche Idealismus bald wesentlicher Bestandteil der Literatur der Klassik und Romantik und verliert seinen Einfluss erst mit dem Tod Hegels im Jahr 1831.

437 // IGELPENSIONEN

Man nehme – vornehmlich im Herbst – ein hilfsbedürftiges Igelkind (nach sorgfältiger Prüfung, ob die Mutter sich nicht doch in der Nähe aufhält), trage es ins Haus, bereite ihm eine Unterkunft bei mindestens 17 °C und gebe ihm Nahrung. Rinderhack, gelegentlich Hühnerfleisch und Rührei sollten es schon sein, empfehlen diverse Igelratgeber. Wer es ernst meint mit der Igelpflege, der suche zusätzlich einen Tierarzt auf, um den stacheligen Gesellen gegen Lungen- und Darmwürmer schützen zu lassen.

Wem die Rundumversorgung eines geschwächten Igels allerdings zu viel wird, der bringe den Patienten zur nächstgelegenen professionellen Igelpension. Die größte dieser Einrichtungen steht seit den sechziger Jahren in Wittenberg in Sachsen-Anhalt. Hier haben bis zu 130 schwache oder kranke Igel Platz, nicht selten ist die Pension ausgebucht. Kranke Tiere kommen auf eine separate Krankenstation, daneben gibt es weitere Schlaf- und Behandlungsräume, Versorgungs- und Sanitäranlagen und sogar Ausstellungs- und Schulungsräume – wobei man sich fragen darf, wer genau dort geschult wird. Hoffentlich aber der kleine Igel, damit er weiß, wie er den nächsten Winter sorglos in der freien Natur überstehen kann.

438 // IN DEN APRIL SCHICKEN

Auf der ganzen Welt werden ahnungslose Mitmenschen am 1. April mit erfundenen Geschichten und gefälschten Meldungen auf die Schippe genommen. Sogar Inder und Südamerikaner fallen auf Ufo-Sichtungen und absurde Trainerwechsel in Sportvereinen herein.

Genaue Hinweise für die Entstehung des Aprilscherzes gibt es nicht, das Datum war aber schon in der Antike bedeutungsschwanger. In einigen Quellen wird der 1. April als Geburts- oder Todestag des verräterischen Jesus-Jüngers Judas Ischariot genannt. Andere halten das Aprilwetter für den Vater des Aprilscherzes, das ist aber in Hinblick auf die weltweite Verbreitung des Brauches und die doch recht abweichenden Wetterbedingungen in Indien eher unwahrscheinlich. 1530 sollte am 1. April im deutschen Reich ein Münztag abgehalten werden, der das Münzwesen neu regelte. Leider fand der Tag doch nicht statt, und viele Glücksritter, die auf diesen Münztag gesetzt hatten, verloren ihr Geld und brauchten für den Spott nicht zu sorgen.

Geld verliert heutzutage beim Aprilscherzen wohl keiner mehr, der Brauch ist im Familienkreis und am Arbeitsplatz etwas aus der Mode gekommen. Schade eigentlich, denn früher hatten traditionell die Lehrlinge ihren ersten Arbeitstag am 1. April. Es war liebgewonnene Sitte, den armen Jungspund zum Einstand von Abteilung zu Abteilung zu schicken, um z. B. schwarze Kreide oder Alumagneten zu besorgen.

Inzwischen wird das Phänomen Aprilscherz hauptsächlich medial verarbeitet – keine Zeitung, kein Radiosender, kein Fernsehsender kommt an diesem Datum vorbei. Meist sind es mittelkomische Falschmeldungen, mit denen die Redakteure ihre Kundschaft hinters Licht führen wollen, manche Erfindung ist aber in die Annalen eingegangen.

Der englische Sender BBC zum Beispiel produzierte 1957 einen aufwendigen Beitrag über die Spaghetti-Ernte in der Schweiz. Es wurde eine Familie gezeigt, wie sie bei der jährlichen Ernte die Spaghetti vorsichtig von einem Strauch pflückt und zum Trocknen in die Sonne legt. Damals waren Spaghetti noch nicht auf jedem Teller zu Hause, und so ist es nicht verwunderlich, dass sich hinterher viele Zuschauer erkundigten, wo man denn einen Spaghetti-Busch bekommen könne. Ebenfalls die BBC war es, die 1976 eine einzigartige Planetenkonstellation ausrief. Dadurch ließe die Erdanziehung für einen kurzen Moment nach. Ein bekannter Astronom empfahl den Hörern, genau in diesem Moment hochzuspringen, dann könnte man mit viel Glück sogar schweben.

Die deutsche Tagesschau meldete 2007, die Erkennungsmelodie der Sendung werde künftig nicht mehr jeden Abend von einem Orchester live gespielt, sondern käme ab jetzt vom Band. Lediglich der traditionelle Gong werde vom leitenden Redakteur weiterhin von Hand geschlagen.

Ein wegen seiner Schnelligkeit dankbares, aber gleichzeitig inflationäres Medium für Aprilscherze ist das Internet. Da dort sowieso jeder schreiben darf, was er will, sollte man die Meldungen im WWW nicht nur am 1. April mit Vorsicht genießen.

439 // INTERNATIONALE FUNKAUSSTELLUNG

Die ersten „Großen Deutschen Funk-Ausstellungen" ab 1924 standen ganz im Zeichen des jungen Rundfunks. Jedes Jahr wurden neue Geräte vorgestellt, bis die Nationalsozialisten die Ausstellung mit dem Volksempfänger, der „Goebbels-Schnauze", ganz in ihre Dienste stellten. Noch 1930 hatte Albert Einstein auf die demokratisierende Kraft des Rundfunks hingewiesen. Dieses Mal hatte er sich geirrt. Das Fernsehen steckte zu jener Zeit noch in sehr kleinen Kinderschuhen.

1950 fand die erste Nachkriegsfunkausstellung mit über 200.000 Besuchern in Düsseldorf statt. Der Sprecher auf der neuen UKW-Welle des Süddeutschen Rundfunks war hörbar verunsichert – wusste er doch nicht, ob überhaupt jemand zuhörte. Ab 1953 gab das Fernsehen den Ton an, 1967 in Farbe, 1989 über Satellit. Ab 1971 bezog die „Internationale Funkausstellung" dauerhaft unter dem 1926 eröffneten Berliner Funkturm ihr Quartier. Fernbedienungen waren der Renner dieser Schau. Der Videotext wurde 1977 dem staunenden Publikum vorgestellt. Die Technik erwies sich bei ihrer grafischen Beschränktheit als erstaunlich langlebig.

Im digitalen Zeitalter ist die IFA eine nicht mehr so gut besuchte Schau der Unterhaltungs-, Kommunikations- und Media-Elektronik. Es fehlt wohl an phantastischen Neuerungen.

440 // INTERNATIONALE GRÜNE WOCHE

Die meist häufig einfach kurz „Grüne Woche" genannte Internationale Grüne Woche (IGW) ist eine der weltweit bedeutendsten Messen für Ernährungswissenschaft, Landwirtschaft und Gartenbau. 1926 als schlichte lokale Warenbörse gegründet, gehört sie heute zu den traditionsreichsten Veranstaltungen auf dem Berliner Messegelände unter dem Funkturm. Eine schier unbeschreibliche Vielfalt internationaler Spezialitäten und Gaumenfreuden, die von Produkten wie Obst und Gemüse über Fisch und Fleisch bis hin zu Wein, Bier und Spirituosen reicht, lässt keine kulinarischen Wünsche offen. Überdies wird der geneigte Besucher hier auch über die neuesten Entwicklungen in den Disziplinen Gewächshausinstallation, Zuchtvieh, Heimtier und Gartengerät informiert.

Ob die IGW mit über 400.000 Besuchern deshalb ein echter Publikumsmagnet ist, weil in Deutschland eine beinah unstillbare Neugier auf nutzpflanzliche oder haushaltstechnische Innovationen besteht, oder ob ihr Erfolg doch eher damit zu tun hat, dass es sich durch die über 100.000 Quadratmeter Ausstellungsfläche wie durch ein Schlaraffenland mampfen lässt, konnte in den begleitenden Fachseminaren bislang nicht ergründet werden.

441 // INTERNATIONALE TOURISMUS-BÖRSE

Innovationen müssen sich oft gegen stures Beharrungsvermögen oder Denkfaulheit durchsetzen. Das gilt für technische Neuerungen ebenso wie für geschäftliche. Die Gründer der Internationalen Tourismus-Börse (ITB) in

Berlin können ein Lied davon singen. Ausgerechnet exponierte Branchenvertreter hielten die Idee einer Reisemesse für „vollständig zwecklos", obwohl der Tourismus gerade zu boomen begann. Gerade einmal neun Aussteller aus Deutschland und vier weiteren Ländern präsentierten sich auf der ersten Börse 1966. Darunter war der Irak. Wie sich die Zeiten doch ändern ...

Das Reisebüro auf Zeit gilt heute mit mehr als 10.000 Ausstellern und fast 300.000 Besuchern als bedeutsamste Messe der internationalen Tourismuswirtschaft. Mit „sanftem Tourismus" oder „Wellnessreisen" werden immer neue Produkte des Zeitgeistes vermarktet. Für Medien und Besucher gehören die folkloristischen Stände und Darbietungen mongolischer Hirten oder afrikanischer Stammeskrieger, die Authentizität suggerieren sollen, einfach dazu. Obwohl der Klimaschutz inzwischen im Beiprogramm der Messe eine große Rolle spielt, werfen Kritiker der ITB vor, das Thema im eigentlichen Business zu wenig zu forcieren. Ähnliches gilt bei der Nachhaltigkeit und Sozialverträglichkeit des modernen Tourismus.

442 // ISETTA

2.550 Mark kostete die Isetta in den 50er Jahren. Sie war das Volksauto der Nachkriegszeit schlechthin, in das sich – trotz des Platzmangels – die vierköpfige Familie hineinquetschte und mit ganzen 12 PS die Reise nach Rimini wagte. Denn Italien war zu dieser Zeit nicht nur der Inbegriff des Urlaubslandes, auch die Isetta stammte ursprünglich aus Mailand, wo die Firma Iso Rivolta das Gefährt entwickelt hatte. Iso Rivolta stellte auch Kühlschränke her, und so war der Name „Isetta" („kleiner Iso") in Anlehnung an den Firmennamen mehr als passend – ließ sich doch ihre Fronttür wie bei einem Kühlschrank öffnen. Auch als BMW 1954 das Produkt aufkaufte und ihm die Bezeichnung „BMW 250" verpasste, behielt das kleine Auto den Namen „Isetta", sozusagen als Nachname.

Für die Deutschen war die „Knutschkugel" ein auch im Unterhalt erschwingliches Fahrzeug, für den Hersteller BMW war es die Rettung aus einer schweren Finanzkrise. Denn ohne die in den ersten 10 Jahren etwa 162.000 verkauften Kleinwagen hätte BMW die Nachkriegszeit wohl nicht überlebt.

Jägerzaun / Jahrmarkt / Ja-Wort / Jecken / Jim Knopf / Jodeln / Joop, Wolfgang / Jugend trainiert für Olympia / Jugendstil / Jugendweihe / Juhnke, Harald / Junghans / Jürgens, Udo

443 // JÄGERZAUN

Wer sich bei der Beschreibung seines Gartenzauns der Worte „sich kreuzende, zylindrisch gefräste Rundlinge aus Holz" bedient, wird vermutlich in fragende Gesichter blicken. „Jägerzaun" ist der Begriff, der Klarheit bringt, den jeder kennt und versteht. Diese Zaunart ist in vielen deutschen Haushalten ein fester Bestandteil, um Eigentum zu markieren oder die Gartenidylle aus Teich, Gartenzwerg und Blumenbeet perfekt zu machen. Nur noch selten erfüllt der auch als Scheren- oder Kreuzzaun bezeichnete Holzzaun seine ursprüngliche Aufgabe: Pflanzen und Bäume vor Wildverbiss zu schützen. Das ist nicht dem Zaun anzulasten, denn er trägt nicht Schuld daran, dass man ihn auch dort anbringt, wo sich Reh und Wildschwein schon vor Jahrzehnten für immer „Gute Nacht" gesagt haben.

Bleibt die Frage, was es mit dem Namen auf sich hat. Er geht wohl auf Feudalzeiten zurück, als Adelige den Wildbestand übermäßig anwachsen ließen, um die Erträge der Jagd üppiger ausfallen zu lassen. Im Gegenzug durften sich die Bauern kostenlos Holz aus den Wäldern schlagen, um ihre Anbauflächen mit eben jenen Zäunen zu sichern, die aufgrund des gesteigerten Jagddrangs ihrer Feudalherren notwendig wurden.

444 // JAHRMARKT

„Turbo-Force", „Skater X-Treme" oder „Power Tower" – das sind die Namen, aus denen Jahrmarktträume gemacht sind. Wenn Paradiesapfel, Zuckerwatte und Bratwurst im vierten Looping oder zweiten freien Fall den Magen zum Hüpfen bringen und der Teint ins Grünliche wechselt, geht der Jahrmarktbesuch seinem Höhepunkt entgegen – oder seinem frühzeitigen Ende. Wer sich danach noch sicher auf den Beinen halten kann, lächelt angesichts der Herausforderungen von Schießbude, „Enten-Angeln" oder Ringewerfen und stellt sich erst später die Frage, was er mit dem Gewinn in Gestalt eines überdimensionalen Stofftiers eigentlich anfangen soll.

Hinsichtlich des Angebots hat sich einiges geändert seit dem Mittelalter, als auf den einmal im Jahr stattfindenden Märkten Agrarprodukte und Vieh, Töpfer- und Schmiedeerzeugnisse verkauft wurden. Wo heute Riesenrad, Autoscooter und Achterbahn der Volksbelustigung dienen, sorgten vor Jahrhunderten Musiker, Zauberer und Raritätenkabinette – in denen siamesische Zwillinge, Riesen und Zwerge, missgebildete Organe oder exotische Tiere ausgestellt wurden – für Ablenkung vom tristen Arbeitsalltag. Geblieben ist das kollektive Erlebnis des Außergewöhnlichen und Außeralltäglichen – auch wenn dies zuweilen Magen und Körper auf eine harte Bewährungsprobe stellt.

445 // JA-WORT

Zwei Buchstaben, eine Silbe nur, und dennoch versetzt kein anderes, noch so langes Wort mehr Menschen in den Zustand weltentrückter Gefühlsseligkeit als das Ja. „Ja" hauchen und krächzen, rufen und brummen Tag für Tag die Heiratskandidaten, mal zaghaft und zurückhaltend, mal laut und voller Überzeugung. Mit einem „Ja" bringt das Paar vor dem

Standesbeamten oder Pfarrer seinen Wunsch zum Ausdruck, den Bund der Ehe einzugehen; dann werden die symbolträchtigen Eheringe ausgetauscht. Kein noch so außergewöhnlicher Ort scheint ausgeschlossen, um dieses magische Wort auszusprechen: am Bungee-Seil, auf Skiern, im Ballon hoch über dem Boden oder unter Wasser mit Delphinen als Trauzeugen. Ob derartige Zeremonien der Ehe ein sichereres Fundament bereiten, ist fragwürdig. Doch vielleicht tragen gerade sie zur Rettung des arg bedrohten Ja-Worts bei. Immerhin könnten sie heiratsmüde Paare zur Trauung und Bewahrung des Ja-Worts bewegen, auch wenn dies nur dem Gefühl dient, etwas Extravagantes getan zu haben.

446 // JECKEN

Der Jecke gehört einer ganz besonderen Spezies an. Die meiste Zeit des Jahres tarnt sich dieses überwiegend im Rheinland anzutreffende Wesen als normaler Bürger, der mehr oder minder unauffällig durchs Leben geht. Mit dem 11. November ändert sich dieser Zustand schlagartig: Der Jecke bricht aus und sorgt bis Aschermittwoch für Stimmung. Keine gesellige Runde, kein Tänzchen und kein Witz werden fortan ausgelassen. Das strengt an, doch der Jecke ist sich seiner Aufgabe bewusst, denn nichts ist ihm heiliger als die fünfte Jahreszeit. In diesem Punkt herrscht Einigkeit unter den Jecken, die mit dem Verwischen der letzten Weihnachtsspuren auch zugleich dem Höhepunkt ihres Daseins zustreben: Karneval. Sechs Tage wird gefeiert und geschunkelt, gesungen und geflirtet, getrunken und vergessen. Dann verschwindet am Aschermittwoch zusammen mit dem Karnevalskostüm auch der Jecke in der Versenkung. Was ihm bleibt, ist die Aussicht und die Gewissheit, dass er im November wiederkommen darf. Und wenn er sich ganz besonders anstrengt, steht ihm vielleicht auch die höchste Auszeichnung überhaupt zu: ein jecker Jeck zu sein.

447 // JIM KNOPF

Berufswünsche von Kindern können viel aussagen über Zeit, Kultur und Gesellschaft. Dass bis in die 1980er Jahre hinein insbesondere Jungs nicht Rennfahrer oder Rapper, sondern Lokomotivführer werden wollten, ist vermutlich weniger auf selbst erlebte Abenteuer im Triebfahrzeug eines D-Zugs zurückzuführen, sondern eher zwei Kinderbüchern zu verdanken, die mehr als eine Generation prägten: 1960 erschien „Jim Knopf und Lukas der Lokomotivführer" des deutschen Schriftstellers Michael Ende, zwei Jahre später folgte der Fortsetzungsband „Jim Knopf und die Wilde 13". Die Abenteuer, die Jim Knopf und sein bester Freund Lukas erleben, als sie mit der alten Lok Emma ihre Heimatinsel Lummerland verlassen, haben Millionen Kinder in den Bann geschlagen. So nahm sich dann auch die Augsburger Puppenkiste gleich zweimal der literarischen Vorlage an, um die Suche nach Prinzessin Li Si, die Kämpfe mit der Piratenbande „Die Wilde 13", Begegnungen mit Königen, Drachen und Wasserwesen in Form eines Marionettentheaters für das deutsche Fernsehen umzusetzen.

448 // JODELN

Lange Zeit war das Jodeln in weiten Teilen Deutschlands verpönt. Zu viele Sendungen der fröhlichen Volksmusik, in denen selbst Jodelkönig Franzl Lang und Maria Hellwig den kritischen Zuschauer nicht fröhlichjodeln konnten. Zu tief saß die Erkenntnis, dass nur jodelt, wer Lederkracher bzw. Dirndl trägt, das beste Alter hinter sich hat und nur ungern über die befestigten Grenzen seines 120-Seelen-Bergdorfs schaut. Dann trat Heidi Klum Ende der 1990er Jahre in der US-amerikanischen David-Letterman-Show auf – und jodelte. Diese musikalische Einlage begeisterte die Amerikaner derart, dass die deutsche Ikone erst einmal nichts anderes tat – und durch Deutschland ging ein Ruck.

Heute ist Jodeln wieder salonfähig, dank experimenteller Ausflüge in den Pop- und Technobereich auch bei der Jugend. Und selbst die ärgsten Kritiker wissen mittlerweile: In seinen Ursprüngen ist das Jodeln alles andere als provinziell. Überall auf der Welt verständigten sich Jäger, Hirten und Sammler über weite Distanzen, indem sie Lautsilben mit großen Intervallsprüngen, im Wechsel von Kopf- und Bruststimme sangen. Im alpenländischen Raum entwickelte sich aus dieser archaischen Form das ein- oder mehrstimmig gesungene Jodellied, dessen Fortbestand auch ohne das Loriot'sche Jodeldiplom gesichert zu sein scheint.

449 // JOOP, WOLFGANG

Den meisten berühmten Modemachern ist es eigen, dass sie die Welt polarisieren. Sie werden verehrt oder verachtet. Dass Wolfgang Joop in dieser Hinsicht keine Ausnahme bildet, ist als Ritterschlag zu interpretieren. Zwei abgebrochene Studien in Werbepsychologie und Kunstpädagogik gingen dem Entschluss voraus, in der Modewelt Fuß zu fassen – ein Schritt, der belohnt wurde, denn mit der Etablierung des Designer-Labels „JOOP!" und zahlreichen Prêt-à-porter-Kollektionen avancierte Wolfgang Joop zu einem der erfolgreichsten Modedesigner Deutschlands.

Die 1990er Jahre waren von Turbulenzen geprägt. Joop verwirrte nicht wenige mit seinem glamourösen, ausschweifenden Lebensstil und dem Bekenntnis zur Bisexualität, wurde erst des Kokain-Konsums, dann der Spionage für die Stasi verdächtigt. Zudem verkaufte der 1944 in Potsdam geborene Modedesigner 95 Prozent seiner Anteile an der Firma „JOOP!", von der er sich 2001 endgültig trennte. Seiner Kreativität tat dies keinen Abbruch: Ausflüge in die Bereiche Schauspiel, Literatur, Bildhauerei und Illustration bezeugen ein weitgefächertes, kreatives Potential, das sich mit der Gründung des Edel-Labels „Wunderkind" auch wieder im modischen Bereich entfalten kann.

450 // JUGEND TRAINIERT FÜR OLYMPIA

Wer jemals bei den Bundesjugendspielen eine Ehrenurkunde erhielt und mit Stolz die darauf befindliche Unterschrift des amtierenden Bundespräsidenten vorführen konnte, weiß: Deutschlands Staatsoberhaupt hat viel übrig für den Schulsport. Da erscheint es nur konsequent, dass der Bundespräsident zugleich als Schirmherr für den weltweit größten Schulsportwettbewerb, „Jugend trainiert für Olympia", fungiert.

1969 verbreiteten Henri von Nannen und Willi Daume über den „Stern" die Idee einer derartigen Sportveranstaltung, die von Bund, Ländern und Sportbund aufgegriffen und institutionalisiert wurde. Idee war und ist es, Kinder und Jugendliche im Alter von 8 bis 19 für den Sport zu begeistern und junge Talente zu entdecken und zu fördern.

Rund 900.000 Schülerinnen und Schüler in knapp 80.000 Mannschaften nehmen jährlich an den Wettkämpfen teil, die in insgesamt 16 Disziplinen ausgetragen werden. Ziel aller Anstrengungen ist das Bundesfinale in Berlin. Wer es bis hierhin schafft und gut abschneidet, kann sich Hoffnung auf

den internationalen Sportwettkampf machen und jenen vielen Vorbildern nacheifern, die ihr Talent früher schon bei „Jugend trainiert für Olympia" unter Beweis stellen konnten, unter ihnen Heike Henkel, Michael Groß und Boris Becker.

451 // JUGENDSTIL

Elitär – das ist ein Vorwurf, mit dem sich schon früh Vertreter des Jugendstils auseinandersetzen mussten. Dabei entstand diese Kunstrichtung des ausgehenden 19. Jahrhunderts, die sich außerhalb Deutschlands auch als „Modern Style", „Sezessionsstil", „Art nouveau" oder „Stile florale" etablierte, ursprünglich aus dem Wunsch heraus, in sämtlichen kreativen Produktionsprozessen wieder Schönheit, Harmonie und Qualität aufleben zu lassen. Statt Massenproduktion, die insbesondere in England immer mehr um sich griff, sollte die Rückbesinnung auf gutes, traditionelles Handwerk stehen. In diesem Streben setzten sich in Malerei, Bildhauerei, Architektur, Buchdruck, Schmuck-, Glas- und Möbeldesign florale Ornamente und

geschwungene, fließende Linienführungen durch. Zudem wandten sich die Künstler – auch als Gegenentwurf zu Industrialisierung und Urbanisierung – wieder der Natur zu und brachten deren Erscheinungsformen in den Kunstwerken zum Ausdruck.

Nur rund 25 Jahre hatte der Jugendstil als dominierende Kunstrichtung Bestand: Spätestens der Erste Weltkrieg schuf in Europa Lebensbedingungen, die nur noch wenig Raum für das ästhetische Konzept des Jugendstils boten.

452 // JUGENDWEIHE

Jugendweihe war den Westdeutschen lange Zeit kein Begriff. Das änderte sich mit dem Mauerfall, als dieses in der DDR praktizierte Zeremoniell als säkulares Gegenmodell zur Firmung und Konfirmation Einzug in die bundesdeutsche Gesellschaft hielt.

Der Ursprung dieser Initiation, die den Übergang vom Kindes- zum Jugendalter markiert, liegt in der zweiten Hälfte des 19. Jahrhunderts. Freireligiöse Gemeinden entwickelten einen von der kirchlichen Glaubenslehre losgelösten Moralunterricht, der mit der Jugendweihe im Alter von 14 Jahren seinen Abschluss fand – ein Festakt, der während der Weimarer Republik durch die Arbeiterbewegung aufgegriffen und weit verbreitet wurde. An diese Tradition knüpfte dann auch das Politbüro der SED an, das 1954 die Einführung der Jugendweihe beschloss. Bis zu 98 Prozent aller Jugendlichen in der DDR besuchten fortan sogenannte Jugendstunden, die nicht frei von politischer Infiltrierung waren und Vorträge, Betriebsbesichtigungen und Freizeitbeschäftigungen einschlossen. Zum feierlichen Akt der Jugendweihe gehörte unter anderem das Gelöbnis, als „wahre Patrioten die feste Freundschaft mit der Sowjetunion weiter zu vertiefen" und „im Geiste des proletarischen Internationalismus zu kämpfen". Heute kämpfen Jugendliche nicht mehr „für die große und edle Sache des Sozialismus", sondern der Verein Jugendweihe Deutschland e. V. und andere Organisationen um den Fortbestand der Jugendweihe, für die immer weniger Teenager zu gewinnen sind.

453 // JUHNKE, HARALD

Er war der jugendliche Liebhaber von Karin Dor in dem Film „Ohne Krimi geht die Mimi nie ins Bett", in Fernsehsketchen blödelte er mit Eddi Arent und mimte mit Grit Böttcher „Das verrückte Paar". Als „Hauptmann von Köpenick", „Der Trinker" und in „Schtonk!" bewies er, dass er ein ernstzunehmender Schauspieler war. In Lackschuhen und Smoking unterhielt er inmitten des NDR-Fernsehballetts sein Publikum auch musikalisch, und als Synchronsprecher lieh er Marlon Brando, Peter Sellers und Charles Bronson seine Stimme.

Harald Juhnke (1929–2005) war Schauspieler und Entertainer gleichermaßen, er war Ur-Berliner und immer für einen Skandal gut; er sagte von sich, dass ihm die „gebrochenen Typen liegen" vielleicht, weil er durch seine Alkoholkrankheit selbst oft dazugehörte.

Aber selbst dann war Harald Juhnke noch ein glänzender Unterhalter, der ab Mitte der 50er Jahre zuerst das deutsche Kino, dann das deutsche Fernsehen beherrschte und für sein Publikum Frohsinn und Heiterkeit verkörperte.

454 // JUNGHANS

Kritische Stimmen werfen die Frage auf, wer wohl die größere Präzision bei der Herstellung ihrer Produkte an den Tag legt: die Junghans Uhren GmbH bei der Anfertigung ihrer Zeitmesser oder die Junghans microtec GmbH, die als Produzent von Zündern zumindest verbal von Landminengegnern unter Beschuss genommen wird. Der bundesdeutsche Durchschnittsbürger kann sich glücklich schätzen – selten gerät er in die missliche Lage, sich aus nächster Nähe von der Funktionalität der Junghans'schen Artillerie- oder Mörserzünder überzeugen zu müssen. Stattdessen kann er ganz entspannt seinen Blick auf das Handgelenk, die Wand oder Nachttischkonsole werfen und sich reinen Gewissens an der Präzision jener Produkte erfreuen, die Junghans berühmt, aber eben nicht berüchtigt gemacht haben: Uhren und Uhrwerke.

1866 kamen die ersten Zeitmesser der Firma auf den Markt. Bis 1956, als das Familienunternehmen von der Diehl-Gruppe übernommen wurde, konnte Junghans zwischenzeitlich zum weltweit größten Uhrenproduzenten aufsteigen, etablierte den achteckigen Stern als Firmenzeichen, begleitete den Wandel von der Taschen- zur Armbanduhr und ließ dank radioaktiver

Leuchtfarbe Ziffern und Zeiger ihrer Uhren im Dunkeln erleuchten – ein ebenso praktisches wie gesundheitsbedenkliches Verfahren.

Und dann kam Max Bill. Und dieser Schweizer Designer und Bauhaus-Schüler bescherte dem Unternehmen Uhrenmodelle, die bis heute zu den Verkaufsschlagern und absoluten Klassikern des Produktdesigns gehören. Angesichts dieser zeitlosen Wand- und Armbanduhren gerieten die weiteren Meilensteine im Bereich von Quarz- und Funkuhren fast ins Hintertreffen.

Seit 2000 gehört die Junghans Uhren GmbH zur EganaGoldpfeil Holding mit Sitz in Hongkong. Ob das Motto „Aus der Tradition in die Zukunft" und die Rückbesinnung auf mechanische Uhrwerke von Erfolg gekrönt sein werden, bleibt abzuwarten.

455 // JÜRGENS, UDO

Vor über 50 Jahren unterzeichnete Udo Jürgen Bockelmann seinen ers-ten Plattenvertrag und nannte sich fortan Udo Jürgens. Das Album mit dem Titel „Es waren weiße Chrysanthemen" wurde ein beachtlicher Flop, doch der Laufbahn des 1934 in Klagenfurt/Österreich geborenen Sängers, Musikers und Komponisten tat dies keinen Abbruch. Inzwischen kann der Tausendsassa der Musikbranche auf mehr als 100 Millionen verkaufte Tonträger, über 50 Alben und unzählige Konzerte zurückblicken.

Mit „Vielen Dank für die Blumen" – dem deutschen Titelsong der „Tom und Jerry"-Serie – sang er sich in die Ohren der Kinder; Millionen deutsche Männer rührte er zu Tränen, als er 1978 gemeinsam mit der deutschen Fußballnationalmannschaft die Hymne „Buenos Dias Argentina" aufnahm, und seine weiblichen Fans, nun ja, das ist ein ganz eigenes Thema. Wir wissen nicht, wie der große Dadaist Hans Arp geurteilt hätte, wenn er seinen Neffen Udo Jürgens bei dessen legendären Bademantel-Zugaben am gläsernen oder weißen Flügel gesehen hätte. Tatsache ist: Es gibt nicht wenige Fans, die Udo Jürgens genau dafür lieben und keine Mühen scheuen, um sich bei „Siebzehn Jahr, blondes Haar", „Griechischer Wein", „Aber bitte mit Sahne" oder „Mit 66 Jahren" gemeinsam mit ihrem großen Idol in Ekstase zu singen.

K

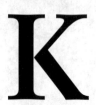

Kabinett / KaDeWe / Käfer / Kaffee Hag / Kaffeetafel / Kahn, Oliver / Kaiserpfalz / Kalter Hund / Kanak Sprak / Kännchen Kaffee / Kant, Immanuel / Kapital, Das / Käpt'n Blaubär / Karl der Große / Karlsruhe / Karneval / Karstadt / Kartoffel / Kasseler / Kästner, Erich / Kategorischer Imperativ / Kater / Katjes / Kauderwelsch / Kaufhof / Kegeln / Kempowski, Walter / Kepler, Johannes / Kerbholz / Kerkeling, Hape / Kessel Buntes, Ein / Keun, Irmgard / Kiefer, Anselm / Kiel / Kieler Woche / Kilius, Marika / Kindergarten / Kindergeld / Kindler / Kinski, Klaus / Kippenberger, Martin / Kirchenlieder / Kirchner, Ernst Ludwig / Kirsch, Sarah / Kitsch / Kittelschürze / Klabund / Kladderadatsch / Kläranlage / Klarsfeld, Beate / Kleber, Claus und Gause, Gundula / Klee, Paul / Kleingärten / Kleist, Heinrich von / Klemperer, Victor / Klinsmann, Jürgen / Klöckner / Klöppeln / Klopstock, Friedrich Gottlieb / Klosterfrau Melissengeist / Klum, Heidi / Knaben Wunderhorn, Des / Knappschaft / Knecht Ruprecht / Knef, Hildegard / Kneipp, Sebastian / Knigge, Adolph Freiherr von / Knirps / Knobelsdorff, Georg Wenzeslaus von / Knödel / Knusper-Puffreis / Knut / Kö / Koch, Robert / Kocherlball / Kogon, Eugen / Kohl / Kohl, Helmut / Kohle / Kohlepfennig / Köhler, Horst / Kohlhaas, Michael / Köhnlechner, Manfred / Kokoschka, Oskar / Kollwitz, Käthe / Köln / Kölner Dom / Kölnisch Wasser / Kolping, Adolph / Kölsch / Kom(m)ödchen, Das / Kommune 1 / Kommunistisches Manifest / Kompostierung / Königsberger Klopse / Konsalik, Heinz Günther / Konsum / Kopernikus, Nikolaus / Korn / Kraftwerk / Krankenkasse / Krankfeiern / Krautrock / Krauts / Krebs, Diether / Kreisauer Kreis / Kreutzer-Sonate / Kreuzberg / Kriemhild / Krug / Kuckucksuhr / Kudrun / Kuhlenkampff, Hans-Joachim / Kultur- und Sozialfonds / Kulturaustausch / Kunstgewerbe / Kunstklappe / Kunststoff / Kur / Kurfürstendamm / Kyffhäuser

456 // KABINETT

Ein doppelsinniger Begriff, der zum einen ein geheimes Zimmerchen, meist in einem Schloss oder Palast, beschreibt, zum anderen die Regierung der Länder oder des Staates. Wahrscheinlich hängt der eine Begriff mit dem anderen sogar zusammen, denn früher wurden die wichtigen Staatsangelegenheiten im Kabinett, also im geheimen Hinterzimmer, geregelt. Heute werden sie nur noch manchmal im, aber immer vom Kabinett geregelt, das auf Bundesebene aus Bundeskanzler oder Bundeskanzlerin und den Ministerinnen und Ministern besteht; auf Landesebene das gleiche Spiel mit Ministerpräsident und Landesministern.

Kabinette sind ein bunt gemischter Haufen von mannigfaltigen Interessen:

» Erstens besteht ein Kabinett meist aus einer Koalition von unterschiedlichen Parteimitgliedern, denn selten schafft es eine einzige Partei an die Hebel der Macht.

» Zweitens hat jedes Ressort seine ganz eigenen Ansichten darüber, was oben auf der Prioritätenliste steht.

» Und drittens kabbeln sich alle Minister ständig mit dem Finanzminister um das zur Verfügung stehende Haushaltsgeld.

Am längsten führte wohl CDU-Bundeskanzler Kohl das Kabinett an: 16 Jahre lang, und zwar von 1982 bis 1998; seine Minister wechselten allerdings häufiger. Bis jetzt dienstältester Ministerpräsident ist Peter Altmeier in Rheinland-Pfalz; er leitete das Kabinett von 1947 bis 1969.

457 // KADEWE

Das Kaufhaus des Westens, verkürzt KaDeWe genannt, ist Deutschlands größter und meistbesuchter Konsumtempel, es ist sogar das größte Warenhaus des gesamten europäischen Festlands. Es befindet sich in bester Boulevard-Lage mitten im Westen der Berliner City. Gegründet wurde das Kaufhaus von Adolf Jandorf, Baubeginn war 1905, die feierliche Eröffnung fand 1907 statt. Von Anbeginn sollte es ein Kaufhaus der Superlative sein. 1927 wurde es von der Tietz-Gruppe übernommen und damit in den Hertie-Konzern eingegliedert. 1933 wurden die jüdischen Inhaber enteignet, die jüdischen Mitarbeiter entlassen. Zehn Jahre später durch einen abstürzenden Bomber schwer zerstört, feierte das KaDeWe 1950 seine Auferstehung und wurde zum Symbol von Neuanfang und Wirtschaftswunder. Mit der Maueröffnung 1989 erlebte es seinen größten Kundenansturm.

In seiner Geschichte wurde es mehrfach umgebaut und um einige Etagen erhöht. Seine Verkaufsfläche beläuft sich inzwischen auf über 60.000 Quadratmeter. 1994 übernahm die Kaufhof AG das KaDeWe und machte es zu ihrem Flaggschiff. Am legendärsten ist die Feinkostetage mit mehr als 30 Feinkostbars und einem kulinarischen Angebot, das an Vielfalt und Qualität seinesgleichen sucht.

458 // KÄFER

Das wärmere Klima macht es vielen Tierarten möglich, in neue Lebensräume vorzustoßen. Mexiko ist dafür ein gutes Beispiel: Der „Vochos", eine von 1938 bis 2003 in Deutschland heimische Käferart, hat sich der Klimaerwärmung in Europa so gut angepasst, dass er nun hauptsächlich im subtropischen Klima Mexikos beheimatet ist.

Entdeckt wurde die neue Spezies der Klasse Kleinwagen am 26. Mai 1938 im mitteldeutschen Wolfsburg, von wo aus sie sich durch ideale Lebensbedingungen und eine Aufzuchtstation der heutigen Volkswagen AG schnell über Deutschland, Europa und ab den 1970er Jahren nach Nordamerika ausbreiten konnte. Knapp 15,8 Millionen Käfer, die sich durch ihre Farbvielfalt und diverse Unterarten wie den „Cabriolet" mit seinem abgeflachten Panzer und den „Transporter" auszeichnen, wurden in Deutschland im Laufe der Jahrzehnte gezählt; in Nordamerika umfasste die Population bis in die späten 1990er Jahre rund 6 Millionen Exemplare.

Mittlerweile ist der VW Käfer stark vom Aussterben bedroht: In Deutschland hat ihn eine ganz neue Spezies, der VW Golf, fast völlig verdrängt; einzig in Mexiko haben letzte Käfer-Zählaktionen einen Bestand von etwa 70.000 Exemplaren der Spezies Taxi-Käfer ergeben.

459 // KAFFEE HAG

Entkoffeinierter Kaffee hinterlässt bei vielen Genießern Ratlosigkeit. Doch Ludwig Roselius (1874–1943) hatte eindeutig den richtigen Riecher, als er ab 1904 mit Partnern ein Verfahren zur Entkoffeinierung entwickelte, das 1906 patentiert wurde. Zu dieser Innovation mag ihn das Schicksal seines früh verstorbenen Vaters bewogen haben: Die Ärzte führten dessen Ableben auf zu hohen Kaffeekonsum zurück.

Von Beginn an wurde das Produkt der „Kaffee-Handels-Aktien-Gesellschaft", die auch „Kaba" einführte, intensiv beworben, und es entstand eines der ersten Corporate Designs. Seit 1925 suggeriert das rote Herz auf der Packung schonende Wirkung. Berühmt ist auch der Tassentausch geworden, mit dem Kritikern Kaffee Hag zur vollen Zufriedenheit untergejubelt wurde. Roselius, ein bedeutender Mäzen, gilt zudem als geistiger Vater und Finanzier der Böttcherstraße in Bremen, die als 100 Meter langes architektonisches Gesamtkunstwerk Ausdruck der Rückbesinnung auf die niederdeutsche Kultur ist. Die mittelalterlich anmutende Straße entstand in der Zwischenkriegszeit. Der Kaffeehändler war alles andere als progressiv und stand Hitler nahe. An die Wehrmacht lieferte er stärkende „Hag-Cola". Eine Ausnahme ist der Kaufmann mit seinen Verstrickungen freilich nicht.

460 // KAFFEETAFEL

Kaffeetafel! Wie gemütlich dieses Wort allein schon klingt, wie Sahnehäubchen und Buttercremetorte auf einmal. Es verspricht Waffeln, heiße Kirschen, Vanilleeis und frisch geschlagene Sahne aus der hygienischen Sprühdose. Ein betörender Duft von edlem Kaffee – ist es Eduscho, Hag oder Onko? – weht durch den Raum, und das Herz schwelgt in Erinnerungen. Die lieben Verwandten sind alle versammelt: Am Sonntag, zum Feste oder zum würdevollen Ausklang einer Beerdigung. Die Tanten, die Alten und die Jungen sitzen in großer Runde, und Onkel Ernst hält eine Rede. Oder: Man findet sich im kleinen Kreis am runden Tisch, den eine gestärkte, fein bestickte Decke schmückt, ein Tuch aus Leinen, blendend weiß. Darauf das Meissener Porzellan, die Kuchenplatte vielleicht von WMF oder einer anderen Marke, und Familiensilber mit fremden Initialen. Da schmeckt der selbstgemachte Erdbeerkuchen auf dem Biskuitteig von Dr. Oetker noch mal so gut. Kein To-go-Kaffee wird dir schnöde in die Faust gedrückt, es herrschen weder Hektik noch Hast, denn hier regiert Behaglichkeit. Man tafelt, speist, die Welt ist heil, hier hält man Mittagsfrieden. Nur Vorsicht: Wenn es sich um eine Bergische Kaffeetafel handelt, ist sie selbst für gestandene Kaffeetanten eine echte Herausforderung, denn hier gibt es zusätzlich Korn und Schinken.

461 // KAHN, OLIVER

Titan „Olli" Kahn, Vorbild für Sportlichkeit, Teamgeist und Disziplin, hat im Leben so ziemlich alles erreicht, wovon ein Fußballer nur träumen kann – sieht man vom Gewinn der Fußballweltmeisterschaft einmal ab. Getrieben von unbändigem Willen und äußerstem Ehrgeiz hat er in seiner beispiellosen und über zwanzig Jahre währenden Fußballerkarriere Titel über Titel angehäuft, darunter acht deutsche Meisterschaften, sechs DFB-Pokal-Siege, einen Champions-League-Sieg und drei Ehrungen als Welttorhüter des Jahres. Seine spektakulären Paraden und bissigen Aktionen auf und neben dem Fußballplatz haben ihm weltweit großen Respekt eingebracht, der vereinzelt sogar in Furcht umgeschlagen ist. So antwortete sein Teamkollege Scholl auf die Frage, wovor er Angst habe, schlicht und einfach mit: „Vor Krieg und Oliver Kahn." Mit der Meisterschaftssaison 2007/2008 beendete der 86fache Nationalspieler („Ich rotiere höchstens, wenn ich Opfer des Rotationsprinzips werde") seine aktive Sportlerlaufbahn und kehrte dem Kasten des FC Bayern München den Rücken zu. Es ist jedoch nicht unwahrscheinlich, dass die deutsche Torwartlegende „King Kahn" auch in dieser Position noch den ein oder anderen Unhaltbaren aus der Ecke zu fischen vermag.

462 // KAISERPFALZ

Eine Kaiserpfalz war je eine der vielen herrschaftlichen Anlagen, die im Mittelalter dem fahrenden Kaiser als Wohnsitz, als Zwischenstation auf langen Reisen nach Italien und als Gerichtsort dienten. „Pfalz" leitet sich vom lateinischen „palatium" ab, was auch zum deutschen Wort „Palast" führte. Gemeint waren somit die mehr oder weniger schmucken Paläste der deutschen Kaiser im Früh- und Hochmittelalter. Sie umfassten zumindest den Palas (das Residenzhaus) und die Pfalzkapelle nebst Gutshof. In Tagesrittentfernung konnte der Kaiser dann seine nächste Pfalz am Wegesrand finden. Viele Kaiserpfalzen blühten auf, andere versanken in Ruinen, manche wurden zu bedeutenden Klosterzentren, einige haben sich als Großstädte in die Jetztzeit gerettet, wie zum Beispiel Magdeburg, Nürnberg oder Düsseldorf, das aus dem jetzigen Stadtteil Kaiserswerth hervorging. Das bedeutendste architektonische Denkmal unter ihnen dürfte die gut erhaltene Pfalz in Goslar sein. Das Kaiserhaus der Salier ist der größte, prächtigste und bestkonservierte Profanbau des 11. Jahrhunderts.

Der Karolinger Karl der Große weilte oft in Ingelheim und mehr noch in Aachen und machte diese Orte damit unsterblich. Auch Altkanzler Helmut Kohl hatte als echter Pfälzer seine „Kaiserpfalz" Deidesheim, in der er fürstlich gastierte.

463 // KALTER HUND

Heiße und kalte Hunde sind kulinarische Köstlichkeiten, finden alle Menschen unter 12. Der „Kalte Hund" musste jedoch das Zeitliche segnen, nachdem immer mehr Kinder ihre Ferien in Diätkliniken verbringen. Der 70er- und 80er-Modekuchen mit dem komischen Namen besteht nämlich zu 99,9 % aus Palmfett, den Rest machen Eier, Kakaopulver, Zucker und 2 (!) Pakete Butterkekse aus.

Es ist nicht verwunderlich, dass ein Kuchen, der ohne Backen auskommt und im Prinzip aus geschichteter Nutella mit Keksen besteht, bei Hausfrauen und Kindergeburtstagen gleichermaßen Anklang fand. Verwunderlich ist höchstens der Name, der gerüchteweise aus dem Bergmannsslang kommt: Die sogenannten Grubenhunten waren Förderwagen, die der kastenförmigen Kuchenform ähneln. Die propere Köstlichkeit ist auch unter „Lukullus", „Kalte Schnauze", „Wandsbeker Speck", „Kellerkuchen", „Zebrakuchen", „Kalte Oma" (wir wollen nicht erforschen, woher dieser Name kommt) oder „Palminkuchen" bekannt. Letztere ist wohl die ehrlichste Bezeichnung.

464 // KANAK SPRAK

Der deutsch-türkische Autor Feridun Zaimoglu hat durch sein Buch „Kanak Sprak – 24 Misstöne vom Rande der Gesellschaft" den Begriff der Kanak Sprak geprägt, jenem Pidgin aus Deutsch und Türkisch, das zum Symbol einer ganzen Generation geworden ist. Was aus Sprachproblemen türkischer Einwandererkinder in den entsprechenden Ghettos entstand, ist mittlerweile zu einer Sprache all jener deutschen und deutschtürkischen Jugendlichen geworden, die ein besonders cooles, dabei aber leicht prolliges Image pflegen möchten. Die Lieblingswörter der Kanak Sprak sind „krass" und „korrekt", wobei „krass" im Sinne von „gut", nicht von „extrem" verstanden werden muss. Der Lieblingssatz: „Hast du Problem?"

Die Kanak Sprak zeichnet sich unter anderem dadurch aus, dass das R gerollt wird, ch zu sch wird und auf Artikel und Präpositionen komplett verzichtet wird, zum Beispiel bei „Isch geh Bahnhof". Das kann man natürlich auch krasser sagen, etwa „Isch geh Bahnhof, isch schwör!", oder fragend: „Isch geh Bahnhof, weißtu." Da das Ganze eine Modeerscheinung ist, die nichts damit zu tun hat, dass die Jugendlichen nicht anders sprechen können, verschwindet das Phänomen, sobald sie erwachsen sind.

465 // KÄNNCHEN KAFFEE

Immer seltener hört man auf deutschen Café-Terrassen das mürrische „Draußen nur Kännchen!" spitzenbeschürzter Kellnerinnen. Nach und nach weichen nicht nur die weißen Spitzenschürzen über schwarzem Rock einer langen Kellnerschürze, sondern auch der deutsche Filterkaffee macht italienischem Espresso und Cappuccino oder französischem Café au lait Platz – zum Glück, denn die lassen sich schlecht im Kännchen servieren. Denn wer seine erste Tasse Kaffee nicht gerade brühend heiß in sich hineinschüttete, der musste die zweite bei Kännchenbestellungen leider kalt trinken. Was definitiv ungenießbar war.

Doch wirkliches Erbarmen haben die Kaffeehausterrassen mit ihren Gästen nicht und schenken neuerdings ein Getränk aus, das die Italiener für ihre Kinder erfanden und das sich nun als würdiger Nachfolger für das Kaffee-Kännchen erweist: den Latte macchiato. Im übergroßen Glas serviert, ist die heiße Milch mit Kaffeeschuss spätestens nach der Hälfte des Glases nur noch lauwarme Latte und damit beinahe ebenso fade wie der kalte Filterkaffee aus dem Kännchen.

466 // KANT, IMMANUEL

„Hört Ihr das Glöckchen klingeln? Kniet nieder – Man bringt die Sakramente einem sterbenden Gotte." So leitete Heinrich Heine sein Kapitel über die deutsche Aufklärung und Immanuel Kants Philosophie 1834 ein. Heine galt „Die Kritik der reinen Vernunft" als Kants wichtigste Schrift. Der Philosoph stellt darin die menschliche Vernunft über den Glauben, den Menschen über Gott und letztlich den Bürger über alle Sterblichen, die Amt und Würden von SEINEN Gnaden erhalten. Er liegt damit ganz auf der Linie des Projekts des ausgehenden 18. Jahrhunderts, das in der Französischen Revolution einen unumkehrbaren Ausdruck gefunden hat.

Kants Lebensgeschichte ist nach Heines Worten schwer zu beschreiben: „Er hatte weder Leben noch Geschichte." Auch Hegel wusste, dass Kant 1724 in Königsberg geboren wurde, dort zunächst Theologie studierte, sich ab 1755 als akademischer Lehrer verdingte, 1770 Professor für Logik wurde und 1804 in Königsberg im für damalige Verhältnisse sagenhaften Alter von fast 80 Jahren starb. „Er ist nicht aus Königsberg hinausgekommen." Ob wahr oder nicht, Königsberg war jedenfalls kein Kaff, wie Hegel intendiert, und der Aufklärer kein Stubenhocker. Seinen schmalen Unterhalt als Student besserte er beim Billard und Kartenspiel auf.

467 // KAPITAL, DAS

Jeder kennt den sozialwissenschaftlichen Klassiker von Karl Marx, kaum jemand hat ihn gelesen. Neben der Bibel – die wohl auch kaum noch jemand im Wortlaut kennt – ist „Das Kapital. Kritik der politischen Ökonomie" eines der verbreitetsten Bücher überhaupt. In drei Bänden – dessen ersten Marx 1867 noch selbst veröffentlichte, Band zwei und drei gab Friedrich Engels nach Marx' Tod heraus – analysiert Marx die Mechanismen kapitalistischen Wirtschaftens, nicht, um den Kapitalismus und mit ihm die Kapitalisten zu verdammen. Marx wollte vielmehr das System des Kapitalismus verstehen, ein System, das nicht auf dem Kapital als einer Sache beruht, sondern auf gesellschaftlichen Verhältnissen zwischen Menschen. Der Kapitalismus ist für Marx ein Prozess, in dem sich Kapitalisten und Arbeiter gegenüberstehen, die miteinander einen Vertrag abgeschlossen haben: Der Arbeiter verkauft seine Arbeitskraft – nicht unter Zwang, sondern freiwillig. Und doch entsteht daraus ein System, in dem der Kapitalist Reichtum anhäuft, während der Arbeiter immer stärker unter den Zwang gerät, für den Kapitalisten arbeiten zu müssen.

468 // KÄPT'N BLAUBÄR

Käpt'n Blaubär erntete gerade Wellensalat im Botanischen Ozean, als er eine Flaschenpost mit einer Schatzkarte fand. Da ihn das Gold lockte, schipperte er los, die Insel zu finden. Kaum hatte er jedoch die Insel betreten, als ihn diese verschlang: Denn sie war keine Schatz-, sondern eine Schmatzinsel, eine riesige fleischfressende Pflanze, die Matrosen-Venusfalle. Eine Laune der Natur ließ auf dieser Pflanze eine Palme wachsen, an der Flaschen mit falschen Schatzkarten reiften – und so eine hatte den Käpt'n zur Schmatzinsel gelockt. Weil Blaubär aber keine Lust hatte, lange in der Matrosen-Venusfalle zu hocken, ersann er eine List: Er erzählte der Insel einen Witz, und als diese schallend lachen musste, sprang er aus dem offenen Mund in sein Schiff zurück und segelte schnell davon.

Dies ist eine der vielen Lügengeschichten aus der Feder Walter Moers', die Käpt'n Blaubär (mit vollem Namen Balthasar Blumenreich Blaubär) seinen drei Neffen in der beliebten Fernsehsendung erzählt. Die Mischung aus Puppen- und Trickfilm ist nur einer der Gründe, warum es Käpt'n Blaubär, der ursprünglich in der „Sendung mit der Maus" ausgestrahlt wurde, so beliebt geworden ist. Vor allem sind es die phantastischen Geschichten, die immer Lügen zu sein scheinen, aber immer einen wahren Kern und natürlich eine Lehre für Kinder haben, die es den Zuschauern angetan haben. Seit 1988 sind Käpt'n Blaubär und sein Kumpel Hein Blöd im Fernsehen zu sehen, und mittlerweile sind sogar ein eigener Roman, ein Film und das Käpt'n-Blaubär-Musical entstanden.

469 // KARL DER GROSSE

Karl der Große (geboren 747) läutete eine neue Epoche der europäischen Geschichte ein. Als König der Franken gelang es ihm, die vielen zersplitterten fränkischen Königreiche zu einem Reich zusammenzuführen. Durch zahlreiche Eroberungskriege und geschickte Diplomatie erweiterte er dieses Reich, bis es große Teile West- und Mitteleuropas umfasste. Das Frankenreich Karls des Großen wird von manchen sogar als ein früher Vorläufer der Europäischen Union angesehen – unter Karl dem Großen gab es zum ersten Mal so etwas wie eine europäische Identität.

Im Jahr 800 wurde Karl vom Papst zum Kaiser des Römischen Reiches gekrönt. Unter seiner Kaiserherrschaft wuchs die Macht der Kirche – er sah sich als Beschützer des Christentums, und es ist sein Verdienst, dass diese Religion ihre Vormachtstellung in ganz Europa sichern konnte. In Karls Zeit fällt auch die Gliederung des Reiches in West- und Ostfranken, die Grundlage für die Ausbildung der Nationalstaaten Frankreich und Deutschland. Unter Karl dem Großen erfuhren Kultur und Wissenschaft einen massiven Aufschwung, es begann die Karolingische Renaissance. Als Karl im Jahr 814 in Aachen starb, war die Welt nicht mehr dieselbe – das Fundament für ein modernes Europa war gelegt.

470 // KARLSRUHE

Ein Wahrzeichen Karlsruhes ist die sandsteinerne Pyramide vor dem Rathaus. Unter ihr ruht der Stadtgründer, Markgraf Karl Wilhelm (1679–1739). Die Franzosen hatten das alte Schloss der Markgrafen von Baden in Durlach zerstört. Hohe Kosten, Stress mit den Nachbarn und viel zu enge Verhältnisse für die ausgeprägte Jagdleidenschaft des jungen Herrschers veranlassten ihn, nach einem neuen Bauplatz zu suchen. Er fand ihn im Hardtwald in einiger Entfernung zum heutigen Stadtteil Durlach. Dort verwirklichte er ab 1715 seine Vorstellungen einer neuen Residenz nach dem Vorbild des Schlosses und der Stadt Versailles. Gemäß dem unbedingten Gestaltungswillen eines absolutistischen Herrschers entstand eine wohlgeordnete und baulich wie sozial gestufte Stadt. Der Grundriss der historischen Anlage, der heute immer noch sichtbar ist, zeigt das Schloss im Mittelpunkt der 32 Radialstraßen. 23 führten ehedem in den Wald, die übrigen, in südliche Richtung weisend, fassten zusammen mit einer Ring- und wenigen Querstraßen die Baublöcke für mit weitreichenden Privilegien ausgestattete Bürger ein. So bietet das über die Radialen stets sichtbare Schloss einen hervorragenden Orientierungspunkt in der Stadt des Bundesverfassungsgerichts, und man kann sich kaum verlaufen.

471 // KARNEVAL

Auf der ganzen Welt gibt es vier Jahreszeiten, doch im schönen Rheinland gibt es deren fünf. Das mag verwirrend klingen, doch durch das rheinische Raum-Zeit-Kontinuum findet die fünfte Jahreszeit sozusagen während der vierten und der ersten Jahreszeit statt – und zwar vom 11.11. um elf Uhr elf bis zum Aschermittwoch, also zeitgleich mit dem Beginn der Fastenzeit vierzig Tage vor Ostern.

Während dieser gesamten „Sessionszeit" gibt es Karnevalssitzungen – Festivitäten, die von bierernst bis subversiv reichen können, je nachdem, ob der Traditionscorps „Rote Funken" oder der Schwulen- und Lesbenclub „Rosa Funken" die Sitzung ausrichtet. Am Donnerstag vor Aschermittwoch geht es dann richtig los: Es ist Weiberfastnacht, und der Straßenkarneval beginnt. Jetzt braucht man eine gute Konstitution, denn es wird sechs Tage lang ununterbrochen gefeiert – in den Kneipen, auf den Straßen und Plätzen, bei den Umzügen, überall ist der Teufel los. Phantasievolle Kostüme gehören natürlich dazu, die Kinder kommen auf ihre Kosten, und es wird so viel Rambazamba gemacht, dass sich der Winter in den hintersten Winkel verkriecht. Böse Zungen mögen behaupten, dass das ganz genauso klingt wie der Fasching in Süddeutschland – aber sagen Sie das bloß keinem Rheinländer ...

472 // KARSTADT

Rudolph Karstadt (1856–1944) verstand sein Geschäft. Als gelernter Einzelhandelskaufmann eröffnete er mit 25 Jahren in Wismar 1881 ein „Manufactur-, Confections- und Tuchgeschäft". Zu seinem Erfolgsrezept gehörten der zentrale und direkte Einkauf, Barzahlung statt Anschreiben und niedrige Festpreise statt Feilschen. 1920, nach der Fusion mit den Warenhäusern Theodor Althoffs, erfolgte die Umwandlung des Unternehmens in eine Aktiengesellschaft. 44 Warenhäuser nach internationalen Vorbildern gehörten nun in ganz Deutschland zum Filialnetz. Zu den bekanntesten zählte Karstadt am Hermannplatz in Berlin-Kreuzberg. Mit 72.000 m² Nutzfläche war es gigantisch und von bestechender Modernität.

Die tiefe Krise des Konzerns und der Verlust seines Vermögens in der Weltwirtschaftskrise bewegten Rudolph Karstadt zum Ausstieg aus dem Unternehmen. Er zog sich nach Schwerin zurück. Den kometenhaften Aufstieg seines Unternehmens mit dem Wirtschaftswunder nach dem Zweiten Weltkrieg erlebte er nicht mehr. Neben den Warenhäusern der Firmen Kaufhof und Hertie, die aus den enteigneten Häusern der jüdischen Kaufleute Leonard und Hermann Tietz hervorgegangen waren, stillte die junge Bundesrepublik ihren von steigenden Löhnen finanzierten Konsumhunger bei Karstadt.

473 // KARTOFFEL

Ob als Stampf- oder Salz-, Béchamel- oder Herzoginkartoffel, gerieben und mit anderen Zutaten als Reibekuchen verbacken, als Pommes, im Salat oder zu Klößen verarbeitet: Die Kartoffel hat sich in all ihren Variationen auf deutschen Tellern längst ihren Platz erobert. Rund 70 Kilo der leckeren Knolle mampft der Bundesbürger pro Jahr. Dabei gibt es die nährstoffreichen Erdäpfel in Deutschland noch gar nicht so lange; erst seit gut 360 Jahren wird sie hierzulande angebaut.

Nach Europa kam die Kartoffel mit den Spaniern, die die Erdäpfel wie den Kakao von ihren Eroberungszügen durch Süd- und Mittelamerika mitbrachten – zunächst als botanisches Wunderwerk. Dass sie bald die Hauptnahrungsquelle der alten Welt werden sollte, war zu dieser Zeit kaum absehbar.

Obwohl die Kartoffel in Deutschland seit Mitte des 17. Jahrhunderts bekannt ist, machte erst der Preußenkönig Friedrich II. sie wirklich populär.

Per „Kartoffelbefehl" verfügte er am 24. März 1756 ihren Anbau, und als sein Machtwort nichts fruchtete, ließ er selbst einige Felder vor den Toren Berlins bepflanzen. Der Legende nach soll er dann – um die Neugierde der Bauern zu wecken – Soldaten abgestellt haben, die Kartoffeln so schlecht zu bewachen, dass jedem der Diebstahl glücken konnte. Die Bauern stahlen die Kartoffeln, probierten sie und waren so von ihrem Geschmack überzeugt, dass sie sie nun selbst anbauten.

Ob die Geschichte stimmt, mag fraglich sein, die Bemühungen Friedrichs II. um die Kartoffel gingen jedenfalls auf: Innerhalb weniger Jahrzehnte war die Knolle das Grundnahrungsmittel im Deutschen Reich.

Doch trotz der Bedeutung der Kartoffel weiß kaum jemand um ihre ungemeine Vielfalt. Sieglinde, Hansa, Linda, Gloria, Granola und Maja mögen vielleicht noch geläufig sein, doch das ist nur ein Bruchteil der bekannten Kartoffelsorten. Von denen gibt es weltweit rund 5.000 verschiedene. Sie unterscheiden sich etwa in ihrer Form, der Farbe ihrer Schale wie ihres Fleisches, in ihrem Stärkegehalt, darin, ob sie fest oder mehlig kochen. Aber vor allem in ihrem Geschmack.

Übrigens gehören Kartoffeln zu den Nachtschattengewächsen. Sie sind also mit Tomaten, Paprika und dem Tabak verwandt und besitzen wie diese giftige Pflanzenteile. Nur die Knolle der Kartoffel ist für den Menschen essbar, doch sie soll in großen Mengen nicht roh gegessen werden. Grüne oder bereits keimende Knollen dürfen ebenfalls nicht verspeist werden.

474 // KASSELER

Nein, es ist keine hessische Spezialität, die sich da mit Sauerkraut und Kartoffelpüree zur deftigen deutschen Mahlzeit vereint, sie stammt vielmehr aus Berlin. Der Berliner Fleischermeister Cassel legte erstmals zur Wende vom 19. zum 20. Jahrhundert Schweinerippen in Salzlake ein, um das Fleisch zu konservieren.

In deutschen Brauhäusern steht seitdem Kasseler in all seinen Varianten ganz oben auf der Speisekarte, denn neben Schweinehaxe und Würsten aller Art ist Kasseler wohl das deutscheste aller Gerichte: Zartrosa verleiht es Eintöpfen ihren charakteristischen Geschmack, gesotten wird es zu Püree und Kohl gereicht, kurzgebraten oder gar gegrillt kann man es auch kalt verzehren, und in „feineren" Lokalen wird es auch gern in Blätter- oder Brotteig gewickelt gebacken.

475 // KÄSTNER, ERICH

„Es gibt nichts Gutes, außer man tut es", dachte sich Erich Kästner (1899–1974) wohl, wenn er zur Feder griff und an seinen Kinderbüchern, seinen kritischen Aufsätzen oder humoristischen Gedichten arbeitete. Zu unserem Glück! Wären uns doch sonst die vielen unvergesslichen Geschichten des gebürtigen Dresdners verborgen geblieben, die seit Generationen die Herzen kleiner und großer Leseratten erobern. Humor, Abenteuer und Freundschaft, hier und da gewürzt mit einer gesellschaftskritischen Note – das sind die Zutaten für Kästners wunderbare Werke mit ihren vielen liebenswerten Figuren. Ob Luise und Lotte aus „Das doppelte Lottchen" oder Emil und Pony Hütchen aus „Emil und die Detektive" – es wird wohl kaum ein Kind in Deutschland geben, das mit diesen Gesellen Kästners nicht einmal befreundet war, kaum ein Kinderzimmer zu finden sein, in dem diese Geschichten nicht bis spät in die Nacht noch heimlich unter der Bettdecke weitergelesen wurden. Auch „Pünktchen und Anton" oder die Geschichte vom fliegenden Klassenzimmer gehören in den von Walter Trier liebevoll illustrierten Ausgaben seit ihrem Erscheinen in den 30er und 40er Jahren in jede gute Kinderstube. Und das nicht nur in Deutschland: In über 100 Sprachen übersetzt und vielfach verfilmt sind „Parole Emil" oder der Küchentanz der dicken Berta auf der ganzen Welt bekannt.

476 // KATEGORISCHER IMPERATIV

„Handle nur nach derjenigen Maxime, durch die du zugleich wollen kannst, daß sie ein allgemeines Gesetz werde." Dieser furchtbar kompliziert klingende moralische Leitsatz ist in Wahrheit so einfach, dass ihn auch Hänschen Klein von seiner Oma eingebimst bekommt: „Was du nicht willst, dass man dir tu, das füg auch keinem andern zu." Gut, das ist die etwas saloppe Übersetzung der philosophischen Überlegungen von Immanuel Kant, trifft aber grundsätzlich deren Kern.

Kant, der von vielen als wichtigster Philosoph der Neuzeit bezeichnet wird, versuchte, das menschliche Handeln mit einer einzigen Formel zu regeln. Wenn man sich also überlegt, ob es richtig ist, den Geldbeutel des Mitmenschen zu klauen, muss man sich nur eine einzige Frage stellen: Soll Klauen unter den Menschen zur allgemeinen Verhaltensregel werden, und wie würde ich es finden, wenn mein Geldbeutel geklaut würde? Fällt die

Antwort in beiden Fällen negativ aus, ist Klauen nach Kant eine falsche Handlung. Der Kategorische Imperativ war insofern ein großer Umschwung im Nachdenken über Moral, dass nicht mehr eine Liste von Gut und Böse existierte (wie etwa in den christlichen Religionen). Jeder kann mit der Kant'schen Formel sein Gewissen im Einzelfall überprüfen. Die Betonung liegt auf „kann". Leider, leider prüft der Einzelne den Einzelfall zu selten.

477 // KATER

Wer feiern kann, kann auch arbeiten, heißt es in Deutschland – und das auch mit Kater. Einem verbreiteten Volksglauben nach ist der sogenannte Kater die Folgeerscheinung unmäßigen Alkoholgenusses. Kopfschmerzen, Schwindel und diffuses Unwohlsein sind die Symptome, die einen in Sachen Bier, Wein und Korn zur Räson rufen sollen. Trotzdem tun wir es immer wieder. Selbst unsere Dichter und Denker, Goethe und Kant, konnten die Finger nicht vom Rebensaft lassen. Intelligenz trinkt, heißt es unter Trinkern, die sich für intelligent halten. Folgerichtig waren es Studenten eines fernen, feuchtfröhlichen Jahrhunderts, die das Wort „Kater" als Verballhornung von „Katarrh" ins deutsche Vokabular brachten. Dass es sich dabei nicht um ein Erkältungssymptom handelt, wollten die lustigen Zecher wohl nicht wahrhaben. Manchen ist der Kater auch als Lederallergie bekannt: „Immer wenn ich mit Schuhen im Bett aufwache, habe ich solche Kopfschmerzen!" Der Kater ist ein Teil der deutschen Geschichte. Schon die alten Germanen nippten gern am Met, dem Prosecco ihrer Tage. Und selbst der Kater kann ein Modephänomen sein: Nach dem Public Viewing ist der Public Kater der letzte Schrei.

478 // KATJES

Rund 750 Gramm Süßwaren stellt Katjes für jeden Bewohner der Bundesrepublik vom Säugling bis zum Greis jährlich her. Und findet für Lakritz und Fruchtgummi begeisterte Kunden. Einige Klassiker hat sich das Familienunternehmen im Zeichen des schwarzen Katers inzwischen einverleibt. Darunter

auch die gute alte Ahoj-Brause. Man versteht sich im Unternehmen aufs Marketing und setzt neben den Traditionsmarken auf bekannte Werbegesichter. Berühmt wurde Katjes aber mit dem Lakritzbonbon aus Süßholz in Form der sitzenden Miniaturkatze. Xaver Fassin, der Vater des Firmengründers, hatte 1910 das Lakritzrezept aus Sizilien mitgebracht. Sein Sohn Klaus stellte damit das nach dem niederländischen Kosewort für „Kätzchen" benannte Produkt her und gründete 1950 die gleichnamige Süßwarenfirma.

Höchste Weihen erhielt die nagelneue gläserne Besucher-Zuckerfabrik der Firma in Potsdam-Babelsberg: Sie wurde von der Initiative „Deutschland – Land der Ideen", die unter der Schirmherrschaft des Bundespräsidenten steht, ausgezeichnet. Nach einem Besuch im Katjes-Werk kann man sich in der Charité im benachbarten Berlin über die Bekämpfung der Dickleibigkeit und anderer Zivilisationskrankheiten informieren lassen. Ebenfalls im Zeichen der Initiative „Land der Ideen".

479 // KAUDERWELSCH

Das Wort klingt wie eine alte Socke im Mund, und genau das ist auch damit gemeint. Schon Luther sprach vom „unverständlichen Gemurmel" und meinte damit auch ein verworrenes Gemisch aus unterschiedlichen Sprachen. Eine modernere Bezeichnung dafür ist „Denglisch", eine haarsträubende Mischung aus Deutsch und englischen Versatzstücken, die dem gepeinigten Zuhörer wahrscheinlich so etwas wie Weltläufigkeit suggerieren soll. Kein Wunder, denn „Facility Manager" hat doch etwas mehr Ausdruck als das schnöde deutsche „Hausmeister". Zum lupenreinen Denglisch-Kauderwelsch gehört vor allem die Beugung des englischen Verbs nach deutschen Regeln (wir haben ein „Meeting gecancelt" und eine Aufgabe hervorragend „gemanaget").

Die Goldmedaille im Denglisch wird jedoch für immer und ewig der deutschen Modeschöpferin Jil Sander gehören für folgendes „Statement": „Mein Leben ist eine giving-story. Meine Idee war, die hand-tailored Geschichte mit neuen Technologien zu verbinden. Und für den Erfolg war mein coordinated concept entscheidend, die Idee, dass man viele Teile einer collection miteinander combinen kann. Aber die audience hat das alles von Anfang an auch supportet. Wer Ladyisches will, searcht nicht bei Jil Sander. Man muss Sinn haben für das effortless, das magic meines Stils."

480 // KAUFHOF

Mit 3.000 Talern Startkapital beginnt die Geschichte des heutigen Warenhausbetreibers „Kaufhof Warenhaus AG" im Jahr 1879, als der jüdische Kaufmann Leonhard Tietz im Ostseestädtchen Stralsund ein eher unscheinbares Lädchen für Garne, Wollwaren, Knöpfe und Stoffe eröffnet. Seine Geschäftsidee war einfach, aber revolutionär: Er wollte ausgezeichnete Qualität zu festen Preisen und gegen Barzahlung verkaufen und räumte seinen Kunden sogar Umtauschrecht ein. Das Konzept ging auf; bald folgten Filialen in Schweinfurt, Wuppertal und Koblenz. 1891 öffnete die erste große Kaufhof-Filiale in Köln ihre Pforten – und musste nach wenigen Tagen enormen Kundenansturms zunächst wieder schließen, damit die Regale neu aufgefüllt werden konnten. Das Kaufhaus begeisterte damals mit fortschrittlicher Beleuchtung in Form von elektrischen Glühbirnen, auch Personenfahrstühle waren eine vielbestaunte Rarität. Die größte Sensation bot das Warenhaus 1925: Deutschlands erste Rolltreppe ging hier in Betrieb. Damit noch nicht genug – Tietz brachte ein weiteres Novum: Als erster deutscher Warenhausunternehmer wandelte er seine Firma 1905 in eine Aktiengesellschaft um. Heute versteht sich Kaufhof als „Warenhaus mit Fachgeschäftscharakter und Lifestyle-Kompetenz" und gehört mit 3,8 Milliarden Euro Jahresumsatz in 130 Warenhäusern in Deutschland und Belgien zu den führenden Warenhausbetreibern in Europa.

481 // KEGELN

In urigen Eckkneipen, in die sich außer der üblichen Stammkundschaft schon lange keiner mehr verirrt, dort, wo man sie hinter vergilbten Häkelvorhängen am allerwenigsten erwartet, finden sie sich besonders häufig: Bundeskegelbahnen. Wenn hier nicht gerade Turniere ausgetragen werden oder Profimannschaften trainieren, bevölkern gern fröhliche Gruppen von Kindergeburtstagen oder Hobbykegelclubs die oft mit einem antiquierten Charme ausgestatteten Kegelräume.

Ziel des Sports ist – unabhängig von diversen Bahn- und Spielarten – das Umwerfen möglichst aller Kegel mit möglichst wenig Versuchen. Schon die alten Ägypter spielten eine Art Kegeln, die ersten Berichte über diese Form der Leibesertüchtigung in Deutschland stammen aus dem 12. Jahrhundert.

Dem bierseligen und seniorenlastigen Bild, das dem beliebten deutschen Breitensport anhaftet, stehen weltweit über 10 Millionen professionelle

Wettkämpfer des Kegelweltverbandes FIQ gegenüber. Allerdings sind die Kegelclubs selbst nicht ganz unschuldig an ihrem Ruf, wenn sie alljährlich mit Kind und – Achtung! – Kegel auffallend durstig und laut grölend in die schönsten Urlaubsorte einfallen. Auch wenn Kegel nicht mehr wie einst aus Holz gefertigt werden, der freundliche Gruß unter Sportsfreunden ist geblieben: Gut Holz!

482 // KEMPOWSKI, WALTER

Als „subaltern" wurde seine Literatur in den 80ern verunglimpft, als „bieder" und „geschwätzig" – und dennoch ist Walter Kempowski (1929–2007) der Schriftsteller der Nachkriegszeit, der nicht so schnell in der Ecke der Literaturgeschichte verschwinden dürfte. Denn auch, wenn die Literaturkritik ihn jahrzehntelang als Stiefkind behandelte, ist Kempowski doch noch immer einer der meistgelesenen Autoren der deutschen Gegenwartsliteratur. Anders als viele Schriftsteller seiner Generation verstand es Kempowski, sich selbst zurückzunehmen und als Chronist der jüngsten deutschen Vergangenheit zu fungieren – mal in Romanen, dann in Anthologien: In seinem ersten Roman „Im Block" von 1969 dokumentiert Kempowski seine acht Jahre dauernde Haftzeit in dem berüchtigten DDR-Zuchthaus Bautzen, in dem er wegen Spionage für die USA einsaß. Danach begann er ab 1971, seine neunbändige „Deutsche Chronik" zu veröffentlichen, in der sein Alter Ego sein Leben von der nationalsozialistischen Jugend bis hin zu einem Neubeginn in Westdeutschland durchlebt. Autobiographische und zeitgeschichtliche Romane, in denen Walter Kempowski – anders als die Kritik es oft bemäkelte – etwas „Eigenes" geschrieben hat.

Erst in seinen beiden letzten Lebensjahren erhielt Kempowski die Anerkennung, die er wirklich verdient: Mit „Das Echolot – Ein kollektives Tagebuch" sammelte der Autor jahrelang die Aufzeichnungen und Lebensgeschichten prominenter wie namenloser Menschen aus der Zeit des Zweiten Weltkriegs. Dieses Projekt brachte Kempowski den – auch weltweiten – Ruhm ein, den seine Romane nicht minder verdienen.

483 // KEPLER, JOHANNES

Johannes Kepler (1571–1630) führte sein Forscherleben meist im Dienste geiziger Herren – darunter drei Kaiser. Während seines abenteuerlichen

Lebens wurde seine Mutter der Hexerei angeklagt und die Familie zeitweise vom Abendmahl ausgeschlossen. Nebenbei wütete der Dreißigjährige Krieg. Der Theologe und Mathematiker hat ein umfangreiches Werk hinterlassen. Berühmt sind seine drei Gesetze zur Himmelsmechanik, für die er sich auch auf die Beobachtungen Tycho Brahes stützte, dessen Assistent er kurze Zeit war.

Heute wird Kepler als ein Vater der Astronomie im modernen Sinne und als einer der Wegbereiter der Naturwissenschaften angesehen. Seine Motivation und Weltsicht hat mit der modernen allerdings wenig gemein: Kepler war überzeugt, sich auf die Spur einer göttlichen, harmonischen Weltengestaltung begeben zu haben. Er war also vor allem ein Mystiker. Seine Arbeit sollte es den Menschen ermöglichen, Gottes Werk zu begreifen und zu preisen. Sein Glaube hinderte ihn aber nicht daran, der zeitgenössischen Mode entsprechend für zahlungskräftige Kunden Horoskope zu erstellen. Von irgendetwas musste der arme Gelehrte ja leben. Vielleicht war er ein guter Psychologe, denn seine Voraussagen über Wallenstein erscheinen tatsächlich geradezu hellseherisch.

484 // KERBHOLZ

Man wusste sich zu helfen im finsteren Mittelalter: In den dunklen Zeiten – und immerhin bis weit ins 18. Jahrhundert hinein –, als gewöhnliche Menschen weder lesen noch schreiben konnten, war das Kerbholz eines der wichtigsten Rechtsmittel. Zur Zählung und Abrechnung von Arbeitsleistungen, Warenlieferungen und Schulden machte der Gläubiger im Rechtsleben des Mittelalters tiefe Quer-Kerben in einen Holzstab, und zwar so viele, wie der Schuldner Schulden hatte. Anschließend wurde der Stab längs gespalten, und Schuldner wie Gläubiger erhielten eine Hälfte. Beide wussten nun, wie viel der Schuldner noch „auf dem Kerbholz" hatte, und gleichzeitig konnte durch Aneinanderlegen der Hälfte bei der späteren Abrechnung die Richtigkeit der Forderung kontrolliert werden. Belegt ist das nützliche Holz bereits aus der Steinzeit, in der auch Knochen als Kerbholz verwendet wurden.

485 // KERKELING, HAPE

Ob in der Rolle des fiesen Fahrkartenkontrolleurs als tragende Säule der Gesellschaft oder in jener der Beatrix als Oberhaupt der Niederländer: Hape Kerkeling packt seine Opfer gerne dort, wo es weh tut – bei ihrem unerschütterlichen Glauben an die Autorität. Seine Vorführungen zeigen, wie stark der Geduldsfaden bei den meisten Leuten gesponnen ist, wenn es doch um eine so ernste Angelegenheit wie einen Staatsbesuch, eine Taxifahrt oder eine Partie Schach vor laufenden Fernsehkameras geht. Wer sich doch aus der Reserve locken lässt, wie jener Schachspieler des FC Bayern, der sich den Ausgang der Auseinandersetzung partout nicht aus dem Mokkasatz lesen lassen will, läuft Gefahr, erst recht zur Zielscheibe der Provokationen des unerschütterlichen Könners zu werden. So jemand muss dann Mutmaßungen über eine Blasenschwäche ertragen.

Seit Mitte der 80er Jahre erfreut der 1964 in Recklinghausen geborene Hans-Peter Kerkeling seine Fangemeinde via Radio, Film und vor allem im Fernsehen. Aber nicht nur Normalbürger und Polizeischüler müssen bei Kerkeling dran glauben, sondern auch Kaffeefahrtenveranstalter, die SPD und Nina Ruge. Denen wird offenbart, was gute Unterhaltung ist – und dass gefährlich lebt, wer sich gerne weit aus dem Fenster lehnt.

Seit 2006 zeigt Kerkeling noch ein anderes Gesicht – das des in sich gekehrten Pilgers auf dem Jakobsweg. Mit bislang 3 Millionen verkauften Exemplaren ist seine Wanderbeschreibung „Ich bin dann mal weg" das meistgelesene deutschsprachige Sachbuch überhaupt.

486 // KESSEL BUNTES, EIN

Die Sendung „Ein Kessel Buntes" war die große Samstagabendunterhaltung des DDR-Fernsehens. Sie bot Sing-, Witz- und Tanznummern und stand den BRD-Konkurrenten in nichts nach. Auch Stars des kapitalistischen Auslands waren zu Gast im „Kessel". Was im Westen die Intendanten beschlossen, fiel in der DDR dem 6. ZK-Plenum zu: Es forderte mehr Unterhaltung nach der Losung „Alle erreichen, jeden gewinnen, niemanden zurücklassen".

1972 flimmerte der „Kessel" aus Berlin los. Sechsmal im Jahr, auch aus Dresden, Gera, Cottbus, ein Sammelsurium aus der Musik des Massengeschmacks der Zeit und selten so bissiger Satire wie von O. F. Weidling. In Anwesenheit Günter Mittags verriet er zur Eröffnung des neuen Friedrichstadtpalasts mit Blick auf die Milliardenkredite an die DDR: „Wir haben die Kathedrale schon fertig gestellt, dass sie Franz-Josef Strauß schon sehen konnte. Gegen ein geringes Entgelt." Wie andere musste auch Weidling wegen der dünnhäutigen Führung der DDR vorzeitig die Moderation abgeben.

Für die ARD übernahm nach der Wende der schillernde Karsten Speck den „Kessel" – bis zum Abwinken 1992. Der Lyriker Peter Rühmkorf sagte zur deutsch-deutschen Prime-Time-Unterhaltung: „Auf einer gewissen Vergnügungsebene waren wir schon immer ‚ein Volk'!"

487 // KEUN, IRMGARD

„‚Dat de dat noch nit jemerkt hast',
sag ich ihm dann – ‚dat janze Volk sitzt im
Konzentrationslager, nur die Regierung
läuft frei herum.'"

Irmgard Keun (1905–1982) verklagte die Nazis, weil ihr wegen des Veröffentlichungsverbots ihrer Bücher Gelder verlorengingen; danach musste sie fliehen. Sie schrieb gegen die Nationalsozialisten – noch lange nach der Machtergreifung im niederländischen Exil. Und Irmgard Keun ging mit gefälschtem Pass nach Deutschland zurück und überlebte dort den Krieg. Leider überlebte ihre Literatur kaum. Dabei war bereits Irmgard Keuns erster Roman von 1931, „Gilgi, eine von uns", ein Überraschungserfolg: Kurt Tucholsky jubelte über die Autorin: „ Eine schreibende Frau mit Humor, sieh mal an! Hurra!" Joseph Roth wurde Keuns Mentor und langjähriger Freund. Alfred Döblin ermunterte sie, weiterzuschreiben: Auch „Das kunstseidene Mädchen" wurde von den Deutschen in den frühen 30ern verschlungen. Ironisch beschrieb Keun in den beiden Romanen den Versuch junger Frauen, sich zu emanzipieren, etwas aus sich zu machen, „ein Glanz" zu werden. Es sind die beiden einzigen Romane, die noch manchmal in Buchhandlungen vorrätig sind; dabei veröffentlichte Irmgard Keun im Exil weiterhin, und in der Nachkriegszeit erschienen ihre Romane nach und nach auch in Deutschland – leider völlig unbeachtet. Irmgard Keun, die große Literaten ihrer Zeit wie Tucholsky, Roth, Stefan Zweig, Ernst Toller, Hermann Kesten und Egon Erwin Kisch literarisch wie menschlich tief beeindruckte, starb 1982 fast unbeachtet in Köln. Ihre Werke sollten dringend aus der Versenkung hervorgeholt werden.

488 // KIEFER, ANSELM

Er verarbeitet in seinen Werken neben Acryl- und Ölfarben Teer und Schellack, vor allem aber Blei, auch Stroh, vertrocknete Blumen und Samenkapseln. Anschließend setzt er seine Arbeiten bisweilen dem Wetter aus – der Sonne, dem Hagel oder Schnee – oder bearbeitet sie mit Feuer. Doch das eigentliche, das geistige Material der Kunstwerke Anselm Kiefers ist die Geschichte, die er „wie Ton" formt. Vor allem der Nationalsozialismus – und mit ihm die deutschen Mythen – bilden das Sujet von Kiefers Arbeiten.

Dafür wurde der am 8. März 1945 in Donaueschingen geborene und spätere Schüler Joseph Beuys' Anselm Kiefer mit zahlreichen Auszeichnungen geehrt, unter anderem dem Goslarer Kaiserring, dem Internationalen Jury-Preis der Kunst-Biennale Venedig 1997, dem japanischen „Praemium Imperiale" als Würdigung für seine künstlerische Auseinandersetzung mit der Vergangenheit, der Ethik und der Moral. Schließlich erhielt Kiefer 2008 den Friedenspreis des deutschen Buchhandels.

Anselm Kiefer gilt als einer der bedeutendsten Künstler der Gegenwart.

489 // KIEL

In Kiel reicht die Ostsee über die Förde bis ins Stadtzentrum. Dieses eiszeitliche Zungenbecken verleiht der 1233 gegründeten – heute sogenannten – „Sailing City" eine äußerst reizvolle und prägende Lage. Hafen, Werft und beeindruckende Ostseefähren bilden die Kulisse für eine lebenswerte Landeshauptstadt. An den Stränden in unmittelbarer Umgebung lassen sich Meer und Luft genießen, denn das Wetter ist besser als sein norddeutscher Ruf.

Die wechselvolle Geschichte der Handels- und Residenzstadt ist nicht schnell erzählt. Kurz sei jedoch erwähnt, dass die Gründung der Universität 1665 auf wenig Begeisterung stieß, unterstanden die Studenten doch nicht der örtlichen Gerichtsbarkeit. Entsprechend gern benahmen sie sich daneben. Die adligen Familienbeziehungen und die russische Zarin Elisabeth I. wollten es, dass deren im Kieler Schloss geborener Neffe Karl Peter Ulrich von Schleswig-Holstein-Gottorf als Peter III. 1762 Zar wurde. Er war es, der mit einem überraschenden Friedensschluss den Alten Fritz vor einer drohenden Niederlage bewahrte. Ende des 19. Jahrhunderts wurde Kiel „Reichskriegshafen", weshalb es nicht zufällig Revolutionsgeschichte schrieb. Der Matrosenaufstand 1918 führte zum Ende des Ersten Weltkrieges und zum Beginn der Republik in Deutschland.

490 // KIELER WOCHE

1882 begann mit 20 Yachten eine immer neu belebte Tradition, die sich zu einem Weltereignis des Segelns und der Unterhaltung entwickelt hat. Seit 1894 findet der Begriff „Kieler Woche" Verwendung. Als eine der ältesten Segelsportveranstaltungen der Welt ist sie der Treffpunkt der Leistungs- wie der Breitensportler, aber auch der Prominenz, der Politik, der Diplomaten und seit längerer Zeit der Wissenschaft. Denn seit 2001 wird während der Kieler Woche der Wissenschaftspreis der Stadt Kiel verliehen. Umfassend ist das international besetzte kulturelle und lukullische Begleitprogramm. Wer Olympiasieger werden will, muss hier gewinnen können. Auch Welt- und Europameisterschaften finden in jener Juniwoche statt, 1936 und 1972 außerdem olympische Wettbewerbe. An den Regatten in 27 Disziplinen nehmen 6.000 Segler in 2.000 Booten teil. Rund 200 Hochseeyachten und die traditionelle Windjammerparade krönen das Programm. Seit 1948 werben von einer Jury ausgewählte Kieler-Woche-Plakate für die sportliche und festliche Woche. Die stattliche Reihe der Entwürfe zeichnet ähnlich den documenta-Plakaten einen interessanten Ausschnitt der Designgeschichte nach. Die meisten Plakate überzeugen durch eine bestechende Klarheit und assoziatorische Kraft.

491 // KILIUS, MARIKA

Marika Kilius, Jahrgang 1943, geboren in Frankfurt am Main, war eine der bekanntesten deutschen Sportlerinnen der späten fünfziger und der sechziger Jahre und eine der erfolgreichsten Sportlerinnen weltweit. Sie wurde das Vorbild vieler kleiner Eisprinzessinnen. Ihre größten Erfolge feierte sie im Eiskunst-Paarlauf, zunächst mit Franz Nigel, dann mit Hans-Jürgen Bäumler. Insbesondere mit Bäumler war Marika Kilius ein nationales Ereignis. Zu Olympia fegte das Traumpaar die Straßen leer und lockte die junge Fernsehnation vor die Schwarzweißbildschirme. Sie wurden zweimal unglücklich Olympiazweite, dafür zweimal Weltmeister und sechsmal Europameister. Ihre deutschen Titel sind Legion. Mit Bäumler blieb sie auf dem Eis ein Paar, auch als sie einen anderen heiratete. Das geschah ausgerechnet in der Zeit, als ein Film über die beiden gedreht wurde und als „Die große Kür" in die Kinos kam. Man fürchtete unter dem Eindruck der Schlagzeilen ein desillusioniertes Fernbleiben des Publikums, doch der Film wurde ein großer Erfolg. Nicht nur als Schauspielerin, auch als Schlagersängerin machte Marika auf sich aufmerksam. Mit Bäumler trat sie bis 1982 regelmäßig bei Eisshows auf, die bekannteste davon dürfte „Holiday on Ice" gewesen sein.

492 // KINDERGARTEN

Wenn man als Erwachsener den Mikrokosmos Kindergarten unter die Lupe nimmt, kann man eine Menge lernen.

Zunächst erfährt man, dass „Schantall" und „Mohries" nicht mehr auf den vorderen Rängen der beliebtesten Kindernamen liegen, sondern von „Iffes" (Yves) und „Semmenta" (Samantha) verdrängt wurden.

Zweitens lernen wir, dass Mobbing nicht erst bei Sachbearbeiterinnen und Managern beginnt. Die Wurzeln liegen im Kindergarten Pusteblume, wo Kevin und Emily dem kleinen Finn jeden Morgen erstmal eins mit der Schaufel überbraten.

Der Kindergarten-Beobachter wird drittens registrieren, dass bestimmte Sprüche seit Jahrzehnten wie ansteckende Viren in Kindergärten nisten. Dazu gehören z. B. „Doof bleibt doof, da helfen keine Pillen" oder „Wer es sagt, der ist es selber, sagen alle dummen Kälber". Jedes Kind wird nach Eintritt in den Kindergarten zwangsläufig infiziert und überträgt die Sprüche so an nachfolgende Generationen.

Viertens stellt man fest, dass der Lärmpegel einer Umgehungsstraße in der Nachbarschaft dem eines Kindergartens deutlich vorzuziehen ist. Doch Vorsicht: Man findet leicht Mitstreiter gegen die Umgehungsstraße. Wenn man jedoch gegen den Kindergarten demonstrieren will, kann man genauso gut kleine Katzen essen. Gesellschaftlich ist man in jedem Fall unten durch.

493 // KINDERGELD

In der Bundesrepublik wurde das Kindergeld 1954 eingeführt und durch die Familienkassen der Berufsgenossenschaften für das dritte und jedes weitere Kind ausgezahlt. Die 25 DM brachten damals allein die Arbeitgeber auf. Für die Kinder der Arbeitslosen zahlte später die Bundesanstalt für Arbeit das Kindergeld. Ab 1961 wurde der Anspruch für das zweite Kind festgeschrieben, den zu finanzieren sich die Arbeitgeber aber verbaten. Seit 1964 ist die heutige Bundesagentur für Arbeit allein für die Kindergeldauszahlung zuständig.

Inzwischen beträgt die Höhe des Anspruchs für das erste bis dritte Kind je 154 EUR, für jedes weitere stehen den Eltern 179 EUR zu. Grundsätzlich gilt das bis zu einem Alter des Kindes von 18 Jahren, bei Arbeitslosigkeit bis 21, in Ausbildung bis 25 – solange das Kind nicht zu viel verdient. Da das Kindergeld seit 1996 teilweise als Steuerrückzahlung zur Gewährung eines steuerfreien Existenzminimums anzusehen ist, ist es nur zum Teil eine familienpolitische Förderung. Es ist historisch korrekt, dass in Deutschland 1936 ein erstes Kindergeld von den Nationalsozialisten eingeführt wurde. Angesichts der sonst Kinder und Familien verachtenden Politik des Regimes verblasst der Glanz dieses Instruments der Familienförderung jedoch gänzlich.

494 // KINDLER

„Schau mal im Kindler nach", ist wohl die gebräuchlichste Antwort, wenn irgendeine Frage zu einem literarischen Werk auftaucht. Seit Helmut Kindler 1965 „Kindlers Literatur Lexikon" veröffentlichte, ist es das deutschsprachige Standardwerk zur Welt-Literatur: In zunächst sieben Bänden wurden rund 18.000 Werke besprochen. Ab 1988 überarbeitete dann Walter Jens das Lexikon, erweiterte es auf zunächst 20 Bände (die nach und nach durch Supplement-Bände ergänzt werden) und schuf bis 1998 mit „Kindlers Neuem Literaturlexikon" ein umfassendes Werk, in dem man Chrétien de Troyes und Wolfram von Eschenbachs „Parzival" ebenso miteinander vergleichen kann, wie man sich einen Überblick über die Werke Goethes, Schillers, Charles Dickens' oder Charles Bukowskis verschaffen kann.

495 // KINSKI, KLAUS

Der gewaltigste Ausbruch an Schauspielkunst in den Zeiten der BRD hieß Klaus Kinski, geboren 1926 als Klaus Günter Karl Nakszynski in der Nähe von Danzig. Seine Schauspielkarriere begann in englischer Kriegsgefangenschaft. Ihren größten Ausdruck fand sie unter dem kongenialen Regisseur Werner Herzog, der Filme wie „Aguirre, der Zorn Gottes", „Nosferatu – Phantom der Nacht" oder „Fitzcarraldo" mit Kinski in der Hauptrolle drehte. Bekannt wurde Kinski dem breiten Fernsehpublikum als psychopathischer Nebendarsteller, der den Edgar-Wallace-Filmen die richtige Würze gab. Seine Präsenz setzte andere erst ins rechte Licht:

Eddi Arent wurde durch ihn noch lustiger, der kreuzbrave Fuchsberger von ihm flankiert noch sympathischer. Diese B-Movie-artigen – wenn auch faszinierenden – Filme beförderten ihn, aus Sicht des normalen Zuschauers, in die Schublade des irren Psychopathen, des geistig gestörten Schurken. Dabei gab er dem Filmbösewicht, zumal in Hollywood, eine ungeahnte Darstellungsbreite. Den „Guten" spielte er nur deshalb nicht, weil man dafür zu wenig Geld bot. Sein Genie, die professionelle Besessenheit, drückte sich eindrucksvoll in seinen Bühnenrezitationen aus. Er verlieh Goethe und anderen Klassikern eine Stimme und beschimpfte auf legendäre Weise das Publikum, das ihn in seiner Kunst nicht verstand.

496 // KIPPENBERGER, MARTIN

„Frau Doktor, ich glaube, ich habe drei Eier!" – So hieß das Lieblingsspielchen der Künstlergruppe um Martin Kippenberger (1953–1997). Gerne stieg der Künstler dann selbst auf den Tisch der Kneipe, in der man gerade saß, und ließ die Hosen herunter. Irgendeine anwesende Dame musste den Part der Frau Doktor übernehmen.

Es waren solche meist sexistischen Witze und Aktionen, die den Maler, Bildhauer, Installationskünstler, Fotografen und Grafiker in den 80ern und 90ern anecken ließen, mit denen er Skandale und Aufsehen erregte. Aber auch mit seiner Kunst, mit der er beständig gegen herrschende Konventionen verstieß, vor allem gegen die des Kunstbetriebs, dessen Ideale er regelmäßig zu dekonstruieren versuchte.

Martin Kippenberger machte seine Regeln selbst, auch in stilistischer Hinsicht: „Einen eigenen Stil finden, daran hat es bei mir gehapert, bis mir auffiel, dass stillos zu sein auch ein Stil ist, und den habe ich dann verfolgt. Da war ich dann befreit. Kümmere dich nicht um Stil, sondern um das, was du sagen willst. Wie es dann aussieht, das ist was anderes." Mit seinem Werk zählt Kippenberg bis heute zu den einflussreichsten deutschen Künstlern der Gegenwartskunst – auch wenn sich zu seinen Lebzeiten kaum jemand seine Bilder übers Sofa hängen wollte. Sein früher Tod hat das gründlich geändert – seine Bilder erreichen heute bei Auktionen astronomische 6-stellige Summen.

497 // KIRCHENLIEDER

Wir haben Luther und der Reformation einiges zu verdanken: deutsche Bibelübersetzungen, deutschsprachige Messen und letztendlich die Religionsfreiheit. Und wir haben ihr einen unvergleichlichen musikalischen Schatz zu verdanken: ein Repertoire deutschsprachiger Kirchenlieder, das seinesgleichen in der Welt sucht. Während die Katholiken zunächst noch an ihren lateinischen Chorälen festhielten, setzte kurz nach der Reformation im protestantischen Lager ein Dichten und Musizieren zum Lob Gottes ein. Paul Gerhardt und Luther selbst waren wohl die produktivsten und bekanntesten Dichter, Johann Sebastian Bach und Franz Schubert sind mit „Dir, Dir Jehova, will ich singen", „Ehre, Ehre sei Gott in der Höhe!" oder „Wohin soll ich mich wenden" für die vielleicht himmlischsten Melodien verantwortlich. Im Hoch- und Spätbarock hatte das geistliche protestantische Lied seinen Höhepunkt: Der Gemeindegesang wurde nun meist von der Kirchenorgel begleitet, und die katholische Kirche ging mehr und mehr dazu über, ihren Gott auch mit den protestantischen Liedern zu ehren.

Bis heute wird in Deutschland rührig an geistlichen Liedern gedichtet, von denen immer mal wieder eines in das Evangelische Gesangbuch oder das katholische Gotteslob aufgenommen wird. Wie etwa Dietrich Bonhoeffers „Von guten Mächten treu und still umgeben", das er 1944 im Konzentrationslager verfasste und zu Weihnachten seiner Verlobten und seiner Familie zusandte.

498 // KIRCHNER, ERNST LUDWIG

„Ich muss zeichnen bis zur Raserei, nur zeichnen. ... Ich will arbeiten mit letzter Kraft und dann weg!" So beschrieb der expressionistische Maler und Bildhauer Ernst Ludwig Kirchner (1880–1938) seinen manischen Schaffensdrang. In Dresden gründete er 1905 mit Bleyl, Heckel und Schmidt-Rottluff die einflussreiche Künstlergemeinschaft „Brücke", und 1910 malte er die wunderschöne „Artistin Marcella". 1911 zog es ihn nach Berlin, wo er sich eine stärkere Rezeption seiner Kunst versprach und wo seine „Straßenszenen" entstanden. Lange galten sie als metaphorische Darstellung der Entfremdung, heute betrachtet man sie häufiger als bejahende Annäherung an die Urbanität. Über die Restitution des Gemäldes „Berliner Straßenszene" kam es 2006 zu einer erbitterten Kontroverse.

Nach dem freiwilligen Dienst im Ersten Weltkrieg übersiedelte Kirchner nach einem Zusammenbruch zur Genesung nach Davos. Obwohl sein Erfolg wuchs, half er mit unter Pseudonym verfassten Kritiken nach. Die Nationalsozialisten setzten ihn auf ihre feindselige Liste „entarteter Kunst", wodurch Kirchner zum diffamierten Exilanten wurde. Dies und seine körperlichen Leiden, dazu die Folgen der Morphium-Sucht, quälten ihn so sehr, dass er am 15. Juni 1938 in der Schweiz den Freitod wählte.

499 // KIRSCH, SARAH

Marcel Reich-Ranicki bezeichnete sie als „der Droste jüngere Schwester", wahrscheinlich, weil die Natur in ihrer Lyrik eine so große Rolle spielt – Sarah Kirsch sieht das als viel zu hoch gegriffen. Aber Annette von Droste-Hülshoff und Sarah Kirsch haben schon Gemeinsamkeiten: Wie die Droste fand auch die 1935 in Halberstadt unter dem Namen Ingrid Hella Irmelinde Bernstein geborene Dichterin ihren eigenen Ton, mit dem sie sich zunächst in der DDR den bestehenden gesellschaftlichen Normen entgegenstellte. Als sie sich im Zuge der Ausbürgerung Wolf Biermanns ebenfalls 1977 von der DDR verabschiedete, zog sie sich nach Schleswig-Holstein zurück. Hier lebt sie mit Katzen in einem alten Schulhaus, zurückgezogen in der Natur und scheinbar nichts vermissend.

Sarah Kirsch wird meist als unpolitische Dichterin bezeichnet – doch wie sie sich zu DDR-Zeiten in ihrer eigenen zarten Art gegen das sozialistische Regime und die Einschränkung der individuellen Freiheit stellte, so finden sich auch in den späteren Gedichten und in der Prosa scharfsichtige Beobachtungen ihrer Umgebung und Zeit.

Und wie Annette von Droste-Hülshoff zieht auch Sarah Kirsch aus dem Schreiben eine tiefe Freude und „tägliche Anfälle von Glückseligkeit".

500 // KITSCH

Der Ursprung dieses schönen deutschen Wortes liegt im Dunkeln. Es ist wie der Kindergarten international unübersetzbar, wird aber dennoch gebraucht. Wahrscheinlich kommt es aus dem Jiddischen und bezeichnet etwas, was einem angedreht wurde. Seit Ende des 19. Jahrhunderts steht „Kitsch" für minderwertige Kunst. Kitsch ist Kunst fürs Herz, sichtbare Herzensbildung aus Porzellan und Schleifen. Kitsch erinnert den Denker daran, dass man über Geschmack nicht streiten soll. Kitsch füllt und schmückt ansonsten öde Borde, nackte Regale, Schranksimse, Raufasertapeten. Kitsch macht das Heim erst richtig gemütlich. Kitsch kann vor dem Erleben der Einsamkeit schützen und vor überkritischen, akademischen Freunden.

Mit dem vom Meister (Gildo Horn) neubelebten deutschen Sinn für sogenannten „bad taste" (guten Geschmack) hat der Kitsch wieder an Kraft und Ausdruck gewonnen, wie man es am Beispiel des Wackeldackels oder Rückspiegel-Elvis in vielen deutschen Autos sehen kann.

Und kommt man abgekämpft von Mallorca oder aus Tokio nach Hause, freut man sich doch über die Begrüßung vom Gartenzwerg und den Kitsch der eigenen vier Wände.

501 // KITTELSCHÜRZE

Else Kling trug eine, die dusselige Kuh des Alfred Tetzlaff ebenso und unsere Nachbarin auch. Womit nicht gesagt sei, dass Letztere etwas mit den beiden Elsen gemein gehabt hätte. Das funktionelle Kleidungsstück mit Ärmeln oder ohne, mit Schleife oder Knöpfen, offen oder geschlossen getragen signalisierte Fleiß und Reinlichkeit der Hausfrau. Aus Nylon oder Dederon, mit Blümchen oder Früchtchen verziert, schützte sie vor Schmutz und barg alles, was jene Nachbarin für einen Ausflug zu uns brauchte: Schlüssel, Kippen und die Schere, um mir schnell die Haare zu schneiden. Heute wird gar von der „Familienmanagerin" gesprochen. Da ist es eigentlich unverständlich, dass die ungemein praktische Kittelschürze nicht als Berufskleidung anerkannt wird. Anders als der Arztkittel, den sich die Medizinstudenten zum Zeichen ihrer Würde als Allererstes zulegen und gern herzeigen. Zur Zierde geworden ist die Kittelschürze in vielen weiblichen Trachten.

502 // KLABUND

Er ist eine Mischung aus Klabautermann, Vagabund, Bänkelsänger, Kabarettist und expressionistischem Dichter: Klabund. Auch wenn er zu Lebzeiten sehr bekannt war, Ruhm und Erfolg wollten sich nicht dauerhaft einstellen, noch nicht einmal nach seinem frühen Tod.

Alfred Henschke, wie der 1890 geborene Klabund richtig hieß, dichtete schon als Gymnasiast. Sein Drama „Der Kreidekreis" war eines der meistgespielten Stücke der Weimarer Republik und inspirierte Bertolt Brecht zu

"Der kaukasische Kreidekreis". Man kann Leben und Werk Klabunds jedoch nur schwer deuten, ohne über seine schwere Tuberkuloseerkrankung zu sprechen. Klabund selbst stellte fest: „Man müsste einmal eine Literaturgeschichte der Schwindsüchtigen schreiben, diese konstitutionelle Krankheit hat die Eigenschaft, die von ihr Befallenen seelisch zu ändern. Sie tragen das Kainsmal der nach innen gewandten Leidenschaft." Das schlug sich nieder in den dunklen und melancholischen Teilen seiner ansonsten eher heiteren Werke. Immer wieder musste er zur Kur nach Davos. Der Schweizer Lungenkurort mit seinen Kliniken wurde Schauplatz seiner ersten Liebe und vieler seiner Erzählungen. Dort entdeckte er seine Leidenschaft für fernöstliche Literatur und wurde Übersetzer, dort starb er mit nur 38 Jahren an seiner tödlichen Lungenkrankheit.

503 // KLADDERADATSCH

Der humorgeschichtlich beachtenswerte „Kladderadatsch" ist der Klassiker unter den deutschen Satirezeitschriften schlechthin. Beinahe hundert Jahre hatte das Witzblatt Bestand. Das ist schon eine verlagshistorische Meisterleistung an sich. Geboren wurde das „Organ für und von Bummler", wie es zunächst hieß, in Berlin während der Wirren der 1848er Revolution. Der spätere Name wurde der hauptstädtischen Umgangssprache entnommen. „Kladderadatsch" sagte man damals zu etwas, was scheppernd zu Bruch oder spektakulär danebenging, auch im übertragenen Sinne.

Die Beiträge dieses erfolgreichen Vorläufers von „Simplicissimus", „Titanic" und Co. waren kritisch und vom Berliner Lokalkolorit geprägt. Die

Wirkung des Wochenblattes war beachtlich, insbesondere die Bismarck-Gedichte und die spöttischen Karikaturen sorgten für Aufsehen. Mit der Zeit nahmen die Possen, Parodien und Glossen einen immer bürgerlicheren, liberal-konservativeren Geist an, was aus heutiger Sicht bei einer Satirezeitschrift verwundern mag, es entsprach aber dem damaligen patriotischen Zeitgeist.

Letztlich verlor der „Kladderadatsch" damit an kritischem Biss und Bedeutung. Sein Erscheinen wurde 1944 eingestellt. Sämtliche Ausgaben des „Kladderadatsch" liegen heute in digitalisierter Form vor.

504 // KLÄRANLAGE

„Wasser für den menschlichen Gebrauch muss frei von Krankheitserregern, genusstauglich und rein sein", so will es die deutsche Trinkwasserverordnung. Um diesen Zustand zu gewährleisten, verrichten tausende Kläranlagen in ganz Deutschland tagtäglich Schwerstarbeit.

Bereits 1882 wurde mit einer Kläranlage in Frankfurt am Main die erste Abwasserreinigungseinrichtung auf europäischem Festland in Betrieb genommen. Heute sorgen über 10.000 kommunale Kläranlagen mit modernen, meist dreistufigen Klärverfahren für sauberes Wasser allerorten. Mögen die Anlagen auch teilweise unappetitliche Wasserzustände verarbeiten und streng riechende Gerüche produzieren, so kann man heute doch in ihrem Endprodukt sorgenfrei mit einer Vielfalt unterschiedlicher Fischarten baden. Zusätzlich wird mit dem beim Reinigungsprozess gewonnenen Methangas auch Strom erzeugt. Auch das mit deutschem Wasser gebraute Bier erfreut sich aufgrund seiner ausgezeichneten Qualität weltweiter Beliebtheit. Nicht umsonst ist Trinkwasser das bestkontrollierte Lebensmittel in Deutschland.

Allein die jüngste Bewertung des deutschen Wassers durch die UNESCO passt hier nicht recht ins Bild, ist das Wasser Deutschlands ihr zufolge doch kaum besser als jenes in Simbabwe und sogar schlechter als das in Ecuador. Wollen wir hoffen, dass der deutsche Fußball nicht denselben Weg nimmt.

505 // KLARSFELD, BEATE

Wer heute den Namen Beate Klarsfeld hört, bringt ihn vielleicht noch mit der Ohrfeige in Verbindung, die die damals 29-jährige Journalistin Bundeskanzler Kurt Georg Kiesinger verpasste. Das Ganze passierte 1968 während eines CDU-Parteitages in Berlin. Dort bestieg sie das Podium, ohrfeigte Kiesinger, rief „Nazi, Nazi" und wurde daraufhin zu einem Jahr Gefängnis verurteilt, wovon sie dann vier Monate absaß. So weit die Fakten. Wenige Monate später verhinderte Beate Klarsfeld, dass Kiesinger eine weitere Amtzeit regieren konnte: 1969 ließ sie sich für die linke Partei ADF als Direktkandidatin im Wahlkreis Waldshut aufstellen, der auch der Wahlkreis Kiesingers war. Mit einigen Leuten trat sie in Deutschland überall dort auf, wo Kiesinger seine Reden hielt, und unterbrach ihn mit Zwischenrufen wie „Kiesinger, Nazi". Kiesinger verlor die Wahl, und Willy Brandt wurde Kanzler.

Doch Beate Klarsfeld ist viel mehr als die, die den Kanzler ohrfeigte und zu Fall brachte. 1960 kam Klarsfeld als Au-pair-Mädchen nach Paris und lernte dort ihren späteren Mann kennen, dessen Vater in Auschwitz vergast worden war. Für Klarsfeld eröffnete sich ein Bereich der deutschen Geschichte, der in Deutschland noch weitestgehend verschwiegen wurde. Sie deckte zusammen mit ihrem Mann Serge Klarsfeld zahlreiche nationalsozialistische Gewalttaten auf und sorgte dafür, dass die Täter zur Rechenschaft gezogen wurden. So wurden auf ihre Initiative hin die Kriegsverbrecher Klaus Barbie, Kurt Lischka und Alois Brunner verurteilt.

506 // KLEBER, CLAUS UND GAUSE, GUNDULA

Die literarische Stilfigur der Alliteration ist aufgrund ihres inflationären Gebrauchs durch den Boulevardjournalismus dazu verkommen, fast nur noch zur Dramatisierung oder Karikierung eingesetzt zu werden. Um dieser Tendenz entgegenzuwirken, hat das öffentlich-rechtliche Fernsehen mit der Auswahl von Gundula Gause und Claus Kleber als Sprecher des „ZDF heute-journals" ein zünftiges Zeichen gesetzt. Denn wie kaum ein anderes Moderatorengespann verkörpern sie in ihrer kongenialen Konstellation aktuellen und akkuraten Qualitätsjournalismus, den man im Privatfernsehen vergeblich suchen wird.

Kleber, promovierter Jurist, ist gleichzeitig Leiter des beliebten Nachrichtenformats und steht mittlerweile auch wie kein Zweiter für das Zweite Deutsche Fernsehen als Ganzes, das er im Jahr 2007 selbst für den reizvollen Posten des „Spiegel"-Chefredakteurs nicht verlassen wollte. Und so versammeln sich weiterhin Abend für Abend über drei Millionen Zuschauer vor den Bildschirmen, wenn um 19 Uhr der Gong des „heute-journals" erklingt und Kleber in köstlicher Kooperation mit Kollegin Gause mit Korrespondenten von allen Kontinenten konferiert und Tausende von treuen TV-Zuschauern mit den Top-Themen des Tages torpediert.

507 // KLEE, PAUL

Der Legende nach hat Paul Klee durch seine Großmutter angefangen zu malen. Sie gab ihm Stift, Papier und Farbe, und darauf kritzelte er seine ersten Werke – die er später teilweise in sein Werkverzeichnis aufnahm. Kein Wunder also, dass Klee bei seinem Tod nach 61 Lebensjahren etwa 10.000 Werke hinterließ.

Zunächst aber wird der 1879 in Bern geborene Klee (der durch seinen Vater jedoch zeitlebens deutscher Staatsbürger war) Musiker. Er spielt Geige, studiert Musik und ist der traditionellen Musik verpflichtet. Ganz anders als später in seiner Kunst, die er – nach München umgezogen – ab etwa 1900 ausübt. In ihr ist er radikal, schafft aus eigener Schöpferkraft heraus Bilder, die sich auf Zweidimensionalität ohne perspektivische Konstruktion konzentrieren; noch hauptsächlich in Hell-Dunkel-Schattierungen von schwarz und weiß. Erst später wendet er sich den Farben zu. Sein umfangreiches Werk beschäftigt sich vor allem mit der Natur, die er immer wieder in seinen Gemälden und Aquarellen thematisiert.

1933 als „entarteter Künstler" von den Nazis zurück nach Bern vertrieben, wird seine Kunst mit ihren dann gebrochenen, aufgestörten Figuren und Motiven sehr direkt. 1940 stirbt Klee im Tessin.

508 // KLEINGÄRTEN

An deutschen Kleingärten lässt sich ablesen, wessen Geistes Kind ihre Besitzer sind. Zentimetergenau gestutzte Ligusterhecken, gerade Reihen von Radieschen und Stangenbohnen, abgezirkelte Beete, bepflanzt mit Stiefmütterchen und Tagetes, und eine gepflasterte Terrasse – so haben es die deutschen Kleingartenvereine am liebsten, denn so schreiben es die Vereinssatzungen und natürlich das Bundeskleingartengesetz vor. Ja, das gibt es, denn schließlich müssen auch im Schrebergarten Recht und Ordnung herrschen. Und wenn man in juristischen Abteilungen von Universitätsbibliotheken die Kommentare und Urteilssammlungen zum Kleingartengesetz durchstöbert, weiß man, dass es notwendig ist.

Kaum zu fassen, dass da Kleingärtner von ihren Kleingartennachbarn verklagt werden, weil sie weniger als ein Drittel ihrer Parzelle zur „Gewinnung von Gartenbauerzeugnissen für den Eigenbedarf" nutzen. Denn das ist gegen das Gesetz. Oder dass ein Schaf, das in einem sächsischen Kleingarten den Rasen „mähen" sollte, verkauft werden musste, weil sonst ja jeder Kleingartenbesitzer auf die Idee kommen könnte, ein Tier zu halten – was die entsprechende Kleingartenordnung des Vereins nicht billigte.

Die Geschichte der sogenannten Schrebergärten begann in Leipzig: Mit der Gründung der „Kolonie Johannistal" versuchte man, ärmeren Bevölkerungsgruppen den Anbau von Obst und Gemüse zu ermöglichen. Unter Ernst Hauschild wurde dann 1864 in Leipzig der erste „Schreberverein" gegründet, mit einem Kinderspielplatz, der sich nach und nach zu kleinen Familiengärten wandelte, in denen ebenfalls Gemüse wuchs. Blumen gelten im Übrigen nicht als „Gartenbauerzeugnis": Es müssen schon Tomaten oder Möhren sein, wenn Sie in Deutschland ihre eigene Kleingartenscholle beackern möchten.

509 // KLEIST, HEINRICH VON

Heinrich von Kleists Leben (1777–1811) war ruhelos, zeitweise von schriftstellertypischer Abgerissenheit, und der Arme litt unter Patriotismus. Militär- und Staatsdienst prägten ihn aber nicht so sehr, dass er es sich hätte nehmen lassen, die Doppelzüngigkeit der Repräsentanten des Staates zu entlarven. So führt er im „zerbrochenen Krug" den Dorfrichter Adam als liebestollen Bock vor, der sich unehrenhaft aus der peinlichen Angelegenheit herauswinden will.

Kleist erwarb sich seinen heutigen Ruhm mit Erzählungen, Essays und vor allem mit seinen Dramen. Seine Poesie ist stark geprägt von einer dunkel-rätselhaften Brüchigkeit. Der zu seiner Zeit populäre Rationalismus und die Französische Revolution waren seine Sache nicht. Ganz dem Pessimismus verfallen, finanziell und seelisch ausgemergelt, erschoss Kleist am 21.11.1811 unweit des Berliner Wannsees erst seine ohne Hoffnung auf Genesung erkrankte Geliebte Henriette Vogel und anschließend sich selbst.

Zu seinen Lebzeiten wurde nur das „Käthchen von Heilbronn" gespielt. Die Aufführungen im 19. Jahrhundert waren nicht überragend zahlreich, seit dem 20. Jahrhundert jedoch scheinen die Theater zwischen Aachen und Zwickau ohne Kleist nicht mehr zu können. Der Fan kann alle vierzehn Tage eine Premiere besuchen.

510 // KLEMPERER, VICTOR

Jedes Jahr an Silvester kam Victor Klemperer (geboren 1881) in seinen Tagebüchern zwischen 1933 und 1945 zu dem Schluss, dass es nun nicht mehr schlimmer kommen könne. Doch es kam jedes Mal schlimmer.

Minutiös beschreibt der konvertierte Jude und Professor für französische Philologie sein Leben im Dritten Reich, nicht in erster Linie die weitgreifenden politischen Veränderungen, sondern vor allem seinen Alltag: die zunächst leerer werdenden Bänke während seiner Vorlesungen an der Technischen Hochschule in Dresden, das Berufsverbot seit 1935 und den Besuch der Bibliothek im Japanischen Palais in Dresden, als der Bibliothekar ihm weinend mitteilte, Klemperer dürfe als Jude dort nun nicht mehr arbeiten.

Auf einzelnen Blättern – die Klemperers Ehefrau Eva regelmäßig bei einer Freundin vor den Hausdurchsuchungen der Gestapo versteckte – gelingt Klemperer eine beeindruckende Chronik der nationalsozialistischen Alltagsgeschichte. „Vielleicht ist es mir vergönnt, zu überleben und Zeugnis abzulegen", schrieb er darin. Er überlebte, nahm seine Professur in Dresden wieder auf und wollte lieber in Ostdeutschland bei den „Roten" leben als im Westen bei den „alten Braunen". Erst 1995, 35 Jahre nach seinem Tod, wurden seine Tagebücher unter dem Namen „Ich will Zeugnis ablegen bis zum letzten" veröffentlicht.

511 // KLINSMANN, JÜRGEN

Früher war er nur ein netter, recht erfolgreicher Fußballer aus der Nähe von Stuttgart. Im Jahr 2006 aber wurde er zum Erlöser. Zum blonden Prinzen eines Sommermärchens. Zum Wunder von Berlin. Und das kam so: Im Jahr 2004 war der fleißige Bäckersohn und ehemalige Stürmerstar des süßen Lebens im sonnigen Kalifornien überdrüssig. Gleichzeitig litt der Fußball zu Hause im regnerischen Deutschland unter hölzernen Rumpelfüßen und langweiligem Mittelfeldgekicke; die deutsche Elf schied in der

Vorrunde der EM aus. Außerdem drohte zwei Jahre später die WM im eigenen Land, bei der es nur ein Ziel geben konnte: den Weltmeistertitel.

Eine Trainerfindungskommission des Deutschen Fußballbundes fand schließlich den Trainernovizen Jürgen Klinsmann, zum Erstaunen der nationalen und internationalen Presse und der gesamten deutschen Fangemeinde. Klinsmann krempelte sofort die Ärmel hoch und die Mannschaft um. Die neuen Trainingsmethoden und Personalentscheidungen sorgten für Zoff auf allen Ebenen, aber nach den ersten Erfolgen verstummten die kritischen Stimmen. In der WM-Vorbereitung durchlebte der schwäbisch-kalifornische Bundestrainer einige Höhen und Tiefen, vor allem die Diskussion um seinen ständigen Wohnsitz in den USA.

Doch dann war sie da, die Fußballweltmeisterschaft im eigenen Land. Deutschland besiegte im Auftaktspiel Costa Rica mit 4:2, und die gesamte Nation wurde mitgerissen von der motivierten jungen Mannschaft und dem euphorischen Blondschopf im schicken Hemd auf der Trainerbank. Auch wenn die Deutschen am Schluss nur Dritte wurden – als Klinsmann nach dem Turnier seinen Rückzug aus dem Nationaltrainergeschäft bekanntgab, hagelte es Protestbriefe beim DFB. Er war der Trainer der Herzen.

2008 tat Klinsmann sich als Coach des Dauerfavoriten FC Bayern München hervor, und nur der kometenhafte Aufstieg der TSG 1899 Hoffenheim zum Herbstmeister, der die Bayern auf den zweiten Platz verwies, konnte Klinsis neu gefundenes Glück ein wenig trüben.

512 // KLÖCKNER

Klöckner wird im Ruhrgebiet ein besonderes Unternehmensklima nachgesagt. Veteranen beschwören gern den „Klöckner-Geist", die einzigartige Arbeitsatmosphäre unter den Fittichen des Kommerzienrates und Konzernpatriarchen Peter Klöckner (1863–1940). Dabei war die Arbeit in der Zeche und im Stahlwerk eine elende Plackerei. Peter Klöckner, selbst erfahrener Stahlhändler, baute als Sanierer maroder Unternehmen der Branche ein beachtliches vertikal integriertes Montanimperium auf. Um 1900 kontrollierte er die gesamte Produktionskette von den Rohstoffen über die Stahlerzeugung bis zur Weiterverarbeitung. Gegen „ungesunden Wettbewerb" wusste er seine Interessen zu verteidigen. Sein strategisches Ziel war der Einstieg in den Stahlhandel. Dazu gründete er 1906 in Duisburg „Klöckner & Co.". Der wachsende Mischkonzern vertrieb neben Stahl Baustoffe, Öl und Chemikalien, betrieb Schiffe und errichtete weltweit Industrieanlagen. 1923 wurden die später selbständigen Klöckner-Werke ausgegliedert. In Kriegszeiten verdiente auch Klöckner prächtig an der Rüstungsproduktion mit Zwangsarbeitern. Mit der Stahlkrise in der zweiten Hälfte des 20. Jahrhunderts geriet Klöckner in Nöte und besann sich erfolgreich auf seine traditionelle Kernkompetenz: den Stahlhandel.

513 // KLÖPPELN

Wer je einer Klöpplerin bei der Arbeit zugesehen hat, fragt sich, wie man in dem Gewusel aus Fäden und Klöppeln den Überblick und die Geduld nicht verliert. Das Herstellen feinster Spitze mit Hilfe der kleinen Spindeln ist keine deutsche Erfindung: Die berühmtesten Spitzen kommen immer noch aus Belgien, Frankreich und Italien. Einzig eine deutsche Region im äußersten Osten der Bundesrepublik ist bekannt für ihr Klöppelhandwerk: das Erzgebirge. Da hier zunächst im 16. Jahrhundert nur ausländische Techniken und Muster nachgeklöppelt wurden, machte sich das Handwerk zunächst keinen Namen – bis 1877 in Schneeberg die erste Klöppelschule eingerichtet wurde, Musterzeichner ausgebildet wurden und so die typischen Schneeberger Klöppelspitzen entstanden. Da zu dieser Zeit bereits erste Klöppelmaschinen im Einsatz waren, mussten die Schneeberger – um konkurrenzfähig zu bleiben – eine Spitze entwickeln, die schnell, aber nicht maschinell hergestellt werden konnte. Zierliche, florale, dem Jugendstil entlehnte Muster sind die Grundlage der zarten Schneeberger Spitze.

514 // KLOPSTOCK, FRIEDRICH GOTTLIEB

Klopstock, wer war das noch? Was hat er noch geschrieben? Es gehört zum Schicksal Friedrich Gottlieb Klopstocks (1724–1803), dass sein Name zwar bekannt, sein Einfluss zwar ungeleugnet ist, sein Werk jedoch fast aus der öffentlichen Wahrnehmung verschwunden ist. Dabei hat die deutsche Literatur dem Quedlinburger viel zu verdanken: Er führte in seinem Erstwerk „Messias" den Hexameter in die deutsche Dichtung ein, er begründete den deutschen Irrationalismus und wirkte so als Scharnier und Angelpunkt zwischen Barock und Klassik. Seine Werke übten auf spätere

Autoren wie Goethe und Hölderlin einen großen Einfluss aus, er wurde Vorbild der Poeten des Göttinger Hainbundes, und man sieht ihn zu Recht als Wegbereiter der Sturm-und-Drang-Epoche. Klopstock war es auch, der dem Berufstand des Dichters zu neuen Ehren verhalf, indem er den Poeten als Seher und Erzieher für die Gesellschaft interpretierte und soziale Anerkennung erfolgreich einforderte. Mit den Worten des Dichters selbst:

*„Bürdet ihr nicht Satzungen auf dem geweihten
Dichter? erhebt zu Gesetz sie? und dem Künstler
Ward doch selbst kein Gesetz gegeben,
Wie's dem Gerechten nicht ward.*

*Lernt: Die Natur schrieb in das Herz sein Gesetz ihm!
Thoren, er kent's, und sich selbst streng, ist er Thäter;
Komt zum Gipfel, wo ihr im Antritt,
Gehet ihr einmal, schon sinkt."*

515 // KLOSTERFRAU MELISSENGEIST

Dass Klosterfrauen mitunter ein Faible für Experimente auf Kräuterbasis haben und so gelegentlich auf wundersame Naturheilmixturen stoßen, ist kein Geheimnis. Zu Weltruhm brachte es mit ihrer Rezeptur jedoch nur eine, Schwester Maria Clementine Martin vom Orden der Annunziatinnen, nachdem sie 1825 in der „Kölnischen Zeitung" eine Anzeige aufgegeben hatte: „Ein sich selbst empfehlendes echtes Kölnisch Wasser ist zu haben. Auf der Litsch No. 1, die große Flasche zu 6 Silbergroschen, 3 Pfennig." Das Zauberwasser war schon damals so begehrt, dass zahlreiche Nachahmer das große Geld witterten und sich an der Herstellung versuchten. Doch Schwester Maria Clementine, Unternehmerin vor dem Herrn, bewies ihr Genie und ließ sich von König Friedrich Wilhelm III. höchstpersönlich die Verwendung des preußischen Adlers in ihrem Logo genehmigen. Das zu kopieren traute sich keiner.

Bis heute ist das Allheilmittel aus deutschen Hausapotheken nicht wegzudenken – ob Kopf, Herz, Magen oder Nerven, richtig dosiert lindert die

Kräutertinktur jedes Wehwehchen. Noch von Urgroßmuttern ist ein bewährtes Rezept bei Erkältung überliefert: 1 bis 3 Teelöffel Melissengeist mit Wasser verdünnt vor dem Schlafengehen einnehmen – und schon ist der nächste Tag dein Freund.

516 // KLUM, HEIDI

In den USA hat sie viel für das Image der Deutschen getan. Amerikaner lieben das deutsche Supermodel Heidi Kluuum (wie sie es aussprechen), weil sie ihren „Bubs" die Namen Franz und Hans gibt, weil sie vor laufender Kamera jodelt, weil sie immer strahlt, die Familie über alles stellt und sogar in einem eigenen Weihnachtslied „wonderland, wonderland, shining stars, jingle bells" ins Mikro haucht. Dankenswerterweise hat sie versprochen, das Singen künftig ausschließlich ihrem Mann Seal zu überlassen.

1992 gewann die am 1. Juni 1973 in Bergisch Gladbach geborene Heidi Klum einen Model-Wettbewerb. Bereits sechs Jahre später folgte der Durchbruch, als sie das Cover der Bademodenbeilage der amerikanischen Zeitschrift „sports illustrated" zierte. Seitdem gilt sie als eine der schönsten Frauen der Welt und weiß, daraus Kapital zu schlagen: Ihre eigene Schmuck- und Parfümkollektionen vertreibt sie über die Heidi Klum GmbH, ihre amerikanische Sendung „Project Runway", bei der junge Modedesigner gesucht werden, ist ebenso beliebt wie die deutsche Show „Germany's next Topmodel"; sie tritt in den angesagten Shows von David Letterman und Oprah Winfrey auf, schauspielert sogar in der Serie „Chaos City" und in einer Folge von „Sex and the City", tanzt in einem Jamiroquai-Video co-moderierte 2008 die EMMY Awards in Hollywood.

517 // KNABEN WUNDERHORN, DES

Die frühromantischen Dichter Achim von Arnim und Clemens Brentano veröffentlichten unter dem Namen „Des Knaben Wunderhorn" von 1806 bis 1808 in drei Bänden deutsche Volksliedtexte aus dem Mittelalter bis ins 19. Jahrhundert. Das Motiv der beiden Dichter war dabei auch patriotischer Natur und sollte Ausdruck eines deutschen Nationalbewusstseins unter napoleonischer Herrschaft sein. Arnim sagt dazu: „Von dieser unsrer Sammlung kann ich nur mit ungemeiner Neigung reden, sie ist mir jezt das liebste Buch, was ich kenne, nicht was mein Freund Brentano und ich dafür gethan, ungeachtet es gern geschehen, sondern was innerlich darin ist und weht, die frische Morgenluft altdeutschen Wandels." Wer heute noch gern die frische Morgenluft altdeutschen Wandels atmet, soll einfach ein Liedchen anstimmen. Man versuche es mit den ersten Zeilen des Wunderhorns:

„Ein Knab auf schnellem Roß
Sprengt auf der Kaisrin Schloß.
Das Roß zur Erd sich neigt,
Der Knab sich zierlich beugt."

518 // KNAPPSCHAFT

Der Begriff Knappschaft beschreibt die Solidargemeinschaft der Knappen. Damit sind nicht Schalker Kicker gemeint, sondern echte Bergleute. Ihre Arbeit war immer sehr gefährlich, und Unfälle waren an der Tagesordnung. Um ein Mindestmaß sozialer Absicherung zu gewährleisten, hielten die Rammelsberger Kumpel in der Goslarer Urkunde schon 1260 Grundzüge einer Sozialfürsorge fest. Das Knappschaftswesen entwickelte sich stetig weiter und wurde in Bergstädten institutionalisiert. Mit einer Umlage wurden Invaliden, Hinterbliebene, aber auch der Pfarrer bezahlt. Das System ermöglichte sogar Darlehen für den Hausbau.

Im 19. Jahrhundert verlagerte sich der Schwerpunkt des Bergbaus aus den Erz- in die Steinkohlereviere, wo sich ebenfalls zügig Knappschaftsvereine entwickelten. Ab Mitte jenes Jahrhunderts wurden Knappschaftskrankenhäuser aufgebaut und Erholungsheime eingerichtet. In der Bundesrepublik wurde die Bundesknappschaft 1969 Träger der Sozialversicherung der Bergleute. Sie übernahm 1991 die knappschaftlichen Aufgaben des FDGB der DDR. Der Rentenversicherungszweig der Bundesknappschaft fusionierte 2005 mit der Bahnversicherungsanstalt und der Seekasse zur Deutschen Rentenversicherung Knappschaft-Bahn-See. Bei ihr ist heute die Minijob-Zentrale angesiedelt.

519 // KNECHT RUPRECHT

Von drauß' vom Walde komm ich her;
ich muss euch sagen, es weihnachtet sehr!
Allüberall auf den Tannenspitzen

sah ich goldene Lichtlein sitzen;
Und droben aus dem Himmelstor
Sah mit großen Augen das Christkind hervor;
Und wie ich so strolcht' durch den finstern Tann,
Da rief's mich mit heller Stimme an:
„Knecht Ruprecht", rief es, „alter Gesell,
Hebe die Beine und spute dich schnell!"

Das spricht Knecht Ruprecht in dem bekannten gleichnamigen Weihnachtsgedicht von Theodor Storm. Sein Säcklein hat er dabei, mit Apfel, Nuss und Mandelkern, aber auch die Rute, mit der unartige Kinder eins auf den Allerwertesten kriegen.

Knecht Ruprecht, meist in eine braune Kutte gekleidet, ist seit dem 16. Jahrhundert der Gehilfe des Nikolaus. In der Tradition ist er ein böser Bube, der als brutales Druckmittel von Eltern erfunden wurde, denen mal wieder die Argumente ausgegangen waren. Am häufigsten verbreitet waren Erzählungen über den Kinderfresser. Der drohte den unfrommen Kindern in grausamen Versen, sie mitzunehmen, aufzuschlitzen, auszupeitschen oder gar aufzufressen. Wie Knecht Ruprecht trug der Kinderfresser einen großen Sack oder Korb, in den er die Kinder stecken wollte.

Später hat sich das Image von Knecht Ruprecht gewandelt. Bei Theodor Storm und auch in manchen protestantischen Gebieten Deutschlands steigt er vom Assistenten zur Hauptperson auf und darf als strenger, aber gerechter Weihnachtsbote am 6. Dezember Klapse und Geschenke verteilen.

520 // KNEF, HILDEGARD

„Ich kam im tiefsten Winter zur Welt, hab zweimal geniest, mich müde gestellt, der Vater war wütend, er wollt einen Sohn, ich sah mich so um und wusste auch schon – von nun an gings bergab."

Schöner als in ihrem Lied „Von nun an gings bergab" kann man das Leben Hildegard Knefs kaum beschreiben: Im Dezember 1925 in Ulm geboren, hat sie „mit fünfzehn eine Idee ... und folgte dem Ruf auf die Bretter der Welt". Der erste deutsche Nachkriegsfilm „Die Mörder sind unter uns" ist auch das Sprungbrett der Knef: Sie spielt mit nur 21 Jahren die KZ-Heimkehrerin Susanne, die dem zynischen Arzt Dr. Mertens begegnet. Bald danach entdeckt auch Amerika die deutsche Schauspielerin; sie übernimmt zunächst in Hollywood zahllose Rollen, um dann in Deutschland 1951 „Die Sünderin" zu spielen: Eine kleine Nacktszene löst einen riesigen Skandal im biederen Nachkriegsdeutschland aus, den die Knef trocken mit „doch nach einer Pleite war ich verpönt" kommentiert. Während sie in Deutschland angefeindet wird, verewigt man in L. A. ihre Hand- und Fußabdrücke auf dem Hollywood Boulevard – unter ihrem dortigen Künstlernamen Neff.

Da man sie in ihren Filmen auch einige Male hatte singen hören – vor allem zwei Cole-Porter-Lieder in der Hemingway-Verfilmung „Schnee am Kilimandscharo" von 1952 –, begann bald ihre zweite Karriere als Chansonsängerin, als die sie vor allem in Deutschland in die Geschichte einging. Als „größte Sängerin ohne Stimme" bezeichnete Ella Fitzgerald die Knef, die dazu nur meinte: „Es ist nicht meine Schuld, ich bitte um Geduld."

521 // KNEIPP, SEBASTIAN

„Die Natur ist die beste Apotheke" – zu dieser Überzeugung gelangte der bayerische Priester Sebastian Kneipp (1821–1897), nachdem ihn im Alter von 28 Jahren das eiskalte Wasser der Donau vor dem Tod bewahrt hatte.

Als er kurz nach Aufnahme seines Theologiestudiums in Dillingen 1849 an Tuberkulose daniederlag, stieß er per Zufall auf ein Buch über die Heilkraft von Wasser. Die Selbstheilung durch regelmäßige Donaubäder funktionierte, Kneipps Leidenschaft für Experimente mit Wasserheilmethoden war geboren. Kranke Kommilitonen behandelte er heimlich mit Wasseranwendungen. Auch nach seiner Priesterweihe im Jahr 1852 verfolgte er die Heilmethoden alternativer Medizin mit ungebrochener Begeisterung. Kurz nachdem ihm ein Gericht seine Behandlungsmethoden untersagt hatte, brach in Süddeutschland eine Cholera-Epidemie aus.

Kneipp (be)handelte gegen das Verbot – und heilte 42 Menschen. 1886 veröffentlichte der „Cholera-Kaplan" seinen Bestseller „Meine Wasserkur", bis heute das Standardwerk der Kneipp-Medizin.

Die größte Ehre als Priester wurde ihm kurz nach der Behandlung von Erzherzog Joseph von Österreich und Ungarn zuteil, auf dessen Initiative Papst Leo XIII. den Wasserdoktor 1893 zum Monsignore erhob. Wenige Jahre später starb Kneipp an einem Tumor im Unterleib, den das Wasser nicht hatte besiegen können.

522 // KNIGGE, ADOLPH FREIHERR VON

Beim Decken eines Tischs soll das Richtglas (das Glas zum Hauptgang) etwa einen Zentimeter über der Spitze des Messers für den Hauptgang stehen. 45° unter dem Richtglas steht das passende Glas zur Vorspeise. Darunter, wiederum im 45-Grad-Winkel, ein Wasserglas. So weit die Weisungen selbsternannter Tischsittenexperten.

Mit solch unsinnigen Tischsitten hätte sich Adolph von Knigge (1752–96) niemals auch nur einen Tag beschäftigt, und er würde sich wohl auch im Grabe umdrehen, wenn er ahnte, dass sein Name heute für sämtliche pedantischen Sitten steht. Denn obwohl unzählige Verlage „Knigges" zu Themen wie Feiern, Business, Tischsitten und sogar Sex herausgeben, hat der Freiherr niemals eine Anstandsfibel geschrieben.

Knigge war ein Aufklärer, er wollte seine Mitmenschen zu freien, sozialen und gleichberechtigten Wesen erziehen und ihnen den Umgang miteinander erleichtern. Zu diesem Zweck schrieb er „Über den Umgang des Menschen": Hierin legt er nicht fest, dass ein Mann zur Begrüßung einer Dame aufstehen muss. Vielmehr sah er, dass es in den vielen verschiedenen Zirkeln der deutschen Fürstentümer schwierig war, „wie zu Hause zu sein, ohne Zwang, ohne Falschheit, ohne sich verdächtig zu machen und ohne selbst dabei zu leiden, auf den Fürsten wie auf den Edelmann und Bürger, auf den Kaufmann wie auf den Geistlichen nach Gefallen zu wirken". Sich dort durch ein offenes, emanzipiertes Wesen zurechtzufinden, das wollte Knigge erreichen, mit Ratschlägen wie diesen: „Hüte Dich also, Deinen treuesten Freund, Dich selber, so zu vernachlässigen, daß dieser treue Freund Dir den Rücken kehre, wenn Du seiner am nötigsten bedarfst. Ach, es kommen Augenblicke, in denen Du Dich selbst nicht verlassen darfst, wenn Dich auch jedermann verläßt; Augenblicke, in welchen der Umgang mit Deinem Ich der einzige tröstliche ist – was wird aber in solchen Augenblicken aus Dir werden, wenn Du mit Deinem eignen Herzen nicht in Frieden lebst, und auch von dieser Seite aller Trost, alle Hilfe Dir versagt wird?"

Erst nach Knigges Tod, als immer neue Herausgeber das Werk überarbeiteten, wurden daraus die Anstandsfibeln, die sie heute sind – und die allen Lehren des Freiherrn komplett widersprechen.

523 // KNIRPS

Die „Knirps"-Herstellerfirma Bremshey ließ uns 1956 an ihrer anthropologischen Sichtweise teilhaben: „Der Ur-Mensch schenkt der Frau die Beute, es schenkt den Knirps der Herr von heute." In der Klingen- und – wie man sieht – Regenschirmstadt Solingen erfand der Bergassessor Hans Haupt Mitte der 1920er Jahre den praktischen Regenschirm mit Teleskop-Gestell. Er ließ sich das Funktionsprinzip patentieren und nannte den Taschenregenschutz „Knirps". Produziert wurden die Zwerge unter den Schirmen von dem umtriebigen Solinger Unternehmer Fritz Bremshey, der auch für den zusammenklappbaren Servierwagen „Dinett" verantwortlich zeichnete. Mit der Einführung des Markenzeichens „Roter Punkt" Mitte der 1950er Jahre versuchte sich die Firma von der Konkurrenz abzusetzen, die auch auf den Dreh mit dem kleinen Schirm gekommen war.

Schon seit 1999 wird nicht mehr in Deutschland produziert, und heute befindet sich die Marke in schweizerischen und österreichischen Händen. Die größte Modellauswahl bei der kleinen Version des meistverbummelten Alltagsgegenstandes hat man übrigens im örtlichen Fundbüro. Im Kampf um die Begriffe misslang der Versuch, den Regen umzutaufen: „Bei Knirps-Wetter immer mit Knirps." Der Slogan war einfach zu umständlich.

524 // KNOBELSDORFF, GEORG WENZESLAUS VON

Georg Wenzeslaus von Knobelsdorff (1699–1753) war Spross eines niederschlesischen Adelsgeschlechts und wie viele seines Standes und seiner Verwandten im preußischen Militärdienst tätig. Doch eine Krankheit zwang ihn zur Kunst. Er war ein überaus talentierter Maler und ein begnadeter Architekt und vor allem mit dem jungen „alten Fritz" befreundet, der ihn förderte und forderte.

Friedrich II. also war es, der Knobelsdorff damit beauftragte, Preußen neue architektonische Meisterwerke zu hinterlassen, die bis dahin im Brandenburgischen dünn gesät waren. Seine Spuren findet man etwa im malerischen Städtchen Rheinsberg, das nach einer verheerenden Brandkatastrophe schachbrettartig aufs Schönste neu erstand. Mehr noch erkennt man seinen Stil im dortigen Schloss, das in seiner Formklarheit das Ende des barocken Geschmacksbildes vorausahnen ließ; sein König hatte Knobelsdorff nicht ohne Grund eine italienische Bildungsreise angedeihen lassen. In Potsdam erkennt man sein Wirken in der Fassade von Sanssouci, auch an die Palastgärten legte er gestalterisch Hand. Sein Steckenpferd waren Kolonnaden, die überdachten Säulenreihen, mal in der Geraden, mal im sanften Bogen gespannt, doch immer am Ideal der klaren Linienführung ausgerichtet.

525 // KNÖDEL

Knödel oder Klöße sind mit Liebe zubereitete Träger deftiger oder süßer Soßen. Kartoffeln, Semmel, Leber oder Quark sind die wichtigsten Zutaten. Auch der Germknödel aus Hefeteig gehört hierher. Ob zum Sonntagsbraten oder gefüllt mit Aprikosen und serviert mit Vanillesoße – viele Dutzend Rezepte und Kombinationsmöglichkeiten sind entstanden aus dem in Österreich, in Böhmen, Thüringen und in Bayern traditionell beheimateten Knödel. Aus welchen Zutaten die Knödelmasse auch besteht, mit gut angefeuchteten Händen werden die Knödel gerollt und fest zusammengedrückt, damit sie im kochenden Salzwasser nicht zerfallen. Bei reduzierter Temperatur garen sie anschließend.

Eine Legende besagt, dass die resolute Gattin eines Dorfbürgermeisters in Bayern im ausgehenden Mittelalter die Knödel erfand, um mit ihnen feindliche Truppen in die Flucht zu schlagen. Zur gleichen Zeit verdrückte aber auch schon eine Nonne Knödel in Südtirol. Verbürgt ist jedenfalls, dass im Jahr 1967 der Pasinger Helmut Winter vor den Augen der Weltöffentlichkeit mit einer nach einem Entwurf Leonardo da Vincis (1452–1519) gebauten Wurfmaschine mit bayerischen Kartoffelknödeln auf Starfighter „schoss". Tatsächlich änderte die Bundeswehr die Flugroute, und der störende Fluglärm hatte für Winter ein Ende.

526 // KNUSPER-PUFFREIS

Puffreis wird, wie der Name schon sagt, aus Reis hergestellt. Dazu lässt man Reiskörner zunächst in Wasser quellen und erhitzt sie anschließend in einer sogenannten Puffreiskanone auf 120 Grad Celsius. Der zunächst entstehende Druck wird schlagartig reduziert, und so verdampft das Wasser im Korn und lässt dieses um ein Vielfaches wachsen. Schleckermäulern dürfte dabei Puffreis in Verbindung mit Schokolade oder buntem Zuckermantel wohlbekannt sein. Die Biofans lieben ihn in Form der weniger schmackhaften Reiswaffel. In der DDR war Puffreis ebenfalls sehr beliebt: Hergestellt wurde er dort unter anderem im schön klingenden „Reiswunderwerk Wernigerode". Sehr zur Freude der Anwohner ist dieses aber mittlerweile geschlossen, schließlich erreichte die Puffreiskanone im Produktionsprozess ganze 120 Dezibel, was der Lautstärke eines Presslufthammers entspricht.

527 // KNUT

„Das endgültige Satiremagazin Titanic" hatte gerade auf dem Titelblatt besorgt gefragt, ob die Eisbären mit der Erderwärmung schmelzen müssten, da kam auch schon richtig Schwung in die Angelegenheit: Am 5. Dezember 2006 wurde im Berliner Zoo der Eisbär Knut geboren. Dramatischerweise verstieß die Bärenmutter den Kleinen samt Brüderchen, das prompt verstarb. Der sympathisch unaufdringliche Tierpfleger Thomas Dörflein sprang als Ersatzmutter ein und zog Knut per Hand auf. Eine Geschichte, die sich gefühlsduselige Medien so kurz vor Weihnachten nicht entgehen lassen konnten. Flauschtier- und Süßwarenproduzenten stellten uneigennützig die Produktion um, damit jedermann am knuddeligen Ursus maritimus teilhaben konnte. Millionen Besucher strömten in den Zoo. Fortan wurde nur noch „geKnut-scht" [sic].

Wie immer bei Ereignissen von Weltrang kam es aber auch zu hässlichen Szenen: Die Currywurst „Knut" wurde erfunden, ein schändliches Lied mit dem verletzenden Titel „Tötet Knut" verbreitet, und Umweltminister Gabriel besuchte den Tatzenmann. Glücklicherweise kam es durch die Knutelei nicht zum Äußersten: Der Name konnte sich für menschliche Knirpse nicht durchsetzen. Die wären dann nämlich wie der Bär im Zoo irgendwann nicht mehr süß, sondern arm dran.

528 // KÖ

Wer würde beim Anblick all der Krokotaschen, Nerzmäntel und High Heels glauben, dass die liebevoll „Kö" abgekürzte Düsseldorfer Königsallee einst Synonym für Anarchie und Unordnung in der Rheinprovinz war? Denn wo heute Hermès und Chanel ihre Waren und die Düsseldorfer ihre Eleganz präsentieren, bewarfen die Bürger 1848 im Zuge der Revolution den Preußenkönig Friedrich Wilhelm IV. mit Pferdeäpfeln. Um den König Jahre später mit der Stadt zu versöhnen, benannten die Düsseldorfer die Straße 1851 in Königsallee um. Der König nahm die Huldigung dankend an, wusste er doch nicht, dass unter den schattenspendenden Kastanien Dirnen ihre Dienste anboten. Erst in den 1970er Jahren wurden diese vertrieben, und ein großzügiger Umbau ließ die Kö zum Luxusboulevard aufsteigen.

Seitdem zeigen Düsseldorf und das Umland am Samstagnachmittag, was sie haben, indem sie ihre prächtigen Karossen auf ihr spazieren fahren. Und auch, wenn das Auftreten der wenigsten dabei besonders fürstlich wirkt, wird die Kö ihrem Namen doch zumindest mit einem gerecht: mit ihren wahrhaft königlichen Preisen.

529 // KOCH, ROBERT

Robert Koch (1843–1910) wird neben Louis Pasteur der Vater der Bakteriologie genannt. Diesen Ruf hat sich der Mediziner in präzisen experimentellen Forschungen erarbeitet. Auf ihn gehen wesentliche Elemente der Methodik bakteriologischer Untersuchungen zurück. Er entwickelte Nährböden zur Vermehrung von Bakterien und die Mikrophotographie. Koch entdeckte 1876 die Milzbrandsporen, und er wies den Erreger der Tuberkulose nach. Für seine Erkenntnisse zu dieser „Volksseuche" erhielt er 1905 den Nobelpreis. Auf einer Indienexpedition 1884 gelang ihm zudem der

Nachweis des Choleraerregers, und seine Arbeit verbesserte die praktische Hygiene wesentlich. Ein Held war Koch dennoch nicht: Dass er als „Bekämpfer des Todes" im Nationalsozialismus zu Propagandazwecken instrumentalisiert wurde, ist ihm nicht anzulasten. Wohl aber, dass unter seiner Verantwortung 1906 in Ostafrika tödliche Medikamentenversuche stattfanden.

Im Sinne des Namensgebers widmet sich das Robert-Koch-Institut bis heute der Erkennung und Bekämpfung von Infektionskrankheiten. Die Aufarbeitung der Institutsgeschichte hat in der jüngeren Vergangenheit endlich begonnen. Es geht dabei um Menschenversuche in Konzentrationslagern im Dienste einer empirischen „Medizin ohne Menschlichkeit".

530 // KOCHERLBALL

„Ach ja, die gute alte Zeit", seufzt es durch Deutschland, wenn eine liebgewonnene Sitte oder ein schöner Brauch aus alter Zeit in der heutigen Schnelllebigkeit verlorenzugehen scheint. Dass dies nicht immer der Fall sein muss und auch bereits ausgestorben geglaubte Traditionen wieder aufleben können, beweist der sogenannte Kocherlball in München.

Die Obrigkeit hatte 1904 dieser Münchener Institution, zu der sich einst an sommerlichen Sonntagen die Münchener Dienstleute am Chinesischen Turm zum Tanzen versammelten, aus „Mangel an Sittlichkeit" ein Ende gesetzt. 1989 jedoch wurde der Kocherlball – diesmal auf Initiative des städtischen Kulturreferats – als jährlich stattfindendes Brauchtum wiederbelebt und erfreut sich mittlerweile wieder derartiger Beliebtheit, dass sich regelmäßig über 10.000 Tanzfreudige einfinden. Eine enorme Zahl, bedenkt man, dass es an einem Sonntagmorgen um 6 Uhr das Tanzbein zu schwingen gilt! Dieser zeitige Beginn findet in den Arbeitszeiten des Dienstpersonals des 19. Jahrhunderts seinen Ursprung, als die Köchinnen, Laufburschen und Kindermädchen im Anschluss an das Fest noch arbeiten gingen. Und sind die kostümierten Tänzer im Münchener Morgengrauen heutzutage auch meist nicht *schon wieder,* sondern *immer noch* auf den

Beinen, wenn sie sich im Englischen Garten zum Tanz versammeln, so lassen sie mit dem Kocherlball in jedem Fall die Tradition der bayerischen Volkstänze und vielleicht auch ein Stück weit die Tradition des „Mangels an Sittlichkeit" auf- und fortleben ...

531 // KOGON, EUGEN

Sieben Jahre war Eugen Kogon im Konzentrationslager Buchenwald inhaftiert. Als er im April 1945 von den Alliierten befreit wurde, begann Kogon, ein Buch über den SS-Staat am Beispiel Buchenwalds zu schreiben. Nicht seine Erfahrungen, sondern vor allem die seiner Mithäftlinge und besonders das Terrorsystem an sich standen im Vordergrund: Das sachliche, detaillierte Werk, das knapp ein Jahr nach der Buchenwaldbefreiung erschien, ist noch heute eines der Standardwerke zur Geschichte der Konzentrationslager im Dritten Reich.

Im gleichen Jahr begann der am 3. Februar 1903 in München geborene Soziologe, Politologe und Publizist, der bereits 1927 über den „Faschismus und Korporativstaat" promoviert hatte, seine „Frankfurter Hefte" zu publizieren. Mit dieser linkskatholisch orientierten „Zeitschrift für Kultur und Politik" wurde Eugen Kogon zum Wortführer einer geistigen Opposition, die sich gegen die Politik der CDU-Regierungen der 50er und 60er Jahre richtete. Vor allem die Wiederbewaffnung und der „Irrsinn der Überrüstung" machten Kogon zeitlebens Sorgen.

Durch die „Frankfurter Hefte" gilt Kogon bis heute als einer der Pioniere des politischen Journalismus, dessen Artikel eine wesentliche Rolle spielten in der Diskussion über die deutsche Geschichte, die Demokratie in der Bundesrepublik wie auch über eine europäische Gemeinschaft, die Kogon zeitlebens anstrebte. Es ist umso verwunderlicher, dass der 1987 gestorbene Kogon heute fast vergessen scheint.

532 // KOHL

Kohl, als Gattung lateinisch Brassica genannt, ist ein Spross der weitverzweigten Familie der Kreuzblütengewächse. Kohl wird nicht nur der Kanzler der Einheit genannt, sondern eine ganze Artenvielfalt beliebter und schmackhafter Gemüsesorten firmiert darunter. In der klassischen deutschen Küche darf Kohl nicht fehlen. Kohl ist nicht nur lecker, sondern (außer in manchem Biofeinkostgeschäft) auch recht preiswert und dabei doch meistens gesund. Vitamin C zum Beispiel ist nicht nur in Zitronen enthalten, in den meisten Kohlsorten versteckt es sich in erstaunlicher Menge. Deshalb sollte man vor allem Kinder öfter mal mit leckeren Kohlgerichten hinter dem Handy hervorlocken. Die bekanntesten Kohlsorten sind: Weißkohl (Sauerkraut), Rotkohl (auch Blaukraut genannt), Grünkohl, Kohlrabi, Wirsing, Blumenkohl, Brokkoli und Rosenkohl. Dabei steht der zu Sauerkraut verarbeitete Weißkohl wie kein anderer Kohl (neben Helmut) für Deutschland und die Deutschen als Ganzes.

533 // KOHL, HELMUT

Zwei Bilder bleiben wohl denen, die die Kohl-Ära miterlebt haben – und das sind bei einer 16-jährigen Amtszeit von 1982 bis 1998 nicht wenige – immer in Erinnerung: Das Bild des hünenhaften Helmut Kohl (geboren 1930) neben dem schmalen François Mitterrand 1984 auf den einstigen Schlachtfeldern von Verdun, händchenhaltend die Versöhnung der Völker besiegelnd, und 1990 zur deutschen Wiedervereinigung vor dem Berliner Reichstag mit Ehefrau Hannelore, mit Richard von Weizsäcker und Willy Brandt.

Als der Kanzler mit der längsten Amtszeit seit Bestehen der Bundesrepublik, als Kanzler der deutsch-französischen Freundschaft und als Kanzler der Einheit ging der 1930 geborene Helmut Kohl in die Geschichte ein.

In der jungen Bundesrepublik engagierte sich Kohl schon früh in der CDU, promovierte 1958 in Heidelberg über „Die politische Entwicklung in der Pfalz und das Wiedererstehen der Parteien nach 1945" und zog kurz darauf in den rheinland-pfälzischen Landtag ein. Bereits mit 36 Jahren – in einem ungewöhnlich jungen Alter – wurde er CDU-Landesvorsitzender, mit 39 dann Ministerpräsident von Rheinland-Pfalz, und schließlich, nachdem er acht Jahre Oppositionsführer in Bonn gewesen war, wurde er am 1. Oktober 1982 zum Bundeskanzler gewählt. Als seine Regierung im Jahr 1998 endete, hatte er nicht nur als einziger Kanzler seit Adenauer vier Legislaturperioden durchgehalten, er kann auch über die längste Amtszeit als Bundeskanzler überhaupt zurückblicken.

534 // KOHLE

Die Kohle ist in Verruf geraten. Bei Politikern und Steuerzahlerbund wegen der Subventionen, die zu ihrer Förderung eingesetzt werden, bei Anwohnern der Kohlereviere wegen der Bergschäden, die durch absinkende Gesteinsschichten entstehen, und bei Eisbären wegen des den Klimawandel befeuernden Kohlendioxids, das bei der Kohleverbrennung entsteht.

Dabei hat die Kohle nicht nur Bochum wieder hochgeholt, wie Herbert Grönemeyer in seinem berühmten Lied singt. Das Wirtschaftwunder der Bundesrepublik gründete auf der heimischen Kohle und der Knochenarbeit der Kumpel, die Energie für Stahl, Strom und warme Wohnzimmer lieferten. Heute wird der Strom zur Hälfte aus Braun- und Steinkohle, die zu zwei Dritteln importiert wird, gewonnen. Ein Viertel der gesamten in Deutschland verbrauchten Energie kommt aus der Kohle, die tief in die Erdgeschichte blicken lässt. Vor über 300 Millionen Jahren, im Karbon, bildeten sich in den Kohlerevieren ausgedehnte Sümpfe mit gigantischen baumartigen Farnen und Schachtelhalmen. Sie sanken im Laufe der Zeit ab, wurden von jüngeren Schichten überlagert und verwandelten sich durch Hitze und Druck in Steinkohle. Die erste Stufe dieses Prozesses stellt Torf dar. Die Braunkohle, 5 bis 55 Millionen Jahre alt, ist ein Zwischenprodukt.

535 // KOHLEPFENNIG

Wie in vielen Ländern werden auch in Deutschland unrentable Wirtschaftszweige, an denen aber zahllose Arbeitsplätze hängen, durch Subventionen unterstützt. Die möglicherweise wegen des schönen Namens bekannteste Subvention ist der Kohlepfennig. Er wurde ab 1975 erhoben, um sicherzustellen, dass teure deutsche statt billigere importierte Kohle den deutschen Strom erzeugt. Die Kosten dafür sollte der Kohlepfennig ausgleichen, den die Stromerzeuger an ihre Kunden weitergeben durften – 1990 betrug der „Pfennig" immerhin etwa 8,25 Prozent der Stromrechnung. Als ein Bürger dagegen klagte, gab ihm das Bundesverfassungsgericht recht: Zwar soll die deutsche Kohle weiterhin gefördert werden, aber auf Kosten aller Bürger, nicht nur der Stromkunden. Ende 1995 wurde der Kohlepfennig daher abgeschafft.

536 // KÖHLER, HORST

Als Horst Köhler am 23. Mai 2004 zum neuen Bundespräsidenten gewählt wurde, stellte sich so mancher deutsche Mitbürger die Frage, wer dieser Horst Köhler denn eigentlich sei. Kein Wunder, denn als Chef des Internationalen Währungsfonds (IWF) hatte Köhler Deutschland schon lange den Rücken zugekehrt und sich in Amerika niedergelassen. Wie Phönix aus der Asche tauchte der 1943 in der Nähe von Lublin geborene Finanzexperte plötzlich wieder in Deutschland auf, um sein neues Amt in Berlin anzutreten.

Die Verwunderung war groß. Was trieb den Banker und Weltwirtschaftsexperten zurück ins kühle Deutschland? War es der schicke Amtssitz im Schloss Bellevue, der auf ihn wartete, oder vielleicht der Wille, sich politisch noch einmal richtig in der Heimat zu etablieren? Oder handelte es sich schlichtweg um Heimweh? Wir wissen es nicht. Für Angela Merkel stellte Horst Köhler jedenfalls den perfekten Kandidaten dar, um der rotgrünen Koalition nun endgültig den Garaus zumachen. Als Reformpräsident, wie er oftmals tituliert wird, der sich für das deutsche Volk „notfalls auch unbequem" einsetzt, wird er von ebendiesem Volk mehrheitlich geliebt. Reformen anmahnen und aus der Parteilinie ausscheren – das sind Dinge, mit denen Köhler sich bei Frau Merkel nicht unbedingt beliebter macht. Ihm kann das allerdings egal sein, denn das Wahlvolk schätzt ihn dafür umso mehr.

537 // KOHLHAAS, MICHAEL

„Torheit, du regierst die Welt", heißt es in der Novelle „Michael Kohlhaas" von Heinrich von Kleist. Ein törichter, weil bis zum Äußersten gehender Gerechtigkeitssinn führt den gleichnamigen Helden ins Unglück. Die Umstände sprechen für seinen Zorn, der auch beim Leser erregt werden dürfte, angesichts der Summe von Rohheiten, denen der edle

Rächer ausgesetzt ist. Die aufgebrachte Rechtschaffenheit seiner Person begegnet einer korrupten Obrigkeit, die mit Betrügern und Verbrechern kooperiert, ihn juristisch schikaniert und als entrechteten Pferdehändler dastehen lässt. Die Macht seiner Wut führt zur Rebellion, die scheitert und Zerstörung und Unglück über viele bringt. Trotz erstrittener Erfolge herrscht ein Gefühl der Ohnmacht. Am Ende wird Kohlhaas widerstandslos geköpft.

Kleist, der manche Pointe einbaute, hatte eine historische Begebenheit des 16. Jahrhunderts zur Vorlage genommen, bei der ein juristisch Gescheiterter eine Fehde in Wittenberg führte, auf Luthers Mahnung nicht hörte und zum Verbrecher wurde. Kohlhaas ist zur literarischen Symbolfigur für Gerechtigkeitswahn geworden. Sein Scheitern wie auch seine edlen Motive stehen auf derselben Seite. Verfilmt wurde der Stoff von Volker Schlöndorff.

538 // KÖHNLECHNER, MANFRED

„Wenn er morgens in der Bild-Zeitung ein Medikament empfahl, war es nachmittags ausverkauft." Das Zitat aus einem Nachruf über den Juristen und Heilpraktiker Manfred Köhnlechner beschreibt treffend seine Popularität in den 70ern und 80ern. Köhnlechner verhalf alternativer Medizin in Deutschland zum Durchbruch. 1974 akupunktierte er in Dietmar Schönherrs Talk-Sendung live die Schauspielerin Trude Herr, danach war er mit dieser in Deutschland bis dahin völlig unbekannten Methode in aller Munde.

Köhnlechner war eigentlich hochdotierter Manager des Bertelsmann-Konzerns. Ein Reitunfall und die folgende heilpraktische Behandlung krempelten sein Leben völlig um; er kündigte seinen Posten und widmete sich von da an ausschließlich der Naturheilmedizin. Er pries den therapeutischen Nutzen von Aderlässen, Taigawurzeln, Knoblauch, Essig und Schlangengift, in mehreren Büchern beschäftigte er sich mit dem Thema Krebs und dessen Vermeidung durch gesunde Ernährung. Die einen verehrten, die anderen verachteten ihn. Viele Mediziner hielten den selbsternannten Münchener Heiler für einen Scharlatan, der mit fragwürdigen Methoden Geld scheffeln würde. Seinem Ruhm hat es nicht geschadet, im Gegenteil. Er veröffentlichte 30 Bücher und erhielt etliche Auszeichnungen. Tragischerweise verlor auch er, trotz bester Ernährung und umfangreicher Heilbehandlung, mit 76 den Kampf gegen den Krebs.

539 // KOKOSCHKA, OSKAR

„Wenn Sie Oskar wiedersehen, werde ich Sie erschießen!" Diese Morddrohung der entschlossenen Mutter des „Oberwildlings von Wien" ging wohl ins Leere, denn bereits vor dem Ende der dreijährigen Affäre zwischen Hölle und Paradies hatte Alma Mahler (1879–1964) den Kontakt zu dem Architekten Walter Gropius (1883–1969) aufgenommen. Ihr Ex-Liebhaber, der Maler, Graphiker und Schriftsteller Oskar Kokoschka, hatte sich da schon freiwillig in ein anderes Abenteuer gestürzt: den Ersten Weltkrieg. Verwundet heimgekehrt, ließ er nach Mahlers Vorbild eine Puppe als Fetisch anfertigen, mit der er Kutschfahrten unternommen und Opernaufführungen besucht haben soll. 1919 begann seine Zeit in Dresden als Professor der Kunstakademie. Dort rückte er die Farbe als Ausdrucksmittel seiner expressionistischen Werke vorübergehend in den Vordergrund.

Er wurde berühmt für seine Landschaften, Stadtansichten, Porträts und politischen Allegorien. Sein leidenschaftliches Werk machte ihn zum bedeutenden Vertreter der Moderne. Sogar Theodor Heuss und Konrad Adenauer porträtierte er. Letzterer schaut heute in Angela Merkels Arbeitszimmer auf die Kanzlerin herab. Der 1886 geborene Österreicher Kokoschka, der 1938 wegen des NS-Regimes nach England emigrierte, starb 1980 in der Schweiz.

540 // KOLLWITZ, KÄTHE

Käthe Kollwitz (1867–1945) machte mit ihren Zeichnungen, Druckgrafiken und Skulpturen das Leben sichtbar – in seiner ganzen Tiefe und in seiner ganzen Härte. Weitgehend schnörkellos zeigte sie die Ratlosigkeit, Hilfsbedürftigkeit und Angst ihrer Zeit. Mit ihren Plakaten wie „Nie wieder Krieg" und „Deutschlands hungernde Kinder" zählte die Berlinerin, die in Königsberg geboren wurde, zu den wenigen Künstlern, die sich nach dem Ersten Weltkrieg aktiv und mit klaren Worten politisch engagierten. Sie mochte mit ihrer Kunst einen Zweck erfüllen, sie wollte „wirken in dieser Zeit".

Betrachtet man die Werke der Kollwitz, so blickt man in das meist elende Leben von Frauen und Kindern, die für die Künstlerin von Krieg und Tod, Arbeitslosigkeit und Hunger am stärksten Betroffenen. Käthe Kollwitz stellte sich immer auf die Seite der sozial und gesellschaftlich Schwachen.

Weniger bekannt – weil Kollwitz sie zu Lebzeiten nie ausstellte – sind ihre Liebes- und Aktzeichnungen, von der Zeichnerin unter dem Namen

„Secreta" gesammelt: Werke wie das „Liebespaar, sich aneinander schmiegend" gehören zu den schönsten Arbeiten der wunderbaren Künstlerin – man kann verstehen, dass sie sie nicht teilen wollte.

541 // KÖLN

Kölle am Rhing, so nennen die eingeborenen Kölner ihre Stadt am Rhein. Ihre Sprache haben sie nach ihrem obergärigen Bier benannt: Kölsch! Das zu verstehen fällt dem Außenstehenden nicht immer leicht, doch immer leichter, da es den Kölnern gelungen ist, eine Medienpräsenz auszustrahlen, die ihresgleichen in Deutschland sucht.

Köln ist alt und noch viel älter als das Bier der verfeindeten Nachbarstadt. Köln ist fast so alt wie Trier und war zwischenzeitlich sogar Hauptstadt des antiken Römischen Reiches. Im Mittelalter war Köln eine der größten Metropolen der Welt und Hauptsitz der Hanse. Keine andere Gemeinde beherbergt mehr romanische Kirchen als „dat hillige Kölle". Der Dom ist die größte gotische Kathedrale der Welt und dank der von Barbarossa geraubten Gebeine der Heiligen Drei Könige eine der bedeutendsten Wallfahrtsstätten der Christenheit.

Doch das Christentum nimmt der Kölner nicht allzu ernst, man ist rheinisch-katholisch und hat seine private Übereinkunft mit dem lieben Gott. So nennt man zum Beispiel das, was woanders in Deutschland „Korruption" hieße, liebevoll „Klüngel". Ethnologen gehen davon aus, dass die Kölschen ihren pragmatischen, rheinischen Frohsinn dem landesweit kräftezehrendsten Karneval zu verdanken haben. Sich als Zentrum, Maßstab und „Hätz" (Herz) der Welt zu empfinden, ist für den Kölschen normal. Daher: Dreimol Kölle Alaaf!

542 // KÖLNER DOM

Ganze Busladungen japanischer Touristen werden täglich vor der Hohen Domkirche Sankt Peter und Maria, kurz dem Kölner Dom, ausgeladen. Mit ihren Kleinbildkameras versuchen sie, die mächtige Kathedrale fotografisch einzufangen – und müssen kläglich scheitern, selbst wenn sie sich dafür auf den Boden werfen oder an die Fensterscheiben naher Kaffeehäuser quetschen. Denn mit seinen 157 Meter hohen Türmen ist der Kölner Dom die drittgrößte Kathedrale der Welt.

Doch der Kölner Dom ist weit mehr als eine hohe Kirche: Er gilt als die Kathedrale, in der die Gotik ihren Höhepunkt, ihre absolute Vollendung fand – wenn auch über 600 Jahre nach Baubeginn. Meister Gerhard von Rile, der die Baupläne des 1248 begonnenen Dombaus erstellt hatte, hatte ein solch graziles, lichtes Werk entworfen, dass man auch nach einem 300 Jahre währenden Baustopp zwischen 1530 und 1842 wieder auf die mittelalterlichen Originalpläne zurückgriff.

Entstanden ist ein lichtdurchflutetes, mystisch anmutendes Gotteshaus. Schlanke Säulen tragen die gigantischen Kirchenschiffe, die in den Himmel zu wachsen scheinen – im Mittelalter ein Zeichen für die menschliche Demut gegenüber Gott. Auch die Kirchenschätze beeindrucken: etwa der goldene Schrein der Heiligen Drei Könige, dem zu Ehren der Dom überhaupt erst errichtet wurde, das Gero-Kreuz, das älteste Großkreuz der Christenheit, und seit 2007 das Buntglasfenster des zeitgenössischen Künstlers Gerhard Richter.

543 // KÖLNISCH WASSER

Die berühmteste Erfindung Kölns neben Kölsch und Klüngel ist das Verdienst eines kölschen Italieners: Johann Maria Farina. Er trat in den Dienst seines Bruders, der in Köln ein Geschäft für „Französisch Kram", also Luxusartikel, führte. Dort machte sich die Supernase daran, ein neues „Aqua mirabilis", ein Wunderwasser, zu entwickeln. „Ich habe einen Duft gefunden", schrieb er selbst, „der mich an einen italienischen Frühlingsmorgen erinnert, an Bergnarzissen, Orangenblüten kurz nach dem Regen. Er erfrischt mich, stärkt meine Sinne und Phantasie." Johann Marias Einschätzung täuschte ihn nicht – vor allem in Frankreich war sein Duft in den oberen Schichten bald äußerst begehrt, und das Siegel „Eau de Cologne" wurde zum Garant für Qualität.

Farina gründete in Köln die erste Parfümfabrik der Welt (die noch immer in Familienbesitz ist und an selber Stelle produziert); weitere Firmen, die zumeist billige Kopien von Farinas berühmtem

Duft kreierten, folgten. Die berühmteste davon ist heute „4711", benannt nach der Nummer, die das Stammhaus der Parfümeure während der Franzosenzeit trug, als alle Häuser der Domstadt der Reihe nach nummeriert wurden. „Eau de Cologne" wurde so erfolgreich, dass diese Bezeichnung weltweit zum Synonym für ein leichtes Parfüm wurde.

544 // KOLPING, ADOLPH

1813 wurde der gute Geist und Kämpfer für deutsche Handwerksgesellen in Kerpen bei Köln geboren. Der kleine Adolph wuchs mit vier Geschwistern in ärmlichen Verhältnissen auf, sein Vater war Schäfer, mit 12 schon musste Adolph eine Lehre als Schuhmacher antreten. Wie damals und sogar manchmal heute noch üblich, ging Kolping auf Gesellenwanderschaft, um in vielen verschiedenen Betrieben Erfahrung zu sammeln. Die häufig romantisch verklärte „Walz" war damals jedoch knochenharte Arbeit, oft unter unmenschlichen und ausbeuterischen Bedingungen. Diese Erlebnisse prägten Kolping nachhaltig und beeinflussten ihn sein Leben lang.

Eine religiöse Gönnerin ermöglichte Kolping mit Mitte zwanzig das Abitur und das Theologiestudium. Endlich erfüllte sich sein sehnlichster Wunsch, Priester zu werden. Das war *die* Gelegenheit, seine Ideen zur Unterstützung der wandernden Gesellen in die Tat umzusetzen. Er gründete Gesellenvereine, die den jungen Leuten Unterkunft, Bildung, soziale Unterstützung und natürlich auch religiösen Halt bieten sollten. Das waren die Keimzellen des heute noch sehr aktiven Kolpingwerkes. Wie notwendig diese Gesellenhäuser waren, sieht man daran, dass in nur 20 Jahren von 1846–1865 vierhundert Vereine entstanden; die Idee breitete sich schnell über ganz Europa und sogar nach Amerika aus. Infolge schwerer Krankheiten starb Kolping früh mit 51 Jahren. 1991 wurde er von Papst Johannes Paul II. seliggesprochen.

545 // KÖLSCH

Kölsch ist nicht nur eine Sprache, es ist auch das weltweit einzige Bier, das wie etwa der Champagner eine regional geschützte Spezialität ist.

Welches Bier sich Kölsch nennen darf, bestimmt die Kölsch-Konvention von 1985. Sie schreibt nicht nur vor, dass Kölsch nur in Köln bzw. von den Brauereien des Kölner Brauereiverbandes gebraut werden darf, sondern regelt sogar, dass es nur in den sogenannten Stangen von 0,2 bis 0,4 l Fassungsvermögen oder im 0,1-Liter-Stößchen serviert werden darf.

Vom Wesen her ist das Kölsch ein obergäriges helles Vollbier mit einer Stammwürze von rund 11,3 % und einem Alkoholgehalt von meist 4,8 Vol.-%. Damit ähnelt es – auch geschmacklich – dem ebenfalls im Rheinland beheimateten Altbier, das im Unterschied zum Kölsch dunkel ist. Das heutige Kölsch wird erst seit dem 20. Jahrhundert hergestellt, sein Vorläufer ist das Wieß, ein ähnlich gebrautes, aber ungefiltertes Bier. Serviert wird das Kölsch vom traditionellen Köbes, dem Kellner im Brauhaus mit blauem Wams und blauer, langer Schürze, aus dem Kölschkranz.

546 // KOM(M)ÖDCHEN, DAS

Der doppelsinnige Name dieser Institution des Kabaretts in der Düsseldorfer Altstadt ist nicht ganz webtauglich. In jeder anderen Hinsicht waren und sind das Ensemble und die Bühne für kabarettistische Gäste aber auf der Höhe der Zeit. Regelmäßig erfindet sich das Ensemble aus Kabarettisten und Schauspielern neu und nimmt die Zeitläufe und deren Protagonisten aufs Korn. Mitglieder waren unter anderem Jochen Busse, Thomas Freitag, Mariele Millowitsch, Harald Schmidt, Anka Zink und Volker Pispers.

„Kom(m)ödchen" ist das rheinische Diminutiv eines Schranks, der im Trümmerhaus, das als erstes Domizil fungierte, stand. Die Komödie, die auch darin steckt, erinnert an die antiken „singenden Umzüge". Belustigung und Aufklärung, ganz im Sinne Lore Lorentz' (1920–1994), die ihre Arbeit als „heilsam" verstanden wissen wollte. Nicht als das Salz in den Wunden. Sie hatte 1947 mit ihrem Mann Kay (1920–1993) die Bühne gegründet. Immer öfter hing an der Tür das legendäre Schild „Gott sei Dank, ausverkauft!" Gelegentlich entfernte die Polizei Stuhlreihen aus der gar nicht wirtschaftswunderbaren Enge. Auf Drängen Franz Josef Strauß' gab es Fernsehverbot; das Bundesverdienstkreuz lehnte das Paar 1976 ab, weil es lieber das Kreuz der Republik sein wollte, als es zu tragen.

547 // KOMMUNE 1

Wie das Leben in einer Wohngemeinschaft aussieht, weiß heute jeder: Berge von ungespülten Tellern in der Küche, Zettel mit Liebes- oder Hassbotschaften am Kühlschrank, ewig blockierte Badezimmer, und keiner bringt die Pfandflaschen zurück. Doch diese postmoderne Form des Zusammenlebens musste erst erfunden werden. Das geschah 1967 in Berlin mit der Gründung der „Kommune 1". Damals ging es aber nicht um das Sparen bescheidener BAföG-Zuwendungen, sondern darum, ein politisches Signal zu setzen. Die Gründer der Kommune 1 glaubten erkannt zu haben, dass die bürgerliche Kleinfamilie die Keimzelle allen Übels war, und versuchten, das exakte Gegenteil zu leben. Das machte sich auch optisch bemerkbar: Die Jungs trugen lange Haare und die Mädchen am liebsten gar nichts. Das erregte Aufmerksamkeit, was aber durch mehr oder weniger durchgeknallte Unternehmungen, perfekt durchgeplante „Sponti-Aktionen", noch gesteigert werden konnte. Bald mussten Journalisten für Interviews bezahlen: „Erst blechen, dann sprechen", instruierte ein Schild im Flur.

Die Kommune 1 war, ihren anarchistischen Ansprüchen zum Trotz, ein äußerst lukratives Unternehmen. Doch durch zwei Jahre freie Liebe, politische Diskussionen und Leben ohne Türen zerrüttet und hernach auch noch von Rockern verprügelt, gaben die Kommunarden schließlich auf – ihre Nachfahren streiten noch heute darüber, wer den Spül machen muss.

548 // KOMMUNISTISCHES MANIFEST

Für die einen ist es das Evangelium, für die anderen eine hübsche Utopie von und für idealistische Weltverbesserer. Friedrich Engels und Karl Marx legten 1848 im Auftrag des kommunistischen Bundes die Zusammenfassung des politischen Programms vor. Es beginnt mit dem inzwischen berühmten Satz „Ein Gespenst geht um in Europa – das Gespenst des Kommunismus" und endet geflügelt: „Proletarier aller Länder, vereinigt Euch." Geschichte sei, so die beiden Philosophen, nichts anderes als der Kampf der Klassen. Sklaven gegen Freie, Adel gegen einfaches Volk, Landbesitzer gegen Leibeigene. Nach der Industrialisierung des 18. Jahrhunderts waren es dann die Arbeiter, also das Proletariat, die unter der Knute der Bourgeoisie zu leiden hatten. In der Tat waren die Arbeitsbedingungen in den ersten Fabriken katastrophal. Inspiriert vom Elend dieser Menschen verfassten Marx und Engels das Kommunistische Manifest und riefen darin zum Umsturz der herrschenden Ordnung auf, um eine klassenlose Gesellschaft zu erreichen.

Auch wenn von der Schrift nur 10.000 Exemplare gedruckt wurden, die Wirkung war gewaltig und sollte in der Zukunft die halbe Welt erfassen. Wie wir heute wissen, ist die Umsetzung im real existierenden Kommunismus und Sozialismus meistens eine Farce gewesen. Unbestritten ist aber, dass viele soziale Errungenschaften ohne das Manifest nicht möglich gewesen wären.

549 // KOMPOSTIERUNG

Seit Otto Waalkes' Film „Otto – Der Außerfriesische", also seit 1989, wissen wir, dass die Kompostierung eines Teebeutels gar nicht so einfach ist. Das Schildchen gehört ins Altpapier, die Metallklammer ins Altmetall, der Faden in die Altkleidersammlung, der Beutel in den Restmüll und nur der Beutelinhalt auf den Komposthaufen.

Was das ökomüde Publikum zu feixender Heiterkeit veranlasste, sagt eigentlich mehr über die lästige Kreativität der Verpackungsindustrie aus als über die belächelten Mülltrenner.

Beim Prozess der Kompostierung wird organisches Material durch Mikroorganismen und Kleinlebewesen so zersetzt, dass seine Bestandteile dem Aufbau von Biomasse wieder zur Verfügung stehen. Der Gärtner, der auf diese Art der Düngung setzt, imitiert einen natürlichen Vorgang, wie er beispielsweise im Wald abläuft. Die Verwendung von Kompost ist, anders als die von Torf, CO_2-neutral.

In der Müllentsorgung wird Kompostierung schon länger wirtschaftlich betrieben, um die Müllverbrennungsanlagen vom organischen Müllanteil zu entlasten. In Biogasanlagen lässt sich sogar noch Strom und Wärme produzieren, bevor aus dem Rest Kompost entsteht. Entwicklungsländer können hoffen, mit Kompostierungsanlagen ihrer Müllprobleme kostengünstig Herr zu werden.

550 // KÖNIGSBERGER KLOPSE

Es tobt der Kampf der Kulturen. Nicht zwischen Orient und Okzident, sondern eher zwischen Ostpreußen und Olpe. Es ist ein Kampf um das Originalrezept. Die Königsberger Klopse sind ein Beispiel für diese Auseinandersetzung, in der manche Spätvertriebene die Deutungshoheit zu erlangen versuchen wie Erika Steinbach über Flucht und Vertreibung. Es geht um Kalb, Rind, Schwein, um Hering und Sardellen und natürlich um die Soße. Außerdem um Mythen, denn auch außerhalb von Königsberg wird man Fleischklöße in Brühe gegart haben. Die eigene Rezeptur wird mit erbitterter Härte verteidigt. Dazu der Satz: „Das war ein Arme-Leute-Essen." Ob das nun ein Gütesiegel sein soll oder ein Makel, die Richtigkeit der Aussage hängt allein von der Güte der Zutaten ab. Dabei ist es ganz einfach: Kalbfleisch durchdrehen. Mit in Milch eingeweichtem Brötchen, Eigelb und feingehackten Sardellenfilets vermischen. Mit Salz, Pfeffer und Muskat würzen. Kleine Klöße in Kalbsbrühe gar ziehen lassen und die Brühe zum Fond einkochen, mit Sahne binden, Kapern zugeben und mit Zitronensaft abschmecken. Dieses köstliche Gericht geriet durch den postmodernen Küchendiskurs ein wenig aus dem Bewusstsein. Jetzt ist noch etwas für seine Liebhaber übrig.

551 // KONSALIK, HEINZ GÜNTHER

Heinz Günther Konsalik (1921–1999) zählt zu den kommerziell erfolgreichsten deutschen Autoren. Noch heute schwelgen seine meist weiblichen Fans in den Geschichten der „Airport-Klinik", erleben noch einmal „Liebesnächte in der Taiga" oder die Nöte des „Strafbataillons 999". Millionenauflagen seiner rund 150 Romane und Übersetzungen in 42 Sprachen untermauern die Beliebtheit der Konsalik-Romane, die in Deutschland ihresgleichen sucht. Allein von seinem ersten Roman „Der Arzt von Stalingrad" – 1956 erschienen und 1958 mit O. E. Hasse verfilmt –, in dem er die tatsächlichen Erlebnisse des Arztes Ottmar Kohler in 11-jähriger russischer Kriegsgefangenschaft schildert, verkaufte sich bis heute über 4 Millionen Mal.

Dabei hatte Konsaliks Erfolg erst nach dem Dritten Reich begonnen, als er seine Erlebnisse als Kriegsberichterstatter in Russland als Geschichten zu Papier brachte: Er schrieb über das Leid des Kriegs ebenso wie über „Liebschaften" zu Lazarettschwestern, Sanitäterinnen, Flakhelferinnen oder auch russischen Bauernmädchen; schrieb über Operationen und Schlachten wie über die Brüste der Frauen, Brüste, „die schaukelten wie weißlackierte Glocken".

552 // KONSUM

Die im ostdeutschen Sprachgebrauch kurz „Konsum" genannte Konsumgenossenschaft war eine Handelskette, die in der DDR die Waren des täglichen Bedarfs feilbot. Gemeinsam mit der „HO" (Handelsorganisation)

hatte sie den Auftrag, die Bevölkerung flächendeckend mit Lebensmitteln und Konsumgütern aller Art zu versorgen.

Bereits Mitte des 19. Jahrhunderts in Deutschland als Lebensmittelassoziationen entstanden, während des NS-Regimes jedoch enteignet, erlebten die Konsumgenossenschaften nach dem Ende des Zweiten Weltkriegs ihren Wiederaufstieg in der DDR. Neben den unzähligen Lebensmittelgeschäften, die sich selbst im kleinsten Dorf fanden, gehörten auch Produktionsstätten sowie Kaufhallen und die Kaufhäuser „Konsument" und „Kontakt" zur Konsum-Kette. Machte das Konsum-Brot im ohnehin begrenzten Warenangebot auch nicht – wie versprochen – alle Wangen rot, so war Konsum mit dem beliebten Rabattmarkensystem doch ein unvergesslicher Teil des Alltaglebens in der DDR.

Auch nach der deutschen Wiedervereinigung existiert der Markenname weiter, da sich die Handelskette mit einem modernen Konzept in den ostdeutschen Ländern behaupten konnte. Und so erklingt der Name Konsum, prägnant auf dem O und nicht auf dem U betont, weiter auf deutschen Straßen und bewahrt auf diese Weise, wenn auch ohne Original-Ostflair, ein Stück Tradition des deutschen Lebensmittelhandels.

553 // KOPERNIKUS, NIKOLAUS

Als im März 1543, zwei Monate vor seinem Tod, in Nürnberg das Buch „De Revolutionibus Orbium Coelestium" (Von den Umschwüngen der Himmelskörper) erschien, brauchte sich Nikolaus Kopernikus (1473–1543) keine Sorgen mehr um die Wirkung seines Werkes zu machen. Der ostpreußisch Kleriker lag im Sterben und hatte sich sehr lange gescheut, seine Theorien über das Universum laut zu äußern, stellten sie doch die geozentrische Lehre der Kirche, nach der sich die Sonne um die Erde drehe, in Frage. Nun rückte Kopernikus die Sonne ins Zentrum der Welt: „Alle Bahnkreise umgeben die Sonne, die auch den Mittelpunkt der Welt bildet.

Alle Bewegungen am Himmel rühren daher, dass sich die Erde einmal pro Jahr um die Sonne und einmal pro Tag um die eigene Achse dreht."

Damit legte Kopernikus den Grundstock der modernen Astronomie: Johannes Kepler berechnete später die Gesetze zur Bewegung der Planeten und erkannte, dass sich die Planeten nicht kreis-, sondern ellipsenförmig um die Sonne drehen. Galileo Galilei begann danach mit systematischen Himmelsbeobachtungen mit Hilfe eines Fernrohrs.

Erstaunlicherweise wurde das Werk des Kopernikus von der zeitgenössischen Wissenschaft kaum wahr- und schon gar nicht ernst genommen. Erst als die Kirche es verbot und alle Gelehrten, die es billigten, verfolgte, begannen die Diskussionen um das neue heliozentrische Weltbild. Erst 1835 hob die katholische Kirche übrigens das Verbot um Kopernikus' Buch auf.

554 // KORN

> *„Immer wenn ich traurig bin, trink ich einen Korn.*
> *Wenn ich dann noch traurig bin, trink ich noch n Korn.*
> *Wenn ich dann noch traurig bin, trink ich noch n Korn.*
> *Und wenn ich dann noch traurig bin, fang ich an von vorn."*

Spätestens mit der Hymne von Heinz Erhard, der vor jedem Auftritt unter einem Vorwand die Bühne verließ, um einen doppelten Korn zu trinken, gilt der Kornbrand als Deutschlands liebster Schnaps. Beim sonntäglichen Frühschoppen gehört der Korn einfach dazu; Bier und Korn bei den Männern, Wasser und Korn bei den Frauen. Kein Wunder also, dass rund 980 Millionen Liter von dem Klaren in Deutschland jährlich abgesetzt werden. Mindestens 32 Vol.-% muss der Schnaps haben und darf ausschließlich aus Getreide (meist Roggen oder Weizen) hergestellt werden. Alle zusätzlichen Aromen sind verboten.

555 // KRAFTWERK

Vier Männer in schwarzen Anzügen mit Krawatte, peinlich genau gescheitelten Haaren und mit Synthesizern und elektronischem Schlagzeug auf der Bühne – das war 1974 so abgefahren, dass die vier deutschen Jungs sofort mit „Autobahn" die amerikanischen Charts stürmten.

Von der elektronischen Musik Karlheinz Stockhausens inspiriert, gründen die beiden Düsseldorfer Ralf Hütter und Florian Schneider-Esleben 1968 die Gruppe „Organisation" – noch nicht als vollelektronische Band, aber schon diese Richtung einschlagend. Schneider hatte aus einer Rhythmusmaschine ein elektronisches Schlagzeug gebastelt, und mit diesem Instrument, E-Klavier und beispielsweise Querflöte – und einem wechselnden dritten Mann – brachten sie noch 1973 ihre „Klangexperimente" dar. Erst als Wolfgang Flür und Karl Bartos das Quartett komplettierten, schnitten sie sich die Haare zu Chorknabenfrisuren und fanden ihren endgültigen, den „Kraftwerk"-typischen Sound. Auch der Sprechgesang kam nun erstmals hinzu. In Deutschland feierte „Kraftwerk" bis Mitte der 80er wohl seine größten Erfolge – was in so großartigen Auftritten wie bei der Gottschalk-Sendung „Na sowas" vor verständnislosem, völlig überaltertem Publikum eher komische Blüten zeigte. Bis heute haben sich die Musiker nie getrennt und finden immer wieder neue musikalische Wege, sich auszudrücken.

556 // KRANKENKASSE

Die Krankenkassen, jedenfalls die gesetzlichen, sind öffentlich-rechtliche Körperschaften, die den Versicherten im Krankheitsfall entsprechend deren Rechtsanspruch den vollen Versicherungsschutz gewähren. Der „volle" Versicherungsschutz findet seine Grenzen allerdings in den Beschlüssen des Gemeinsamen Bundesausschusses der Ärzte, Krankenhäuser und Krankenkassen, denn dieser erstellt den Katalog der abrechenbaren Leistungen. Die Krankenkassen bezahlen nach diesen Richtlinien die erbrachten Gesundheitsleistungen, die allen Mitgliedern offenstehen, nach medizinischer Notwendigkeit und unabhängig von der Finanzkraft des Einzelnen. Sie finanzieren sich über die prinzipiell paritätischen Beiträge der Arbeitnehmer und Arbeitgeber. Die Finanzierung erfolgt nach dem Umlageverfahren, sozusagen von der Hand in den Mund. Dieses schöne Prinzip gilt seit 1883, als der Reichstag auf Initiative Bismarcks diese erste Säule der gesetzlichen Sozialversicherung zur Verbesserung der prekären Lage der Arbeiterschaft beschloss. Bismarck hoffte aber auch, mit sozialpolitischen Maßnahmen politische Teilhabegelüste abwehren zu können. In Zeiten der Sozialistengesetze sollte zur Peitsche Zuckerbrot gereicht werden. Kritik gibt es immer, mancher will die Gesundheit ganz privatisieren.

557 // KRANKFEIERN

Man sollte sein Kranksein zelebrieren. Wenn man bei einer Grippe schon mit Kopf- und Halsschmerzen, dicker Nase und röchelnd das Bett hüten muss, dann sollte man es sich in jeder anderen Hinsicht gutgehen lassen. Tee muss gekocht werden, den die Süße ans Bett trägt. Die DVD-Sammlung wird neben dem Bett ausgebreitet und rauf- und runtergeguckt, und an den besseren Tagen packt man die alten „Asterix"- und „Calvin & Hobbes"-Hefte wieder aus. Wenn dann ab und zu eine kühle Hand die fiebrige Stirn streichelt, ist das Leben trotz Viren ein Fest.

Leider ist das Krankfeiern in Deutschland verpönt. Denn wer in Deutschland krankfeiert, ist ein fauler Hund, er ist nicht krank, er tut nur so. Und schröpft damit seinen geschundenen Arbeitgeber. Es ist ein weitverbreitetes Gerücht, dass deutsche Arbeitnehmer blaumachen, indem sie sich krankschreiben lassen. Das könne man daran ablesen, dass in wirtschaftlich schlechten Zeiten die Krankenstände in Unternehmen stark zurückgehen. Es könnte zwar auch sein, dass die Angst vor einer Entlassung die Kranken in solchen Zeiten zur Arbeit treibt, aber das würde ja nicht in das Bild des strapazierten Arbeitgebertums passen. Unternehmen gehen seit einigen Jahren dazu über, in Fällen hoher Krankenstände Detektive auf die kranken Mitarbeiter anzusetzen. Was die wohl beobachten werden?

558 // KRAUTROCK

Der Legende nach hat der berühmte britische Radiomoderator John Peel Ende der 60er den Begriff Krautrock erfunden. Zu der Zeit gab es nämlich einen Song mit dem unbeschreiblichen Titel „Mama Düül und ihre Sauerkrautband spielt auf" der deutschen Rockband „Amon Düül".

Mit „Krauts" bezeichnete man im englischen Sprachraum abfällig die Deutschen. Negativ war der Begriff Krautrock allerdings gar nicht gemeint. Die psychedelisch-halluzinatorische Experimentalmusik von „Amon Düül II", „Can", „Tangerine Dream" und zu Beginn sogar „Kraftwerk" war weltweit erfolgreich und beeinflusste viele Bands wie z. B. „Sonic Youth", „The Fall" und „Nirvana". Eines der wichtigsten Instrumente war der damals neu aufgekommene Synthesizer; man experimentierte viel mit der elektronischen Wunderwaffe.

Ein Revival erlebte der Krautrock deshalb mit dem Durchbruch der elektronischen Musik Anfang der 90er. Viele Techno-Musiker bewunderten die experimentellen Kompositionsfeuerwerke der Krautrocker, und man registrierte, wie groß der Eindruck dieser Musik international gewesen war. Für viele Ohren ist Krautrock allerdings schwer zu genießen. Komplexe Songs und atonale Anleihen sind nicht die ideale Musik zum Autofahren, und man fragt sich unwillkürlich, welche lustigen Pillen wohl zu diesen Einfällen geführt haben. Da schließt sich dann auch der Kreis zur Techno-Musik.

559 // KRAUTS

Die Deutschen hatten nicht immer den besten Ruf; sie galten als arrogant, eingebildet, vorlaut, rechthaberisch und kriegerisch. Was man in der Welt aber tatsächlich von ihnen hielt, das sagen wohl ihre diversen Spitzbzw. Schimpfnamen: „Krauts" ist einer der bekanntesten. Von den Briten eingeführt, spielt er auf die Vorliebe der Deutschen für Sauerkraut an, bürgerte sich vor allem ab dem Zweiten Weltkrieg ein und ist auch durchaus noch gebräuchlich – wenn er auch mittlerweile weit weniger abwertend gemeint ist.

Kaum noch gebräuchlich ist dagegen „Hun", mit dem die Engländer auf die kriegerischen und barbarischen Hunnen verwiesen, oder „Jerry", der eigentlich einen britischen Nachttopf bezeichnet, der an seiner Form stark an die Helme der Deutschen im Ersten Weltkrieg erinnerte. Auch „Fritz" war stets beliebt; im Übrigen auch in sämtlichen anderen Ländern der Welt.

Österreicher beschimpfen die Deutschen lieber etwas biederer und nennen sie schlicht „Piefkes", während die Franzosen eher ordinär „boches" rufen oder – wenn sie ganz sauer sind – „sales boches" (dreckige Deutsche). Die Italiener kommen wieder auf deutsche Essgewohnheiten zurück und bezeichnen uns als „mangiapatate" (Kartoffelesser), und unsere niederländischen Nachbarn können unsere Humorlosigkeit nicht ab und nennen uns „mof" (Muff). Und dass sich auch die Deutschen untereinander nicht leiden können, beweisen die Bayern, indem sie den Rest des Landes einfach als „Saupreiß" beleidigen.

560 // KREBS, DIETHER

Die Fernsehnostalgiker und Liebhaber der schwarz-weißen Fernsehunterhaltung kennen ihn als den notorisch sozialdemokratischen Schwiegersohn des Familien-Duce Ekel Alfred. Die privaten Fernsehsender müssen ihm ewig

dankbar sein, dass er mit „SketchUp" in den 1980ern in der ARD dem heutigen Comedy-Boom den Boden bereitete. Den jüngeren Freunden des deutschen Films ist er als schmieriger Spediteur Kampmann in „Bang Boom Bang" in Erinnerung.

Schon während der Schulzeit hatte sich der 1947 geborene Essener auf der Bühne umgetan. Nach dem erfolgreichen Besuch der Essener Folkwang-Hochschule machte er in Film und Fernsehen schnell auf sich aufmerksam. Zu Beginn der 1970er Jahre spielte er neben Jürgen Prochnow („Das Boot") und Claus Theo Gärtner („Ein Fall für zwei") in „Zoff" und neben Brigitte Mira („Angst essen Seele auf") in der Serie „Sechs unter Millionen" mit. Als Schauspieler und Komiker gehörte er zu den festen Größen des westdeutschen Film- und Fernsehpersonals. Mit „Ich bin der Martin, ne" gelang ihm in Strickpulli und mit Vokuhila gar einer der eigenartigsten Hitparaden-Erfolge der an Absonderlichkeiten nicht eben armen deutschen Chart-Geschichte. Als er im Januar 2000 starb, meldete es die Tagesschau.

561 // KREISAUER KREIS

„Wir werden gehenkt, weil wir zusammen gedacht haben", so die Reaktion des Grafen Helmuth James von Moltke (1907–1945) auf seine Verurteilung zum Tode durch den nationalsozialistischen Volksgerichtshof. Der aufgrund seines ausgeprägten sozialen Interesses unter dem Spitznamen „Der rote Graf" bekanntgewordene Jurist war Initiator und Kopf einer Gruppe von 43 meist jüngeren Oppositionellen, die sich in geheimgehaltenen oder als Familientreffen getarnten Tagungen auf seinem Gut in Niederschlesien trafen, um die Neuordnung Deutschlands nach dem Sturz des NS-Regimes zu diskutieren. Ziel des nach dem Ort der Zusammenkünfte benannten Kreisauer Kreises war die Wiederherstellung eines humanen Rechtsstaats, der mit einer demokratischen Verfassung neu aufgebaut werden und die nationalsozialistischen Verbrecher bestrafen sollte. Die

Grundsätze der Neuordnung, die dem christlichen Menschenbild folgten und einen europäischen Integrationsprozess vorsahen, fixierte man schließlich im Sommer 1943.

Doch im folgenden Jahr musste die Arbeit der Vereinigung zusammenbrechen, als Moltke von der Gestapo verhaftet wurde und der Gruppe die Führungsperson fehlte. Dennoch wird der Kreisauer Kreis, der Persönlichkeiten verschiedener sozialer und konfessioneller Herkunft sowie unterschiedlicher Weltanschauung vereinigte, neben Gruppen wie der „Roten Kapelle", des 20. Juli 1944 oder der „Weißen Rose" als zentraler Bestandteil der deutschen Widerstandsbewegung gegen den Nationalsozialismus angesehen.

562 // KREUTZER-SONATE

Margriet de Moor benannte nach ihr eine Erzählung, Leo Tolstoi ebenso, wenn auch nicht als Hommage an Beethoven. Tolstoi bezeichnete das Musikstück als eine „fürchterliche Sonate", ihm war sie zu emotional. Und Leoš Janácek schrieb sein Streichquartett „Kreutzersonate" eher in Anlehnung an Tolstois Erzählung – er war von deren Plädoyer für Sexualität und Erotik begeistert.

Die Kreutzer-Sonate Ludwig van Beethovens (Violinsonate Nr. 9) ist eine der bekanntesten Sonaten überhaupt und erregt bis heute Aufsehen – vor allem ihrer Virtuosität und Emotionalität wegen. Schon die Geschichte der Widmung ist außergewöhnlich: Beethoven hatte die Sonate ursprünglich dem in England lebenden Geiger George Augustus Polgreen Bridgetower, einem in Polen geborenen Mulatten, gewidmet und spielte sie auch zusammen mit ihm bei ihrer Uraufführung in Wien. Als die beiden sich – Gerüchten zufolge wegen einer Frauengeschichte – überwarfen, beschenkte Beethoven kurzerhand einen anderen Virtuosen mit der Sonate, den französischen Violinisten Rodolphe Kreutzer. Wenig dankbar, probierte sich Kreutzer nie an dem Werk, meinte er doch, es sei eine Folter für das Instrument – so jedenfalls schrieb es Hector Berlioz.

Charakteristisch für die Kreutzer-Sonate ist die Aufhebung der Gleichberechtigung zwischen Violine und Klavier. Zwar lautet ihr Untertitel – wie bei Beethoven üblich – „Sonate für Klavier und Violine", doch übernimmt bei der Kreutzer-Sonate erstmals die Violine den größeren Part des Gesprächs, das Klavier eher die Begleitung. So gleicht die Sonate einem Streitgespräch, bei dem die Geige die Oberhand behält – ein Umstand, den die Rezensenten des 19. Jahrhunderts eher missbilligten, der heute aber als beginnende Erneuerung der Gattung Sonate angesehen wird.

563 // KREUZBERG

Der Berliner Stadtteil ruft gleich eine ganze Kette von Assoziationen hervor. Da gibt es die langen Kreuzberger Nächte der Anarcho-Blödelbarden „Gebrüder Blattschuss", es gibt Mai-Demonstrationen, die regelmäßig in Straßenschlachten enden. Türkische Gemüsehändler und muslimische Familien in traditionellen Gewändern prägen das Straßenbild, lila Latzhosen-Trägerinnen und zauselige Bartträger mit Jutebeuteln kann man hier in ihrem natürlichen Lebensraum beobachten. So weit das Klischee, die Wahrheit liegt irgendwo in der Mitte.

Kreuzberg war zu DDR-Zeiten an drei Seiten von der Mauer umzingelt, Alternative und Hausbesetzer fanden in dieser Randlage ein prima Biotop, genauso wie viele türkisch-stämmige Berliner, die im sogenannten Wrangelkiez relativ unbehelligt ihre Traditionen leben konnten. Es gibt übrigens tatsächlich einen „Kreuzberg", dem der Stadtteil seinen Namen verdankt. Er liegt im Viktoriapark und ist ganze 66 Meter hoch.

Mit der Wiedervereinigung rückte Kreuzberg vom Rand sprichwörtlich in den Mittelpunkt des Geschehens. Ihm droht nun dasselbe Schicksal wie dem Szeneviertel Prenzlauer Berg: steigende Mieten, Büroneubauten und jede Menge selbsternannte Trendsetter. Viele Kreuzberger erkennen ihren Kiez nicht mehr wieder, aber bis sich auch das Image ändert, werden wohl noch einige Jahre vergehen.

564 // KRIEMHILD

Eine zugemauerte Pforte im ersten Stock des Wormser Doms erinnert noch an die Tür, die einst von Kriemhilds Gemächern im Königspalast direkt in das Gotteshaus führte. Vor diese Tür hatte Hagen von Tronje der ebenso schönen wie stolzen Königin ihren erschlagenen Ehemann gelegt, ermordet zwar durch die Hand Hagens, aber weil Kriemhild zu stolz war, vor ihrer Schwägerin Brünhild die Geheimnisse ihres Mannes und die ihres Bruders Gunther, Brünhilds Mann, zu wahren.

Kriemhild ist eine der tragischsten Figuren des Nibelungenliedes: Sie verliert ihren Ehemann, den Schatz der Nibelungen – den Hagen im Rhein versenkt –, sinnt auf Rache und verliert dadurch Jahre später ihren Sohn (von ihrem zweiten Mann, dem Hunnenkönig Attila), wird zur Mörderin ihres eigenen Bruders und Hagens und büßt dafür schließlich mit ihrem Leben. Ihr einziger Fehler: Sie war stolz – und das ist immerhin eine Todsünde.

565 // KRUG

Der Bierkrug gehört zum Deutschlandbild im Ausland wie die Lederhose und die Wurst. Vor allem Amerikaner sollen sich Deutsche bevorzugt mit diesen voluminösen Trinkgefäßen in ihren groben Pranken vorstellen. Vielleicht liegt's einfach daran, dass die elegante Pils-Tulpe oder die schlanke Kölschstange als Souvenir den Heimtransport im Seesack des GI nicht überstanden hätte.

Fast überall in Deutschland ist der Krug aus Glas, Steinzeug oder Zinn bekannt. Bei einem halben oder sogar ganzen Liter Fassungsvermögen hat der Humpen eine zylindrische oder konische Form, mal kommt er schlank und mal gedrungen daher, stets aber mit Henkel. Oft auch schlecht gefüllt und unverschämt teuer wie auf dem Oktoberfest. Dort heißt er „Maß", andernorts „Seidel", „Halber", „Henkel" oder „Schnellen". Es gibt den Krug mit Kaiser Wilhelm auf dem Deckel oder als tönerne Ansichtskarte. Wappen und Reliefs aller Art zieren seinen Bauch, denn er ist ein Werbeträger und beliebtes Sammlerstück. Seine eigentliche Bestimmung ist es, Bier zu enthalten. Das Pars-pro-toto-Deutschlandbild hat übrigens auch etwas Gutes: Es ist doch viel besser, alle Welt denkt, wir tränken aus Krügen, als dass bekannt wird, wie gern wir das Bier direkt aus der Flasche zu uns nehmen.

566 // KUCKUCKSUHR

Eine Kuckucksuhr, die den „Yankee Doodle" statt eines Kuckucksruf spielt, schmuggelt in Billy Wilders Hollywood-Komödie „Eins, zwei, drei" den imperialistischen Kapitalismus von West- nach Ostberlin. Spätestens seitdem sind in amerikanischen Köpfen „cuckoo clocks" – auch manchmal einfach „German clocks" genannt – typisch deutsch und damit das perfekte Souvenir eines Deutschlandtrips.

Dabei sind die bekannten Kuckucksuhren lediglich im Schwarzwald beheimatet: Dort wurden in der ersten Hälfte des 18. Jahrhunderts die

ersten Kuckucksuhren geschnitzt und mit einem mechanischen Kuckuck, dessen Ruf aus zwei auf eine Terz gestimmten Orgelpfeifchen ertönt, versehen. Von wem und in welchem der Schwarzwälder Uhrenstädtchen, ist nicht mehr belegt: Schönwald und Furtwangen, Schonach und Triberg kommen dafür in Frage. In Letzterem steht heute auch die weltgrößte Kuckucksuhr mit einem Gewicht von 150 kg.

Woher die heute übliche Form der Kuckucksuhr, die sogenannte Bahnhäusle-Uhr, stammt, ist dagegen sehr wohl belegt: Die Schwarzwälder Uhrmacherei steckte in einer tiefen Krise, die der Direktor der Furtwanger Uhrmacherschule 1850 durch einen Wettbewerb zu „zeitgemäßem Uhrendesign" beheben wollte. Der Architekt Friedrich Eisenlohr gestaltete seinen Entwurf nach den Schwarzwälder „Bahnhäusle", kleinen Holzunterständen für Bahnwärter, die das für alte Bauernhäuser typische Schnitzwerk nachahmten, und gewann den Wettbewerb.

567 // KUDRUN

Neben dem Nibelungenlied ist Kudrun das zweite große Heldenepos der mittelalterlichen deutschen Literatur. Das um 1230 entstandene Werk, dessen Autor unbekannt ist, wurde in mittelhochdeutscher Sprache verfasst und ist nur in einer Abschrift überliefert. Das strophische Epos beruht zum Teil auf älteren Quellen aus dem Sagenkreis der Nordsee und wird heute in der germanistischen Forschung gemeinhin als Gegenentwurf zum Nibelungenlied betrachtet. Während in Letzterem das heroische Prinzip der Rache und Vergeltung dominiert, gibt es in der lyrischen Kudrun auch Momente der Versöhnung. So endet das Werk, das sich in die drei Teile „Hagen", „Hilde" und „Kudrun" gliedert, nicht mit dem Untergang der Burgunden, sondern mit einer gestifteten Großhochzeit der verfeindeten Königshäuser.

Gemeinsam ist den beiden Sagenkreisen neben der Verwendung bekannter Heldennamen wie Hagen oder Dietrich, dass sie beide in die Geschichte germanischer Stämme aus der Völkerwanderungszeit zurückreichen und ihre dichterische Wurzel im sangbaren Lied haben. Und wurde Kudrun auch einst „durch ir hôhe tugende" viel Ruhm zuteil, so erklingen die sie preisenden Strophen heute leider nur noch in den Vorlesungen germanistischer Seminare. Welch Sünde angesichts ihrer Schönheit, für die sie einst weit über alle Lande bekannt war ...

568 // KUHLENKAMPFF, HANS-JOACHIM

Der Schauspieler, Moderator und Quizmaster Hans-Joachim Kuhlenkampff (1921–1998), genannt „Kuli", war eine der bekanntesten und beliebtesten Figuren des deutschen Fernsehens.

Der gebürtige Bremer studierte zunächst Schauspiel am Deutschen Theater in Berlin, bevor er 1953 mit seiner ersten Show „Wer gegen wen?" die TV-Bühne betrat. Seine charmante und joviale Art, die er 1961 auch in der Filmkomödie „Drei Mann in einem Boot" im Zusammenspiel mit Heinz Erhardt unter Beweis stellte, machte ihn bald zu einem der Lieblinge des Fernsehpublikums.

Ab 1964 moderierte er – zunächst bis 1969, dann noch einmal von 1979 bis 1987 – die überaus erfolgreiche Quizsendung „Einer wird gewinnen". Mit dieser Show, durch die er humorvoll und schlagfertig führte, schrieb der „Pfeifenraucher des Jahres 1971" in insgesamt 82 Folgen ein Stück deutscher Fernsehgeschichte.

Die Fernsehlegende „Kuli" überzog regelmäßig die ihm zugesprochene Sendezeit erheblich und sah auch sonst keinen Anlass, die Showbühne zu einem bestimmten Zeitpunkt zu verlassen. So war er noch 1998 mit einer eigenen Sendung auf deutschen Bildschirmen zu sehen und erklärte dabei seine lange Bühnenpräsenz auf ganz typische Art: „Mein Maskenbildner hat mir gesagt: ‚Du siehst immer gleich aus. Nur dauert es jetzt etwas länger, bis es so weit ist.'"

569 // KULTUR- UND SOZIALFONDS

In der DDR bildeten volkseigene Betriebe ab 1957 einen betrieblichen „Kultur- und Sozialfonds" (KuS) aus ihren erwirtschafteten Mitteln. Diese Einrichtung fand auch Eingang ins Arbeitsgesetzbuch der DDR von 1977. Dort hieß es, „zur Förderung des geistigkulturellen und sportlichen Lebens und zur sozialen Betreuung der Werktätigen" sollten solche Fonds gebildet werden. Über die verordnungsgemäße Verwendung der Mittel hatten Betriebsleiter und Gewerkschaftsleitung zu bestimmen. Betriebsangehörige konnten einen Antrag auf Unterstützung stellen. Auf dieser Ebene wurden aus dem Fonds beispielsweise zinslose Darlehen für Möbel und andere Gebrauchsgegenstände gewährt. Es wurden zudem Weiterbildungen, Ferienlager und Laienkunstgruppen unterstützt. Die KuS wurden darüber hinaus zu einem Instrument der Finanzierung kommunaler Infrastruktur, was mit den Verordnungen über die Mittelverwendung nicht immer leicht in Einklang zu bringen gewesen sein dürfte. Hier wurde Geld für Sportanlagen, sogar für Straßen, aber auch für das Wohnungswesen ausgegeben. Schwerer zu vermitteln dürfte die Unterstützung jener SED-Funktionäre in der Kreisleitung Sondershausen gewesen sein, die sich ihr Kantinenessen aus dem KuS des VEB Elektroinstallation subventionieren ließen.

570 // KULTURAUSTAUSCH

Der Kulturaustausch geht auf die Idee zurück, dass der unmittelbare Dialog der Menschen jenseits der Politik das beste Mittel sei, den Frieden zu erhalten. Entsprechend erfuhr er eine erste Konjunktur – mit einem gewissen zeitlichen Abstand – nach dem Zweiten Weltkrieg. Das war bitter nötig, denn im Jahr 1965 galt noch jedem fünften Franzosen Deutschland als die unsympathischste von zehn Nationen. Der drei Jahre zuvor in Paris zwischen Adenauer und de Gaulle geschlossene deutsch-französische Freundschaftsvertrag hatte seine volle Wirkung offenbar noch nicht entfaltet. Im sogenannten Elysée-Vertrag wurde der Kulturaustausch zwischen den beiden ehemaligen Feinden beschlossen. Diese auf höchster Ebene besiegelte Partnerschaft kann als Vorbild aller weiteren Programme etwa mit Polen oder Tschechien nach dem Ende des Kalten Krieges gelten.

In Europa wurde der Kulturaustausch mit dem Maastrichter Vertrag von 1992 institutionalisiert. Selbst die DDR erkannte sein Potential, ihr durch die Ausbürgerung Wolf Biermanns ramponiertes Image aufzupolieren. Die Ängstlichkeit der Führung verhinderte jedoch einen offenen Dialog. Der intensivste Austausch findet aber seit Jahrzehnten zwischen der Jugend Europas statt. Nicht nur in kultureller Hinsicht.

571 // KUNSTGEWERBE

Was wäre Deutschland ohne sein Kunstgewerbe? Ohne seine zackigen Nussknacker, sein Meissener Porzellan, seine Schwarzwälder Kuckucksuhren, seine liebevoll geschnitzten Jahresendfiguren aus dem Thüringer Wald, ohne Steiff-Tiere, Käthe-Kruse-Puppen, Jugendstil- und Biedermeiermöbel?

Kunstgewerbe umfasst als Sammelbegriff den gesamten Bereich der dekorativen und angewandten Kunst. Manche der in die Jahre gekommenen Stücke, die kunstvoll von Hand gefertigt wurden, werden in Kunstgewerbemuseen dem staunenden Publikum vor Augen geführt und für die Nachwelt bewahrt.

Schönes mit Praktischem zu verbinden ist des Kunstgewerbes Sinn und Anspruch. Das Kunstgewerbe hat seinen Schwerpunkt im Design der Produkte, die zumeist, wenn auch händisch, seriell erzeugt wurden. Es sind Gebrauchsgegenstände von eigenständiger Ästhetik, mit Einzelstückcharakter und einem Sammlerwert für Liebhaber. Das Kunstgewerbe hat seinen festen Platz in unserer Kultur, in Teilen gehört es sogar zu unserem kulturellen Erbe. Das Bauhaus, gegründet 1919 von Walter Gropius in Weimar, ging aus der dortigen Kunstgewerbeschule hervor. Es war stilbildend in Sachen Architektur und Design und überwand die Grenzen zwischen Kunst und Gewerbe.

572 // KUNSTKLAPPE

Was tut man, wenn man gerade ein Gemälde gestohlen hat und bemerkt, dass man das falsche erwischt hat, es einem einfach nicht mehr gefällt oder man es schlichtweg nicht verkaufen kann? Oder wenn einen ganz plötzlich das schlechte Gewissen plagt, weil das sechste Gebot doch schließlich besagt: „Du sollst nicht stehlen"?

Man fährt nach Köln, schleicht sich in ein verwinkeltes Altstadtgässchen, das beste Fluchtmöglichkeiten bietet, wischt noch schnell alle Fingerabdrücke von dem Diebesgut ab und wirft es dann flink in die sogenannte Kunstklappe.

Nachdem durch das Projekt Kunstklappe in Wien seit 2004 bereits einigen Kunstdiebstahlopfern ihre Werke zurückgegeben werden konnten, versucht man seit dem Jahr 2007 auch in Deutschland, Kunstdieben die Möglichkeit zu Einsicht und Reue zu geben. Köln bot sich insofern an, als sich dort auch eine Niederlassung des „Art Loss Register" befindet: Insgesamt 120.000 gestohlene Sammlerstücke und Wertgegenstände werden in dieser Datenbank detailliert registriert. Taucht in den Galerien oder Auktionshäusern der Welt – oder eben in der Kunstklappe – eines dieser Kunstwerke auf, kann es seinem Besitzer rasch zurückgegeben werden.

573 // KUNSTSTOFF

Wenn den Polymeren die Zukunft gehört, dann stehen Deutschland sonnige Zeiten bevor, denn Deutschland ist das Land der verschmolzenen, elastisierten Stoffverbindungen. Diese nennt man, da sie synthetisch erzeugt sind und so in der Natur nicht vorkommen, Kunststoffe. Umgangssprachlich spricht man vom „Plastik" oder romantisch-ostdeutsch von „Plaste".

Die deutsche Chemie- und Kunststoffindustrie sorgt dafür, dass uns hier so viel Kunststoff umgibt wie sonst kaum in der Welt. Das ist gut für unsere Wirtschaft, denn es gibt Gummi für den Export.

Dass gerade Deutschland im Bereich des Synthetischen so groß ist, dürfte keinen historisch vorgebildeten Landsmann wundern. Hat nicht das Land der Dichter und Denker das Synthetisieren im Bereich des Geistigen mit Hegel und Marx zur Vollendung gebracht? Das Grundprinzip musste nur noch ins Chemisch-Physikalische transferiert werden! Dafür haben unsere Chemiegiganten und die mittelständischen Unternehmen Sorge getragen. Die Kunststofferzeuger von heute sind die wirkungsmächtigen und mit der Zeit gegangenen Alchemisten von einst. Kunststoff als solcher dürfte alle Konsumenten, und sei es „nur" in Plastiktütenform beim Rückweg vom Discounter, an den – wenn auch ungleichmäßig verteilten – Segen des Wirtschaftswunders erinnern.

574 // KUR

Deutschland hat über 500 Kurorte. Wenn man sich die Liste von A wie Aachen bis Z wie Zinnowitz anschaut, bekommt man den Eindruck, jedes Kuhkaff habe einen Tümpel, der für Kneippanwendungen geeignet ist, oder führt eine Quelle, die einen um Jahre verjüngt.

Kein Wunder ist dagegen das Phänomen des Kurschattens, eine deutsche Spezialität. Der kleine Flirt auf Kosten der Krankenkasse ist ja auch nur nachvollziehbar. Da sitzt man allein in einer fremden Stadt. Das Essen ist mies, weil gesund, die spannende Lektüre bald zu Ende gelesen, das Platzkonzert im Kurpark nur mäßig unterhaltsam. Da freut sich doch ein jeder über angenehme Begleitung beim Essen, beim Wassertreten und beim abendlichen Engtanz. Und wenn das Herz dabei ein bisschen schneller schlägt ...? Ein Schelm, wer Böses dabei denkt!

Der Kurschatten scheint jedoch keine Erfindung der Neuzeit zu sein. Schon in der Antike und im Mittelalter wurde fleißig zum Gesundbaden gereist. Was auch immer dort passiert sein mag, der brave Bürger hielt die Kurbäder für unmoralische Vergnügungsstätten. Der Kurschatten ist übrigens auch ein wichtiges Motiv in der deutschsprachigen Literatur: Thomas Mann verwendet den Bäder-Flirt z. B. bei Hans Castorp und Madame Chauchat in „Der Zauberberg"; Stefan Zweig erzählt in „Brennendes Geheimnis" von einem kranken Jungen, dessen Mutter von einem Kurschatten umworben wird.

575 // KURFÜRSTENDAMM

Kurt Tucholsky glaubte einst, dass wohl jeder am liebsten am Kurfürstendamm wohnen wolle, am besten mit Blick auf die Ostsee. Einen echten Bayern kann man mit dieser Vorstellung nicht locken, aber dass dieser deutsche Prachtboulevard schlechthin auch heute noch eine große Anziehungskraft ausübt, steht außer Frage.

Bis weit ins 19. Jahrhundert hinein war der Kurfürstendamm, meist Ku'damm genannt, ein Knüppeldamm, der der kurfürstlichen Reiterschar als Weg nach Schloss Glienicke und ins neue Jagdrevier Grunewald diente, nachdem es den Königlichen im Tiergarten zu eng und zu freiwildlos geworden war. Bismarck höchstpersönlich war es dann, mit dem Sieg über und dem Geld von Frankreich in der Tasche, der nach 1871 dafür Sorge trug, dass hier ein prachtvoller Boulevard nach dem Vorbild der Champs-Elysées von Paris entstand. Mit einer Breite von weltstädtischen 54 Metern, bepflanzt mit Platanen, war der Ku'damm als herrschaftliche Wohnstraße gedacht, die sich mehr und mehr zur mondänen Geschäftsstraße und zum größten Kaffeehaus Europas entwickelte. Die Zerstörungen des Krieges sind, bei aller erhaltenen Pracht, am deutlichsten an der den Ku'damm abschließenden Gedächtniskirche zu erkennen, die einst zu Ehren Kaiser Wilhelms I. errichtet worden war und nun als Mahnmal an die Zerstörungen des Krieges erinnert.

576 // KYFFHÄUSER

Das landschaftlich abwechslungsreiche Kyffhäusergebirge in Thüringen wird als Naturpark Kyffhäuser geschützt. Diese alte Kulturlandschaft, südlich vom Harz in der Mitte Deutschlands gelegen, bietet eine Vielzahl an bedeutenden historischen Sehenswürdigkeiten.

Ausgrabungen an der Kaiserpfalz Tilleda belegen eine Besiedlung der Kyffhäuserregion schon zur Bronzezeit. Während der letzten Eiszeit war der geologisch faszinierende Kyffhäuser von Gletschern umschlossen. Hier fanden Steinzeitmenschen Zuflucht und die etwas moderneren Menschen Salz, Kali und Braunkohle, neben Muschelkalk, Gips und Rotliegendem. Darüber erstrecken sich ausgedehnte Buchen- und Eichenwälder.

Der Sage nach schläft Kaiser Barbarossa unter dem Kyffhäuser und wartet auf bessere Zeiten. Friedrich Rückert, romantischer Dichter und Gelehrter, lieferte hierzu ein berühmtes Gedicht, in dem es unter anderem heißt:

> *„Er hat hinabgenommen*
> *Des Reiches Herrlichkeit,*
> *Und wird einst wiederkommen,*
> *Mit ihr, zu seiner Zeit."*

Doch noch im Schlafe winkt der weise Kaiser ab, vorausahnend wohl, gegen ein Erwachen zu falscher Zeit:

> *„Und wenn die alten Raben*
> *Noch fliegen immerdar,*
> *So muß ich auch noch schlafen,*
> *Verzaubert hundert Jahr."*

Weiteres erfährt man am monumentalen Kyffhäuser-Denkmal.

L

Labskaus / Lagerfeld, Karl / Landschaftspflege / Lange Anna / Lebeck, Robert / Leberkäse / Lederhosen / Lehre / Leibniz, Gottfried Wilhelm / Leipziger Schule / Leitkultur / Leitz / Lengede, Das Wunder von / Lessing, Gotthold Ephraim / Leuchttürme / Liebknecht, Karl / Liedermacher / Lilienthal, Otto / Lilli / Limes / Lindenberg, Udo / Lindenstraße / Linientreu / Littbarski, Pierre / Lola / Loreley / Loriot / Loveparade / Löwenmensch / Lübke, Heinrich / Ludwig II. / Lufthansa / Lüftlmalerei / Luise von Preußen / Lüneburger Heide / Luther, Martin / Luxemburg, Rosa

577 // LABSKAUS

Was für jeden Norddeutschen eine absolut gewöhnliche Mahlzeit darstellt und auf keiner Speisekarte in Schleswig-Holstein, Hamburg und Bremen fehlen darf, lässt jeden Zugereisten kurz erschaudern. Labskaus sieht aus wie schon einmal gegessen! Und wird zusätzlich garniert mit einem Spiegelei und einer Gewürzgurke. Von dem unappetitlichen Aussehen sollte man sich aber keinesfalls abschrecken lassen, handelt es sich doch lediglich um Pökelfleisch oder Corned Beef, Rote Beete, Kartoffeln, Matjes und Zwiebeln, die einmal durch den Fleischwolf gedreht wurden.

Erstmals 1701 erwähnt, war das Labskaus ursprünglich ein Gericht der Seeleute und bestand lediglich aus Kartoffeln, Zwiebeln, Pökelfleisch und Speck – alles Nahrungsmittel, die auf einer Seereise lange haltbar waren. Schnell übernahm die Landbevölkerung das Gericht als Arme-Leute-Essen und verfeinerte es mit Roter Beete und Matjes oder all jenem, was die Küche hergab. Seit einigen Jahren feiert Labskaus in Hamburg und Umgebung ein unerwartetes Comeback und wird zunehmend sogar – natürlich in eleganteren Varianten – in Feinschmeckerrestaurants auf den Tisch gebracht.

578 // LAGERFELD, KARL

Chloé, Fendi, Chanel – das sind die Häuser, für die Karl Lagerfeld seine Träume entwirft. Seine Entwürfe – vor allem die für Chanel – machen noch immer Furore, er gilt als einer der größten Modemacher der Welt.

1938 in Hamburg geboren, macht sich Karl Lagerfeld bereits mit 14 Jahren zusammen mit seiner Mutter in die Modestadt Paris auf, mit 17 Jahren beginnt er eine Schneiderlehre bei dem renommierten Designer Pierre Balmain. In dessen Werkstatt entwirft Lagerfeld einen Mantel – mit dem er prompt 1954 den ersten Preis bei einem Wettbewerb des „Internationalen Wollsekretariats" gewinnt. Von nun an stehen Lagerfeld in der Modewelt alle Türen offen: In den 1960ern ist er Chefdesigner bei Chloé, in den 70ern kommen die Kollektionen von Fendi hinzu, ab 1984 beginnt er im Hause Chanel als Art-Direktor. Dort steht er bald im Ruf, der erste würdige Nachfolger der Firmengründerin Coco zu sein.

Legendär sind seine Kombinationen der 90er aus Jeansrock und Boxerjacke; unvergesslich ist, wie er „sein" Supermodel Claudia Schiffer zum schwarzen Blazer über hauchdünnem Seidenröckchen mit überdimensionalen Perlenketten behängte.

In den letzten Jahrzehnten hat sich der Modeschöpfer – neben seinen eigenen KL-Kollektionen – auch mit Kostümen für historische Opernaufführungen (etwa in der Mailänder Scala), mit Fotografie und mit der Illustration von Büchern einen Namen gemacht. So bebilderte er etwa Andersens Märchen „Des Kaisers neue Kleider".

579 // LANDSCHAFTSPFLEGE

Das „Gesetz über Naturschutz und Landschaftspflege" regelt in Deutschland den Umgang mit Flora und Fauna. Darin ist festgelegt, wie das ökologische Gleichgewicht am besten gewahrt werden kann. Feld, Wald, Wiesen und Tiere sollen geschützt, gepflegt und erhalten werden. Dabei gilt die Maxime, die Natur nicht um jeden Preis sich selbst zu überlassen; da, wo es nötig scheint, wird eingegriffen. Durch Hecken zum Beispiel und Schutzstreifen werden Heideflächen oder Streuobstwiesen von landwirtschaftlichen Nutzflächen getrennt, um Pflanzen und Tieren ein Rückzugsgebiet zu erhalten.

Bestandteil der Landschaftspflege ist auch die „Eingriffs-Ausgleichs-Regelung", die vielen Bauherren ein Begriff ist. Wenn beim Bau eines Gebäudes beispielsweise ein schützenswerter Baum weichen muss, so ist an anderer Stelle für Ersatz zu sorgen. Landschaftspflege ist aber auch in Beton- und Stahlwüsten von entscheidender Bedeutung, dann nämlich, wenn der Natur ein Stück Brache zurückgegeben werden soll. Renaturierung heißt das Stichwort. Sie spielt vor allem im Ruhrgebiet und in vielen Bergbaugebieten Ostdeutschlands eine entscheidende Rolle in der Landschaftspflege.

580 // LANGE ANNA

Mancher hat vielleicht eine lange Anna im Bekanntenkreis, aber hier geht's um eine Schönheit ganz anderer Art: Die Lange Anna ist das Aushängeschild der letzten deutschen Hochseeinsel Helgoland. Dieses Eiland, überwiegend aus rotem Buntsandstein, liegt rund 45 Kilometer vor der Elbemündung in der Nordsee. Schön lassen sich an dem umtosten Felsen die schräggestellten Sandsteinschichten erkennen. An der Nordwestspitze der Insel reckt sich die bekannte Felsnadel 47 Meter in die Höhe. Die Grundfläche der Langen Anna entspricht dabei gerade mal einem geräumigen Wohnzimmer.

Damit Touristen sie weiter bestaunen können, musste sie zu ihrem Erhalt gegen die erosive Kraft des Meeres mit einem Wall geschützt werden. Aber die Naturgewalten nagen wie eh und je an der Insel. 1860 brach mit der Verbindung zur übrigen Insel ein malerisches Felsentor ein. Heute droht der obere Teil des Felsens abzustürzen. Regenwasser, Frost und Brandung erodieren das Gestein, so dass manche Experten gar von einem baldigen Totalverlust ausgehen.

Die Lange Anna hieß schon „Mönch" oder „Hengst". Eine schöne, hoch aufgeschossene Kellnerin soll für den aktuellen Namen Patin gestanden haben. In einiger Zeit wird sie nur noch Erinnerung sein, denn man überlässt den Felsen seinem geomorphologischen Schicksal.

581 // LEBECK, ROBERT

Zur richtigen Zeit am richtigen Ort zu sein – fast alle Fotojournalisten verdanken ihre Popularität einer solchen glücklichen Konstellation. Robert Lebeck bildet in dieser Hinsicht keine Ausnahme: Seine beispiellose Karriere als deutscher Fotograf und Dokumentarist begann mit einem Schnappschuss im Jahre 1960. Lebeck drückte just in dem Moment auf den Auslöser, als ein junger Afrikaner während der Feierlichkeiten zur Unabhängigkeit des Kongo den Degen des belgischen Königs Baudouin an sich riss und davonlief. Dieses Foto machte Lebeck berühmt.

Doch der Erfolg des 1929 geborenen Fotojournalisten, der viele Jahre für den „Stern" und die „Geo" arbeitete und 2007 für sein Lebenswerk mit dem Henri-Nannen-Preis geehrt wurde, gründet nicht allein auf Glück und Zufall. Viele seiner berühmtesten Arbeiten legen Zeugnis ab von einer bestimmten Haltung, die er den Fotografierten entgegenbringt und die immer etwas mit Neugierde, Aufgeschlossenheit und Respekt zu tun hat. Sie lässt Bilder entstehen, die den Menschen unverstellt zeigen und mitunter bislang verborgene Facetten einer Persönlichkeit offenlegen. Wo andere Fotografien nur den Moment dokumentieren, erzählen die Bilder von Robert Lebeck oftmals eine ganze Geschichte, die mittlerweile ein halbes Jahrhundert umspannt.

582 // LEBERKÄSE

Der Leberkäse ist in Bayern ein beliebtes Schnellgericht für die Brotzeit, ob vormittags oder am Nachmittag, wenn scheinbar weniger kulinarisch begabte Nationen Tee trinken. Zwischen zwei Semmelhälften passt immer eine Scheibe Leberkäse. Oder er wird dicker geschnitten, am liebsten das „Scherzel", also das Randstück, und warm mit Spiegelei und süßem Senf serviert. Dazu passt Kartoffelsalat. In der Lobeshymne Marzell Oberneders heißt es folgerichtig: „Wer gern Leberkäse isst, Bier und Brot nicht ganz vergisst, lächelt froh ins Himmelszelt als der Glücklichste der Welt!"

Ein pfälzischer Koch des Kurfürsten Karl Theodor hat's um 1780 erfunden. Aus Rind- und Schweinefleisch, Speck, Wasser, Salz und Gewürzen wird ein feines Brät bereitet, das in einer Kastenform gebacken wird. Kein Käse, keine Leber. Der erste Wortteil kommt womöglich von „Laib", und „Kas" bezeichnet eine zähe Masse. Wer jetzt allerdings glaubt, ganz bestimmt ein leberfreies Lebensmittel zu erhalten, wenn er außerhalb Bayerns Leberkäse erwirbt, irrt. Denn das deutsche Lebensmittelbuch legt fest, wo Leber draufsteht, hat auch Leber drin zu sein. Außer in Bayern. Oder wenn „Bayerischer Leberkäse" draufsteht. Oder „Fleischkäse". Um der Klarheit und Wahrheit willen.

583 // LEDERHOSEN

Neben Bier und Sauerkraut steht wohl kaum etwas im Ausland so sehr für Deutschland wie dieses Kleidungsstück. Dabei hat die traditionelle Lederhose nur mit einem kleinen Teil Deutschlands kulturell zu tun, nämlich mit der Alpenregion. Dort gehört sie wie Dirndl und Gamsbarthut

zur Trachtenkultur – die sich natürlich auch auf Österreich, die Schweiz und Südtirol erstreckt. Doch nach dem Motto „mitgefangen, mitgehangen" ist das lederne Beinkleid, vor allem in den Augen vieler US-Amerikaner, ein zur Hose gewordenes Stück Deutschland. Mit ihr sitzt man im Biergarten, vergnügt sich beim Fingerhakeln und springt hin und wieder zu einem Schuhplattler oder Watschentanz auf. Die verschüttete Maß perlt an der Krachledernen ab, und auf der „Arschnaht" kann man notfalls auch die Zugspitze auf dem Hosenboden herunterrutschen.

Heute findet man die Original-Lederhosen, in Maßarbeit von Hand gefertigt, nur noch sehr selten. Statt der Hose fürs Leben ist sie jetzt Modeaccessoire und Touristenmitbringsel, doch industriegefertigte Sepplhosen sind von der liebevoll bestickten Lederhose so weit weg wie der Chiemsee vom Lake Michigan.

584 // LEHRE

Der Begriff der Lehre ist – zumindest in Deutschland – offiziell längst ungebräuchlich, heute fallen Lehrberufe unter das Stichwort „Berufsausbildung". Der frühere „Lehrling" heißt entsprechend „Auszubildender", kurz „Azubi", auch wenn manch einer von seinen Ausbildern noch immer als „Stift" oder gar „Lehrpieps" herumgescheucht werden mag. In dem Fall hilft die vielbemühte Redensart „Lehrjahre sind keine Herrenjahre" wohl nur wenig.

Das berühmte deutsche duale Ausbildungssystem, das es ebenso in der Schweiz und Österreich gibt, bietet eine parallele Ausbildung im Betrieb und in einer Berufsschule. In Deutschland sind knapp 350 Ausbildungsberufe staatlich anerkannt, darunter Bäcker, Optiker, Bankkaufmann,

Vermessungstechniker, Buchhändler, Florist, Frisör, Geigenbauer, Mediengestalter oder Steuerfachangestellter, um nur einige wenige zu nennen. Der Azubi besucht für die Dauer der meist dreijährigen Ausbildung abwechselnd den Betrieb und den Unterricht der Berufsschule.

Obwohl das System weltweit als vorbildlich gilt, hat es mit Problemen zu kämpfen. Jugendliche beklagen das geringe Lehrstellenangebot, umgekehrt kritisieren Ausbildungsbetriebe oft die mangelnde Ausbildungsreife der Schulabgänger. Die Regierung meint: „Stifte sichern Zukunft" – und wirbt mit dem Slogan für mehr Ausbildungsstellen in Betrieben.

585 // LEIBNIZ, GOTTFRIED WILHELM

Gottfried Wilhelm Leibniz (1646–1716), geboren in Leipzig, war nicht der Erfinder des möglicherweise nach ihm benannten Butterkekses. Doch Erfinder war er und eines der größten Universalgenies aller Zeiten. Vor allem als Mathematiker und Philosoph ging er in die Geschichte ein, doch könnte man ihn auch als Physiker, Historiker, Theologen oder einfacher als visionären Universalgelehrten bezeichnen, denn auch als Diplomat versuchte er, die Geschicke Deutschlands und der Menschheit zum Guten zu wenden.

Leibniz war seiner Zeit stets weit voraus, seine Idee einer möglichen idealen Sprache wurde zum Beispiel erst 200 Jahre später von Wittgenstein wieder aufgegriffen. Auch die Erfindung des Computers bzw. der binären Computersprache fußt auf seinen Überlegungen. Die Rechenmaschine, die er entwickelte, war ein spektakulärer Vorgriff auf den Taschenrechner. Differential- und Integralrechnung wurden von ihm begründet, ebenso die Infinitesimalrechnung, die auch Newton unabhängig und zeitgleich entwickelte. Darüber gab es einen schier ewigen Urheberstreit, der englische und deutsche Mathematiker entzweite. Im Philosophischen versuchte Leibniz, Mensch, Welt und Gott miteinander in Harmonie zu bringen. Von ihm stammt der nicht naiv zu verstehende Satz: „Die Welt ist die beste aller möglichen."

586 // LEIPZIGER SCHULE

Bis über das erste Jahrzehnt der DDR hinaus war Leipzig berühmt als Messestadt, als Gerichtssitz, als Stadt der Verlage und des Buchhandels. Nicht so sehr als Ort der Kunst. Das änderte sich in den 1960er Jahren, als sich die erste Nachkriegsgeneration in die Hochschule für Graphik und Buchkunst gemalt hatte. Um Bernhard Heisig, Wolfgang Mattheuer und Werner Tübke entstand die später sogenannte Leipziger Schule. Der Begriff ist bei den Beteiligten wegen seiner Undifferenziertheit nicht eben beliebt.

Aber er beschreibt allgemein einen ausgeprägten künstlerischen Anspruch, der mit außerordentlicher handwerklicher Präzision die Fähigkeit zur gesellschaftlichen Analyse zum Ausdruck bringt. „Expressiv-leidenschaftlich" malen die einen, eher „sachlich" andere.

Besonders bekannt sind die wütenden Werke Heisigs, in der DDR und danach zyklisch gefeiert und gescholten. Im Bundestag hängt von ihm ein eigens gefertigtes Bild, das auf sechs Meter Breite durch die gewaltsame Geschichte Deutschlands führt. Wie sehr sich „Zeit und Leben" wandeln, zeigt sich bei der dritten Generation, der Neuen Leipziger Schule, mit Neo Rauch an der Spitze. „Nüchtern", „traumverhangen", „kühl abstrakt" hört man von der Kunstkritik. Dafür ist der wirtschaftliche Erfolg der Leipziger Schule atemberaubend.

587 // LEITKULTUR

Der CDU-Politiker Friedrich Merz machte – wie gern einmal – im Jahr 2000 ein Fass auf, als er im Deutschen Bundestag verlangte, Zuwanderer, die in Deutschland leben wollten, müssten sich einer gewachsenen freiheitlichen deutschen Leitkultur anpassen. Es hagelte Proteste im Bundestag, auch aus dem eigenen politischen Lager, und zwei Wochen lang stand ganz Deutschland Kopf, um darüber zu diskutieren, ob eine nationale Mehrheit den Minderheiten ihre Kultur aufdrängen dürfe, ob sich die Deutschen wieder einmal in beängstigender Weise ihren Weltmachtsphantasien hingeben usw. usf.

Es war vielleicht einmal ganz gut, dass darüber debattiert wurde, denn am Ende war sich eine große Mehrheit in Deutschland einig, dass eine deutsche Leitkultur gar nichts mit Kultur im eigentlichen Sinne zu haben darf. Vielmehr verständigte man sich in weiten Teilen auf die weitaus liberalere Definition des „Zeit"-Redakteurs Theo Sommer, der den Begriff „Leitkultur" lange vor Merz benutzt hatte und hierunter einen Rahmen aus sprachlichen und vor allem rechtlichen Grundsätzen verstanden haben wollte, in deren festem Gefüge sich die einzelnen ethnischen Gruppen durchaus selbst entfalten dürfen.

588 // LEITZ

318 mm ist er hoch und 285 mm tief, aus marmorierter Graupappe und mit metallenem Kantenschutz versehen, der klassische Leitz-Ordner, Sinnbild für deutschen Ordnungssinn, für Gewissenhaftigkeit und Disziplin.

Es ist das Jahr der deutschen Reichsgründung, 1871, in dem Louis Leitz in Stuttgart auch sein Unternehmen gründet: die Werkstätte zur Herstellung von Metallteilen für Ordnungsmittel. Leitz hatte die Notwendigkeit erkannt, die Flut von Papieren und Akten des neuen Staates sinnvoll zu ordnen und abzulegen. Zwar hat Leitz den Ordner nicht erfunden, das war 1886 Friedrich Soennecken in Bonn, aber er entwickelte ihn 1896 entscheidend weiter, führte die Mechanik des Umlegehebels und Bügels ein. 1911 kam das Griffloch im Rücken des Ordners hinzu.

Seitdem steht der Name Leitz in Deutschland nicht nur für Büro-Ordner, sondern auch für Ordnung: Selbst im Ausland ist der „Leitz folder" Synonym für den Aktenordner schlechthin. Doch Leitz erfand weitere praktische Büroordnungsartikel: 1901 zum Beispiel den ersten tragbaren Locher oder 1950 die Prospekthüllen. Und auch, wenn das Unternehmen 1998 von der schwedischen Esselte Corporation übernommen wurde, steht sein Name nach wie vor für deutsche Ordnung im Büro.

589 // LENGEDE, DAS WUNDER VON

Im Spätherbst des Jahres 1963 ereignete sich in der Bundesrepublik ein tragisches Grubenunglück, das über Tage die Welt in Atem hielt: Durch einen Wassereinbruch in die Eisenerzgrube von Lengede im Emsland waren 50 Bergleute von der Außenwelt abgeschlossen. Als nach einem Tag sieben von ihnen geborgen werden konnten, schöpfte man wieder Hoffnung für die anderen, nach denen nun fieberhaft und im wörtlichen Sinne bis zum Umfallen gesucht wurde. Die bereits geborgenen Kumpel hatten die richtige Vermutung, wohin sich die Verbliebenen unter Tage gerettet haben könnten. Bei den Rettungsbohrungen in den betreffenden Stollen war es ein Wunder, dass dieser nicht einstürzte, denn die Bohrung lief eigentlich schief. In der Zwischenzeit konnten weitere drei Bergleute befreit werden. Als zehn Tage verstrichen und an Rettung kaum noch zu denken war und der Totengottesdienst bereits begonnen hatte, gelang doch noch der Kontakt zu elf Überlebenden. Sie konnten gerettet werden, doch für neunundzwanzig Bergleute kam jede Hilfe zu spät. Das Land hatte gebetet, Kanzler Ludwig

Erhard war zur Stelle gewesen, und aus der ganzen Welt hatte Deutschland eine ungekannte Anteilnahme erfahren. Als aufwendige TV-Produktion wurde das Wunder von Lengede verfilmt.

590 // LESSING, GOTTHOLD EPHRAIM

Wer über gewisse Dinge den Verstand nicht verlieret, der hat keinen zu verlieren. (Gotthold Ephraim Lessing)

Wir wurden gequält im Deutschunterricht mit „Nathan der Weise", „Emilia Galotti" und „Minna von Barnhelm". Deshalb wollten wir niemals wieder etwas mit Lessing zu tun haben. Damit teilt er das Schicksal vieler Dramatiker und Schriftsteller, die uns in der Schule gründlich verdorben wurden. Wenn wir ehrlich sind, trifft aber die Lehrer gar keine Schuld an unserer Abneigung, es war erstens die komische alte Sprache, in der Lessing schrieb, und zweitens der Lesezwang, den Schullektüre halt so mit sich bringt.

Für diejenigen, die damals die Ohren auf Durchzug gestellt haben, hier ein paar Fakten zum Angeben: Lessing war der wichtigste Dichter der deutschen Aufklärung, geboren 1729, gestorben 1781. Freiheit des Denkens und des Lebens war der wichtigste Gedanke der Aufklärung, ihm fühlte sich der Generalgelehrte Lessing zutiefst verpflichtet. Er trat auch für die Toleranz gegenüber anderen Religionen (hier kommt „Nathan der Weise" ins Spiel") und die Emanzipation des Bürgertums gegenüber dem Adel („Emilia Galotti") ein.

Wir verdanken ihm außerdem das Stilmittel des vernünftigen Dialogs: eine Sache von mehreren Seiten betrachten und auch die Argumente seines Gegenübers überdenken. Wie das geht, weiß heutzutage keiner mehr; wir haben ja alle in der Schule nicht aufgepasst.

591 // LEUCHTTÜRME

Lummerland war immer schon schön, doch seit Herr Tur Tur dort den Leuchtturm spielt, ist es noch schöner. Eine Küste braucht eben einen Leuchtturm. Kaum eine Hallig, ein größerer Sandstrand, eine länger gestreckte Düne, ein kalkiges Kliff, ein dauerfeuchter Deich, auf dem nicht einer dieser schnuckeligen, rot-weiß gestreiften Türme stünde. Und in diesen Türmen wohnen kauzige Einsiedler, die Ostfriesentee trinken, ein ganzes Jahr nur Schafe sehen und einen Wortschatz besitzen, der sich im „Moin, Moin" zu erschöpfen scheint.

Leuchttürme sind romantische Denkmäler der sonst so kargen, horizontalen Landschaft. Im Sturmgebraus, bei Wind und Wetter offenbaren sie erst ihre wahre Schönheit. Sie selbst sind der Ruf nach dem Meer, nach der Weite, der Ferne. Und es soll Seemänner geben, die sich an ihnen, am liebsten bei Nebel, orientieren. Denn die Leuchttürme haben tatsächlich einen Zweck: Seefahrer erkennen an ihnen und ihren rotierenden Leuchtfeuern die Entfernung zur Küste, die einerseits Rettung, andererseits auch Schiffbruch und Strandung bedeuten kann. Leuchttürme sind Lebensretter. Und eine friesisch herbe Bierwerbung wäre doch wohl nur halb so schön ohne einen Leuchtturm.

592 // LIEBKNECHT, KARL

Karl Liebknecht (1871–1919), Anwalt und Politiker, war Sohn des Sozialisten Wilhelm Liebknecht und Patensohn von Karl Marx. Der promovierte Jurist, von freundlichem Naturell, wurde als Reichstagsabgeordneter zum hingebungsvollen Linksaußen der SPD. Im Dezember 1914 lehnte er im Reichstag als einziger weitere Kriegskredite ab. Die Organisation einer Friedensdemonstration am 1. Mai 1916 brachte ihm eine Verurteilung wegen Hochverrats ein. Im Oktober 1918 kam er bei einer Amnestie des wankenden Regimes frei und übernahm mit Rosa Luxemburg die Führung des Spartakusbundes. Am 9. November 1918, dem Tag der Revolution, rief er mit Nickelbrille, Schnauzbart und krausem Haar vom Balkon des Berliner Schlosses die freie sozialistische Republik aus. Nur zwei Stunden zuvor hatte Philipp Scheidemann von einem Reichstagsfenster aus die „deutsche Republik" proklamiert. Nach dem „Januaraufstand" am 15. Januar 1919 wurde Liebknecht zusammen mit Luxemburg von Kavallerie-Schützendivisions-Gardisten verschleppt, misshandelt und ermordet. Ein Kriegsgericht sprach die an den Morden beteiligten Offiziere frei. Dieses Urteil, das in weiten Kreisen der Bevölkerung mindestens auf Unverständnis stieß, unterzeichnete mit Reichswehrminister Gustav Noske ein Sozialdemokrat.

593 // LIEDERMACHER

Viele von ihnen konnten zwar nicht wirklich singen, doch Lieder konnten sie alle machen (daher der Name). Die große Zeit der deutschen Liedermacher waren mit Sicherheit die 70 Jahre.

Damals galt Reinhard Mey als Vorbild für softe, akademisch angehauchte Antimachos, und stimmlich war er weit über den Wolken der meisten Kollegen. Wolf Biermann gab sein legendäres Kölner Konzert und wurde dafür von der DDR ausgebürgert. Ein echtes Politikum! Dadurch wurde er, in seiner an Brecht erinnernden, knarzigen Manier, der wohl gesamtdeutscheste seiner Zunft. Konstantin Wecker brachte den bayrischen Akzent ins Spiel. Hannes Wader sang gegen die Republik, das war damals „in" unter „In"tellektuellen und wurde als gesellschaftskritisch gefeiert. „Insterburg & Co." waren weit humoristischer veranlagt, beinahe eine Komikerband. Und Mike Krüger endlich schaffte den volksverträglichen Durchbruch des Genres.

Seitdem haben die kritischen Geister mit Dreitagebart und Klampfe unplugged ein wenig an Einfluss verloren. Dafür weckt das Lied mit der Luftaufsichtsbaracke heute bereits nostalgische Erinnerungen.

594 // LILIENTHAL, OTTO

Otto Lilienthal (1848–1896) war ein deutscher Maschinenbauer. Nach Abitur und Gewerbeschule absolvierte er bei der aufstrebenden Maschinenfabrik Schwartzkopff ein Praktikum. Der Krieg 1870/71 mit Frankreich unterbrach seine Karriere kurz, aber er fand danach eine Anstellung bei einer Maschinenbaufirma. Später wurde er Konstruktionsingenieur, und 1883 gründete er seine eigene Dampfmaschinenfabrik, die gleichsam nebenbei die erste Flugzeugfabrik wurde. Ach ja, denn berühmt geworden ist Lilienthal als Wissenschaftler des Fliegens, als Konstrukteur und Erprober von Gleitfluggeräten.

Er gilt mit seinen kontrollierten und wiederholbaren, also experimentellen Flugversuchen ab 1891 als der erste erfolgreich fliegende Mensch.

Seine praktischen und wissenschaftlichen Ergebnisse waren die Grundlage für den Motorflug der Brüder Wright 1903. In der Schulzeit hatte sich Lilienthal bereits mit dem Vogelflug beschäftigt. Er verstand den „Vogelflug als Grundlage der Fliegekunst", so der Titel seines bahnbrechenden Buches. Und er scheute sich nicht, die theoretischen Überlegungen in Fluggeräten umzusetzen und sie auf seiner „Fliegestation" persönlich auszuprobieren. Wie es sich für einen Flugpionier gehört, starb Lilienthal, im Jahr 1896, an den Folgen eines Absturzes.

595 // LILLI

Ein langbeiniges Mädchen mit schlanker Taille, blonder Stirnlocke und Pferdeschwanz, mit kirschroten Herzchenlippen und schmalgemalten Augenbrauen verdrehte zu Beginn der 1950er Jahre den Deutschen den Kopf: „Lilli", das Fräulein aus der Feder des Karikaturisten Reinhard Beuthin, wurde bereits 1952 durch den täglichen Cartoon in der Bild-Zeitung offizielles Bild-Maskottchen, für das 1955 sogar eine Puppe kreiert und 1958 ein Spielfilm gedreht wurde. So sorgte das Blatt dafür, dass noch vor Claudia Schiffer und Heidi Klum ein deutsches Model die Welt eroberte – denn Lilli war Vorbild für die amerikanische Barbie-Puppe.

Den Prototypen der Lilli formte der Modelleur der Neustädter Spielzeugfabrik Hausser, Max Weißbrodt; dort wurde die Puppe bald in zwei Größen aus Elastolin hergestellt, eroberte von dort aus ab 1955 zunächst den deutschen, bald auch den europäischen Markt. In der Hand hielt Lilli immer ihre eigene kleine Bild-Zeitung – ansonsten entsprach sie ganz dem gewünschten Frauenbild der hübschen Blondine, die ein Faible für schöne Kleider, dafür aber umso weniger im Kopf hatte. So fand sie schließlich die Amerikanerin und Ehefrau des Spielzeugherstellers Mattel, Ruth Handler. Sie brachte Lilli in die USA und stellte sie ab 1959 unter dem Namen Barbie her. 1964 kaufte Mattel schließlich auch die Vermarktungsrechte für Lilli, und die Bild-Puppe verschwand vom Markt.

596 // LIMES

Hinter seinen Wällen eröffnete sich das Land der Barbaren. 550 Kilometer durchzog der Grenzwall des Römischen Reiches – auf dem heute saftiges Gras wächst – meist schnurgerade Deutschland und markierte damit die

Gebiete, die Rom dem Barbarenland abgetrotzt hatte, wo Rom als unbesiegbar galt. Nur wenige Spuren sind von den Grenzanlagen, die vor zwei Jahrtausenden zwischen Rhein und Donau die Provinzen Germania Superior und Raetien nach Osten und Norden hin abgegrenzten, übriggeblieben. Wo heute nur noch vereinzelt Bruchsteine herumliegen, standen Wälle und vier Meter hohe Mauern, mit Wachtürmen versehen, was die hinter ihr lebenden unzivilisierten Germanen tief beeindruckte und abschreckte, kannten sie doch bislang nur die Bauweise mit Holz und Lehm. Doch so leicht ließen sich die wilden Stämme jenseits des Obergermanisch-Raetischen Limes, wie der deutsche Teil heute genannt wird, nicht einschüchtern: Im 3. Jahrhundert starteten die Alemannen Großangriffe gegen die römischen Invasoren und schlugen diese schließlich in die Flucht.

Heute führt die Limesstraße entlang dem 2005 zum Weltkulturerbe ernannten Wall. Zwischen Bad Hönningen und Regensburg können Ausgrabungen und Rekonstruktionen, wichtige Funde und Überreste des Römerwalls oder einfach die schöne Natur zwischen Rhein und Donau bewundert werden.

597 // LINDENBERG, UDO

„Jetzt will ich neben dem Atlantik-Hotel mein Zuhause wieder in den Charts haben" – Zitat Udo Lindenbergs nach Veröffentlichung seiner neuesten Platte „Stark wie zwei". Dass der Pate des deutschsprachigen Rocks als extravagant gilt, dürfte wohl mittlerweile jedem bekannt sein. In Hamburg residiert der Panikrocker im besagten Hotel an der Alster und trinkt dort seinen Kräutertee. Als Sangeslerche tänzelt der kleine Udo über die Bühne, trägt langes Haar am Hut und dazu die Sonnenbrille. So nuschelt der in Gronau/Westfalen geborene Lindenberg seit 1971 Lieder ins Mikrofon. Dabei wird der „Sonderzug nach Pankow", 1983, sein bis dahin größter kommerzieller Erfolg, und Erich Honecker gefiel sich darin, auf lockeren Jugendversteher zu machen. Der deutsch-deutsche Geschenkeaustausch Lederjacke (West) gegen Schalmei (Ost) wurde Lindenberg allerdings übelgenommen. Es hieß, er verhelfe „Honi" zu zweifelhafter Popularität.

Skandalöse Zeiten, in denen Lindenberg vermehrt in den Alkoholkonsum flüchtet, scheinen vorbei zu sein. Den Eierlikör nutzt Künstler Lindi fortan als Malerwerkzeug, um sich selbst auf der Leinwand zu porträtieren. Frei nach dem Motto „Alles klar auf der Andrea Doria" taucht Udo Lindenberg 2008 ganz unerwartet wieder aus der Versenkung auf. Jan Delay und andere Produzenten verhelfen ihm zu neuer Popularität. Das gemeinsame Album chartet auf Anhieb von null auf eins und wird dabei sein erstes Album in der Pole-Position. Ob ihm dieser Erfolg auch allein geglückt wäre? Diese Frage wird wohl unbeantwortet bleiben. Jedenfalls ist Udo Lindenberg mit seinem Panikorchester zurückgekehrt auf die Bühne, um sich treuen Fans mit seiner näselnden Stimme bis ins musikalische Unterbewusstsein zu singen.

Na dann, auf zu neuen Ufern, Herr Panikpräsident!

598 // LINDENSTRASSE

Für viele Millionen Deutsche ist es die wichtigste halbe Stunde der Woche, wenn am Sonntagabend zur unverwechselbaren Titelmelodie die Kamera über eine scheinbar normale Münchener Wohnstraße schwenkt und die neueste Folge der „Lindenstraße" einläutet. Dann erreichen wieder die aufregenden Geschichten um Mutter Beimer und Co. die deutschen Wohnzimmer, dann wird ein lebendiges Stück Fernsehgeschichte zelebriert.

Die Anfänge dieser mit über 1.000 Folgen längsten und erfolgreichsten Fernsehserie Deutschlands reichen bis ins Jahr 1985 zurück, als am 8. Dezember die erste Episode über die Fernsehschirme lief und die von Hans W. Geißendörfer erdachten Figuren zum Leben erweckte. Seitdem haben die Bewohner der Lindenstraße unzählige Hochzeiten feiern und Intrigen aufdecken, Schicksale ertragen und auch Tode verkraften müssen, aber irgendwie ging es dennoch nach jedem Cliffhanger am nächsten Sonntag weiter, und heute ist die Serie aus dem deutschen Fernsehen gar nicht mehr wegzudenken. Dass sie über solch einen langen Zeitraum so beliebt geblieben ist, hängt wohl in erster Linie damit zusammen, dass die erzählten Geschichten so treffend das Leben ganz normaler Leute zeigen. Denn was könnte spannender sein als der Alltag?

599 // LINIENTREU

Was einmal für gut und richtig erkannt worden ist, daran wird in Deutschland so leicht nicht mehr gerüttelt. Nichts wirkt in Deutschland glaubhafter als Konsequenz und unverrückbare Überzeugung, nichts unglaubwürdiger als ein Fähnchen, das sich – hüh und hott, rin und raus aus die Kartoffeln – im Wind dreht.

So ist es kein Zufall, dass sich die Linientreue insbesondere im deutschen Politik- und Parteienjargon wiederfindet: Hier ist der politische Mandatsinhaber per Programm, Weisung oder Beschluss der Partei gebunden, notfalls auch von der persönlichen Präferenz abweichend die vorgegebene einheitliche Linie zu vertreten. Die Linie mag sich nicht immer gerade wie eine deutsche Autobahn durch die (politische) Landschaft strecken; wichtig ist nur, dass an einem Strang und nicht eine gemeinsame Linie gezogen wird. Hauptsache, ein jeder stürmt vorschriftsmäßig wie der Flankengott einer Fußballmannschaft die Außenlinie entlang. Wer dieser nicht nämlich nicht folgt, verdribbelt sich hierzulande sehr schnell, wird ins Abseits gestellt oder im Rekordtempo über die Torauslinie gedrängt ...

600 // LITTBARSKI, PIERRE

Noch heute nehmen sich ganze Generationen an Pierre Littbarski (geboren 1960 in Berlin) ein Beispiel: Nicht unbedingt bzw. nicht nur fußballerisch, sondern vor allem modisch. Der ehemalige Stürmer des 1. FC Köln, der in 406 Bundesligaspielen 116 Tore schoss und die berühmtesten O-

Beine der Liga hatte, brachte Deutschland den Vokuhila (vorne kurz, hinten lang). Der Haarschnitt aus igelig geschnittenem Deckhaar und kleinem bis langem Spoiler im Nacken (auch Matte genannt) feiert alle paar Jahre ein modisches Revival unter deutschen Männern (Fußballern wie Nichtfußballern gleichermaßen) und verschwindet bedauerlicherweise selbst in den Zeiten dazwischen nie ganz von deutschen Köpfen.

Doch Litti, wie er 15 Jahre von den Kölner Fans genannt wurde, schrieb noch in anderer Hinsicht Geschichte – vom Fußball auch hier einmal abgesehen: Er war der erste deutsche Sportler, den die nordrhein-westfälische CDU 1989 in die Bundesversammlung berief, um den damaligen deutschen Bundespräsidenten Richard von Weizsäcker in seinem Amt zu bestätigen. Er läutete damit eine Ära ein, in der immer häufiger „Leute ..., die mit Politik nichts zu tun haben", das Staatsoberhaupt der Bundesrepublik wählen dürfen.

Dass seine Fußballkarriere ebenfalls nicht von schlechten Eltern ist, versteht sich damit wohl von selbst: Hätte Littbarski – der nach seiner deutschen Zeit in Japan als Spieler wie als Trainer erfolgreich war – doch kaum eine solche Außenwirkung hervorrufen können.

601 // LOLA

Von der „feschen Lola" ließen sich viele inspirieren. Eine Düsseldorfer Damenkapelle, Tom Tykwer und der Bundesfilmpreis. Der heißt heute Deutscher Filmpreis und die von ihm vergebene Trophäe seit 1999 eben „Lola". In Gold, Silber und seit Neuestem auch in Bronze. Die in ein metallenes Band gehüllte Frauenstatuette kann mit dem Oscar gestalterisch durchaus mithalten.

Sie wird nicht mehr von einer Proporz-Kommission mit Kirchenvertretern vergeben, sondern seit 2005 von einer – auch nicht unumstrittenen – Jury aus Filmschaffenden und einer Handvoll Mitgliedern des Bundestages. In zwölf eher konventionellen Kategorien wird aus meist drei Nominierungen ausgewählt. Veranstalter ist die tausendköpfige Deutsche Filmakademie zusammen mit dem Kulturstaatsminister, der das Geld mitbringt.

Wer eine „Lola" gewinnt oder auch „nur" nominiert ist, kann sich über die besten Dotierungen aller deutschen Kulturpreise freuen und genießt höchstes Renommee in der hiesigen Filmszene. Die glamouröse Gala der Verleihung ist ein mediales Ereignis samt rotem Teppich und schicken Garderoben.

Der erste Wettbewerb fand 1951 statt, als noch „besonders wertvolle Kulturfilme" ausgezeichnet wurden. Das damalige Preissammelsurium umfasste die „Silberne Vase" und den „Goldenen Leuchter".

602 // LORELEY

Heinrich Heine hat ein wunderbares Gedicht über die Loreley verfasst, beginnend mit den weltberühmten Zeilen: „Ich weiß nicht, was soll es bedeuten, dass ich so traurig bin." Die Geschichte von der Jungfrau mit goldenem Haar treibt ihn um, die da auf einem Felsen sitzt und mit ihrem sirenenartigen Gesang die Rheinschiffer in Tod und Verderben stürzt.

Der steile Felsen in der Nähe von St. Goarshausen am Rhein ist neben dem Kölner Dom und dem Münchner Hofbräuhaus eines der Ziele, die kein Pauschaltourist aus Japan oder den USA verpassen will. An Wochenenden stehen die Reisebusse gegenüber dem Felsen Schlange, um den passenden Winkel fürs Foto zu ergattern.

Sandbänke und zackige Felsriffe am Fuße des Loreley-Felsens waren der Ursprung des Mythos. Sie kosteten an dem engen und unübersichtlichen Knick zahlreiche Schiffer das Leben. Wasserfälle und Rhein hinterließen an der Stelle außerdem ein beeindruckendes Echo, weswegen die Loreley schon im Mittelalter berühmt und berüchtigt war. Natürlich konnte nur eine Frau schuld sein an den unerklärlichen Lauten und den zahlreichen Schiffsunglücken. Wann allerdings die Sage von der männermordenden Blondine entstanden ist, weiß keiner mehr.

Seit Jahrhunderten ist sie Stoff für unzählbare Lieder, Gedichte und Romane. Sogar die irischen Folk-Punker „The Pogues" und die 80er-Grand-Prix-Band „Dschinghis Khan" widmeten der Jungfrau mit den wallenden Locken Songs.

603 // LORIOT

„Hildegard, bitte sagen Sie jetzt nichts!" Mit dieser Aufforderung und vielen weiteren unverwechselbaren Formulierungen hat der 1923 geborene Bernhard Victor Christoph-Carl von Bülow den Thron des deutschen Humors auf alle Zeiten erobert. Dabei begann seine Karriere im Anschluss an sein Studium an der Kunstakademie Hamburg zunächst nur schleppend, bis er 1954 seinen ersten eigenen Cartoonband „Auf den Hund gekommen" veröffentlichen konnte und ab Mitte der 60er Jahre für das Fernsehen tätig wurde.

Vicco von Bülow, dessen Künstlername Loriot sich vom Pirol, dem Wappentier der Familie von Bülow, ableitet, arbeitet seitdem so erfolgreich als Komödiant, Zeichner, Schriftsteller, Bühnenbildner, Schauspieler, Regisseur und Professor für Theaterkunst, dass es ihm etliche Fernseh-, Film- und Kulturpreise eingebracht hat. Zu seinen erfolgreichsten Werken gehören dabei die beiden Komödien „Ödipussi" und „Pappa ante Portas", mit denen er sich gemeinsam mit seiner langjährigen Schauspielpartnerin Evelyn Hamann in die Herzen des Filmpublikums spielte.

Viele von Loriots Dialogen und Erfindungen, die sich in treffsicherer Sprache hauptsächlich mit zwischenmenschlichen Kommunikationsstörungen beschäftigen („Herr Müller-Lüdenscheidt! – Herr Doktor Klöbner!"), sind heutzutage sogar in den allgemeinen Sprachgebrauch übergegangen („Da hat man was Eigenes!"), so dass der Altmeister der stilvollen Komik mit Fug und Recht als Beweis für die Humorfähigkeiten der Deutschen angeführt werden darf.

604 // LOVEPARADE

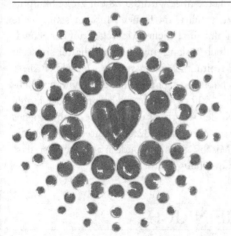

Fünfzehn Jahre lang brach im Sommer die Liebe über Berlin herein. In VW Golfs und Sonderzügen aus Aalen, Zülpich und Emsdetten. In Plüschstulpen, knappsten Bikinis, mit überdimensionierten Sonnenbrillen, Sonnenblumen und duftend nach Sonnencreme. Die Liebe tanzte auf und um die bassbebenden Trucks und hing in den Kandelabern an der Straße des 17. Juni. Sexy-schrille Outfits, blanke Zähne und herausgestreckte Zungen prägen die Bilder der ausgelassenen Freunde des Techno mit ihren im Rhythmus seltsam verbogenen Leibern. Über all die Jahre hat die Loveparade kräftig mitgemalt am jungen, offenen, sexy Image der Stadt Berlin nach der Wiedervereinigung. 1989 tanzten 150 Acid-House-Anhänger um einen LKW für „Friede, Freude, Eierkuchen", vielleicht zu DJ Mottes Geburtstag.

Mit dem Massenerfolg und dem Geld kamen die Probleme. Es gab Kritik am Kommerz, der Vorwurf des Verrats an der reinen Techno-Lehre kam auf. 2001 fiel der Status einer politischen Demonstration weg, die Entsorgungskostenrechnungen folgten, außerdem Wildpinklerstudien im Tiergarten und der Ärger mit Schwarzhändlern. Im Jahr 2000 hatte die Liebe unter mehr als einer Million Besuchern ihren Höhepunkt erreicht, kühlte dann ab und zerbrach 2003. Im Ruhrgebiet ist sie nun neu entflammt.

605 // LÖWENMENSCH

Sie sind entweder Götter oder gelten als Ungeheuer, die Mischwesen antiker Mythologien, wie Horus, der altägyptische Gott mit dem Falkenkopf, oder Minotaurus, das griechische Monster mit dem Stierkopf, dem alle neun Jahre sieben Jünglinge und sieben Jungfrauen geopfert werden mussten. Und selbst im Hinduismus wird der Gott Ganesha als Mensch mit einem Elefantenkopf dargestellt.

Ob dem schwäbischen Löwenmenschen in der Altsteinzeit Opfer dargebracht wurden, ist ungewiss, heute aber wird die 28 cm große Skulptur aus Mammutelfenbein geradezu verehrt. Im Ulmer Museum staunen die Zuschauer über die feine Arbeit altsteinzeitlicher Menschen auf der Schwäbischen Alb, von denen man doch bislang angenommen hatte, sie seien ungehobelt gewesen, bar jeder Kultur. 1969 musste die Menschheit diese Meinung revidieren, als der Archäologe Joachim Hahn 200 Mammutelfenbeinsplitter zusammensetzte, die 1939 bei einer Ausgrabung in der Höhle Hohlenstein-Stadel gefunden worden waren. Es entstand die Skulptur eines Menschen mit Löwenkopf, die mit ihren rund 32.000 Jahren nicht nur die weltweit älteste Skulptur eines Mischwesens ist, sondern auch beweist, dass die altsteinzeitlichen Menschen durchaus Kultur besaßen.

606 // LÜBKE, HEINRICH

Heinrich Lübke (1894–1972) war der wohl lustigste beziehungsweise ungeschickteste Bundespräsident (1959–1969) aller Zeiten. Dass wir ihn so in Erinnerung behalten werden, liegt an seinem eigenwilligen, entweder im Landwirtschaftsministerium oder im Sauerland geschulten Redestil, an seinem fließenden Amtsenglisch („equal goes it loose") und an den über die Steilvorlagen begeisterten Kabarettisten, allen voran den Münchner Lach- und Schießgesellschaftern und den Redakteuren der Satirezeitschrift „Pardon", die Parodien seiner Reden auf Langspielplatte bannten.

Mit dem legendären und legendenhaften Zitat „sehr geehrte Damen und Herren, liebe Neger" ging er als diplomatischer Fettnäpfchentreter in die deutsche Humorgeschichte ein. Dabei wird vergessen, dass es ihm in seinem Bundespräsidentenamt sehr um die Aussöhnung mit den ehemals verfeindeten Staaten und mehr noch um eine nicht ausbeuterische, sondern ehrliche Entwicklungshilfe und Wiedergutmachung für Afrika ging.

Neben den harmlosen Witzen, die über ihn kursierten und kursieren, gab es auch den Versuch einer Rufmordkampagne, die ihn als KZ-Baumeister darzustellen suchte, was wohl übertrieben war, jedoch bis heute Anlass zur Diskussion über die Rolle gibt, die er in der Nazizeit spielte. Dass er als Zentrumspolitiker 1934 in Haft geriet, wird hingegen seltener erwähnt.

607 // LUDWIG II.

Wer braucht schon einen Sonnenkönig, der einen Märchenkönig vorweisen kann! Ludwig II. (1845–1886) war der operettenhafteste Exzentriker unter den vielen deutschen Königen seiner Zeit und der ewige Kini der Bayern. Er hat das Königtum neu erfunden, romantisch durchwirkt und filmreif gemacht. Nach Politik stand ihm nicht wirklich der Sinn. Den Krieg gegen die Saupreißn versemmelte er 1866 – warum stellte er sich auch auf die Seite Österreichs? Danach war der Weg frei, sich und die bajuwarischen Untertanen mit gigantischen Kulturprojekten zu beschäftigen. Er war der König der Schlösser und somit Erbauer der vielleicht schönsten und magnetischsten Bauwerke des 19. Jahrhunderts. Das Märchenschloss Neuschwanstein, Apotheose der Spätromantik, ist sein bekanntestes Traumschloss. Für viele Touristen (und Disneylandbesucher) ist es das Sinnbild und Titelmotiv für „good old Germany" (neben den sieben Zwergen).

Ludwig II. war ein spendabler Förderer der Schönen Künste, insbesondere der Musik. Richard Wagner wäre ohne ihn sicher nicht so bekannt. Die Kultur, die Ludwig schuf, war kostspielig, doch zahlt sie sich heute aus. Die Bayern behalten ihren volkstümlichen Kini als Ikone der „guten alten Zeit", trotz oder gerade wegen seines tragischen Endes – war es Selbstmord im Starnberger See? –, beim Weizn in dankender Erinnerung.

608 // LUFTHANSA

Die Geschichte der Lufthansa begann zweimal: 1926 gründeten der Deutsche Aero Lloyd (DAL) und der Junkers Luftverkehr die „Deutsche Luft Hansa Aktiengesellschaft". Zu jener Zeit stand der abenteuerliche Alleinflug von Charles Lindbergh von New York nach Paris noch bevor. Am 6. April 1926 startete der erste planmäßige Flug mit einer Fokker-Grulich von Berlin-Tempelhof über Stuttgart nach Zürich. Weitere Linienflüge nach London, Paris, Marseille, Moskau und Kopenhagen kamen hinzu. Sogar Krefeld und Gera wurden angeflogen. In der Vorkriegszeit reichte das Netz bis Bangkok und Santiago de Chile. Dem Krieg folgten die Liquidation und 1953 die Gründung der „Aktiengesellschaft für Luftverkehrsbedarf" (Luftag) in der Hand des Staates, die die Namensrechte an „Lufthansa" erwarb. 1955 wurde der Linienverkehr wieder aufgenommen, und 1960 begann mit der Boeing 707 das Jet-Zeitalter.

Heute ist das Unternehmen privatisiert und ein Global Player unter den Luftfahrtdienstleistern. Das Logo der Lufthansa entwarf 1918 Otto Firle für die Deutsche Luft-Reederei (DLR). Über den DAL kam es zur Lufthansa, die Farben Blau und Gelb steuerte Junkers bei. Der „fliegende Kranich" steht für Eleganz und Glück, das jede noch so gut geführte Airline braucht.

609 // LÜFTLMALEREI

Trachten, Märchenschlösser und knallrote Geranien vor den Fenstern – in dieser perfekten oberbayrischen Idylle fehlt nur noch eins: die Lüftlmalerei. Die bunten Fresken an den Fassaden alter Bauernhäuser, die sich die örtlichen Maler des 18. Jahrhunderts von den Renaissancemalern Italiens abgeschaut hatten, sind charakteristisch für die süddeutsche Landschaft. Auf nassen Kalkputz müssen die Malereien zügig, bevor der Putz trocknen kann, aufgetragen werden, um die satten Farben zu entwickeln und lange Zeit zu überdauern. Viele meinen, daher käme auch der Name: von dem Malen an der frischen Luft. Andere glauben, der bedeutendste Lüftlmaler überhaupt, Franz Seraph Zwink (1748–1792), habe lange Jahre in einem Haus in Oberammergau gewohnt, das „Beim Lüftl" genannt wurde. Zwink hat seine bedeutendsten Werke jedenfalls auch in dem Passionsort hinterlassen, der ohnehin eine Hochburg der Lüftlmalerei ist. An jedem zweiten Haus finden sich dort Fresken mit Kreuzigungsszenen, Marienbildern, Heiligenfiguren, aber auch ganz weltlichen Motiven.

610 // LUISE VON PREUSSEN

Sie gilt als der Inbegriff der Frau ebenso wie der Mutter in Deutschland: Königin Luise von Preußen (1776–1810). Gehorsam und tugendhaft ihrem Ehemann Friedrich Wilhelm III. von Preußen gegenüber, den sie tatsächlich aus Liebe geheiratet hatte (er sie übrigens auch), kümmerte sie sich auch noch selbst – ohne einen Stab von Gouvernanten – um ihre sieben überlebenden Kinder (insgesamt bekam Luise in 17 Jahren Ehe 10 Kinder). So wurde die Königin innerhalb weniger Jahre zum Sinnbild der bürgerlichen Ehefrau, die ihrem Mann und ihren Sprösslingen ein behagliches Heim schafft und für die Erziehung des Nachwuchses Sorge trägt.

Über Luises tatsächlichen politischen Einfluss streiten sich dagegen die Geister: Gesichert ist, dass sie Napoleon, der sie als „meine schöne Feindin" bezeichnete, nach dem Frieden von Tilsit bat, Preußens Gebiete nicht anzutasten. Ohne Erfolg. Auch war sie wahrscheinlich maßgeblich für eine mögliche Umsetzung der preußischen Reformen verantwortlich. Ihr Ehemann allerdings bezeichnete sie nach ihrem Tod als eine völlig unpolitische Frau, die die Ideen anderer gern als ihre ausgegeben habe.

Was auch immer Luise von Preußen wirklich war – heute ist sie der Mythos einer schönen, starken Frau, die den Anschein erweckte, sie habe die Geschicke Preußens während der Napoleonischen Kriege maßgeblich gelenkt.

611 // LÜNEBURGER HEIDE

Die Lüneburger Heide ist einzigartig – nicht nur als Natur-, sondern auch als Kulturlandschaft. Dabei ist der Begriff „Lüneburger Heide" von typisch norddeutschem Understatement geprägt. Es handelt sich nicht etwa um ein paar Wiesen und Äcker, die in der Umgebung der Kreisstadt Lüneburg liegen, sondern um einen vielfältigen Naturraum, der sich über große Teile Norddeutschlands erstreckt – die größte zusammenhängende Heidefläche Mitteleuropas.

Innerhalb dieses Gebietes gibt es zahlreiche Naturparks und Naturschutzgebiete, die zu den beliebtesten Erholungsgebieten Deutschlands zählen. Hier lässt es sich entspannt durch eine Kulturlandschaft wandern oder radeln, die sich seit dem Neolithikum kaum verändert hat. Auch Reiter sind willkommen, und eine schaukelnde Kutschfahrt ist eine besondere Attraktion. Die Zeit scheint stillzustehen, und wer mag, darf die freundlichen Heidschnucken am Wegrand zählen.

Aber auch derjenige Teil der Lüneburger Heide, der nicht direkt unter Naturschutz steht, ist eine Reise wert: Hier erwarten den Besucher einladende Heidedörfer, Klöster aus dem Mittelalter und der trockene Humor der Heidebewohner, von denen viele noch ein hörenswertes Plattdeutsch sprechen.

612 // LUTHER, MARTIN

Martin Luther (1483–1546), einer der bedeutendsten Reformatoren, war zunächst Mönch und in Wittenberg Professor für Bibelauslegung. Er war also Fachmann für Glaubensfragen. So konnte er mit seinen 95 Thesen eine anspruchsvolle theologische Kritik am Ablasshandel formulieren. Diese Disputationsgrundlage hatte er zunächst nicht für die Öffentlichkeit formuliert und wohl ebenso wenig spektakulär an die Kirchentür in Wittenberg genagelt. Ihre Wirkung entfalteten sie dennoch.

Ihm persönlich brachten seine Lehren eine Reichsacht ein, und der Vogelfreie kam auf der Wartburg unter. Sein Schutzpatron, der sächsische Kurfürst Friedrich der Weise, hatte den langfristigen Nutzen Luthers erkannt: Luthers Konzept der Landeskirchen vermochte dem Landesherren Zugriff auf die weltliche Macht und – besonders verlockend – den Reichtum der Kirche zu verschaffen. Da Luther berühmt für seine mitreißenden Reden war, fragte man ihn nach seinem Rat, den er gern allen gab, zu deren Aufgaben die Predigt zählte und zählt: „Schlag die Bibel auf, … sag's, wie Dir der Schnabel gewachsen ist, und hör' bald wieder auf!" So legte er ganz nebenbei dar, was seine Grundlagen einer an der Volksfrömmigkeit orientierten Kirche sein sollten: die Bibel, die Landessprache – und erfrischende Kürze.

613 // LUXEMBURG, ROSA

Sie strebte eine demokratische Variante des Kommunismus an, wollte diese mit besseren Argumenten statt Waffen und Boykott erstreiten – und wurde stattdessen Opfer von Gewalt und Terror. Rosa Luxemburg (1870–1919), die zeitlebens für die proletarische Revolution ohne Terror, ohne Menschenmord eingetreten war, wurde am 15. Januar 1919 nach Verhör und Folter im „Hotel Eden" am Berliner Tiergarten von den Offizieren und Soldaten konterrevolutionärer Reichswehreinheiten ermordet, ihre Leiche zusammen mit der Karl Liebknechts in den Landwehrkanal geworfen, aus dem sie erst über vier Monate später geborgen werden konnte.

Dennoch wird der Name der promovierten Akademikerin immer mit der frühen demokratisch-sozialistischen Arbeiterbewegung verbunden bleiben: In Polen geboren, studiert Luxemburg zunächst in Zürich, geht 1898 nach Berlin und hilft dort – unter anderem durch die Mitbegründung der KPD – bei der Umsetzung der sozialistischen Revolution. Sie begrüßt die russische Revolution, warnt aber auch vor einer Diktatur der Bolschewisten: „Ohne allgemeine Wahlen, ungehemmte Presse- und Versammlungsfreiheit, freien Meinungskampf erstirbt das Leben in jeder öffentlichen Institution, wird zum Scheinleben …"

Wer weiß, welche Möglichkeiten der Sozialismus in Deutschland gehabt hätte, wenn eine seiner führenden Persönlichkeiten ihn noch hätte forcieren können.

M

Made in Germany / Maffay, Peter / Magnetschwebebahn / Mahlzeit / Mainau / Mainhattan / Mainzelmännchen / Mallorca / Mann, Heinrich / Mann, Thomas / Märchen / Märklin / Marx, Karl / Marzipan / Maschinenbau / Matthäus, Lothar / Maultaschen / Maut / Max und Moritz / May, Karl / Mecklenburg-Vorpommern / Medizinische Versorgung / Mehr Demokratie e. V. / Mehrweg / Meißen / Melitta / Mendelssohn Bartholdy, Felix / Mensch ärgere dich nicht / Mercedes-Benz / Merian, Maria Sybilla / Merkel, Angela / Merksatz / Merzkunst / Messe der Meister von Morgen / Messerschmitt Kabinenroller / Metropolis / Meyer, Julius Lothar / Miele / Mineralwasser / Mitropa / Mittagessen / Mittelaltermärkte / Moin / Mommsen, Theodor / Montagsdemonstration / Morgenstern, Christian / Mörike, Eduard / Mosel / Mozart, Wolfgang Amadeus / Müllabfuhr / Mülltrennung / Münchhausen / Mundharmonika / Museumsinsel / Mutter, Anne-Sophie / Muttertag

614 // MADE IN GERMANY

Dass der Begriff „Made in Germany" gewissermaßen mit einem Siegel für außergewöhnliche Qualität gleichzusetzen ist, ist fast schon eine Sensation. Wohl kaum ein Ausdruck ist stärker mit dem deutschen Wirtschaftswunder der fünfziger Jahre verbunden als diese drei englischen Wörter.

Dabei war „Made in Germany" zunächst einmal eine Warnung für britische Kunden, bloß keinen Ramsch von jenseits des Ärmelkanals zu kaufen. Gegen Ende des 19. Jahrhunderts mussten deutsche Waren in Großbritannien so gekennzeichnet werden, damit der Kunde wusste, dass es sich um billige Exportware vom Kontinent und nicht etwa um britische Premiumprodukte handelte. Das Problem dabei war, dass die vermeintlich schlechteren Produkte aus deutschen Landen oft von überraschend hoher Qualität waren – so wandelte sich die Kennzeichnung langsam von einer Schmähung zu einer Empfehlung.

Als Westdeutschland nach dem Zweiten Weltkrieg schließlich einen ungeahnten Wirtschaftsaufschwung erlebte, wurde „Made in (West) Germany" endgültig zum Exportschlager. Ob Auto, Kühlschrank oder Sportschuh – deutsche Produkte standen für Qualität, Haltbarkeit und Innovation. Und zumindest in den letzten Jahren hat sich die Erkenntnis durchgesetzt, dass es gar nicht so dumm ist, sich in deutschen Firmen auf genau diese Werte zurückzubesinnen.

615 // MAFFAY, PETER

Wie die meisten deutschen Bands begann auch Peter Maffay (geboren 1949) seine Karriere mit dem Covern englischsprachiger Songs. In seinem Fall dienten Bob Dylan, Donovan und Peter, Paul & Mary Mitte der 60er Jahre als Inspiration – doch das währte nicht lange, und der rumänischstämmige Maffay (mit eigentlichem Namen Peter Alexander Makkay) verlegte sich auf die deutsche Sprache. „Du" war sein erster Millionenhit, es folgten Evergreens wie „So bist du", „Und es war Sommer", „Über sieben Brücken musst du geh'n" (von der DDR-Band Karat gecovert) und „Eiszeit": Lieder, die ihm das Image des Schnulzensängers und Betroffenheitsrockers einbrachten.

Zunächst sang Peter Maffay nur für Frieden und Menschlichkeit, dann begann er, seine Ideen zu verwirklichen. Mit den Kinder-Projekten „Tabaluga" und „Begegnungen" und der Peter-Maffay-Stiftung unterstützt er Kinder in der ganzen Welt, die Opfer von Gewalt, sexuellem Missbrauch oder schweren Krankheiten wurden. Dafür wurde er mit dem Bundesverdienstkreuz, der „Goldenen Henne" und dem „World Vision Charity Award" belohnt.

616 // MAGNETSCHWEBEBAHN

Als Edmund Stoiber seine ergreifende Rede zum geplanten Transrapid vom, äh, Flug-, äh, Hauptbahnhof in München zum Flughafen hielt, hätte man es ahnen können. Nicht nur der Ministerpräsident war mit seinem Latein offenkundig am Ende. Auch in den Hauptbahnhof würde niemals jemand einsteigen, schon gar nicht in den Transrapid. Der hatte technische Wunder vollbringen und dem Land internationales Renommee verschaffen sollen.

Das Funktionsprinzip geht auf Hermann Kemper zurück, der für das magnetische Schweben 1934 ein Patent erhielt. Durch ein den Fahrweg entlangwanderndes Magnetfeld wird eine Fahrgastzelle in der Schwebe gehalten und fortbewegt.

Über die Vor- und Nachteile der Technik gegenüber der Eisenbahn besteht Dissens. So steht der hohen Reisegeschwindigkeit die Monofunktionalität des Systems gegenüber – es eignet sich nur für den Personenverkehr. Vielerorts sollte die deutsche Version der Magnetschwebebahn schon entstehen: Zwischen Berlin und Hamburg, im Ruhrgebiet und eben in München. Ein Nahverkehrszug mit Magnettechnik befuhr 1991 nach gut zehn Jahren Vorgeschichte knapp zwei Wochen lang kommerziell eine kurze Strecke über den Potsdamer Platz. Bis dato haben sich die hochfliegenden Träume einer Magnetschwebebahn nur in China erfüllt.

617 // MAHLZEIT

Eine Mahlzeit ist natürlich das, was wir als Zwischenmahlzeit, Hauptmahlzeit, Frühstück, Abendessen oder neuerdings auch als Brunch kennen. Eine Mahlzeit ist üppig, leicht oder schonend, fleischlos, salzarm oder gesegnet.

Eine Mahlzeit ist allerdings auch eine Krankheit, nämlich eine, die in Firmen ab 15 Mitarbeitern grassiert. Sie befällt jeden Angestellten spätestens zwei Wochen nach Eintritt ins Unternehmen. Symptom ist stumpfsinniges „Maaaahlzeit"-Sagen ab zehn Uhr morgens bis in den späten Nachmittag hinein. Es tritt auf, wenn sich der Erkrankte in das Büro eines Kollegen begibt, wenn er einen Mitarbeiter auf dem Flur trifft oder gleichzeitig mit ihm das WC benutzt. Dann schmettert er ihm ein akzentuiertes, vorn leicht gedehntes „Maaahlzeit" entgegen, das der Kollege ebenso beantwortet. Bei Frauen bricht das Virus seltener aus, und wenn, dann ist in der Ausführung häufig ein leichtes Flöten zu bemerken. Die Mahlzeit-Krankheit verläuft chronisch ohne jede Chance auf Heilung. Es hat Versuche von mutigen Freiwilligen gegeben, auf „Mahlzeit" mit „Guten Morgen" oder „Guten Tag" zu antworten, aber auch das hat der epidemieartigen Verbreitung des Virus keinen Einhalt geboten. Wir werden lernen müssen, mit der Krankheit zu leben.

618 // MAINAU

Die Geschichte der Bodenseeinsel Mainau ist bewegt, ein Mord ist auch darunter. Und zwar im Palmenhaus, dem Zuhause einer wunderschönen Sammlung von Orchideen. Glücklicherweise konnte die Polizei den Mord schnell aufklären – nach neunzig Minuten, am Tatort.

Die Insel ist mit 45 Hektar etwa so groß wie der Staat Vatikanstadt, liegt im Überlinger See genannten Teil des Obersees und gehört zu Konstanz. Im Besitz einer Stiftung, wird die Blumeninsel von der Insel Mainau GmbH betrieben. Die Fäden zieht die Adelsfamilie Bernadotte.

Jährlich lässt sich rund eine Million Menschen vom Duft und der Schönheit der Pflanzen in Brunnenarena, Italienischer Blumen-Wassertreppe und im Rosengarten verführen. Metasequoia-Allee und Arboretum sind den Bäumen gewidmet. Den Besucher erwarten Chinesisches Rotholz, Tulpenbäume und libanesische Zedern. Im Schmetterlingshaus entfaltet sich bei 26 Grad Celsius Raumtemperatur und hoher Luftfeuchtigkeit ein kleiner Ausschnitt der tropischen Tagfalterwelt, und im Palmenhaus lässt sich eine mehr als 120 Jahre alte, haushohe kanarische Dattelpalme bewundern.

Auf der Insel wird der Natur gehuldigt, auf dem Festland musste für den neuen Parkplatz ein Hangwald weichen. Wo Licht ist, ist offensichtlich auch Schatten.

619 // MAINHATTAN

Frankfurt am Main lässt sich gerne Mainhattan nennen, weil man es dort gerne mit den ganz Großen der Welt aufnimmt. Auch mit jenem Stadtteil New Yorks, der für seine Skyline bekannt ist. Nach Belieben lässt sich die Bezeichnung verwenden als Kampfbegriff gegen Spekulanten, die günstige Altbauwohnungen ihren Verwertungsinteressen opfern (früher einmal, im Häuserkampf), oder als Markenzeichen im globalen Städtewettbewerb (heute üblicher).

Die Mainmetropole hat sich ein globaltaugliches Antlitz verliehen. Es symbolisiert durchaus überzeugend die Bedeutung der Stadt und die Macht ihrer ökonomischen Akteure. Die Frankfurter scheinen sich mit dieser ambivalenten Formensprache versöhnt zu haben. Zu Hunderttausenden begehen sie alljährlich das „Wolkenkratzer-Festival". Das ist dann auch eine willkommene Gelegenheit für den Eingeborenen, mal wieder vom beliebten Apfelwein zu kosten.

Rund einhundert Hochhäuser wurden insbesondere seit den 1970er Jahren errichtet, vor allem im Bankenviertel westlich der Innenstadt. Darunter hält der Commerzbank-Tower mit 259 Metern den Europarekord. In einem neuen Hochhausrahmenplan wurden die Leitlinien und räumlichen Schwerpunkte für die Zukunft festgelegt. Der Gigantomanie Ostasiens und Arabiens folgt man dabei nicht.

620 // MAINZELMÄNNCHEN

„Guudnaaamd!", krächzt es seit bald 50 Jahren allvorabendlich aus Millionen deutschen Fernsehern – vorausgesetzt, sie sind auf ZDF geschaltet –, wenn der nimmersatte Anton, der fleißige Berti, der musische Conni, der schlaue Det, der schelmische Edi und das flinke Fritzchen in Werbepausen ihre Scherze treiben. Kreiert hat die ulkigen Kobolde der Grafiker Wolf Gerlach 1963 zum ZDF-Sendestart. Der Name Mainzelmännchen war schnell gefunden, wurden doch so damals – in Anlehnung an die berühmten Kölner Heinzelmännchen – die fleißigen ZDF-Mitarbeiter in Mainz genannt, die rund um die Uhr an einem erfolgreichen Start des Senders arbeiteten.

Trieben die pfiffigen Männlein ihren Unfug zu Beginn noch in nostalgischem Schwarz-Weiß, verpasste man ihnen schon 1967 einen bunten Anstrich. Seit 1991 kamen nach kleinen optischen Veränderungen ihre Eigenarten stärker zum Ausdruck: Der esslustige Anton wurde runder, der kleine Conni noch ein bisschen kleiner, und der freche Edi kam mit feuerroten Haaren vom Friseur zurück.

Einer Verjüngungskur mussten sie sich 2003 unterziehen, als man beim ZDF beschloss, die angestaubten Charaktere dem Geist der modernen Zeit anzupassen. Seitdem können die vergnügten Kerlchen problemlos mit Handy und Laptop umgehen, auch wenn sie persönlich nach wie vor, dem Computerzeitalter zum Trotz, per Bleistiftstrich animiert werden – Bild für Bild.

621 // MALLORCA

Die Hölle auf Erden findet man nicht in einem Strafgefangenenlager. Der schlimmste Platz der Welt ist eher der Ballermann. Keine Ahnung, was die Mallorquiner verbrochen haben, dass Gott ihnen zur Strafe das größte Saufviertel der Deutschen geschickt hat, es muss auf jeden Fall etwas sehr, sehr Schreckliches gewesen sein.

Alljährlich fallen seitdem Millionen von deutschen Touristen über die nur 3.600 Quadratkilometer große Insel her, im Sekundentakt landen Charter- und Billigflüge. Nicht viele Passagiere interessieren sich für Land und Leute, die meisten suchen mediterranes Badevergnügen mit Schnitzel und Pommes und wollen zu den barbarischen Klängen von Mickie Krause, Jürgen Drews und Michael Wendler saufen bis zum Umfallen.

Dafür muss sich Mallorca dann auch noch als 17. deutsches Bundesland beschimpfen lassen. Irgendwer kam auch noch auf die zynische Idee, die Hauptverkehrsstraßen des Ballermanns „Schinkenstraße" und „Bierstraße" zu nennen.

Eine der „berühmtesten" Gaststätten ist das „Oberbayern". Von überall her ertönt schlimmste Bumsfallera-Musik, die man noch nicht einmal mit dem Wort Schlager beteln kann. Ein Klassiker ist das Bild des krebsroten Wanne-Eickeler Junggesellenabschiedlers, der aus meterlangen Strohhalmen Sangria-Imitat säuft, das in Putzeimer abgefüllt ist.

Natürlich, der Ballermann ist nur ein winziger Teil der zauberhaften Insel. Außerdem ist längst bekannt, dass aus dem ehemaligen Teutonengrill ein urlaubswürdiger Ort geworden ist. Aber darüber kann man ja überhaupt nicht lästern.

622 // MANN, HEINRICH

„Bruderzwist gar heftig ist", sagt der Volksmund und hat dabei sicherlich Heinrich und Thomas Mann im Visier. Heinrich ist der ältere der Schriftstellerbrüder; das Verhältnis der beiden war zeitlebens von Neid und Missgunst geprägt. Sie verstanden sich auf keiner Ebene, nicht auf politischer, nicht auf künstlerischer und nicht auf menschlicher. Lebemann Heinrich gegen Asket Thomas. „Das Buch scheint nicht auf Dauer berechnet", schreibt Thomas in seinem Tagebuch über Heinrichs Werk „Professor Unrat". Doch er täuscht sich, Qualität und Erfolg des kritischen Romans sind von Dauer.

Über die Politik kommt es zum Bruch, der konservative Thomas stimmt in die Kriegsbegeisterung ein, der demokratische Heinrich bricht daraufhin den Kontakt ab und verurteilt „die geistigen Mitläufer, die schuldiger sind als die Machthaber selbst". Heinrichs 1918 erscheinender Roman „Der Untertan" schlägt in dieselbe Kerbe und wird ein riesiger Erfolg. Eine schwere Krankheit des Älteren kittet das Verhältnis oberflächlich und vorübergehend, beiden ist klar, dass sie nie beste Freunde werden.

Beide müssen Deutschland unter den Nazis verlassen, finden in den USA Zuflucht. Doch Heinrich, der sich weiterhin politisch engagiert, bekommt in der fremden Sprache kein Bein auf die Erde, ist auf Zuwendungen des erfolgreichen Bruders angewiesen. Eine unangenehme Situation. Vor seiner geplanten Rückkehr nach Deutschland stirbt Heinrich 1950 in Santa Monica. Das Verhältnis war bis zum Schluss zerrüttet.

623 // MANN, THOMAS

„Wo ich bin, ist deutsche Kultur", sagte Thomas Mann in Amerika, von wo aus er sich ab 1938 der Nazi-Diktatur entgegenstellte.

Begonnen hatte Paul Thomas Mann, der 1875 in Lübeck geborene Kaufmannssohn und jüngere Bruder von Heinrich Mann, als bürgerlicher und unpolitischer Schriftsteller, der die Feinheiten und Möglichkeiten der deutschen Sprache ironisch auslotete. Literarischen Feinschliff betrieb er in ausgeruhter Art, indem er den zunächst allmählichen, dann jähen Untergang der bürgerlichen Gesellschaftsordnung in epochalen Romanen beschrieb.

Die „Buddenbrooks", erschienen 1901, begründeten seinen schriftstellerischen Ruhm; 1929 wurde ihm dafür der Nobelpreis für Literatur verliehen. Sein wichtigstes Werk – so schätzte nicht nur er selbst es ein – war der „Zauberberg" (1924), der die Zeit als solche und die Abgehobenheit der Bildungsbourgeoisie vor dem Ausbruch des Ersten Weltkriegs zum Thema hat. „Doktor Faustus" (1947) beinhaltet das Vermächtnis seiner politischen Reflexionen. Die „Bekenntnisse des Hochstaplers Felix Krull" (1954) vollenden augenzwinkernd sein Alterswerk.

Manns zwischenzeitlicher Weg ins Exil hatte zu vielen Anfeindungen geführt. Doch am Ende war die deutsche Kultur mit ihm in Deutschland wieder anzutreffen.

624 // MÄRCHEN

Märchen sind gewalttätig. Es sterben der Wolf, die Hexe, der Riese, die Stiefmutter, ein runzeliger Wüterich namens Rumpelstilzchen. Gelegentlich ertrinken sogar alle: Der Fuchs, noch ein Wolf, der Bär, der Hirsch, der Löwe und alle Tiere in dem Wald und außerdem sechs Mäuse. Ein Hühnchen war bereits erstickt, das Hähnchen stirbt anschließend vor Gram. Ertrunken, erschlagen, verbrannt und zur Hölle gefahren.

Für die Alliierten galten die Märchen deswegen nach dem Zweiten Weltkrieg als eine Ursache des Faschismus in Deutschland und kamen auf den Index. Der emanzipatorischen Kritik nach 1968 galten sie als Vehikel veralteter Rollen- und Moralvorstellungen. Die Grausamkeit im Märchen habe zudem einen schädlichen Einfluss auf eine angstfreie Entwicklung des Kindes.

Vermutlich ringen die Kinder- und Hausmärchen den gewaltvideogestählten Kleinen von heute in Wahrheit kaum mehr als einen wohligen

Schauer ab. In Einzelfällen bricht ein Vierjähriger allerdings schon beim Auftauchen des Krokodils im Puppentheater in Tränen aus. Dann sei zur kindlichen Phantasieentfaltung eher zu den fast gewaltfreien Bremer Stadtmusikanten geraten. Hauptsache, Chantal und Marlon bekommen überhaupt etwas vorgelesen. Die Kinder lieben Märchen, und sie werden wissen, warum.

625 // MÄRKLIN

Es ist merkwürdig: Warum gibt es in Männermagazinen eigentlich keine Modelleisenbahn-Specials? Neben blanken Brüsten, Angeberuhren und potenten Sportwagen dürfte die zusammengesteckte heile Welt der Spielzeugeisenbahn doch zu den beliebtesten Hobbys des deutschen Mannes zählen. Sechs Millionen (männliche) Herzen schlagen für die zuckelnden Züge im Alpenpanorama. Das Gesamtpotential wurde vor einigen Jahren sogar auf 8,5 Millionen Anhänger geschätzt. Mit Fotostrecken und Klapppostern in der Heftmitte müsste sich die Fangemeinde nach der Pubertät doch bei der Stange halten lassen.

Das passende Rollmaterial liefert seit 1891 die Firma Märklin aus Göppingen in Schwaben. Damals stellte sie als erstes Unternehmen eine Schienenbahn mit Uhrwerksantrieb vor. Nach dem Dampfbetrieb und ersten elektrisch betriebenen Bahnen kam 1935 mit der Spur H0, Maßstab 1:87, der Durchbruch im Tischeisenbahngeschäft. Unvorstellbare tausend Artikel allein in dieser Spur dienen der Erfüllung der Gestaltungsträume der kleinen und großen Liebhaber.

Die Digitalisierung hat auch hier längst Einzug gehalten und verhalf dem Unternehmen dazu, aus der Krise zu fahren. Heute bremsen die Loks verzögert, pfeifen und dampfen auf Knopfdruck. Alles im Dienste der Realitätstreue.

626 // MARX, KARL

Hörer des britischen Radiosenders BBC kürten Marx 2005 zum größten Philosophen aller Zeiten. Das beweist, dass die Ideen des in Trier geborenen Denkers auch heute noch auf der ganzen Welt bekannt sind. Dabei ist er, trotz des Zusammenbruchs der kommunistischen Regimes in Osteuropa, angesagter denn je. Wirtschafts- und Finanzexperten halten seine Gedanken zu Kapital und Ökonomie in Zeiten der Globalisierung für geradezu prophetisch: „Je länger ich an der Wall Street arbeite, desto überzeugter bin ich, dass Marx Recht hat", wird ein Investment Banker in der Zeitschrift „New Yorker" zitiert.

„Das Kapital" und das „Kommunistische Manifest" sind Marx' Hauptwerke, die beide in England veröffentlicht wurden. Die preußische Regierung hatte die Familie Marx nach der gescheiterten Revolution 1849 ausgewiesen, London blieb bis zu seinem Tod 1883 der Lebensmittelpunkt von Karl Marx.

So erfolgreich sein Werk war, so tragisch war sein Privatleben. Nicht nur, dass die Familie Marx ständig am Rande des Existenzminimums lebte und auf Almosen von Marx' Freund Friedrich Engels angewiesen war, von sieben Kindern überlebten nur drei Töchter das Säuglingsalter, und auch sie starben früh an Krankheit und Depression. Marx' berühmtester Satz ist auf seinem Grabstein in London eingraviert: „Workers of all lands, unite! – Arbeiter aller Länder, vereinigt euch!"

627 // MARZIPAN

Deutschland ist das Land der Kartoffeln – und der Marzipankartoffeln. Als man in harten Zeiten auf die Kartoffel verzichten musste, blieb dem Darbenden das Marzipan. Das zumindest behauptet eine Legende, der zufolge während einer Stadtbelagerung in Ermangelung anderer Mittel aus Mandeln, Zucker und (Rosen-)Wasser das Marzipan gemengt wurde und seitdem die Leckermäuler erfreut. Die meisten sehen die Herkunft des Wortes etwas friedlicher und vor allem im Orient angesiedelt.

Höchstwahrscheinlich fand das Marzipan seinen Weg von Persien über Venedig nach Deutschland und galt seit dem Mittelalter als fürstlicher Genuss. Zur Vollendung kam die blanchierte Bittermandelmasse in der Hansestadt Lübeck. Die EU schützt sogar die Herkunft dieser Lübecker Spezialität. Dem fühlen sich die dortigen Marzipanhäuser natürlich verpflichtet. Ein besonders hoher Mandelanteil ist hier garantiert. Der berühmteste Erzeuger, Niederegger, war maßgeblicher Wegbereiter der Marzipankultur.

Was aber selbst die Lübecker nicht zu verhindern wissen, ist das traurige Schicksal, das viele Marzipan-Glücksschweine ereilt: Wie oft verstauben sie, unbeweint und ungegessen, auf den Regalsimsen guter deutscher Stuben?

628 // MASCHINENBAU

Der Maschinenbau ist das Flaggschiff des deutschen Wirtschaftswunders. Mehr noch als prestigeträchtige Karossen exportiert unser Land Maschinen. Ohne den Maschinenbau wäre Deutschland nicht Exportweltmeister geworden, und ohne ihn sähe es in allen dynamischen Bereichen der Wirtschaft altertümlich aus. Steht neben Ihnen am Fließband nicht auch schon ein Roboter? Dann ist er bestimmt aus Deutschland. Made in Germany. Wahrscheinlich von schwäbischen Tüftlern entwickelt, denn im Ländle gibt es allen Statistiken zufolge die größte Ingenieurs- und Patentdichte unseres Landes, insbesondere im Bereich des Maschinenbaus.

Dem Ingenieur ist nichts zu schwör, umso schwerer ist es allerdings, Nachwuchs im Bereich des Maschinenbaus zu finden. Es mangelt vor allem an maschinenbauenden Frauen, einige gute Ingenieusen würden dem Fach ganz neue Impulse verleihen.

629 // MATTHÄUS, LOTHAR

Die Ausnahmegestalt Lothar Matthäus wurde in den 1980er und 1990er Jahren mit dem FC Bayern sechsmal Deutscher Meister und gewann zweimal den DFB- sowie einmal den UEFA-Pokal. Er ist Rekordnationalspieler und Weltmeister von 1990. Italienischer Meister und UEFA-Pokal-Sieger wurde er mit Inter Mailand. Im Jahr 2001 begann seine bisher reichlich rumpelige Trainerkarriere mit unterdurchschnittlich langen Engagements, aber immerhin zwei Meisterschaften mit Belgrad und Salzburg.

In seiner Heimat hat er es dagegen schwer. An den guten Ratschlägen eines Lothar Matthäus kann es eigentlich nicht liegen – Christoph Daum gab er während einer schweren persönlichen Krise mit auf den Weg: „Wichtig ist, dass er nun eine klare Linie in sein Leben bringt." Ebenso wenig an seinem treffsicheren Fußballlehrer-Urteil, wenn er konstatiert: „Der Serbe an sich ist leichtsinnig im Umgang mit Chancen." Sein Frauenbild ist untadelig: „Die Frauen haben sich entwickelt in den letzten Jahren. Sie stehen nicht mehr zufrieden am Herd, waschen Wäsche und passen aufs Kind auf. Männer müssen das akzeptieren." Doch heißt es von Uli Hoeneß, solange er bei den Bayern etwas zu sagen habe, käme „Loddar" nicht einmal als Platzwart in Betracht. Warum Hoeneß so denkt – wir können es nicht verstehen.

630 // MAULTASCHEN

Die schwäbische Spezialität besteht aus Nudelteig, der mit Kalbsbrät, Spinat, Zwiebeln, Kräutern und eingeweichten Brötchen gefüllt ist. In vielen Familien gibt es Spezial-Rezepte, die nur im Geheimen an die nächste Generation weitergegeben werden; jede ordentliche schwäbische Hausfrau hat da ihre eigenen Tricks.

Wichtig ist allerdings, dass es beim echten Schwaben nur drei mögliche Zubereitungsarten der Maultasche gibt: 1. in Fleischbrühe gegart, 2. gekocht und dann geschmälzt, d. h. mit gebräunter Butter und Zwiebeln serviert, und 3. in Streifen geschnitten und gebraten. Nie, nie, nie würde ein Schwabe Maultaschen mit Käse überbacken oder auf eine andere Art und Weise entstellen, das sind Erfindungen außerschwäbischer Gastronomen.

Der Sage nach stammt die Maultasche von den kreativen Mönchen des Klosters Maulbronn. Um am fleischlosen Karfreitag doch noch etwas Fleischiges zwischen die Zähne zu bekommen, versteckten sie das zerkleinerte Kalbsbrät in Nudelteig, auf dass der Herrgott es so nicht sehen möge. Manchmal tragen Maultaschen deshalb auch den Beinamen „Herrgottsb'scheißerle". In Schwaben sind Maultaschen das traditionelle Gericht für den Gründonnerstag. Die Reste werden dann an Karfreitag gevespert, und der liebe Gott drückt sicherlich ein Auge zu.

631 // MAUT

Die Maut ist uralt. Seit tausend Jahren soll sie überall in Europa verbreitet sein. Bei der Einfachheit des Prinzips und seiner Einträglichkeit gibt es auch keinen Grund, daran zu zweifeln. Auch der rezente Mensch kennt die Maut: In der Schweiz gibt es seit einigen Jahren bunte Autobahnvignetten, in Frankreich seit Asterix die péage, und in Österreich gab es schon vor der Einführung der „Mautpickerl" auf Passstraßen oder vor Tunneln Mautstationen. Damit sind auch schon die beiden bewährten Systeme genannt: Vorher pauschal bezahlen und fahren, was das Zeug hält. Oder kurz anhalten und für eine bestimmte Strecke bezahlen.

Dem „Land der Ideen" aber war das nicht gut genug. Man gründete „Toll Collect" unter wesentlicher Beteiligung führender deutscher Konzerne. Entstehen sollte ein satellitengestütztes Hightech-LKW-Erfassungssystem. Der Aufbau des Systems geriet mühselig, sogar Italien bot technische Hilfe an, und schließlich ging die Maut im Januar 2005 mit anderthalbjähriger Verspätung eingeschränkt an den Start. Offizielle Versicherungen vom Schlage „Die Maut kommt!" wurden bei Zynikern ebenso beliebt wie Blüms seinerzeitiges Diktum: „Die Rente ist sicher!" Die LKW-Maut wurde zum Symbol der Kluft zwischen Anspruch und Wirklichkeit im neuen Deutschland.

632 // MAX UND MORITZ

Als Wilhelm Busch 1865 mit „Max und Moritz – Eine Bubengeschichte in sieben Streichen" die Übeltaten zweier Bengel als Bildergeschichte in Versen veröffentlichte, wurde der humoristische Dichter und Urvater des modernen Comics schlagartig berühmt.

Die mit spitzer Feder gezeichnete und in eingängige Paarreime gepackte Erzählung traf einfach Geschmack und Humor der Leser – und tut dies immer noch, auch wenn den beiden Lausbuben unter heutigen Moralvorstellungen ein versöhnlicheres Ende beschieden gewesen sein dürfte. Nicht grundlos warnt der Autor im Vorwort: „Aber wehe, wehe, wehe! Wenn ich auf das Ende sehe!"

Doch Max und Moritz lassen – „dieses war der erste Streich, doch der zweite folgt zugleich" – jeder Bosheit eine weitere folgen. Ob Schneider Böck oder Lehrer Lämpel, sechs Ahnungslose müssen unter den Scherzen der beiden Schlingel leiden, bevor die Buben schließlich – von Meister Müller zermahlen und von seinen Enten aufgefressen – mit dem Leben bezahlen müssen. So heißt es am Ende der Geschichte: „Gott sei Dank! Nun ist's vorbei mit der Übeltäterei!"

Mögen die Scherze der beiden Jungen nicht nur den Hühnern der Witwe Bolte, sondern hier und da auch dem Leser im Halse stecken bleiben, Buschs schwarzer Humor in unverwechselbarer Reimform macht „Max und Moritz" zu einem bis heute unerreichten Leseerlebnis in deutscher Sprache.

633 // MAY, KARL

Als man im Jahr 1870 einem gewissen Carl Friedrich May (1842–1912) wegen Betrügerei, Diebstahl, Hochstapelei und Landstreicherei eine vierjährige Haftstrafe aufbrummte, hätte sich wohl niemand träumen lassen, dass die Bücher dieses ehemaligen Volksschullehrers eines Tages in über 30 Sprachen übersetzt und eine Gesamtauflage von über 200 Millionen erreichen würden. Doch kaum aus dem Zuchthaus entlassen, nahm der heute unter dem Namen Karl May bekannte Schriftsteller seine Arbeit als Redakteur für Unterhaltungsblätter und Zeitschriften auf und entwickelte sich rasch – z. B. mit dem berühmt gewordenen „Orientzyklus" – zu einem der erfolgreichsten Trivialliteratur-Autoren des 19. Jahrhunderts.

Seinen nachhaltigsten Erfolg erzielte er mit den Geschichten um den Mescalero-Häuptling Winnetou und dessen weißen Blutsbruder Old Shatterhand. Insbesondere der Wildwestroman „Der Schatz im Silbersee" wurde zu einem Klassiker der Abenteuer- und Jugendliteratur. Bis heute beziehen Kinder in Deutschland und aller Welt ihr Bild von Indianern und dem Wilden Westen aus diesen Büchern, die so plastisch und mitreißend sind, dass Karl May, der Amerika in Wirklichkeit niemals bereiste, zeitweise sogar selbst glaubte, Old Shatterhand zu sein.

634 // MECKLENBURG-VORPOMMERN

Zwischen den Leuchttürmen von Kap Arkona auf Rügen und der Festung Dömitz, zwischen den Hansestädten Wismar und Anklam, der Vaterstadt Otto Lilienthals, „muss das Paradies gelegen haben". Dieser festen Überzeugung war Fritz Reuter (1810–1874), der niederdeutsche Schriftsteller und demokratische Festungshäftling aus Stavenhagen. Mit seiner mundartlichen Dichtung machte er die Mecklenburger literarisch verkehrsfähig. Zu redseligem Überschwang hat das nicht geführt, die Sprache setzen sie im Nordosten eher behutsam ein. Die sympathischen Menschen in den beiden Landesteilen Mecklenburg und Vorpommern machen nicht viel Lärm um ihren sachten Aufschwung in der maritimen Wirtschaft, der Forschung und der Windenergie und nicht um ihren ausgeglichenen Landeshaushalt.

Das war nicht immer so: Mit den 200.000 Menschen, die das am dünnsten besiedelte Land der Bundesrepublik verlassen haben, verlor „MeckPom" rund zehn Prozent seiner Bevölkerung von 1990. Um diese Menschen bemühen sich Land und Wirtschaft heute wieder. Inzwischen können Ausbildungsplätze nicht mehr besetzt werden. Besonders das Gastgewerbe sucht Nachwuchs, um die Besucher der an Seen reichen und mit ihrer paradiesischen Ostseeküste atemberaubend reizvollen eiszeitlichen Landschaft zu bekochen und zu beherbergen.

635 // MEDIZINISCHE VERSORGUNG

Die medizinische Versorgung ist in Deutschland im historischen und globalen Vergleich unzweifelhaft sehr gut. Die wohnortnahe Grundversorgung wird im Wesentlichen von Hausärzten geleistet. Auf der mittleren Stufe und mit einem größeren Einzugsgebiet liegt die Schwerpunktversorgung der Fachärzte und Kliniken, die spezialisierte ambulante und stationäre Behandlungen durchführen. Die höchste Stufe bilden spezialisierte Kliniken, die die Maximalversorgung bei seltenen und sehr schweren Erkrankungen gewährleisten.

Grundsätzlich handelt es sich um ein rationelles System, das Behandlungsnotwendigkeiten, Spezialisierungsmöglichkeiten und Kostenerwägungen institutionell und räumlich abbildet. Betriebswirtschaftliche Aspekte des Systems aber führen zu Problemen: In wohlhabenden Stadtteilen ist die Facharztdichte überproportional hoch, in ländlichen Gegenden mit

Bevölkerungsschwund ist eine Hausarztpraxis hingegen kaum noch wirtschaftlich zu betreiben. Eine „kalte" Rationierung scheint gegenüber den gesetzlich Versicherten um sich zu greifen; sie lohnen sich weniger als Privatversicherte. Deswegen ist es zwar besser, hier krank zu werden als anderswo. Aber die sozialen und räumlichen Unterschiede in der medizinischen Versorgung nehmen wohl zu.

636 // MEHR DEMOKRATIE E. V.

„Freiheit und Selbstbestimmung der Menschen" lautet das übergeordnete Ziel der bundesweiten Organisation „Mehr Demokratie e. V.", die sich für direkte Demokratie auf allen Ebenen des Bundesstaates und in der Europäischen Union einsetzt. Der Verein mit 4.500 Mitgliedern kämpft für die Einführung des bundesweiten Volksentscheids, mit dessen Hilfe Bürger bei wichtigen Fragen der Politik direkt mitbestimmen können sollen. Die überparteiliche Bürgeraktion finanziert sich aus Mitgliedsbeiträgen und Spenden, auf staatliche Förderung wird aus Gründen der Unabhängigkeit verzichtet.

Mehr Demokratie e. V. wurde 1988 von einigen Grünen-Politikern ins Leben gerufen, damals noch unter dem Namen „IDEE – Initiative Demokratie Entwickeln". Zu den größten Erfolgen des Vereins, der in den meisten Bundesländern Landesverbände hat, gehört die Einführung des Bürgerentscheids in Bayern 1995, die erst durch das Volksbegehren „Mehr Demokratie in Bayern" ermöglicht wurde. Wahl- und Abstimmungsgesetze in Bayern gelten seitdem als besonders bürgerfreundlich. Ob die Einführung direkter Demokratie in die Europäische Verfassung, für die sich „Mehr Demokratie e. V." gemeinsam mit anderen Organisationen aus EU-Ländern seit einiger Zeit einsetzt, so sinnvoll ist, bleibt dahingestellt ...

637 // MEHRWEG

Asterix berichtet, dass es bereits in der Antike ein Pfandsystem für Amphoren gab. Mit all seinen Vorteilen und Tücken. Jedenfalls könnte es so gewesen sein, denn hinter dem Mehrwegsystem steckt nicht der moderne Umweltschutzgedanke. Amphoren sind wie Flaschen teuer, was für eine häufige Wiederverwendung spricht. Der damit verbundene Aufwand lässt sich am effektivsten durch Vereinheitlichung reduzieren.

Als der Zweite Weltkrieg Produktions- und Abfüllanlagen zerstört hatte, wurden die traditionellen Einzellösungen 1950 beispielhaft von den Mineralbrunnen zugunsten einer Einheitsflasche aufgegeben. 1969 erhielt sie in der „Perlenflasche" von Günter Kupetz ein geradezu klassisches Design. Die Mehrwegbefürworter bedienen sich heute der ökologischen Vorteile der Glas- oder PET-Mehrwegflaschen. Diese sparen Müll, Energie und Rohstoffe. Produzenten von Einwegflaschen und Discounter, die sich die platzraubende Lagerung des Pfandgutes sparen wollen, verwenden hauptsächlich ein Gegenargument: Ab einer bestimmten Transportdistanz würden die leichteren Einwegflaschen mehr Sprit sparen, als sie Energie kosten. Man könnte allerdings auf die Idee kommen, dass es gar nicht so sinnvoll ist, Bier und Wasser Hunderte von Kilometern durch die Gegend zu gondeln.

638 // MEISSEN

Zwischen Reagenzglas und Retorte begann vor 300 Jahren in dem kleinen sächsischen Städtchen Meißen die Erfolgsgeschichte der ältesten Porzellan-Manufaktur Europas.

Im Jahre 1701 ließ der sächsische Kurfürst und König von Polen, August der Starke, den vermeintlichen Alchemisten Johann Friedrich Böttger gefangen nehmen – er sollte altes Eisen in Gold verwandeln. Lange Zeit tüftelte er mit zwei Gehilfen in seinem Laboratorium, ohne Erfolge vermelden zu können. Dann, 1708, experimentierten die Gelehrten mit einer Mixtur auf Basis des als „Weiße Erde" bekannten Kaolins und brannten sie. Heraus kam ein Scherben, den die Forscher sofort als Porzellan erkannten – dessen Herstellung bis dahin nur in China bekannt gewesen war. Böttger berichtete seinem Kurfürsten von der Erfindung des weißen Goldes, und schon 1710 produzierte die neugegründete „Königlich-Polnische und Kurfürstlich-Sächsische Porzellan-Manufaktur" das erste europäische Porzellan.

Um dieses Monopol halten zu können, wurde das Herstellungsverfahren zum Staatsgeheimnis erklärt und von sogenannten „Arkanisten" bewacht. Einer von ihnen, Samuel Stötzel, konnte der Versuchung schließlich nicht widerstehen und verriet die Rezeptur an die Wiener Manufaktur Augarten, was eine fälschungssichere Kennzeichnung des echten Meissener Porzellans notwendig machte – die „gekreuzten blauen Schwerter". Das bis heute von Hand aufgemalte Symbol gilt als eines der ältesten Markenzeichen der Welt und ziert sämtliche Figuren und Teller des mehr als 175.000 Artikel zählenden Sortiments.

639 // MELITTA

Die Marke ist deutsches Kulturgut. Wenn man es in die Riege der Nonsense-Reime geschafft hat, kann einem nichts mehr passieren: „Willst du Schwangerschaft verhüten, nimm Melitta Filtertüten", texten 10- bis 13-jährige Pubertanden seit Generationen.

Daran dachte Melitta Bentz allerdings nicht, als sie Anfang des 20. Jahrhunderts die Filtertüte erfand. Der körnige Kaffeesatz verleidete der Hausfrau aus Dresden den Kaffeegenuss, deshalb stellte sie aus Löschblättern ihrer Söhne den ersten Kaffeefilter her. Weil der satzfreie Kaffee auf große Begeisterung stieß, gründete sie 1908 mit einem Kapital von 73 Pfennigen ihr eigenes Unternehmen. Mitarbeiter waren Ehemann Hugo und ihre Söhne Willi und Horst. Schon bald platzte die kleine Firma aus allen Nähten, die Filtertüte war der Renner auf zahlreichen Verkaufsmessen. In den 30er Jahren zog der Betrieb von Sachsen nach Minden in Ostwestfalen, nur dort fanden sich ausreichende Produktionskapazitäten für die inzwischen 80 Beschäftigten, die in Doppelschichten arbeiteten.

Das Familienunternehmen stellt heute neben Filtern auch Kaffee, Kaffeemaschinen und mit seinen Tochterfirmen auch Frischhaltetüten, Staubsaugerbeutel und Backpapier her. Nur einer hat nicht überlebt: der Melitta-Mann. Der letzte TV-Spot mit dem Markengesicht Egon Wellenbrink ging nach zehn Jahren 1999 über den Sender.

640 // MENDELSSOHN BARTHOLDY, FELIX

Man kann den Pianisten, Komponisten und Dirigenten mit Fug und Recht als Wunderkind bezeichnen, das schon mit neun Jahren am Klavier öffentlich auftrat, und zwar mit eigenen Kompositionen. Durch das Haus der Mendelssohns schwebte den ganzen Tag Musik: Felix' vier Jahre ältere Schwester Fanny war ähnlich begabt, Mutter und Großtante erteilten beiden den ersten Klavierunterricht.

Abgesehen von seinen eigenen herausragenden romantischen Musikwerken war Mendelssohn Bartholdys größter Verdienst an der Nachwelt die Wiederentdeckung von Johann Sebastian Bach. Kaum zu glauben, aber zu Mendelssohns Lebzeiten, also Anfang des 19. Jahrhunderts, war Bach der Öffentlichkeit nahezu unbekannt und seine Matthäuspassion seit fast 80

Jahren nicht mehr aufgeführt worden. Mendelssohn holte das Werk aus der Versenkung und nach fast zweijähriger Probenzeit 1829 zurück auf die Berliner Bühne.

Mendelssohn war ein rastloser Musiker. Lieber reiste er als Pianist und Dirigent an die großen Musikstätten Europas, als sich an eine feste Position zu binden. Nur in Leipzig hielt er es gerne und länger aus, vielleicht, weil er dort die meisten Freiheiten hatte. Er dirigierte mehrere Jahre das berühmte Gewandhausorchester und gründete dort 1843 die erste Musikhochschule Deutschlands. Hier starb er auch 1847 mit nur 38 Jahren an einem Schlaganfall.

641 // MENSCH ÄRGERE DICH NICHT

Nirgends lernt man Freunde und Bekannte besser kennen als beim Spielen. Innerhalb von Sekunden zeigen Klugscheißer bei „Trivial Pursuit" ihr wahres Gesicht oder entlarven sich Besserwisser bei einer Scharade. Und selbst beim deutschen Brettspiel-Klassiker „Mensch ärgere dich nicht" zeigt sich, wer auf dem Weg zum Sieg keinen Spaß versteht. Denn bei dem 1910 von Josef Friedrich Schmidt entwickelten Spiel muss man nicht nur seine Figuren so schnell wie möglich ins Ziel bringen, sondern unterwegs auch noch so viele andere Figuren wie möglich vom Brett fegen. Nur dieses „Rauswerfen" bringt maximalen Spaß, wird aber meist schell gerächt.

Schmidt, Münchener Autor und Gründer des Schmidt-Verlags, hatte „Mensch ärgere dich nicht" in Anlehnung an das indische Spiel „Pachisi" entwickelt und damit in den ersten Jahren nur mäßigen Erfolg. Doch die Feldlazarette im Ersten Weltkrieg brachten den Aufschwung: Schmidt schickte seine Spiele an die Front, um die verwundeten Soldaten aufzuheitern. Seitdem ist „Mensch ärgere dich nicht", dessen Verpackung übrigens ein Porträt des Erfinders ziert, das beliebteste Spiel Deutschlands. Über 80 % aller deutschen Haushalte besitzen diesen Klassiker und können sich damit regelmäßig einem Charaktertest unterziehen.

642 // MERCEDES-BENZ

Der heimliche Star der bekanntesten Automarke der Welt ist Adrienne Manuela Ramona Jellinek (1889–1929). Mit zehn Jahren lieh sie auf Initiative ihres Vaters, vermutlich ungefragt, ihren Rufnamen Mercedes einem neuen Modell von Daimler. Emil Jellinek (1853–1918) war in Daimler-Fahrzeugen ein erfolgreicher Rennfahrer, und er wurde Autohändler in seiner Wahlheimat Nizza. Diese Mischung hatte überzeugenden Charme, als Automobile noch etwas Exklusives waren. Er animierte Daimler Ende des 19. Jahrhunderts immer wieder, neue und schnellere Wagen zu konstruieren. Während das Auto hierzulande noch weitgehend ignoriert wurde, war der neue Mercedes 35 PS in Frankreich im Jahr 1900 bei der Hautevolee in aller Munde.

1902 wurde das Markenzeichen „Mercedes" gesetzlich geschützt. Gerade zur rechten Zeit, denn Daimler hatte sich endgültig vom Kutschendesign verabschiedet und einen neuen Weg eingeschlagen. Mit einem niedrigeren Schwerpunkt und breiterer Spur hatte das Unternehmen außerdem die lange Reihe der Sicherheitsinnovationen eingeleitet. In dieser Tradition führte Mercedes-Benz 1978 mit dem ABS und 1981 mit dem Fahrer-Airbag heute unverzichtbare Sicherheitseinrichtungen ein. Sicherheit und nobles Flair haben den Namen Mercedes-Benz weltbekannt gemacht.

643 // MERIAN, MARIA SYBILLA

Einst zierte ihr Bild die Vorderseite des 500-DM-Scheins. Vielleicht ist dies mit ein Grund, warum nur wenige Menschen in Deutschland die Naturforscherin, Malerin und Kupferstecherin Maria Sybilla Merian kennen – 500 Mark trug man nicht ständig mit sich herum.

Dabei gehört Merian zu den ganz außergewöhnlichen Deutschen: Kurz nach Ende des Dreißigjährigen Kriegs 1647 geboren, lernte sie in der

Werkstatt ihres Stiefvaters, des Malers Jacob Morell, alles über das Malen. Als sie dann das Einspinnen, Verpuppen und Schlüpfen einer Seidenraupe beobachtete, hatte die damals 13-Jährige ihre Profession gefunden: Sie zeichnete – wissenschaftlich genau – Pflanzen und Tiere und veröffentlichte diese zunächst als Stickvorlagen. Während sie eine Mal- und Stickschule für höhere Töchter betrieb, widmete sie sich gleichzeitig einem sehr wissenschaftlichen Projekt, das sie 1679 unter dem Namen „Der Raupen wunderbare Verwandlung und sonderbare Blumennahrung" veröffentlichte: Ein bahnbrechendes wissenschaftliches Werk mit 50 Kupferstichen, die mit je zwei Seiten Text erläutert werden.

Ihr eigentliches Hauptwerk aber entstand nach einer mutigen Reise nach Surinam: Nur in Begleitung ihrer Tochter – was zu dieser Zeit äußerst unschicklich erschien – schifft sie sich nach Südamerika ein, um dort exotische Pflanzen und Insekten zu zeichnen: Ihr „Metamorphosis Insectorum Surinamensium" galt noch im 19. Jahrhundert als Standardwerk der Insektenwelt Surinams.

644 // MERKEL, ANGELA

Was wurde im Vorfeld gelästert und gelacht! Eine Frau mit einer Frisur wie Prinz Eisenherz könne kein Land regieren. Nie werde sie aus dem Schatten ihres Gönners Helmut Kohl heraustreten. Und überhaupt: Wer sich so aschenputtelhaft präsentiere, sei nicht in der Lage, sich gegenüber internationalen Staatsoberhäuptern zu behaupten. – Seit November 2005 ist Angela Merkel Regierungschefin des Landes. Und hat seitdem nicht wenige Kritiker zum Schweigen gebracht, und das, ohne dabei Methoden anzuwenden, die bei ihren Kollegen aus Russland oder China nur allzu populär sind. Es scheint eher so, dass sich selbst im frauenverachtendsten Stammtischheld so etwas wie Respekt jener promovierten Physikerin gegenüber regt, die von der US-Zeitschrift „Forbes" zur einflussreichsten Frau der Welt erklärt wurde.

1954 in Hamburg geboren und in Templin/Brandenburg aufgewachsen, wurde Merkel im Kabinett Kohl zunächst Bundesministerin für Frauen und Jugend, anschließend Umweltministerin. Es folgten die Posten als CDU-Generalsekretärin und CDU-Vorsitzende. Mit ihrer Wahl zur Kanzlerin wird Deutschland zum ersten Mal von einer Frau regiert. Die jüngste Kanzlerin in der Geschichte des Landes muss seitdem einiges richtig gemacht haben. Das zeigt nicht zuletzt der Umstand, dass die unsäglichen

Berichterstattungen und Diskussionen um Frisur und Kleidung in den Hintergrund getreten sind und endlich Kompetenzfragen im Vordergrund der Beurteilung stehen.

645 // MERKSATZ

Siebzehn vor und siebzehn nach / sind dem Luther seine Tag. / Siebzehn Jahre später dann / das Wort auf Deutsch man lesen kann.

So merkt sich Deutschland, dass Martin Luther 1483 (also 17 Jahre vor 1500) geboren wurde und im Jahr 1517 seine 95 Thesen an die Schlosskirche von Wittelsbach genagelt haben soll. 1534 beendete er schließlich seine deutsche Bibelübersetzung.

Die wohl beliebtesten Merksätze in Deutschland reimen sich: Da werden historische Daten ebenso einfach erinnerbar wie die Zuflüsse zur Donau („Iller, Lech, Isar und Inn / fließen rechts zur Donau hin, / Wörnitz, Altmühl, Naab und Regen / kommen ihr von links entgegen") oder aber optische Formen („Ist der Bauch konkav / war das Mädchen brav. / Ist der Bauch konvex / hat das Mädchen Sex").

Mittlerweile nimmt der Merksatz in Deutschland eine beinahe ebenso wichtige Rolle wie das Sprichwort ein. Als daher der Merksatz zum Sonnensystem – *„Mein Vater erklärt mir jeden Sonntag unsere neun Planeten"* – im Jahr 2006 veraltet war, weil die drei neuen Planeten Ceres, Charon und Xena entdeckt worden waren, schrieb das Planetarium Hamburg sogar einen Wettbewerb aus, einen neuen Merksatz zu kreieren. Leider wurde zwischenzeitlich ein weiterer, noch nicht benannter Planet entdeckt, so dass auch die neue Eselsbrücke hinfällig ist. Wir warten gespannt auf den Planeten-Namen und die anschließenden Merksatzkreationen.

646 // MERZKUNST

Vom Müll zur Kunst: Fundstücke und Abfälle waren es, die Kurt Schwitters 1918 zum Begründer der von ihm selbst so getauften Merzkunst machten. Aus dem Wörtchen „Merz" – das er, einem Werbeschriftzug der „Commerzbank" entnommen, als Papierschnipsel in einer seiner ersten Collagen verarbeitete – schuf Schwitters den Programmtitel seiner Kunst und geriet zugleich zu ihrem Synonym. Mit seinen Merzzeichnungen und

-texten bildete er einen eigenen Dada-Stil, und spätestens mit seiner frühen Gedichtsammlung „Anna Blume" machte er sich einen Namen weit über die Grenzen seiner Hannoveraner Heimat hinaus.

Kunst verstand Schwitters allgemein als „Urbegriff, erhaben wie die Gottheit, unerklärlich wie das Leben, undefinierbar und zwecklos", und verbat sich damit die Beschränkung auf eine bestimmte Kunstart. Er wollte Künstler sein, nicht „Spezialist einer Kunstart". Er träumte von einem Merzgesamtkunstwerk, das eine Einheit aus allen Kunstarten formte, und so verband er Worte und Sätze zu rhythmischen Zeichnungen, klebte Bilder so, dass man Sätze daraus lesen konnte. Ob Zeitungsausschnitte, gebrauchte Fahrscheine, rostige Nägel, Bindfäden oder Holz, in der künstlerischen Verbindung alltäglichen Materials sah er einen Beitrag zur Vollendung des Merzgesamtkunstwerks, das am Ende doch nur ein Traum blieb. Schwitters verstarb 1948 im Alter von 60 Jahren. Auf seinem Grabstein steht bis heute: „Man kann ja nie wissen."

647 // MESSE DER MEISTER VON MORGEN

Die Messe der Meister von Morgen (MMM) wird gern als DDR-Pendant zum westdeutschen Wettbewerb „Jugend forscht" beschrieben. Hüben wie drüben wollte man das Interesse am Ingenieursberuf wecken, und jugendliche Tüftler sollten ermutigt werden, ihr technisches Verständnis in Erfindungen umzusetzen. In der DDR jedoch konnte der wirtschaftliche Nutzen für den Aufbau der sozialistischen Heimat und des Sozialismus überhaupt nicht hoch genug beziffert werden. Ganz zu schweigen vom Dienst am Frieden. Organisiert von der Freien Deutschen Jugend (FDJ) fanden 1958 bis 1990 Wettbewerbe auf betrieblicher, schulischer und auf allen staatlichen Ebenen statt. Der jährliche Höhepunkt war die republikweite Zentrale MMM. Auch der „Sandmann" warb mit futuristischen Auftritten. Präsentiert wurde alles, von Unterrichtsmaterialien bis zum einzigen DDR-Videospielautomat „Poly-Play" oder einem vollautomatischen Transport-Betonwerk. Hilfreich war gewiss, dass die „Bewegung MMM" im Jugendgesetz der DDR und im Arbeitsgesetzbuch verankert war. Die Kehrseite waren die systemimmanenten Absurditäten. So stellte ein Kollektiv die althergebrachte Säuerung gebogener Kupferrohre als revolutionäre Neuerung dar, die dank der Ermunterung des Parteisekretärs gelungen sei. Ersparnis: Zehn Normstunden!

648 // MESSERSCHMITT KABINENROLLER

Zum Bild, das über die 1950er Jahre durch unsere Köpfe wabert, gehören lustige kleine Fahrzeuge wie der Messerschmitt Kabinenroller. Damit bugsierten die Menschen massenhaft ihre Schmalzfrisuren und Petticoats zur Eisdiele. Allerdings weist die Statistik darauf hin, dass an diesem Bild etwas nicht stimmen kann: Rund 65.000 „Schneewittchensärge" wurden zwischen 1953 und 1964 zusammengeschraubt. Der Gesamt-PKW-Bestand stieg zwischen 1950 und 1965 von knapp 540.000 auf über neun Millionen.

Dennoch, der Kabinenroller schaffte 1955 mit einem Preis von 2.100 DM Mobilität für Bezieher kleiner Einkommen. Für Kriegsversehrte hatte der Flugzeugingenieur Fritz Fend nach dem Krieg einen dreirädrigen Roller mit Dach konzipiert. Die Zusammenarbeit mit Willy Messerschmitt, Konstrukteur von Kriegsflugzeugen, brachte einen zweiten Sitzplatz im Fond, stolze 10 PS und andere technische Raffinessen hervor. Das genügte Anfang der 50er für eine bestaunte Präsentation auf der Internationalen Automobil-Ausstellung in Frankfurt am Main. Die Technik, Sicherheitserfordernisse, Komfort- und Platzansprüche der Wirtschaftswunderfamilien entwickelten sich. Ebenso die Einkommen. Und so wurde die Produktion der „Karos" schließlich eingestellt. Ein Traumauto sah eben doch anders aus.

649 // METROPOLIS

Der Spielfilm „Metropolis" (1927) von Fritz Lang gehört zweifelsfrei zu den wichtigsten Werken der deutschen Filmgeschichte. Der Stummfilm zeichnet in magischen Bildern eine düstere Vision einer Stadt der Zukunft, in der sich ein Klassenkampf entzündet. Während die Oberschicht paradiesische Verhältnisse genießt, hausen die Arbeiter unter der Erde. Als sich jedoch der Sohn des Herrschers von Metropolis in eine junge Frau aus der Arbeiterschicht verliebt, entfesselt sich der Konflikt.

Die Ufa präsentierte „Metropolis" – die teuerste deutsche Produktion, die es bis dahin gegeben hatte – im Januar 1927 in Berlin, kürzte den überlangen Film jedoch infolge schlechter Kritiken. Fortan galt die Originalfassung des Werks als verschollen, bis im Jahr 2008 eine vollständige Version im Archiv eines Filmmuseums in Buenos Aires auftauchte. Der bekannteste Science-Fiction-Streifen der Filmgeschichte ist seitdem nicht nur aufgrund seiner Handlung und der phantastischen bildlichen Inszenierung ein absoluter Höhepunkt des deutschen Films, er verfügt durch seine Wiederentdeckung nun auch selbst über eine einzigartige Geschichte.

650 // MEYER, JULIUS LOTHAR

Julius Lothar Meyer (1830–1895) wurde in Varel (Oldenburg) geboren und verlebte eine von Krankheiten getrübte Kindheit. Spät erst kam der hervorragende Schüler auf das Gymnasium. Der Profession seines Vaters folgend, promovierte er zunächst als Arzt.

In Heidelberg lernte er um 1855 Robert Wilhelm Bunsen (1811–1899) kennen, der gerade dabei war, mit seiner weiterentwickelten Zink-Kohle-Batterie Aluminium herzustellen. Ganz nebenbei erfand Bunsen zu dieser Zeit den nach ihm benannten Brenner. Womöglich wurde Meyers Interesse durch diese Bekanntschaft auf die Chemie gelenkt, denn er promovierte auch in diesem Fach und habilitierte mit einer Arbeit zur Geschichte der Chemie. Meyer reüssierte 1864 mit seinem Werk „Die modernen Theorien der Chemie und ihre Bedeutung für die chemische Statik". Darin beschrieb er die Periodizität der Elemente. Aber auch in der zweiten Auflage fehlte der Abdruck der Tabelle. Und so kam es, dass sein russischer Kollege Dimitri Mendelejew (1834–1907) 1869 als Erster ein Periodensystem veröffentlichte. Der folgende fruchtbare Streit der beiden ging versöhnlich aus.

Die Royal Society in London verlieh 1882 beiden für ihre Leistungen die goldene Davy-Medaille, benannt nach dem englischen Chemiker Humphry Davy.

651 // MIELE

„Immer besser" lautet der Slogan der Miele & Cie. KG in Gütersloh. Wenn man sich die abenteuerliche historische Produktpalette ansieht, kann man kaum widersprechen.

Carl Miele und Reinhard Zinkann gründeten 1899 eine Fabrik für Milchzentrifugen. Bis zum Beginn des Ersten Weltkriegs kamen Handkarren, Waschmaschinen mit Wassermotor und sogar Autos dazu. In der Zwischenkriegszeit bot Miele modernere Waschmaschinen, Fahrräder, Melkanlagen und erste Staubsauger an. Nachdem die durchaus erfolgreiche Motorradproduktion 1960 eingestellt worden war, entwickelte sich das heutige Kernsortiment der Haushalts- und Gewerbegeräte.

An acht Standorten in Deutschland sowie in Österreich und Tschechien produzieren die 15.000 Mitarbeiter für die Märkte in rund 80 Ländern. Das Angebot reicht vom Handstaubsauger bis zum prionenvernichtenden Desinfektionsautomaten für Krankenhäuser. Die dunkle Seite des erfolgreichen Familienunternehmens: Auch bei Miele waren im Zweiten Weltkrieg in der Munitionsproduktion Zwangsarbeiter beschäftigt. Durch eine Beteiligung an der „Stiftungsinitiative der deutschen Wirtschaft" im Jahr 2000 zur Entschädigung der ehemaligen Sklavenarbeiter hat sich das Unternehmen zu der daraus erwachsenen Verantwortung bekannt.

652 // MINERALWASSER

500 deutsche Mineral-, 60 Heilwasser, dazu verschiedene Quell- und Tafelwasser machen Deutschland zum Land des Wassers. Knapp 135 Liter verbraucht der Bundesbürger im Durchschnitt davon pro Jahr und drängt damit alle anderen nichtalkoholischen und alkoholischen Getränke weit in den Hintergrund. Als einzige Lebensmittel müssen Mineral- und Heilwasser staatlich anerkannt werden, bevor sie abgefüllt und verkauft werden dürfen.

Mineralwasser ist Regenwasser, das durch die verschiedenen Gesteinsschichten in eine Quelle gesickert und dadurch gefiltert, gereinigt und mit Spurenelementen, Mineralien und natürlich Kohlensäure durchsetzt worden ist. Es stammt – wie auch das Heilwasser – aus unterirdischen Wasservorkommen, die vor Verunreinigungen geschützt sind. Doch Heilwasser enthält eine erhöhte Menge an Mineralstoffen, so dass es auch eine medizinische Wirkung – sei sie vorbeugend oder heilend – aufweist.

Immer wieder wird behauptet, Leitungswasser sei ebenso gesund wie Mineralwasser. Mineralstoffe aber besitzt Leitungswasser nicht. Es wird meist mit Hilfe von Chemikalien gereinigt, und alte Leitungen in Häusern können das Wasser zudem mit Blei belasten. Und wenn man schon so viele verschiedene Mineralwasser hat – die tatsächlich sogar unterschiedlich schmecken –, dann sollte man sie doch auch einmal probieren.

653 // MITROPA

Hape Kerkeling hätte sicherlich einige Hunderttausend Mark für seine Verdienste an der Marke Mitropa verdient. Seine Comedyreihe „Total Normal" Anfang der 90er wurde nämlich angeblich von Mitropa, der ehemaligen DDR-Zuggastronomie, gesponsert, zu gewinnen gab es vermeintlich Mitropa-Kaffeemaschinen und „Mörderduschhauben", ebenfalls von Mitropa. Das war zwar nur Jux und Dollerei, eine bessere Werbeunterstützung hätte die Mi-tropa aber kaum finden können.

Die „Mitteleuropäische Schlaf- und Speisewagen Aktiengesellschaft" ist vor allem älteren Lesern und Ostdeutschen ein Begriff, denn die Versorgungsfirma in Zügen und Bahnhöfen wurde bereits 1916 gegründet und erst nach dem Zweiten Weltkrieg in Ost und West geteilt. Nur im Osten behielt sie allerdings ihren Namen und überlebte tatsächlich als eine der wenigen Aktiengesellschaften die DDR und den real existierenden Sozialismus.

Es war wieder einmal der geniale Bahn-Manager Harald Mehdorn, dem es gelang, den traditionsreichen Namen Mitropa aus dem Konzern zu verdrängen. Unter seiner Leitung wurden die unterschiedlichen Unternehmensbereiche zerschlagen, später verkauft und umbenannt. Wie die Bordgastronomie heutzutage heißt, weiß leider keiner mehr auswendig, man kann aber Schaffner und Kellner sowieso nicht mehr auseinanderhalten.

654 // MITTAGESSEN

Das Mittagessen ist in Deutschland noch immer die traditionelle Hauptmahlzeit, und zwar zwischen 12 und 14 Uhr. Es wird meist warm und im Dreiklang aus Fleisch, Gemüse und Sättigungsbeilage eingenommen. Plus Nachtisch. Das Angebot franst aber in Richtung Salatbar und ausgefallenere Rezepte erfreulich aus. Besichtigen lassen sich diese stabilen Gewohnheiten in den Kantinen der Republik.

Für die Kinder war die Sache in den seligen Zeiten der Halbtagsschule und klassischen Rollenverteilung einfach: Nach der Schule ab nach Hause und Spaghetti Bolognese, Wirsingrouladen oder Eier in Senfsoße mampfen. Wo es schon länger Schulmensen gab, wurde das Mittagessen in Gemeinschaft eingenommen.

Und heute? Heute ist es genauso. Im Westen Deutschlands kocht meist Mama, im Osten speist mehr als die Hälfte der Kinder in der Schule. Mit der Einführung der Ganztagsschule auch in den alten Bundesländern steigt die Zahl der Schulspeisungen allerdings rasant an. Die Qualität scheint nicht so schnell zuzunehmen wie die Kinder. Das legen die zahlreichen Initiativen zur Verbesserung des Ernährungsangebots in Schulen und Kindertagesstätten nahe. Trotz Kantine, Fast Food und Henkelmann essen immerhin drei Viertel der Deutschen zu Hause zu Mittag. Was es da wohl Leckeres geben mag?

655 // MITTELALTERMÄRKTE

„Seyd gegrüßt, edler Recke" – so oder ähnlich schlägt es dem Besucher lustig entgegen, wenn er einen der zahlreichen Mittelaltermärkte in Deutschland betritt. Denn bei diesen volksfestähnlichen Märkten dreht sich alles um das Mittelalter: Waren, Speisen, Musik und Kostüme muten ebenso authentisch an wie die Sprache der Marktleute.

Wer hier nach Handwerksprodukten aus Leder oder Silber, nach Schmuck oder alten Waffen Ausschau hält, der begibt sich gleichzeitig auf die Reise in eine Zeit, in der Schmiede ihre schweißtreibende Arbeit noch auf traditionelle Weise vollbrachten, Lautenklänge und freche Neckereien eines Gauklers über den Platz schallten und die Ritter beim Turnierkampf ihre Kampfkraft demonstrierten.

Auch wenn das dargebotene Schauspiel nicht immer sämtlichen historischen Ansprüchen genügt, so bieten die immer beliebter werdenden Mittelaltermärkte Deutschlands dennoch die einzigartige Gelegenheit, im Handumdrehen in eine verloren geglaubte Welt abzutauchen, in der für ein paar Taler und Silberlinge noch eine ordentliche Portion Pferdebohnen mit Dünnbier zu bekommen war.

656 // MOIN

„Moin" ist ein erfolgreicher Exportartikel des ostfriesischen Platts. Und eine Bereicherung der Alltagssprache nördlich des Weißwurstäquators. Sein Erfolgsgeheimnis liegt in seiner Anschlussfähigkeit. Leichthin könnte man der Auffassung sein, „Moin" käme von „Morgen" oder ausführlicher „Guten Morgen"; Mundfaulheit und regionale Sprechstörungen hätten den verbreiteten Gruß dann abgeschliffen zu „Morn", „Moorgn" oder zu dem frisch-fröhlichen „Moin". Deswegen passt das Wörtchen so gut in viele Landesteile, es sei denn, man steht auf „Servus" oder „Grüß Gott".

Tatsächlich aber kommt „Moin" von dem niederdeutschen Adjektiv „mooi", was schön klingt und genau das bedeutet. Im ganzen Satz heißt es demnach ungefähr: „'n mooien Dag wünsch ik di." Das versteht jeder. Nun ist es aber so, dass im Norden ständig ein heftiger Wind weht und dazu des Öfteren der Regen über das flache Land peitscht. Und bevor dem norddeutschen Sprecher seine ohnehin mühsam aneinandergereihten Worte fortgeweht und weggespült werden, beschränkt er sich aufs Wesentliche: „Moin", ruft er dem Nachbarn beim Padstockspringen zu. Aber wenn die Sonne scheint, wird er überschwänglich und jubiliert: „Moin, Moin!" Ganz gleich ob morgens, irgendwann zum Tee oder abends in der Kneipe.

657 // MOMMSEN, THEODOR

Die Kicker von TeBe Berlin üben ihr Heimrecht wohl in dem deutschlandweit einzigen nach einem Althistoriker benannten Stadion aus: im Mommsenstadion. Überhaupt stehen Intellektuelle selten Pate bei Sportplätzen.

Theodor Mommsen (1817–1903) war Rechtsprofessor, Politiker und Geschichtsschreiber. Sein Hauptwerk brachte ihm 1902 den Literaturnobelpreis ein. Darin zeichnet er die „Römische Geschichte" von den Anfängen bis zum Ende der römischen Republik mit Bezug zum 19. Jahrhundert nach. Das enzyklopädische Werk ist bis heute von fundamentaler Bedeutung für die Geschichtswissenschaft. In der Einleitung zum achten Buch der „Römischen Geschichte" schreibt Mommsen: „Mit Entsagung ist dies Buch geschrieben und mit Entsagung möchte es gelesen sein." Ohne Opferbereitschaft sind die insgesamt 3.000 Seiten in der Tat schwer zu bewältigen.

Der liberale Politiker vertrat 1865 in der Schleswig-Holstein-Krise eine annexionistische Position zugunsten Preußens. 1879 bezog er klar Stellung gegen den Antisemitismus. Er geriet zunehmend in Konflikt mit Bismarck, der schließlich sogar eine Beleidigungsklage gegen ihn anstrengte – vergeblich.

Ach ja, das Stadion erhielt seinen Namen übrigens nach einem vormals an gleicher Stelle bestehenden Gymnasium. So wird ein Schuh daraus.

658 // MONTAGSDEMONSTRATION

Am Montag, den 4. September 1989, nach einem traditionellen Friedensgebet in der Leipziger Nikolaikirche, versammelten sich spontan die Teilnehmer, um gegen das SED-Regime der DDR zu demonstrieren. Auch ein größeres Aufgebot der Stasi konnte nicht verhindern, dass „Wir sind das Volk"-Transparente auftauchten und „Stasi raus"-Rufe ertönten. Innerhalb von knapp sechs Wochen entwickelten die Montagsdemonstrationen eine ungeahnte Dynamik. Sie breiteten sich über das ganze Land aus (wobei nicht alle Montagsdemos tatsächlich an einem Montag stattfanden ...) und zählten am 23. Oktober in Leipzig 320.000 Teilnehmer.

Dass die Kundgebungen bis auf wenige Ausnahmen unblutig und gewaltfrei abliefen, ist ein Wunder, weswegen heute noch viele von der „friedlichen Revolution" sprechen. Sicherlich lag es zum großen Teil an der Disziplin der Demonstranten, dass es zu keinem Blutvergießen kam, andererseits aber auch an der groben Fehleinschätzung der DDR-Führung, die von ihrem jahrzehntelang bespitzelten Volk praktisch überrollt wurde.

Die DDR-Montagsdemos endeten mit der freien Volkskammerwahl im März 1990. Später gab es noch einige Montagsdemonstrationen gegen die geplanten Sozialkürzungen der Regierung Schröder, die Namensgebung war allerdings bei vielen ehemaligen DDR-Bürgerrechtlern sehr umstritten.

659 // MORGENSTERN, CHRISTIAN

Ein Wiesel
saß auf einem Kiesel
inmitten Bachgeriesel.

Wißt ihr,
weshalb?

Das Mondkalb
verriet es mir
im Stillen:

Das raffinierte Tier
tat's um des Reimes Willen.

Der gewitzte Humor dieser Verse ist typisch für einen der unterschätztesten deutschen Lyriker: Christian Morgenstern. Morgenstern wurde 1871 in München geboren, wuchs in Hamburg und Breslau auf und gelangte schließlich nach Berlin, wo er seine Arbeit als Journalist, Schriftsteller und Übersetzer aus dem Norwegischen begann – auch wenn er zum Zeitpunkt des Vertragsabschlusses mit dem Verlag noch kein Wort Norwegisch konnte. Morgenstern freundete sich mit Rudolf Steiner an und wurde Mitglied der Anthroposophischen Gesellschaft. Er übersetzte Knut Hansum und setzte sich mit den Werken der bedeutenden Philosophen seiner Zeit auseinander.

Nicht alles, was der von einem chronischen Lungenleiden geplagte Morgenstern schrieb, gehörte ins humoristische Fach. Tatsächlich wurde nur die Hälfte seiner Werke zu seinen Lebzeiten veröffentlicht – und von dem umfangreichen Œuvre sind fast nur die komischen Stellen bekannt. Aber auch ihr Verfasser wusste den Wert der Komik zu schätzen: „Humor ist äußerste Freiheit des Geistes. Wahrer Humor ist immer souverän."

660 // MÖRIKE, EDUARD

Der Pfarrer, Übersetzer, Dichter und Literaturprofessor Eduard Mörike (1804–1875) wurde in Ludwigsburg geboren. Nach dem Tod seines Vaters im Jahre 1817 lebte er bei seinem Onkel in Stuttgart. Zur Vorbereitung einer Karriere als Geistlicher schickte der Oheim den Jungen nach kurzer Zeit auf das evangelische Seminar Urach. 1826 nahm Mörike seine Tätigkeit als Vikar auf und tingelte während seiner „Vikariatsknechtschaft" durch mehrere württembergische Orte. Ab 1834 war er in Cleversulzbach Pfarrer, wo er auf dem Kirchhof das Grab der Mutter Friedrich Schillers entdeckte und in schlichter Weise markierte: „Schillers Mutter". Schon 1843 wurde er gesundheitshalber mit schmaler Pension in den Ruhestand versetzt.

Nun widmete er sich ganz der Dichtung und der Übersetzung. Einen ersten Vertrag mit einem Verleger hatte er während seiner Zeit als Geistlicher nach kurzer Zeit gekündigt. Mörike wechselte häufig wegen unangenehmer Nachbarn, zu weiter Wege oder Lärm seine Wohnung. Vielleicht hinterließ er deshalb ein relativ überschaubares Werk. Dieses gilt den einen als bieder, anderen als modern und abgründig. So dichtete Mörike:

> *„Laß, o Welt, o laß mich sein!*
> *Locket nicht mit Liebesgaben,*
> *Laßt dies Herz alleine haben*
> *Seine Wonne, seine Pein!"*

661 // MOSEL

Die Böden, die sich rechts und links der Mosel auftürmen, bestehen aus Muschelkalk, Tonschiefer, Grauwacke und Devon-Schiefer – ideal für de Anbau von feinem Riesling, Weißburgunder und Elbling.

Zusammen mit den Nebentälern Saar und Ruwer bildet die Mosel eines der ältesten und bekanntesten Weinbaugebiete Deutschlands. Es erlebte seine Blüte zur Wirtschaftswunderzeit und wurde damals unter dem Namen Mosel-Saar-Ruwer gehandelt. Waren die Weine, die zwischen luxemburgischer Grenze und Koblenz am wichtigsten Rhein-Nebenfluss angebaut werden, in der Nachkriegszeit eher für ihre Quantität als für die Qualität bekannt, so ändert sich das wieder zunehmend, und es werden vermehrt Prädikatsweine erzeugt. Ein Hauptbestandteil sind die Rieslingreben, während die älteste Rebsorte, Elbling, mit nur noch etwa 8 Prozent vertreten ist.

Eine nur an der Mosel heimische Weinspezialität ist der Moseltaler, ein aus Riesling, Müller-Thurgau und Elbling gekelterter Wein, der eine Restsüße bis 30 g/l aufweisen darf.

662 // MOZART, WOLFGANG AMADEUS

Als das ZDF im Jahr 2003 die größten Deutschen aller Zeiten wählen wollte und dabei auch Wolfgang Amadeus Mozart (1756–1791) auf die Liste der zu Kürenden setzte, ging eine Welle der Empörung durch Österreich. Der große Komponist sei in Salzburg geboren und damit Österreicher!

Da es zu Mozarts Zeit aber die Staatsunterscheidung zwischen Österreich und Deutschland nicht gab, beide Gebiete zum Heiligen Römischen Reich gehörten und Mozart Deutschland „mein geliebtes Vaterland" nannte, wollen wir es mit dem Komponisten selbst halten. Bei der ZDF-Aktion landete Mozart übrigens auf Platz 20.

Obwohl Mozart nur 35 Jahre alt wurde, umfasst sein Werk etwa 1.060 Titel – zusammengefasst in einem eigenen Verzeichnis, dem Köchelverzeichnis. Nicht alles sind Meisterwerke, aber doch eine unglaubliche Menge, wie etwa die Haffner-, die Linzer und die Jupiter-Symphonie, seine Klavierkonzerte B-Dur und D-Dur, die Krönungskonzerte, Opern wie „Figaros Hochzeit" und „Don Giovanni", sein Klarinettenkonzert und das von Mozart nicht vollendete Requiem.

Heute – mehr noch als zu seinen Lebzeiten – zählt Mozart zu den bekanntesten Komponisten überhaupt.

Davon zeugt selbst Falcos Hommage an den Musiker aus dem Jahre 1985:

„Er war Superstar, er war populär,
Er war so exaltiert, because er hatte Flair,
Er war ein Virtuose, war ein Rockidol,
Und alles rief: Come on and rock me, Amadeus."

663 // MÜLLABFUHR

Die Effizienz der Deutschen ist legendär – und wo könnte sich diese Effizienz besser beweisen als in der Beseitigung von Abfall. Wer einmal auf den Straßen Neapels oder Nairobis gewandelt ist, weiß die Sauberkeit einer beliebigen deutschen Fußgängerzone zu schätzen.

Hierzulande reihen sich saubere Tonnen mit bunten Deckeln aneinander und warten auf die Abholung, die durch ein ausgeklügeltes Kalendersystem, gegen das jenes der Maya nur ein Bubenstreich sein kann, minutengenau geregelt ist. Hier wird fleißig getrennt, gesammelt und vorgespült, und wenn die Müllwerker (wie die netten „Kehrmännchen" von der Müllabfuhr neuerdings heißen) mit ihrem Hightech-Fahrzeug vorfahren, ist die Hälfte der Arbeit schon getan.

Im Müllentsorgen sind die Deutschen Weltmeister, da macht ihnen keiner etwas vor. Grüne Punkte, gelbe Säcke, blaue Tonnen … Bunter als bei der Müllabfuhr geht es eigentlich nur im Karneval zu – und auch dort machen die Müllwerker eine gute Figur, wenn sie als Besatzung des letzten Wagens eines jeden Umzugs dafür sorgen, dass die Straße restlos von klebrigen Bonbons und zertretenen Pappnasen befreit wird. Alaaf, Helau und Halleluja!

664 // MÜLLTRENNUNG

Grüner Punkt, blaue Tonne, gelber Sack, Biotonne. Gehören Sie zu denjenigen, die grübelnd vor den Glascontainern stehen und sich fragen, ob die blaue Weinflasche in den Behälter für grünes oder für braunes Glas gehört? Betreiben Sie in Ihrer Küche eine Miniatursammelstelle für Verpackungs-, Bio-, Rest- und Papierabfall? Wissen Sie, wohin mit leeren Batterien und alten Flaschenkorken? Dann haben Sie das Thema Mülltrennung verinnerlicht.

Noch Anfang der 1970er Jahre wurde Müll, also feste Abfallstoffe von Haushalten und Unternehmen, auf deutschlandweit etwa 50.000 Müllkippen lediglich deponiert. Später setzte sich wegen der Erkenntnis, dass Energie und Rohstoffe bei weltweit steigendem Verbrauch knapper werden, der Grundsatz „vermeiden, verwerten, beseitigen" durch: Über die bereits bestehende Wiederverwertung von Metallen, Papier, Textilien und Glas hinaus wurden Wertstoffe gesammelt, sortiert und erneut genutzt. Auf der Grundlage des Kreislaufwirtschafts- und Abfallgesetzes (1996) wird von privaten Haushalten erwartet, Altglas, Altpapier, Altkleider, Kompost und Biomüll, Verpackungen, Metalle, Wegwerfwindeln, Sperrmüll, Elektro- und Sondermüll getrennt zu sammeln. Ziel ist eine möglichst umfassende und umweltverträgliche Nutzung der stofflichen und energetischen Potentiale des Abfalls.

War bislang trotz der getrennt erfassten Abfälle aufgrund der hohen Verwertungsanforderungen eine manuelle Nachsortierung erforderlich, so ist inzwischen sogar die maschinelle Trennung verschiedener Kunststoffarten möglich. Über Nah-Infrarot-Technik können Materialart, -farbe und -form erkannt und mittels präziser Druckluftimpulse getrennt werden. Das führt zu einer nahezu sortenreinen Materialtrennung.

665 // MÜNCHHAUSEN

Als Lügenbaron ging er in die Geschichte ein: Hieronymus Carl Friedrich Freiherr von Münchhausen (geb. 11.05.1720, gest. 22.02.1797). Nach einer Ausbildung und Karriere als Offizier in russischen Diensten widmete er sich der Verwaltung und Bewirtschaftung seines Gutes in Bodenwerder an der Weser. Gern unterhielt er sich und andere mit den unglaublichsten Jagd-, Kriegs- und Reiseabenteuern, etwa seinem kühnen Ritt auf der Kanonenkugel oder seiner Heldentat, sich samt Pferd am eigenen Zopf aus dem Morast gezogen zu haben.

Seinen haarsträubenden Anekdoten verhalfen englische und deutsche Buchausgaben (R. E. Raspe, „Baron Munchhausen's Narrative of His Marvellous Travels and Campaigns in Russia"; G. A. Bürger, „Wunderbare Reisen zu Wasser und zu Lande, Feldzüge und lustige Abenteuer des Freyherrn v. Münchhausen") zu bleibendem Ruhm und verliehen dem Freiherrn damit Unsterblichkeit.

666 // MUNDHARMONIKA

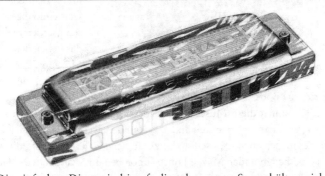

Die einfachen Dinge sind ja oft die schwersten. So verhält es sich auch mit der Mundharmonika. Jeder vermag ihr einen Ton zu entlocken, fraglich ist, ob es der richtige ist. Wer das Instrument aber beherrscht, steht hoch im Kurs seiner Zuhörer. In Jazz, Blues, Folk und Volkslied sowie bei Liedermachern kommt es zum Einsatz. Und wer jemals beispielsweise Funny van Dannens Gitarren-Mund-Harmonien gehört hat, findet am Liedermacher nichts mehr altbacken.

Umstritten ist die Herkunft der Mundharmonika. Einmal davon abgesehen, dass ihr Funktionsprinzip schon vor Jahrtausenden den Chinesen bekannt war, ist nur sicher, dass sie ein Produkt des 19. Jahrhunderts ist. Die Gelehrten streiten sich, ob nun der Deutsche Friedrich Buschmann oder der Österreicher Johannes Weinrich das erste „Mississippi-Saxophon" herstellte.

Jedenfalls ist sie traditionell ein Instrument der einfachen Leute. In der Literatur gehört der volkstümliche „Fotzhobel" zur Geselligkeit und ganz leichten Muse. Als Bestandteil des kleinen Gepäcks der Wanderarbeiter und Seeleute gibt die Mundharmonika der Sehnsucht und der Klage einen Klang.

Ihren berühmtesten Auftritt hat sie wohl in Sergio Leones „Spiel mir das Lied vom Tod": Ennio Morricones „Lied vom Tod" ist ergreifender Ausdruck des Verlusts des Gelobten Landes.

667 // MUSEUMSINSEL

Flaniert man in Berlin zunächst Unter den Linden, dann über den spärlich bepflanzten Lustgarten, landet man an der Museumsinsel. Hier findet man ein weltweit einmaliges Museumsensemble vor, das neben dem Alten Museum das Neue Museum, die Nationalgalerie, das Bode Museum und das Pergamonmuseum umfasst.

Ab 2015 sollen diese Museen über eine archäologische Promenade für den Besucher noch enger miteinander verbunden werden. Als neuer Zentralbau der musealen Spreeinsel ist eine zusätzliche Galerie geplant, die nach dem äußerst bedeutenden Mäzen James Simon benannt werden wird. Sie ersetzt das zerstörte Packhofgebäude, das einst nach den Entwürfen Schinkels entstand, und soll die anderen Museen hinsichtlich Ausstellungsfläche und Andrang entlasten. Denn die steigenden Besucherzahlen versprechen einen künftigen Ansturm von etwa vier Millionen Kunstinteressierten jährlich.

Die Stiftung Preußischer Kulturbesitz, eine der größten Kultureinrichtungen der Welt, verwaltet das Museumsensemble, wie auch die anderen staatlichen Museen der Hauptstadt. Das größte Schmuckstück unter den Häusern dürfte dabei das Pergamonmuseum sein, das die Antikensammlung mit teils monumentalen vorderasiatischen Ausstellungsstücken beherbergt.

668 // MUTTER, ANNE-SOPHIE

Anne-Sophie Mutter war sieben, als sie zum ersten Mal „Jugend musiziert" gewann – da spielte sie gerade zwei Jahre lang Geige. Mit 13 Jahren, 1976, begann ihre internationale Karriere: Bei den Festspielen in Luzern debütierte Anne-Sophie Mutter unter tosendem Applaus, ein Jahr später gelang ihr der endgültige Durchbruch bei den Salzburger Pfingstkonzerten. Unter der Leitung Herbert von Karajans begeisterte sie mit einem Violinkonzert von Mozart – seitdem gilt sie als die Galionsfigur der internationalen Klassikszene, nicht nur durch ihre Virtuosität an der Geige und ihre Auseinandersetzung mit zeitgenössischen Kompositionen. Die temperamentvolle Violinistin engagiert sich darüber hinaus in einmaliger Weise sozial und pädagogisch: Mit ihrer Stiftung fördert sie hochbegabte Solisten der Fächer Geige, Bratsche, Cello und Kontrabass; in Erinnerung an ihren verstorbenen Mann, Dr. Detlef Wunderlich, errichtete sie in Deutschland, Bulgarien und Lettland Waisenhäuser; sie gibt Benefizkonzerte gegen den Einsatz von Landminen und für die Restaurierung der Anna-Amalia-Bibliothek, für SOS-Kinderdörfer und das Harman Center for the Arts in Washington.

Für all dies wurde sie 2008 als erste Frau mit einem der renommiertesten Musikpreise der Welt, dem Ernst-von-Siemens-Musikpreis, ausgezeichnet. Mit der Hälfte dieses Preisgeldes von 200.000 Euro möchte sie eine neue Stiftung zur Förderung des musikalischen Nachwuchses gründen.

669 // MUTTERTAG

Am zweiten Sonntag im Mai ist Muttertag, es sei denn, es trifft ausgerechnet den Pfingstsonntag (dann muss neu verhandelt werden).

Muttertag wird hierzulande seit 1923 offiziell gefeiert. An diesem Ehrentag sollte man die Frau Mama, die sorgende Seele des Hauses, das rührende Herz der Familie, für ihre Mühen und Plagen ein wenig belohnen. Zumindest eine kurze, mit Liebe getippte SMS sollte drin sein. Besser noch ein Telefonat. Und am allerbesten, denken die Blumenhändler, ein herzlicher Gruß in Form eines großen Blumenstraußes. Der Verband der deutschen Blumenhändler war es denn auch, der damals dafür gesorgt hat, dass dieser so berechtigte Feiertag im Kalender fest verankert wurde. Es ist auch der Tag, an dem manch traditioneller Ehemann zum ersten Mal das Spülen lernte.

Auch wenn der Muttertag inzwischen fast antiquiert wirkt, sorgen die deutschen BlumenhändlerInnen und alle, die ihre Mütter lieben, aber viel zu selten sehen, dafür, dass der Tag nicht wieder in der Versenkung unserer Geschichte verschwinden wird.

Nationalhymne / Naturschutzgebiete / Neandertal / Nelke / Nena / Netzer, Günter / Neue Deutsche Welle / Neues Deutschland / Neuschwanstein / Nibelungenlied / Nietzsche, Friedrich / Nikolaikirche / Nirosta / Nivea / Norderney / Nordfriesische Inseln / Nordsee / Nürburgring / Nürnberger Gwärch / Nürnberger Lebkuchen

670 // NATIONALHYMNE

Dass hier nicht irgendeiner am Werk war, sondern kein Geringerer als der Komponist Joseph Haydn, das hört man, wann immer die deutsche Nationalhymne gespielt wird. Zwar pries man zu Haydns Zeiten mit der getragenen Melodie den habsburgischen „Franz den Kaiser, unsern guten Kaiser Franz", doch die Melodie ließ sich ebenso zum Lobpreis Deutschlands nutzen, als der Dichter August Heinrich Hoffmann von Fallersleben sein „Lied der Deutschen" verfasst hatte.

Seitdem der Dichter 1841 im helgoländischen Exil – in das er als Anhänger des Nationalliberalismus hatte flüchten müssen – das Lied veröffentlichte, musste es eine stürmische Geschichte durchleben: Es wurde zum Lied der 1848er-Revolution, zur Hymne der Weimarer Republik, von den Nazis missbraucht und von den Alliierten verboten, bis es in der jungen Bundesrepublik üblich wurde, die dritte Strophe „Einigkeit und Recht und Freiheit / Für das Deutsche Vaterland" zu singen.

Zur selben Zeit aber entstand auch in der DDR eine Nationalhymne mit einem Text von Johannes Becher und Musik von Hanns Eisler: „Auferstanden aus Ruinen". Ein schönes Lied, das sich ebenfalls als gesamtdeutsche Nationalhymne geeignet hätte; doch Bundeskanzler Helmut Kohl und Bundespräsident Richard von Weizsäcker entschieden sich 1991 für das Lied Hoffmann von Fallerslebens.

671 // NATURSCHUTZGEBIETE

Hier sollen kleine Fröschlein, majestätische Adler, dunkle Wälder und feuchte Moore in Ruhe ihr Dasein fristen können. Ohne Bagger, ohne Traktoren und ohne menschliche Störenfriede. Das Bundesnaturschutzgesetz regelt verbindlich, was in Naturschutzgebieten stattfinden darf und was nicht. Und diese Regeln sind streng.

Dennoch oder wahrscheinlich gerade deshalb ist die Gesamtfläche der Naturschutzgebiete in Deutschland lächerlich niedrig, gerade mal 3,3 %, hat das Bundesamt für Naturschutz 2006 errechnet. Vorbildlich sind Hamburg, Brandenburg und Nordrhein-Westfalen; eine Watsch'n für ihre Nachlässigkeit in Sachen Naturschutzgebiete müssten Bayern, Baden-Württemberg und Hessen bekommen.

Naturschutzgebiet ist nicht gleich Naturschutzgebiet. Die meisten sind gerade mal 50 Hektar groß, also ca. 50 Fußballfelder. Viel zu klein, meinen Naturschützer, ein Adler fliegt auf seiner täglichen Runde locker darüber hinaus. Außerdem sind die schädlichen Einflüsse von angrenzender Industrie und Landwirtschaft zu schwerwiegend, als dass man noch von nachhaltigem Naturschutz sprechen könnte. Vorbildlich sind deshalb die beiden größten deutschen Naturschutzgebiete, ganz im Süden das Ammergebirge mit über 28.000 Hektar und ganz im Norden das Wattenmeer sogar mit 136.000 Hektar.

672 // NEANDERTAL

1856 entdeckten Arbeiter in den Kalksteinbrüchen im Neandertal bei Düsseldorf 16 Knochen, die sie zunächst achtlos auf den Müll warfen. Als man anschließend auch einen Schädel fand, erinnerte man sich der Funde und rekonstruierte damit das Skelett eines urzeitlichen Menschen, des Homo neanderthalensis. Seit jener Zeit gibt der spektakuläre Fund Rätsel auf: Wie und wann hat der Neandertaler, der kein Vorfahre des modernen Menschen, sondern eine eigene europäische Unterart des Homo sapiens war, gelebt? Lange Zeit bestimmte ein grobes, ungeschlachtes Wesen das Bild des urzeitlichen Menschen – dann zeugten Funde feiner Werkzeuge und auch Belege für einen Totenkult von einer wesentlich diffizileren Kultur.

In der Tat aber war der Neandertaler kleiner und robuster als der Homo sapiens sapiens: Er war etwa 160 Zentimeter groß und 80 Kilo schwer. Besonders auffallend war sein derber Schädel mit der flachen Stirn, den großen Überaugenwülsten und einem mächtigen Kiefer. Im Gesamten war der Neandertaler sehr muskulös und widerstandsfähig, musste er doch den starken Klimaschwankungen der Eiszeit vor 140.000–30.000 Jahren trotzen. Besichtigen kann man übrigens die Original-Skelettfunde noch immer im Neanderthal-Museum bei Düsseldorf.

673 // NELKE

Eine Nelke im Knopfloch, und schon erkennt man sich beim Blind Date im Café. Doch die Tradition ist eine ganz andere und noch dazu sehr politische:

Beim Treffen der Zweiten Internationalen 1889 in Paris wurden die Arbeiter aller Länder aufgerufen, jährlich am 1. Mai für ihre Rechte einzutreten. Als dieser Kampftag 1890 erstmals begangen wurde, waren Kundgebungen, Protestumzüge und das Mitführen von Fahnen von der Obrigkeit weitestgehend untersagt worden. Diese Verbote umgehend, organisierte man gemeinsame Ausflüge in Gartenlokale und wählte als Erkennungszeichen für die Gesinnung die rote Nelke im Knopfloch. Knopflochblumen (vor allem weiße Nelken) waren als modische Accessoires durchaus verbreitet, und Rot hatte als Farbe der Arbeiterbewegung bereits Tradition.

Heute ist die rote Nelke Symbol sozialdemokratischer und sozialistischer Organisationen. Und es gehört zum Ritual, am Jahrestag der Ermordung Rosa Luxemburgs und Karl Liebknechts an deren Gräbern rote Nelken niederzulegen.

674 // NENA

Gabriele Kerner kennen die wenigsten Deutschen, Nena kennt fast jeder, zumindest jeder Besucher einer 80er-Jahre-Party. Ihren Künstlernamen bekam sie schon in Kindertagen im Spanienurlaub, denn er bedeutet „kleines Mädchen" auf Spanisch.

In den Achtzigern wurde Nena zu der deutschen Pop-Ikone schlechthin. Die Neue Deutsche Welle hatte den Weg für deutschsprachige Rock- und Popmusik geebnet, Nena schaffte den Durchbruch. Die „99 Luftballons" waren sogar in den USA ein Riesen-Hit und eigentlich ein popkultureller Re-Import, denn die DJs jenseits des großen Teiches hatten das Potential dieses Songs noch vor den deutschen Sendern erkannt.

Nena ist eine gebürtige Hagenerin, und ihre Bandkarriere begann ebendort. Bis heute wird ihr Stil oft kopiert, nicht nur musikalisch, sondern auch in Sachen Kleidung und Frisur. Phänomene wie „Tokio Hotel" gründen, vielleicht auch unbewusst, auf Nenas modischen Pionierleistungen. Sie hat unüberhörbaren Einfluss auf Deutschland ausgeübt, denn sie hat als Musikerin nichts versäumt und mehr als nur geträumt.

675 // NETZER, GÜNTER

Günter Netzer ist einer der herausragendsten Fußballspieler aller Zeiten. Außergewöhnlich war nicht nur seine elegante Spielweise, sondern auch sein extravaganter Lebensstil.

Der typische Fußballer der 70er war ein etwas tumber Balltreter mit Schnauzbart, dessen Privatleben für die Öffentlichkeit eher uninteressant war. Netzer dagegen war abseits des Fußballplatzes mit dem Ferrari unterwegs und betrieb eine Disco. Seine Freundin war keine Friseuse, sondern Künstlerin, die in schwarz gestrichenen Räumen lebte; Netzer trat sogar in der Klamauksendung „Klimbim" auf. Er war ein begnadeter Spielmacher und gilt bis heute als einer der besten Mittelfeldspieler aller Zeiten. „Andere mussten jahrelang schuften, ihm genügten wenige Spiele zur Unsterblichkeit", schrieb einmal eine Zeitung.

Legendär war vor allem seine Selbsteinwechselung beim Pokalfinale 1973 seines Vereins Mönchengladbach gegen den 1. FC Köln: Netzer sitzt auf der Bank, nach der regulären Spielzeit steht es 1:1. Es hält ihn nicht länger, und er wechselt sich gegen die Order von Trainer Weisweiler selbst ein. Nach nur drei Minuten und zwei Ballkontakten schießt Netzer das Tor zum Sieg.

Nach diesem Spiel wechselte Netzer – als einer der ersten seiner Zeit – zu Real Madrid. Inzwischen lebt der clevere Geschäftsmann in der Schweiz und leitet eine Sportvermarktungsagentur. Sein Legendenstatus blüht auf, seit Netzer mit Gerhard Delling in der ARD die Fußballspiele der deutschen Nationalmannschaft kommentiert. Dem ehrwürdigen Grimme-Institut waren die witzigen und scharfsinnigen Wortgefechte der beiden sogar eine Auszeichnung wert.

676 // NEUE DEUTSCHE WELLE

Es war nicht alles schlecht in den 80ern. Nicht „Polizisten" von „Extrabreit" (Hagen), nicht „Blaue Augen" von „Ideal" (Berlin), nicht „Dosenbier" von „ZK" (Düsseldorf). Aber die Neue Deutsche Welle im engeren Sinne fand ja nicht im „Ratinger Hof" oder im „SO36", sondern in der ZDF-Hitparade statt. Mit Markus („Kleine Taschenlampe brenn'") und „Geier Sturzflug" („Wir steigern das Bruttosozialprodukt") hatten die Musikvermarkter den Bogen schnell überspannt. Das Publikum wandte sich überwiegend gelangweilt ab, während sich die Eltern noch verwundert die Augen rieben und in der Grundschuldisco auf dem Sommerfest zu Nena die Post abging.

Aber noch heute machen Scheunenfeste und Ü30-Partys nicht nur auf dem Land mit der erschreckenden Ankündigung „Punk, Wave, NDW" auf sich aufmerksam. Und das Fernsehen hat seine Stars von damals leider auch keineswegs vergessen. Es hält sich zudem in der populären Popmusiktheorie hartnäckig das Gerücht, die Neue Deutsche Welle habe der deutschsprachigen Musik in der öffentlichen Wahrnehmung neue Räume verschafft. Ihr historisches Verdienst sei es, dass später die „Hamburger Schule" oder etwa deutscher Hip-Hop die gebührende Aufmerksamkeit erhielten. Es handelt sich dabei angesichts der musikalischen Tatsachen um einen klaren Fall von Geschichtsklitterung.

677 // NEUES DEUTSCHLAND

Die Zeitung behauptet gar nicht erst, unabhängig zu sein. „Sozialistische Tageszeitung" heißt es im Untertitel, und da verwundert es nicht, dass die Partei „Die Linke" Mehrheitsgesellschafter ist. Man will „dem Osten eine Stimme geben", und das Geschehen aus einem „demokratisch-sozialistischen" Blickwinkel betrachten. „Neues Deutschland" will zwar nicht als Megaphon einer bestimmten Partei gesehen werden, de facto besteht das Blatt jedoch aus zahlreichen Berichten über Politik und Parteileben der Linken.

Unabhängigkeit war tatsächlich nie die Stärke der Zeitung, seit sie 1946 als Zentralorgan der sozialistischen Einheitspartei der DDR gegründet wurde. Mit einer Auflage von über 1 Million Exemplare war sie das wichtigste Propagandawerkzeug der SED und des regierenden Ministerrates.

Manchmal nahm die devote Berichterstattung fast groteske Züge an. Zur Eröffnung der Leipziger Messe 1987 erschienen sage und schreibe 41 Fotos des damaligen Staatsratsvorsitzenden Erich Honecker. Genutzt hat es nichts, wie die Geschichte beweist: Aus der ehemals so mächtigen Zeitung ist nach der Wiedervereinigung ein Papiertiger geworden – mit etwas mehr als 40.000 verkauften Exemplaren und einer Leserschaft, die das Rentenalter schon länger erreicht hat. Die meisten Leserbriefe gehen ein, wenn die Redaktion die Geburtstage verdienter DDR-Helden nicht ausreichend würdigt.

678 // NEUSCHWANSTEIN

Bei Füssen erhebt sich vor dem herrlichen Panorama der Ammergauer Alpen Schloss Neuschwanstein. König Ludwig II. von Bayern ließ es auf den Ruinen zweier kleinerer Burgen als „Neue Burg Hohenschwangau" errichten; seinen heutigen Namen erhielt das Schloss erst nach Ludwigs Tod.

Obwohl man sich bereits dem Ende des 19. Jahrhunderts näherte, erfolgte der Bau (Grundsteinlegung war am 05.09.1869) auf Wunsch des träumerisch veranlagten Königs „im echten Stil der alten deutschen Ritterburgen". Er beauftragte den Theatermaler Christian Jank und den Architekten Eduard Riedel, seine Vorstellungen zu realisieren. Der Regent liebte die romantischen Sujets der mittelalterlichen Sagen; die Wandgemälde im Schloss zeigen deshalb Szenen aus den Geschichten über Tannhäuser, den Schwanenritter Lohengrin und Parzival. Als weiteres Motiv der Ausstattung des Schlosses wählte Ludwig II. außerdem den Schwan, christliches Symbol der Reinheit und Wappentier der Grafen von Schwangau, in deren Tradition er sich sah.

Trotz des mittelalterlichen Aussehens wurde Neuschwanstein nach dem damals aktuellsten Stand der Technik ausgestattet. Die Wohnräume des Königs verfügten über eine Heißluftzentralheizung, es gab fließendes Wasser, automatische Toilettenspülungen, eine elektrische Rufanlage, Telefonanschlüsse. Obwohl man sich auch beim Bau modernster Technik bediente (die Lastkräne wurden von Dampfmaschinen betrieben), dauerte die Bauzeit deutlich länger als erwartet, nicht zuletzt, weil der König seine Wünsche mehrmals änderte: Statt eines Schreibzimmers verlangte er eine Grotte, das Audienzzimmer wurde zum Thronsaal, die Gästezimmer fielen dem Plan für einen Maurischen Saal zum Opfer. Ludwig II. bewohnte jahrelang den 1873 errichteten Torbau, doch bei seinem Tod im Jahre 1886 war sein Märchenschloss nicht vollendet. Die Fertigstellung erfolgte, in einfacherer Ausführung als ursprünglich geplant, 1891.

Bereits einige Wochen nach Ludwigs Tod wurde Neuschwanstein der Öffentlichkeit zugänglich gemacht. Heute drängen sich jährlich etwa 1,3 Millionen Besucher durch die Räume und machen Neuschwanstein damit zu einem der meistbesuchten Schlösser Europas.

679 // NIBELUNGENLIED

Irgendwo in den Fluten des Rheins müssen unermessliche Reichtümer verborgen liegen: der legendäre Hort der Nibelungen, der im bedeutendsten mittelhochdeutschen Heldenepos eine so tragende Rolle spielt. Schatzjäger suchen tatsächlich noch immer nach dem Gold, das der Legende nach um das Jahr 420 von dem „grimmen Hagen" versenkt worden sein soll. Vielleicht ist das mit ein Grund, dass das Versepos – das um 1200 von einem anonymen Dichter verfasst wurde – nicht vergessen ist, dass es immer wieder neu erzählt, vertont und verfilmt wird.

Es ist aber auch eine großartige Geschichte um den Helden Siegfried, der mit einem Drachen kämpft, in dessen Blut badet und unbesiegbar wird – von einer kleinen Stelle abgesehen, auf die beim Baden ein Lindenblatt fiel und die ihm später zum Verhängnis wurde. Um die schöne Burgundertochter Kriemhild und die starke Isländerkönigin Brünhild – erbitterte Rivalinnen. Um den feigen, hinterlistigen Gunther und seinen Vasallen Hagen, eine sehr zwiespältige Gestalt. Und um einen Schatz, der all denen, die von ihm profitierten, nur Verderben brachte.

Bei Worms soll Hagen das Gold – das zwölf Leiterwagen, die an vier Tagen dreimal hin- und herfuhren, zum Fluss brachten – versenkt haben. Weil man dort selbst mit modernsten Suchmethoden nicht ein Goldstück ausfindig machen konnte, wird vermutet, Hagen habe den Schatz vielleicht in einer nahen Höhle versteckt. Und weil nach deutschem Fundrecht (BGB) der Fund zur einen Hälfte dem Finder und zur anderen dem Eigentümer des Ortes, an dem der Fund gemacht worden ist, gehört, könnte es sich lohnen, doch noch einmal in den Höhlen um Worms herum zu stöbern.

680 // NIETZSCHE, FRIEDRICH

Der Philosoph und Philologe Friedrich Wilhelm Nietzsche (1844–1900) studierte in Bonn und Leipzig Theologie und klassische Philologie. Ohne Promotionsverfahren wurde ihm der Doktortitel als Anerkennung seiner frühen Veröffentlichunge verliehen. Mit nur 24 Jahren wurde Nietzsche Griechisch-Professor in Basel. Sein Leben lang von Krankheiten geplagt, wurde er nach nur zehn Jahren von der Professur suspendiert. Er führte fortan ein unstetes Leben als freier philosophischer Autor in der Schweiz, in Italien, Frankreich und Deutschland und erkannte früher als andere: „Gott ist tot." Im Alter von 44 Jahren erlitt er einen erbarmungswürdigen und furiosen psychischen Zusammenbruch. Die letzten elf Jahre seines Lebens verbrachte er in fast vollständiger geistiger Umnachtung in verschiedenen Nervenheilanstalten und in der Obhut seiner Mutter und seiner Schwester.

Sein umfangreiches Werk, zu dem die Bücher „Die fröhliche Wissenschaft" und „Also sprach Zarathustra" gehören, seine Idee vom „Übermenschen", sein Konzept vom „Willen zur Macht" und die Radikalität seiner Kritik an Religion, Moral und Wahrheit reizen heute zu großem biographischem, philosophischem und psychologischem Interesse. Manch selbsternannter Nietzsche-Experte findet sich unter den Kommentatoren.

681 // NIKOLAIKIRCHE

Es gab eine ganze Reihe von Kirchen im Osten, deren Gemeinden 1989 durch Protestversammlungen die politische Wende in der damaligen DDR einleiteten. Zum Symbol dieser Friedensgebete, des Protestes und der sogenannten Montagsdemonstrationen aber ist die Leipziger Nikolaikirche geworden.

Begonnen hatte es dort bereits 1982: In der ehemals romanischen, später im klassizistischen Stil umgebauten Hallenkirche traf sich wöchentlich eine kleine Gruppe meist jugendlicher Protestanten zum Friedensgebet – gegen die Stationierung von Mittelstreckenraketen. Unter Pastor Christian Führer wuchs die Gruppe der Betenden Mitte der 80er an. Katholiken und Nichtgläubige kamen hinzu, das Thema Ausreise rückte ins Zentrum der Gebete und ersten Proteste. Und die Stasi wurde aufmerksam auf die Besucher von St. Nikolai. Zum Gebet am 9. Oktober 1989 drängten sich in der Kirche 8.000 Leute, draußen auf dem Vorplatz und in den Straßen Leipzigs standen noch einmal 70.000, die schließlich zum Leipziger Gewandhaus zogen. Horst Sindermann, ZK-Mitglied der SED, meinte später dazu: „Wir waren auf alles vorbereitet, nur nicht auf Kerzen und Gebete." Es ist dieser friedlichen, betenden Menge in Leipzig – und natürlich in anderen Städten der DDR – zu verdanken, dass die Diktatur in Ostdeutschland endlich ein Ende nahm.

682 // NIROSTA

Nirosta ist ein Akronym für „nichtrostender Stahl" und ein eingetragenes Warenzeichen der ThyssenKrupp AG. Es klingt ein wenig angestaubt wie „Haribo" und „KaDeWe" und ist auch ungefähr so alt. Andererseits weiß jedermann gleich, was gemeint ist.

Der Begriff stammt aus dem Jahr 1922 und bezeichnet Stähle, die auf den 1912 von Krupp patentierten V2A-Stahl zurückgehen. Dieses kryptische Kürzel bedeutet nichts weiter „Versuchsschmelze 2 Austenit", wobei als Austenit Mischkristalle bezeichnet werden, die aus mindestens zwei chemischen Elementen bestehen, in diesem Fall eben Eisen und Chrom. Chrom bildet an der Oberfläche eine rostbeständige und säureresistente Schutzschicht. Dazu kommen Anteile von Nickel, Molybdän, Mangan und Niob, die die Legierung, das metallische Gemenge, komplettieren. Ein Synonym ist „INOX" (für: inoxydable, franz.: nicht rostend). Edelstahl, mit dem Nirosta nicht verwechselt werden sollte, ist dann rostfrei, wenn's draufsteht.

Im Haushalt kommt uns Nirosta als Besteck, Topf und als Spüle unter. Aber dafür hätte man ihn kaum erfunden. Vor allem in der chemischen Industrie, die zu Beginn des 20. Jahrhunderts ihren Aufschwung nahm, findet er Verwendung. Mit Nirosta.

Übrigens, Nirosta ist kaum magnetisch. Gleich mal ausprobieren.

683 // NIVEA

Nivea ist die Mutter aller Cremes. Von der Hamburger Firma Beiersdorf erfunden und mit dem vom lateinischen Wort für Schnee – „nix, nivis" – abgeleiteten Namen versehen, sorgt die reinweiße Kosmetikmasse bereits seit 1911 für gepflegte Haut in Deutschland.

Die Rezeptur der größten Haut- und Körperpflegemarke der Welt sieht seit den Anfangstagen fast unverändert die gleiche Mischung aus Glyzerin, Panthenol, Zitronensäure, Wasser, Parfüm sowie Eucerit vor und hat sich seitdem immer und überall so erfolgreich bewährt, dass man das kleine blaue Döschen mit dem weißen Schriftzug wohl in jedem deutschen Badezimmer oder Kulturbeutel finden kann.

Firmieren neben der beliebten Fett- und Feuchtigkeitscreme mittlerweile auch Deodorants, Körperlotionen, Handcremes, Sonnenschutzmittel und Duschgels unter dem gleichen Namen – Nivea ist und bleibt doch in erster Linie das weißcremige Universalhilfsmittel für eine geschmeidige Haut. Und so cremt und salbt und reibt und schmiert ganz Deutschland diesen Balsam auf Gesicht und Körper, auf dass die Tradition für Schönheit ihre Wirkung entfalte.

684 // NORDERNEY

Norderney gehört zu den Ostfriesischen Inseln, die sich in einer langen Düneninselkette aus dem Rand des Wattenmeers erheben. Klassischerweise erreicht man die Insel vom Bahnhof Norddeich Mole mit dem Schiff. Anschließend steht einem erholsamen Urlaub mit Strandaufenthalt und Baden, Wattwanderung und Seehundbesuch nichts mehr im Wege.

Bereits 1797 wurde das Seebad Norderney gegründet. Der Kurbetrieb mit zunächst 70 Gästen nahm im Laufe der Jahrzehnte rasant zu und zog Intellektuelle, Fürsten und Politiker an. Heinrich Heine war genauso zu Gast wie Franz Kafka, Bismarck und Hindenburg. Insbesondere Georg V., König von Hannover, zu dessen Königreich Norderney 1815 bis 1866 gehörte, erwies sich als exzeptioneller Werbeträger. 1947 wurde das Nordseeheilbad staatlich anerkannt.

Den Mittelpunkt des Kurlebens stellt das Kurhaus dar. Der erste Bau dieser Art geht immerhin auf das Jahr 1799 zurück. Französische Besatzer hatten ihn rund 15 Jahre später gründlich verwohnt. Neu- und Umbauten führten zur heutigen eleganten Anlage. In Deutschlands größtem Thalassozentrum, im Badehaus mit Meerwasserwellenbad, kann man es sich in Seewasser, Schlick und Algen so richtig gutgehen lassen. Wer's mag, bekommt auch ein Schwarztee-Seewasserwannenbad.

685 // NORDFRIESISCHE INSELN

Wer Deutschland bereist und sich an die nördlichste Spitze des Landes begeben möchte, der findet sich in Nordfriesland wieder. Hier an der deutsch-dänischen Grenze, an der Westküste Schleswig-Holsteins, liegen die Nordfriesischen Inseln, eingebettet in die Nordsee und das nordfriesische Wattenmeer.

Vor langer Zeit rissen mächtige Sturmfluten das Land auseinander und bildeten diesen wunderschönen Küstenstreifen, der heute aus über 20 deutschen und dänischen Inseln – zählt man die Halligen hinzu – besteht. Über die Zeit haben die Eilande jeweils einen eigenen, unverwechselbaren Charakter entwickelt. Am auffälligsten sind dabei auf deutscher Seite Amrum, Föhr und das schicke Sylt, das mit einigen großen Kurorten und der Hindenburgdamm-Anbindung ans Festland von größter touristischer Bedeutung ist.

Leider nagt auch heute noch die Nordsee mit ihrer Hochseebrandung an der Substanz, weshalb die Wahrung der nordfriesischen Schönheiten nur unter großen Anstrengungen gelingt. Bei Sturmfluten gilt es somit stets zu hoffen, dass es den verbliebenen Inseln nicht so wie dem dänischen Jordsand ergeht, das 1999 im Meer versinken musste.

686 // NORDSEE

Noch bis ins 17. Jahrhundert gestaltete die Nordsee mit jeder größeren Sturmflut ihre Küstenlinie neu. Ganze Dörfer wurden buchstäblich fortgerissen. Mächtige Deiche schützen heute zuverlässig die dahinter lebenden bodenständigen, verlässlichen Menschen mit ihren eigentümlichen Traditionen. Gerne „boßeln" sie beispielsweise auf öffentlichen Straßen in langen Unterhosen und Wollsocken! „Kegeln" trifft es als Beschreibung also nicht ganz. Die Nordsee ist eben ein ambivalenter Raum: Kinderstube der Fische und Müllkippe, Seehundbecken und Industriegebiet, Schifffahrtsroute von Weltrang und Urlaubsregion.

Trotz aller Belastungen ist das Wattenmeer neben den Felskämmen der höchsten Berge die einzige verbliebene größere natürliche Landschaft in Deutschland. Deswegen steht die ganze Küste auch unter dem besonderen Schutz dreier Naturparks.

Die Nordsee ist nicht zuletzt ein Sehnsuchtsraum der Deutschen. Ähnlich den Bergen und dem Wald. Sie verkörpert die Freiheit der Meere und der Ferne, jedenfalls unseren schmalen Anteil daran. Ohne übertriebene symbolische Aufladung wollen wir uns unter einem weiten Himmel im wärmenden Strandkorb die frische salzig-heilsame Brise um die Nase wehen lassen und ein kleines bisschen von der großen weiten Welt träumen.

687 // NÜRBURGRING

Schon drei Tage vorher reisen die Fans an, um sich beim Grand-Prix-Rennen der Formel 1 die besten Plätze zu sichern. Zu Michael-Schumacher-Zeiten kamen sie sogar ein bis zwei Wochen vorher, mit Kind und Kegel, brutzelten Würstchen auf dem Grill, tranken Bier aus Dosen und verbrachten am Nürburgring teilweise ihren Jahresurlaub. Um nur ja dabei zu sein, wenn der rote Ferrari als Erster über die Ziellinie schießt.

Jedes packende Duell wird hier, auf Deutschlands berühmtester Rennstrecke, bejubelt, bei jedem Unfall halten die Zuschauer den Atem an.

1925 begannen die Bauarbeiten zu der Rennstrecke, die der Formel 1 ebenso wie Tourenwagenrennen, Oldtimer-Rennen und sogar Fahrsicherheitstrainings zur Verfügung steht. 3.000 Arbeitslose arbeiteten zwei Jahre, dann konnte die damals 28 km lange Rennbahn eingeweiht werden, von denen bis 1984 nur noch die nördliche, 20,8 km lange Strecke befahren wurde, deren einzelne Abschnitte so harmlose Namen wie „Flugplatz",

„Pflanzgarten", „Bergwerk", „Schwalbenschwanz", „Brünnchen" und „Schwedenkreuz" trugen. Doch die treuherzigen Namen täuschen: Onofre Marimón verunglückte 1954 tödlich auf dem Nürburgring, Gerhard Mitter starb 1969 bei der Formel 2 im „Schwedenkreuz", Niki Lauda kam 1976 nach einem Feuerunfall schwerstverletzt immerhin mit dem Leben davon.

Seit 1984 werden die Formel-1-Rennen nicht mehr auf der Nordschleife, sondern auf dem neuen Rundkurs, der seitdem mehrfach umgestaltet wurde, veranstaltet.

688 // NÜRNBERGER GWÄRCH

Es gibt regionale Gerichte, die klingen bedenklich und erweisen sich bei genauerer Betrachtung als unprätentiöse Köstlichkeit. Und es gibt das Nürnberger Gwärch oder auch Gwerch. Es ist nicht einmal klar, ob dieses Gericht sächlich oder doch männlich ist. Es heißt verbreitet, es bestünde aus Ochsenmaulstücken, weißem Presssack oder rotem Presssack in feinen Streifen und zerkleinerter Nürnberger Stadtwurst sowie Zwiebelringen. Optional sind Eier- und Gurkenscheiben, unabdingbar eine Essig-Öl-Marinade mit einer Prise Zucker, in der die Mischung ausreichend lange zieht. Das heißt dann „mit Musik". Dazu Schwarzbrot. Das wirft dann doch einige Fragen auf. Die Presssäcke seien hier einmal, mit Einverständnis der Wursthauptstädter, unter ganz grober Leber- beziehungsweise Blutwurst mit Anleihen an Sülze subsumiert. Die Nürnberger Schdaddwoschd, darauf muss man auch erst einmal kommen, ist eine Art fränkische Lyoner vom Schwein mit Fleisch- und Speckwürfeln und Majoran. Vom gekochten, entbeinten und gehäuteten Ochsenmaul heißt es in Nürnberg in aller Unschuld, es sei bei Arbeiterfamilien früher sehr beliebt gewesen. So kann man das natürlich auch sehen. Wer neugierig geworden ist: Im „Schlen-kerla" bieten sie die Portion für gut fünf Euro an.

689 // NÜRNBERGER LEBKUCHEN

Wenn zur Adventszeit die Christkindlmärkte öffnen und ein Hauch von Zimt und Nelken durch die Straßen weht, dann darf eine Leckerei auf deutschen Weihnachtstellern nicht fehlen: der Lebkuchen.

Dieses Gebäck aus Mehl, Nüssen, Orangeat, Honig und einer variierenden Mischung verschiedenster Gewürze folgt einer belgischen Rezeptur, die im Mittelalter ihren Weg über Aachen nach Deutschland fand. Als schließlich fränkische Mönche den Würzkuchen unter Zugabe orientalischer Gewürze verfeinerten, begründeten sie die lange Nürnberger Lebkuchen-Tradition. Dabei kam ihnen die verkehrsgünstige Lage der Reichsstadt zugute, wo sich Handels- und Gewürzstraßen kreuzten und die für die Herstellung notwendigen Zutaten aus fernen Ländern angeboten wurden. Aufgrund der örtlichen Bienenzucht stand zudem bester Honig zur Verfügung, der das auch „Honigkuchen" genannte Gebäck süßen konnte.

Ebenso köstlich wie die Nürnberger Produkte sind aber auch Aachener Printen oder Pulsnitzer Pfefferkuchen, die – vielleicht zu einem Glas Glühwein – gleichsam ein ganz besonderer Hochgenuss für die Winterzeit sind. Heute gibt es eine solche Vielfalt von Lebkuchen, dass die Weihnachtstage fast zu kurz sind, um alle Freuden von Zuckerguss bis Schokoladenüberzug und von Lebkuchentruhe bis Lebkuchenhaus zu genießen.

Obatzter / Obermaier, Uschi / Odol / Oktoberfest / Opel / Ordnung / Ossi / Ostalgie / Osterhase / Ostfriesland / Ostsee / Otto (Waalkes)

690 // OBATZTER

Es mag sein, dass eine bayerische Wirtin in den 1920ern den Obatzten kreierte, um die in der Küche angefallenen Käsereste zu verwerten. Tatsache ist, dass sich daraus eine schmackhafte Spezialität entwickelte, die heute zu den klassischen Brotzeiten – vor allem in bayerischen Biergärten – serviert wird. „Obatzter" heißt so viel wie „Angebatzter, Angedrückter, Vermischter".

Der Name ist Rezept: Vollreifer Weichkäse, insbesondere Camembert, aber auch Limburger oder Romadur, wird mit schaumig gerührter Butter vermischt und mit sehr fein gehackten Zwiebeln und Gewürzen (Rosenpaprika, Pfeffer, Kümmel) zu einer Creme verarbeitet. Variationen entstehen durch Zugabe von Quark oder Frischkäse, Bier oder auch Wein. Ideale Begleiter des Obatzten sind Brot, Radieschen oder Rettich, Schnittlauch und Bier.

691 // OBERMAIER, USCHI

Die brünette Schönheit war das Symbol einer ganzen Generation, der 68er-Generation. Sie tat nicht viel, aber jeder kannte sie, und Geld hat sie damit auch noch verdient. Das Profi-Groupie und Kommunenmitglied war erfolgreiches Fotomodell, und berühmte Fotografen wie Helmut Newton und Richard Avedon arbeiteten mit ihr zusammen; darüber hinaus bot der italienische Starproduzent Carlo Ponti Obermaier sogar einen 10-Jahres-Vertrag als Schauspielerin an, den sie allerdings ausschlug. Ebenfalls dokumentiert sind Affären mit Rolling-Stones-Sänger Mick Jagger und -Gitarrist Keith Richards, doch es gab auch andere Bands und Musiker – wie Jimi Hendrix –, die sich zu ihr hingezogen fühlten. Und natürlich

Rainer Langhans, das pudellockige Aushängeschild der Kommune 1. Mit ihm war sie jahrelang ein Paar, Entschuldigung, *kein* Paar, denn die Ketten der Zweier-Beziehungen sollten ja gesprengt werden. Es folgte ein weiterer bunter Hund, der Kiez-Prinz Dieter Bockhorn, mit dem sie sechs Jahre durch die Welt reiste, ganz traditionell als Ehepaar. Bockhorn starb 1983 bei einem Autounfall in Mexiko, Uschi lebt seitdem in Kalifornien und kreiert Schmuck. In Deutschland machte sie 2007 noch einmal Schlagzeilen, als ihre Biographie „Das wilde Leben" ins Kino kam.

692 // ODOL

Odol, gebildet aus den Anfangssilben des griechischen Wortes für Zahn und des lateinischen für Öl, war werbetechnisch ein Coup: auf der Höhe des wissenschaftlichen Fortschritts, ein einprägsamer, international verwendbarer Markenname und eine originelle und funktionelle Verpackung. Die Firma GlaxoSmithKline Consumer Healthcare ist stolz darauf, mit Odol ein Produkt zu vertreiben, das schon vorweg die Forderung des Werkbunds verwirklichte, die Form müsse Ausdruck der Funktion sein. Bei ihrem Namen könnte sie sich das Funktionalitätsprinzip durchaus zu eigen machen.

1883 ging die Mischung verschiedener ätherischer Öle und eines antiseptischen Mittelchens an den Start. In Dresden hatte der Kaufmann Karl August Lingner (1861–1916) Odol mit einem befreundeten Chemiker erfunden, als Mundhygiene noch ein Fremdwort war. Der Kampf gegen die Bakterien aber war von Pasteur und Koch bereits aufgenommen worden. Neben seinem ausschweifenden Promi-Leben widmete sich Lingner der Verbreitung und Umsetzung moderner Kenntnisse der Hygiene. Sogar der Kulturkritiker Karl Kraus verwendete Odol – für eine beißende Kritik an obrigkeitsstaatlichem Personenkult: „Unter den vielen deutschen Dingen, die jetzt auf -ol ausgehen, dürfte Odol noch immer wünschenswerter als Idol sein."

693 // OKTOBERFEST

In aller Welt ist das deutsche Wort „Oktoberfest" zum Synonym für Volksfest geworden, und so verwundert es nicht, dass es weltweit rund 2.000 Oktoberfeste gibt – vom kanadischen Kitchener Waterloo bis zum brasilianischen Blumenau, von Windhoek in Namibia bis Qingdao in China.

Doch das Original auf der Münchner Wiesn (sprich der Theresienwiese) ist noch immer nicht nur zahlenmäßig das größte. Nirgends fließt das Bier schneller, sind die Madln schöner und ist die Blasmusik zünftger.

Zu verdanken hat München sein Oktoberfest der Hochzeit des bayrischen Kronprinzen Ludwig (des späteren Königs Ludwig I.) mit der schönen Prinzessin Therese von Sachsen-Hildburghausen im Jahr 1810. Zur Belustigung der Münchener Bürger veranstaltete das Brautpaar auf der Wiese – die damals noch außerhalb der Stadt lag und nach den Festivitäten nach der Braut benannt wurde – ein Pferderennen. Bei Bier und einer Brotzeit ließen die Münchner das königliche Paar hochleben und waren nach dem Fest so begeistert, dass sie beschlossen, nun jedes Jahr wieder auf der Theresienwiese zu feiern. Die nächsten Jahre nutzten die Münchner die Wiese als Pferderennbahn und Gelände für eine kleine Agrarmesse, bis 1818 das erste Karussell und einige Bierbuden eröffnet wurden.

Mittlerweile sind es vor allem sechs Millionen Liter Bier, eine halbe Million Brathendl, 140.000 Würste und rund 100 ganze Ochsen, die die internationalen Gäste auf die Wiesn locken. Und natürlich der festliche Wiesneinzug, die Trachtenumzüge und die feschen Madln bei der Wahl zur Miss Oktoberfest.

694 // OPEL

Die Entwicklung und Herstellung von Autos hat in keinem anderen Land der Welt eine so reiche Tradition wie in Deutschland. Wesentlicher Bestandteil dieser nationalen Erfolgsgeschichte ist das Rüsselsheimer Unternehmen Opel, das 1862 zunächst mit dem Bau von Nähmaschinen begann, Ende des 20. Jahrhunderts jedoch in die Produktion von Kraftfahrzeugen einstieg und so zu einem Pionier des Automobilbaus in Deutschland wurde. Nachdem 1899 mit dem „Opel Patent-Motorwagen System Lutzmann" das erste Auto das Werk verlassen hatte, entwickelte Opel in der bereits über 100-jährigen Firmengeschichte eine breite Palette beständig weiterentwickelter Fahrzeugtypen. Darunter das erste in Deutschland durch Fließbandtechnik gefertigte Massenfahrzeug namens „Laubfrosch" und die langjährigen Erfolgsmodelle „Kapitän", „Olympia", „Admiral" und „Diplomat".

Nachhaltigen Erfolg erzielte die Adam Opel GmbH, die seit 1929 zum amerikanischen General Motors Konzern gehört, außerdem mit den Modellen „Kadett" und „Corsa", die über Jahrzehnte ebenso wenig von deutschen Straßen wegzudenken waren wie der legendär gewordene „Manta". Nach einem Modell eines anderen Automobilherstellers wurde vielleicht eine ganze Generation benannt – doch der „Manta" und seine schillernden Fahrer sind Ursprung einer eigenen Witzkultur und Lebensart – voll geil, ey!

695 // ORDNUNG

Der deutsche Ordnungssinn ist legendär und berüchtigt. Ordnung muss sein, hieß es oft in diesem Land, ohne weitere Begründung. Und „Ordnung ist das halbe Leben" bekommt vielleicht heute noch manches Kind in Deutschland eingeimpft.

Was sollte auch schlecht sein an Ordnung? Sie macht ein geordnetes Zusammenleben doch erst möglich! Und einem ordentlichen Deutschen fliegen praktisch alle anderen „deutschen" Tugenden zu, die – von Kritikern als Sekundärtugenden bezeichnet – in ihrem Ansehen ordentlich geschmälert werden sollen. Aber sind nicht Pünktlichkeit, Gründlichkeit, Sauberkeit, Fleiß, Gehorsam und Pflichtgefühl die Segnungen einer höheren Ordnungsmacht oder wenigstens die Früchte des Glaubens an die Ordnungshüter? Die den Deutschen anerzogene Ordnungsliebe darf eben nur nicht übertrieben werden. Auf das Maß kommt es an (auf „die Maß" oder auf einen ordentlichen Schluck eines ordentlichen Weines). Solange man Ordnung hält, hat auch Deutschlands liebste Behörde, das Ordnungsamt, nichts auszusetzen. Und als in Nachkriegsdeutschland die Welt noch in Ordnung war, schrieb der ordentliche Professor Theodor W. Adorno, eingeordnet in seine „Minima Moralia": „Aufgabe von Kunst ist es heute, Chaos in die Ordnung zu bringen."

696 // OSSI

Ursprünglich ist der Ossi Angehöriger einer Volksgruppe des Nordens. Ihr bekanntester Vertreter war lange Otto Waalkes. Es gab Zeiten, da krümmte sich der Rest des Landes vor Lachen, wenn jemand nur „Ostfriese" sagte. Wichtigster Exportartikel der Region schienen mittelmäßige Witze zu sein. Aber dann ersetzte die Mauer in den Köpfen jene in Berlin, und der Ossi-Begriff wurde mit den Bananen- und den Geldtransportern nach Neufünfland verlagert.

In seiner Unterbelichtung stand der neue Ossi, ehemals Bürger der DDR, in der Tradition des alten. Seine Frisuren, Jeans und Trabis waren so ulkig. Und es war ja auch zu witzig, wie er auf jeden kleinen und großen Nepp hereinfiel, den im Westen natürlich jede Omi und jeder Dorfbürgermeister mit Leichtigkeit durchschaut hätte. An Figuren wie Wolfgang „Lippi" Lippert oder dem rundgesichtigen Grinsemann Achim Mentzel, der alten Stimmungskanone, kam allerdings kein Spötter vorbei, wollte er nicht seine Satire-Lizenz verlieren. Gar nicht witzig waren allerdings Verunglimpfungen als „Modernisierungsverweigerer" und „Sozialschmarotzer". Da wurde der Ossi ostalgisch, wählte PDS und strafte den Rest der Republik mit medialem Ostkult. Man sollte ihn also nicht unterschätzen, den Ossi.

697 // OSTALGIE

Mit der Erinnerung ist es ja so eine Sache. Kaum ist ein Ereignis länger als fünf Jahre her, hat sich der sanfte rosa Schleier der Verdrängung darübergelegt. Viele kennen das von ihrem Dienst bei der Bundeswehr, der währenddessen eine Strafe Gottes, wenig später aber schon zum Partyanekdotenlieferanten aufgestiegen ist. Nostalgie nennt man das auch.

Ähnliches passierte mit der DDR. Zu ihren Lebzeiten wollte sie keiner mehr haben, heute erinnern sich die ehemaligen Unterdrückten mit einer Träne im Knopfloch an „Club-Cola" und Ampelmännchen. Die Sehnsucht nach dem Osten und der vermeintlich „guten alten Zeit" ging so weit, dass „Ostalgie-Partys" aus dem Boden schossen, auf denen Honecker-Doubles auftraten und „Puhdys"-Schallplatten liefen. FDJ-Hemden und Stasi-Abzeichen wurden modische Accessoires, und der Trabi avancierte zum Kultfahrzeug. Wenn man die Ironie und den Kommerz beiseitelässt, dann ist die östliche Variante der Nostalgie durchaus nachzuvollziehen.

Mit dem Fall der Mauer wurden 45 Jahre Alltagsgeschichte mit entsorgt. Dass da den einen oder anderen die Wehmut ergriff, wenn außer dem Kaffeeersatz auch die Bautzener Rote Beete aus den Regalen verschwand – wen wundert's? Die erste große DDR-Retrowelle ist inzwischen verebbt, aber keine Bange, die nächste Flut von Ampelmännchen kommt bestimmt.

698 // OSTERHASE

Nach Weihnachten ist Ostern der Deutschen liebstes Fest. Doch was wäre Ostern ohne die lustig bemalten Ostereier, die sich in den – meist aus den Vorjahren bekannten – Verstecken verbergen? Hätten Mami und Papi sie bloß schnöde verkramt, dann wäre das eine desillusionierende Spielverderberei. Dem vielbeschäftigten Osterhasen sieht man die vertrauten Verstecke jedoch gerne nach, da seine Leckereien oft aus edler Schokolade sind, ob mit oder ohne Eierlikörfüllung. Dass es zu Ostern ein Hase sein muss und nicht, wie früher mancherorts üblich, ein Fuchs, Storch oder Kuckuck, darauf hat man sich landesweit erst im 20. Jahrhundert geeinigt. Allen voran die Genussmittelindustrie sah in dem goldigen Wesen einen trefflichen Werbeträger ihrer kindgerechten Delikatessen. Von wo der mythologische Hase tatsächlich gehoppelt kommt, ist unklar. Möglicherweise ist er ein alter Gefährte der im Dunkeln der Geschichte verborgenen germanischen Frühlingsgöttin Ostara. Romantische Schwärmer sehen im Hasen ein Fruchtbarkeitssymbol erster Güte. Gerade zur Osterzeit sei Meister Lampe natürlich besonders emsig, so die Brauchtumsforscher. Doch dafür interessieren sich die kleinen Eiersucher Gott sei Dank nur wenig.

699 // OSTFRIESLAND

Ostfriesland liegt hinter den niedersächsischen Nordseedeichen im Nordwesten der Republik an der Grenze zu den Niederlanden. Seine Landschaft ist geprägt von der Geest und den Marschen der gelegentlich vorbeischauenden Nordsee. Diese wird respektvoll mit vollem Namen angesprochen. Ein „Meer" ist für den Ostfriesen ein „See".

Das Wattenmeer, die Dünen der vorgelagerten Inseln, die Moore im Binnenland und die Wallhecken machen den Reiz der Landschaft aus, die sich in ihrer charakteristischen Flachheit unter einem weiten, blauen Himmel erstreckt. An ihm jagen die weißen Cumulus-Wolken im Nordwestwind dahin.

Lange Zeit haben sich die humorvollen Bewohner, von denen einige zur Minderheit der Friesen gehören, von der modernen Zeit unbeeindruckt gezeigt. Wohl auch deswegen gelten sie als etwas sonderbar. Ihre Sprache ist fast vollständig zum ostfriesischen Platt mutiert. Aber sie konnten sich einige eigenwillige Traditionen bewahren. Kurz vor dem Winter gehen sie mit reichlich Schnaps auf „Kohlfahrt", „boßeln" stundenlang über die Straße, und beim „Klootschießen" fliegen bleibeschwerte Holzkugeln durch die Luft und „trüllern" möglichst weit über die überfrorene Weide. Den Fremden empfangen sie mit drei Tassen Tee mit Kluntjes und dem Rahm frischer Kuhmilch.

700 // OSTSEE

Ohne Farbfilm ist das Stranderlebnis auf Hiddensee und an der übrigen Ostseeküste nur halb so schön. Der Vergessliche, nennen wir ihn Michael, trägt die volle Verantwortung. Westdeutsche mögen das auf Baltrum ähnlich erlebt haben. Sand, Meer und Wind reichen ja eigentlich schon für einen tollen Urlaub, wenn das Wetter zumindest im Sommer einigermaßen hält.

Aber die Vielfalt ihrer eiszeitlich geprägten Gestade und Inseln macht die deutsche Ostseeküste zwischen Flensburg und Ahlbeck so besonders reizvoll. Die Förden, Bodden, Flachküsten und Kreidefelsen, wo Caspar David Friedrich die Romantik erfand, lassen spätestens seit 1793 die Herzen prominenter und weniger berühmter Erholungssuchender höherschlagen. Damals wurde das erste Seebad in Heiligendamm gegründet.

Mit der Wende wurde dieser touristische Raum mit seiner prachtvollen Bäderarchitektur neu belebt. Nun steht den modernen Entdeckern auch endlich wieder das ganze Baltische Meer offen, das für seine insgesamt neun Anrainerstaaten eine identitätsstiftende Bedeutung hat.

Ein Tipp noch für Investoren: Im Seebad Prora auf Rügen steht ein fast fertiger gigantomanischer „Kraft-durch-Freude"-Gästehauskomplex leer und zum Verkauf. Interessenten melden sich bitte bei der Bundesvermögensverwaltung.

701 // OTTO (WAALKES)

Otto – wohl der bekannteste Ostfriese und für viele auch der komischste unter den Komischen dieses Menschenschlages. In einer Zeit schwelender Ostfriesenwitze ist Otto zunächst über Auftritte auf kleinen Bühnen seiner Wahlheimat Hamburg und dann via Funk und Fernsehen einer breiten Öffentlichkeit ans Herz und an den Lachmuskel gewachsen. Sein wichtigster Texter war neben Otto selbst in der frühen, entscheidenden Zeit der 70er und frühen 80er Jahre Robert Gernhardt von der Humoristenschmiede der Neuen Frankfurter Schule.

Otto war einer der ersten großen Standup-Comedians Deutschlands und der wahre Auslöser der erst nachträglich sogenannten deutschen Comedy-Welle. Er ist das Multitalent der deutschen Komikerszene. Von der artistischen Trommel-Einlage über den neuerfundenen Slapstick, die ulkige Grimasse, die Stimmenimitation bis über die Gesangspersiflage und den Infantilismus reicht sein Repertoire noch weit hinaus. Auch als Comiczeichner hat er sich mit seinen „Ottifanten" einen Namen gemacht.

Kritiker mögen seine Kalauer albern oder kindisch finden, was aber nicht bestritten werden kann, ist, dass Otto einmalig, ja unnachahmlich ist. Otto finden wir gut, er ist mehr als der vielleicht lustigste Ostfriese, er ist der Außerfriesische, er ist beileibe einer der größten deutschen Komiker.

P

P

Palast der Republik / Parfum, Das / Paulskirche / Pelikan / Penaten / Penicillin / Periodensystem / Perry Rhodan / Peterchens Mondfahrt / Petry, Wolfgang / Pfahlbauten / Pflegeversicherung / Pflichtgefühl / Pille, Die / PISA-Studie / Planck, Max / Platt / Plattenspieler / Playmobil / Podolski, Lukas / Poesie / Polizeiruf 110 / Porsche / Porta Westfalica / Praunheim, Rosa von / Präzisionsarbeit / Preußen / Preußler, Otfried / Prilblumen / Prima Sprit / Printen / Prinz, Birgit / Pritt / Pumpernickel / Pumuckl / Pünktlichkeit / Püree

702 // PALAST DER REPUBLIK

Jahrelang zeugte ein Gerippe aus Beton und Stahl noch von einstiger Pracht, seit Ende 2008 sind auch die letzten Reste verschwunden vom Ost-Berliner Palast der Republik. An der Stelle der seinerzeit modernsten Mehrzweckhalle Europas steht bald vielleicht schon die Replik eines überkommenen feudalen Schlosses, so wollen es zumindest die Stadtväter.

Aber im Grunde besteht jetzt, wo doch der Schandfleck aus DDR-Zeiten weg ist, gar keine Notwendigkeit mehr, das Schloss zu rekonstruieren. Leisten können wird es sich die Stadt Berlin ohnehin nicht, übersteigt doch der Abriss des DDR-Palastes bereits bei Weitem die kalkulierten Kosten.

Mehr als zehn Jahre schwelte der Streit darum, was nun eigentlich mit dem Kulturgebäude der DDR, das am 23. April 1976 mit dem „Fest der Erbauer" eingeweiht wurde, passieren sollte. Als Sitz der Volkskammer der DDR und gleichzeitig Kulturzentrum Ostberlins galt der Palast den meisten als äußerst hässliches Symbol eines diktatorischen Regimes, das ausradiert werden müsse – die Asbestverseuchung war da wohl ein eher vorgeschobenes Argument. Als der Asbest entsorgt war, hätte man den Palast durchaus rekonstruieren können; stattdessen wurde abgerissen.

Vielleicht sollte dies ein Zeichen sein, auch endlich in anderen deutschen Städten mit den Hässlichkeiten aufzuräumen. Der Kasseler Bahnhof wäre da ein guter Anfang oder weite Teile der Stadt Köln, die nach dem Zweiten Weltkrieg auch nicht mehr im Stil der Gründerzeit errichtet wurde.

703 // PARFUM, DAS

„Das Parfum" von Patrick Süskind ist die weltweit erfolgreiche Geschichte eines Mörders aus dem Jahr 1985. Der Schriftsteller war bereits bekannt durch sein Ein-Mann-Stück „Der Kontrabass" und als Co-Autor von „Monaco Franze". Er schrieb später mit Helmut Dietl an den Drehbüchern zu „Kir Royal" und „Rossini".

Seine Figur des Jean-Baptiste Grenouille in „Das Parfüm" ist kein „Mörder aus verlorener Ehre". In einer Welt des Gestanks und horribler Lieblosigkeit wächst ein schnüffelndes Ekel heran. Um des Überlebens willen scheint der kleine Grenouille sich grundlegender Bedürfnisse nach Geborgenheit und Liebe entledigt zu haben. Selbst geruchlos, erstrebt der junge Parfümeur mit genialischer Begabung, teuflischer Besessenheit und in abscheulicher methodischer Strenge einen Duft, der die Menschen zwingt, ihn zu lieben. Seinen Weg durch das stinkende Frankreich des 18. Jahrhunderts pflastern die Leichen junger Frauen. Aus ihnen destilliert er jenen Duft, der Orgien auszulösen vermag, ihn vor der Hinrichtung bewahrt und liederliches Gesindel zu glücklichen Kannibalen macht. Denn aus Liebe fressen sie ihn auf.

Neun Jahre stand „Das Parfum" auf der Bestseller-Liste, fünfzehn Millionen Exemplare wurden verkauft.

704 // PAULSKIRCHE

Umgeben von vierspurigen Straßen und den Hochhäusern Frankfurts steht das Symbol für Demokratie in Deutschland schlechthin: der spätklassizistische Rotundenbau der Frankfurter Paulskirche. Hier wurde – vor dem verhängten Altar der protestantischen Kirche – 1848 das erste gesamtdeutsche Parlament einberufen; hier wurde ein erster Katalog der „Grundrechte des deutschen Volkes" verabschiedet, der teilweise – auch wenn die Nationalversammlung scheiterte – in die Weimarer Verfassung wie ins Grundgesetz der Bundesrepublik aufgenommen wurde. Die Gleichheit aller vor dem Gesetz, Glaubens-, Meinungs- und Pressefreiheit, Versammlungs- und Vereinsfreiheit, das Briefgeheimnis und die Abschaffung der Todesstrafe haben wir der Paulskirche zu verdanken.

Im März 1849 verabschiedete die Nationalversammlung eine erste deutsche Verfassung in der Paulskirche: Sie sah einen föderalen Bundesstaat mit einem Kaiser als Staatsoberhaupt vor. Der Reichstag sollte sich der Gesetzgebung und der Verabschiedung des Haushalts widmen. Doch Preußens König Friedrich Wilhelm IV., den die Nationalversammlung zum „Kaiser der Deutschen" wählte, lehnte die Kaiserkrone ab; Preußen, Bayern und Sachsen verweigerten daraufhin die Zustimmung zur Verfassung. Die Errichtung eines deutschen Nationalstaates war gescheitert. Doch die Idee eines liberalen Rechts- und Verfassungsstaats mit einem frei wählbaren Parlament blieb bestehen und konnte immerhin 100 Jahre später verwirklicht werden.

705 // PELIKAN

Generationen von Schülern haben mit ihm erste Schreibversuche unternommen und ihre Hefte mit Tinte bekleckst: Der Füllfederhalter von Pelikan ist seit 1929 das Aushängeschild der Firma. Wer schrieb schon mit Geha? Nun gut, es gab die schicken Schreibgeräte von Lamy, sozusagen die S-Klasse unter den Füllern, aber die kamen meist erst dann, wenn man sich eine gewisse Grundsicherheit im Umgang mit Patronenfüllfederhaltern angeeignet hatte.

Als der Chemiker Carl Hornemann 1832 eine Farben- und Tintenfabrik in Hannover gründete, zeichneten sich am Horizont noch nicht einmal die Umrisse eines Füllfederhalters ab. Den ersten Meilenstein in der Firmengeschichte legte Günther Wagner, früherer Werksleiter, als er 1878 einen Pelikan, das Wappentier seiner Familie, als Markenzeichen des Unternehmens eintragen ließ. Der Wasservogel als Symbol für Hilfsbereitschaft und Familiensinn – Eigenschaften, die das Vertrauen der Kunden erwecken sollten. Bis zum zweiten Meilenstein, der Geburt des Pelikan-Füllhalters, dauerte es gute 50 Jahre. Weitere 30 Jahre gingen ins Land, bis 1960 der Schulfüllhalter „Pelikano" mit Patronenfüllung auf den Markt kam, der Klassiker, der Millionen von Schülern in Deutschland und anderswo formschön und ergonomisch perfekt angepasst in der ungeübten Schreibhand lag. Was aus Geha geworden ist? Die Firma wurde 1990 geschluckt – vom Vogel mit dem großen Schnabel.

706 // PENATEN

In der römischen Antike gehörten die Penaten zu den privaten Schutzgöttern, die Herd und Speisekammer einer Familie schützten. Im Deutschland des 20. Jahrhunderts übernahmen die Penaten den Schutz der Kinder: In Form einer festen weißen Creme, hergestellt aus einem aus Schafswolle gewonnenen Öl und Zinkoxid. Seit der Drogist Dr. med. Max Riese die Creme 1904 als „Hautkonservierungsmittel Penaten Crème" zum Patent anmeldete, schützt sie Babyhaut vor dem Wundwerden. Bis 1986 blieb das Unternehmen – das zu dem Zeitpunkt auch Babyöl und -shampoo, -seife und ab 1978 die ersten Öltücher Europas herstellte – in Familienhand; dann übernahm 1986 Johnson & Johnson die Penaten-Produktion. Mittlerweile sind die Penaten in ihre italienische Heimat zurückgekehrt: Nach knapp 100 Jahren wurden die Penaten-Werke in Bad Honnef geschlossen, und die Produktion wurde nach Italien verlegt.

707 // PENICILLIN

„Räum dein Labor gefälligst auf!" Wer kennt sie nicht, diese ultimative elterliche Aufforderung. Zum Glück halten sich nicht alle daran. 1928 hatte der Londoner Mediziner Alexander Fleming (1881–1955) seine Petrischalen nicht gespült und stellte zu seiner Verblüffung fest, dass sich ein Schimmelpilz entwickelt hatte, der den umgebenden Bakterien den Garaus machte. Bei weiteren Untersuchungen fand er heraus, dass der Wirkstoff, den er Penicillin nannte, beispielsweise das Wachstum der Staphylo- und Pneumokokken hemmte.

513

Seine Veröffentlichungen gerieten fast in Vergessenheit. Erst der nach Oxford emigrierte Ernst Chain (1906–1979) nahm den Faden wieder auf. Er brachte den Wirkstoff zur experimentellen Anwendung. Nach Beginn des Bombenkriegs gegen England setzte er die Arbeit mit seinem Lehrer Howard Florey (1898–1968) in den USA fort, wo der Durchbruch zur industriellen Produktion des Penicillins gelang. 1945 wurden alle drei mit dem Nobelpreis geehrt. 1946 erhielt Chain die Pasteurmedaille und 1954 den Paul-Ehrlich-Preis.

In Deutschland stellte Hans Knöll (1913–1978), der spätere Leiter des „Instituts für Mikrobiologie und Experimentelle Therapie" (IMET) auf dem Beutenberg in Jena, fast zur gleichen Zeit Penicillin im Labormaßstab her.

708 // PERIODENSYSTEM

Ganze Generationen von Schülern müssen sich mit dem Erlernen des Periodensystems der chemischen Elemente herumschlagen. In der Tabelle sind alle chemischen Elemente entsprechend ihrer Ordnungszahl und ihrer chemischen Eigenschaften in Perioden und Haupt- und Nebengruppen eingeteilt. Neben der Ordnungszahl werden darin Name und Symbol sowie das Atomgewicht und die Elektronenkonfiguration aufgelistet, und so ist das System äußerst nützlich, wenn es gilt, den Überblick über all die chemischen Elemente und ihre wichtigsten Eigenschaften nicht zu verlieren.

Den verliert man eher, wenn man wissen möchte, wer das Periodensystem denn nun eigentlich entwickelt hat. In der Chemie fällt hier meistens der Name des Russen Dmitri Iwanowitsch Mendelejew, der sein System 1869 veröffentlichte.

Doch auch ein Deutscher, der Chemiker Lothar Meyer, nahm für sich die Entwicklung in Anspruch. Bereits 1864 ordnete er 6 Elemente nach ihren Eigenschaften und Atommassen, entwickelte 1868 eine weitere Tabelle aus 52 Elementen, die allerdings nicht veröffentlicht wurde, und korrigierte Mendelejews Tabelle bereits 1869 bei der Einordnung von Gold, Quecksilber, Tellur und Blei. Bis 1882 währte der Streit zwischen den beiden Wissenschaftlern, wer denn nun der Erfinder des Periodensystems sei – dann legte die Royal Society in London den Disput bei, indem sie beiden die goldene Davy-Medaille für die Verdienste um das Periodensystem der chemischen Elemente verlieh.

709 // PERRY RHODAN

Perry Rhodan ist ein Science-Fiction-Held der ersten Stunde, seit 1961 erkundet er die Galaxis. Unermüdlich hilft er, zeitlos und edel, dem Guten und Geheimnisvollen im Universum auf die Sprünge, was ihn zum Namensgeber einer ganzen Phantasiewelt machte. Die größte Science-Fiction-Serie der Welt umfasst inzwischen über 2.300 Romane, alle vierzehn Erden-Tage erscheint ein neuer intergalaktischer Band im Pabel-Moewig Verlag.

Die gigantische Kosmologie ist nicht etwa amerikanischen, russischen oder chinesischen Ursprungs, nein, die Weltraum- und Space-Macht Deutschland hat sie hervorgebracht und weist mit ihr in die heldenhafte, wenn auch gefährliche Zukunft.

Die klassischen Heftbände sind für den Liebhaber auch in sorgfältig überarbeiteten, kultigen Sammelbänden erhältlich, die aufgrund ihrer schimmernden Signalfarbe „Silberbände" genannt werden. Diese sind wie ehedem von futuristisch anmutenden, kunstvoll gezeichneten und vielschichtig vexierenden 3-D-Covern geschmückt.

Perry Rhodan erobert übrigens nicht mehr nur die Sterne, er erschließt sich auch neue Medien, das Hörbuch zum Beispiel. Und mit der Zeit verbreitet sich das Perry-Rhodan-Universum selbstverständlich auch im Internet.

710 // PETERCHENS MONDFAHRT

Ob als Bilderbuch, als Theaterstück, im Film oder als Hörspiel: In irgendeiner Form hat wohl jedes deutsche Kind einmal vom Maikäfer Sumsemann gehört, der zusammen mit Peter und Anneliese auf den Mond fliegt, um dort sein Beinchen zu suchen, das ihm einst von einem bösen Mann mit der Axt abgeschlagen wurde. Dabei erleben sie natürlich allerhand fabelhafte Abenteuern und begegnen wundersamen Wesen wie dem Sandmännchen, dem Donnermann, der Nachtfee und schließlich dem bösen Mann im Mond. Nach einem dramatischen Kampf mit dem Mondmann bekommt Sumsemann sein Beinchen endlich zurück, die Kinder kleben es ihm mit ihrer Spucke an, und schließlich landen alle wohlbehalten auf der Erde.

1912 erschien das Märchen von Gert von Bassewitz, der zahlreiche Dramen schrieb, aber einzig mit diesem Kinderbuch erfolgreich war. Noch im gleichen Jahr wurde „Peterchens Mondfahrt" als Theaterstück aufgeführt und ist seitdem aus dem Repertoire der deutschen Kinderbühnen gar nicht mehr wegzudenken.

711 // PETRY, WOLFGANG

Kein Après-Ski ohne „Hölle, Hölle, Hölle!", kein rauschendes Studentenfest ohne „fühlen, fühlen, fühlen!", und schon gar keine Karnevalsparty ohne die von Bernd Stelter interpretierte Kölner Version des Superhits von Deutschlands erfolgreichstem Schlagerinterpreten: „So 'ne Party gibt's nur in Kölle ..."

Trotz großer Erfolge wie „Wahnsinn" und „Verlieben, verloren" in den 80er und frühen 90er Jahren gelang „Wolle", wie seine Fans ihn liebevoll nennen, der ganz große Durchbruch erst 1996 mit der „Längsten Single der Welt", einem Hitmix aus 20 Jahren musikalischen Schaffens. Diese 30 Minuten und 16 Sekunden geballte Schlagerladung brachten ihm einen doppelten Eintrag ins „Guinness-Buch der Rekorde": zum einen für die Spiellänge der Maxi-CD, zum anderen für die längste Platzierung in den deutschen Top 100, nämlich 80 Wochen – letzteren Eintrag hat er mittlerweile an DJ Ötzi („Ein Stern, der deinen Namen trägt") verloren.

Trotz über 10 Millionen verkaufter Tonträger hat sich der bescheidene Mann mit der unverwechselbaren Zottelfrisur und den berühmten Freundschaftsbändchen nie viel aus dem Rummel um seine Person gemacht. Seine persönliche Schlagerparty endet im September 2006: Bei der Verleihung der „Goldenen Stimmgabel" überraschte der sich immer treu gebliebene Musiker die Öffentlichkeit mit seinem endgültigen Abtritt von der Schlagerbühne.

712 // PFAHLBAUTEN

Wenn die Klimakatastrophe weiter so flott voranschreitet, werden einige deutsche Landstriche bald auf die bewährte Pfahlbaumethode zurückgreifen müssen. In Flussgebieten oder an der See könnte man so vielleicht dem ständigen Hochwasser trotzen. Am Bodensee kann man sich Anregungen holen, wie unsere Vorfahren ihre Häuser auf Stelzen stellten, dort gibt es nämlich das größte und älteste Pfahlbaumuseum.

Die Ausgrabungen stammen aus der Jungsteinzeit und aus der Bronzezeit, wir sprechen also über die Zeit von 4000–850 v. Chr. Der Steinzeitmensch war auf Wasser als Handels- und Verkehrsweg, Nahrungslieferant und Mülldeponie angewiesen. Ein Haus am See war also praktisch, aber auch gefährlich, denn der Wasserstand konnte über mehrere Meter variieren und das Wohnzimmer jederzeit zum Überlaufen bringen. Nichts lag demnach näher, als die eigenen vier Wände auf drei bis fünf Meter hohe Pfähle zu stellen. Ein kleines frühes Venedig am Bodensee, sozusagen, nur nicht ganz so prunkvoll. Von Dauer war die Pfahlbauarchitektur allerdings nicht: Das feuchtigkeitsanfällige Holz musste ständig ausgebessert werden, hielt aber trotzdem nur 15–25 Jahre.

Ein Geheimnis hat der Bodensee jedoch noch nicht preisgegeben: Welches Volk lebte in den Pfahlbauten? Nur für die Germanen und die Kelten, also 500–100 v. Chr., gibt es gesicherte Belege.

713 // PFLEGEVERSICHERUNG

Die Begeisterung hielt sich vor Einführung der Pflegeversicherung 1995 in Grenzen. Den Handlungsbedarf in einer pflegebedürftigeren Gesellschaft sahen zwar fast alle. Aber wie bezahlen? Die Wirtschaft sang ihr Klagelied von der Wettbewerbsfähigkeit. Der Unternehmerbeitrag der prinzipiell paritätischen Umlage sollte durch Mehrarbeit bei gleichem Lohn kompensiert werden. Aber wie viele und welche Feiertage sollten gestrichen werden? Erst hieß es, einer, dann zwei – der Pfingstmontag und der Buß- und Bettag seien entbehrlich. Die SPD schlug vor, Pfingstmontag zu streichen, Buß- und Bettag auf Freitag zu verschieben, aber zu erhalten. Schließlich musste der Buß- und Bettag dran glauben, aber nicht in Sachsen, und in Bayern nur halb. Von dort hatte man zwischenzeitlich vernommen, nur Konfessionslose sollten feiertags arbeiten. Die politische Elite erwies sich in dem facettenreichen „Pflegestreit" als beinahe in der Lage, sogar sinnvolle Ideen zu zerreden. Und Norbert Blüm, der Erfinder der Pflegeversicherung, musste sich schon damals anhören, er verantworte die Sozialdemokratisierung der CDU. Wie der Streit kehren auch die Vorwürfe immer wieder. Die fünfte Säule der Sozialversicherung hat sich für Pflegebedürftige und Angehörige trotzdem als segensreich erwiesen.

714 // PFLICHTGEFÜHL

Wenn es zur Sekundärtugend des Pflichtgefühls kommt, kennt der Deutsche kein Pardon. Tritt das starke Gefühl, etwas Bestimmtes tun zu müssen, erst einmal auf, setzt es sich im Kopf fest, lässt den Betroffenen nicht mehr los und wird – häufig gegen den eigentlichen Willen – letztlich handlungsbestimmend. So ergibt es sich, dass immer mehr Menschen trotz Krankheit zur Arbeit gehen oder auf ungeliebten Familienfesten erscheinen, der Unternehmer auch den unqualifizierten Nachwuchs ausbildet oder die flügellahme Taube zum Tierarzt gebracht wird. Die hiermit verbundene Schicksalshörigkeit wird auch im vielverwendeten Ausdruck der „verdammten Pflicht" deutlich, der zum Standardrepertoire von Politikern, Vorstandsvorsitzenden und Fußballtrainern, kurz gesagt jedem gehört, der von Zeit zu Zeit eine unangenehme Entscheidung zu treffen oder zu vermitteln hat. Glücklicherweise wird jede aus Pflichtgefühl unternommene Anstrengung mit einem lupenreinen Gewissen bezahlt, so dass es keinen Grund gibt, sich zu grämen, sollte der Arbeitnehmer im Krankheitsfall aus Verantwortung für die ansteckbaren Kollegen nicht zur Arbeit gehen oder der Unternehmer aus Pflichtgefühl für das deutsche Handwerk die Ausbildung unqualifizierten Nachwuchses verweigern.

715 // PILLE, DIE

Kondome aus Tierdärmen und der „Coitus interruptus" waren mit einem Mal passé, als am 1. Juni 1961 die ersten „Pillen" in Deutschland ausgegeben wurden. Nachdem ein Jahr zuvor bereits in den USA eine Antibabypille auf den Markt gekommen war, führte die Berliner Schering AG unter dem Namen „Anovlar" auch in Deutschland und in Europa das neumodische Verhütungsmittel ein – allerdings offiziell als Mittel zur Behebung von Menstruationsstörungen und nur für verheiratete Frauen. Nicht verheiratete Frauen bekamen das Mittel aus moralischen Gründen generell nicht, galt vorehelicher Sex doch noch als Unzucht, die strafrechtlich verfolgt wurde. Doch die sexuelle Revolution war nicht mehr aufzuhalten: Hippiebewegung und Frauenbewegung forderten das Präparat ein, und für einige Jahre herrschte eine wahre Pilleneuphorie (der sogenannte Pillenknick), durch den die Geburtenraten in Deutschland drastisch zurückgingen. Sie schwand erst wieder, als Frauen die Pille mit Nebenwirkungen wie Depressionen, Gewichtszunahme und einem erhöhten Schlaganfallrisiko in Verbindung brachten.

716 // PISA-STUDIE

Eine Studie lässt Deutschland seit dem Jahre 2000 regelmäßig vor Angst und Schrecken erstarren: die PISA-Studie der OECD. Mit ihr werden alle drei Jahre die Schulleistungen in den OECD-Mitgliedstaaten miteinander verglichen – und Deutschland zeigt dabei verheerende Ergebnisse. Das ehemalige „Land der Dichter und Denker" rangierte bislang immer in den unteren Rängen und versucht seitdem, mit ständigen Schulreformen und erhöhtem Leistungsdruck auf die Schüler die Ergebnisse zu verbessern. Doch was soll dabei herauskommen, wenn bereits Grundschüler in Baden-Württemberg so unter Druck gesetzt werden, dass sie sich mit acht Jahren um ihre Zukunft sorgen müssen? Wenn 14-Jährige bis neun Uhr abends am Schreibtisch sitzen, um den Stoff, den sie sonst in 13 Jahren lernen mussten, in 12 Jahren in sich hineinzukloppen? Es wäre vielleicht wieder an der Zeit, Neugierde zu erwecken und Freude am Lernen zu fördern, wo heute Druck auf Schüler ausgeübt wird. Und die Qualität der Lehre zu erhöhen – durch mehr Leistungsdruck auf Lehrer. Dann ließen sich gute PISA-Ergebnisse wahrscheinlich kaum noch vermeiden.

717 // PLANCK, MAX

Der berühmte Physikprofessor Max Planck (1858–1947), Entdecker des exakten Strahlungsgesetzes der „schwarzen Wärmestrahlung" und des Wirkungsquantums, ist neben Albert Einstein als *das* deutsche Physikgenie in die Wissenschaftsgeschichte eingegangen.

Aus einer traditionsreichen Gelehrtenfamilie stammend und ursprünglich mit dem Vornamen „Marx" versehen, studierte, forschte und lehrte Planck in München und Berlin, bevor ihm 1918 der Physik-Nobelpreis für die Begründung der Quantenphysik verliehen wurde. Die Erforschung dieses Teils der Physik, der sich mit dem Verhalten kleinster Teilchen beschäftigt, revolutionierte die Naturwissenschaften dieser Zeit. Dass seiner Theorie der Durchbruch erst zehn Jahre nach ihrer Entdeckung gelang, wird das Universaltalent nicht verwundert haben. Schließlich umriss er im wohl philosophischsten der von ihm erkannten Naturgesetze: „Eine neue wissenschaftliche Wahrheit pflegt sich nicht in der Weise durchzusetzen, dass ihre Gegner überzeugt werden und sich als belehrt erklären, sondern vielmehr dadurch, dass ihre Gegner allmählich aussterben und dass die heranwachsende Generation von vornherein mit der Wahrheit vertraut gemacht ist."

718 // PLATT

Das Platt, Plattdeutsch oder auch Niederdeutsch ist eigentlich keine Sprache, sondern eine liebenswerte Form der Sprachverweigerung. Platt wird grob gesagt vor der Mittelgebirgsschwelle im Flachland, insbesondere in den Küstenregionen, gesprochen. Der Begriff bezeichnet aber auch regionale Mundarten außerhalb des niederdeutschen Sprachraums.

Was „Platt" sein will, muss rückständig sein. Wie das Englische und das Niederländische hat es die zweite Lautverschiebung nicht mitgemacht und blieb bei k („ik") statt ch, bei d („dag") statt t und verzichtete auf das moderne f anstelle des p („slapen"). Aus seiner Blütezeit als Weltsprache der Hanse haben sich einige see- und kaufmännische Begriffe ins Hochdeutsche gerettet.

Mit ihren Erklärungen zur „Europäischen Charta der Regional- oder Minderheitensprachen" haben Bund und Länder sich zum Schutz und zur Förderung des Plattdeutschen (Low German) in den norddeutschen Bundesländern bekannt. Seit 1999 besteht nun Rechtssicherheit in der Bildung, in den Medien und sogar in Verwaltung und Justiz. So weit, dass nun allerdings Gerichtsverfahren „op Platt" durchgeführt werden, ist man hingegen nicht gegangen. Auch die plattdeutschen Dialekte Brandenburgs, Sachsen-Anhalts und Nordrhein-Westfalens sind seitdem öffentlich anerkannt.

719 // PLATTENSPIELER

Der Plattenspieler ist eine Erfindung, die, allen Erwartungen zum Trotz, nicht totzukriegen ist. Jeder DJ, der etwas auf sich hält, benutzt ehrliche, schwarze Scheiben aus Vinyl und keine schnöden digitalen Musikdaten von CD oder Festplatte, und so mancher Klassikliebhaber schwört auf den einmaligen Ton der Schallplatte, die mit ihrem Knistern und Rauschen viel mehr Seele vermittelt als die angeblich perfekte Digitaltechnik.

Der Plattenspieler, oder vielmehr sein Vorläufer, das Grammophon, ist eine Erfindung von Emil Berliner, der, darüber kann sein Name nicht hinwegtäuschen, gebürtiger Hannoveraner war. Seit er 1877 die Schallplatte erfand, hat sich am Prinzip Plattenspieler nicht viel geändert – eine Scheibe, die zunächst hauptsächlich aus Schellack bestand, seit den fünfziger Jahren vermehrt aus dem weniger zerbrechlichen Vinyl gefertigt wird, ein Teller, der diese Scheibe dreht, und ein Tonarm, der den Schall abnimmt. So simpel ist eine Erfindung, die die Welt revolutionierte. Schöner als Thomas Mann in seinem „Zauberberg" kann man das Gerät nicht beschreiben: „Ein strömendes Füllhorn heitern und seelenschweren künstlerischen Genusses".

720 // PLAYMOBIL

Schon im Neolithikum besänftigte man die süßen Plagegeister mit tönernen oder geschnitzten Püppchen. Hatte man damals alle Hände voll mit dem anstrengenden Zerlegen von Dickhäutern zu tun, kam ab 1974 Playmobil gerade recht, um Muttern freie Hand beim Umgang mit Kobold und Pril zu geben.

Die Ölkrise gilt als Geburtsstunde der „Klickys". Mit nur 7,5 cm Körpergröße waren die Kunststoffknirpse mit beweglichen Greifhänden und drehbarem Kopf an sich sparsam im Verbrauch, und der eigentliche Clou waren die beliebig zu ergänzenden kleinen Accessoires von der Schaufel bis zum Schwert. Ein unzerstörbares Lächeln, große Augen, der zeitlosflotte Kurzhaarschnitt und ihre Vielseitigkeit machten die Männchen entgegen der wissenschaftlichen Auffassung zu einem ungebrochen beliebten Kinderspielzeug. An die zwei Milliarden Figuren des traditionsreichen Spielzeugherstellers und Hula-Hoop-Reifen-Spezialisten geobra Brandstätter aus Zirndorf nahe dem Spielwaren-Mekka Nürnberg bevölkern die Welt. Sie richten Baustellen ein, zocken im Saloon, lösen mit dem Pflug das Welternährungsproblem. Wer da pädagogisierend fragt, wie denn das Burgfräulein in die Hände der Piraten geraten konnte, erntet ein mitleidiges Kopfschütteln der Experten: „Phantasie, Alter!"

721 // PODOLSKI, LUKAS

„Lukas Podolski ... Lukas Podolski ..." – Schon im Kölner Rhein-Energie-Stadion war Lukas Podolski der unbesehene Star unter den FC-Spielern. Dann, seit der WM 2006, stimmte ganz Deutschland in den „Prinz Poldi"-Jubel ein, den selbst das Auf-der-Bank-Sitzen beim FC-Bayern nicht stoppen konnte: Pünktlich zur EM 2008 waren die Fans wieder da, juchzten über Poldis Tore ebenso wie über seine jungenhaften Animationen vor der Fankurve.

Als 18-Jähriger startete Podolski 2003 seine Profi-Karriere beim 1. FC Köln; 10 Tore schoss er in der ersten Saison, was zwar nicht den Abstieg des Clubs in die 2. Liga verhinderte, aber den Ruhm Podolskis begründete. Der Fußballer wurde in den Kader der EM 2004 berufen, er wechselte zum Rekordmeister Bayern München und übernahm in jedem Spiel der Weltmeisterschaft 2006 seine Stürmerrolle. Drei Treffer waren der dortige Erfolg.

Aber es sind nicht unbedingt die Tore, die Lukas Podolski so beliebt machen; es ist seine Freude, die er auf dem Fußballplatz zeigt, wenn er sich auf dem Platz völlig verausgaben darf. Dem Stürmer nimmt man ab, was man kaum einem anderen Fußballer glaubt: Dass er am allerliebsten Fußball spielt.

722 // POESIE

„Die Deutschen thun nicht viel, aber sie schreiben desto mehr", behauptete der Literaturkritiker Wolfgang Menzel 1836. Und weiter: „Das sinnige deutsche Volk liebt es zu denken und zu dichten, und zum Schreiben hat es immer Zeit." Auch wenn sich seitdem einiges getan haben mag und in deutschen Wohnstuben öfter der Fernseher flimmert als das Papier raschelt – die Dichtkunst hat es den Deutschen angetan. Von Walther von der Vogelweide bis zu Robert Gernhardt, an begnadeten Poeten hat es hierzulande selten gefehlt.

Das romantisch-poetische Wesen ist die Kehrseite der rationalen und pflichtbewussten deutschen Mentalität. „Die Poesie heilt die Wunden, die der Verstand schlägt", schrieb schon der begnadete Dichter der Romantik, Friedrich von Hardenberg alias Novalis. Und so verwundert es nicht, dass die deutsche Dichtung auf jedem Betriebsfest, auf jeder Hochzeit und bei jedem runden Geburtstag in deutschen Landen neue Blüten treibt – da werden Reime geschüttelt und Verse geknechtet, Strophen deklamiert und Verben arrangiert, dass es eine wahre Freude ist. Und wenn dann noch, am besten am romantischen Rhein, ein Goethe-Denkmal durch die Bäume schillert, ist das ein Moment unverfälschter Poesie.

723 // POLIZEIRUF 110

Am 27. Juni 1971 flimmerte er das erste Mal über die Bildschirme ost-deutscher Fernseher, heute hat der „Tatort" des Ostens seinen festen Platz im Programm der ARD: Der „Polizeiruf 110" entwickelte sich schnell zu einer der beliebtesten Fernsehserien der DDR und erzielte auch im Wiederholungsprogramm der Dritten ähnlich hohe Einschaltquoten wie sein westliches Gegenstück. Mit Alkoholismus, Kindesmissbrauch und Vergewaltigung wurden erstmals Themen verarbeitet, die in der sauberen DDR eigentlich gar nicht hätten existieren dürfen. Die Folge „Der Teufel hat den Schnaps erfunden" wurde für die offene Darstellung von Alkoholmissbrauch hochgelobt und später regelmäßig in Therapieeinrichtungen gezeigt.

Und obwohl die Sendung frei war von propagandistischem Ballast, unterlag sie und besonders ihre Darstellung polizeilicher Strukturen einer strengen Zäsur. Die Ermittler waren stets korrekt und gesetzestreu, Entgleisungen wie bei Tatortlegende Horst Schimanski waren undenkbar. Erst nach der Wende rückte die Psychologie von Kommissaren und Kriminellen nach und nach in den Mittelpunkt der Serie. Heute teilen sich „Tatort" und „Polizeiruf 110" sonntagabends den gleichen Sendeplatz und kämpfen zwischen Mord und Psychogramm um die Gunst des wiedervereinten Publikums.

724 // PORSCHE

Porsche aus Zuffenhausen ist nicht berühmt für Sparmobile. Das Unternehmen bildet sich viel ein auf seine fortschrittliche Umwelttechnik. In Sachen Klimaschutz ist Porsche aber einfach der falsche Ansprechpartner. Es ermuntert ja auch niemand die Bayreuther Festspielleitung, doch mal den Kassenschlager „Phantom der Oper" aufzuführen.

Ferdinand Porsche (1875–1951) ist als Konstrukteur von Sportwagen und Käfer der Vater der Legende. 1900 macht der gelernte Spengler aus dem heutigen Tschechien mit der Präsentation eines benzin-elektrischen Rennwagens auf sich aufmerksam. 1933/34 entwickelt sein Stuttgarter Konstruktionsbüro auf Geheiß Hitlers den „KdF-Wagen", und Porsche wirkt an der Errichtung des Werks im späteren Wolfsburg mit. 1948 beginnt mit dem „356" die Ära des Markennamens „Porsche". Unter dem Sohn Ferry Porsche (1909–1998) startet 1950 die Serienproduktion. Der „911er" folgt 1964 und der „Porsche Boxster" 1996.

Zahlreiche Rennsiege, darunter elf bei der anspruchsvollen Targa Florio, machen einen wichtigen Teil der Faszination aus. Die Traumwagen mit ihren unanständigen Verbräuchen sind sicher nicht Teil der Lösung globaler Klimaprobleme, jedoch bei ihrer vergleichsweise geringen Stückzahl auch nicht das größte Handicap.

725 // PORTA WESTFALICA

„A2 Dortmund Richtung Hannover zwischen Porta Westfalica und Bad Eilsen 4 km Stau", meldet das Radio pünktlich am Freitagnachmittag. Rund um Porta Westfalica, dem Städtchen an dem gleichnamigen Durchbruchtal der Weser zwischen Weserbergland und Norddeutscher Tiefebene, ist fast immer Stau. Das mag an dem 88 m hohen Kolossalmonument zu Ehren Kaiser Wilhelms I. liegen, der hier das Landschaftsbild bestimmend seinen Arm schützend über das Tal ausbreitet. Automatisch hebt der Autofahrer seinen Blick, ob er nun von Westen oder Osten kommt, um das Denkmal in Augenschein zu nehmen. Unter einem grob behauenen steinernen Baldachin steht aufrecht der erste Deutsche Kaiser in Garde-du-Corps-Uniform und kurzem Waffenrock, die Spitze seines schweren Reitersäbels auf dem Boden ruhend.

Mit dem 1896 eingeweihten Monument begann die deutsche Heldenverehrung des Kaisers, der als „Reichsgründer" in die Geschichte eingehen sollte. Das Kaiser-Wilhelm-Denkmal ist eines der größten Denkmäler, die vor dem Hintergrund nationaler Ideen in Deutschland entstanden sind.

726 // PRAUNHEIM, ROSA VON

„Manche bezeichnen mich als den beliebtesten und manche als den unbeliebtesten schwulen Filmregisseur Deutschlands. Und dafür habe ich eine ganze Menge getan." Das schreibt Rosa von Praunheim, bürgerlich

Holger Mischwitzky, auf seiner Internetseite. Stimmt! Mit Filmen wie „Die Bettwurst" und „Nicht der Homosexuelle ist pervers, sondern die Situation, in der er lebt" wurde er schnell zum Kultregisseur der neuen, offenen und politischen Schwulenbewegung der 70er. Aufsehen erregte er auch 1991, als er in der RTL-Sendung „Der heiße Stuhl" diverse Prominente als schwul outete. Das trat eine Diskussion los über Outing als Pflichtübung gegen Recht auf Privatleben. Von Praunheim bezeichnete dies später als „Verzweiflungsschrei auf dem Höhepunkt der AIDS-Krise", eine Aktion, die er nicht wiederholen würde. AIDS, Schwulenrechte und „ältere, vitale Frauen" sind die zentralen Themen seiner Filme.

Inzwischen lehrt er an der Hochschule für Film und Fernsehen in Potsdam Regie, veröffentlicht Gedichte und Fotobände. 1999 erfuhr er von seiner Mutter Gertrude Mischwitzky von seiner Adoption und fand heraus, dass seine leibliche Mutter 1946 in der Psychiatrie von Riga gestorben war. Aus diesem Stoff drehte er 2007 den Dokumentarfilm „Meine Mütter – Spurensuche in Riga".

727 // PRÄZISIONSARBEIT

Wir Deutschen sind dafür bekannt, dass wir dazu neigen, alles immer ganz genau zu nehmen. Liegt das Handtuch auf dem Liegestuhl, ist er besetzt. Ist die Ampel rot, bleiben wir stehen. Das Ikea-Regal bauen wir nicht irgendwie, sondern genau nach Anleitung auf.

Diese penible Lebenseinstellung sorgt nicht nur dafür, dass wir von Franzosen und Italienern belächelt werden, sie ist auch das Fundament deutscher Präzisionsarbeit. Und hier vergeht anderen oft das Grinsen: Uhren, Autos, Computer, Messer, sogar Teddybären aus deutscher Produktion sind weltweit beliebt, denn sie werden präzise und zuverlässig gefertigt. Egal ob in Glashütte in Sachsen, in Solingen oder Zuffenhausen – wenn es darauf ankommt, präzise Hand anzulegen, ist Deutschland Weltspitze.

Natürlich gibt es große Konkurrenz – in China und anderswo erledigen heute Roboter mit millimetergenauer Präzision ihre Aufgaben; Mikrochips werden hergestellt, die auch der scharfsichtigste Uhrmacher nicht mehr voneinander unterscheiden könnte. Aber wer einmal auf das Uhrwerk einer Glashütte-Uhr schaut oder in den Motorraum eines Porsches, der weiß, dass deutsche Präzisionsarbeit etwas hat, was vielen anderen fehlt: Seele.

728 // PREUSSEN

Preußens Glanz und Gloria, darin erstrahlte das deutsche und preußisch geführte Kaiserreich, bis mit dem Ersten Weltkrieg das Ende von Preußen begann. Der Aufstieg Preußens ist mit Friedrich dem Großen und seiner geschickten Macht- und Kulturpolitik verbunden. Der Haken an Preußen war sein Militarismus, der sich in der Friedenszeit bis ins Operettenhafte steigerte.

Am Anfang waren die langen Kerls und der aufgeklärte Absolutismus. Friedrich II., der Große, parlierte Französisch und förderte die Kultur in allen Bereichen. Er ermöglichte freie Religionswahl, war mit Voltaire im philosophischen Dialog und war dem Staat der erste Diener. Nach ihm wurde Berlin als Zentrum groß und mächtig, und die preußischen Tugenden prägten ganz Deutschland. In erster Linie war es die preußische Disziplin der loyalen, allergehorsamsten Untertanen, die zum erstaunlichen Aufstieg Preußens und Deutschlands führte, doch letztlich auch zur Katastrophe. Preußen wird gern für das Militaristische und Böse an Deutschland verantwortlich gemacht, daher wurde es 1947 von den Alliierten offiziell aufgelöst.

Heute ist Preußen ein Mythos. Das Kerngebiet von Preußen, nach dem Stamm der Pruzzen benannt, liegt im heutigen Polen und Russland. Die preußischen Tugenden sind eher passé. Doch der gute Geist Preußens lebt in Schloss Sanssouci, Bachs Brandenburgischen Konzerten und Kants kategorischem Imperativ fort.

729 // PREUSSLER, OTFRIED

Großmutter Dora erzählte ihrem Enkel Otfried und dessen Bruder kunstvolle Geschichten aus ihrer böhmischen Heimat. Das bewog Otfried Preußler, zurück aus der Kriegsgefangenschaft, in der er „zum Optimist geworden" war, dazu, selbst Geschichten zu erzählen. Als er sie endlich aufschrieb und 1956 „Der kleine Wassermann" erschien, war einer der großartigsten Kinderbuchautoren Deutschlands geboren.

In Preußlers Geschichten werden die märchenhaften Gestalten, die Zauberei und die Wunder immer in die menschliche Welt integriert, und in ihrer klaren, einfachen Sprache erscheinen sie in einer beachtlichen Normalität, als könne man den Helden seiner Bücher tagsüber auf der Straße begegnen. Das macht die Geschichten bei Kindern, aber eben auch bei Erwachsenen so erfolgreich.

Als 1971 „Krabat" erschien, bewies Otfried Preußler, dass er auch Jugendliche und Erwachsene in seinen Bann zu ziehen vermag. Die düstere Geschichte um den Zauberlehrling Krabat, der sich durch seinen festen Willen und die Liebe aus den Fängen des Bösen befreien kann, basiert auf einer alten sorbischen Sage. Es ist eines der meistgelesenen Jugendbücher Deutschlands, und der Film dazu lief 2008 erfolgreich in den Kinos.

Inzwischen hat Otfried Preußler 32 Bücher geschrieben, die in 55 Sprachen übersetzt wurden. Die weltweite Gesamtauflage seiner Bücher beträgt rund 50 Millionen.

730 // PRILBLUMEN

Die Prilblumen, mit denen Henkel ab 1972 sein Spülmittel popularisierte, bekommen etwas Plastisches, wenn man nur lange genug daraufstarrt. Auf manchen Bildern jener Jahre sehen Mutter, Tochter, Sohn zudem so aus, als seien sie randvoll mit zeittypischen bewusstseinserweiternden Drogen. Für das Photo sitzen sie vor einem Fliesenspiegel, der vollgeklebt ist mit diesen fröhlichen Blumen aus bunten Kreissegmenten. Das war nicht mal übertrieben. Küchen, die seit jener Zeit auf eine Sanierung warten, legen noch heute ein beredtes Zeugnis davon ab. Niemand Geringeres als Klaus Doldinger hatte den dazugehörenden Song geschrieben. 2002 warf sich Pril nochmals für kurze Zeit in die Arme der Blumenkinder von damals. Na ja.

Die Ursprünge des Mittels gehen auf das Jahr 1951 zurück, als der Produktname für ein Spülpulver der Henkel-Tochter Böhme Fettchemie erfunden wurde. Die Werbung hierfür machte auch von sich reden und würde wohl heute Tierschützer auf die Barrikaden bringen: Eine echte Ente musste erfahren, wie Pril das Wasser „entspannte". Die Ente verlor die Fettschicht ihres Gefieders und ging unter. 1957 machte Pril sich dann aber um einige Hundert Themse-Schwäne verdient, deren ölverschmiertes Gefieder gereinigt werden konnte. Ente gut, alles gut.

731 // PRIMA SPRIT

„Prima Sprit", loben Jugendliche in der Republik das, was sie sich heimlich auf Partys oder Klassenfahrten hinter die Binde kippen. Damit sind dann Apfelkorn und „Eckes Edelkirsch" gemeint, Alcopops oder irgendein anderes süßes, klebriges Zeug, von dem man billig und schnell betrunken wird. Es ist dagegen äußerst verwunderlich, im Schnapsregal eines Supermarktes eine Flasche „Lautergold Prima Sprit" zu finden. Ein Hersteller, der seinen Schnaps nicht mehr als Genussmittel tarnt, sondern als Grundlage für ein ordentliches Besäufnis deklariert, ist irritierend; mehr noch verunsichert aber die Volumenprozentangabe: 69,9 % Vol. Mag man das trinken? In der Tat nicht pur, denn bei „Prima Sprit" handelt es sich um einen hochhochprozentigen, geschmacksneutralen Ansatzalkohol, mit dem man Beerenaufsatz oder Eierlikör herstellen kann.

Bei der Bundesmonopolverwaltung für Branntwein erfährt man, dass „Primasprit", weit besser bekannt unter „Weingeist" oder „Ethanol", nicht die Leckerheit des Alkohols bezeichnet, sondern seine Reinheitsstufe. Primasprit wird zu Spirituosen verarbeitet oder für medizinische und kosmetische Zwecke verwendet. Die zweite Reinheitsstufe, Sekundasprit, dient dagegen vorwiegend technischen Zwecken.

732 // PRINTEN

Es ist eine sehr rheinische Spezialität, die den Aachener Honigkuchen, die Printe, ausmacht: die Zuckerrübe. Weil Napoleon 1806 die Kontinentalsperre über Europa verhängte, war es den Aachener Bäckern unmöglich, an den Wildblütenhonig aus den USA heranzukommen, der bis dahin ihren Honigkuchen gewürzt hatte. Als Alternative verfiel man auf den heimischen Rübenzucker – und vor allem das Rübenkraut. Letzteres gab dem Gebäck einen herberen Geschmack, der bald so beliebt war, dass auch nach Aufhebung der Handelssperre 1812 nie wieder auf Wildblütenhonig zurückgegriffen wurde.

Doch die Öcher Printe – wie es im dortigen Dialekt heißt – hat eine wesentlich ältere Tradition. Bereits um das Jahr 1000 herum wurden im belgischen Dinant sogenannte Gebildebrote gebacken: gewürzte harte Kuchen, die in hölzernen figürlichen Formen ausgebacken wurden. Wie sie nach Aachen kamen, ist nicht überliefert, aber die dortigen Bäcker erfreuten sich an den Kuchenfiguren und entwickelten ihre eigenen Rezepte, in die neben Mehl und Zucker vor allem allerlei exotische Gewürze gehörten wie Kardamom, Zimt, Muskat, Anis, Nelken, Piment oder Ingwer.

733 // PRINZ, BIRGIT

Sie steht auf dem Siegertreppchen noch über Brasiliens Fußball-Ass Ronaldinho, wenn es um die Auszeichnung zum Weltfußballer geht: Birgit Prinz, die Ikone des deutschen Frauenfußballs, die sich schon drei Mal diesen Titel sichern konnte. Die 1977 geborene Stürmerin beim 1. FFC Frankfurt und in der deutschen Nationalmannschaft ist darüber hinaus zweifache Weltmeisterin, vierfache Europameisterin, zweifache UEFA-Pokal-Siegerin und hat zahllose deutsche Meisterschaften und DFB-Pokale im Regal. Gleich daneben liegen silberne und goldene Bälle als zweitbeste bzw. beste Spielerin und die höchste sportliche Auszeichnung in Deutschland, das Silberne Lorbeerblatt.

Der Name Birgit Prinz steht nicht nur in Deutschland für Frauenfußball, sondern in der ganzen Welt – und hat einen so guten Ruf, dass selbst die Männermannschaft des italienischen AC Perugia sie im Jahr 2003 abwerben und mit ihr zusammen das weltweit erste gemischte Fußballteam eröffnen wollte. Die Sportlerin lehnte ab und blieb ihrer hessischen Heimat treu.

Doch die deutsche Fußballerin ist noch in einer weiteren Hinsicht eine Ausnahmeerscheinung: Sie arbeitet nebenbei in ihrem Beruf als Physiotherapeutin und studiert Psychologie – und verändert damit vielleicht dauerhaft das Bild des Fußballs als Sport für eher schlichte Gemüter.

734 // PRITT

Wer hat den Klebestift erfunden? Die Schweizer? Nein! Es waren die fleißigen Tüftler und findigen Köpfe von Pritt, beziehungsweise von der Firma Henkel, und zwar im Jahre 1969, als andere noch auf den Mond

fliegen mussten, um Mädchen zu beeindrucken. Der Pritt-Stift, dieser geniale, kleine Dreher, wurde dem Lippenstift abgeguckt und nachempfunden. Er hat Millionen deutsche Kinderzimmer, Klassenräume und Bastelstuben erobert. Es ist nicht übertrieben zu sagen, dass mit dem Pritt-Stift das Basteln eine neue Dimension bekam.

Der Pritt-Stift ist nur ein Teil der klebenden wie nichtklebenden Pritt-Welt. Eine klebende Ergänzung aus dem Hause Pritt wäre Pattex, ein anderer deutscher Klebeklassiker. Und auch das nichthaftende Büroleben ist voller Pritt'scher Ideen. Doch bleiben wir beim fast alles klebenden Stift. Deutschland ist ein Land der Tüftler und Heimwerker. Und welcher Ingenieur der letzten Generationen könnte, ohne zu schwindeln, behaupten, dass nicht das Basteln mit dem Pritt-Stift die Initialzündung für spätere Konstruktionen war? Diese praktischen und genialen Erfindungen, wie der Pritt-Stift von Pritt, sind es doch, die wir an Deutschland so lieben. Folglich ließe sich sagen: Pritt ist der Kitt, der Deutschland im Innersten zusammenhält.

735 // PUMPERNICKEL

Roggenschrot und Wasser – mehr gehört in den Pumpernickel nicht hinein. Voltaire sagte zu der westfälischen Spezialität: „Ein gewisser trockener, schwarzer und klebriger Stein, bestehend, wie man sagt, aus einer Art Roggen, ist die Nahrung des (westfälischen) Hausherrn." Damit war für den französischen Philosophen klar, dass die Westfalen unkultivierte, bedauernswerte Bauern waren. Ein Jahrhundert später aber galt selbst in Frankreich der Pumpernickel als Leckerbissen, den man auf den edelsten Tafeln fand.

Weniger vornehm ist der Name des schwarzen Brotes: „Pumpern" heißt „furzen" auf westfälisch, „Nickel" ist in dem westdeutschen Landstrich ein Spottname, und so vermittelt der Name ganz gut, was bei übermäßigem Pumpernickelgenuss passiert.

Das Geheimnis des schwarzen, feuchten Brotes ist Zeit: Nachdem der Teig angerührt wurde und ihm ein paar kleine Stückchen alten Pumpernickels beigesetzt worden sind, muss er erst einmal einen Tag gären. Erst danach wird er in längliche Formen gefüllt und 24 Stunden lang bei gut

100 °C gebacken, während er ab und zu mit Wasserdampf besprüht wird. Dabei karamellisiert die Stärke und hinterlässt den süßlichen Geschmack des Brotes. Verpönt ist es deshalb auch, dem Pumpernickel irgendetwas anderes beizusetzen: Salz, Rübenkraut oder Hefe beschleunigen zwar den Backprozess, verfälschen aber auch den unvergleichlichen Geschmack der westfälischen Spezialität so, dass sie dann nur noch als Schwarzbrot durchgeht.

736 // PUMUCKL

Pumuckl ist der rothaarige Kobold mit Dichtzwang aus Meister Eders Schreinerwerkstatt. Er liebt die Verwirrung der albernen Wortspielereien und den Schabernack mit seinem menschlichen Gegenüber. Das Wollen ist ihm alles, die Vernunft nichts, Beratungsresistenz ist sein Programm. Über sich selbst kann er gar nicht lachen, sich selbst bemitleiden dafür umso besser.

Aus peinlichen Situationen muss den weinerlichen Weichling selbstverständlich der brave Meister befreien, der sich gleich anschließend des Pumuckls liebevollster Verachtung sicher sein kann. Eder, im Fernsehen gespielt von dem volkstümlichen Münchner Gustl Bayrhammer (1922–1993), setzt sich mit Bierruhe und Argumenten ebenso tapfer wie erfolglos zur Wehr. Allein drohender Liebesentzug versetzt den „Kobold mit dem roten Haar" in Angst und Schrecken, weshalb die Eifersucht den Wicht schon mal zum Plagegeist kleiner Katzen werden lässt. 1961 hatte Ellis Kaut die Idee zu Pumuckl, die sich rasch in Hörspielen, Buch-, Film- und Fernsehfassungen größter Beliebtheit erfreute.

Der unvergleichliche Hans Clarin (1929–2005) lieh dem unter Logorrhö leidenden Kräh-Klabauter seine Stimme. Er hatte schon Hui Buh, das tragikomische Schlossgespenst mit der rostigen Rasselkette, zur Begeisterung der Fans vertont.

737 // PÜNKTLICHKEIT

„Fünf Minuten vor der Zeit, das ist echte Pünktlichkeit." Gilt das deutsche Sprichwort noch?

Die deutsche Bahn ist nie pünktlich, die Deutsche Post auch recht selten. Deutsche Manager liegen im weltweiten Vergleich in Bezug auf ihre Pünktlichkeit erst an 5. Stelle – hinter Japan, Ungarn, Großbritannien und Österreich. In dänischen Unternehmen gibt es Gerüchte, dass deutsche Mitarbeiter zu Überstunden neigen und weder in der Kantine noch ins Wochenende pünktlich starten. In deutschen Ämtern – der Wiege der Pünktlichkeit – gilt plötzlich Gleitzeit. Und auch zu privaten Verabredungen kommen nur 18 Prozent aller Deutschen pünktlich. Was also ist aus der sprichwörtlichen deutschen Pünktlichkeit geworden, die im Ausland zugleich bewundert und belächelt wurde? Sie zählt nicht mehr zu den deutschen Tugenden und wurde kurzerhand abgeschafft. Das akademische Viertel wird in Deutschland als völlig reguläre Verspätung hingenommen. Das europäische Ausland und auch Asien aber haben die einst preußische Tugend übernommen – bei ihnen gilt nun absolute Pünktlichkeit bei Verabredungen als unbeschränkt notwendig.

738 // PÜREE

Püree, französisch „purée", ist Welschbrei der allerdeutschesten Art. Ein Mus für Kenner, das es in sich hat. Zumeist aus Kartoffeln zubereitet, dem deutschesten Gemüse der Welt, ist Püree vom Kartoffelstampf in seiner Konsistenz durch seine feinsämige, homogene Art unterschieden. Eine Rindsroulade beispielsweise findet im Genuss doch erst Vollendung an einer Idee von Püree. Oder, um einen modernen deutschen Kochklassiker zu nennen: die Kombination von Fischstäbchen und Püree, für deren kulinarischen Gipfelsturm nur noch der passende deutsche Wein gewählt werden müsste. Und wer Püree noch selbst machen kann, der nennt wahrscheinlich einen Pürierstab sein Eigen.

Die des Pürierens Mächtigen sind im Grunde ihrer Genießerherzen also gewiefte Tüftler in Sachen Kochphysik und Chemie und somit Wegbereiter der modernen Molekularküche. Denn hier wird der Erdapfel, die Möhre/Rübe/Wurzel oder gar die mehlige Erbse in ihre Bestandteile zerlegt, um in neuer Pracht und Herrlichkeit mit einem Schuss Sahne, einem Stich Butter oder gekräuselter Petersilie Wiederauferstehung zu feiern. Und nicht zuletzt: Wie viele Kinder sind dank des Pürees überhaupt erst zum Essen gekommen? Mit welchem anderen Lebensmittel ließe es sich auch derart gut manschen, Straßen bauen, Soßenseen erlöffeln und richtig lecker spielen.

Quadflieg, Wilhelm / Quarkspeise / Quasthoff, Thomas

739 // QUADFLIEG, WILHELM

Vom „letzten großen Staatsschauspieler" und „dem großen alten Mann des deutschen Theaters" sprachen die Feuilletons beim Tod des 89-jährigen Will Quadflieg im November 2003. Der gebürtige Oberhausener hatte alle klassischen Rollen seines Fachs gespielt: Clavigo, Tasso, Hamlet, Othello und Peer Gynt. Die Rolle seines Lebens und gleichzeitig die, die ihn weltberühmt machte, war jedoch die des Faust in Gustav Gründgens Verfilmung von 1960.

Sprachkünstler und Theatermagier nannte man ihn auch, dessen noble Spiel- und Sprechweise viel Wert auf klassische Schauspielkunst legte. „Ich habe so viele Dichterworte in meinem Kopf, dass ich es selbst kaum glauben kann. Nachts, wenn ich schlaflos bin, rezitiert es in mir", sagte Quadflieg einmal. Noch in hohem Alter konnte er deshalb stundenlang Monologe und Verse auswendig deklamieren, wenn es nötig sei, „drei Tage und drei Nächte".

Seine Karriere begann 1933 und überlebte auch den Nationalsozialismus. Als unpolitischer Mitläufer nutzte er seine Kontakte, um sich vom Kriegsdienst freistellen zu lassen. Eine Haltung, die er als einer der wenigen immer wieder zutiefst bereute, weswegen er auf seinen Poesieabenden zu aktivem politischen Handeln aufrief. Bis zuletzt engagierte er sich für Umwelt- und Naturschutz. In Film und Fernsehen konnte man ihn nur selten, aber regelmäßig bewundern. In den 50er Jahren waren es einige leichte Kinofilme, später übernahm er ab und an Gastrollen in Krimiserien und Fernsehfilmen. Gelebt hat er aber für die Bühne und den direkten Kontakt zum Publikum.

740 // QUARKSPEISE

Sie ist schnell zubereitet, schmeckt hervorragend sommerlich frisch und kann kreativ kombiniert werden: die Quarkspeise. Der süße Nachtisch, der je nach Geschmack mal mit Zucker, Mascarpone oder Sahne gemischt wird, im Wesentlichen jedoch aus Magerquark, etwas Joghurt, Milch und Früchten besteht, ist der absolute Höhepunkt eines jeden nachmittäglichen Sommeressens.

Der Clou dieser Speise liegt in ihrer Einfachheit und der Unverfälschtheit der Zutaten sowie in der leichten Kombinierbarkeit derselben. Ob Kirschen oder Mandarinen, Erdbeeren oder Himbeeren, Rhabarber oder Banane – der Phantasie sind keine Grenzen gesetzt. Dabei gilt: Je reifer und saftiger die verwendeten Gartenfrüchte, die sowohl frisch als auch eingemacht sein können, desto fruchtiger und leckerer das Quarkdessert. Wer will, reichert die Topfenspezialität noch mit Weizenkleie oder Leinsamen an oder experimentiert gar mit Eierlikör und Vanillezucker. Kühl serviert und mit Schokoladenstreuseln garniert, ist diese deutsche Köstlichkeit einfach unwiderstehlich.

741 // QUASTHOFF, THOMAS

Das Lied gilt dem Bassbariton Thomas Quasthoff (geboren 1959) nicht nur als das schwerste Genre seines Fachs, es ist ihm auch das liebste. Dort könne allein die Stimme und die Mimik das Publikum überzeugen – aufwendige Kostüme oder eine Handlung lenken nicht von Gesang und Musik ab. Und darin hat es Thomas Quasthoff zur Meisterschaft gebracht: Er gilt

als der bedeutendste Lied- und Oratoriensänger unserer Zeit, brilliert aber seit Jahren auch weltweit in Konzerten und bei Opernaufführungen – und ist nicht nur Jazzliebhaber, sondern auch ein bedeutender Jazzinterpret.

Gesangsunterricht nahm er ab dem 14. Lebensjahr bei Charlotte Lehmann in Hannover, nachdem die dortige Musikhochschule ihn nicht hatte aufnehmen wollen, weil er angeblich aufgrund seiner Contergan-Behinderungen nicht Klavier spielen könne. Ein Fehlurteil, das Quasthoff eindrucksvoll widerlegen kann. Nach dem Abitur studierte er sechs Jahre lang Jura und arbeitete eine Weile als Radiosprecher beim NDR, dann widmete er sich ab Mitte der 80er Jahre ganz seiner Musik.

Seitdem erfüllt sich sein Lebenstraum: „Ich kann und darf singen – jeden Tag." Und dies zeigt er seinem Publikum – weshalb nicht nur seine Konzerte ständig ausverkauft sind, sondern er auch mit Preisen überschüttet wird.

Q

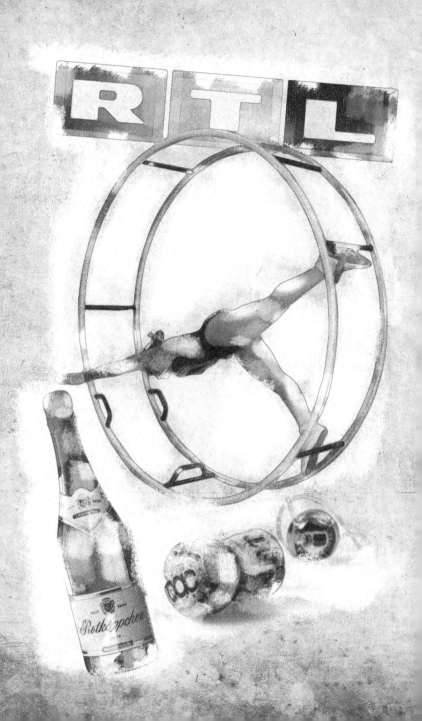

R

R

Raab, Stefan / Raddatz, Fritz / Rammstein / Rams, Dieter / Rasender Roland / Raumschiff Orion / Ravensburger / Reclam / Reeperbahn / Reetdach / Reformation / Reformhäuser / Regeln / Regensburg / Reibekuchen / Reich-Ranicki, Marcel / Reifezeugnis / Reineke Fuchs / Reinheitsgebot / Reiser, Rio / Relativitätstheorie / Rennsteig / Rettungswesen / Rewe / Rhein / Rhein in Flammen / Rheinbund / Rhönrad / RIAS Berlin / Richter, Beatrice / Richter, Gerhard / Richter, Ilja / Riesling / Ringelnatz, Joachim / Rock am Ring / Romantik / Rotationsprinzip / Rote Grütze / Rothenburg ob der Tauber / Rotkäppchen-Sekt / RTL / Rübezahl / Rügen / Rühmann, Heinz / Ruhrgebiet / Rumpelmännchen

742 // RAAB, STEFAN

Stefan Raab ist Sänger, Komponist und Produzent meist nicht ganz ernst gemeinter Schlager. Vielleicht Metzger, womöglich abgebrochener Student der Rechtswissenschaften, auf jeden Fall Fernsehkomiker. Seit seinen „Viva"-Zeiten ab 1993 macht er immer virtuoser das Gleiche. Er zieht vor allem die leichten Opfer durch den Kakao. Andererseits stahl er auch schon dreimal der Grand-Prix-Größe Ralph Siegel die Show.

Für seinen großen Erfolg inszeniert er sich schonungslos, lässt sich von Regina Halmich vermöbeln und von Claudia Pechstein nicht abhängen. Rückenmarksbedrohende Arschbomben gehören ebenso zu seinen Vergnügungen wie regelmäßige Zivilklagen. Der körperliche Einsatz der „Killer-Plauze" stimmt unzweifelhaft, die Geisteshaltung hingegen nicht immer. Zum Beispiel, wenn er sich hastig für die „Verhöhnung" Dresdner Bombenopfer entschuldigt.

Einen Heidenspaß bereitete er all jenen, die Dieter Bohlen und seinem „Castingterror" (Süddeutsche Zeitung) schon länger eins auswischen wollten, als er „Deutschland sucht den Superstar"-Teilnehmer Max Buskohl zum „Gefangenen von RTL" erklärte. Zur Veranschaulichung hielt Raab ein Schwarzweiß-Bild nach der Vorlage eines von der RAF 1977 in Umlauf gebrachten Fotos des entführten Hanns-Martin Schleyer in die Kamera. Das Establishment empörte, Raab freute sich.

743 // RADDATZ, FRITZ

Fritz J. Raddatz war *die* Instanz im Feuilleton der Bonner Republik. Der Geisteswissenschaftler aus Ost-Berlin siedelte 1958, 37-jährig, in den Westen über. Bis dahin war er Lektor beim Verlag „Volk und Welt" gewesen, doch die DDR engte ihn zunehmend ein. Schon 1960 wurde er stellvertretender Verlagsleiter bei Rowohlt. Er machte sich als brillanter Essayist, Biograph (beispielsweise von Karl Marx) und Schriftsteller einen Namen. Sein wichtigstes Podium war das Feuilleton der „Zeit", das er von 1976 bis 1985 leitete. Noch heute liest man dort von ihm geniale Rezensionen und Nachrufe. Seine Sprache hatte er mit Heine und Tucholsky geschult. Auch über diese Herren schrieb er Bücher. Er suchte und pflegte Freundschaften mit den großen Literaten der Nachkriegszeit. Seinen Briefwechsel mit Uwe Johnson, der ihn spöttisch „Fritzchen" nannte, veröffentlichte er. Mit seiner Biographie „Unruhestifter" hat der bekennende Syltfan sich nicht wirklich bei seinen Weggefährten beliebt gemacht. Schon zuvor wurde ihm, dem kunstsinnigen Paradiesvogel, Eitelkeit attestiert, doch seither liest man über den Meister des Feuilletons (leider) beinahe nur noch Schmähschriften. Er selbst beschrieb sich folgendermaßen: „Ein Weltenschlürfer des ungestillten Durstes, Torero und Stier zugleich."

744 // RAMMSTEIN

Bei „Rammstein" geht es nicht um Musik, es geht um Provokation. Zu DDR-Zeiten in Ost-Berlin und Schwerin versuchten es die einzelnen Bandmitglieder mit Punk, doch damit konnte man im Westen und im geeinten Deutschland niemanden mehr hinter dem Ofen herholen – es musste Härteres her. Also ersann die Band (die sich 1994 zusammenfand) eine Musik, die „sehr einfach, stumpf, monoton" ist – wie sich Keyboarder Flake Lorenz ausdrückte –, mit groben Gitarrenriffs und daher wie geschaffen für die kontroversen, zweideutigen Texte, die von Sadismus oder Inzest oder Ähnlichem handeln. Als dann noch verfassungswidrige Symbole und Ausschnitte aus Leni Riefenstahls „Olympische Sommerspiele 1936" in Videos auftauchten, waren „Rammsteins" Provokationen gelungen: Nicht nur mussten die Nazi-Symbole herausgeschnitten werden, die Videos durften im Fernsehen auch nicht mehr vor 22 Uhr gezeigt werden. Ein Teil Deutschlands war entsetzt über solch offene Verbreitung faschistischer Ideen (was die Musiker vehement leugnen). Ihre Fans aber jubeln: Neben Deutschen strömen Niederländer, Japaner, Amerikaner und Schweden zu Scharen in ihre Konzerte, die vor pyrotechnischem Wunderwerk nur so knistern. Die „Ramones" nahmen die Band sogar auf ihre letzte Tour 1996 mit, und seitdem gehört Rammstein zu den erfolgreichsten deutschen Bands im Ausland. Man mag den Fans zugutehalten, dass sie die Texte vielleicht nicht verstehen.

745 // RAMS, DIETER

Es gab Zeiten, da beherrschten nicht amerikanische, sondern deutsche Firmen die Formgebung in der Unterhaltungselektronik. Dem 1921 in Frankfurt am Main gegründeten Unternehmen Braun gelang in der Zeit des Wirtschaftswunders eine wahre Gestaltungsrevolution, die ihre Produkte bis ins MoMA nach New York trug. Gegen die Rundlichkeit und die Pastelligkeit der Zeit setzte die Designabteilung des Hauses Braun Funktionalität und Techniksichtbarkeit.

Zu dem Team stieß 1955 als Architekt der Wiesbadener Dieter Rams, geboren 1932. 1956 gestaltete er zusammen mit Hans Gugelot und Wilhelm Wagenfeld die Radio-Phono-Kombination „SK 4", die alsbald als „Schneewittchensarg" berühmt wurde. Die Basis bildete ein U-förmiges Blech mit hölzernen Seitenteilen. Unter dem zum Standard gewordenen durchsichtigen Plexiglasdeckel lagen Plattenteller und Bedienelemente in geradezu provokativer Übersichtlichkeit. Es folgten Feuerzeug, Saftpresse, „Weltempfänger". Ab den 1960er Jahren entwarf Rams das bekannte und bis heute gängige Regalsystem 606 und klassisch gewordene Möbelprogramme. Apple-Chefdesigner Jonathan Ive hat sich in aller Form bei Rams für seine Ideen bedankt, und wenn man das Braun-Taschenradio „T 41" mit dem „iPod nano" vergleicht, hat er auch allen Grund dazu.

746 // RASENDER ROLAND

Wer bei Rügen nur an Kreidefelsen und Kap Arkona denkt, der übersieht eine der aufregendsten Attraktionen der pommerschen Ostseeinsel: den „Rasenden Roland". Hierbei handelt es sich um eine Schmalspurbahn, die auf einer 750 Millimeter breiten und 24 Kilometer langen Strecke die Orte Lauterbach und Göhren miteinander verbindet. Bei 30 km/h Höchstgeschwindigkeit bringt die rügensche Kleinbahn den interessierten Eisen-

bahnliebhaber zu überaus beliebten Touristenzielen wie dem Jagdschloss Granitz oder dem Ostseebad Binz.

Dabei lässt das verkehrstechnische Denkmal die wunderschöne mecklenburg-vorpommerische Landschaft vor dem Fenster vorüber- und dunkle Qualmwolken durch selbiges hineinziehen. Denn beim Rasenden Roland geht es traditionell dampfbetrieben zu, schließlich stammt die älteste der acht Loks aus dem Jahr 1914. So freut sich doch mancher der jährlich rund 400.000 Fahrgäste, wenn er nach berauschender Fahrt im historischen Waggon wieder festen Boden in Form eines liebevoll restaurierten Bahnhofs unter den Füßen hat und der Dampf der Lok dem Duft der Schillerlocke weichen kann.

747 // RAUMSCHIFF ORION

„Raumpatrouille – Die phantastischen Abenteuer des Raumschiffes Orion" oder einfach „Raumschiff Orion" war eine phantastische Science-Fiction-Serie der ARD.

Wir schreiben das Jahr 1966, der Sputnik-Schock ist keine zehn Jahre her, der Wettlauf im All hat bereits begonnen. In der prominent besetzten Produktion werden die ernstgemeinten, aber humorvollen Abenteuer der internationalen Crew der Orion im Kampf gegen außerirdische Bedrohungen erzählt. Angeführt von dem eigenwilligen Kommandeur McLane (Dietmar Schönherr) steht die Crew für einen autoritären Humanismus. Heute genießt die Serie Kultstatus.

Trotz allerfeinster Tricktechnik sieht man schon mal die Stahlseilaufhängung oder die wackeren Helfer, die das Beiboot Lancet umkippen. Die

Brücke der Orion sieht aus wie die einmal zu oft polierte Auslage eines Spezialgeschäfts für Knöpfe und Schalthebel, die zudem recht wahllos um die Astroscheibe gruppiert sind. Das Design des Jahres 3000 erinnert verblüffend stark an die 1960er. Mit alldem steht die siebenteilige Serie dem parallel gestarteten „Star Trek" aber in nichts nach. Da das ZDF noch in den Kinderschuhen steckte und die Dritten noch im Strampelanzug, war es kein Wunder, dass sensationelle Einschaltquoten von über fünfzig Prozent erreicht wurden.

748 // RAVENSBURGER

Jeder kennt das blaue Dreieck mit dem weißen Ravensburger Schriftzug, und jeder hat sie schon gespielt: „Malefiz", „Hase und Igel", „Scotland Yard", „Heimlich & Co." und „Puerto Rico". Zu der Firma mit Sitz in der namensgebenden Stadt in der Nähe des Bodensees gehört neben einem Buch- vor allem der bekannte Spieleverlag.

Otto Maier war der Begründer dieses Unternehmens. Der Buchhändler stieg 1883 mit Ratgeberliteratur ins Verlagswesen ein. Schon 1884 brachte er nach der Vorlage des Erfolgsromans von Jules Verne das aufwendig in Handarbeit gefertigte Spiel „Reise um die Erde" heraus. Schon damals orientierten sich Spieleverlage gern und erfolgreich an den Trends der Zeit. Für die Gegenwart belegen dies die wuchernden Wissensspiele, und gespannt erwarten Händler und Spieler alljährlich die Vergabe des Kritikerpreises „Spiel des Jahres".

Die Sonderstellung des deutschen Markts unterstreicht die in den USA gängige Bezeichnung für diese Art von Brettspielen: „German games". Übrigens, die Altersangabe „6–99" ist kein Fall von Altersdiskriminierung – sie hat sich einfach eingebürgert für Spiel und Spaß für „Jung und Alt".

749 // RECLAM

Das ganze Füllhorn der Kultur wird in kleinen, unscheinbar dünnen Heften preiswert über Deutschland ausgeschüttet, mit dem Schwerpunkt klassische Literatur. Das verdanken wir dem Reclam Verlag. Gelb ist nicht nur die Farbe der Post, nein, es ist auch das Erkennungszeichen dieser Bildungsinstitution. Dabei gibt es noch andersfarbige Reihen: Rot steht für Originalsprachliches, ob auf Englisch, Französisch, Spanisch oder Ita-

lienisch, mit angefügten Vokabelhilfen. Orange kennzeichnet Zweisprachigkeit, dem Original wird eine deutsche Übersetzung gegenübergestellt. Blau ist die pädagogisch wertvolle Schulbuchsammlung, die angelegt ist, dem Deutschkurs zu hohem Interpretationsniveau zu verhelfen. Die grüne Sachbuchreihe stellt die akademische Abrundung dar.

Am umfänglichsten bleibt die gelbe Reihe im Hosentaschenformat. Hierunter sammelt sich, was ansatzweise verjährt ist und nicht mehr von anderen Verlagen in Lack und Leder gebunden wird. Es muss nur von bleibender geistesgeschichtlicher Bedeutung sein, schon ist es Reclam.

Gegründet wurde der Reclam Verlag 1828 in der Bücherstadt Leipzig, ab 1837 firmierte er unter diesem Namen und blühte nach dem Krieg 1947 in Stuttgart wieder auf. „Reclams Universalbibliothek" sucht ihresgleichen.

750 // REEPERBAHN

Der heilige Paulus würde sich im Grabe umdrehen, wüsste er, dass auf nach ihm benanntem Grund und Boden eine der verrufensten Straßen Deutschlands liegt. Hatte doch gerade er ein Leben in Keuschheit und Sittenstrenge gefordert und musste auch deshalb den Märtyrertod sterben. Aber Paulus weiß von all dem nichts, und es dürfte die Besucher der Reeperbahn in Hamburgs Stadtteil St. Pauli auch nicht sonderlich interessieren, wenn er es wüsste. Denn religiöse Erleuchtung ist wohl das Letzte, was man beim Flanieren über die Reeperbahn sucht. Stattdessen ist Vergnügen angesagt, in Peepshows, Kneipen, Bars, Sex-Shops und Bordellen.

Doch auch die Zeiten, in denen sich auf der Reeperbahn alles ausschließlich um Sex drehte, sind vorbei. Die leichten Mädchen haben sich vor allem in die Herbertstraße zurückgezogen, und die Sexkinos stellen nach und nach den Betrieb ein – das Internet ist eine zu starke Konkurrenz. So wird Platz für Diskotheken, Kneipen und Restaurants frei, in denen nicht nur die Touristen hemmungslos feiern.

Dabei hatte die „sündige Meile" von St. Pauli einst eine wesentlich tugendhaftere Bestimmung: Als die knapp einen Kilometer lange Strecke zwischen Millerntor und Nobistor im 17. Jahrhundert noch Hamburger Berg hieß und außerhalb der Stadtmauern Hamburgs lag, drehten und spannten dort Seiler ihre Seile und Schiffstaue – aus Hanf, dem sogenannten Reep. Das ist der Grund, warum es Reeperbahnen auch in anderen deutschen Städten wie etwa Eckernförde, Ueckermünde, Wischhafen und Ahrensbök gibt, wenn auch keine so berühmten.

Seefahrer waren es dann, die sich zuerst auf dem Hamburger Hügel amüsierten: In Bretterbuden am heutigen Spielbudenplatz gaben Musiker, Zauberer und Seiltänzer ihr Können zum Besten, mit ihnen kamen die Freudenmädchen. Seitdem ist die Reeperbahn skandalumwittert – selbst noch in den 50er Jahren, als im Café Keese der biedere „Ball Paradox" die Hamburger Bürger empörte: Beim sonntäglichen Tanztee herrschte strikte Damenwahl. Der Tanztee im Café Keese wurde nach der Jahrtausendwende wiederbelebt – man sieht, wie harmlos die Reeperbahn geworden ist.

751 // REETDACH

Nichts, aber auch gar nichts mutet nach einem langen Herbstspaziergang heimeliger an als ein reetgedecktes Haus. Vor dem inneren Auge erscheint dann unweigerlich ein mit feinem Ostfriesentee, Kluntjes und Sahne und natürlich selbstgebackenem Heidesand gedeckter Tisch vor einem prasselnden Kaminfeuer.

Fast ist man versucht, den Garten zu betreten, sich tief unter die Traufe zu ducken und durch eines der Sprossenfenster ins Innere zu lugen.

Reet, also getrocknetes Schilfrohr, gilt als das älteste Baumaterial für Dächer und wurde in aller Welt verwendet. Es waren die recht hohe Brandgefahr vor allem im Sommer und manchmal undefinierbare Pilzerkrankungen, die das Reet von den meisten Häusern verschwinden ließen. In Deutschland ist das Reetdach fast nur noch an der Küste zu finden – doch dort ist es wieder in, die Dächer mit dem haltbaren und schönen Rohr zu decken. Obacht ist allerdings geboten bei modischem Firlefanz, sprich einer unüblichen Dachform: Ein Reetdach benötigt eine starke Neigung, damit sich in ihm keine Nässe staut. Ein Haus im norddeutschen Stil wirkt also nicht nur gemütlicher, es ist auch besser für Ihr Reet.

752 // REFORMATION

„Sobald die Münz' im Kasten klingt, die Seele aus dem Feuer springt" – es war nicht allein der Dominikanermönch Johann Tetzel, der am Ende des Mittelalters meinte, der Christ könnte jede (!) seiner Sünden ungeschehen machen, wenn er der katholischen Kirche nur einen entsprechend hohen Geldbetrag zueignete. Ohne Hemmungen wurde die Angst der Menschen vor Fegefeuer und anderen himmlischen Strafen genutzt, um die Geldtruhen Roms zu füllen. Nur wenigen Gelehrten wollte dieser Handel nicht einleuchten: Wie sollte man sich mit irdischen Gütern – die Jesus selbst verachtet hatte – sein Seelenheil und damit seinen Platz im Himmelreich erkaufen können?

Der für die Reformation wichtigste Vertreter dieser Auffassung war unzweifelhaft Martin Luther. Mit seinen berühmten 95 Thesen, die er der Überlieferung nach am 31. Oktober 1517 an die Schlosskirche von Wittelsbach nagelte, lehnte sich Luther gegen den Ablasshandel und damit die katholische Kirche auf. Die Frage, wie man zu Gott komme, beantwortete er mit: „Nur durch den Glauben und die heilige Schrift." In der Folge kam es zur Kirchenspaltung, zu Glaubenskriegen, zu vielen unterschiedlichen reformatorischen Bewegungen (wie die der Wiedertäufer, Zwinglis und Calvins oder der englische Puritanismus) und legte mit dem Augsburger Religionsfrieden letztendlich den Grundstein für die heutige Religionsfreiheit.

753 // REFORMHÄUSER

Das Reformhaus ist in gewisser Weise der Bioladen unserer Urgroßeltern. Das erste Reformhaus, „Jungbrunnen", wurde 1900 in Wuppertal, einer Hochburg der Industrialisierung, gegründet. Deren Folgen für Mensch und Natur gaben den Anstoß für einen wahren Boom der Reformhäuser. Ihnen verdanken wir Müsli, Vollkornbrot und Brottrunk.

1929 schlossen sie sich zum „Neuform-Verband" zusammen. Sein Logo mit dem stilisierten dreigiebeligen Haus über dem Schriftzug garantiert die strengen Qualitätsanforderungen wie Gentechnikfreiheit, keine Produkte des toten Tieres und keine Konservierungsmittel. Das Signet symbolisiert drei progressive Bewegungen des frühen 20. Jahrhunderts, die gewissermaßen unter diesem Dach vereint wurden: Die Lebensreformbewegung für natürliche Ernährung und Naturheilkunde, die Kleiderreform gegen überkommene Bekleidungsvorschriften und die Bodenreform gegen den Warencharakter des Bodens.

Heute sind die Reformhäuser in einer Art institutionalisierter Reform erstarrt. Sie stehen für Wohlfühloptimierung und persönliche Gesundheitsstrategie. Laut Selbstdarstellung sind sie Einkaufsstätten für den Individualisten von heute, die sich anscheinend unzerstörbarer Beliebtheit erfreuen. Ihrer gesetzten Kundschaft geht dabei jede Radikalität gänzlich ab.

754 // REGELN

63.000 Regeln zählt das deutsche Steuerrecht, sagt der Professor aus Heidelberg. Benimmregeln gelten seit Adolph Freiherr von Knigge als urdeutsch. Und Lenin befand, in Deutschland könne keine Revolution stattfinden, da man hierzulande für die Besetzung des Bahnhofs zunächst Bahnsteigkarten lösen würde.

Wenn in Deutschland die Freiheit thematisiert wird, dann geht es meist um die Regelungswut des Staates. Und weil wir alle anderen angesteckt zu haben scheinen, richtet sich die Empörung heute gern auf „die in Brüssel". Die Europäische Union gilt vielen ihrer Bürger als höllisches Regelmonster. Dabei wird ihr mindestens genauso häufig vorgeworfen, mit ihrem Deregulierungsdrang liebgewonnene nationale Besonderheiten (also Regeln) zu untergraben. Es gibt kaum etwas, was wir nicht durch den Staat geregelt haben wollten. Zwischen Trinkhallenverordnung und Straßensatzung passt immer noch eine Rechtschreibreform. Nein, nicht weil wir all dieses bräuchten. Sondern weil ein jeder dieses oder jenes gern festgelegt hätte. So entsteht aus einer Erosionsrinne der kleinen Gebote ein Tal der Tränen, in dem wir gern jammern. Ein mühsam erlangtes Privileg gibt man nicht mehr her. Schon gar nicht im Steuerrecht. Sogar die Bahnsteigkarte gibt es noch. In München. 30 Cent.

755 // REGENSBURG

Regensburg, eine wunderschön zwischen Bayerischem Wald und Ostfränkischem Jura gelegene Stadt in der Oberpfalz, trägt zwar seit ihren Ursprüngen als römisches Legionslager Castra Regina den Regen im Namen,

ist jedoch angesichts der stabilen und trockenen Sommer in dieser Region nicht für ein besonders niederschlagsreiches Klima, sondern vielmehr als „Kulturmetropole an der Donau" berühmt geworden. Eine reiche Stadtgeschichte, zwei idyllische Donauinseln, drei Universitäten und vor allem die – dies alles überragende – gotische Kathedrale St. Peter inmitten einer zum Weltkulturerbe erhobenen Altstadt machen Regensburg zum historischen und zivilisatorischen Zentrum Ostbayerns. Von hier aus, einer der ältesten Städte Deutschlands, lenkten einst Konrad III. und Kaiser Friedrich I. Barbarossa ihre Streitmächte in die Kreuzzüge. Hier, an der Universität in unmittelbarer Nähe zum Bischofssitz, lehrte einst Professor Ratzinger, der spätere Papst Benedikt XVI. Hier, unter den Säulen des gewaltigen Doms, dessen Bauzeit über 600 Jahre betrug, erklingen die weltbekannten Stimmen der Regensburger Domspatzen. Angesichts dieser Jahrtausende währenden Blütezeit ist zu erwarten, dass das moderne Regensburg und seine Einwohner mit „Laptop und Lederhosen" vom Schutzpatron der Stadt, dem heiligen Petrus, auch in Zukunft nicht im Regen stehen gelassen werden.

756 // REIBEKUCHEN

Der Düsseldorfer Wim Wenders gab einst im „Spiegel" zu Protokoll, dass es ihn allein wegen der Reibekuchen gäbe. Seine Mutter fand Interesse an dem Mann, der statt des im Rheinland üblichen Apfelmuses Zucker auf seine Kartoffelpuffer streute. Der jugoslawische Präsident ließ sie sich, vielleicht mit Rübenkraut, 1970 von Willy Brandt servieren. Neben Bratwürsten und Leberkäse brachten Deutsche die auch Quaddelpratschen, Krumperpankisch oder Grumbeerekiechle genannten Reiberdatschi sogar bis nach Namibia, wo regelmäßige Bratwettbewerbe stattfinden. Kein Zweifel also, dass es sich bei den Kartoffelküchle um ein deutsches Kulturgut mit Exportpotential handelt.

Dazu passt, dass es eigentlich ein eher simples Rezept ist, denn die einfachsten Dinge sind ja bekanntlich oft die besten. Aus einem Dutzend geriebener großer Kartoffeln wird mit einer feingehackten Zwiebel, fünf Esslöffeln Mehl sowie drei Eiern eine gesalzene und gepfefferte Kartoffelmasse bereitet. Etwas Muskat verfeinert den Geschmack. In reichlich Öl werden die etwa bierdeckelgroßen Köstlichkeiten goldbraun ausgebacken. Feinschmecker mögen Sauerrahm und Forellenkaviar oder Lachs dazu, Brauhausbesucher kräftig gewürzten Tartar. Dazu wird ein kühles regionales Bier gereicht.

757 // REICH-RANICKI, MARCEL

Der berühmteste und einflussreichste Literaturkritiker Deutschlands ist polnisch-jüdischer Herkunft, geboren 1920 in Wloclawek. Er hat die Schrecken des Krieges und die Verbrechen der Deutschen im Warschauer Ghetto erlebt und trotzdem die Liebe zur deutschen Literatur nicht verloren.

Vor der Zwangsumsiedlung nach Polen lebte er in Berlin, machte da sein Abitur und nahm Fühlung mit der Theaterszene auf. Nach dem Krieg arbeitete er in London als Konsul für die polnische Regierung, entfremdete sich jedoch von der kommunistischen Partei und wurde inhaftiert. Nach seiner Entlassung war er in Polen für Zeitung und Rundfunk tätig. 1958 siedelte er in die BRD über. Mit Hilfe der „Gruppe 47", insbesondere durch Unterstützung von Heinrich Böll und Siegfried Lenz, etablierte er sich und wurde 1960 Literaturkritiker bei der „Zeit". 1973 übernahm er die Leitung des Literaturteils der „F.A.Z.". Seine berühmt-berüchtigten Kritiken und Verrisse brachten ihm den Ruf des „Großkritikers" und „Literaturpapstes" ein. Das „Literarische Quartett" – ausgestrahlt von 1988 bis 2001 im ZDF – machte ihn zum Medienstar.

Von Kabarettisten wurde er oft kopiert; die Kulturwelt ehrte ihn unter anderem mit dem Goethe-Preis der Stadt Frankfurt und der Ehrendoktorwürde der Humboldt-Universität Berlin.

758 // REIFEZEUGNIS

Am Ende einer in der gymnasialen Oberstufe erfolgreich zu Ende geführten Schulkarriere steht in Deutschland die Abschlussprüfung des Abiturs. Abgeleitet vom lateinischen Wort für „weggehen" – „abire" – deutet die Bezeichnung darauf hin, dass der Schüler die Schule verlässt, und zwar „im Guten" mit einem Zeugnis in der Schultasche, das ihm die „maturitas", also die Reife, bescheinigt, in diesem Fall die „Allgemeine Hochschulreife". Wie in der Schule, so auch im richtigen Leben!

Reife erlangt, wer eine schwierige Prüfung meistert, über Reife verfügt, wer sein Reifezeugnis abgelegt hat. Und so wird es kein Zufall gewesen sein, dass einem 1977 in der ARD in der Krimireihe „Tatort" ausgestrahlten, mittlerweile legendär gewordenen Fernsehfilm ausgerechnet der Titel „Reifezeugnis" verliehen wurde: Dieser Streifen hatte nämlich nicht nur eine vertrackte Krimigeschichte auf dem Schulhof zum Thema, er bot auch zwei aufstrebenden Talenten des deutschen Films eine Bühne, die den Startschuss für zwei internationale Erfolgsgeschichten bedeutete: „Reifezeugnis" machte einerseits die Hauptdarstellerin Nastassja Kinski, die Tochter von Klaus Kinski, über Nacht zum gefeierten Star, woraufhin sie die weltweite Filmszene eroberte. Andererseits bedeutete der Film auch für den Regisseur Wolfgang Petersen den Beginn einer sensationellen Karriere, die er später in Hollywood fortsetzen konnte. Kinski und Petersen legten mit diesem Tatort also ein Zeugnis ihrer Reife ab und konnten „weggehen", Deutschland verlassen und die große Welt des Films erobern.

759 // REINEKE FUCHS

Intelligenz siegt über stumpfe Gewalt, wenn nötig allerdings mit unsportlichen Tricks. Reineke Fuchs macht es vor, und das nicht erst seit Goethe. Von der Antike über das Mittelalter bis hin zur Romantik reichen die Geschichten vom schlauen und bisweilen hinterhältigen Fuchs, die sich bei Goethe zu einem Versepos verdichteten, das Johann Wolfgang auch die „Unheilige Weltbibel" nannte. Reineke, wegen zahlreicher Verbrechen vom gesamten Tierreich angeklagt, schafft es, durch Lügen, List und Tücke den König von seiner Unschuld zu überzeugen. Als der Schwindel schließlich auffliegt, kommt es zum finalen Zweikampf mit Wolf und Widersacher Isegrim. Mit zwei üblen Fouls besiegt der Fuchs den körperlich überlegenen Gegner. Volk und König lassen sich durch den Sieg Reinekes blenden und ernennen ihn zum Kanzler. Dass sich durch Vorspiegelung falscher Tatsachen Politik machen lässt, weiß man also schon seit längerer Zeit.

760 // REINHEITSGEBOT

Oft wird die deutsche Regelungswut beklagt. Für alles gebe es eine Verordnung, dem Unternehmergeist werde die Luft abgeschnürt. Dass ausreichend historischer Abstand aus einer Richtlinie ein identitätsstiftendes Merkmal machen kann, zeigt dagegen das deutsche Reinheitsgebot für Bier. Die vielleicht älteste Lebensmittelvorschrift der Welt wurde 1516 von dem bayerischen Herzog Wilhelm IV. erlassen. Einige Zeit zuvor war das Mönchsmonopol auf Bier gefallen. Die Brausitten verfielen, wo lokale Ordnungen nicht griffen. Kräuterzusätze, auch halluzinogene Ingredienzien, gab es schon länger im Bier. Aber Bierpanscher verbrauten mit zweifelhaften Absichten nun sogar Eierschalen oder Ochsengalle. Nach herzoglichem Willen sollten fortan Gerste, Hopfen und Wasser die einzigen Zutaten sein. Hefe kam erst später hinzu. Diese Eindeutigkeit verhalf dem Bier aus Bayern zu seiner Popularität.

Und da sich gute Ideen irgendwann durchsetzen, wurde zu Beginn des 20. Jahrhunderts das Reinheitsgebot reichsweit festgeschrieben. Die EU schützt solches Bier als traditionelles Lebensmittel. Ungeteilt ist die Freude aber nicht, denn Kritiker bedauern, dass das herzogliche Gebot ausgerechnet den Hopfen als Zusatz erlaubt. Das Hanfgewächs bewirke Verdummung und Lethargie.

761 // REISER, RIO

Als Rio Reiser (eigentlich Ralph Christian Möbius) 1986 mit „König von Deutschland" erstmals auch einem breiten Publikum bekannt wurde, war das Geschrei groß. Der Frontmann der Band „Ton Steine Scherben", Gralshüter linksalternativer Werte, war plötzlich Kommerz. Was nur wenige wussten: Rio Reiser hatte seinen künstlerischen Horizont schon Jahre zuvor als fleißiger Textschreiber für Marianne Rosenberg erweitert. Der imaginäre Graben zwischen Kunst und Unterhaltung, zwischen Schlager und Pop interessierte ihn nicht, solange die Musik aus dem Bauch kam.

„Ton Steine Scherben" hatten sich seit dem Beginn der 70er Jahre etabliert als Sprachrohr all jener, die mit den sozialen und politischen Zuständen der Bundesrepublik unzufrieden waren. Zahlreiche Slogans der Szene wie „Macht kaputt, was euch kaputt macht" und „Keine Macht für Niemand" – in den 70er und 80er Jahren allgegenwärtig – gingen auf Songs der Band zurück. Als Managerin der Gruppe fungierte damals eine junge, engagierte Frau namens Claudia Roth.

Nach der Auflösung der „Scherben" veröffentlichte Reiser eine Reihe von Soloalben, bis er 1996 im Alter von 46 Jahren viel zu früh verstarb.

Bis heute ist Reisers Einfluss auf die deutsche Musikszene ungebrochen. 2003 und 2005 erschienen CDs, auf denen Reisers Songs von jüngeren Bands und Musikern neu interpretiert werden, darunter Jan Delay, „Söhne Mannheims", „Fettes Brot", Nena, „Klee" und „Die Sterne". Mittlerweile haben sich auch die alten „Scherben" wieder zusammengerauft und sind als „Ton Steine Scherben Family" wieder aktiv.

762 // RELATIVITÄTSTHEORIE

Alles ist relativ – um das zu verstehen, reichen ein paar Jährchen Lebenserfahrung. Um die Relativitätstheorie des gebürtigen Ulmers Albert Einstein in ihren Einzelheiten zu verstehen, muss man allerdings schon ein Physikstudium hinlegen. Was man sich über die Relativitätstheorie als Laie merken kann: Es geht um Raum und Zeit. Und deren Verhältnis zueinander.

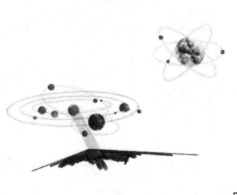

Die Relativitätstheorie wurde in zwei Teilen veröffentlicht: 1905 als spezielle Relativitätstheorie und 1916 als allgemeine Relativitätstheorie. Diese Veröffentlichungen revolutionierten das Verständnis von Physik und markieren bis heute einen der wichtigsten Meilensteine in der Wissenschaft überhaupt.

Als Albert Einstein im Jahr 1922 endlich den Nobelpreis für Physik erhielt, war der Grund paradoxerweise nicht die Relativitätstheorie (einige Mitglieder der Jury hielten sie für fehlerhaft), sondern seine Deutung des photoelektrischen Effekts mit Hilfe der Lichtquantenhypothese. Dabei war die Relativitätstheorie die ungleich wichtigere Entdeckung und, wie sich später herausstellte, vollkommen frei von Fehlern. Albert Einstein nahm es gelassen. Es ist eben alles relativ.

763 // RENNSTEIG

Der Name ist ein bisschen irreführend, handelt es sich doch beim Rennsteig nicht um eine Aschenbahn. Nein, auf dem Rennsteig wird nicht gerannt, es wird anständig gewandert, und da sind Eile und Hektik bekanntlich unerwünscht. Das war allerdings mal anders, denn einst diente der Weg vor allem Boten und Händlern, die auf ihm die knapp 170 Kilometer zwischen Hörschel bei Eisenach und Blankenheim an der Werra schnell überwinden wollten.

Auf bis zu 940 m Höhe verläuft der beliebteste deutsche Höhenwanderweg durch den Thüringer Wald, und über den richtigen Wanderfreund heißt es, er würde seinen Weg an der Saale beginnen, dort einen Stein aufnehmen und ihn am Ende seines Weges in die Werra werfen. Dabei natürlich immer das lustige Rennsteiglied auf den Lippen, in dessen Refrain die Anwohner am Rennsteig wohl alle einstimmen können: „Diesen Weg auf den Höh'n bin ich oft gegangen, Vöglein sangen Lieder. / Bin ich weit in der Welt, habe ich Verlangen, Thüringer Wald, nur nach dir."

Und bewältigen lässt sich der Rennsteig allemal, hat man es nach 25 km erst einmal auf den Großen Inselsberg geschafft: Ab dann liegen die schlimmsten Steigungen bereits hinter dem Wanderfreund, und er kann den schönen Thüringer Wald in aller Ruhe genießen.

764 // RETTUNGSWESEN

Das Rettungswesen ist eine Herzensangelegenheit seiner Träger. Weniger der Träger im juristischen Sinne, der Krankenkassen und der Krankenhäuser als Unternehmen, als der eigentlichen Leistungserbringer im Wortsinn. Rettungsassistenten und Notärzte erzählen mit sonst selten gewordener Leidenschaft von ihrem Beruf, tauschen sich heftig über Erfahrungen, Techniken und Fahrzeuge aus, und manchen unter ihnen schwillt vor Stolz auch schon mal die Brust. Wer will es ihnen verdenken, denn sie gewährleisten in Feuerwehr, Hilfsorganisationen, Bergwacht, Wasserwacht, Seenotdienst und 53 Rettungshubschraubern schnelle und professionelle Hilfe.

Geregelt ist das System der Hilfe in medizinischen Notfällen durch die Rettungsdienstgesetze der Länder. Die kreisfreien Städte und Landkreise haben in der Regel zu gewährleisten, dass die Hilfe in zehn bis fünfzehn Minuten eintrifft. Besonders gegen lebensbedrohliche Hilfsfristverlängerungen in dünnbesiedelten Regionen wird das „Helfer vor Ort"-Konzept vorangetrieben. Meist ehrenamtliche Helfer mit medizinischer Basisausbildung sollen noch vor Eintreffen des Rettungswagens qualifizierte Hilfsmaßnahmen einleiten. Mit aufgefrischten Erste-Hilfe-Kenntnissen kann jeder etwas tun, denn es kann auch jeden treffen.

765 // REWE

Rewe klingt so harmlos und ist doch unter den Handelskonzernen der Welt eine beachtliche Größe. Auf die FIFA-Weltrangliste umgerechnet ist die Rewe-Gruppe in etwa zu vergleichen mit den Niederlanden. Unter den Lebensmittelverkäufern in Deutschland nimmt Rewe den Platz des Vize-Meisters ein.

Angefangen hat Rewe 1927 in Köln als Einkaufsgenossenschaft unter dem Namen „Revisionsverband der Westkaufgenossenschaften". Dadurch erhofften sich die zuvor in siebzehn Genossenschaften organisierten westdeutschen Einzelhändler noch bessere Kondition. Heute würde man von Synergieeffekten sprechen. Schon früh entdeckte man im Konzern die Vorzüge eines einheitlichen Logos und verbindlicher Regeln für dessen Verwendung. Auch eine Selbsthilfeorganisation von Kaufleuten verstand sich demnach auf das Corporate Design.

Nach dem Krieg wuchs das Unternehmen kontinuierlich, formierte sich neu und diversifizierte seine Aktivitäten. Mit dem Fall des Eisernen Vorhangs war der Weg frei zu einer friedlichen Eroberung Osteuropas. Neben den Rewe-Supermärkten, in denen allerlei andere Filialisten aufgegangen sind, gehören Discounter, Elektro- und Baumärkte zum Angebotsspektrum des Konzerns. Und wer pauschalreist, tut dies mit hoher Wahrscheinlichkeit mit einem Ticket von Rewe.

766 // RHEIN

„Ich tauchte meine Rechte in den Rhein und bekreuzigte mich."

Nein, es war kein Rheinländer, dem das Wasser des Rheins so heilig war, sondern ein preußischer Königssohn, später unter dem Titel König Friedrich Wilhelm IV. von Preußen bekannt. Generationen galt der Rhein als Nationaldenkmal, als vaterländischer Strom, der ein nationales Emp-

finden wachzurütteln vermochte. Und so hat sich kein anderer deutscher Fluss so tief in die Literatur, Bildende Kunst und gar Geschichte des Landes eingegraben wie der Rhein: Viele Male wurde der Rhein besungen, seit dem 17. Jahrhundert galt er Malern aller Nationen als Motiv, und nirgendwo wurde romantische Baukunst passender mit der großartigen Natur verbunden als am Mittelrhein, der heute zum UNESCO-Weltkulturerbe zählt. Politische Einheiten entlang der dreizehnhundert Flusskilometer – wie die Rheinbünde, die Preußische Rheinprovinz und unsere heutigen Bundesländer Rheinland-Pfalz und Nordrhein-Westfalen – benannten sich ebenso nach ihm wie Landschaften und deren Erzeugnisse.

Und der Rhein, der in den Schweizer Alpen entspringt und in den Niederlanden in die Nordsee mündet (und hier nicht mehr Rhein, sondern Waal heißt), weckte die Phantasie, ließ Mythen entstehen: Wo sonst hüten Wellgunde, Woglinde und Floßhilde, die Rheintöchter, das Rheingold, das der finstere Hagen im Rhein versenkt haben soll? Wo sonst in Deutschland singt eine Loreley und betört damit die Schiffer, deren Schiffe an den Klippen zerschellen?

767 // RHEIN IN FLAMMEN

„Rhein in Flammen" bezeichnet eine Reihe gigantischer Feuerwerksveranstaltungen im malerischen Mittelrheintal zwischen Rüdesheim und Bonn, volks- und regionstypische Weinfeste inklusive. Von weit her reisen Hunderttausende Zuschauer alljährlich an, um von den Schiffskonvois und vom Ufer zu betrachten, wie Dörfer, Städte, Fluss und Weinberge von Tausenden bengalischen Lichtern, Höhenfeuerwerken und Lasern illuminiert werden. Sonderzüge der Bahn, teils mit historischen Loks und Wagen, ermöglichen die umweltfreundliche Anreise. In Mai, Juli und September erstrahlen nacheinander fünf Rheinabschnitte im flüchtigen Glanz der Explosivkörper.

Gleich mehrere Rekorde hält dabei der Abschnitt Koblenz–Spay. Hier findet das größte Spektakel mit dem größten Schiffskorso Europas und Deutschlands traditionsreichstem Feuerwerk statt. Man beruft sich auf ein Feuerwerk des Jahres 1756 zu Ehren des Kurfürsten Johann-Philipp von Walderdorff. Das kann Bonn allerdings toppen, denn 1965 begrüßte man hier Königin Elisabeth II. mit einem „Rhein in Flammen". Am Siebengebirge geht die Tradition auf das Jahr 1931 zurück, als man bereits die touristische Wirkung eines solchen Events erkannte. Der Feuerzauber fasziniert die Massen, sie können gar nicht genug davon kriegen.

768 // RHEINBUND

Der Rheinbund war einer von vielen taktisch-genialen Winkelzügen des französischen Kaisers Napoleon in seinen Planungen, Europa zu erobern. Er beendete damit faktisch das Heilige Römische Reich Deutscher Nation, das nach den Koalitionskriegen 1801 in seine Einzelteile zerfiel. Napoleons Einfluss war übermächtig; mit diplomatischen Heiraten seiner gesamten Sippe sicherte er sich die Gefolgschaft vieler deutscher Gebiete. Von 1806 bis 1808 schlossen sich 39 Fürstentümer und Königreiche dem Rheinbund an. Eigentlich sollten im Rheinbund auch gemeinsame Verwaltungsorgane aufgebaut werden, doch das scheiterte am Widerstand der größeren Mitgliedsstaaten. Faktisch blieb der Rheinbund ein Militärbündnis mit Frankreich – allerdings ein recht einseitiges, denn Napoleon allein entschied, wann der Bündnisfall eintrat –, das Napoleon Einfluss bis an die polnische Grenze sicherte.

Historiker meinen, dass man den Rheinbund nicht nur unter dem Gesichtspunkt der napoleonischen Vormachtstellung betrachten dürfe, der Rheinbund habe auch wichtige Reformen in die ziemlich verkrusteten deutschen Strukturen gebracht. Feudale und klerikale Macht wurden zurückgedrängt, die Justiz wurde reformiert, Umverteilung der landwirtschaftlichen Besitztümer sorgte für bessere Stellung der Bauern und Landarbeiter. Trotzdem war der Erfolg des Bundes nur von kurzer Dauer. Nach Napoleons Niederlage in der Völkerschlacht zu Leipzig 1813 brach der Rheinbund auseinander.

769 // RHÖNRAD

Das Rhönrad ist das erheiternste Sportgerät seit Erfindung der Leibesübungen. Es ist sicherlich kein Zufall, dass Rhönradturnen nicht zur olympischen Disziplin geworden ist und an den Weltmeisterschaften, die es seit 1995 gibt, lediglich 12 Nationen teilnehmen. Deutschland stellt dabei in der Regel die meisten Sportler. Alles Beweise dafür, dass der Rest der Welt mit dem mannshohen Gymnastikrad nichts anfangen kann. Was nicht weiter schlimm ist, denn der Rest der Welt kann auch mit Kricket wenig anfangen, und die Engländer erfreuen sich dennoch regelmäßig daran.

Der Erfinder des Rhönrades heißt übrigens Otto Feick; er meldete das Sportgerät 1925 zum Patent an. Angeblich war er schon als Kind vor der Schmiede seines Großvaters mit zwei aneinandergeschweißten Wagenrädern den Berg hinuntergerollt. Das muss eine solche Gaudi gewesen sein, dass er das Erlebnis unbedingt mit dem Rest der Welt teilen wollte. Feick war nicht nur Erfinder, sondern auch Freiheitskämpfer; auf der Flucht vor den französischen Besatzern landete er an der Rhön. Ein Biograph schreibt dazu: „Zum Dank an die neue Heimat nannte er das neue Sportgerät Rhönrad. In Schönau, von wo aus der Siegeszug des Rhönrades begann, wurde ihm und dem Rhönrad ein Denkmal gesetzt. Das Lebensmotto von Otto Feick war: Kämpfe, ringe – aber singe!"

770 // RIAS BERLIN

„Hier ist RIAS Berlin – eine freie Stimme der freien Welt." Jeder kennt diesen Satz, mit dem das Programm des RIAS Berlin („Rundfunk im amerikanischen Sektor") täglich startete, die Radiostimme, die das eingeschlossene Westberlin mit Neuigkeiten und Musik versorgte. Ab August 1946 bis Anfang der 1990er Jahr 1991 sendete der RIAS unter der Leitung der amerikanischen Besatzungsmacht, zunächst mit nur einem Programm, 1953 kam die junge RIAS-Welle hinzu und schließlich sogar ein eigener Fernsehsender.

Doch der RIAS war weit mehr als eine freie Stimme in der freien Welt: Der unfreien Welt jenseits der Berliner Mauer machte er Mut, sich – wenigstens im Kleinen – gegen ihr Regime aufzulehnen. Vor allem zu Ulbrichts Zeiten (1949–71), als West-Musik in der DDR nicht nur verpönt, sondern auch verboten war, saßen Tausende von DDR-Bürgern vor ihren Radiogeräten und folgten dem Beat des RIAS. Und sie schickten ihre Hörerwünsche in den Westen, die dort mit Freuden erfüllt wurden. Wie sie das anstellten? Mit einem ebenso simplen wie funktionierenden Trick: Sie schrieben Briefe an einen nicht existenten Adressaten (und natürlich mit gefälschtem Absender) in die Kufsteinstraße in Berlin, aber eben nicht an die Hausnummer 69, wo der RIAS saß. Was der DDR-Kontrolle entging, erkannten die Westberliner Postboten sofort als DDR-Post für den RIAS – und stellten die Hörerwünsche zu. Trotz massiver ostzonaler Störsender, deretwegen der RIAS bald zum stärksten Rundfunksender in ganz Europa ausgebaut wurde, wurde er bald auch zu einem wesentlichen Bestandteil der DDR.

773 // RICHTER, BEATRICE

Sie war die Ulknudel des deutschen Fernsehens, sie bescherte der Comedy-Reihe „SketchUp" in den 80ern ein Millionenpublikum und bis heute Kultstatus, sie brillierte in Sendungen von „Scheibenwischer" bis „Rudis Tagesschau" und war sich für keine komische Rolle je zu schade, bis sie auf dem Höhepunkt ihres Blödelerfolges 1984 zunächst von der Mattscheibe zurücktrat.

Sketche und Maskeraden lagen ihr, mit Genie und beeindruckender Wandlungsfähigkeit schlüpfte die Komikerin in immer neue wahnwitzige Rollen und spielte sich an der Seite ihres kongenialen Partners Diether Krebs in nur zwölf Folgen „SketchUp" in die Herzen der Zuschauer. Gemeinsam sausten die beiden mit überdimensionalen Perücken, Brillen oder Gebissen in Fettnäpfchen aller Art und ließen in ihren Parodien auf den ganz normalen menschlichen Alltag kein noch so fieses Detail aus.

Nach ihrem Abschied aus der Fernseh-Comedy ging Richter zu ernsteren Rollen über, unter anderem in berühmten deutschen Kriminalserien. Gleichzeitig begann sie ihre Karriere als Jazzsängerin, schließlich hatte sie Musik studiert. Dass aus ihrem ursprünglichen Berufswunsch nie etwas geworden ist, bedeutet für ihre Fans ein großes Glück: Wer weiß, ob ihr außergewöhnliches musisches Talent bei einer Tätigkeit als Gehirnchirurgin in sterilen OP-Sälen ebenso zur Entfaltung gekommen wäre ...?

774 // RICHTER, GERHARD

Der Maler Gerhard Richter ist einer der namhaftesten und wegweisendsten Künstler der Gegenwart. Der „Guardian" feierte ihn bereits als den Picasso des 21. Jahrhunderts.

Geboren 1932 in Dresden, begann sein Werdegang an der dortigen Kunstakademie. Für die DDR malte er „Sozialistischen Realismus" in Öl, bis er 1961 in den Westen flüchtete. An der Kunstakademie Düsseldorf vollendete er seine Ausbildung. Dort lehrte er später als Professor selbst Malerei.

Seine Bilder sprengen den Rahmen von Pop-Art, abstrakter Malerei und anderen zeitgenössischen Kunstströmungen. Ironisch nannte er sein Schaffen einmal „Kapitalistischen Realismus". Er verfremdete und übermalte Fotografien, wurde als RAF-Porträtist zu einem modernen Historienmaler und nutzte dabei mehr als nur Pinsel und Leinwand, beispielsweise Glas. Das „Richterfenster" kann man im Kölner Dom, zum Ärger von Kardinal Meisner, auf sich wirken lassen. Wegen der pixelhaften Art wird es im Volksmund „Konfettifenster" genannt. Das farbenfrohe, mit Licht spielende Kunstwerk war ein Geschenk Richters an seine Wahlheimat Köln.

Einen Stil habe er nach eigenem Bekunden nicht, und grau sei seine Lieblingsfarbe. Von ihm stammt auch der Satz: „Meine Bilder sind klüger als ich." Richters Werke verteilen sich über die Museen der ganzen Welt.

775 // RICHTER, ILJA

Nicht zu glauben, aber der adrette junge Mann im Anzug soll tatsächlich die Eltern jugendlicher Fans verstört haben. Dabei bot „Disco" einen ZDF-konformen Kontrast zum „Beatclub". Die Sendung und der leicht berlinernde Ilja Richter wurden eins, und sein Spruch ging in den allgemeinen Sprachgebrauch über: „Licht aus, Spot an!"

Die Liste der Gäste der 131 Sendungen ab 1971 ist bemerkenswert: The Kinks, Mary Roos, Tom Jones, The Rolling Stones, Shirley Bassey und die Schlümpfe. Also das ganze Spektrum der seinerzeitigen Musikszene. Aufgelockert wurde das Musikprogramm durch fade Sketche des Gastgebers, der sich 1982 letztmalig von seinen „Freunden" verabschiedete, um sich von seinem Milchbubi-Image zu befreien.

Als Schauspieler hat er in Dutzenden Film- und Fernsehproduktionen mitgewirkt. Das Spektrum reicht von „Tante Trude aus Buxtehude" über „Drei Damen vom Grill" bis zu „Mein Führer" von Dani Levy. Er selbst spielt am liebsten Theater. Außerdem leiht er seine Stimme Trickfilm- und Hörbuchfiguren. Vom Schreiben als „taz"-Kolumnist und vom Singen hat ihn das alles nicht abgehalten. Oft als Saubermann belächelt, ist er vielbeschäftigt und bekommt gute Kritiken. Bei Gelegenheit einfach mal anschauen.

776 // RIESLING

Wer Rieslinge liebt, sollte sich schnell einen Weinkeller zulegen und die relativ lagerfähigen Weine in etwa 25 Jahren dort deponieren. Denn Klimapessimisten prophezeien, dass es durch den Klimawandel in 30 Jahren keinen Riesling mehr geben wird. Die Trauben des großen deutschen Weins bevorzugen kühlere Regionen, die keine starke Sommerhitze kennen und dadurch über eine lange Vegetationszeit verfügen. Beste Lagen sind bis heute der Rheingau – wo 1716 erstmals auf dem Johannisberg sortenreiner Riesling gepflanzt wurde –, die Mosel und Rheinhessen. In den letzten Jahren macht sich auch der Nahe-Riesling einen Namen.

Je langsamer die Reifephase der Rieslingtrauben, umso besser werden die Weine, als deren Krönung wohl immer noch Beeren- und Trockenbeerenauslesen gelten. Doch anders als bis zum Ende des 19. Jahrhunderts sind die honigsüßen Varianten des Rieslings zwar immer noch die teuersten, weil seltensten Weine, längst aber nicht mehr die beliebtesten. Weinkenner bevorzugen heute eher die Auslesen mit ihrer feinen Restsüße oder gar die trockenen Spätlesen.

Doch man muss kein Fachmann sein, um den Riesling zu lieben: Die grünlich-gelben bis goldgelben Weine bestechen durch ihre Fruchtigkeit und Frische. Mit seinem stark vom Boden abhängigen, oft mineralischen, filigranen Geschmack und dem recht niedrigen Alkoholgehalt passt der Riesling zu beinahe jeder Lebenslage. Da lohnt sich der Weinkeller sowieso – mit oder ohne Klimakatastrophe.

777 // RINGELNATZ, JOACHIM

Joachim Ringelnatz war das Pseudonym von Hans Bötticher (1883–1934). Im sächsischen Wurzen erblickte er das Licht der Welt, in Leipzig wurde er groß und als Kind schon zum Dichter. Die Schule brach er ab; er war ein Außenseiter, der sich in den Humor flüchtete. Sein skurriles Aussehen entsprach seinem eigenwilligen Verhalten.

Er fuhr zur See und erlebte Schikane und Abenteuer. Die Figur „Kuttel Daddeldu" brachte er zurück in die Heimat, als Vorwegnahme von Käpt'n Blaubär und Hein Blöd in einem. Er führte ein Leben als Bohemien in München-Schwabing. Er war Kabarettist und ein ernstzunehmender Maler, vor allem aber Autor zahlloser Gedichte und Geschichten, deren Kennzeichen schelmischer Aberwitz und der Spaß an Verwirrung sind.

Dass die Nazis über ihn als originellen Künstler und spöttischen Komiker nicht lachen konnten, versteht sich von selbst. Seine Bücher kamen auf den Index, er wurde von der Bühne verbannt. Welch Luftikus und Hallodri Ringelnatz war, erkennt man unschwer an folgendem Gedicht, das so manches Poesiealbum ziert:

> *„In Hamburg lebten zwei Ameisen*
> *Die wollten nach Australien reisen.*
> *Bei Altona auf der Chaussee*
> *Da taten ihnen die Beine weh*
> *Und da verzichteten sie weise*
> *Dann auf den letzten Teil der Reise."*

778 // ROCK AM RING

Regen, Sturm und anschließend knietiefer Schlamm sind das alljährliche Los von Deutschlands größtem Rockfestival „Rock am Ring" auf dem Eifeler Nürburgring. Das hält die mittlerweile 85.000 Besucher aber nicht davon ab, mit ihren besten Freunden Zelte auf dem Festivalgelände aufzuschlagen und palettenweise Dosenbier und Dosenravioli auszupacken, um endlich wieder ihren Lieblingsbands live zuhören zu können. Zumal die Unwetter auf dem Gelände ohnehin schnell vergessen sind, wenn etwa „Metallica" auf der Bühne einen Orkan auslöst.

Seit 1985 findet „Rock am Ring" mit nur kurzen Unterbrechungen jährlich statt. Das Erfolgsrezept: eine Mischung aus Newcomern, Topacts und

Rocklegenden auf verschiedenen Bühnen, drumherum ein munteres Festivalleben mit überfüllten Duschen und verschmierten Dixieklos. Letztere machen vor allem beim zeit- und inhaltsgleich stattfindenden Schwesterfestival „Rock im Park" in Nürnberg von sich reden, wo sie am letzten Festivalabend traditionell umgeworfen werden – ohne Rücksicht darauf, ob sie vielleicht noch besetzt sind.

777 // ROMANTIK

„Die Welt muss romantisiert werden" war nicht nur Novalis' Devise – bis heute lebt die halbe Welt nach dem Wahlspruch einer Epoche, die die ganz großen Gefühle suchte, das Wunderbare und Mystische in Natur und Mensch. Dass es den Romantikern des frühen 19. Jahrhunderts dabei nicht um übergroße Valentinskarten und Candle-Light-Dinner ging, die ihr Finale in einem langen Kuss vor dem Traualtar finden, versteht sich wohl von selbst. Stattdessen galt es, eine Epoche der Vernunft und Wissenschaften – die Epoche der Aufklärung – in andere Bahnen zu lenken und auch den Gefühlen, der Sehnsucht des Menschen nach Kultur und Schönheit ihren Raum einzurichten. Bildende Künstler, Literaten und Musiker begannen ab Ende des 17., Anfang des 18. Jahrhunderts die Wirklichkeit mit neuen Augen zu betrachten, verklärten die Realität und entflohen ihr – und kritisierten damit nicht zuletzt die bestehenden gesellschaftlichen und politischen Verhältnisse.

Zu den wichtigsten Vertretern der Romantik gehören Poeten wie Novalis und E. T. A. Hoffmann, Komponisten wie Franz Schubert, Mendelssohn Bartholdy, Schumann und Wagner sowie Maler wie Caspar David Friedrich.

778 // ROTATIONSPRINZIP

Als die Grünen 1983 erstmals in den Bundestag einzogen, brachten sie nicht nur Rauschebärte und Strickzeug mit, sondern auch seltsame basisdemokratische Gepflogenheiten. Die Partei hatte für die kommenden Bundestagsabgeordneten festgelegt, dass sie nach der halben Legislaturperiode ihr Mandat zugunsten der Nachrücker der Landeslisten zu räumen hatten. Damit wollten sie Machtkonzentration und Bestechlichkeit verhindern.

Doch hatte nicht die Vergangenheit bewiesen, dass am ehesten Kontinuität politischen Erfolg garantieren konnte? „Stabile Verhältnisse" waren bei allen demokratischen Träumereien doch das Ziel allen politischen Handelns. Die Adenauer-Ära ließ grüßen. Die Politikwissenschaft formulierte etwas anders und wies auf die negativen Folgen für Professionalität und Handlungsfähigkeit hin. Auf dem Weg zur ganz normalen Klientelpartei sahen das die Grünen mit der Zeit auch ein und beerdigten nach und nach das Rotationsprinzip auf Bundesebene. Sie begaben sich stattdessen wie die anderen Parteien in die Hände mehr oder weniger charismatischer Führungspersonen.

Aber die Rotation lebt: Im Bundesrat, bei der UNO und in Staaten mit ethnischem Konfliktpotential zur Sicherstellung der Partizipation aller. Zeitweise auch beim FC Bayern München.

779 // ROTE GRÜTZE

Smoothie hin, Direktpressfrucht her: An den heißen Tagen des herrlichen deutschen Sommers gibt es einfach nichts Schmackhafteres und nichts Gesünderes als eine fruchtig-frische „rote Grütze".

Für diese kulinarische Spezialität aus dem Norden Deutschlands sieht das traditionelle Hausrezept Himbeeren und schwarze Johannisbeeren vor, die unter Zugabe von Zucker und einem Dickungsmittel aufgekocht und zerdrückt werden. Moderne Varianten lassen aber auch Erdbeeren und Kirschen zu – Hauptsache, die Früchte sind frisch und natürlich rot. Aus Stachelbeeren wird schließlich eine grüne, aus Pfirsichen eine gelbe Mischung.

Dass diese sommerliche Köstlichkeit, die hervorragend durch einen Tupfer Vanillesoße verfeinert werden kann, den oft als wenig attraktiv empfundenen Namen „Grütze" trägt, hängt damit zusammen, dass als Bindemittel früher gemahlene Getreidekörner beigefügt wurden, deren Bezeichnung sich vom althochdeutschen Wort für Grobgemahlenes – „gruzzi" – ableitet. So lässt der Name des Desserts wohl so manches Kind zunächst zurückschrecken. Völlig grundlos selbstverständlich, schließlich ist die gute „rote Grütze" ein langerprobter Klassiker unter den fruchtigen Süßspeisen, von dem sich früher oder später jeder überzeugen lässt.

780 // ROTHENBURG OB DER TAUBER

Schon der Name verspricht Idylle: Hoch über dem Tal der Tauber, eines Nebenflusses des Mains, reckt sich ein mittelalterliches Kleinod in den bayrischen Himmel, das nicht nur in Deutschland seinesgleichen sucht.

Die völlig intakte mittelalterliche Stadtmauer umschließt einen Stadtkern aus engen gepflasterten Gassen, kleinen farbigen Fachwerkhäusern, Gewölbegängen, Wehrtürmen und Kirchen, der zum Großteil Original-Baubestand des 12. bis 15. Jahrhunderts ist, ansonsten aber liebevoll restauriert wurde.

Rothenburg ob der Tauber ist das Klischee einer deutschen Stadt; so möchten sich Touristen ganz Deutschland vorstellen: beschaulich-ländlich, sauber und freundlich. Das Mittelalter erscheint hier nicht mehr düster, sondern voll fröhlichem Komfort, der Ruhe und Frieden in sich birgt. Und es ist ein Klischee, das stimmt: Schön ist es, eissschleckend durch die Gassen des Städtchens zu schlendern, tagsüber durch das Taubertal zu radeln und nachts in einem gemütlichen Gasthaus in Rothenburg einzukehren, anderntags den Rathausturm zu besteigen und den Blick frei über die liebliche mittelfränkische Landschaft gleiten zu lassen. Eine fast unwirkliche Idylle.

781 // ROTKÄPPCHEN-SEKT

Die Jahn- und Weinstadt Freyburg im Unstruttal ist die Heimat des Rotkäppchen-Sekts. Der ehemalige „VEB Rotkäppchen Sektkellerei" mit dem anheimelnden Namen hat sich hierzulande als Marktführer etabliert. Cleveres Marketing und kreative Krisenreaktionen haben die Marke seit 1856 in allen Systemen nach oben gespült.

Mit dem ersten „Sektwaggon" brachte man die Produkte 1889 auf die Schiene, der Kaiser war höchster Werbeträger, und nach einem Namensstreit verlegte man sich auf die bis heute verwendete Bezeichnung nach dem roten Verschluss. Die Wende brachte eine Krise wie sonst nur ein Krieg. Aber ab 1992 gingen die Verkaufszahlen dank unbeirrbarer Investitionslaune wieder nach oben, und mit dem Eigentumsübergang von der Treuhand an das Management wurde das Unternehmen erhalten. Die Übernahme der westdeutschen Kellereien Mumm und Geldermann fasste ein Hamburger Nachrichtenmagazin als „Rache des Ostens" auf.

Für die günstigeren Produkte des Sortiments kommt das Großraumgärverfahren zum Einsatz. Edlere Sekte entstehen im Flaschengärverfahren, und die Prestigemarke Weißburgunder Sekt Extra Trocken b. A. („bestimmtes Anbaugebiet") Saale-Unstrut wird in klassischer Flaschengärung hergestellt. Nur eines könnte wohl die Sektlaune verderben: Die Prohibition.

782 // RTL

Als im Januar 1984 das Privatfernsehen in Deutschland seinen Betrieb aufnahm, konnte das aus Luxemburg sendende „RTL plus" mit seinem fünfstündigen Abendprogramm gerade einmal 200.000 Haushalte erreichen. Heute sichert dem Privatsender, der nach der Fernsehanstalt „Radio Télé Luxembourg" benannt wurde, sein 24-stündiges Vollprogramm mit durchschnittlich über 12 Prozent der Fernsehzuschauer oft die Marktführerschaft im deutschen Fernsehen.

Dabei hat RTL in seiner rasanten Entwicklung zur festen Größe in der Medienlandschaft eine Vielzahl journalistischer Innovationen gewagt, die das deutsche TV-Programm nachhaltig verändert haben. So brachte der Kanal, nachdem er 1988 seinen Senderstandort von Luxemburg nach Köln verlegt hatte, so einzigartige Formate wie „Die Mini-Playback-Show", „Stern-TV" oder „Tutti Frutti" hervor, ohne die das Privatfernsehen nicht zu dem hätte werden können, was es damals war und heute ist. Frühstücksfernsehen, „Night Rider", „Wer wird Millionär?" – RTL setzte von Anfang an Maßstäbe in Sachen Unterhaltung und wird das deutsche Fernsehen sicherlich auch weiterhin prägen – sofern man sich nicht dazu entscheidet, zurück ins luxemburgische Düdelingen zu ziehen.

783 // RÜBEZAHL

Wer durch das Riesengebirge wandert, sollte sich in Acht nehmen, niemals laut den Namen Rübezahl auszusprechen. Denn obwohl das Gebirge um seinen höchsten Berg, die Schneekoppe, mittlerweile in Polen und Tschechien liegt, wird der einstmals deutsche Berggeist wohl auch heute noch seinen deutschen Spottnamen verstehen. Und das sollte man sich gut überlegen, kann einem der Herr des Siebengebirges – der mal als Riese, dann wieder als kleines Bergmännchen, Mönch, Geist oder gar in Tiergestalt erscheint – doch schwere Wetter auf den Hals schicken. Wer aber ehrfürchtig durch das Gebirge reist und sich freundlich und respektvoll verhält, den beschenkt Rübezahl vielleicht einmal mit seinen Schätzen, die er im Gebirge hütet.

Überliefert wurden die schlesischen Sagen um den Herrn der Berge, Rübezahl, erstmals 1662 von Johannes Praetorius in der „Daemonologia Rubinzalii Silesii". Weitaus volkstümlicher und daher bekannter aber sind die „Legenden vom Rübezahl" (1782–87) von Johann Karl August Musäus und das „Rübezahl-Buch" Carl Hauptmanns von 1919.

784 // RÜGEN

Ein Bild machte die größte deutsche Insel berühmt: Caspar David Friedrichs 1818 gemalte „Kreidefelsen auf Rügen". Malerisch heben sich die strahlend weißen Felsspitzen vor dem Blaugrau des Meeres und dem Grün der Bäume ab – eine beeindruckende Aussicht, die jährlich Tausende von Urlauber auf die Ostseeinsel vor Stralsund lockt. Bis zu 120 Meter ragen die malerischen Kreidefelsen im Nationalpark Jasmund empor; der bekannteste unter ihnen ist der Königsstuhl.

Doch Rügen ist wesentlich vielfältiger. Da ist zum Beispiel die Nehrung Schmale Heide mit ihren Feldern aus Feuersteinknollen. Großsteingräber auf der Insel zeugen von der frühen Besiedlung seit der Steinzeit. Das nach den Plänen Karl Friedrich Schinkels zwischen 1838 und 1846 errichtete Jagdschloss Granitz gilt als eines der interessantesten Schlösser Mecklenburg-Vorpommerns, und natürlich reihen sich auch auf Rügen die herrschaftlichen Ostseebäder mit ihren Kurpavillons, Seebrücken und Hotels aneinander.

785 // RÜHMANN, HEINZ

Heinz Rühmann (1902–1994), geboren in Essen, war der vielleicht beliebteste UFA-, Film- und Fernsehstar Deutschlands. Mit „Ein Freund, ein guter Freund, das ist das Beste, was es gibt auf der Welt" sang sich der quirlige Kerl mit dem schnarrenden und charmanten Haspelton in die Herzen eines Millionenpublikums. Das war 1930 in „Die Drei von der Tankstelle", womit das Genre der Musicalfilme begründet wurde.

Der kleine Mann war groß und wurde schon zu Lebzeiten zur Legende. Generationen fanden ihn komisch. Den zeitübergreifendsten Filmerfolg feierte er mit der „Feuerzangenbowle", die 1944 bezeichnend unkämpferisch als arglose Schulkomödie daherkam. „Da stellen wir uns mal ganz dumm", sagten sich wohl auch die Drehbuchschreiber. Das Publikum dankte es ihnen und Heinz Rühmann, der als viel zu alt besetzter, eingeschlichener

„Schöler" nicht auffiel. Seinem jungenhaften Lausbubengesicht verzieh man einfach alles. Wie „Quax, der Bruchpilot" übersteht Rühmann den Spagat zwischen Film und Nazidiktatur, er schrammt an zu großer Propaganda-Vereinnahmung haarscharf vorbei. Er war eben pfiffig wie „Pfeiffer mit drei f".

Nach dem Krieg ging die Karriere weiter: Filme wie „Der Hauptmann von Köpenick", „Es geschah am hellichten Tag" oder „Grieche sucht Griechin" begeisterten sein Publikum. Von der öffentlichen Bühne – auf der er auch in den deutschen Theatern nicht selten stand – trat er erst 1994 ab: bei „Wetten, dass ...?", unter stehenden Ovationen.

786 // RUHRGEBIET

„Tief im Westen, wo die Sonne verstaubt, ist es besser, viel besser, als man glaubt", so die Eröffnung der Hymne Herbert Grönemeyers an seine Heimatstadt Bochum, die gemeinsam mit einer Reihe von Großstädten wie Bottrop, Dortmund, Duisburg, Essen, Gelsenkirchen oder Oberhausen das Ruhrgebiet ausmacht. Dass diese Orte in ihrer heutigen Erscheinung ohne

Grenzen wie eine einzige Stadt wirken und dabei einen Ballungsraum mit über 5 Millionen Einwohnern bilden, ist ein Ergebnis des rasanten Wachstums der Rhein-Ruhr-Region während der Industrialisierung, die hier aufgrund der großen Kohlevorkommen besonders schnell Fahrt aufnahm.

Doch dort, wo früher die Schlote qualmten, setzt man zunehmend auf Kultur und Natur, seitdem die Steinkohleförderung und die Stahlindustrie an Bedeutung verloren haben: Stillgelegte Bergwerke und Kokereien werden zu Denkmälern und Industriebrachen zu Naherholungsgebieten. Theater und Musicals blühen auf und machen dem Fußball als Lieblingsfreizeitbeschäftigung Konkurrenz.

Eine echte Schönheit wird das vor Arbeit grau gewordene „Revier" wohl dennoch nicht mehr. Aber das macht Grönemeyer und seinen Ruhrpottlern nichts aus – „hier, wo das Herz noch zählt, nicht das große Geld. Wer wohnt schon in Düsseldorf?"

787 // RUMPELMÄNNCHEN

Beim „Rumpelmännchen" handelt es sich um einen bärtigen Zwerg mit Holzstab, der in der Deutschen Demokratischen Republik für den Rohstoffkreislauf verantwortlich war. Nun wird manch einer meinen, angesichts dieser Tatsache wäre der Rohstoffmangel in der DDR kaum verwunderlich gewesen – doch weit gefehlt: Das Rumpelmännchen war schuldlos.

Vielmehr hat das Rumpelmännchen, eine 1954 von Hannes Hegen geschaffene Comic-Figur, mit seiner Werbewirkung wesentlich dazu beigetragen, dass die Bürger ihre Abfälle zu einer der tausenden Annahmestellen des Kombinats Sekundärrohstofferfassung, Vereinigte Volkseigene Betriebe, abgekürzt „die SERO", trugen, deren Leitfigur es war. Dabei brachte der Müll gutes Taschengeld für Jungpioniere, die mit einem Spruch – „Liebe Leute, geben Sie mir: Flaschen, Gläser, Altpapier" – auf der Suche nach Verwertbarem um die Häuser zogen, um die „Sekundärrohstoffe" zum Rumpelmännchen zu bringen.

Seinen Namen erhielt die Werbefigur in Anlehnung an das Rumpelstilzchen, das in abgewandelter Erscheinungsform – einen prall gefüllten Müllsack auf dem Rücken – mit dem Wort „Gerümpel" in Verbindung gebracht wurde. Mag der kleine Wicht so auch belächelt worden sein, angesichts heutiger Pfandsysteme in einer mülltrennenden Wegwerfgesellschaft kann das Rumpelmännchen wahrlich nicht unzufrieden auf seine Dienste zurückblicken.

S

S

Saarland / Sachsen / Sachsen-Anhalt / Sachsenspiegel / Sagrotan / Sakra / Salz / Sandmännchen / Sanssouci / SAP / Sauberkeit / Sauerkraut / Saumagen / Savigny, Friedrich Carl von / Schäferhund, Deutscher / Schiesser Feinripp / Schildbürger / Schildkröt-Puppen / Schiller, Friedrich / Schimanski / Schimmelreiter, Der / Schinderhannes / Schleichwerbung / Schmeling, Max / Schmidt, Harald / Schmidt, Helmut / Schnäppchen / Schneider von Ulm / Scholl, Sophie und Hans / Schöne Lau / Schopenhauer, Arthur / Schrankwand / Schuhplattler / Schultüte / Schumacher, Michael / Schützenfest / Schwarzbrot / Schwarzer, Alice / Schwarzer Peter / Schwarz-Rot-Gold / Schwarzwald / Schwarz-wälder Kirschtorte / Schwarzwaldklinik / Schweiger, Til / Schweineohren / Scorpions / Seifenkiste / Semperoper / Sendung mit der Maus, Die / Senf, bayerischer / Siegessäule / Siegfried / Siemens / Simplicissimus / Skat / Solingen / Sommermärchen / Sorbisch / Sozialversicherung / Sparkasse / Sparschwein / Sparwasser, Jürgen / Spatz / Spätzle / Spiegel, Der / Spießbürger / Sportschau / Spreewaldgurken / Sprichwörter / Springer Verlag / ß / Stabilität / Stammtisch / Staufer / Stein, Edith / Stempel / Stern, Der / Stiftung Preußischer Kulturbesitz / Stiftung Warentest / Stockhausen, Karlheinz / Storm, Theodor / Störtebeker, Klaus / Strammer Max / Strandkorb / Straßenbahn / Strauss, Richard / Streuobstwiesen / Streuselkuchen / Struwwelpeter / Sturm und Drang / Stuttgarter Hutzelmännlein / Süddeutsche Zeitung / Sylt

788 // SAARLAND

Wenn die Sagen des Saarlandes etwas über seine Menschen verraten, dann sind die Saarländer gottesfürchtig, humorvoll und lassen gern freundliche Zwerge für sich arbeiten. So kann ein Schiffer, der den Heiligen den Gruß verweigert, damit rechnen, fortan als Untoter am Grund der Saar ein tristes Unwesen treiben zu müssen. Bei Teufelsbeschwörungen zaubert der ungeschickte Saarländer schon mal Pferdemist statt Gold herbei. Aus Dankbarkeit oder einfach so mahlen saarländische Heinzelmännchen das Korn oder backen das Brot, bis – man kennt das – undankbare Neugierde sie auf immer vertreibt.

Nach den drei Stadtstaaten ist das Saarland das kleinste Bundesland, und mit gerade einmal einer Million Einwohnern steht es ganz oben auf der Liste abzuschaffender Bundesländer. Doch Obacht, womöglich handelt es sich um eine Art gallisches Dorf im Südwesten. Klar erkennbar ist der französische Einfluss in der Küche. Man ist hier stolz auf die höchste Anzahl der Michelin-Sterne pro Kopf. Das erstmals 1920 als Völkerbundmandat in Erscheinung getretene „Saargebiet" hat sich zwar zweimal in Abstimmungen für Deutschland beziehungsweise gegen eine europäisierte Autonomie entschieden. Aber so leicht wird man sich an der Saar nicht einer gewissen Eigenständigkeit berauben lassen.

789 // SACHSEN

Sachsen – da, wo die schönen Mädchen wachsen! Von der Mitte in den Osten gerückt, bleibt Sachsen das kulturelle Zentrum Deutschlands (behaupten wir jetzt mal). Gibt es ein Bundesland, eine historische Region, die ähnlich viele Dichter (Kästner), Denker (Leibniz), Sänger („Die Prinzen") und Sportler (Kati Witt) hervorgebracht hat? Wenn ja, wohl nur einige wenige.

Auch wenn man es – die DDR noch im Ohr – kaum für möglich hält: Das Hochdeutsche ist eine Erfindung der Sachsen (Luther). Die UNESCO pflegt, wie schon die Briten und Amerikaner zuvor, eine Hassliebe zu Sachsen, wovon die Dresdner ein Liedchen singen können. Damit wären wir bei der Frauenkirche angekommen – „Auferstanden aus Ruinen" (Hanns Eisler) –, dem Symbol schlechthin für die wiedergewonnene, ja formgewordene Einheit Deutschlands.

Die Sachsen stellten Könige und Kaiser, widersetzten sich wacker den Franken, unterwanderten pfiffig die Briten und wohnen nun, wie sonst nur die Bayern, in einem gemütlichen Freistaat. Der Sachse isst seine Bemme, während andere nur am Butterbrot mümmeln, und die Sachsen haben ihren eigenen Wein, der, mit zunehmender Klimaerwärmung, wohl auch immer schmackhafter werden wird!

790 // SACHSEN-ANHALT

Manche halten das Bundesland vielleicht für etwas unscheinbar. Wo liegt es noch gleich? Und wie heißt noch mal die Hauptstadt? (Sachsen-Anhalt ist eingebettet zwischen Niedersachsen im Westen und Brandenburg im Osten, seine Hauptstadt ist Magdeburg.)

Dabei ist die Gegend reicher an Höhepunkten und Sehenswürdigkeiten, als man so denken mag. Der Brocken liegt hier, mit 1.141 Metern der höchste Berg Norddeutschlands. Hier häufen sich UNESCO-Denkmäler, vom Dessauer Bauhaus über die traumhafte Wörlitzer Gartenlandschaft bis zu den Lutherstädten Wittenberg und Eisleben. Hier wurde die Reformation geboren, hier entdeckte der Dichter Novalis die Blaue Blume der Romantik, hier fand der Apotheker Geßner den Zucker in der Zuckerrübe. Johann Sebastian Bach wurde in Sachsen-Anhalt geboren, wie übrigens auch Kai Pflaume und Didi Hallervorden.

Vielleicht stammt Sachsen-Anhalts Image vom Mauerblümchen noch aus DDR-Zeiten, als die Region um Halle/Bitterfeld/Magdeburg noch „Chemiedreieck" hieß, weil sie Zentrum der chemischen Industrie und des Schwermaschinenbaus war. Mondlandschaften und stinkende Schornsteine prägten das Bild des Transitreisenden nach Berlin. Möglicherweise ist aber auch der traurige Arbeitslosenrekord schuld am mittelprächtigen Ruf.

Es wird also Zeit, dass wir unser Bild von SA (so lautet die offizielle Abkürzung) revidieren und zum Beispiel bei nächster Gelegenheit die Straße der Romanik entlangkurven oder dem einzigartigen Biosphärenreservat entlang der Elbe einen Besuch abstatten.

791 // SACHSENSPIEGEL

Es war schon eine einschneidende Tat des mittelalterlichen Gelehrten Eike von Repgow, das bis dahin größtenteils mündlich überlieferte Gewohnheitsrecht seiner Zeit in Worte zu fassen, niederzuschreiben und noch dazu in deutscher Sprache. Das war bis dahin einzigartig auf deutschem Grund und Boden, und so gilt der Sachsenspiegel wohl als bedeutendstes Rechtsbuch des 13. Jahrhunderts, das weit über die deutschen Lande hinaus Einfluss nahm.

Der sächsische Ritter hatte sein Rechtsbuch etwa zwischen 1220 und 1235 zunächst auf Lateinisch verfasst und dann ins Deutsche übertragen. Es befasst sich mit dem sächsischen Landrecht und dem Lehnsrecht und sollte Ratsuchenden einen Überblick über die übliche Rechtspraxis geben – könnte also grob mit den heute unter Juristen üblichen Kommentaren zu einzelnen Rechtsgebieten verglichen werden.

Die teilweise herrlich bebilderten Abschriften des Sachsenspiegels wirken in ganz Europa nach und wurden in Preußen erst 1794 durch das „Allgemeine Landrecht" und in Sachsen 1863 durch das „Sächsische Bürgerliche Gesetzbuch" ersetzt.

792 // SAGROTAN

Als die Cholera 1892 in der seinerzeit berüchtigt engen und feuchten Stadt Hamburg wütete, war man dankbar für die desinfizierende Wirkung eines neuen Mittels namens „Lysol". Fast 17.000 Menschen waren erkrankt, über 8.600 erlagen der Infektion. Die „Times" schrieb damals, dass Hamburg „die schmutzigste Stadt diesseits des Mittelmeeres" sei, und auch Robert Koch glaubte sich im Angesicht der schlimmsten Wohnviertel Hamburgs außerhalb Europas. Zu allem Übel verfügte die Hafenstadt nicht über Wasseraufbereitungsanlagen.

Ärztliche und wissenschaftliche Erkenntnisse des Kinderarztes Semmelweiß, des schottischen Chirurgen Lister und der Bakteriologen Koch und Pasteur hatten seit der zweiten Hälfte des 19. Jahrhunderts auf die Bedeutung der Hygiene hingewiesen. Die Unternehmer Rudolf Schülke und Julius H. Mayr, Hersteller des Desinfektionsmittels „Lysol", hatten sich die Idee zu eigen gemacht. 1889 war jener „Sagrotan"-Vorläufer auf den Markt gekommen, der ihnen eine Ehrenurkunde Hamburgs einbrachte.

„Sagrotan" hat sich seit 1913 zu einer duftenden Wunderwaffe gegen Keime aller Art im Eigenheim entwickelt. Da die Krankheitserreger heute eher selten sind, schießt man außerhalb von Kliniken und Klohäuschen bei Anwendung mit kostspieligen Kanonen auf Spatzen.

793 // SAKRA

In süddeutschen Mundarten ist der Ausruf „Sakra!" Ausdruck des Ärgers über die Untiefen des Lebens oder einfach über den Nächsten, der nicht tut, was er soll. Der himmlische Kraftausdruck steht im Duden noch vor „sakral". Das weist auf das Os sacrum hin, was zu einem schönen Anwendungsbeispiel führt: „Sakra, ich hab's im Kreuz!" Häufig tritt der Fluch auf in steigernder Komposition wie „Himmelherrgottsakrament!" Nun ist die Herkunft aus dem religiösen Wortschatz unübersehbar. Das entstellte „Sakrament" findet hier Verwendung, weil irdische Bezüge für den superlativischen Redestil nicht ausreichen.

Für den Katholiken ist dies keineswegs gotteslästerlich. Denn auch anerkennend wird das Wörtchen verwendet: „Sakra, die Alte ist wieder gefahren wie der Teifel." So beschrieb der Bundestrainer Sepp Ferstl 1983 die Leistung der Skifahrerin Irene Epple, als sie nach zwölf Jahren ihren ersten Weltcupsieg einfuhr. In ungeübten Ohren kann so das Lob allerdings leicht wie eine Beleidigung klingen. Der Appell an das Heiligste ist gleichsam Ausdruck der Unfassbarkeit des Erlebten. Keineswegs werden damit die Sakramente selbst verdammt, wie etwa die Ehe, auch wenn sich mancher über deren Unauflöslichkeit im katholischen Glauben schon höllisch geärgert haben mag.

794 // SALZ

Die „alte Salzstraße" – auch „Via Regia" (Königsweg) genannt – verbindet die altehrwürdigen Hansestädte Lüneburg und Lübeck, reiht Naturschönheiten und Ausflugsziele aneinander und führt durch malerische Ortschaften wie Lauenburg, Mölln und Ratzeburg. Das Salz, das weiße Gold des Mittelalters, begründete in sonst dunkler Zeit den Wohlstand der anliegenden Städte bzw. der dort lebenden Handelsherren und selbstbewusst werdenden Bürger, die ihren Reichtum der Nachwelt vor allem in Form der norddeutschen Backsteingotik weitergaben.

Salz war damals weit mehr als nur ein Gewürz, es war eine Währung und die Voraussetzung dafür, so nahrhafte Waren wie Fleisch und Fisch, insbesondere Hering, überhaupt haltbar machen und transportieren zu können. Salz macht sogar dermaßen haltbar, dass manch ein Wissenschaftler und Politiker auf die Idee gekommen ist, Atommüll darin einzupökeln.

In einem Land, in dem nicht gerade der Pfeffer wächst, ist Salz tatsächlich das Salz in der Suppe, und so wundert es nicht, dass in Deutschland noch heute, im internationalen Vergleich, sehr salzreich gegessen wird. Man hat ja schließlich das richtige Bier, um den aufkommenden Durst zu löschen.

795 // SANDMÄNNCHEN

Da standen den besorgten Eltern in der DDR die Haare zu Berge, und die Kinder des Sozialismus übten sich in praktischer Solidarität: Als am Ende der ersten Folge des „Sandmännchens" die frischgebackene Einschlafhilfe erschöpft im Novemberschnee dahinsank, beklagten die Eltern schriftlich das gefährliche Vorbild, das der DFF dort lieferte, und die Kinder boten hilfsweise ihre Bettchen an. Fernsehtypische, das Publikum ermüdende Diskussionen um einen völlig harmlosen Gegenstand gab es bei anderer Gelegenheit. Als im August 1978 Sigmund Jähn als erster Deutscher durchs

All tourte, war der Sandmann mit von der Partie. Spontan vermählte der sich mit der Puppe Mascha, die der Sowjet-Kosmonaut Valerie Bykowski mit sich führte. „Darf der Sandmann heiraten?", lautete die heftig umstrittene Frage.

Im Osten wie im Westen, wo bald ebenfalls ein Sandmännchen den lieben Kleinen Traumsand in die Augen streute, bevölkerte das Püppchen die Rahmenhandlung für heitere, besinnliche und belehrende Episoden. Rituelle Formeln wie „Sandmann, lieber Sandmann ..." (Ost) beziehungsweise „... gebt fein acht, ich hab' Euch etwas mitgebracht" begeisterten die keineswegs müden jungen Zuschauer. Die Bürgerbewegung der DDR setzte schließlich durch, dass der „Abendgruß" erhalten blieb.

796 // SANSSOUCI

Schloss und Park Sanssouci gehören zu den kunstvollsten Demonstrationen royaler Sorgenfreiheit. In den seltenen Momenten bedingter Ruhe verspürt es der heutige Besucher noch: „sans souci" („ohne Sorge"). Der Bauherr, Friedrich der Große, sprach besser Französisch als Deutsch. Und er wünschte sich ein kleines frauenfreies Lustschloss mit Park. Wie sich die Maßstäbe doch verschieben. Das „preußische Versailles" im Stil des Rokoko erscheint heute eher verschwenderisch als aufklärerisch-bescheiden. Der Ohne-Sorgen-Charakter des Anwesens ist jedoch nicht ohne Pikanterie. Möglicherweise verlor der Preußenkönig bei einem unsachgemäßen chirurgischen Eingriff seine Potenz. Zudem war Friedrichs Verhältnis zu seinem streng protestantischen Vater wie bei Normalsterblichen gelegentlich ziemlich angespannt. Der Historiker Heinz Dieter Kittsteiner hat die besondere Schreibweise der goldenen Gesimsinschrift mit den Methoden der Deutung von Zeichencodes, wie sie im 18. Jahrhundert beliebt waren, interpretiert. Nach seinem Befund könnte das Komma sowohl für das männliche Geschlecht als auch für den Vater und der Punkt für „point" stehen, was auch „nicht" bedeutet. Nach dieser Lesart mag „Sans, Souci." [sic!] uns sagen: Ohne Religion, Vater und Penis keine Sorgen.

797 // SAP

Die Geschichte von SAP ist eine Geschichte des steten Aufstiegs eines deutschen IT-Unternehmens, das vor über 30 Jahren im kleinen Weinheim in der Rhein-Neckar-Region gegründet wurde und heute zu den weltweit größten und umsatzstärksten Aktiengesellschaften in der Computer-Branche gehört.

„Systeme, Anwendungen und Produkte in der Datenverarbeitung", so der ursprüngliche Name, wurde 1972 von fünf ehemaligen IBM-Mitarbeitern ins Leben gerufen und entwickelte sich im Laufe der 80er Jahre zum Marktführer im Bereich der Programmierung von Softwaremodulen, z. B. für die betriebliche Finanzbuchhaltung oder Personalwirtschaft. Mit der Marktfreigabe für das System „R/3", der engen Kooperation mit dem größten Softwarehersteller der Welt, Microsoft, und der Verfolgung einer breit angelegten Internetstrategie erreichte der Betrieb in der Folge phantastische Wachstumszahlen, stieg zum „Global Player" im Feld des E-Commerce auf und überstand auch unbeschadet die internationale Krise der „New Economy".

Heute beschäftigt die SAP AG über 50.000 Mitarbeiter in über 50 Ländern und versinnbildlicht wie kein zweites Unternehmen den erfolgreichen Durchbruch einiger Garagen-Tüftler zu Internet-Milliardären. Der amerikanische Traum – in Deutschland wird er Wirklichkeit.

798 // SAUBERKEIT

Die Berliner Stadtreinigung tut's mit Humor: „We kehr for you!" Auf rauchfreien Bahnsteigen gehen Sauberkeit und Höflichkeit Hand in Hand. Und nicht nur bei der Brotaufbewahrung ist sie das A und O! „Einigkeit und Recht und Sauberkeit" könnte es ja auch in der Nationalhymne heißen. Niemanden überrascht hier, dass der Mangel an Sauberkeit der wichtigste Grund für eheliche Streitigkeiten ist. Ausländische Gäste bewundern uns für Disziplin, Effizienz, Pünktlichkeit und vor allem für unsere Sauberkeit. Die Sauberkeit ist bei uns von so zentraler Bedeutung, dass der Begriff ein Synonym für Ehrenhaftigkeit ist. Doch besagt andererseits ein Sprichwort, dass Politiker durch ein Bad in der Menge auch nicht sauberer werden. Seit Farbschmiererei als Bedrohung empfunden wird, nach dem bestechenden logischen Kettenschluss: dreckig – dissozial – gewaltsam, werden allerorts Initiativen gegründet, die über die Sauberkeit Sicherheit herstellen wollen. Die schwäbische Kehrwoche ist der Inbegriff solch gemeinsinniger Reinlichkeit und das Kehrwochenschild ihre Standarte. Im schmuddeligen Oberschwaben konnte sie übrigens nicht etabliert werden. Und wer hält Deutschland professionell sauber? Überwiegend Frauen und überwiegend mit Migrationshintergrund. Danke!

799 // SAUERKRAUT

Das Sauerkraut wird von vielen als die deutscheste aller deutschen Speisen angesehen und hat sogar für den Spitznamen gesorgt, den die Deutschen bei den Briten haben: die „Krauts". Dabei ist Sauerkraut ein Gericht, das in ganz Nordeuropa gegessen wird und dessen Beliebtheit in den letzten Jahrzehnten in Deutschland stark nachgelassen hat. Das ist natürlich schade, denn ein gutes Sauerkraut ist, entweder roh genossen oder als Beilage zu Bratwurst oder Eisbein aufgewärmt (wofür Touristen besonders schwärmen), ein Gedicht.

Schon die alten Römer wussten offenbar, wie man Sauerkraut zubereitet: Weißkohl wird in feine Streifen geschnitten, zerstampft, gesalzen und fermentiert. Die darauf einsetzende Gärzeit dauert etwa vier bis sechs Wochen. So wurde der Kohl für die Winterzeit haltbar gemacht – in den Zeiten, in denen noch keine Orangen importiert und Vitaminpräparate an jeder Ecke verkauft wurden, war Sauerkraut für viele Menschen die einzige Vitaminquelle im Winter. Das segensreiche Kraut hat außerdem so manchen Seemann vor dem Verlust seiner letzten Zähne gerettet, denn es war eine hervorragende Vorbeugung gegen Skorbut.

Sauerkraut gibt es übrigens in unzähligen Varianten – doch egal, ob mit Weißwein, Lorbeer, Nelken, Wacholder oder Bohnenkraut, endlich wird es Zeit für eine Renaissance dieses gesunden und charaktervollen Gerichts.

800 // SAUMAGEN

Mit Messer und Gabel bewaffnet sitzt Helmut Kohl am Tisch und scharrt unruhig mit den Füßen. Endlich betritt Hannelore in weißer Schürze das Esszimmer und serviert des Kanzlers Leibgericht auf silbernem Tablett. Sogleich wird angeschnitten und der Riesling entkorkt. Ein zünftiges Sonntagsessen bei Kohls – so könnte es vielleicht ausgesehen haben.

Sicher ist, dass der frühere Bundeskanzler so manchen Kollegen in seine Heimat einlud und ihm zu Saumagen, Püree und Sauerkraut reinsten Pfälzer Wein einschenkte – der Grund, warum die Spezialität aus dem Südwesten Deutschlands in den 80er und 90er Jahren bundesweite Bekanntheit erreichte. Wer Saumagen sagt, muss seitdem auch Helmut Kohl sagen.

Unwahrscheinlich ist allerdings, dass die gekochte Schweinsinnerei mehr als einmal wöchentlich auf den Tisch kam, denn der Saumagen hat es in sich: 1,5 Kilo Kartoffeln und 3 Kilo Fleisch, außerdem Zwiebeln, Salz, Pfeffer und allerlei Gewürze. Drei Stunden muss er in heißem Wasser garen, wobei er nicht kochen darf, denn dann platzt er.

Dazu noch ein Tipp von Hannelore Kohl: „Sollte etwas vom Saumagen übrig bleiben, kann man ihn am nächsten Tag in Scheiben schneiden und in zerlassener Butter goldbraun braten." Na dann, guten Appetit!

801 // SAVIGNY, FRIEDRICH CARL VON

Es war kein leichter Start ins Leben für den am 21. Februar 1779 geborenen, bedeutendsten Rechtsgelehrten des 19. Jahrhunderts: Als einziges von elf Kindern überlebte Friedrich Carl von Savigny die entbehrungsreichen Jahre seiner Kindheit, mit 13 Jahren war er bereits verwaist. Ein Freund des Vaters nahm den Jungen bei sich auf und führte ihn in die Grundlagen der Rechtswissenschaft ein. Gegen die Empfehlung seines Vormunds begann Savigny mit 16 Jahren sein Jurastudium in Marburg. Eine weise Entscheidung, denn bereits kurz nach seiner Promotion erlangte er durch seine Untersuchung „Das Recht des Besitzes" in Gelehrtenkreisen großen Ruhm. Wenig später erhielt er den Ruf an die Berliner Humboldt-Universität. Es folgten die Mitgliedschaft im preußischen Justizministerium und schließlich der Ministerposten, von dem er 1848 bei Ausbruch der Revolution zurücktrat. Danach widmete er sich ausschließlich seiner wissenschaftlichen Arbeit.

Neben seinen Ausführungen zur Geschichte des römischen Rechts wurde Savigny durch die Mitbegründung der Historischen Rechtsschule bekannt. Grundauffassung dieser rechtswissenschaftlichen Richtung war, dass das Recht nicht bloß vom Gesetzgeber entwickelt wurde, sondern über die Jahrhunderte im Bewusstsein des Volkes, dem „Volksgeist", entstanden ist.

Savigny starb am 25. Oktober 1861 im Alter von 82 Jahren.

802 // SCHÄFERHUND, DEUTSCHER

„Kommissar Rex", obwohl eine österreichische Fernsehserie, machte den Deutschen Schäferhund wohl endgültig zu einer der beliebtesten Hunderassen unseres Landes – die auch zu den in der Welt verbreitetsten zählt – und zeigte auch gleich auf, was alles in ihr steckt: Der Deutsche Schäferhund ist intelligent und besonders loyal, nervenstark, wachsam und ausgeglichen, dabei gleichzeitig auch einmal verspielt; er ist der Tröster von Kindern und älteren Damen, die ihre Liebsten verloren haben; er ist also der ideale Freizeit- und Familienhund, Polizei-, Rettungs-, Wach-, Blindenführ- und natürlich Hütehund.

Zurück geht die deutsche Hunderasse auf die Brüder „Hektor vom Linksrhein" und „Luchs von Sparwasser", die mit „Mari von Grafrath" Ende des 19. Jahrhunderts in Frankfurt die Zucht begründeten. Der erste Rassestandard wurde 1891 festgelegt.

Der Eiserne Vorhang machte schließlich auch nicht vor dem Deutschen Schäferhund halt: Während der Westen hellere, braun-schwarze, grazilere Varianten bevorzugte, zog der Osten vor allem robustere grau-schwarze Tiere vor. Und wie es mit so vielen „Ostprodukten" steht, ist nun auch der ostdeutsche Schäferhund vom Aussterben bedroht – zu sehr hat der braun-schwarze „Rex" das Idealbild der deutschesten aller Hunderassen geprägt.

803 // SCHIESSER FEINRIPP

Breitbeinig sitzt er auf dem Sofa, die dürren Beine stecken in einer grauen Jogginghose, die Füße in zerlatschten Schlappen. In der Hand das Bier, den Blick starr auf das Fußballspiel im Fernsehen gerichtet. Und über seinem enormen Bauch spannt sich das weiße, leicht angeschmuddelte Unterhemd in der klassischen Tank-Top-Form, fein gerippt, von Schiesser. So in etwa sah das Bild aus, das man noch in den 70ern beim Namen Schiesser Feinripp sofort vor Augen hatte: Der schmähbäuchige deutsche

Mann, der nichts als Fußball im Kopf hat und zu Hause nur im Unterhemd herumläuft.

Doch das triste Image von Schiesser hat sich gewandelt: Längst wissen auch die deutschen Männer wieder (was viele Frauen mittlerweile vergessen zu haben scheinen), dass die Unterwäsche unter die Kleidung gehört – und damit wird auch die fein gerippte Unterwäsche von Schiesser wieder chic.

Ihre Geschichte beginnt 1875, als der Schweizer Jacques Schiesser in dem kleinen deutschen Städtchen Radolfzell am Bodensee im Tanzsaal eines Gasthauses seine Trikotagen-Manufaktur eröffnet. 25 Jahre später beschäftigt er rund 1.000 Mitarbeiter und erhält auf der Pariser Weltausstellung für sein Knüpftrikot (einen einteiligen Unterwäscheanzug mit Knopfleiste und Beinchen für Herren) aus der neuen Strickqualität Feinripp den „Grand Prix".

Heute macht das Unternehmen einen Jahresumsatz von 200 Millionen Euro und ist Marktführer der deutschen Wäschespezialisten. Zu verdanken hat es das nicht nur den neuen Damenwäschekollektionen, sondern vor allem dem veränderten Körperbewusstsein des deutschen Mannes.

804 // SCHILDBÜRGER

Einst lebten in der Stadt Schilda kluge und einsichtige Leute, die so gescheit waren, dass sie sogar in den Orient gerufen wurden, um Rat zu erteilen. Als die Stadt von Männern fast entvölkert war, riefen die Frauen ihre Männer zurück; sie sollten ihre Klugheit lieber für Schilda verwenden, denn dort ginge es mittlerweile drunter und drüber. Die Schildbürger beratschlagten lange, was sie tun könnten, und beschlossen, einfach dumm zu werden, damit sie künftig in Ruhe leben könnten. Nach ein paar Wochen stillen Übens wollten sie ein neues, dreieckiges Rathaus bauen. Als es fertig war und die Bürger Schildas es zum ersten Mal besichtigten, war es stockfinster in dem Gebäude. Also beschlossen sie, Licht ins Rathaus zu bringen. Am nächsten Morgen füllten die Schildbürger Säcke und Eimer mit Sonnenlicht und brachten es in das neue Rathaus – doch am Abend war es immer noch dunkel darin. Erst Monate später bemerkten die Schildbürger, dass sie die Fenster vergessen hatten. Das war der erste Schildbürgerstreich, dem noch eine ganze Reihe folgen sollte.

Die Geschichten von den Schildbürgern erschienen erstmals 1597 in dem Schelmenroman „Das Lalebuch. Wunderseltsame, abenteuerliche, unerhörte und bisher unbeschriebene Geschichten und Taten der Lalen zu

Laleburg". Ein Jahr später kam die zweite Ausgabe unter dem Titel „Die Schiltbürger" heraus. Seitdem wird in Deutschland als Schildbürger betitelt, wer sich um eines unbehelligten Lebens willen dumm stellt.

Ob die Geschichten auf einem historischen Vorbild basieren, ist übrigens bis heute ungeklärt. Das Städtchen Schildau in Sachsen, in dessen Nähe auch der mutmaßliche Autor des Buches, Johann Friedrich von Schönberg, geboren wurde, nimmt heute für sich in Anspruch, das fiktive Schilda gewesen zu sein.

805 // SCHILDKRÖT-PUPPEN

Kennen Sie Hans, Bärbel, Inge, Erika oder Christel? Nein? Da irren Sie sich wahrscheinlich, denn gesehen haben Sie diese reizenden Mädchen und Buben garantiert schon einmal. Sie sind die bekanntesten Puppen der Firma Schildkröt, die im Jahr 1896 als erste Firma weltweit Puppen aus Zelluloid produzierte – damals eine Revolution, denn zum ersten Mal konnten Puppen aus einem Material hergestellt werden, das nicht brach, sich gut reinigen ließ und sich nicht verfärbte.

Gegründet wurde die Firma als „Rheinische Gummi- und Celluloidfabrik" 1873 in Mannheim; im Jahr 1993 entschloss man sich, nach Rauenstein bei Sonneberg in Thüringen umzuziehen, einer historischen Stätte der Spielzeugproduktion.

Noch heute werden dort die Klassiker Hans, Bärbel, Inge & Co. hergestellt, allerdings nicht mehr aus dem brennbaren Zelluloid, sondern aus moderneren, sichereren Kunststoffen. Eine ganz besondere Detailverliebtheit zeichnet diese Puppen aus und macht sie zu begehrten Sammlerstücken. Gerade im Zeitalter der Massenware aus Fernost ist solch eine ehrliche Puppe aus dem verträumten Thüringer Wald ein authentisches Stückchen guter alter Zeit.

806 // SCHILLER, FRIEDRICH

Die Borniertheit seiner Zeit war Friedrich Schiller (1759–1805) zeitlebens ein Dorn im Auge, ihr galt es zu entfliehen. Und da seine Ausbildung in der Stuttgarter Militärakademie wenig reale Möglichkeiten zum Rückzug bot, flüchtete sich der damals 14-Jährige in die schönen Welten der Literatur. Obwohl sie ihm zu lesen verboten sind, vertieft sich der junge

Schiller in die Werke Shakespeares, Klopstocks und vor allem Rousseaus. Diese großen Dichter und Denker als Vorbild nehmend, beginnt Schiller – 18-jährig – sein bekanntestes Drama zu verfassen: „Die Räuber".

Die Uraufführung in Mannheim, für die sich Schiller pflichtwidrig von seinem Posten als Militärarzt in Stuttgart entfernt hatte, geriet zum furiosen Auftakt eines abenteuerlichen Dichterlebens. Seine Kritik am Absolutismus und die unumwundene Forderung nach einer Republik in Deutschland ließen das Publikum toben und seine Vorgesetzten wüten. Nach vierzehntägiger Haft und einem Dichtverbot floh Schiller.

Mühsam war fortan der Weg des literarischen Revolutionärs: Ständig seine Gläubiger im Nacken, kam Schiller über Mannheim und Oggersheim endlich im Jahr 1787 nach Weimar. Dort hatten sich nicht nur die klügs-ten Köpfe der deutschen Fürstentümer zusammengefunden, auch Goethe arbeitete hier und nahm sich des jungen Dramatikers Schiller bald an. His-torische Dramen wie „Wallenstein", „Maria Stuart" und „Wilhelm Tell" zählen ebenso zu Schillers Werken wie zahlreiche Gedichte und Balladen, um deren Anzahl sich zusammen mit Goethe ein regelrechter Wettstreit entspann.

Schiller starb im Jahr 1805 im Alter von nur 46 Jahren.

807 // SCHIMANSKI

Horst Schimanski betrat 1981 die bundesrepublikanische Fernsehbühne – als Kriminalhauptkommissar proletarischer Prägung, als Duisburger Original. Er war nicht der distanzierte Ermittler im Trenchcoat, er war ein volksnaher Haudegen, der auf handfeste Weise in seine Fälle involviert war. Oft genug bezog er die Prügel als ungehobelter Held auf der Seite der Verlierer. Kein „Tatort"-Kommissar war männlicher, schluckte mehr rohe Eier und parkte entschlossener aus als er. Er war ein echter Typ und ungebremster Macho, doch sein Herz saß am rechten Fleck und schlug für die Kumpel, denn der Gerechtigkeitssinn war die treibende dramaturgische Kraft. Mit Vorgesetzten suchte er entsprechend die Konfrontation. Das alles machte ihn zum beliebtesten und kultigsten Fernsehkommissar Deutschlands.

Doch anfangs gab es für „Schimi" nicht nur Prügel im Drehbuch, sondern auch von anderer berufener Stelle, zum Beispiel von der Bild-Zeitung und dem Duisburger Mordkommissariat. Man sah das Bild von Ruhrgebiet und Kriminalpolizei erschüttert, mancher fühlte sich beleidigt. Damals konnte Fernsehen eben noch für Empörung sorgen und ein nackter Männerhintern für Aufsehen.

Dargestellt wurde „Schimi" von Götz George, der nicht zuletzt mit dieser Rolle zur Schauspielerlegende wurde.

808 // SCHIMMELREITER, DER

Brausender Wind, die dunkle, stürmische Nordsee und ein Reiter auf einem Schimmel, der wie ein Geist über den Deich galoppiert und sich schließlich in die Fluten stürzt – diese Bilder sind in der Phantasie jedes Deutschen verankert, ob er nun die Novelle „Der Schimmelreiter" von Theodor Storm gelesen hat oder nicht.

Wie kein zweites Buch schildert das Spätwerk des großen Realisten eine Stimmung, wie sie norddeutscher nicht sein könnte. Schon bei den Namen der handelnden Figuren geht einem das friesische Herz auf: Deichgraf Hauke Haien, sein Schwarm Elke Volkerts und sein Widersacher Ole Peters. Die Geschichte rankt sich um das Schicksal Hauke Haiens, der von einem neuen Deich träumt, diesen erbaut und einen neuen Koog schafft, sich aber den Zorn der Bevölkerung zuzieht, weil er sich nicht an althergebrachte Rituale hält – man pflegte ein lebendiges Wesen in einen neuen Deich einzumauern, und als Haien das verhindert, glaubt man, dass der neue Deich von nun an verflucht sein müsse. Es kommt, wie es kommen muss: Eine Sturmflut bricht herein, und anstatt dem neuen Deich zu vertrauen, durchstößt man ihn; Frau und Kind des Schimmelreiters kommen in den Wassermassen um, und in seiner Verzweiflung stürzt auch er sich ins Meer.

Und da seine Seele keine Ruhe gefunden hat, sieht man ihn noch immer als Geist über den Deich reiten – wenn man nur gut genug hinschaut.

809 // SCHINDERHANNES

Nach dem Schinderhannes (um 1780– 1803, eigentlich: Johannes Bückler) werden im Hunsrück Gasthäuser benannt, und in Simmern, im Schatten des Schinderhannesturms, findet ein nach ihm benanntes Theaterfestival statt. Kaufleute, früher seine bevorzugten Opfer, lassen Werbeprospekte mit seinem Konterfei verteilen. Carl Zuckmayer hat seinen Teil zum Mythos des Schinderhannes beigetragen, ebenso die Verfilmung mit Curd Jürgens.

Der Schinderhannes ist einer jener Räuber der Wende vom 17. zum 18. Jahrhundert, deren Ruf heute deutlich besser ist als zu ihrer Zeit. Gern stellt man ihn sich vor als den gerechten Räuber, der den Palästen Krieg und den Hütten Frieden bringt, frei ist und es ganz nebenbei der französischen Besatzungsmacht zeigt. Tatsächlich stahl, raubte und entführte seine Bande ebenso professionell wie rücksichtslos. Erpressungen waren damals wie heute ein einträgliches Geschäft, besonders in zerfallenden Staaten.

Dabei beschränkte er sich nicht auf die Wohlhabenden und betätigte sich eher selten als Wohltäter. Mit der Wiederherstellung der Staatlichkeit in den Departements an Rhein und Mosel zog sich die Schlinge langsam zu. Am 21. November 1803 kam er mit seiner kriminellen Vereinigung in Mainz vor einem blutrünstigen Publikum unter die Guillotine.

810 // SCHLEICHWERBUNG

Der dicke Dienstwagen des Kommissars rauscht rasant die Straße entlang. Bei einem gekonnten Überholmanöver zoomt die Kamera auf das Logo des Autos, bildschirmfüllend ist die Marke eines Stuttgarter Autoherstellers zu erkennen. Schleichwerbung? Ja, meinen Medienwächter und verdonnern den Fernsehsender zu einer saftigen Geldstrafe.

Nach den deutschen Richtlinien ist es erlaubt, ein bestimmtes Produkt zu benutzen, wenn es im normalen Rahmen die Wirklichkeit abbildet. Und Kommissare fahren durchaus manchmal Autos aus Stuttgart. Verboten ist allerdings die dicke Einblendung des Logos, weil sie für die Krimigeschichte völlig nutzlos ist. Noch verbotener ist natürlich, wenn der Autohersteller aus Stuttgart den Filmemachern Geld für die tolle Werbung bezahlt hat. Das kommt sowohl bei privaten als auch bei öffentlich-rechtlichen Sendern häufiger vor, als man denkt.

Den größten Skandal löste 2005 die gebührenfinanzierte ARD-Soap „Marienhof" aus, bei der es über zehn Jahre Schleichwerbung in ganz großem Stil gab. Eine Agentur vermarktete quasi die Drehbücher und sorgte dafür, dass u. a. Reisebüros, Teppichhersteller und Tanzschulen ihre Themen richtig vertreten sahen.

In anderen Ländern wird Schleichwerbung freundlich „Product Placement" genannt und ist gängige Praxis, um Produktionskosten zu senken. Der James-Bond-Film „Stirb an einem anderen Tag" soll auf diese Weise über 120 Millionen Euro erwirtschaftet haben.

811 // SCHMELING, MAX

Der „Jahrhundertsportler" Max Siegfried Schmeling (1905–2005) ist Deutschlands einziger Boxweltmeister aller Klassen und wohl der weltweit bekannteste deutsche Boxer aller Zeiten. 1905 in der Uckermark geboren und über einen Film zum Boxsport gekommen, trat er 1923 dem Köln-Mülheimer Box-Club bei, um bereits 1924 seine unvergleichliche Profikarriere zu beginnen. Innerhalb weniger Jahre wurde er Deutscher Meister und Europameister im Halbschwergewicht, bevor er 1928 aufgrund von Diätproblemen ins Schwergewicht wechselte und den Deutschen Meistertitel auch für diese Gewichtsklasse erreichte. Feierte ihn die Presse zu dieser Zeit als neuen „Stern am Boxhimmel", beförderte ihn sein Triumph im Weltmeister-Kampf 1930 gegen den US-Amerikaner Jack Sharkey endgültig in den Box-Olymp.

589

Seinen spektakulärsten wie berühmtesten Kampf gewann Schmeling jedoch 1936 gegen den zu seiner Zeit als unschlagbar geltenden „Braunen Bomber" Joe Louis im New Yorker Yankee Stadium vor über 40.000 Zuschauern. Insgesamt absolvierte Schmeling als Berufsboxer 70 Kämpfe, von denen er 56 gewann. Nachdem Schmeling 1941 als Fallschirmjäger bei der Luftlandeschlacht um Kreta eingesetzt worden war, sich jedoch während des Absprungs verletzt hatte und nicht kriegsdienstverwendungsfähig geschrieben war, bestritt der Ehrenbürger von Las Vegas 1948 seinen letzten Kampf.

Auch über seinen Tod hinaus, der ihn 2005 im Alter von 99 Jahren ereilte, bleibt der Bundesverdienstkreuzträger mit seinem Motto „Wer kämpft, kann verlieren. Wer nicht kämpft, hat schon verloren" Vorbild für Sportler auf aller Welt.

812 // SCHMIDT, HARALD

Harald Schmidt, selbsternannter „King of Late Night", ist die Comedy-Instanz im deutschen Fernsehen schlechthin. Im Jahr 1988 betrat der studierte Kirchenmusiker und Schauspieler mit „MAZ ab" die Fernsehbühne und erreichte in der Folge mit den Sendungen „Psst ..." und „Schmidteinander" den bundesweiten Durchbruch im humoristischen Fach. Mit seiner nach amerikanischem Vorbild angelegten Late-Night-Show für den Privatfernsehsender Sat.1 setzte er ab 1995 neue Maßstäbe in Sachen Abendunterhaltung. Die erfolgreiche „Harald-Schmidt-Show" galt dank des souveränen Stils ihres Talk-Masters als vorbildhaftes Modell für zahlreiche Sendungen im Privat- wie auch im öffentlich-rechtlichen Fernsehen, zu dem Schmidt schließlich 2004 zurückkehrte.

Ob Jugendliche („Jeder dritte Zwölfjährige raucht – der Rest ist bereits zu besoffen, um die Packung aufzumachen") oder Frauen („Internationaler Frauentag: Wir Männer sollten besonders aufmerksam sein, indem wir sagen: ‚Hey, toll geputzt!'"), Harald Schmidt nimmt kein Blatt vor den Mund. Und gerade deswegen darf sich der aufgrund seines respektlosen und zynischen Humors mit dem Spitznamen „Dirty Harry" Versehene über eine riesige Fangemeinde freuen.

Oder sollten seine Einschaltquoten doch eher etwas mit folgender Erkenntnis Schmidts zu tun haben? „72 Prozent sagen: Zu viel Sex im Fernsehen! Die meisten würden gerne umschalten – aber sie haben keine Hand mehr frei!"

813 // SCHMIDT, HELMUT

Im wöchentlichen Fachblatt des Sozialliberalismus, der „Zeit", lässt Helmut Schmidt sich regelmäßig vernehmen und im Fernsehen bei Beckmann bis Maischberger kaum seltener. Aber man kann sich schon fragen, was junge Leute wohl denken angesichts des Mentholschlots aus Hamburg, der Qualm zum Leben braucht wie Normalsterbliche Sauerstoff. Vermutlich ist er ihnen ein Rätsel. Schmidt erzählt in einem gebildeten Ton von einem unbekannten Land in ferner Vergangenheit. Diese erscheint dann als ein goldenes Zeitalter souveräner Politikgestalter. Mit dem Klischee des pflichtbewussten Machers hanseatischer und preußischer Prägung gerät jedoch ins Dunkel, dass der Kanzler Schmidt beispielsweise zusammen mit dem französischen Präsidenten Giscard d'Estaing mit dem Europäischen Währungssystem auf eine strategische, enge internationale Kooperation statt auf eine glanzvolle Einzelleistung setzte. Weil er wohl zufrieden ist mit sich, gefällt es ihm bei aller offensiven Bescheidenheit, wenn seine Weisheit befragt wird.

Er dankt es dem Publikum mit Kritik an dessen Zeitgeistigkeit und Witzen, etwa in seiner Antwort auf die Frage, ob er wohl mit 780 Euro Rente leben könnte: „Dann müsste ich mich ein bisschen einschränken, würde wahrscheinlich von Zigaretten weggehen zu selbstgedrehten Zigaretten."

814 // SCHNÄPPCHEN

Das Schnäppchen ist das kleine Konsumentenglück und kommt von „schnappen". Zuschnappen muss der preisbewusste Käufer, wenn die Ware günstiger ist, als sie normalerweise sein dürfte. Weil der Mensch das so gern tut, ist das Schnäppchen als Marketingbegriff zum Synonym des Sonderangebots geworden.

Seit geraumer Zeit hat diese Verkaufsstrategie derart um sich gegriffen, dass in manchen Branchen ein ruinöser Wettbewerb entstanden ist. Sogar Arbeitnehmer gibt es inzwischen zu Schnäppchenpreisen. Für den ökonomischen Sittenverfall werden überraschenderweise die Verbraucher verantwortlich gemacht; nicht etwa mangelnde Kontrolle und Marktversagen. Die weitverbreitete „Schnäppchenmentalität" sei der Grund für Fleischskandale, Milchpreisstagnation, Arbeitsplatzabbau und Handwerkersterben. Geiz sei gar nicht geil, hört man nun aus allen Verbänden und Politikermündern.

Die Sparsamkeit erfreute sich zwar nie ungeteilter Zustimmung, zu nah ist sie verwandt mit dem Geiz.

Aber wohldosiert galt sie als Urtugend der Erfolgreichen und war ebenso hoch angesehen wie die Treue und der Fleiß. Doch die Moral ist keineswegs unveränderlich. Aus der Sparsamkeit der Begüterten scheint die Schnäppchenmentalität der Armseligen geworden zu sein. So schnell kann das gehen.

815 // SCHNEIDER VON ULM

Am 31. Mai 1811 spielten sich in Ulm dramatische Szenen ab: Mit einem auf seinen Rücken geschnallten Gleitschirm steht Albrecht Ludwig Berblinger auf den Mauern der Adlerbastei und blickt auf die Donau in 19 Meter Tiefe. In monatelanger Arbeit hat der am 24. Juni 1770 geborene „Schneider von Ulm" seine Flugmaschine aus Holz und Seide zusammengeleimt. Dass Berblinger, der eigentlich Uhrmacher werden wollte, äußerst erfinderisch ist, hat er schon durch die Konstruktion einer beweglichen Fußprothese bewiesen. Nun ist er angetreten, die an dieser Stelle 64 Meter breite Donau im Gleitflug zu überfliegen. Hunderte Schaulustige sind gekommen, um den jungen Schneidermeister bei seinem Flugversuch zu beobachten. Doch Berblinger zögert, irgendetwas stimmt nicht. Plötzlich erhält er einen Stoß und fällt in die Tiefe. Zwei Sekunden dauert der Flug, dann stürzt Berblinger in die Fluten. Zwar wird er von Fischerleuten gerettet, doch sein Ruf nimmt schweren Schaden. Der Schneider flieht aus der Stadt und stirbt 19 Jahre später völlig verarmt in einem Armenhaus.

Was Berblinger damals vielleicht gespürt hat, aber nicht wusste, war, dass über der kalten Donau starke Abwinde herrschen, die Gleitflüge dieser Art praktisch unmöglich machen. Erst 175 Jahre später gelang bei einem Flugwettbewerb einem einzigen Teilnehmer der Überflug.

816 // SCHOLL, SOPHIE UND HANS

 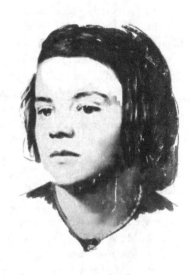

Die Geschwister Scholl stehen wie niemand sonst für den aktiven, reflektierten, intellektuellen und mutigen Widerstand in Nazideutschland. Sophie und Hans Scholl wuchsen mit ihren Geschwistern Inge, Elisabeth und Werner in Ludwigsburg und Ulm auf. Sowohl Hans als auch Sophie Scholl waren zunächst Mitglieder der „Hitlerjugend" beziehungsweise des „Bundes Deutscher Mädel", doch während ihres Studiums in München lernten sie Kommilitonen kennen, die dem Naziregime kritisch gegenüberstanden.

Ihre eigenen Erfahrungen bei der Wehrmacht (Hans) und im Reichsarbeitsdienst (Sophie) und ihre Zuwendung zu christlichen und humanis-tischen Philosophien veranlassten sie schließlich dazu, die Widerstandsbewegung „Die Weiße Rose" zu gründen. Die Mitglieder der „Weißen Rose" verfassten insgesamt sechs Flugblätter, die deutlich und eindringlich vor der Willkürherrschaft der Nazis warnten und schließlich auch zum aktiven Widerstand aufriefen. Im Namen von Freiheit und Menschlichkeit gingen die Geschwister größte Risiken ein und mussten ihren Mut schließlich mit dem Leben bezahlen – der Hausmeister der Münchner Universität erwischte sie beim Verteilen von Flugblättern, überstellte sie der Gestapo, und zwei Tage nach ihrer Verhaftung wurden Sophie und Hans hingerichtet.

817 // SCHÖNE LAU

Die Schwäbische Alb ist reich an eigenartigen Phänomenen des Karsts. Es gibt Tropfsteinhöhlen, in der Gegend verschwinden Bäche, und bei Blaubeuren liegt die berühmte Karstquelle Blautopf. Der spiegelglatte See mit seinem oft klaren, blau erscheinenden Wasser gab den Menschen lange Anlass zu sagenhaften Erzählungen.

Eduard Mörike (1804–1875) verdanken wir die Wiedergabe der „Historie von der schönen Lau". Sie war eine Wasserfrau, Gemahlin des Schwarzmeerwasserkönigs, der sie verbannt hatte, weil sie das Lachen verloren hatte und ihm nur tote Kinder gebar. Sie litt offenbar unter Depressionen. Mit Hilfe der Blaubeurer gelangte sie zu neuer Lebensfreude. Es half ihr, sich an einem im Schwäbischen bis heute geläufigen Zungenbrecher zu versuchen: „'s leit a Klötzle Blei glei bei Blaubeura / glei bei Blaubeura leit a Klötzle Blei ..." Was es mit dem Lot auf sich hat und mit dem Abt, der als Lügner vor seinen Herrn treten muss, und warum so gern geküsst wird in der Sage, kann bei Mörike nachgelesen werden.

Eine leibhaftige „schöne Lau" hat auch den „Tatort"-Kommissar Bienzle beschäftigt. Die bemerkenswert gut aussehende Frau hatte ihre Männer fest im Griff, und einer ließ dabei sein Leben im Blautopf. Diese Nixe war also eher eine Verwandte der Loreley.

818 // SCHOPENHAUER, ARTHUR

Zeitgenossen des 19. Jahrhunderts kannten den berühmten Philosophen als klassischen Eigenbrötler, der täglich gestikulierend und Selbstgespräche führend mit seinem Pudel am Ufer des Mains spazieren ging. Der Pudel nahm in Schopenhauers Leben eine herausragende Stellung ein. Wenn naturgemäß alle zehn Jahre ein Hund das Zeitliche segnete, kaufte Schopenhauer sich einen neuen, ähnlich aussehenden und gab ihm sogar denselben Spitznamen, nämlich „Butz". Butz hieß amtlich jedes Mal „Atman", nach einem hinduistischen Lehrbuch, für das sich Schopenhauer sehr interessierte. Die monotone Namensgebung des Pudels lag nicht etwa an Schopenhauers mangelndem Einfallsreichtum, im Gegenteil: Ausgehend von hinduistischem Gedankengut glaubte er, dass in jedem neuen Pudel auch ein Teil aller vorangegangenen steckte.

Der wohlhabende Denker aus altem Kaufmannsgeschlecht legte den Grundstein für das Interesse am Buddhismus in Deutschland; Atheismus und Askese sah er als Parallelen zu seiner Philosophie. Die Ideen des weitgereisten und hochintelligenten Einzelgängers beeinflussten viele Philosophen und Künstler, wie Nietzsche, Wagner und Freud. Leider beherrschte er auch deren negatives Frauenbild, denn Schopenhauer, zeitlebens im Clinch mit seiner dominanten Mutter und verstrickt in viele amouröse Verwicklungen, fühlte sich von „den Weibern" enttäuscht und machte seinem Ärger Luft in dem Pamphlet „Über die Weiber": „Sie sind [...] das in jedem Betracht zurückstehende, zweite Geschlecht, dessen Schwäche man demnach schonen soll, aber welchem Ehrfurcht zu bezeugen über die Maßen lächerlich ist und uns in ihren eigenen Augen herabsetzt."

Schopenhauer starb hochangesehen mit 72 Jahren in Frankfurt am Main.

819 // SCHRANKWAND

Sie ist seit Jahrzehnten Mittelpunkt und Prestigeobjekt des deutschen Wohnzimmers. An der Wand gegenüber der Couch beherbergt sie alles, was sonst keinen Platz mehr findet: Gläser, Geschirr, Bücher, Fotoalben, Tischwäsche, Dokumente, die Spardose, Nippes, Spirituosen, Süßigkeiten und vor allem den Fernseher. Das Möbelstück nimmt meistens die komplette

Wand ein; je größer die Wand, desto breiter auch die Schrankwand. Oben und unten gibt es verschließbare Schrankkassetten und Schubladen, in der Mitte offene Regale oder Schrankteile mit Glastüren.

Eiche rustikal, Mahagoni oder, wenn's nicht ganz so teuer sein sollte, das jeweilige Furnierholz waren bis in die 70er Jahre hinein die prestigeträchtigen Materialien, aus denen die traditionellen Schrankwände bestanden. Die 60er und 70er wirbelten auch in der Innenarchitektur einiges durcheinander, die Einrichtung wurde leichter und flexibler, aber die Schrankwand ließ sich deshalb noch lange nicht vertreiben. Sie passte sich einfach den Gegebenheiten an: Kiefernholz trug der Ökowelle der 80er Rechnung; verwegene Dreieckskonstruktionen und schwarz-weißer Anstrich, die ihrem Besitzer Modernität und Weltläufigkeit verleihen sollten, bestimmten die 90er; helle Hölzer prägten die Jahrtausendwende.

Trotz aller Änderungen: Schrankwand bleibt Schrankwand und eröffnet damit ein ganzes deutsches Weltbild: ordentlich, praktisch und auch ein bisschen spießig.

822 // SCHUHPLATTLER

Für den Bayern, Tiroler und Amerikaner ist der Schuhplattler der schönste Tanz der Welt; der Rest der Republik und der Welt steht eher konsterniert daneben, wenn sich Männer auf ihren Knien und Schuhen herumschlagen, während sich die Frauen im Kreis drehen, bis ihnen schwindelig wird.

Entstanden ist der Schuhplattler in Oberbayern und Tirol als Balztanz: Im 3/4-Takt eines Ländlers, am liebsten des bekannten Haushammer-Ländlers, versuchten die im Kreis tanzenden Männer in festlichen Leder-hosen, die umstehenden „Dirndl" mit akrobatischen Figuren zu beein-drucken. Das scheint den Damen zu langweilig gewesen zu sein, denn mittlerweile drehen sie sich, während die Männer auf Oberschenkeln und Schuhsohlen herumplatteln, fortwährend um ihre eigene Achse, so dass die Röcke fliegen. Juchzer und Händeklatschen sorgen für ein wenig Ab-wechslung, bevor ein abschließender Walzer das Ende der Brautwerbung symbolisiert.

Moderne Varianten des Schuhplattelns sind reine Männergruppen, reine Frauengruppen, und in Österreich gibt es sogar die Discoplattler, die zu Shakira- und „Liquido"-Songs platteln.

821 // SCHULTÜTE

Eine Schultüte, in manchen Gegenden auch Zuckertüte genannt, hat wohl jeder von uns schon in der Hand gehalten. Es ist ein schöner alter Brauch, Kindern an ihrem ersten Schultag eine mit Süßigkeiten, Radiergummis oder kleinen Spielzeugen gefüllte Tüte mit auf den Weg zu geben – eine Schultüte macht diesen wichtigen Tag noch ein bisschen bunter, aufregender und unvergesslicher.

Eine richtige Schultüte sollte natürlich von liebevoller Hand selbst gebastelt, möglichst bunt und groß sein. Die Form ist klassischerweise konisch, und je nach Größe des jungen Schülers ist die Tüte fast so hoch wie das Kind selbst. Während in früheren Zeiten mit Vorliebe klebrige Karamellen in den Tüten steckten, sind es heute immer häufiger gesunde Leckereien – schließlich hat die Wissenschaft inzwischen herausgefunden, dass eine ausgewogene Ernährung für effizientes Lernen nicht das Schlechteste ist.

Wie alt die Schultüten-Tradition nun wirklich ist, weiß niemand so genau – erste Erwähnungen stammen aus dem frühen 19. Jahrhundert. Fest steht jedoch, dass man sich alle Mühe geben sollte, diesen wunderbaren Brauch nicht in Vergessenheit geraten zu lassen.

822 // SCHUMACHER, MICHAEL

Michael „Schumi" Schumacher ist der erfolgreichste Rennfahrer der Welt, er gilt als der beste Fahrer aller Zeiten, er ist mit der Formel 1 reich geworden und sie mit ihm. Sieben Titel erfuhr er in den 1990er Jahren und vor allem vom Jahr 2000 bis zur Saison 2004. Außerdem wurde er in den sechzehn Jahren seiner Karriere in der Königsklasse des Automobilsports zweimal Vizeweltmeister und dreimal Dritter. Sein Rennstall Ferrari enteilte wesentlich dank seiner Fahrkünste der Konkurrenz.

Nun ist das ohrenbetäubende Im-Kreis-Fahren total unpraktischer Ein-Mann-Autos ja nicht jedermanns Sache, und der Hype um den in der sicheren Schweiz lebenden Kerpener konnte ganz schön auf die Nerven gehen. Schumacher selbst, der sich sein Rennfahrerdasein hart erarbeitet hatte, trug allerdings kaum etwas für den Boulevard Brauchbares bei. Keine Skandale, keine Homestory. Seine Unsportlichkeiten blieben auf der Rennstrecke. Fernando Alonso fasste es so zusammen: „Zidane ist mit mehr Ruhm abgetreten als Schumacher."

Als Schumacher 2006 sympathisch leise als WM-Zweiter seine Karriere nach seinem 250. Grand Prix beendete, machte sich der erfolglose Ex-Rennfahrer und umso erfolgreichere Formel-1-Chefvermarkter Bernie Ecclestone selbst Mut: „Elvis ist gestorben, aber die Musik lebte weiter."

823 // SCHÜTZENFEST

Wenn im Dorf die dicke Trommel erschallt, wenn der Duft von Bratwürsten über den Dächern wabert, wenn Herren in stattlicher grüner Uniform durch die Straßen und gern auch mal gegen die Laternen laufen, dann ist es wieder so weit: Es ist Schützenfest.

Das dörfliche Schützenfest ist die Mutter aller Volksfeste – mehr Tschingerassa und Brauchtum findet man sonst nirgends. Dass es beim Schützenfest um einen Wettbewerb geht, bei dem für ein Jahr der Schützenkönig gekürt wird, tritt dabei fast in den Hintergrund. Dabei ist es ein Spektakel für sich, wenn die Herren, oft zu vorgerückter Stunde und mit reichlich Zielwasser betankt, der Zielscheibe oder dem hölzernen Vogel zu Leibe rücken. Danach (bzw. davor und währenddessen) gibt es Musik und Tanz, da dürfen auch die freiwillige Feuerwehr und der Junggesellenverein nicht fehlen; die Heimorgel orgelt und der Zapfhahn sprudelt, die jungen Burschen schwenken kunstvoll die Vereinsfahnen und die jungen Mädel erröten unter einer dicken Schminkeschicht, die Kinder rennen kreuz und quer, und weil es so schön war, gehen wir nächstes Jahr bestimmt wieder hin!

824 // SCHWARZBROT

Wenn in der Ferne den Deutschen das Heimweh packt, dann leidet er wahrscheinlich gerade an akutem Schwarzbrotjieper, und sollte man noch kein Heimweh haben, dann löst der Gedanke an Schwarzbrot es spätestens aus.

Schwarzbrot, diese mal geschrotete, mal gemahlene Vollkornspezialität, ist deutscher Heimatgeschmack pur. Zu einer vollendeten Brotzeit gehört demnach das dunkel geröstete Brot aus Roggenschrot. Darauf wenn möglich ein westfälischer oder Schwarzwälder Schinken, Radieschen, Kohlrabi, eine Gurke aus dem Spreewald, vielleicht mittelalter Holländer oder Original-Tilsiter, Leber- oder Blutwurst und ordentlich Butter; dann braucht man kein Ciabatta mehr.

Die dunkle Farbe entsteht beim Schwarzbrot durch langsames Rösten des Roggenvollkorns, so dass die Stärke karamellisiert, was neben der tiefen Brauntönung auch zu einem mehr oder weniger starken süßen Geschmack führt, der beim Pumpernickel am deutlichsten ausgeprägt ist. Und sollten Sie zu den wenigen gehören, die glauben, auf Schwarzbrot verzichten zu können, dann werden Sie doch wenigstens dem englischen Komiker Chris Howland nachempfinden, dass Pumpernickel, allein schon vom Klang her, einer von tausend Gründen ist, Deutschland zu lieben.

825 // SCHWARZER, ALICE

„Jede Wahrheit braucht eine Mutige, die sie ausspricht!" – Als Alice Schwarzer mit diesem Spruch und ihrem Gesicht im Jahr 2007 für die Bild-Zeitung warb, waren wohl die meisten Deutschen, die in Alice Schwarzer eine großartige Feministin und Vorkämpferin der Frauenbewegung sahen, entsetzt. Wie konnte sich Schwarzer für diese Zeitung, von der sie selbst so oft kritisiert wurde, hergeben? Mediengeilheit wurde ihr vorgeworfen – und vielleicht war das tatsächlich ihre Motivation.

Aber mal ehrlich: Schmälert diese Entgleisung wirklich das Ansehen Alice Schwarzers auf Dauer? Hat sie nicht dennoch die Gleichberechtigung von Frauen in Deutschland erheblich vorangetrieben? Und beeindruckt sie nicht noch immer durch ihren klaren Verstand und ihre Ironie, wenn sie beispielsweise einen Rapper wie „King Orgasmus One" in der Fernsehsendung „Menschen bei Maischberger" fragt, ob ihm seine Texte eigentlich peinlich seien – und es so schien, als seien sie ihm tatsächlich, jetzt, umgeben von Frauen, sehr peinlich?

Da mag die 1942 geborene Feministin, die 1971 mit der Kampagne „Ich habe abgetrieben und fordere das Recht für jede Frau dazu" im „Stern" die Diskussion um den § 218 in Deutschland anfachte und die mit ihrer Zeitschrift „Emma" der Frauenbewegung endlich zu einem unabhängigen Medium verhalf, auch einmal von einem „Bild"-Plakat herunterlächeln. Darüber kann man ausnahmsweise einmal hinwegsehen.

826 // SCHWARZER PETER

Jemandem den Schwarzen Peter zuzuschieben ist kein feiner Zug, aber eine bewährte Entlastungsstrategie. Außer der Redewendung wird bei uns alles Mögliche mit dem Schwarzen Peter assoziiert: Kneipen, Getränke, Tabakwaren. Und eine Kekstorte, die andernorts „Kalte Hundeschnauze" heißt. Sogar eine volkstümliche Oper, in der einige Protagonisten sich die Zeit mit einem Spiel vertreiben.

„Schwarzer Peter" zählt vor allem bei Kindern neben „Mau-Mau", „Uno" und Auto-Quartett zu den beliebtesten Kartenspielen. Sie lieben die kleinen Gehässigkeiten und die Schadenfreude.

Dem Autor Ernst Probst zufolge soll ein Spießgeselle des Schinderhannes das Kartenspiel im Knast erfunden und ihm seinem Namen geliehen haben. Neun Jahre nach der Guillotinierung seines Räuberhauptmanns wurde er 1812 zu lebenslanger Haft verurteilt. Vorgeworfen wurden ihm unter anderem gemeinschaftlich verübte Raubüberfälle und der Mord an dem jüdischen Viehhändler Simon Seligmann. Johann Peter Petri hieß der Kerl. Er wurde 1752 geboren und starb zu einem nicht bekannten Zeitpunkt nach 1812. Ob seines schwarzen Haars und Backenbarts nannte man ihn „Schwarzpeter". Womöglich beliebte es ihm, zur Entlastung der eigenen Person im Verhör anderen die Schuld zuzuschieben, was ihn so auf das Spielprinzip gebracht haben mag.

827 // SCHWARZ-ROT-GOLD

Wenn man es ganz prosaisch betrachtet, entstanden die deutschen Nationalfarben aus der Not heraus. Während der Befreiungskriege gegen Napoleon 1813–1815 bildete sich der Lützowsche Freikorps, eine studentische Freiwilligeneinheit. Da sich die mittellosen jungen Männer ihre Uniformen selbst zusammenstellen mussten, einigte man sich auf den kleinsten gemeinsamen Nenner: Schwarze Kleidung hatte jeder, und goldene Messingknöpfe waren leicht und billig aufzutreiben; ein roter Wimpel rundete die Sache ab. Dem Geist dieses Korps und der Idee des deutschen Nationalstaates fühlten sich die damals neu gegründeten Burschenschaften verpflichtet und trugen häufig die Farben Schwarz, Rot und Gold (damals waren Burschenschaften übrigens noch eine hochgradig revoluzzerische Angelegenheit).

Für Offizielles wurden die Farben bereits zwei Mal vor Gründung der Bundesrepublik verwendet: während des Deutschen Bundes von 1848 bis 1866 und in der Weimarer Republik 1919–1933. Als 1949 die Flagge der Bundesrepublik mit dem Grundgesetz verabschiedet wurde, sahen die Gründerväter die Farben in Verbindung mit republikanisch-demokratischem Gedankengut: „Die Tradition von Schwarz-Rot-Gold ist Einheit und Freiheit. Diese Flagge soll uns als Symbol gelten, dass die Freiheitsidee, die Idee der persönlichen Freiheit, eine der Grundlagen unseres zukünftigen Staates sein soll."

Neben der Nationalflagge gibt es noch die Bundesdienstflagge; sie zeigt den Bundesadler in der Mitte der drei farbigen Streifen. Dem Normalbürger ist es allerdings bei Strafe verboten, diese Flagge zu tragen, das ist ausschließlich öffentlichen Dienststellen vorbehalten.

Auch die DDR berief sich nach ihrer Gründung auf Freiheit und Demokratie und auf die Farben Schwarz-Rot-Gold. Damals erhoffte man noch auf beiden Seiten der Grenze eine schnelle Wiedervereinigung. Erst 1959, als die Sache mit der Einheit in weite Ferne gerückt war, wollte sich die DDR mit einer eigenen Flagge abgrenzen. Ab da prangten Hammer und Sichel, das Staatswappen der DDR, unübersehbar in der Mitte der Flagge.

Noch ein kurzer Ausflug in die Flaggenkunde: Das Flaggengesetz von 1848 besagt, dass metallische Farben auf Flaggen nicht großflächig verwendet werden dürfen. Deshalb heißt unsere Flagge zwar „Schwarz-Rot-Gold", gezeigt wird aber Schwarz-Rot-Gelb.

828 // SCHWARZWALD

Obwohl er ursprünglich eine Tracht nur dreier Orte war, ist er zu einem international bekannten Markenzeichen des Schwarzwalds geworden: der Bollenhut. Er hat etwas Archaisches, zeigen rote Bollen doch an, dass die Trägerin „zu haben" ist.

Aber der Fortschritt ist ebenso zu Hause zwischen Pforzheim und schweizerischer Grenze. Legendär ist der furchtlose Einsatz der Badener für die Demokratie um das Jahr 1848. Sogar die Kuckucksuhr war in ihrer Entstehungszeit in doppeltem Sinne progressiv, denn Pate stand das Bahnwärterhäuschen der vor 160 Jahren noch jungen Eisenbahn. Zudem war sie das Ergebnis eines Innovationswettbewerbs des örtlichen Uhrmacherhandwerks.

Der namensgebende Wald ist von einer Schatzkammer zum Sorgenkind geworden. Nach der fast vollständigen Rodung der ursprünglichen Buchen-Tannen-Wälder im 19. Jahrhundert wurden Fichtenmonokulturen, anfällig für Schädlinge und Sturm, gepflanzt. Heute setzt man wieder verstärkt auf Mischwald.

Zur Sinnlichkeit der lange etwas schläfrigen Urlaubsregion gehört natürlich die Schwarzwälder Kirschtorte, die mit Kirschen aus der Region und echtem Kirschwasser auf die Obstbautradition am Oberrhein verweist. Das mag ein kleiner Trost für jene sein, die bei der Kalorienzahl ein schlechtes Gewissen bekommen.

829 // SCHWARZWÄLDER KIRSCHTORTE

Eine Schwarzwälder Kirschtorte lässt sich am besten genießen in einem Café der namensgebenden südwestdeutschen Region. Oder beim Schwarzwälder-Kirschtorten-Festival in Todtnauberg. Dort backen und verzieren Profis und Amateure jährlich um die Goldmedaille für die beste Torte.

Das Backwerk, ein Markenzeichen des Schwarzwalds, besteht aus mehreren Lagen Biskuitboden, der mit Kirschwasser aromatisiert wurde, Sahne und Kirschen. Verziert ist die ganz in Schlagsahne gehüllte Torte mit Schokoladenraspeln und einem Kranz jener edlen Kirschen. Damit erinnert ihre äußere Gestalt an die Tracht der Schwarzwälder Mädel.

Die Herkunft der Torte ist umstritten. Seit ihrer ersten schriftlichen Erwähnung im Jahre 1934 wurde sie jedenfalls schnell über die Grenzen des Schwarzwaldes hinaus bekannt und beliebt. Zum Verhängnis wurde ihr sahniges Kleckerpotential einmal dem baden-württembergischen Ministerpräsidenten Günther Oettinger, als eine wütende Studentin ihn mit einem vorzüglichen Exemplar bewarf.

Wer will und es vermag, versuche sich an einem der zahlreichen kursierenden Rezepte. Entschieden einfacher ist es, sich von Mutter oder Schwes-ter mit gehörigen Kenntnissen der Backkunst zu Kaffee und Torte einladen zu lassen oder sich gleich an den besten Konditor am Ort zu wenden.

830 // SCHWARZWALDKLINIK

Sie ist eine der erfolgreichsten deutschen Fernsehserien aller Zeiten, als Krankenhausserie war sie die deutsche Antwort auf die berühmten Serienerfolge „General Hospital" in den USA und „Das Krankenhaus am Rande der Stadt" in Tschechien.

Die Geschichte um Professor Klaus Brinkmann (dargestellt von Klausjürgen Wussow) und seinen feschen Sohn Dr. Udo Brinkmann (Sascha Hehn) spielte von 1985 bis 1989 in der heilen Welt des Glottertals im idyllischen Schwarzwald, wo engagiertes TV-Krankenhauspersonal nur scheinbar in einem echten Klinikgebäude für das Wohl seiner Patienten sorgte. Tatsächlich wurden alle Innenaufnahmen in einem Hamburger Studio gedreht. Nebst interessanten medizinischen Vorfällen lockten die familiären Spannungen zwischen Vater und Sohn Brinkmann sowie die obligatorischen amourösen Verwicklungen in der Klinik Folge für Folge durchschnittlich 25 Millionen Menschen vor den Fernseher.

Zum 20-jährigen Jubiläum strahlte das ZDF im Februar 2005 ein 90-minütiges Special mit fast allen ehemaligen Darstellern aus, das keine überschwänglichen Kritiken erhielt. Möglicherweise hatte der überwältigende Zuschauererfolg der Jubiläumssendung denn auch weniger mit der seichten, aber unterhaltsamen Handlung zu tun als mit der Zusammenkunft der beliebtesten Schauspieler Deutschlands.

831 // SCHWEIGER, TIL

Was den Amerikanern ihr Brad Pitt, ist den Deutschen ihr Til Schweiger. Tatsächlich hat der gebürtige Freiburger – trotz eines unüberhörbaren Stimmenhandicaps von Feldbusch'schen Ausmaßen – in den vergangenen zwanzig Jahren eine beachtliche Karriere hingelegt. Wer hätte schließlich für möglich gehalten, dass dieser Jo Zenker aus der „Lindenstraße" einmal dem Ruf nach Hollywood folgen würde? Zwar haben ihn die dortigen Autoritäten recht bald wieder nach Hause geschickt, doch hier läuft's dafür umso besser: Vom Lustobjekt mit Knackarsch im „Bewegten Mann" zum Todkranken in „Knockin' on Heaven's Door", vom Knacki in „Männerpension" zum Komödianten in „Keinohrhasen" spielte er sich zwar mit wenig Tiefgang, aber dafür mit beständig wachsendem Erfolg an die Spitze der heimischen Filmstars.

„Keinohrhasen" (2008) katapultierte Schweiger auch in den Olymp der Erfolgsregisseure und -produzenten, mittlerweile rangiert die Komödie unter den erfolgreichsten deutschen Filmen aller Zeiten. Noch im gleichen Jahr legte das Rundumtalent mit „1 1/2 Ritter" nach, wo er wieder Hauptdarsteller, Regisseur und Produzent in einer Person ist. Und keiner zweifelt mehr, dass uns' Til ganz offiziell die deutsche Antwort auf Brad ... Wenn nur die Stimme nicht wäre!

832 // SCHWEINEOHREN

Zwischen Nussecken, Bienenstich und Quarkbällchen liegen sie seit eh und je beim Bäcker an der Ecke täglich frisch in der Auslage, und damals wie heute findet sich kein Kind, das beim Anblick der süßen Gebäckspezialität nicht schweineohrengroße Augen bekäme.

Viel vom feinsten Blätterteig ist nötig, um daraus mit Hilfe einer speziellen Teigfaltkunst eine Art doppelte Spirale zu formen, aus der, in Scheiben geschnitten und im Ofen gebacken, die köstliche Speise in rundlicher Herzform entsteht. Ob „Schweineöhrchen" oder „Schweinsöhrle", das süße Gebäck ist im ganzen Land bekannt und bei Groß und Klein gleichermaßen begehrt, ob mit Puderzucker bestreut, mit Zuckerguss überzogen oder mit Schokoladenkuvertüre bestrichen.

Bei so viel Beliebtheit stört es auch nicht, dass die genaue Herkunft und die Namensgebung der Nascherei ungeklärt sind. Denn die Ähnlichkeit mit wirklichen Schweineohren sucht der geneigte Süßspeisenverspeiser womöglich vergeblich. Aber mal ehrlich: Wer denkt schon bei einem „Amerikaner" – dem berühmten untertassengroßen, weichen Gebäckstück mit der dicken, klebrigen Zuckergussschicht – an einen durchschnittlichen US-Bürger?

833 // SCORPIONS

Selbst die Berliner Philharmoniker haben schon mit ihnen gespielt, zur EXPO 2000. 35 Jahre nach ihrer Gründung in Hannover spielte die bis heute international sehr erfolgreiche deutsche Hard-Rock-Band wieder einmal in ihrer Heimatstadt – doch statt der üblichen Hard-Rock- und teilweise sogar Metal-Klänge erfreuten Geigenklänge die „Scorpions"-Fans. Und was würde sich dazu besser eignen als „Wind of Change"? Diese süßliche Ballade, die die „Scorpions" zum Jahrestag des Mauerfalls bereits mit den Cellisten der Philharmoniker am Brandenburger Tor gespielt hatten und die hierzulande einer der bekanntesten Songs der Band ist?

Üblicherweise aber setzen die fünf Musiker auf einen härteren Sound. 1969 gegründet (Gitarrist Rudolf Schenker war als einziges der heutigen Bandmitglieder von Anfang an dabei, Sänger Klaus Meine stieß 1969 dazu), gewinnen die Scorpions 1971 einen Nachwuchswettbewerb in Hannover, ein Jahr später gehen sie bereits mit „The Sweet", 1975 sogar mit „KISS" auf Europa-Tournee – und begeistern das Publikum mit ihrer Mischung aus Metal und Rock, die bald ihr Markenzeichen wird. Ihr Ruhm dringt in die USA und nach Japan, bald touren die „Scorpions" durch die ganze Welt. Ihre Vorgruppen: spätere Metal- und Rock-Legenden wie „Metallica", „Iron Maiden" und „Bon Jovi".

834 // SEIFENKISTE

Ein amerikanischer Seifenfabrikant soll in den 1930er Jahren den Bauplan für einen Kinderrennwagen auf seine Seifenschachteln gedruckt haben. Die Vorlage machte dermaßen von sich reden, dass sich die „soap box" („Seifenkiste") als Name für die hölzernen Rennautos durchsetzte.

Erfunden aber wurde die Seifenkiste bereits um 1900 in Deutschland. In Oberursel fand 1904 das erste Kinderautomobilrennen statt – mit Wagen, die aus alten Kinderwagengestellen und Kisten zusammengebastelt waren. Schnell wurden die Rennen in Deutschland populär. Amerikanische Touristen waren von den Rennen so angetan, dass sie die Kiste in den

Staaten einführten. Während auf deutschem Boden zwei Kriege tobten, die dem Kistenrennspaß ein Ende setzten, wurden in den USA, im Bundesstaat Ohio, die „All-American Soap Box Derbies" immer populärer.

Doch die Seifenkisten waren auch in Deutschland nie ganz in Vergessenheit geraten: Unterstützt von den Amerikanern, begannen bereits 1948 wieder erste Rennen; 1949 wurde die erste deutsche Meisterschaft in München ausgetragen; 20.000 Zuschauer bejubelten die Wagen, die – vielfach gesponsert von Opel – eine 200 m lange Holzpiste hinunterbretterten. Der Grundstock für das „Deutsche Seifenkisten Derby" war gelegt, ein Dachverband wurde gegründet, bald gab es feste Bauregeln, und es wurde ein Reglement festgeschrieben.

835 // SEMPEROPER

Für ein Opernhaus ist die Dresdner Semperoper merkwürdig bekannt. Das mag daran liegen, dass sie Teil des Weltkulturerbes Dresdner Elbtal ist, vielleicht aber auch an ihrer ruhelosen Geschichte. Denn seit die erste Semperoper 1841 eröffnet wurde, setzten Brände, Bomben und Überschwemmungen dem Stammsitz der Staatskapelle Dresden auf dem Opernplatz zu. Die erste von Gottfried Semper entworfene Oper ging 1869 in Flammen auf. Zwei Jahre später begann Semper mit einem Neubau, den sein Sohn Manfred betreute und der 1878 mit Carl Maria von Webers Jubelouvertüre und Goethes Iphigenie auf Tauris eröffnet wurde. Diesmal sollten fast 67 Jahre vergehen, bis das Opernhaus im Stil der Neorenaissance mit barocken Elementen in der Bombennacht vom 13.02.1945 zerstört wurde. Schiller und Goethe, Shakespeare, Sophokles, Molière und Euripides, die als Skulpturen die Fassade schmückten und noch vom ersten Semperbau stammen, konnten gerettet werden – ansonsten blieben nur Grundmauern erhalten.

Ab 1977 wurde die Semperoper fast originalgetreu wiederaufgebaut und 1985 neu eröffnet. Glanzvolle Opern- und Ballettaufführungen sah das Gebäude schon zu DDR-Zeiten, mit der Wende wurden mehr Opern des 20. Jahrhunderts gespielt – bis das Elbe-Hochwasser von 2002 weite Teile der Sächsischen Staatoper erneut zerstörte. Diesmal sollte es nur drei Monate dauern, bis die Millionenschäden weitgehend beseitigt waren.

Seitdem ist – von den musikalischen Klängen einmal abgesehen – unter der Intendanz von Prof. Gerd Uecker Ruhe in der Semperoper eingekehrt. Sie kann sich wieder ganz den großen italienischen Opern und den jährlichen Richard-Strauss-Festtagen widmen. Und bleibt von allen weiteren Katastrophen hoffentlich nun verschont.

836 // SENDUNG MIT DER MAUS, DIE

Es gibt Sendungen im deutschen Fernsehen, für die lohnt es sich, Gebühren zu zahlen. Charakterdarsteller, Autoren mit Herzblut und Storys mit Hand und Fuß. Dazu populäres Liedgut und internationale Gäste. Der Start der „Lach- und Sachgeschichten" fällt in das Jahr 1971.

Ein ganz besonderer Nager der Zeichnerin Isolde Schmitt-Menzel hat zunächst einen Gastauftritt und mausert sich schnell zum namensgebenden Star. 1972 setzt der WDR die Publikumsentscheidung mit der Umbenennung in „Die Sendung mit der Maus" um. Im gleichen Jahr lässt der tschechische kleine Maulwurf sein „Ahoi!" vernehmen. Mit dem trötenden Elefanten bekommt die selbstbewusste und einfallsreiche Maus 1975 einen kongenialen Partner. Wenn kein Schnurbartpropeller mehr hilft, befreit das rundeste und blaueste Rüsseltier der Welt die Maus gern aus den Fettnäpfchen, in die sie der Animationszeichner Friedrich Streich zielstrebig klackern lässt. Der anarchistische, etwas trampelige, aber drollige Zwergdickhäuter ist der Liebling der Kleinen. Seit 1987 schließlich versucht sich die kleine Ente im Fliegen. Mit den „Sachgeschichten", in denen Armin, Christoph und Ralph mit trockenem Humor wöchentlich Rätsel des Alltags lösen, rechtfertigt das Drittel erwachsene Zuschauer sein Einschalten.

837 // SENF, BAYERISCHER

Ob im Wurst- oder Kartoffelsalat, ob zur Grillware oder zur Weißwurst – Tafelsenf macht viele der traditionellen deutschen Gerichte erst zum richtigen Hochgenuss. Von grob bis fein und von scharf bis süß ist in deutschen Küchen und Gaststuben heutzutage alles gefragt, was sich aus gemahlenen und mit Wasser, Essig und Gewürzen vermischten Senfkörnern anstellen lässt.

Dabei nimmt der bayerische Senf eine besondere Position in der deliziösen Vielfalt ein: Er wird im Gegensatz zu seinen scharfen Artgenossen aus Dijon oder Düsseldorf mit einem gröberen Senfmehl angemischt und mit Zucker, Karamellzuckersirup, Süßstoffen oder Apfelmus gewürzt, so dass er ein süßliches Aroma entfaltet.

Diese einzigartige Mischung für süße Senfcreme wurde bereits 1854 vom Lindauer Unternehmer Johann Conrad Develey erfunden und bald darauf auch schon als kongenialer Geschmackspartner für die Weißwurst erkannt. Aus diesem Grund verwundert es nicht, dass der süße bayerische Senf – seiner eigentlichen Bestimmung entsprechend – häufig auch einfach Weißwurstsenf genannt wird. Dennoch schmeckt er natürlich auch als Brotaufstrich oder zu Leberkäs hervorragend. In diesem Sinne: A guadn!

838 // SIEGESSÄULE

Mit der glänzenden Statue der römischen Siegesgöttin Viktoria an ihrer Spitze ragt sie fast 67 Meter hoch in den vielgepriesenen Himmel über Berlin: die Siegessäule – eines der bekanntesten Wahrzeichen der deutschen Hauptstadt. Der ursprünglich aus einem Granitsockel und drei Säulentrommeln bestehende Bau wurde 1873 nach den Plänen des Architekten Heinrich Strack auf dem Königsplatz, dem heutigen Platz der Republik, errichtet, bevor er 1939 – um eine vierte Säulentrommel erweitert – auf den „Großen Stern" verschoben wurde.

Seitdem kann der geneigte Berlin-Besucher von diesem prominenten Ort aus eine hervorragende Aussicht auf das Brandenburger Tor, den Potsdamer Platz und den Berliner Tiergarten genießen, nicht aber, ohne gleichzeitig der Tatsache gewahr werden zu müssen, dass in Berlin doch nicht alles Gold ist, was glänzt: Denn zum einen erinnert die Säule an ihrem Standort inmitten eines mehrspurigen Kreisverkehrs nicht nur an die siegreichen Einigungskriege der preußischen Armee zwischen 1864 und 1871, sondern wohl auch ein bisschen an den Siegeszug des stadtbildbestimmenden Automobilverkehrs. Zum anderen handelt es sich bei der im Berliner Volksmund liebevoll „Goldelse" genannten Viktoria-Statue in Wirklichkeit doch „nur" um eine Bronzefigur ...

839 // SIEGFRIED

Siegfried, der Drachentöter, ist der Superheld der deutschen Mythologie. Warum das so ist, erscheint mit Blick auf seinen zweifelhaften Charakter reichlich merkwürdig. Wahrscheinlich ist es die Sache mit dem Drachen, die ihm den heldenhaften Ruf verliehen hat.

Siegfried kann sich erstens mit einer Tarnkappe unsichtbar machen und ist zweitens unverwundbar, seitdem er im Blut des getöteten Drachen gebadet hat. Nur eine einzige Stelle zwischen seinen Schulterblättern bleibt unbedeckt und deshalb verwundbar. Wir sind sicherlich kein Spielverderber, wenn wir schon jetzt verraten, dass ihm diese Stelle später zum Verhängnis wird. Siegfried ist Besitzer des Nibelungenschatzes und geliebter Ehemann von Kriemhild. Die wiederum hat einen Bruder namens Gunther, der unbedingt Königin Brünhild heiraten will. Diese hat jedoch Superkräfte, die sie bei ihrer Entjungferung verlöre. Gunther und Siegfried, wenig heldenhafte Mistkerle, überlisten Brünhild und rauben damit ihre Stärke. Siegfried bekommt allerdings später die Quittung von Hagen, Gunthers Vasall: Hagen verletzt Siegfried an seiner ungeschützten Stelle im Rücken und tötet ihn. Wenn man es genau überlegt, ist es für einen Superhelden ganz schön peinlich, trotz Tarnkappe *und* Unsterblichkeitsgarantie über die Klinge zu springen.

Es wird immer wieder darüber diskutiert, ob Siegfried auf einer realen Figur beruht, die Forschung kommt aber in letzter Zeit immer häufiger zu dem Schluss, dass Siegfried, im Gegensatz zu einigen anderen Figuren der Nibelungensage, reine Fiktion ist. Superhelden hat es eben zu keiner Zeit gegeben.

840 // SIEMENS

Auch wenn – wohlwollend gesprochen – in den letzten Jahren nicht alles optimal lief im Konzern, ist die Siemens AG mit heutigem Sitz in München dennoch ein weltweit führender Technologiekonzern, und zwar nach Umsatz, Mitarbeitern und Innovationsfähigkeit. Das nahezu unüberschaubare Spektrum der Produkte reicht von Hörgeräten und Außensirenen über Gesamtlösungen für die Milchindustrie bis zu Photovoltaik-Wechselrichtern und dem Bau von Atomkraftwerken.

Der Ingenieur und Erfinder Werner Siemens (1816–1892) und der Mechaniker Johann Georg Halske (1814–1890) gründeten 1847 die „Telegraphen-Bau-Anstalt von Siemens & Halske". Indem Siemens neben dem Zeigertelegraphen gleich noch eine Guttaperchapresse erfand, die zur besseren Isolierung der „singenden Drähte" diente, verschaffte er sich international einen erfolgreichen technischen Vorsprung.

Mit den Werks- und Wohnbauten der „Siemensstadt" hat das Unternehmen seinen alten Standort Berlin städtebaulich mitgeprägt. Die vielleicht schönste Innovation stammt aus dem Jahr 2004: Der „Dressman", ein aufblasbarer Ballonseidetorso, glättet selbsttätig Hemden und Blusen. Was ist dagegen schon das erste Transatlantikkabel 1874, Deutschlands erste Verkehrsampel am Potsdamer Platz 1924 oder die Elektronik des ICE ab 1985?

841 // SIMPLICISSIMUS

Richtige Satire packt zu, beißt sich fest und lässt nicht mehr los – was liegt da näher, als eine Bulldogge als Emblem einer Satirezeitschrift zu wählen? Über Jahrzehnte hinweg galt die rote Bulldogge auf schwarzem Grund, das vom Gründer Thomas Theodor Heine gezeichnete Emblem der Zeitschrift „Simplicissimus", als Wahrzeichen der politischen Satire auf hohem literarischen Niveau – nicht umsonst trägt sie denselben Namen wie der größte deutsche Schelmenroman von Hans Jakob Christoffel von Grimmelshausen.

Gegründet wurde die liebevoll „Simpl" genannte Zeitschrift bereits im Jahr 1896. Damals herrschte ein ganz anderes Verständnis von dem, was Satire darf, kann und soll. Mitarbeiter wurden wegen Majestätsbeleidigung verhaftet, in Österreich wurde der „Simplicissimus" ganz verboten, und ganze Ausgaben landeten auf dem Index. Der Herausgeber Albert Langen wanderte in die Schweiz aus, um nicht im Gefängnis zu landen. Die aufsehenerregenden Prozesse waren jedoch eine gute Werbung für die Zeitschrift, und die Auflagen stiegen.

Namhafte Autoren wie Hermann Hesse, Erich Kästner, Frank Wedekind, Hugo von Hofmannsthal, Thomas und Heinrich Mann schrieben, oft allerdings unter Pseudonym, für die Satirezeitschrift. Doch als im Vorfeld des Ersten Weltkriegs die Stimmung in Deutschland immer nationalistischer wurde, machte auch der „Simplicissimus" keine Ausnahme. Den Garaus machten dem Blatt schließlich die Nazis – sie verhinderten jede Kritik mit Gewalt, und im Jahr 1944 wurde der „Simpl" schließlich ganz eingestellt.

842 // SKAT

„Nicht selten zeigt ein Mann erst beim Kartenspiel seine besten Eigenschaften: Intelligenz, Toleranz und Disziplin." So leitet Loriot seinen unübertroffenen Skat-Sketch ein. Und es ist wahr, alle drei Spieler in diesem Stück stellen diese Tugenden – in unterschiedlicher Intensität – unter Beweis. Intelligent beherrschen die beiden Könner das anspruchsvolle Kartenspiel auch unter den erschwerten Bedingungen der Anwesenheit des Skatimitators Mosbach. In leichtlebiger, unbeirrbarer Toleranz erträgt der „dritte Mann" die aus seiner Sicht überflüssige Ernsthaftigkeit seiner Mitspieler. Die Disziplin kommt als an Sturheit grenzender Wille zum Spiel daher.

Um 1810 begann die Skatentwicklung aus älteren Vorläufern, und bereits 1886 fand in der Skatstadt Altenburg in Thüringen, der Spielkartenhauptstadt, der erste Skatkongress samt Turnier mit eintausend Spielern statt. Dort wurde eine „Allgemeine Deutsche Skatordnung" beschlossen. Ab 1899 konnten die zahlreichen Regelstreitigkeiten, insbesondere zum „Reizen", im „Deutschen Skatverband" ausgetragen werden. Wer mag, gesellig ist und trinkfest, lässt sich am besten von zwei Kundigen die Regeln erklären. Oder, fragen wir mit Loriot, „kennen Sie Schnipp-Schnapp? Das ist auch ein Spiel für drei Personen."

843 // SOLINGEN

Der ehemalige Bundespräsident Walter Scheel kommt von dorther, die Choreographin Pina Bausch ebenso, und wer sich im Film „Schtonk!" gefragt hat, wo eigentlich dieses Bergische Land liegt, aus dem Veronica Ferres zu kommen dialektmäßig glaubhaft vermittelt, erfährt es hier: Dort, wo sich Solingen befindet, nordwestlich von Köln.

Solingen ist keine Stadt, die im eigentlichen Sinne schön zu nennen wäre. Umso reizvoller ist dagegen die von den bergischen Hügeln und dem Tal der Wupper geprägte Landschaft. Darüber haben die arbeitsamen Bewohner eine industrielle Kulturlandschaft ausgebreitet, die in historischer Dichte, handwerklicher Spezialisierung und andauernder Bedeutung ihresgleichen sucht. Solingen ist die „Klingenstadt" und der Name der Stadt ein weltbekanntes Markenzeichen für Schneidwaren aller Art. Zuletzt wurde die geographische Herkunftsangabe gesetzlich geschützt durch die „Solingenverordnung", die festlegt, dass eine Klinge, die den Namen Solingens trägt, ebendort oder nebenan in Haan hergestellt sein muss.

Seit Jahrhunderten gedeiht die Stadt durch Zuwanderer. 1993 jedoch wurden fünf Solingerinnen mit türkischen Wurzeln bei einem rassistisch motivierten Brandanschlag ermordet. Auch diese Tat gehört zur Geschichte der bergischen Industriestadt.

844 // SOMMERMÄRCHEN

Das kann nur Fußball. Im Sommer 2006 passierte etwas, was niemand für möglich gehalten hatte, und sogar die größten Fußballmuffel und -muffelinnen ließen sich von der kollektiven und friedlichen Welle der Begeisterung mitreißen. Gemeinsam feierte man bei großartigem Wetter vom 9. Juni bis zum 9. Juli die Fußballhelden dieser Welt – und vor allen Dingen sich selbst. Wer, wie die meisten, keine Karte für die Weltmeisterschaftsstadien mehr hatte ergattern können, rottete sich vor öffentlichen Großbildleinwänden zusammen und genoss mit wildfremden Menschen aus aller Herren Länder die Spiele. Man lachte, weinte und umarmte sich, freute sich über die Tatsache, dass die deutsche Mannschaft ein phantas-tisches Turnier ablieferte und dass sogar die eher schüchterne Kanzlerin Angela Merkel auf der VIP-Tribüne Andeutungen von Enthemmtheit zeigte. Das allererste Tor des Turniers durch Philipp Lahm, das Elfmeterschießen im Viertelfinale gegen Argentinien, der geheimnisvolle Zettel von Jens Lehmann, die traurige Niederlage in allerletzter Minute gegen den späteren Weltmeister Italien im Halbfinale und der finale Kopfstoß Zinedine Zidanes werden in die Fußballgeschichte eingehen. Vor allem aber zeigte Deutschland der Welt ein fröhliches und herzliches Antlitz – eines, das sich auch außerhalb des Sommermärchens im Jahre 2006 zu zeigen lohnt.

845 // SORBISCH

An der Uni Leipzig kann man Sorbisch studieren. Das ergibt Sinn, wurde die Stadt doch zwischen dem 7. und 9. Jahrhundert von dem westslawischen Stamm der Sorben gegründet: unter dem Namen „Lipzk", was den „Ort bei den Linden" bezeichnet. Galten die rund 60 sorbischen Stämme zu dieser Zeit noch als politisch unabhängig, so verloren sie diese Eigenständigkeit spätestens mit der deutschen Besiedlung des Ostens im 10. Jahrhundert, was auch die Christianisierung der Sorben zur Folge hatte. Das hielt den Volksstamm allerdings nicht davon ab, ihre Traditionen und ihre Sprache zu pflegen und ihre Kultur im Zuge der deutschen Nationalbewegung im 19. Jahrhundert noch einmal zu vertiefen: Die Verbreitung ihrer Literatur und Kunst, Volkskultur und Presse wurde erst durch die Reichsgründung 1871 unterdrückt; die Nazis planten sogar die Vernichtung der Sorben.

Noch etwa 60.000 Sorben leben heute in Deutschland, pflegen vor allem in der Ober- und Niederlausitz ihre Traditionen und ihre Sprache. In der Verfassung Sachsens und Brandenburgs von 1992 ist das Recht des sorbischen Volkes auf Schutz, Bewahrung und Förderung seiner Identität und Sprache explizit festgeschrieben. Bekannt sind vor allem die Tradition des Johannisreitens und das Verzieren der Ostereier sowie die vielen Sagen und Märchen, wie die des Müllerburschen Krabat in der verwünschten Mühle von Schwarzkollm.

846 // SOZIALVERSICHERUNG

Die Sozialversicherung ist ein solidarisches System zum Schutz vor den finanziellen Folgen von Krankheit, Arbeitslosigkeit, Arbeitsunfällen und Pflegebedürftigkeit sowie zur Sicherung des Lebensunterhalts im Alter. Diese fünf Säulen haben sich seit Kaisers Zeiten entwickelt. Für die abhängig Beschäftigten gilt Versicherungspflicht, die Beiträge werden grundsätzlich paritätisch von Arbeitgebern und Arbeitgebern gezahlt und die gesetzlichen Leistungen im Umlageverfahren unmittelbar aus den Beiträgen erbracht. Diese Prinzipien machen die Sozialversicherung für Beschäftigungskrisen anfällig und mitverantwortlich für hohe Lohnkosten.

Die Zukunft wird im Allgemeinen in düsteren Farben gezeichnet, wobei das Schreckgespenst besonders zwei Aspekte des demographischen Wandels abgeben: Eine im Verhältnis zu den Rentnern sinkende Zahl der Erwerbstätigen führt zu geringeren Beiträgen, eine steigende Zahl der Pflegebedürftigen lässt die Kosten steigen. Über Lösungen wird leidenschaftlich gestritten. Links wird gefordert, es müssten alle Erwerbstätigen in die „Gesetzliche" einbezogen werden, rechts wird zur Privatisierung der Lebensrisiken tendiert.

Für die Schwachen ist die Solidarität gut, für die besser Verdienenden und Unternehmen nicht ganz billig.

847 // SPARKASSE

Egal, wo man sich in Deutschland aufhält – früher oder später wird einem in jeder Stadt, in jedem Landkreis ein rotes S begegnen, über dem ein ebenso roter Punkt schwebt. Das Wahrzeichen der Sparkasse ist in das kollektive Bewusstsein eingedrungen wie sonst kaum ein Symbol.

Aber was ist überhaupt eine Sparkasse? Eine Sparkasse funktioniert wie eine Bank und bietet normalerweise auch banküblichen Leistungen, ist aber nicht in erster Linie der Schaffung von Gewinn verpflichtet. Wird allerdings doch Gewinn erwirtschaftet, kommt dieser der Stadt oder dem Landkreis als Träger der jeweiligen Sparkasse zugute oder fließt direkt in gemeinnützige Stiftungen. Auch der ursprüngliche Gedanke zur Gründung der Sparkassen ist nobel: Leute ohne großes Vermögen sollten in der Lage sein, ihr Erspartes sicher unterzubringen und Kredite aufzunehmen, ohne unter Wucherzinsen leiden zu müssen. Das Prinzip Sparkasse war so erfolgreich, dass im Laufe der Jahre ein dichtes Netz an Niederlassungen entstand, und die Präsenz vor Ort ist auch heute noch das wichtigste Argument, mit dem sich das rote S vor den Banken aller Couleur behaupten kann. Übrigens handelt es sich dabei nicht um ein umgedrehtes Fragezeichen – der rote Punkt soll eine Münze symbolisieren.

848 // SPARSCHWEIN

Spätestens seit Robert Lembke ab 1955 regelmäßig in seiner Fernsehshow „Was bin ich?" die Frage stellte: „Welches Schweinderl hätten Sie denn gern?", gilt das Sparschwein als die deutsche Spardose schlechthin. Da können Sparstrumpf und Sparelefant – selbst wenn Letzterer von Luigi Colani designt wurde – gleich einpacken: Das dickbäuchige Sparschwein ist die beliebteste Spardosenform Deutschlands. Monatelang wird es mit Münzen und Scheinen gefüttert, bis eines Tages Schlachttag ist. Doch die mittelalterlichen Zeiten, in denen das Porzellantier noch mit einem Hammer zertrümmert werden musste, sind erfreulicherweise vorbei. Heute ermöglicht ein kleines Schloss an der Bauchseite, dass erfreuten Bankangestellten am Weltspartag ein Berg Münzen vor die Füße kullert.

Dass die Deutschen sich einst das Schwein als Spar-Tier aussuchten, leuchtet ein: Schon im Mittelalter war es ein Segen für eine Familie, ein Schwein zu besitzen, sicherte es doch monatelang das Überleben. Schweinefleisch am Neujahrstag zu essen oder ein Ferkel in der Neujahrsnacht von Hand zu Hand zu reichen, bedeutete dauerhaftes Glück. Da ist der Weg, dem Glücksbringer das Ersparte anzuvertrauen, nicht mehr weit.

Das älteste deutsche Sparschwein soll angeblich aus dem 13. Jahrhundert stammen.

849 // SPARWASSER, JÜRGEN

Der am 4. Juni 1948 in Halberstadt geborene Jürgen Sparwasser ist eine fußballerische Legende: Er wurde mit dem 1. FC Magdeburg dreimal DDR-Meister, zweimal Vizemeister, viermal DDR-Pokalsieger und im Jahre 1974

Gewinner des Europapokals der Pokalsieger gegen den haushohen Favoriten AC Mailand. Daran würden sich wahrscheinlich nur eingefleischte DDR-Fußballfans erinnern, wenn – ja, wenn – nicht dieses eine, im Endeffekt für das Turnier völlig unbedeutende Törchen in der Vorrunde der Fußballweltmeisterschaft 1974 in der BRD gewesen wäre ...

Am 22. Juni 1974 erreicht im Hamburger Stadion in der 77. Spielminute ein herrlicher weiter Pass den in den Strafraum der bundesdeutschen Mannschaft stürmenden Jürgen Sparwasser. Dieser nimmt ihn elegant an und haut die Pille mitten ins westdeutsche Herz. Das Siegtor zum 1:0 machte den Spieler Jürgen Sparwasser unsterblich, die DDR-Mannschaft konnte sich trotz des späteren Ausscheidens gegen Brasilien erhobenen Hauptes verabschieden, und bundesdeutsche Fans „trösteten" sich am Ende des Turniers mit dem Gewinn der Weltmeisterschaft.

850 // SPATZ

„Lieber den Spatz in der Hand als die Taube auf dem Dach", lautet ein beliebtes deutsches Sprichwort. Doch es könnte bald notwendig werden, diese Weisheit neu zu formulieren, steht doch der Spatz, der offiziell Haussperling heißt, auf der Liste der vom Aussterben bedrohten Arten, während sich die lästige Taube zumindest in deutschen Städten mehr und mehr ausbreitet. Nicht zuletzt deshalb erklärte der Naturschutzbund Deutschland das unscheinbare Tierchen zum Vogel des Jahres 2002. Er wollte damit die Aufmerksamkeit der Deutschen auf den kleinen graubraunen Vogel lenken, der den Menschen seit über 10.000 Jahren begleitet. Denn der Spatz ist ein sogenannter Kulturfolger, der in unmittelbarer Nachbarschaft vom Menschen lebt und daher recht zutraulich ist – was jedermann merkt, wenn er auf Caféterrassen ungestört seinen Kuchen essen möchte. Dann nämlich scheut sich der Sperling – der ursprünglich in ganz Europa und Asien verbreitet war, heute aber auch in Nord- und Südamerika, Südafrika und Ostaustralien vorkommt – nicht, sich auf die Stuhllehne zu setzen oder sogar am Tellerrand Platz zu nehmen, um ein paar Krumen zu ergattern.

Wer das bedrohte Leben des Spatzes ein bisschen erleichtern möchte, der sollte seinen Garten oder Balkon mit vielen heimischen Pflanzen bestücken und im Mauerwerk seines Stadthauses Brutnischen einrichten.

851 // SPÄTZLE

Mehl, Eier, Salz und Wasser werden zu einem streichfähigen Teig geschlagen, der traditionell von einem Brett in kochendes Wasser geschabt wird. Fertiggekocht schwimmen die Spätzle bald an der Oberfläche; sie werden in kaltem Wasser abgeschreckt und in heißer Butter erneut servierfertig erwärmt. Ganz einfach.

Woher sie kommen, ist wie so oft umstritten. Vielleicht brachten schwäbische Kinderarbeiter die „Bettelleits Nudla" von ihrer Schufterei jenseits der Alpen mit. Auf ihr Nationalgericht wollen die Schwaben jedenfalls schon lange nicht mehr verzichten. Ob nun Kaiser Rotbart zum Kreuzzug oder Napoleon seine Koalitionstruppen zum Russlandfeldzug rief, neben dem Schwert führte der schwäbische Krieger angeblich stets sein Spätzlebrett mit sich.

Da sich Soßen so herrlich an die raue Oberfläche der Spätzle schmiegen, eignet sich die Teigware ausgezeichnet als Beilage zu schwimmendem Braten. Als Trägersubstanz für feste Milchprodukte finden sie in Form der Kässpätzle immer ihre Liebhaber, besonders wenn sie mit gerösteten Zwiebeln und gehacktem Schnittlauch gereicht werden. Heutzutage sind Spätzle als Dickmacher verschrien, aber es kommt wohl darauf an, welche Verbindung sie eingehen. Makrelen-Sushi und Tofu alla panna machen auf Dauer auch fett.

852 // SPIEGEL, DER

„Wir haben einen Abgrund von Landesverrat im Lande ...", wetterte Bundeskanzler Adenauer 1962 im deutschen Bundestag – und meinte damit Deutschlands bedeutendstes Nachrichtenmagazin. Das Wochenblatt, das nach Aussage seines ersten Chefredakteurs und Verlegers Rudolf Augstein „im Zweifel links" sei, polarisiert seit seiner Ersterscheinung im Januar 1947. Der „Spiegel" deckte unter anderem die Schmeißer-, Flick-, Neue-Heimat-, Barschel- und BND-Affäre auf. Und er war selbst in die wohl bekannteste verwickelt: die „Spiegel-Affäre". Auslöser war die am 10. Oktober 1962 erschienene Titelgeschichte „Bedingt abwehrbereit".

Diese kam unter Bezugnahme auf Bundeswehrdokumente zu dem Schluss, dass die Verteidigung der Bundesrepublik im Falle eines Angriffs durch den Warschauer Pakt nicht gesichert sei. In der Folge wurden Redaktionsräume des Blattes durchsucht, und es ergingen Haftbefehle gegen Rudolf Augstein und leitende Redakteure wegen des Verdachts auf Landesverrat. Besondere Empörung verursachte die Tatsache, dass ein „Spiegel"-Redakteur auf Betreiben des damaligen Verteidigungsministers Franz Josef Strauß in Franco-Spanien „neben dem Amtsweg" festgenommen wurde. Die Folge waren massive Studentenproteste gegen die Einschränkung der Presse- und Meinungsfreiheit. Und ebenjene ging tatsächlich gestärkt aus der „Spiegel-Affäre" hervor. Nach beschämend langen 103 Tagen wurde Rudolf Augstein aus der Haft entlassen, und die juristischen Verfahren gegen die Beteiligten wurden eingestellt. Bundeskanzler Konrad Adenauer musste auf Betreiben der FDP ein neues Kabinett ohne Strauß bilden – das Ende der Adenauer-Ära war ebenfalls so gut wie besiegelt.

Den Mythos als Garant der Meinungsfreiheit und als Pflichtlektüre für Linksintellektuelle versucht das Blatt heute noch zu pflegen. Das Schmalformat des konservativen „Focus", die steigende Beliebtheit der Süddeutschen Zeitung, die Kritik am Sprachstil des „Spiegels" und an seiner teils reißerischen Berichterstattung sowie die vage Vermutung, dass es heute „im Zweifel eher Mitte" heißen müsste, hinderten den „Spiegel" nicht daran, seine Auflage bis heute auf über 1 Million Exemplare zu steigern.

853 // SPIESSBÜRGER

Der Spießbürger ist ein urdeutsches Phänomen, das seit dem Mittelalter bekannt und auch heute noch weitverbreitet ist, weshalb es früher oder später jedem einmal begegnet. Denn den gemeinen Spießer trifft man überall. Einer tiefen Sehnsucht nach Ruhe und Ordnung, Sicherheit und Beständigkeit folgend, achtet er darauf, dass sein Leben ungestört und die Dinge stets unverändert so bleiben, wie sie sind. Der spießige Bürger stellt die Ordnung über die Launen und das Dauerhafte über das Vergängliche. Er kauft Produkte entsprechend der DIN-Norm und kehrt ordnungsgemäß den Gehweg. Hygiene, Häkeldeckchen, Haustürkette – der Spießer lebt wertekonservativ, tut seine Pflicht, liebt deutsche Hausmannskost und sichert sein Eigentum wahlweise mit einem Schäferhund oder einem Dackel. Dass sein Handeln gelegentlich mit einer gewissen geistigen Unbeweglichkeit oder Engstirnigkeit einhergeht, kann der Spießer gut verkraften, denn was gut und böse ist, weiß er auch, ohne nachzudenken. Doch tröste sich, wer nun erschaudert, denn eines steht fest: Der Spießer ist glücklicherweise immer der andere und niemals man selbst.

854 // SPORTSCHAU

Die „Sportschau" ist einer der kulturellen Gegenstände, in deren Entwicklung der Kulturkritiker gern den Verfall der guten Sitten und das Ende der unschuldigen Sachlichkeit erkennt. Die seligen Zeiten Deutschlands ältester regelmäßiger Sportsendung, die 1961 zunächst fußballfrei startete, scheinen nach Ernst Huberty vorbei. Dabei spiegelt die „Sportschau" doch zuallererst die Fußballbundesliga selbst und deren Zustand wider. Zum Ausgleich präsentiert sie häufig auch weniger überhitzte Sportarten.

Im März 1971 begründete die Sportschau eine beliebte Tradition, die heute ein wenig zu deutlich als prominenter Werbeplatz fungiert: Die Reklame hängt ums „Tor des Monats" wie das Lametta am Weihnachtsbaum, den eine Horde Dreijähriger schmücken durfte. Mit einem fulminanten Freistoß ist Gerhard Faltermeier von Jahn Regensburg der erste Schütze des „Tod des Monats". Der Ball hängt immer noch in den Maschen. Gleich das zweite „Tor des Monats" schießt Günter Netzer für Borussia Mönchengladbach, der nach seiner aktiven Karriere bereits seit Langem zum erweiterten „Sportschau"-Team bei Länderspielen gehört. Frei von seinem heute lahm vorgetragenen skeptischen Kritizismus brachte er es damals zu einem hoch dynamischen Kurvenlauf durch die Bayern-Defensive mit einem trockenen Abschluss aus rund zwanzig Metern.

855 // SPREEWALDGURKEN

Als wenige Jahre nach der deutschen Einheit plötzlich die echten Spreewälder Gurken ausgingen, ging ein Ruck durch Ostdeutschland. So schlecht war die DDR denn doch nicht, dass man selbst ihr würzig-knackiges Gemüse ausrotten musste! Die Arbeitsgruppe „Regionale Dachmarke Spreewald" erreichte nicht nur, dass geschäftewitternde Trittbrettfahrer, die ihre Gurkengläser mit Etiketten „Gurken Spreewälder Art" zierten, das Feld räumen mussten, sie etablierten die Spreewälder Delikatesse auch als eine der wenigen Ost-Spezialitäten, die West-Produkten den Rang ablaufen können. Denn das milde, feuchte Klima und der gute Boden der Spreewälder Lagunenlandschaft

– ohnehin eines der beliebtesten Ostausflugsziele in Deutschland – lässt die Gurken ganz ohne Chemie prächtig gedeihen, und die Gurkengläser stapeln sich inzwischen auch in westdeutschen Supermärkten.

856 // SPRICHWÖRTER

Wie Fremdwörter sind auch die Sprichwörter manchmal reine Glückssache: Ein Verfassungsrechtler und Professor für Politikwissenschaften bestand einst darauf, in Bälde „erimitiert" [sic!] zu werden, und ließ sich auch von seinem Assistenten nicht ins Bockshorn jagen. In diesem Fall hat der Hans nicht mehr gelernt, was Hänschen schon versäumt hatte.

Für alle Lebenslagen halten die Sprichwörter die passende oder unpassende, belehrende, altväterliche, ermahnende, gebietende, fromme oder ermunternde Weisheit bereit. Allgemein gelten Sprichwörter als Erfahrungssätze. Abenteuerlich erscheint diese Zuschreibung, wenn man etwa dem Einzelkind von heute zuruft: „Geteilte Freude ist doppelte Freude."

Die Ursprünge der Sprichwörter sind vielfältig. Die meisten kommen wohl aus der Bibel, andere aus der Literatur, häufig von Goethe, manche sind Übertragungen aus fremden Sprachen, andere falsche Übersetzungen. Wenn jemand „Hals- und Beinbruch" wünscht, dann hat er beim jiddischen „hazloche un broche" nur halb hingehört. Mit „Glück und Segen" liegen wir aber alle wieder richtig.

Und Sprichwörter sind modernisierbar. So führt beispielsweise, wer heute noch immer auf fossile Energien setzt, einen „Kampf gegen Windräder". Obwohl das streng genommen jetzt eine Redewendung war.

857 // SPRINGER VERLAG

Mit über 170 Zeitungen und Zeitschriften, rund 10.000 Mitarbeitern und einem jährlichen Umsatz von über 2,3 Milliarden Euro stellt der Axel Springer Verlag den größten Zeitungsverlag Deutschlands dar. 1946 vom Altonaer Verleger Hinrich Springer und dessen Sohn Axel gegründet, wurde der Verlag mit erfolgreichen Blättern wie dem „Hamburger Abendblatt" und der „Hörzu" rasch zu einem Symbol des deutschen Wirtschaftswunders. Maßgeblichen Anteil hatte daran der Erfolg der Bild-Zeitung, die 1952 erstmalig erschien und sich zu Europas größter Tageszeitung entwickelte.

Heute gilt der Springer Verlag mit seinen in- und ausländischen Beteiligungen an Zeitungen, Druckereien, Verlagen sowie Radio- und Fernsehanstalten als ein führendes Medienunternehmen in Europa. Seine gewichtige Sonderstellung in der Medienlandschaft hat ihm im Laufe seiner Geschichte mehrfach den Vorwurf eingebracht, über ein Meinungsmonopol zu verfügen, was sich vor allem während der deutschen 68er-Bewegung in Angriffen auf die sogenannte „Springerpresse" äußerte. Auch heute wird die Stellung und Einflussnahme des Springer Verlags auf die Gesellschaft noch kontrovers diskutiert. Trotzdem gehören „Bild" und „BamS" – Blätter, die kein Blatt vor den Mund nehmen – einfach zum deutschen Polit- und Medienzirkus wie der Gartenzwerg zum Jägerzaun.

858 // ß

Welch schöner Buchstabe! Geschwungen wie ein sich windender Fluss, mit vielen verschiedenen Namen: Eszett, scharfes S, Buckel-S, Ringel-S oder auch: German b. Aber ein b ist es nun am allerwenigsten, auch wenn sich die Gelehrten darüber streiten, wie es entstanden ist. Klar ist, dass es eine Ligatur ist, eine Zusammenfassung zweier Schriftzeichen zu einer Einheit. Einigkeit besteht auch im ersten Teil der Ligatur: Das war einmal das lange S der Frakturschrift. Aber was ist der zweite Teil? War es ein S – wie die Umwandlung eines ß in SS bei der Großschreibung nahelegt? Oder ein Z – wie sein Namensteil „-zet" vermuten lässt? Eindeutig klären lässt sich das wohl nicht mehr.

Wichtiger ist aber auch eher die Frage: Was haben wir vom ß? Es dient der Unterscheidung von vorangehenden langen und kurzen Vokalen; und auch wenn Schweizer und Architekten behaupten, ohne es auszukommen: Sie können nicht zwischen Massen und Maßen unterscheiden. In der Schweiz wurde das ß im Laufe der Zeit abgeschafft, die Architekten schreiben meist alles in Großbuchstaben. Und da werden aus den „Maßen" die „MASSEN". Als „SS" wird nämlich das große ß geschrieben, das als eigenständiges Zeichen erst im Sommer 2008 das Licht der Welt erblickte. Die weitverbreitete Unsitte, auch zwischen GROßBUCHSTABEN ein kleines ß zu verwenden, führt inzwischen immer wieder dazu, ein SS zu lesen, wo doch wirklich und zu Recht ein B steht – nicht nur bei SCHEIBE. Und so das Verschwinden des ß aufzuhalten, das funktioniert auch nicht, denn es ist schon seltener geworden: Bis 1996 stand es auch als Ersatz für ss im Auslaut und vor t, was allerdings manche Wörter sehr wechselhaft machte:

„müssen" mußte mal so, mal so geschrieben werden. Dass das vorbei ist, das ist vorbehaltlos zu begrüßen. Dass das ß aber nicht ganz abgeschafft wurde, ebenso.

859 // STABILITÄT

Deutschland ist nicht nur das Land der Dichter und Denker, sondern zugleich auch Heimat weltweit anerkannter Ingenieurskunst. Und so verwundert es nicht, dass gerade hierzulande überaus großer Wert auf Stabilität gelegt wird: Hält auch nichts ewig, deutsche Wertarbeit soll Bestand haben, und ein VW hat zu laufen und zu laufen und zu laufen.

Aber nicht nur bei Materialien und Verarbeitungsqualität wird Stabilität in Deutschland großgeschrieben. Der Anspruch der Stabilität hat auch in Bereichen wie Politik (politisches System) oder Sport (Defensive der Fußballnationalmannschaft) seine Gültigkeit und darf nur in besonderen Ausnahmefällen (DDR) fallen gelassen werden. Schließlich schafft Stabilität Ordnung und Planungssicherheit, was wiederum dem deutschen Sinn für Organisation gerecht wird.

Dass Deutschland in den letzten Jahren zu den größten Sündern in Bezug auf den europäischen Stabilitäts- und Wachstumspakt gehört, ist insofern ein zu verkraftender Sonderfall, als der Euro, zu dessen Stabilität dieser Pakt geschlossen wurde, ohnehin stabil wie eine deutsche Eiche ist.

860 // STAMMTISCH

Sich in vertrauter Runde an einem hölzernen Kneipentisch niederzulassen, ein Bier zu bestellen und über die Mühen und Freuden des Tages zu sprechen, ist schön. Froh kann man später nach Hause gehen und entspannt dem nächsten Tag entgegenschlafen. Anders ist das, wenn am Nachbartisch eine ebenso vertraute Runde sitzt, in deren Mitte ein Stammtischaschenbecher oder ein anderes Accessoire steht, das die Herren als guten alten deutschen Stammtisch ausweist. Nun weiß man: In den nächsten Stunden werden politische Phrasen gedroschen, und die Stammtischkumpels erklären einander – und bedauerlicherweise auch ihrer Umwelt – krakeelend die Welt. Denn die organisierte Gemütlichkeit hält nie den Mund, kann nicht still sein oder sich wenigstens nur gegenseitig mit ihren Gemeinplätzen quälen. Sie wollen auch ihre Nachbarn von ihren hohlen Gedanken überzeugen.

Wesentlich erträglicher ist da die moderne Variante des Stammtischs: das lockere öffentliche Treffen von einander Fremden, die ein gemeinsames Hobby haben. Dazu zählt der Stammtisch der Aquarianer oder Biker ebenso wie der Stammtisch der lesbischen Unternehmerinnen. Hier muss man nicht laut werden. Man weiß ja, dass man am Nachbartisch keine Zuhörer findet, die das Paarungsverhalten des Schleierschwanzes interessieren könnte oder die Schwierigkeiten beim Coming-out am Arbeitsplatz. Angenehm ist es neben einem solchen Stammtisch, der ein ruhiges, informatives Gespräch einer wüsten Trinkerei vorzieht. Da kann es sogar passieren, dass man doch einmal miteinander ins Gespräch kommt.

861 // STAUFER

Von der einst stattlichen Burg Hohenstaufen in Schwaben sind heute nur noch Ruinen zu sehen. Dagegen kündet das von Staufer-Kaiser Friedrich II. errichtete Castel del Monte in Süditalien noch von dem Selbstverständnis und Machtanspruch des schwäbischen Herrschergeschlechts: Als achteckige Krone überragt das wuchtige Kastell die apulischen Hügel.

Gut hundert Jahre, von 1138 bis 1254, besetzten die Staufer den deutschen Königs- und römischen Kaiserthron. Ihre bekanntesten Vertreter: Friedrich I., genannt Barbarossa, der – fälschlicherweise – als der Begründer eines ersten einheitlichen deutschen Kaiserreichs gilt; sein Sohn Heinrich VI., der an der Inhaftierung Richard Löwenherz' beteiligt war; und der Enkel Barbarossas, Friedrich II., der mehr als jeder andere mittelalterliche Kaiser die Kunst, Literatur, Architektur und Politik Italiens prägte und daher schon zu Lebzeiten „stupor mundi" (das Staunen der Welt) genannt wurde.

Die Zeit der Staufer überlebte vor allem in der Kunst und Architektur: In Deutschland sind es beispielsweise die Pfalzen in Wimpfen und Gelnhausen, die herausragenden Glasmalereien am Straßburger Münster und an der Barfüßerkirche in Erfurt oder die Werke der Buchmalerei, die von Köln bis Sizilien verstreut sind.

862 // STEIN, EDITH

Am 9. August 1984 – 42 Jahre, nachdem die jüdische Philosophin und Karmelitin Edith Stein in Auschwitz ermordet worden war – wurde in Boston (USA) ein Mädchen geboren, das auf den Namen Teresia Benedicta getauft wurde. Es war auch der Ordensname der Edith Stein, Schwester Teresia Benedicta a Cruce. Als das Kind zwei Jahre später durch eine Vergiftung an Nieren- und Leberversagen zu sterben drohte und nur eine Transplantation hätte helfen können, betete die Mutter zu Edith Stein. Vier Tage später war das Mädchen – medizinisch unerklärlicherweise – geheilt.

Dies ist das Wunder, das 1998 zu Edith Steins Heiligsprechung führte, nachdem sie 1987 in Köln (im Fußballstadion vor 70.000 Gästen) seliggesprochen worden war.

Doch Edith Stein war mehr als eine katholische Heilige. Die 1891 in Breslau geborene Jüdin studierte Germanistik und Geschichte in ihrer Heimatstadt, interessierte sich aber vor allem für Philosophie. Daher wechselte sie nach dem Staatsexamen an die Göttinger Universität, wo sie Meisterschülerin und Assistentin des Philosophen Edmund Husserl wurde. In dieser Zeit betrachtete sie sich als Atheistin und kämpfte für die Gleichstellung von Frau und Mann. Sie promovierte (mit Auszeichnung) bei Edmund Husserl, als Jüdin und Frau wurde ihr die Habilitation jedoch verwehrt.

Erst 1922 konvertierte sie – nachdem sie die Lebensgeschichte der Karmelitin Teresa von Avila gelesen hatte – zum Katholizismus und arbeitete bis zu ihrem Berufsverbot 1933 als Lehrerin. Im Oktober desselben Jahres erst trat sie dem Kölner Karmel bei.

863 // STEMPEL

Der Stempel gehört zweifelsfrei zu den Alltagsgegenständen, die aus deutschen Büros einfach nicht wegzudenken sind. Mit einem einfachen Griff zum Stempelkarussell eröffnet sich die verblüffende Vielfalt und Phantasie deutscher Amtsstuben. Auf schwarze, rote oder blaue Stempelkissen gedrückt, lässt sich mit ihm im Handumdrehen ein Dokument beurkunden, bewerten oder bescheinigen, etwa dass es sich um ein „Duplikat" handelt, die Aufstellung „sachlich und rechnerisch richtig" ist oder die „Ware erhalten" wurde. Und schon im frühesten Kindesalter wird Deutschlands Nachwuchs per Stempelschule mit diesen Vorgängen

vertraut gemacht, so dass er sich im Jugendalter bei Einlass in eine Diskothek wie selbstverständlich ein farbiges Motiv auf den Handrücken drücken lässt.

Begnügt man sich in anderen Ländern damit, den Stempel zur Angabe des Datums oder zum Entwerten der Briefmarken zu verwenden, hat er in Deutschland auch abseits von Philatelie und Bürokratie Einzug in das Leben gehalten. So zum Beispiel in die Sprache: Sei es, dass einer „stempeln gehen" muss oder ein anderer kurzerhand „abgestempelt" wird. Dennoch steht der Stempel auch heute noch wie kein zweites Utensil in erster Linie für die deutsche Verwaltungssorgfalt. Dass es sich bei Kurt Baron von Stempel (1882–1945) ausgerechnet um einen Verwaltungsjuristen gehandelt hat, kann also kein Zufall gewesen sein ...

864 // STERN, DER

Der „Stern" ist ein wöchentlich erscheinendes Magazin, das 1948 von Henry Nannen (1913–1996) gegründet wurde und durch Reportagen und vor allem Fotostrecken erfolgreich wurde. Es ist vor allem der neu entdeckte Fotojournalismus, angelehnt an den der New Yorker Zeitschrift „life", durch den das Blatt Furore macht: Robert Lebeck gehört zu den berühmten Fotografen, die den „Stern" mit aufregenden Momentaufnahmen versorgen, Hulton Getty, Werner Bokelberg und Peter Lindbergh ebenso. Sie bringen deutsche und internationale Geschichte, zeigen hysterische Beatles-Fans ebenso wie Momentaufnahmen von Sophia Loren oder Konrad Adenauer.

Immer wieder sorgt das Blatt aber auch für Empörung, sei es durch weibliche Nacktaufnahmen oder – das wohl herrlichste Kapitel des deutschen Journalismus – durch die angebliche Entdeckung der Hitler-Tagebücher im Jahr 1983. Die Dollarzeichen in den Augen hatten den Verantwortlichen so gehörig den Blick getrübt, dass sie sich erst viel zu spät fragten, wofür eigentlich die Initialen „F H" auf den Tagebüchern, die der Fälscher Konrad Kujau verfasst hatte, stehen sollten. Für „Führers Hund" vielleicht, wie in dem wunderbaren Film „Schtonk!" sinniert wird?

865 // STIFTUNG PREUSSISCHER KULTURBESITZ

Am 25. Juli 1957 wurde die Errichtung der Stiftung Preußischer Kulturbesitz beschlossen, die heute zu den weltweit größten Kultureinrichtungen zählt. Zu ihr gehören die Staatlichen Museen zu Berlin, die Staatsbibliothek, das Geheime Staatsarchiv Preußischer Kulturbesitz, das Ibero-Amerikanische Institut und das Staatliche Institut für Musikforschung.

Ein besonderer Schatz der Stiftung – und Bestandteil des Geheimen Staatsarchivs – ist dabei die „Schwedenkiste": Allerdings handelt es sich dabei nicht etwa um eine in Ochsenblutrot gestrichene Schatzkiste mit schwedischen Goldkronen, sondern um zwanzig Foliobände mit den geheimen Dokumenten, Sitzungsprotokollen und Reden der deutschen Freimaurer und Illuminaten. Sie wurden zwischenzeitlich von der Großloge in Stockholm verwaltet. Ein Band der „Schwedenkiste" klärt beispielsweise darüber auf, welche Gelehrte den einzelnen Logen angehörten.

Die rechtliche und finanzielle Verantwortung für die Stiftung Preußischer Kulturbesitz, die sich der Bewahrung und Pflege der Sammlungen, deren Aufbau und Ausbau sowie der wissenschaftlichen Erforschung verpflichtet hat, tragen Bund und Länder gemeinsam.

866 // STIFTUNG WARENTEST

„Drum prüfe, wer sich ewig bindet", dichtete einst Friedrich Schiller in seiner berühmten „Glocke". Das Prüfen liegt den Deutschen im Blut, ebenso wie die Vorstellung, dass Dinge, die man sich anschafft – sei es ein Neuwagen oder eine Ehefrau – nach Möglichkeit ewig halten mögen. Hierzulande legt man Wert auf Qualität, deshalb ist es kein Wunder, dass eine der renommiertesten Instanzen zur Qualitätsprüfung in Deutschland entstanden ist. Allen bisweilen vernehmbaren Unkenrufen zum Trotz ist die „Stiftung Warentest" in Berlin eine Organisation, auf deren Werturteil sich jeden Tag Millionen von Deutschen verlassen.

Tester bei der Stiftung Warentest zu sein, ist irgendwann einmal wohl der Traum eines jeden kleinen Jungen – Zahnpastatuben aufzuschneiden, um zu sehen, ob die bunten Streifen wirklich bis zum Ende der Tube gehen, Gummibärchen auf die Bissfestigkeit zu prüfen und Computer vom Balkon in den Gartenteich zu schmeißen ... Die Tester der Stiftung haben sicherlich auch hin und wieder großen Spaß bei der Arbeit, aber hauptsächlich sorgen sie dafür, dass Verbraucher von einer unabhängigen und unbestechlichen Instanz über die Güte der Waren informiert werden – ein bewährter Service, der in Zeiten immer lauterer und bunterer Werbung aktueller ist denn je.

867 // STOCKHAUSEN, KARLHEINZ

Es soll das Summen einer Trafostation gewesen sein, das Karlheinz Stockhausen (1928–2007) schon als Kind wie Musik in den Ohren klang und ihn dazu ermutigte, sich nach seinem Musikstudium elektro-akustischen Kompositionen zuzuwenden – einer Musik, die Deutschland in zwei Lager spaltete. Von den einen (etwa von Herbert von Karajan) als Komponist bloßer Geräusche kritisiert, galt Stockhausen anderen als Wegbereiter der elektronischen Musik schlechthin und als bedeutendster deutscher Komponist seit Ende des Zweiten Weltkriegs. Immer aber machte er mit seinen Werken Furore: Sein Kugelauditorium auf der EXPO 1970 in Osaka faszinierte mehr als eine Million Zuhörer, sein gigantischer Opernzyklus „Licht", der in 30 Stunden den Kampf zwischen Gut und Böse darstellt, gilt als sein Meisterwerk – zumindest aber ist er das eigentliche Lebenswerk des Künstlers, der daran 25 Jahre arbeitete.

So sehr Stockhausen in der sogenannten E-Musik auch polarisierte, Rockmusikern und -bands dient er als andauernde Inspiration. „Kraftwerk" und „Can" waren begeisterte Anhänger und teilweise Schüler Stockhausens, das Cover des „Beatles"-Albums „Sgt. Pepper's Lonely Hearts Club Band" ziert auch ein Foto des deutschen Komponisten, und sein Engagement für elektronische Klänge brachte ihm den Namen „Vater des Techno" ein.

868 // STORM, THEODOR

Eigentlich war Theodor Storm gebürtiger Däne, gehörte Husum in Schleswig, als er dort 1817 geboren wurde, doch noch zu Dänemark. Doch Storms Sprache war Deutsch, und da er zeitlebens eine unerbittliche Haltung gegenüber Dänemark einnahm und die Eingliederung Schleswig-Holsteins ins Königreich Preußens begrüßte, kann er wohl zu Recht als deutscher Dichter vereinnahmt werden. Storms Lyrik wie seine Prosa waren eng an seine Heimat gebunden: Seine berühmteste Novelle „Der Schimmelreiter" ist wohl auch die bedeutendste Deichnovelle überhaupt, Husum, seiner Geburtsstadt, setzte er mit dem Gedicht „Die Stadt" ein Denkmal, und beinahe jede seiner Novellen spielt am Meer.

Doch obgleich man bei Heimatverbundenheit gleich auch an eine beschauliche, harmonische Welt denkt, trifft dies höchstens auf Storms Frühwerk zu, auf die Novelle „Immensee" und eine Reihe von Gedichten. Je älter er wurde, desto düsterer und pessimistischer wurden auch seine Werke.

Das mag auch mit seinen Lebensumständen zusammenhängen: 1846 heiratete Theodor Storm seine Cousine Constanze Esmarch, um sich wenig später in Dorothea Jensen zu verlieben. Nach der kurzen Überlegung einer Ehe zu dritt verließ die Geliebte Husum; und erst, als Constanze 1865 starb, war der Weg für die zweite Ehe mit Dorothea frei.

869 // STÖRTEBEKER, KLAUS

Um Klaus Störtebeker, Pirat in Nord- und Ostsee, rankt sich die Legende, er sei mit abgeschlagenem Kopf an all seinen Piratenkameraden vorbeigelaufen, um ihnen das Schafott zu ersparen. Das rettete seinen Leuten allerdings nicht den Kopf; sie wurden mit Störtebeker 1400 auf dem Grasbrook in Hamburg hingerichtet.

Zumindest Letzteres ist gesichert: Störtebeker und seine Vitalienbrüder wurden wegen Piraterie enthauptet, nachdem sie auf Helgoland gefasst worden waren. Auch ihr Leitspruch „Gottes Freunde, aller Welt Feinde!" ist überliefert, der sie veranlasste, als Likedeeler, als Gleichteiler, zu arbeiten. Sie teilten ihre Beute nicht nur untereinander gerecht auf, sie gaben auch den Armen davon ab: deutsche Robin Hoods also.

Begonnen hatte die Karriere Störtebekers und seines Kameraden Godeke Michels im Dienste Herzogs Albrecht II. von Mecklenburg, um die von Dänemark belagerten Schweden mit Lebensmitteln (Viktualien) zu versorgen.

Später kaperten sie im Auftrag des Herzogs englische Handelsschiffe, bis ein Friedensvertrag diese Arbeit verbot. Als Störtebeker und seine Vitalienbrüder keinen neuen Auftraggeber fanden, machten sie bis zu ihrer Gefangennahme auf eigene Rechnung die Meere unsicher. Was danach aus ihren Schätzen wurde? Angeblich musste ein alter Tagelöhner nach Störtebekers Tod dessen Schiff wieder klarmachen. Als er den Mast auswechselte, war dieser von innen hohl – und bis obenhin mit Gold gefüllt.

870 // STRAMMER MAX

Die Namensherkunft ist strittig, das Rezept dagegen nicht:

Eine Scheibe dunkles Bauernbrot wird gebuttert und mit rohem Schinken oder gebratenem Schinkenspeck (ob in Scheiben oder gewürfelt – darüber scheiden sich die Geister) belegt. Zum Abschluss werden zwei Spiegeleier obenauf gelegt.

Wer es feiner liebt, dem empfehlen Gourmets eine Variante mit Wachteleiern und Jakobsmuscheln statt des Schinkens.

Wie der „Stramme Max" allerdings zu seinem Namen kam, ist nicht gesichert; die glaubwürdigste Geschichte stammt aus Sachsen: Dort wurde der Begriff „Strammer Max" jahrhundertelang mit einer starken Männlichkeit gleichgesetzt – und anschließend auf das Gericht übertragen. Wohl deshalb, weil es vor allem bei Arbeitern und Handwerkern in der Mittagspause gefragt ist, die sich vom „Strammen Max" ausreichend Stärkung für den restlichen Tag versprechen.

871 // STRANDKORB

125 Jahre nach seiner Erfindung stand der Strandkorb im Jahr 2007 ganz im Mittelpunkt des Weltinteresses. Anlässlich des G8-Gipfels in Heiligendamm hatten alle teilnehmenden Regierungschefs zum Familienfoto in diesem ur-norddeutschen Freiluftmöbel Platz genommen. Der sechs Meter lange Superstrandkorb war extra für diesen Anlass von Deutschlands ältestem Strandkorbhersteller angefertigt worden.

Der geschützte Sessel begann seinen Siegeszug an den rauen und windigen Nord- und Ostseestränden, heutzutage sieht man ihn sogar in Vorgärten und auf Balkonen der gesamten Republik. Eine rheumakranke Dame in Warnemünde kam Ende des 19. Jahrhunderts als Erste in den Genuss einer windgeschützten Sitzgelegenheit am Strand, und mit der Erfindung des Strandkorbes begann auch gleichzeitig die Vermietung. An beliebten Urlaubsständen kann und muss man den bequemen Wind- und Wetterschutz im Sommer sogar vorbestellen.

Auf den ersten Blick sehen sich alle Strandkörbe sehr ähnlich, meist farbig-weiß gestreift, mit verstellbarer Rückenlehne und herausziehbaren Fußstützen. Wer genauer hinsieht, erkennt aber die Unterschiede: Der Ostsee-Strandkorb ist insgesamt etwas runder, während der Nordsee-Sessel ganz dem Klima angepasst mit Ecken und Kanten aufwartet. Saubequem sind sie aber beide.

872 // STRASSENBAHN

Die Geschichte der Tram steht nicht nur technisch im Zusammenhang mit der Industrialisierung im 19. Jahrhundert. Das ausufernde Wachstum der Städte, die größeren Distanzen zwischen Wohnstätte und Arbeitsplatz und die Anbindung der Bahnhöfe erforderten schnelle, kapazitätsstarke Verkehrsmittel. Für private Geldgeber waren Investitionen in moderne Verkehrswege und Fahrzeuge lukrativ. Den Antrieb besorgten in New York ab 1832 und in Berlin ab 1865 Pferde. Werner von Siemens (1816–1892) brachte 1881 in Lichterfelde bei Berlin die erste „Elektrische" der Welt auf die Schiene, die sich zu Beginn des 20. Jahrhunderts gegen alle anderen Antriebe durchsetzte. Billiges Öl und größere Flexibilität brachten in den 1960er Jahren den Bus auf die Überholspur. Von Aachen bist West-Berlin folgten Stilllegungen.

Heute schätzt man wieder den vergleichsweise günstigen Betrieb sowie die hohen Transportleistungen der Straßenbahn mit ihren modernen Niederflurzügen. Allein die hohen Anfangsinvestitionen stellen vielerorts eine scheinbar unüberwindliche Hürde dar.

Für die schlecht verdienende Arbeiterschicht blieb die Straßenbahnfahrt übrigens lange ein Luxus. Noch in den 1950er Jahren reichte das Fahrgeld oft nur für den Weg zum Kino in der Innenstadt. Zurück ging es per pedes.

873 // STRAUSS, RICHARD

Egal, ob ein Urmensch zum ersten Mal ein Werkzeug benutzt, ein Raumschiff sich dem unbekannten Planeten nähert oder auch nur eine Tiefkühlpizza in Zeitlupe mit Tomaten berieselt wird – Bilder von großer oder vermeintlich großer Dramatik wurden und werden immer wieder mit dieser einen Melodie unterlegt, die einem, wenn man sie einmal gehört hat, einen Lebtag lang nicht mehr aus dem Kopf geht: C' – G' – C'', das eröffnende Motiv der sinfonischen Dichtung „Also sprach Zarathustra" von Richard Strauss.

Dabei erschuf der gebürtige Münchner viel, viel mehr als allein die musikalische Interpretation des Klassikers von Friedrich Nietzsche. Der umtriebige Komponist und Dirigent hat nicht nur eine Vielzahl von Opern, Tondichtungen, Orchester- und Ballettmusiken hinterlassen – er setzte sich auch vehement für die Urheberrechte von Musikern ein, und möglicherweise ist es auch ihm zu verdanken, dass sich heute die GEMA darum kümmert, dass Musiker nicht am Hungertuch nagen müssen – zumindest nicht alle. Außerdem rief Strauss mit Künstlerkollegen die heute noch sehr beliebten Salzburger Festspiele ins Leben. Nicht überliefert ist allerdings, wie empfindlich er auf Verwechslungen mit dem ebenfalls berühmten Walzerkomponisten Johann Strauß reagierte ...

874 // STREUOBSTWIESEN

Die Streuobstwiesen zählen zu den in Deutschland am stärksten vom Aussterben bedrohten Lebensräumen, denn ihr wirtschaftlicher Ertrag an Obst ist verhältnismäßig gering. Bei höchstens 120 Bäumen statt 3.000 auf einer Obstplantage ist kein großes Geschäft zu erwarten, was dazu führt, dass von den etwa 1,5 Millionen Hektar Streuobstwiesen, die es noch 1960 gab, nur noch 300.000 Hektar übriggeblieben sind. Ein Jammer, gelten diese Streuobstwiesen doch nicht nur als Genpool für alte, besonders robuste Obstsorten. Die Obstwiesen bringen auch die gesündesten Äpfel und

Birnen, Kirschen und Zwetschgen hervor. Denn anders als auf den ausgelaugten Böden der Obstplantagen braucht es hier keine Düngung, und auch auf Insektizide kann verzichtet werden.

Doch was macht eine Streuobstwiese eigentlich aus? Im Gegensatz zu den Plantagen gedeihen hochstämmige, einzeln stehende Obstbäume auf Wiesen und Weiden, die sich durch einen unglaublichen Artenreichtum auszeichnen. In dieser Vielfalt sind die Streuobstbestände prägender Bestandteil der mitteleuropäischen Kulturlandschaften.

875 // STREUSELKUCHEN

Das Gute kann manchmal so einfach sein: Süßen Hefeteig zubereiten, ausrollen und eventuell mit Obst belegen. Dann Mehl, Zucker, Vanillezucker und weiche Butterflöckchen mit den Händen zu Streuseln verkrümeln, darübergeben, und ab in den Ofen.

Den wahrscheinlich aus Schlesien stammenden Streuselkuchen, der meist auf dem Blech gebacken wird, gibt es in unzähligen Varianten, mit Cremes gefüllt, mit verschiedensten Obstsorten belegt – immer aber gehört die knusprig-buttrige Streuselschicht dazu, die manch ein Magerkost-Verachter zum Schluss, nachdem der Kuchen aus dem Ofen kommt, noch mit einem Becher Sahne übergießt, damit die Streusel schön saftig bleiben.

Unverzichtbar ist der Streuselkuchen für so manche Kaffeetafel, denn er gehört zu den beliebtesten Backwaren der Republik.

876 // STRUWWELPETER

Sieh einmal, hier steht er –
Pfui! Der Struwwelpeter!
An den Händen beiden
Ließ er sich nicht schneiden
Seine Nägel fast ein Jahr.
Kämmen ließ er sich nicht sein Haar.
„Pfui!" ruft da ein jeder:
„Garstger Struwwelpeter!"

Weil er in den Buchhandlungen nur „moralische Geschichten (fand), die mit ermahnenden Vorschriften begannen und schlossen wie: ‚Das brave Kind muss wahrhaft sein'", dies aber seinem dreijährigen Sohn ersparen wollte, kaufte der Frankfurter Arzt Dr. Heinrich Hoffmann kurzerhand ein Schulheft und schrieb seinem Sprössling zu Weihnachten 1844 eine Bildergeschichte, die später als „Der Struwwelpeter" der Kinderbuchklassiker schlechthin werden sollte. Freunde waren von dem Bilderbuch dermaßen begeistert, dass sie den Arzt überredeten, das Büchlein drucken zu lassen – das 120 Jahre später durch die 1968er-Bewegung als ebenfalls zu moralisierend und zu brutal in die Kritik geriet.

Zunächst erschienen unter dem Namen „Lustige Geschichten und drollige Bilder für Kinder von 3–6 Jahren", wurde der Band bei seiner dritten Auflage 1846 um einige Geschichten und andere Bilder ergänzt und erstmals unter dem Namen „Der Struwwelpeter" herausgegeben. Seitdem muss er fortwährend nachgedruckt werden: Als Hoffmann im Jahr 1894 starb, waren schon beinahe 200 Auflagen entstanden.

Noch heute lieben Kinder – vielleicht wegen der Moral – den Struwwelpeter, und die Geschichten vom Zappel-Philipp und vom fliegenden Robert, vom Daumenlutscher und vom Suppenkaspar wurden in beinahe alle Sprachen der Welt übersetzt.

877 // STURM UND DRANG

Protest, Jugendbewegung und literarische Strömung – die unter der Bezeichnung „Sturm und Drang" bekanntgewordene Bewegung deutscher Schriftsteller war ein facettenreiches Phänomen zur Zeit der Aufklärung. Benannt nach dem gleichnamigen Drama von Friedrich Maximilian Klinger (1777), bezieht sich der Begriff auf den Zeitraum zwischen 1769 und 1785, als sich viele junge Autoren in ihren Werken gegen die absolutistischen Obrigkeiten in den deutschen Staaten, gegen die höfische Welt des Adels, aber auch gegen die bürgerlichen Moralvorstellungen wandten. Gleichzeitig brachen die Dichter, zu denen keine Geringeren als Friedrich Schiller und Johann Wolfgang von Goethe gehörten, mit Regeln und Traditionen in Kunst und Literatur: Die sogenannte „Regelpoetik", das alte Regelwerk für Dichtung, wurde verworfen und das neue Persönlichkeitsideal des „Original-Genies" in den Mittelpunkt gestellt. Bei diesem „Genie" handelte es sich um einen nach freier Selbstentfaltung strebenden Menschen, der nach den eigenen Gesetzen lebt und dabei – kompromisslos gegen die Wirklichkeit anrennend – die Schranken der bestehenden Weltordnung erfahren muss.

Neben Goethes „Götz von Berlichingen" (1771) und „Die Leiden des jungen Werther" (1774) gehört insbesondere Schillers „Die Räuber" (1776) zu den Hauptwerken der sogenannten „Geniezeit". Für beide Dichter war diese Phase ihres Schaffens jedoch nur eine vorübergehende, und so wurde mit ihrem Wandel zu Klassikern, ausgelöst durch Goethes Bildungsreise nach Italien und Schillers Kant-Studien, auch das Ende des Sturm und Drangs eingeläutet.

878 // STUTTGARTER HUTZELMÄNNLEIN

Das „Stuttgarter Hutzelmännlein" ist das populärste Märchen Eduard Mörikes (1804–1875), das tief in der schwäbischen Sagenwelt und Mentalität verankert ist. Dem Schustergesellen Seppe macht kurz vor seiner Wanderschaft das Hutzelmännchen seltsame Weissagungen, gibt ihm ein nachwachsendes Dörrobstbrot mit auf den Weg und schenkt ihm zwei Paar Schuhe, die ihn am Ende das Glück „auf Füßen" begegnen lassen. Manches Abenteuer hat Seppe zu bestehen. Sogar einer „schlimmen Witwe" muss er sich zur Rettung seines Lebens entziehen. In dieser Rahmenhandlung ist die „Historie von der schönen Lau", jener depressiven Wasserfrau, wiedergegeben.

Das Verständnis der Werke des Schriftstellers und Übersetzers Mörike hat sich in den letzten Jahren deutlich gewandelt. Er wurde lange als Heimatdichter belächelt. Heute gilt er einigen als vielschichtiger, ja

ambivalenter Erneuerer oder gar als literarischer Universalist. Ein bis zwei Gründe mehr, in Zeiten von Bildung, Bildung, Bildung in den Schulen mehr Mörike zu lesen. 1972 ergab eine Studie des Max-Planck-Instituts für Bildungsforschung noch, dass das „Hutzelmännlein" mit Storms „Pole Poppenspäler" einen der vorderen Plätze unter den „Ganzschriften" einnahm. Und heute? Es ist nie zu spät, die Lektüre nachzuholen.

879 // SÜDDEUTSCHE ZEITUNG

Mit einer symbolischen Handlung ging die erste Ausgabe der Süddeutschen Zeitung am 06.10.1945 in Druck. Die Gussform von Adolf Hitlers „Mein Kampf" wurde dem Schmelzofen übergeben, und anschließend wurden die Druckplatten der ersten Ausgabe der SZ gegossen. So hieß es denn auch im Geleitwort, die SZ sei „ein Sprachrohr für alle Deutschen, die einig sind in der Liebe zur Freiheit, im Haß gegen den totalen Staat. Im Abscheu gegen alles, was nationalsozialistisch ist."

Zunächst kam die SZ immer dienstags und freitags mit einem Umfang von vier Seiten heraus. Heute erscheint das Blatt von Montag bis Samstag und hat sich zu Deutschlands führender Abonnement-Zeitung mit einer Auflage von rund 450.000 Exemplaren pro Tag entwickelt.

Markenzeichen der „Süddeutschen" ist unter anderem die 1946 zum ersten Mal erschienene Glosse „Streiflicht", die deren geistiger Vater Franz Josef Schöning als „eine Art Leuchtturm im Sturmgebraus der täglichen Hiobsbotschaften" bezeichnete. Typisch für die SZ sind zudem das Gewicht des Feuilletons und die Beilage englischsprachiger Artikel. Die politische Ausrichtung kann man in liberalen Gefilden, leicht links bis zur Mitte, ansiedeln. Vielleicht ist das auch ein Grund, warum die Süddeutsche Zeitung dem „Spiegel" inzwischen den Rang als journalistisches Leitmedium ablaufen konnte.

880 // SYLT

Feiner Sandstrand, raue Brandung, majestätische Dünen, endloses Wattenmeer und die grüne Heide locken alljährlich über 600.000 Besucher auf die viertgrößte deutsche Insel – und darunter ist bekanntlich das ein oder andere Mitglied der High Society zu finden.

Der Tourismus hat auf Sylt eine lange Tradition, seitdem das Eiland im Jahre 1855 zum Seebad erklärt wurde. Besonders die Oberschicht kurte hier wegen des heilsamen Klimas, und seit den 1960er Jahren zieht es auch den deutschen Massenurlauber nach Sylt. Dieser erholt sich heute gerne nackig, was die beeindruckende Zahl von 60 % FKK-Urlaubern eindrucksvoll belegt. Den Einheimischen ist das, wenn nicht aus ästhetischer, so aber doch aus wirtschaftlicher Sicht durchaus recht. In den 12 Ortschaften der Insel leben rund 21.000 Menschen vorwiegend vom Fremdenverkehr. Ein Teil von ihnen spricht noch Söl'ring, eine eigenständige, westgermanische Sprache, die man auch als Sylter Friesisch bezeichnet.

Und wer es sich als Festländer leisten kann, kauft sich hier, wie 12.000 andere Menschen, ein Zweitdomizil und lässt es sich bei ausschweifenden Partys und Dinner in einem der vier–sterne-gekrönten Restaurants gutgehen. Aber auch für Otto Normalverbraucher ist Sylt in jedem Fall eine Reise wert – und sei es nur, um einen kleinen Blick auf die Reichen und vielleicht Schönen zu werfen.

A
B
C
D
E
F
G
H
I
J
K
L
M
N
O
P
Q
R
S
T
U
V
W
X
Y
Z

637

Tag der Deutschen Einheit / Tagebau Hambach / Tagesschau / tageszeitung, die / Tante-Emma-Laden / Tatort / Technisches Hilfswerk / Teddybär / Teebeutel / Telefon / Tempo / Teutoburger Wald / Thermosflasche / Thonet / Thüringer Klöße / Thüringer Rostbratwurst / ThyssenKrupp / Titanic / Toast Hawaii / Tokio Hotel / Toleranz / Trabi / Trachten / Tradition / Tram / Traumschiff / Trautes Heim / Treue / Trigema / Trimm dich / Trümmerfrauen / Tucholsky, Kurt / TÜV

881 // TAG DER DEUTSCHEN EINHEIT

„Die Volkskammer erklärt den Beitritt der DDR zum Geltungsbereich des Grundgesetzes der Bundesrepublik Deutschland gemäß Artikel 23 des Grundgesetzes mit der Wirkung vom 3. Oktober 1990." Mit diesen Worten wurde am 23. August 1990 ein Abstimmungsergebnis bekanntgegeben, das den Weg frei machte, die deutsche Wiedervereinigung zu vollziehen und die vierzig Jahre währende Existenz zweier deutscher Staaten zu beenden. Der Aufhebung der deutschen Teilung, die erst durch den formalen Akt der Einigung am 3. Oktober 1990 vollzogen wurde, war ein Volksaufstand in der sozialistisch organisierten DDR vorausgegangen, der seinen Höhepunkt im Fall der Berliner Mauer am 9. November 1989 fand und den Zusammenbruch des politischen Systems auslöste.

Dass ausgerechnet der 3. Oktober zum „Tag der deutschen Einheit" wurde, hängt nicht, wie vielfach angenommen, mit einem konkreten Ereignis aus der „Wendezeit" zusammen, sondern ist eher ein zufälliges Produkt von Verhandlungen und Sitzungsterminen. Der 3. Oktober wurde zum Nationalfeiertag erklärt, um den Landsleuten in Ost und West die Gelegenheit zu geben, das Ende der Teilung zu feiern und das Zusammenwachsen der vormals getrennten Teile zu fördern.

882 // TAGEBAU HAMBACH

In den Wäldern westlich von Köln hingen Affen in den Magnolien, und in den Sümpfen bei Bergheim lauerten Krokodile. Erdgeschichtlich ist das noch gar nicht so lange her, denn vor rund zwanzig Millionen Jahren schufen subtropische Sumpfwälder in der Kölner Bucht das pflanzliche Ausgangsmaterial für die Braunkohle, die sich unter dem Druck jüngerer Schichten aus dem entstandenen Torf entwickelte. Inmitten einer der am dichtesten besiedelten Regionen Europas begann 1978 das Unternehmen Rheinbraun mit dem Abbau der überwiegend zur Stromproduktion verwendeten Braunkohle und grub mit dem Tagebau Hambach das größte und tiefste Loch Deutschlands. Um an die bis zu einhundert Meter mächtigen Flöze zu gelangen, war es erforderlich, mit gigantischen Baggern, die weltweit unübertroffen sind, rund 350 Meter tief zu graben. Mit einem ansehnlichen Teil des Abraums wuchs die benachbarte Sophienhöhe heran. 200 Meter erhebt sich ein großer künstlicher Berg über die Landschaft, die auf einer Fläche von 3.400 Hektar ihres fruchtbaren Bodens beraubt wurde. Genehmigt ist sogar eine zweieinhalbmal so große Abbaufläche. Wenn die Braunkohlverstromung dereinst ihren Beitrag zum Klimawandel geleistet haben wird, planschen womöglich Nilpferde im geplanten künstlichen See.

883 // TAGESSCHAU

Die Tagesschau ist das Flagschiff der ARD und die Nummer eins unter den deutschen Nachrichtensendungen. Sie ist eine deutsche Institution, strukturiert den Fernsehtag, läutet den Abend ein und verschiebt die Primetime auf 20 Uhr 15. Seriosität und journalistische Glaubwürdigkeit sind Markenzeichen dieses in Hamburg-Lokstedt produzierten NDR-Journals.

Karl-Heinz Köpcke war der erste und bekannteste Tagesschau-Sprecher. Für die Deutschen war er „Mister Tagesschau", denn niemand prägte dieses Sendeformat wie er. Seine Korrektheit und glaubwürdige Ausstrahlung setzen bis heute Maßstäbe. Dagmar Berghoff war gewissermaßen sein weibliches Pendant – attraktiv, aber engelhaft, keusch wie der Wetterbericht, der mit trockenstem Humor an das Ende dieser Sendung gesetzt ist, obwohl er für viele die interessanteste Nachricht beinhaltet.

Die Tagesschau beerbte 1952 die „Wochenschau" und war das Gegenstück zur „Aktuellen Kamera" des DDR-Fernsehens. Inzwischen macht sie sich auch im Internet breit, vor allem zum Ärger der privaten Konkurrenz. Die redaktionelle Arbeit wird damit noch intensiver, für keine andere Nachrichtensendung in Europa arbeiten mehr fleißige Federn. Es ist nicht übertrieben zu sagen, dass die Tagesschau für Abermillionen Deutsche entscheidet, was Nachricht ist und was nicht.

884 // TAGESZEITUNG, DIE

die tageszeitung (kurz „taz") ist die siebtgrößte überregionale Tageszeitung und ist nicht wie der „Spiegel" nach Augstein „im Zweifel eher links", sondern zweifellos links.

Die erste reguläre Ausgabe der „taz" erschien am 17. April 1979. Die Zeitung verstand sich als Alternative zum bürgerlich dominierten Zeitungsmarkt und als Gegenstück zur verhassten Bild-Zeitung. Die provokative Berichterstattung und die satirisch angehauchten Schlagzeilen à la „Li machte Peng" (zu den Bombentests unter Chinas Ministerpräsidenten Li Peng), „Videobotschaft: Bin Wandern"(zur Videonachricht, die Bin Laden an einem Berghang zeigte) oder „Zwillinge erfolgreich getrennt" (zur Wahlniederlage Jaroslaw Kaczynskis) versuchen nicht zu vernebeln, dass es der „taz" nicht um Objektivität, sondern um die teils unterhaltsame Vermittlung eines linken Weltbildes geht. Das wiederum ist sicherlich nicht für die Werbeeinnahmen förderlich.

Daher hebt sich die „taz" auch durch die Eigentumsstruktur von der übrigen Medienlandschaft ab, denn sie ist seit 1992 eine Genossenschaft. Über 7.700 Leser, Mitarbeiter und Sympathisanten halten ein Genossenschaftskapital von mehr als 7,8 Mio. Euro. Auf der Internetseite des Blattes heißt es: „Die GenossInnen sollen die Interessen der Genossenschaft fördern. Das tun sie durch ihre Einlage und indem sie sich an den Entscheidungsprozessen je nach persönlicher Neigung und Möglichkeiten beteiligen." Und damit nicht genug: „GenossInnen haben aber auch materielle Vorteile. Wenn Sie Anteile zeichnen, bekommen Sie ein Buch über Genossenschaften und eine spezielle Prämie aus dem tazshop." Im „tazshop" wiederum winken attraktive Prämien wie „taz"-Bettwäsche, ein Zahnbürstenset, Bio-Wein oder das sicher überwältigende „fair gehandelte Mango-Paket". Den Liebhabern des Blattes wird der „materielle Vorteil" ohnehin völlig wurscht sein.

885 // TANTE-EMMA-LADEN

Der Tante-Emma-Laden kam erst ins Gespräch, als er vom Aussterben bedroht war. Typisch! Jahrelang kümmert sich keiner darum, und wenn er nicht mehr da ist, ist das Geschrei groß. Man fährt zum Großeinkauf mit dem Auto kilometerweit bis zum nächsten Discounter und beklagt dann den Untergang des netten kleinen Gemischtwarenladens um die Ecke. Da war die Milch aber auch 10 Pfennig teurer!

Der Kaufladen in der Nachbarschaft ist bereits in den 70ern weitestgehend ausgestorben, als immer mehr Familien einen Zweitwagen besaßen und nicht mehr auf den fußläufigen kleinen Laden angewiesen waren. Trotzdem ist der Begriff als Sinnbild für Nachbarschaftlichkeit, Nähe und persönliche Ansprache geblieben, immer begleitet von einer ordentlichen Portion Nostalgie.

Es gibt mehrere Deutungen des Begriffs Tante-Emma-Laden, am plausibelsten ist diese hier: Der Name Emma kam früher besonders häufig bei alleinstehenden Dienstmädchen und Hausangestellten vor und blieb auch später als Synonym für eine etwas ältere, unverheiratete Frau bestehen. Nach dem Zweiten Weltkrieg waren zahlreiche Witwen und unverheiratete Frauen auf ein eigenes Einkommen angewiesen, viele unterhielten deshalb einen Lebensmittelladen. Das war dann der Tante-Emma-Laden.

886 // TATORT

Der Sonntagabend gehört dem „Tatort". Das galt nicht nur vor beinahe 40 Jahren, als am 29. November 1970 mit „Taxi nach Leipzig" die erste Folge der Krimiserie ausgestrahlt wurde, das gilt auch heute mehr denn je. Denn was bis Mitte der 90er Jahre die deutsche Familie allein vor den Fernseher bannte, nimmt mehr und mehr Kultstatus an: Freunde laden sich gegenseitig zum „Tatort"-Gucken ein, Kneipen zeigen den Sonntagskrimi auf großer Leinwand, und die erste Frage am Montagmorgen im Büro lautet: „Hast du gestern Abend den Tatort gesehen?" Mehr als 700 Folgen des Kultkrimis hat das Erste seit 1970 gezeigt, zunächst nur einmal im Monat, mittlerweile möglichst wöchentlich – wenn nicht gerade „Polizeiruf 110" dazwischenkommt. Zwei Mal schaffte es der „Tatort" sogar ins Kino: Horst Schimanski, der von Götz George gespielte Duisburger Kommissar, wurde mit seiner wüsten Art bald zum „Tatort"-Kommissar schlechthin, und die Filme waren Kassenschlager.

Das Erstaunliche aber am „Tatort" ist, dass sich in der 40-jährigen Geschichte kaum etwas verändert hat. Auf den Vorspann mit der Musik von Klaus Doldinger und den Augen und Beinen von Schauspieler Horst Lettenmayer kann sich der Zuschauer ebenso verlassen wie auf die Kriminalfälle, die nie zu blutig oder zu grausig sind. Denn das Erfolgsrezept der Serie liegt nicht in ihrer Spannung begründet, sondern wohl eher an den Schauplätzen, die immer auch mal die eigene Region oder Stadt des Zuschauers in den Mittelpunkt rücken.

887 // TECHNISCHES HILFSWERK

Wem das „Technische Hilfswerk" nicht Grund genug ist, Deutschland zu lieben, dem kann wohl nur noch vom „Technischen Hilfswerk" geholfen werden.

Das „Technische Hilfswerk", auch THW genannt, ist die Katastrophenschutzorganisation der Bundesregierung. Der Name selbst klingt bereits nach deutscher Organisationskraft.

Das THW hilft, wo es kann, und wenn in Deutschland nicht die Erde bebt, auch außerhalb der Landesgrenzen bei humanitären Katastropheneinsätzen.

Mit dem THW im Rücken kann man ruhig schlafen. Es gibt praktisch kein denkbares Unglücksszenario, dem die Frauen und Männer vom THW nicht begegnen könnten. Ob Flugzeugabsturz, Giftgasunfall, Überschwemmung, Influenza-Pandemie, an alles ist im Voraus gedacht, jeder mögliche Ernstfall ist in großen Szenarien geübt worden. Der Zivilschutz steht beim THW im Vordergrund, darum untersteht diese Organisation auch dem Innenministerium und nicht etwa dem Verteidigungsministerium.

Über 80.000 ehrenamtliche Helfer sind beim THW im Dienst der guten Sache organisiert. Und auch der ein oder andere Zivildienstleistende steht dem Hilfswerk auf Abruf zur Verfügung, wahrscheinlich in der Hoffnung, dass keine nationale Katastrophe hereinbricht.

888 // TEDDYBÄR

Während die ganze Welt weiß, wer dem Teddybären seinen Namen gab, streitet man sich noch heute – über hundert Jahre nach seiner Geburt – darüber, wer eigentlich der Vater des Plüschtiers ist. Die USA wie

Deutschland nehmen die Erfindung des Kuscheltieres für sich in Anspruch – die Amerikaner in Form des Spielwarenherstellers Morris Michtom, der sich 1903 von einer Zeitungskarikatur über Theodore „Teddy" Roosevelt inspirieren ließ.

Der deutsche Teddy wurde 1902 in der Firma Steiff geboren. Margarete Steiff begann in den 1870er Jahren mit selbstgenähten Elefanten ihr Spielwarenunternehmen, zur Jahrhundertwende gehörten auch Kamele, Pferde, Affen und Hasen zum Sortiment. Sie alle aber waren noch statisch, bis Margaretes Neffe Richard einen Bären aus Mohairplüsch entwarf, dessen einzelne Glieder beweglich waren. „Bärle PB55" hieß der Geselle, als er 1903 auf der Leipziger Spielwarenmesse vorgestellt wurde. Ein amerikanischer Händler entdeckte ihn dort, bestellte als Einziger 3.000 Stück und machte in den USA mit den Bären ein Vermögen. Dort erhielt der Teddy auch seinen Namen: Während eines Jagdausflugs wollte Roosevelt einen Bären schießen. Als sich keiner blicken ließ, band man ein Bärenjunges an einen Baum; doch Roosevelt weigerte sich, das Tier zu erlegen.

Seitdem ist der flauschige Bär nicht nur der Verkaufsschlager im Spielwarenladen, auch Kunst und Musik ließen sich vom Teddy inspirieren. Elvis Presleys „Teddy Bear" war wochenlang Platz 1 der US-Charts. Und unvergessen bleibt der Hit von Jonny Hill: „Ruf Teddybär eins-vier".

889 // TEEBEUTEL

Vom amerikanischen Vorläufermodell abgesehen, ist der Teebeutel eine typisch deutsche Erfindung. Der Teebeutel ist gewissermaßen Deutschland im Hosentaschenformat. Genial gefaltet (wie ein Falkplan), damit kein Klebstoff an den Beutel muss, zeitsparend, praktisch, für Singles geeignet und optisch äußerst ansprechend. Die Dresdner Firma Teekanne verbreitet den Teebeutel, wie wir ihn kennen, seit 1929; sein Erfinder war der Firmenangestellte Adolf Rambold. Schon im Ersten Weltkrieg hatte das betriebseigene Vorgängermodell unter den Frontsoldaten eingeschlagen wie eine Bombe und sich wie ein Lauffeuer verbreitet.

Der Teebeutel ist somit eines der ersten Convenience-Produkte und – wenn man so will – der Paukenschlag, mit dem die moderne deutsche Küchenkultur die Bühne der Kochwelt betrat.

Manchem Teefreak ist der feuchte Beutel ein Dorn im Auge, wahrscheinlich aus ästhetischen Gründen, oder weil sich seit seiner Geburt hartnäckig eine Legende hält: Angeblich enthalte er nämlich minderwertige Teeabfallprodukte. Doch auch im scheinbar unscheinbaren Beutel ist in aller Regel hochwertiger Tee enthalten. Es ist also nichts Verwerfliches daran, den Beutel in die Kanne zu tauchen.

890 // TELEFON

Die Basiserfindung dieses Apparates schreiben sich viele Nationen auf die Fahne. Die Italiener bestehen darauf, dass der schottisch-stämmige Erfinder Alexander Graham Bell bei Antonio Meucci geklaut habe. Der Franzose Bourseul referierte bereits in den 1850er Jahren über eine Anlage zur Sprachübertragung, und auch die Deutschen können mit gutem Grund einen eigenen Erfinder ins Feld führen: „Durch meinen Physikunterricht dazu veranlasst, griff ich im Jahre 1860 eine schon früher begonnene Arbeit über die Gehörwerkzeuge wieder auf und hatte bald die Freude, meine Mühen durch Erfolg belohnt zu sehen, indem es mir gelang, einen Apparat zu erfinden, durch welchen es ermöglicht wird die Funktion der Gehörwerkzeuge klar und anschaulich zu machen; mit welchem man aber auch Töne aller Art durch den galvanischen Strom in beliebiger Entfernung reproduciren kann. – Ich nannte das Instrument Telephon", schrieb der 1834 in Gelnhausen geborene Philipp Reis, und zumindest seine Namensgebung setzte sich international durch. Als er jedoch seine Entwicklung am 26. Oktober 1861 vor dem Physikalischen Verein in Frankfurt vorführte, blieben die Reaktionen verhalten. Das Holzmodell mit Wursthaut, die das Trommelfell als Schwingungsüberträger nachbildete, war – obwohl es tatsächlich funktionierte – technisch noch nicht ausgereift, und die Wissenschaft und Wirtschaft erkannten dummerweise in Reis' Telefon nicht den Nachfolger für den als überlegen empfundenen Telegrafen. So gilt heute Alexander Graham Bell als Erfinder des Telefons, denn seine patentierte Entwicklung wurde durch seine eigene Gesellschaft Bell Telephone Company (heute AT & T) als Erstes kommerziell verwertet und trat ihren Siegeszug um die kommunikationsfreudige Welt an.

891 // TEMPO

Ein „Tempo" gibt man gern und will es garantiert nicht zurückhaben. Es ist ein wertvolles Instrument der gelebten Nächstenliebe und eine Allzweckwaffe: Bei triefendem Schnupfen hilft's, mit Tantenspucke benetzt reinigt es verschmierte Kindermünder, und zu Stöpseln gedreht dient es hilfsweise dem Lärmschutz. Der Hersteller nennt das überwiegend in Neuss hergestellte Tissue stolz das „prominenteste" deutsche Papiertaschentuch. Tatsächlich ist der Markenname längst zum Begriffsmonopol geworden.

1929 ist das Jahr der schwungvollen Revolution unter der Nase. Während in den USA „Kleenex" auf den Markt kommt, beginnen die Vereinigten Papierwerke in Heroldsberg und Forchheim mit der Produktion von „Tempo". Der Name passt in das Lebensgefühl der Zwanziger Jahre, Rotfahnen aus Stoff eben nicht mehr.

Seitdem steht der Taschentuchfortschritt ganz im Zeichen der Weichheit und der Sicherheit. Die Verpackungen werden in sagenhafter Weise immer praktischer. Wer Zellstoff verarbeitet, kann sich des wachen Auges der Umweltschützer sicher sein, so dass der neue Besitzer der Marke „Tempo" sich zu höheren Standards beim Umweltschutz und bei den Menschenrechten bekennt. Gut so, denn die Mehrheit der Schniefnasen dürfte kaum zum Stofftaschentuch zurückkehren wollen.

892 // TEUTOBURGER WALD

„Mein Herz ist grün vor Wald", schrieb einst ein unbekannter Heimatdichter über den Teutoburger Wald, der sich östlich von Münster als Bergzug aus dem ihn umgebenden Flachland erhebt. „Osning" hieß das Mittelgebirge zwischen Osnabrück und Paderborn noch im 17. Jahrhundert, dann, als die Hermannverehrung in Deutschland begann, wurde der Name Teutoburger Wald geläufiger.

Dichte, hohe Wälder wechseln im Teutoburger Wald immer wieder mit freien Blicken auf das Ravensberger Land. Dazwischen die Senne mit ihren blühenden Heidegebieten, großen Sanddünen, duftenden Kiefernwäldern, Mooren und Feuchtgebieten. Als markanteste Erinnerung bleiben die bizarren Formationen der Externsteine, bevor man am Fuße des Teutoburger Waldes in die typischen ostwestfälischen Parklandschaften eintritt.

Der Bergkamm im äußeren Winkel Nordrhein-Westfalens hat eine belebte Geschichte: Bronzezeitliche Hügelgräber zeugen von einer frühen Be-

siedlung der Region. Germanen siedelten hier und lieferten sich Schlachten mit den Römern. Auch den Sachsen und Franken diente der Wald später als Kultstätte. Schließlich belebte die Heldenverehrung des Cheruskerfürsten Arminius (Hermann) im 19. Jahrhundert den Wald neu. Zeugnis davon ist das monumentale Hermannsdenkmal bei Detmold.

893 // THERMOSFLASCHE

Sie gehört zu einem ordentlichen Picknick, auf unzählige Büro-Schreibtische oder auf die Kaffeetafel ohne Stövchen. Sie verspricht innere Aufwärmung an kalten Tagen und erfrischende Abkühlung in brütender Hitze.

Zu verdanken hat der mobile Liebhaber wohltemperierter Getränke die Entwicklung einem Schotten, nämlich Sir James Dewar, der das entscheidende Innenleben – das gläserne Glasgefäß und den vakuumisierten Zwischenraum – erfand. Aber erst ein Deutscher machte daraus eine alltägliche Bereicherung für jedermann. Der im Jahre 1866 geborene Reinhold Burger forschte in Deutschland an einer kommerziellen Nutzung des Prinzips und meldete seine Thermosflasche im Jahre 1903 zum Patent an. Mit ihrem Gehäuse aus Metall oder Plastik und dem Deckel als Trinkbecher ist Burgers Thermosflasche noch heute der perfekte Behälter für leckere Flüssigkeiten aller Art.

894 // THONET

Ganz Europa kennt den Kaffeehausstuhl Nr. 214: Auf seinem zierlichen Körper aus gebogenem Holz und der Rattan-Sitzfläche bestellen Damen wie Herren Wiener Melange oder Café au lait, Schümli- und Filterkaffee. Doch während sie hingebungsvoll Schwarzwälder Torte und Marillenstrudel schnabulieren, denkt wohl niemand an Michael Thonet, der die Bugholz-Möbel in der Mitte des 19. Jahrhunderts entwickelt hatte.

1796 wurde Thonet als Sohn eines Gerbers in Boppard am Rhein geboren, wo er – nach einer Tischlerlehre – 1819 seine eigene Werkstatt eröffnete. Dort experimentierte er mit Holzbiegeverfahren und entwickelte daraus die „Bopparder Schichtholzstühle", für die er allerdings in Preußen kein Patent erhielt. Dagegen erkannte der österreichische Staatskanzler Fürst von Metternich bei einer Ausstellung in Koblenz das Potential Thonets und lud ihn nach Wien ein, wo er das Privileg erhielt, jedes Holz auf chemisch-mechanischem Weg zu biegen. Sein Klassiker ab 1859: der Stuhl Nr. 14, bekannt als Wiener Kaffeehausstuhl, mit seiner kreisrunden Sitzfläche und Rückenlehne und Hinterbeinen aus massiv gebogenem Holz. Das Modell wurde auch Vorbild für den Stuhl Nr. 214, der seit 1895 bis heute der Kaffeehausstuhl überhaupt ist.

Michael Thonet starb 1871 in Wien, seine Söhne verlegten nach dem Zweiten Weltkrieg den Firmenhauptsitz wieder nach Deutschland, nach Frankenberg, wo das Unternehmen inzwischen in der fünften Familiengeneration geführt wird.

895 // THÜRINGER KLÖSSE

Ganz Deutschland gilt als Land des Kloßes, doch vor allem zwei Bundesländer haben sich um die Herstellung der Knödel verdient gemacht: Bayern und natürlich Thüringen. Dort heißen die leckeren Kartoffelballen nicht nur „Klöße", sondern auch „Hütes". Was daher kommt, dass eine gewisse Frau Holle das Rezept in Meiningen erfand, es den Bürgern schenkte und dazu sprach: „Hüt' es!" Seitdem werden die Hütes in Kloßmuseen geehrt und in Liedern besungen.

Und wir haben für Sie Frau Holles Originalrezept aus den Tiefen der Annalen gekramt: Für vier Personen 1,5 kg Kartoffeln schälen, 2/3 in kaltem Wasser fein reiben, um die helle Farbe zu sichern. Jetzt ist Muskelkraft gefragt: In einem Stofftuch die geriebenen Kartoffeln möglichst trocken auspressen. Das Presswasser auffangen, die Stärke darin absetzen lassen und diese zu der trockenen Kartoffelmasse geben. Die restlichen Kartoffeln in Salzwasser garen, abgießen und pürieren. Heiß zur Kartoffelmasse geben, kräftig unterrühren, damit die Stärke verkleistert. An der vorher in kaltes Wasser getauchten Hand sollte die Masse nicht mehr kleben. 2 Scheiben Weißbrot entrinden, in kleine Würfel schneiden und in 3 EL Butter goldgelb braten. Mit feuchten Händen Klöße formen und jeweils einige Brotwürfel hineindrücken. Salzwasser zum Kochen bringen, den Herd ausschalten und die Klöße im Wasser garen. Steigen die Klöße an die Wasseroberfläche, so sind sie gar. Klöße mit einem Schaumlöffel herausnehmen, abtropfen lassen und sofort – am besten mit Braten und Rotkohl – servieren. Lecker!

896 // THÜRINGER ROSTBRATWURST

„Im Herzen Deutschlands liegt ein ausgedehntes Ländergebiet, das gesegnete Fluren, blühende Städte, mäandrische Flüsse, ein hohes höchst romantisches Waldgebirge umfasst und grosse, geschichtliche Erinnerungen bewahrt. Vor alten Zeiten war dieses Ländergebiet ein Königreich und hiess Thüringen. Sein Königthum versank im Fluthen des Zeitenstromes; das Land ward getheilt und zerrissen, es wurden vieler Herren Länder daraus, aber der alte Name blieb und lebt unaustilgbar fort."

Schöner und liebevoller als Ludwig Bechstein in seinen „Wanderungen durch Thüringen" kann man das heutige Bundesland Thüringen kaum beschreiben.

So herrlich es ist, durch Thüringens Landschaften zu wandern, sollte man eines nie vergessen: Sich bei einer Rostbratwurstbude oder in einem zünftigen Gasthaus mit einer echten Thüringer Rostbratwurst zu stärken. Das nach den Thüringer Klößen zweite Nationalgericht des Landes ist 15–20 cm lang, wird aus Schweinefleisch, seltener Kalb oder Rind hergestellt, mit allerlei Gewürzen wie Majoran, Kümmel und Knoblauch gewürzt und im feinen Schweinedarm angeboten. Beim Braten wird auf eine dunkle, kräftige Kruste Wert gelegt.

Für die Thüringer ist die Rostbratwurst ein Grundnahrungsmittel, weshalb sie bei dem Versuch des Koordinators der Kulturhauptstadt Weimar, Bernd Kauffmann, die Bratwurst bei kulturell anspruchsvollen Veranstaltungen zu verbieten, auf die Barrikaden gingen. Nur mit mäßigem Erfolg, denn nun darf die Stadt ein Bratwurstverbot aussprechen, wenn sie es für nötig hält. Doch auch wenn die Thüringer Rostbratwurst seitdem bei manchen Festen verboten ist – bei Wanderungen darf man und sollte man sich immer mit ihr stärken.

897 // THYSSENKRUPP

ThyssenKrupp und die Vorgängerunternehmen werden „Stahlbarone" der Ruhr genannt und gelten als „Waffenschmieden", die an zwei Weltkriegen gut verdient haben. Ein Düsseldorfer Oberbürgermeister jedoch maß dem Stahlgiganten gerade mal die Bedeutung einer Pommesbude bei. Falscher konnte er nicht liegen. Nach langen Krisenjahren hat sich das Unternehmen im Zuge des Stahlbooms komplett saniert und erwirtschaftete mit rund 190.000 Mitarbeitern weltweit einen Umsatz in der Größenordnung des Bruttoinlandsprodukts ganzer ostdeutscher Bundesländer.

Der Konzern entstand durch Fusion der Unternehmen der Gründerfamilien Krupp und Thyssen, die sich im 19. Jahrhundert auf die Eisenverarbeitung und das Stahlkochen verlegt hatten. Sie und zahlreiche andere Montanunternehmen im Konzern erzählen fast die ganze Geschichte der Industrialisierung an Rhein und Ruhr. Der Konzentrationsprozess, maßgeblich durch den Krupp-Vorsitzenden Gerhard Cromme betrieben, kostete Tausende Arbeitsplätze in Duisburg-Rheinhausen und bei Hoesch in Dortmund. Andererseits gilt Duisburg-Bruckhausen heute als einer der besten Stahlstandorte Europas. Jener Bürgermeister übrigens mag sich darüber geärgert haben, dass der Konzern seinen Verwaltungssitz vom Rhein nach Essen verlegte.

898 // TITANIC

Je böser die Titelblätter und je größer die Skandale, desto mehr hüpft das Herz jedes „Titanic"-Lesers. Und davon gibt es seit Entstehen des Satiremagazins im Jahr 1979 reichlich: Obwohl das Heft nur einmal monatlich erscheint, war es bisher in knapp 60 Gerichtsverfahren verwickelt; 35 Ausgaben wurden sogar verboten. Die schönsten „Titanic"-Momente:

Einer ihrer größten Coups: 1988 schlich sich „Titanic"-Redakteur Bernd Fritz als Wettkandidat bei „Wetten, dass ...?" ein. Am Geschmack wollte er die Farbe von Buntstiften erkennen – und lugte in Wirklichkeit unter der Augenbinde hervor. Noch in der Sendung deckte der ZDF-Redakteur die Aktion auf.

Eines der schönsten Cover (immer noch): „Zonen-Gaby (17) im Glück (BRD): Meine erste Banane" – zum Mauerfall hatte das Blatt die Dame mit einer geschälten Gurke abgebildet.

Einer der größten Skandale: Mit einer Kuckucksuhr, einem Bierkrug und einem Schwarzwälder Schinken „bestach" Chefredakteur Martin Sonneborn das FIFA-Exekutivkomitee per Fax, die WM 2006 in Deutschland auszutragen. Der DFB drohte mit Schadensersatzforderungen von 600 Millionen DM.

Wir wünschen uns noch viele saftige Ausgaben des zweitgrößten deutschen Satireblattes.

899 // TOAST HAWAII

Der Toast Hawaii steht für das deutsche Wirtschaftswunder, für das neue Lebensgefühl der 50er und 60er Jahre. Wo man sich früher für Schinken *oder* Käse entscheiden musste, durfte nun endlich mit guter Butter, gekochtem Schinken, Schmelzkäse und einer exotischen, sehnsuchtweckenden Scheibe Ananas dekadent geschlemmt werden. Und entsprechend dem Sprichwort „In der Not schmeckt die Wurst auch ohne Brot" diente die Scheibe Weizentoast eher der Stabilität des leckeren Gerichts als der Sättigung und war entsprechend dünn geschnitten.

1955 von Deutschlands erstem Fernsehkoch Clemens Wilmenrod erfunden, stand der Snack jahrzehntelang als Perle der Küchenkunst auf den Speisekarten deutscher Landgasthöfe, bis auch hierzulande der Ruf nach hochwertigeren Zutaten und raffinierteren Kreationen laut wurde. In den letzten Jahren fristet die exotische Schnitte daher ein eher tristes Dasein, aus dem sie dringend gerettet werden muss: Denn mit einem feinen rohen Schinken, frischer Ananas und einem guten, würzigen Käse ist der Toast Hawaii durchaus eine würdige Zwischenmahlzeit auch für verwöhnte Gaumen.

900 // TOKIO HOTEL

„Ich muss durch den Monsun – hinter die Welt / Ans Ende der Zeit – bis kein Regen mehr fällt." Vielleicht darf man ein bestimmtes Alter nicht überschritten haben, um die Lieder von Tokio Hotel zu lieben, für alle Teenager aber sind die vier Jungs der absolute Hit. Und man kann ja auch nicht leugnen, dass „Tokio Hotel", seit sie mit „Durch den Monsun" 2005 die Charts stürmten, nachmittags um drei Konzertsäle füllen, in denen wohl niemals zuvor so viel Cola und Limo statt Bier ausgeschenkt wurde, dass kleine Mädchen sich vor der Bühne heiser schreien, ja, ohnmächtig (!) werden und sich ein Kind von Bill wünschen und dass die Band aktuell selbst „Rammstein" als eine der beliebtesten deutschen Bands im Ausland weit hinter sich zurücklässt. In den USA gewannen Sie 2008 sogar den MTV Video Music Award als „Best New Artist". Denn „Tokio Hotel" ist kein deutsches Phänomen, sondern ein internationales: Wo immer Bill, Tom, Gustav und Georg auftreten (außer in Großbritannien, da haben sie irgendwie keine Schnitte), sie werden umjubelt. Woran das liegen mag? Wir wissen es nicht! Aber vielleicht ist „Tokio Hotel" eine willkommene Abwechslung zu den weltweit gecasteten Bands. Vielleicht ist es tröstlicher, selbstgezimmerten deutschen Rockschlager zu hören als professionell aufbereiteten Pop von Bohlen & Co. Und da es sehr rührend ist, zuzusehen, wenn kleine Kinder von den Eltern vom Konzert abgeholt werden, hoffen wir noch auf eine lange „Tokio Hotel"-Karriere.

901 // TOLERANZ

Betrachtet man die Deutschen aus der Perspektive des nahen oder fernen Auslands, fallen einem sicherlich viele ihrer vermeintlichen Tugenden ein – Disziplin, Gründlichkeit, Effizienz und Ehrlichkeit gehören womöglich dazu, Toleranz höchstwahrscheinlich nicht. Dabei hat sich im traumatisierten Nachkriegsdeutschland eine durchaus tolerante und diversifizierte Gesellschaft entwickelt, die gerade durch die Beutelung und Gängelung in der Nazizeit eine gesunde Skepsis gegenüber Autoritäten und eine große Offenheit gegenüber Neuem und Fremdem entwickeln konnte. Multikulti funktioniert in Deutschland in manchen Fällen besser als in anderen Ländern, die Toleranz gegenüber Andersdenkenden und Anderslebenden ist größer, als viele meinen mögen. Natürlich gibt es auch hier noch viel zu tun, auch hierzulande leiden viele Menschen unter der Intoleranz ihrer Zeitgenossen, und wie Goethe bereits vor über 200 Jahren formulierte, ist Toleranz nur ein erster Schritt hin zu einer besseren, offeneren Gesellschaft:

„Toleranz sollte eigentlich nur eine vorübergehende Gesinnung sein: Sie muss zur Anerkennung führen. Dulden heißt beleidigen."

902 // TRABI

Trabant, du von uns allen geliebter Trabi, du Rennpappe im Fünfziger-Jahre-Design, du bist das Symbol der DDR schlechthin. Dein Anblick bereitet Vergnügen, um nicht zu sagen nostalgisches Behagen. Dabei warst du einst auf der Höhe deiner Zeit – 1957, als du auf der Leipziger Messe einem staunenden Publikum präsentiert und dann in einer ersten Auflage von 50 Stück auf die ostdeutsche Menschheit losgelassen wurdest.

Trabi, deine Geburtsstadt ist Zwickau, die Stadt, aus der vormals die Luxuslimousine Horch kam. Die Sachsenringwerke haben dich angeblich aus Leim und Pappe geformt. Du bist der Zweitakter unter den Viertaktern. Lang war die Schlange derer, die dich einst bestellten, doch nur wenige kamen – und dann meist nur nach langem Warten – in deinen Genuss. Nachdem du der Wendezeit dein Bild aufgeprägt hattest, gaben ebenjene dich schnöde in Scharen wieder her. Die Klügsten behielten dich aber und feierten inzwischen deinen fünfzigsten Geburtstag in deiner Stadt Zwickau.

Für den Westen war der Sputnik (das russische Wort für Trabant) ein Schock, für dich der Namensgeber im sozialistischen Geist. Manche fragen sich, was die damaligen Konstrukteure mit deiner Schöpfung beweisen wollten. Vielfach wird hierauf geantwortet: Humor.

903 // TRACHTEN

Im Jahr 2007 zeigte der bekannteste Hersteller bayrischer Trachtenmode, Lodenfrey, auf der CeBIT eine Krachlederne mit eingebautem MP3-Player. Die Moderne geht also auch an den Trachten nicht vorbei, und so kann der Bayer schließlich auch auf der Alm „platteln", ohne eine Blaskapelle mitzubringen.

Die bayrischen Trachten haben sich in Deutschland wohl noch am ehesten bewahrt, wird doch vor allem das Dirndl von Frauen selbst bei Festen der High Society noch gern getragen. Dirndl und Lederhosen sind dadurch nicht nur in Deutschland allseits bekannt, sondern gelten auch im Ausland als die deutsche Tracht schlechthin. Wer kennt dagegen schon die Bremer Tracht mit ihrer Schößchenjacke und der weißen Haube oder die niedersächsischen Goldhauben?

Dabei gab es in beinahe jeder deutschen Region eigene Trachten, die in den einzelnen dörfischen Gemeinschaften auch ihre eigenen Ausprägungen hatten. Die Trachten waren Ausdruck der Volkszugehörigkeit und entwickelten sich aus der bäuerlichen Bekleidung, wobei sie aber auch Einflüsse aus der höfischen Kleidung – etwa des Rokoko – aufnahmen. Ihre Blüte hatten die Volkstrachten im 18. und 19. Jahrhundert und erleben heute nur noch seltene Revivals bei Trachtenfesten.

904 // TRADITION

„Tradition ist nicht das Halten der Asche, sondern das Weitergeben der Flamme." Diese weisen Worte sprach der englische Staatsmann Thomas Morus. Häufig hat Tradition einen gewissen konservativen Beigeschmack, und häufig halten jüngere Menschen Traditionen für alten Tobak. Dabei wissen sie nicht, dass sie selbst täglich mit Traditionen umgehen, zum Beispiel, wenn sie miteinander sprechen oder mit dem Hammer einen Nagel in die Wand schlagen. Denn auch diese Errungenschaften sind Traditionen. Wenn Fähigkeiten nicht angeboren sind, sondern von Generation zu Generation weitergegeben werden, spricht die Wissenschaft bereits von Tradition und damit von Kulturbildung. Selbst Affen- oder Vogelarten verfügen über ein Minimum an Tradition, denn auch sie können erworbene Fähigkeiten abgucken und überliefern. Schimpansen lernen voneinander, wie sie mit einem Stöckchen Termiten aus einem Bau angeln, eine Tradition, die gleichzeitig sogar Anfänge einer Kultur kennzeichnet. Offenbar ist der Begriff Tradition viel wertneutraler und auch viel umfassender als gedacht. Selbstverständlich gehören auch Lederhosen, Tischmanieren und Grünkohlessen zu den Traditionen, die Grenzen zwischen Brauchtum, Sitte, Ritual und Tradition sind fließend. Wichtig ist nur das Weitergeben der Flamme, nicht das Bewahren der Asche.

905 // TRAM

Tram, von englisch „tram", ist die in vielen deutschen Städten gebräuchliche Bezeichnung für die Straßenbahn. Sie bezeichnet genauer genommen die elektrische Straßenbahn, die zeitweise vom Aussterben bedroht schien, aber von ihren begeisterten Fans auf den quietschenden Schienen gehalten wird.

Heute umweht die Tram ein beinahe schon nostalgischer Charme, dabei war sie einst das futuristischste Fortbewegungsmittel hierzulande. Die Tram war die moderne Weiterentwicklung der Pferdebahn, aus ihr selbst wiederum sind U-Bahn, S-Bahn und alle nicht elektrisch betriebenen Straßenbahnen hervorgegangen.

Die Tram ist ein innerstädtisches Verkehrsmittel, das Stadtbilder prägt und den artfremden Verkehr auf charmante Art behindert. Berühmte deutsche Trambahnen sind etwa die (Ost-)Berliner, Münchener, Karlsruher oder Hallische Trambahn. Es sind Schmalspurbahnen, die es in sich haben. Die Ökobilanz der Tram, ihr Schadstoffausstoß, kommt zwar nicht ganz dem Fußmarsch gleich, doch verglichen mit anderen Verkehrsmodulen nimmt sie sich sehr gut aus. Und wer einen Hauch von San Francisco in Deutschland erleben möchte, betrachte doch beispielsweise die Chemnitzer Tram und addiere in der Phantasie bloß steile Hügel und sonnige Straßenschluchten.

906 // TRAUMSCHIFF

Auf einer Weltkarte verzeichnet bilden die bisher über fünfzig Ziele des „Traumschiffs" zwischen den Bahamas und Shanghai ein ganzes Weltenbummlerleben ab. Wolfgang Rademann ließ den Dampfer 1981 erfolgreich in See stechen. Neben der Dauerbesatzung mit Heide Keller als Chefhostess und Horst Naumann als Schiffsarzt prägte die zeitweise prominenteste Föhnfrisur Sascha Hehn als Steward Viktor lange die kleinen Abenteuer und großen – jugendfreien – Dramen um Passagiere und Crew. Zur Musik von James Last lösen sich bis zum glitzernden Abschlussdinner Operationsblockaden bei Chirurgen und Depressionen einsamer Damen in Wohlgefallen auf, und allzu eitlen Gockeln werden ihre Grenzen aufgezeigt.

Mit seiner berühmt-berüchtigten Publikumsnähe folgt das ZDF in seiner Familienserie der Sehnsucht nach ein bisschen Hautevolee und Kleiner-Mann-Redlichkeit gleichermaßen. Im Ersten tauchte damals der rüpelige Schimanski auf. Zahlreiche Gastauftritte prominenter Schauspieler wie Elisabeth Volkmann, Evelyn Hamann, der halben „Schwarzwaldklinik" oder des Entertainers „Blacky" Fuchsberger hielten die Zuschauer über die Jahre zusätzlich bei Laune. Dabei können die bestechenden Luxusliner zum großen Glück der Marketingstrategen gar nicht aus dem Bild gehalten werden.

907 // TRAUTES HEIM

„Trautes Heim, Glück allein" – Unsere Großmütter stickten den Spruch aufs Sofakissen und drapierten es dann auf dem Biedermeier-Sofa. Zu Hause ist es doch am schönsten, will uns diese alte Redensart sagen, diese böse Welt da draußen hat doch nur Ungemach zu bieten.

Vielleicht stammt der Spruch tatsächlich aus Zeiten des Biedermeier. Die politische Situation in Deutschland nach 1815 war ungewiss, es herrschte strenge Zensur, die politische Mitbestimmung wurde auf ein Minimum eingeschränkt. Als Reaktion zog sich das Bürgertum ins private Idyll zurück, man fand Zuflucht in den eigenen vier Wänden. Die Biedermeier-Wohnstube war die Urform des heutigen Wohnzimmers, und wahrscheinlich wurde damals der Ausdruck Gemütlichkeit eingeführt. Die Geselligkeit wurde in kleinem Rahmen gepflegt, beim Kaffeekränzchen, am Stammtisch, bei der Hausmusik. Frauen hatten sich mit Handarbeiten und Klavierspielen zu beschäftigen, alles drehte sich um Heim und Haushalt. Das war natürlich spießig und konservativ, führte aber auch zu neuen Weltanschauungen: Dem Familienleben, den Kindern und deren Erziehung widmete man wesentlich mehr Aufmerksamkeit, die Sprösslinge wurden nicht länger als kleine Kopien von Erwachsenen behandelt. Dem Biedermeier verdanken wir auch das Weihnachtsfest, wie wir es heute kennen, mit Weihnachtsbaum, Weihnachtsliedern und Bescherung.

908 // TREUE

„Der ist in tiefster Seele treu, wer die Heimat liebt wie du", schrieb schon der deutsche Dichter Theodor Fontane, und tatsächlich wird die Treue weithin gerühmt oder belächelt als eine der deutschesten der deutschen Tugenden. Wenn auch alles andere schiefgeht – der Deutsche ist treu wie ein Rauhaardackel und zuverlässig wie ein VW Käfer. Andere Sprachen haben nicht einmal einen Begriff, der mit „Treue" vergleichbar wäre. Was ist schon die „fidélité" der Franzosen oder die „loyalty" der Briten gegen echte, teutsche Treue? In welcher Sprache gibt es ein solch treffendes und entlarvendes Wort wie das deutsche „treudoof"?

Der Begriff „Treu und Glauben" ist sogar im deutschen Rechtssystem verankert, die sprichwörtliche Nibelungentreue entstand nicht von ungefähr im Land von Siegfried und Kriemhild, und der „Treue Husar" wird auch nach 200 Jahren noch immer gern und feuchten Auges gesungen. „Üb immer Treu und Redlichkeit", dichtete der volkstümliche Dichter Ludwig Christoph Hölty, „bis an dein kühles Grab, und weiche keinen Finger breit von Gottes Wegen ab." Vertont von Wolfgang Amadeus Mozart ist dies eine der schönsten Weisen, an denen sich ein deutsches Ohr erfreuen kann, und dass auch hierzulande die Seitensprungagenturen wie Pilze aus dem Boden schießen, kann eigentlich nur ein Missverständnis sein.

909 // TRIGEMA

Burladingen heißt das kleine Örtchen auf der Schwäbischen Alb und müsste eigentlich Trigema- oder auch Gruppingen heißen. Denn die Trikotagen-Werke Trigema, geführt von Alleininhaber Wolfgang Grupp, bestimmen zu einem Großteil das Leben des Städtchens. 1.200 Arbeitsplätze sichert der Unternehmer dort, und nie würde er einen Bewerber von weiter weg, etwa aus Berlin, einstellen, würde der doch wieder kündigen, sobald er etwas Besseres fände. Da bietet Grupp doch lieber den Kindern seiner Angestellten entsprechende Arbeitsplätze an – und bindet damit seine Mitarbeiter an seine Firma.

Überhaupt ist Grupp das Vorbild eines deutschen Unternehmers: Er stellt seine Waren ausschließlich in seinem deutschen Werk her, bezahlt seine Angestellten nach Tarif, sitzt mit seinen Verwaltungsangestellten in einem Großraumbüro, um über alles auf dem Laufenden und immer ansprechbar zu sein, und haftet mit seinem gesamten Privatvermögen für sein Unternehmen. „Leistung, Verantwortung, Disziplin" statt bloßen Gewinnen sind die Maximen seines Lebens, die er zuallererst sich selbst abverlangt und die er auch rein äußerlich durch seine maßgeschneiderten Anzüge und engen Hemdkragen vermittelt. In ihrem Fehlen liege auch der Misserfolg der deutschen Wirtschaft, so Grupp: Müssten Manager und Unternehmer wieder mit ihrem eigenen Vermögen haften, würden sie häufig sorgfältigere Entscheidungen fällen. Der Trikotagen-Unternehmer hat es bei Trigema vorgemacht.

910 // TRIMM DICH

Schlaghosen, „Abba", „Saturday Night Fever", RAF und „Trimm dich"! Die bewegten 70er Jahre kamen mit der Trimm-dich-Kampagne, die der deutsche Sportbund im März 1970 ins Leben rief, so richtig ans Laufen. Wer aus den 60ern allzu fett und herzinfarktgefährdet

ins neue Jahrzehnt startete, sollte durch die Trimm-dich-Bewegung so richtig auf Vordermann gebracht werden. Die Politik, viele Krankenkassen und die Wirtschaft unterstützten die Aktion, die bald den Durchbruch bei der Bevölkerung schaffte. Für die kollektive Volksgenesung wurden eilends bundesweit die berühmten Trimm-dich-Pfade aus dem Boden gestampft, auf denen sich der gesundheitsbewegte Deutsche an anspruchsvollen Übungen, wie Klimmzügen, Bocksprüngen, an Stämmen auf und ab hüpfen, versuchen konnte. „Trimmy", das freundlich-sportive Maskottchen der Bewegung, ermunterte mit erhobenem Daumen die Bevölkerung, mitzumachen. Das tat sie zunächst zuhauf, doch wie so viele Modeerscheinungen musste „Trimm dich" bald dem Joggen oder anderen Sportarten weichen. In so manchem Wald findet man indes immer noch die funktionstüchtigen Relikte der Trimm-dich-Ära, und man kann es sich kaum verkneifen, zu hüpfen und zu springen wie in guten alten Zeiten.

911 // TRÜMMERFRAUEN

400 Millionen Kubikmeter Trümmer – so sah Deutschland am 8. Mai 1945 aus, als der Zweite Weltkrieg endlich vorbei war. 400 Millionen Kubikmeter, die abgebrochen, sortiert, bearbeitet oder weggeschafft werden mussten. Eine klare Männerarbeit, dachte man damals; nur waren Männer in der Zeit kaum verfügbar. Und so machten sich die Frauen an das, was sie nach weitläufiger Meinung ohnehin am besten können: ans Aufräumen. Zu einem Stundenlohn von 70 Pfennig und Lebensmittelmarken der Kategorie 2 für Schwerarbeit (statt 5 als reine Hausfrau) schleppten die Frauen Steine, klopften den Mörtel davon ab und stapelten Ziegel. Den Schutt beseitigten sie, indem sie die vollbeladenen Pferdewagen zogen oder Loren schoben, um an unbebauten Plätzen Schuttberge zu errichten.

Wozu man mit Hilfe damaliger Maschinen 30 Jahre gebraucht hätte, das erreichten die Trümmerfrauen als „Hilfsarbeiterinnen im Baugewerbe" innerhalb eines Jahrzehnts: Allein in Berlin schufteten rund 60.000 Frauen – teils freiwillig, teils aufgrund des Kontrollgesetzes Nr. 32, das alle Frauen zwischen 25 und 50 zu Aufräumarbeiten verpflichtete –, und so war Mitte der 50er Jahre ein Großteil des Schutts beseitigt.

Die heimkehrenden Kriegsgefangenen und die hohe Arbeitslosigkeit der Nachkriegszeit beendeten die Arbeit der Trümmerfrauen: Zurück an den Herd und zu Hause aufräumen, hieß nun die Devise. Immerhin erinnern aber noch ein paar Trümmerfrauen-Denkmäler an die Arbeit der unermüdlichen Frauen.

912 // TUCHOLSKY, KURT

„Soldaten sind Mörder", schrieb er und verfasste damit den bis heute umstrittenen Leitsatz der pazifistischen Bewegung. Erich Kästner bezeichnete ihn als kleinen dicken Berliner, der mit der Schreibmaschine eine Katastrophe aufhalten wolle. Er selbst nannte sich Peter Panther, Theobald Tiger, Ignaz Wrobel, Kaspar Hauser und auch Kurt Tucholsky.

Der bedeutende deutsche Satiriker und Gesellschaftskritiker wurde am 9. Januar 1890 in Berlin geboren. Ab 1907 veröffentlichte er Rezensionen, Gedichte und Glossen, er war Korrespondent der linksliberalen Zeitschrift „Weltbühne" und wurde ab 1926 deren Leiter. Seine Werke und Beurteilungen deutscher Politik wurden durch die Distanz seiner Aufenthalte im Ausland geschärft, wo er ab Mitte der 20er Jahre die meiste Zeit seines

Lebens verbrachte. Als frühzeitiger Mahner vor der herannahenden Machtergreifung der Nationalsozialisten ließ er sich 1930 im schwedischen Hindas nieder und wurde 1933 von den Nazis ausgebürgert.

Sein Kampf für Demokratie und Frieden, seine spitze Feder, mit der er satirische Lyrik verfasste, sein ungeheurer Wortwitz, der sich in seiner Prosa wiederfindet, machen Tucholsky zu einem der wichtigsten deutschen Schriftsteller des 20. Jahrhundert. Der Mann und Liebhaber Kurt Tucholsky konnte indes auch andere Töne anschlagen: „Wärst du der Weiche von uns beiden, wärst du der Dumme. Bube sticht. Denn wer mehr liebt, der muß mehr leiden. Nein, zärtlich bist du nicht." Im Angesicht des Sieges der Nationalsozialisten nahm sich dieser Mann am 21. Dezember 1935 in Hindas das Leben.

913 // TÜV

Im weithin bekannten Buchstabenkürzel TÜV vereinen sich gleich drei herausragende Merkmale deutscher Wesensart: TÜV steht für „Technischer Überwachungs-Verein", wir finden also in nur drei Buchstaben die Begeisterung der Deutschen für technische Apparate jeder Art, ihr allseits bekanntes Faible für Überwachung und ihren Spaß an der Vereinsmeierei.

Viele fluchen darüber, dass sie ihre geliebte Rostlaube immer wieder mit ungewissem Ausgang zum TÜV bringen müssen, aber man sollte nicht vergessen, dass diese Institution im Laufe der Jahre höchstwahrscheinlich eine Menge Leben gerettet hat und heute als neutrale und gewissenhaft arbeitende Instanz weltweit hohes Ansehen genießt.

Angefangen hat es mit dem TÜV als DÜV – „Dampfkessel-Überwachungsverein". Zu Zeiten der fortschreitenden Industrialisierung kam es nämlich immer häufiger vor, dass Dampfkessel explodierten, was oft unschöne Szenen zur Folge hatte. Um sich selbst vor allzu harter Kontrolle der Staatsorgane zu schützen, gründeten die Dampfkesselbetreiber ihre eigenen Überwachungsorgane, die so erfolgreich arbeiteten, dass aus dem „D" schließlich ein „T" und aus den Dampfkesseln Technik jeder Art wurde. Und in keinem anderen Land der Welt sieht man den schönen Aufkleber „Bis dass der TÜV uns scheidet" ...

U

U

Uhren / Uhse, Beate / Uhu / Ulmer Münster / Umlaute / Umweltbewusstsein / Und das ist gut so / Underberg / Unser Dorf hat Zukunft / Untertan, Der / Urmel

914 // UHREN

Es gibt vier Souvenirs, die ein Tourist aus seinem Urlaub in Deutschland mit nach Hause nehmen muss: Bierkrug, Lederhose, Nussknacker und die Schwarzwälder Uhr.

Im Schwarzwald gibt es eine jahrhundertealte Uhrentradition, weltweit bekannt geworden ist aber nur die Kuckucksuhr. Um 1850 herum wurden die Häuschen mit geschnitzter Vorderseite und dem namensgebenden Vogel zum populären Mitbringsel, heutzutage gelten sie zusammen mit dem Oktoberfest als Synonym für „German gemutlichkeit". Der Prototyp ist die sogenannte Bahnhäusle-Uhr, die mit üppigen dreidimensionalen Tier- und Pflanzenschnitzereien die Schwarzwälder Bauernhäuser darstellt. Wer sie erfunden hat, ist bis heute heftig umstritten, manche Historiker halten sie gar für eine Schöpfung der Sachsen.

Mit Walt Disney hielt die Kuckucksuhr Einzug in Comics und Zeichentrickfilme und wurde dort Sinnbild aller Uhren. Wann immer die Zeit drängt für Goofy, Micky und Konsorten, kommt die Kuckucksuhr ins Bild, und ein leicht hysterischer Kuckuck schießt mit hervorquellenden Augen an einem Bügel (den es an echten Uhren nur sehr selten gibt) aus seiner Dachluke. In Deutschland war die Kuckucksuhr lange Zeit Sinnbild für Kleingeist und Spießertum, die letzte Retrowelle spülte sie aber zusammen mit Gamsgeweihen und Ölbildern ins stylische Wohnzimmer.

915 // UHSE, BEATE

Sie wurde von konservativen und kirchlichen Kreisen ebenso angefeindet wie von der Frauenbewegung. Zwischen 1949 und 1975 wurden rund 2.000 Strafverfahren gegen sie eingeleitet, von denen nur ein einziges vor Gericht

Bestand hatte: Sie hatte Bier unter dem Marktpreis verkauft. Beate Uhses Name steht für Sex-Shops, und in der Tat eröffnete sie 1962 den ersten Sexshop der Welt, damals unter dem Namen „Institut für Ehehygiene". Dessous, Magazine und Bücher, Stimulationsartikel und Verhütungsmittel hatte sie zu der Zeit im Programm.

Doch Beate Uhse ist weit mehr als die Gründerin von Sex-Shops und Sex-Kinos: Die Tochter aus gutem Hause, die zunächst eine Karriere als Pilotin der deutschen Luftwaffe machte, ist die deutsche Aufklärungs-Pionierin schlechthin; ihr Wesen als burschikose, selbstsichere Ehefrau mit Kindern ermöglichte, dass Sex und Verhütung nicht mehr nur im dunklen Kämmerchen besprochen werden.

Nach Kriegsende machten ungewollte Schwangerschaften vielen Frauen Sorgen. Als Handlungsreisende in Norddeutschland die Not der Landfrauen erkennend, beriet Uhse die Frauen über natürliche Verhütungsmethoden. Sie verfasste 1946 die „Schrift X", in der sie die Berechnung der unfruchtbaren Tage nach der Knaus-Ogino-Methode erklärt. Zwei Reichsmark kostete der Handzettel, und bereits im ersten Jahr verkaufte Beate Uhse davon 32.000 Exemplare. Damit begann die Geschichte des Beate-Uhse-Konzerns, der in ihrem Todesjahr 2001 einen Umsatz von 222,8 Millionen Euro einbrachte. Ein Versandhaus für Verhütungsmittel, Dessous und Sexspielzeug folgte der „Schrift X". Kostenlos beriet Beate Uhse – zunächst selbst, später durch einen Arzt – Männer und Frauen in Sachen Sex-Fragen. Dieser kostenlose Service besteht auch heute noch.

916 // UHU

Firmen- und Markennamen werden ja gern als Akronym aus Namens- oder Produktbestandteilen gebildet. Zwei Beispiele gefällig? Jeder kennt Hans Riegel Bonn und manche vielleicht auch Perborat Silikat. Diese nützliche Information gehört aber gar nicht hierhin, denn der Alleskleber heißt tatsächlich nach dem eurasischen Uhu (Bubo bubo).

Zu Beginn des 20. Jahrhunderts übertrafen sich die Hersteller von Papier- und Schreibwaren mit immer neuen Produkten, denen sie bevorzugt die Namen von Angehörigen der Klasse der Vögel (Aves) gaben. Immerhin hatten diese lange genug Federn zum Schreiben lassen müssen. So lieh der gemütliche Pelikan seinen Namen Tinten und Füllern, und der sagenhafte Phoenix war ein Locher von Leitz.

1905 übernahm der Apotheker August Fischer (1868–1940) eine überschaubare chemische Fabrik im badischen Bühl, die bereits Klebstoffe produzierte. Knapp dreißig Jahre später stellte er den ersten brauchbaren Kunstharz-Kleber her. Die zahlreichen Produkte in praktischen Darreichungsformen und im klassischen schwarz-gelben Design sollen „im Falle eines Falles wirklich alles" zusammenhalten. Ohne Lösungsmittel wird die Bastelstunde heute auch nicht mehr zur Schnüffelparty. Deshalb lässt sich mit der Werbung kalauern: „Kleben Sie wohl."

917 // ULMER MÜNSTER

Das Ulmer Münster ist die am höchsten in den Himmel ragende Kirche der Welt.

Der Grundstein für dieses gotische Meisterwerk wurde 1377 gelegt, nachdem sich die Ulmer nach einer Belagerung durch kaiserliche Truppen dazu entschieden hatten, ihre Kirche vom Feld in die freie Reichsstadt zu verlegen. Die Bauzeit sollte sich über 500 Jahre hinziehen, der Turm wurde erst 1890 nach den mittelalterlichen Plänen vollendet. Den Katholiken zum Ärger bekennt man sich im Ulmer Münster zum evangelischen Glauben.

Als „Münster" bezeichnet man im Schwäbisch-Allemannischen gern den Bischofssitz, die Kathedrale, wobei sich das Wort von „Monasterium" („Kloster") ableitet, also eine Klosterkirche benennen sollte. Das Ulmer Münster war jedoch niemals Bischofssitz, der Name gewissermaßen Hochstapelei, was man angesichts der Höhe des Turmes verzeiht. Die Ulmer wollten schon immer hoch hinaus, hier wurde schließlich das Fliegen erfunden und Einstein geboren. Ihren sprichwörtlichen Reichtum konnten die Ulmer mit diesem Bau allen Um-Ulmern demonstrieren.

Und wer in Ulm, statt um Ulm herum, Treppensteigen möchte, kann das Münster bis in die Spitze hinein erklimmen, um den phantastischen Blick auf Ulm, nach Neuulm und ins Ulmer Umland zu genießen und den nach 768 Stufen aufkommenden Muskelkater vergessen zu machen.

918 // UMLAUTE

Das Thema Umlaute ist schnell abgehandelt: ä, ü, ö gibt es im Deutschen als klassische Umlaute, aber auch in anderen Sprachen mit germanischen Einflüssen, z. B. im Estnischen, Isländischen oder Schwedischen. Fremdsprachler aus dem romanischen oder angloamerikanischen Sprachraum brechen sich daran meistens die Zunge ab.

Viel interessanter ist hingegen die Tatsache, dass es den sogenannten „Heavy-Metal-Umlaut" gibt. Das begann 1970 mit der amerikanischen Rockband „Blue Öyster Cult", die sich mit den Tüpfelchen einen leicht germanisch-wagnerianischen Touch verleihen wollte. „Röck döts" (leicht verfremdet „Rock-Tüpfelchen") wird das Phänomen auch scherzhaft genannt. Es ging weiter mit Motörhead und Mötley Crüe, die sich ebenfalls etwas Wild-Germanisches geben wollten, für die die Pünktchen aber andere Beweggründe hatten: „Weil es einfach böse aussieht", entschied der Grafiker des ersten Plattencovers von Motörhead; „Weil Löwenbräu unser Lieblingsgetränk ist", meinten die Bandmitglieder von Mötley Crüe. Da die Englisch sprechenden Bands aber wie gesagt die Umlaute nicht aussprechen können, nennen sie sich selbst „Motley Cru". Umso größer war die Verwirrung der Musiker bei ihrer Tour durch Nordeuropa, als die Fans plötzlich „Möötley Crüü" skandierten.

919 // UMWELTBEWUSSTSEIN

Der Deutsche ist korrekt und im Innersten auch beseelt. Beides drückt sich im deutschen Umweltbewusstsein aus. In Deutschland hat sich sogar eigens eine Umweltbewusstseinspartei gegründet, was weltweit kopiert wurde. Das hat das allgemeine Verantwortungsgefühl für die Umwelt geschärft.

Mit dem Umweltbewusstsein ist auch ein neues Feld für den deutschen Verwaltungsbeamten und seine Reglementierungswut aufgeschlagen. Dem Feinstaub wurde der Kampf angesagt, aus Umweltbewusstsein wird Müll nach seinen Bestandteilen getrennt, werden grüne Punkte verteilt, Dosen verpfändet und Biosiegel vergeben.

Jedoch bei aller typisch deutschen Kritik überwiegt beim Umweltbewusstsein natürlich das Gute. Der Deutsche ist im Herzen Romantiker, und als Romantiker wandert der Deutsche gern durch dunklen Wald und dichten Tann, doch bitte nicht entlang an vom Waldsterben gezeichneten Hügeln.

Man musste, die Umweltzerstörung vor Augen, politisch gegenlenken. Deshalb wurde das bleifreie Tanken eingeführt und später die Umweltzone.

Umweltbewusstsein ist also nicht nur deutsch, es ist auch nötig und gut. Es beruhigt ein wenig das Gewissen vor der Gewissheit, dass global gesehen die Welt durch das deutsche Umweltbewusstsein allein nicht genesen wird. Da gilt es zu hoffen, dass das Umweltbewusstsein nicht nur eine deutsche Schrulle bleibt.

920 // UND DAS IST GUT SO

„Ich bin schwul und das ist auch gut so, liebe Genossinnen und Genossen." Im Juni 2001 nickte Klaus Wowereit auf dem Landesparteitag entschlossen diesen Satz in die Menge und wurde damit zum ersten deutschen Spitzenpolitiker, der sich ohne Wenn und Aber selbst outete. Diesen Verdienst für Ehrlichkeit und Toleranz kann sich „Wowi", wie Berlins Regierender Bürgermeister auch gern genannt wird, für alle Zeit auf die Fahne schreiben.

Der Spruch ziert seitdem T-Shirts und auch Wowereits erstes Buch und bedeutet einen enormen Fortschritt für die Anerkennung von Schwulen und Lesben in der Gesellschaft.

Es bleibt zu hoffen, dass dies keiner der wenigen Einzelfälle bleibt und dass die sexuelle Neigung eines Politikers oder einer Politikerin keinen negativen Einfluss auf das Wahlverhalten der Deutschen hat. Dass die Wählerschaft allerdings durchaus in der Lage zu sein scheint, hier zu differenzieren, wurde durch Klaus Wowereit eindrucksvoll bewiesen.

921 // UNDERBERG

Magenbitter erleben eine neue Renaissance. Doch in coolen städtischen Szenebars, in denen „Ramazotti" auf Eis mit Zitrone, „Jägermeister" und „Averna" zum Modegetränk avancieren, steht ein Magenbitter noch immer außen vor: der „Underberg". In 20-ml-Fläschchen abgefüllt, wird er noch immer – wie bei den Amerikanern – in braunes Strohpapier eingewickelt. Als hätte er etwas zu verbergen. Und in der Tat: Hinter dem Papier verbirgt sich nicht nur der wohl bitterste Absacker Deutschlands, sondern auch ein geheimes Verfahren, mit dessen Hilfe seit 1846 aus zahllosen Kräutern aus 43 Ländern das herbe Elixier gebraut wird: *semper idem* – das hört sich eher nach einem Geheimbund als nach einem Destillationsverfahren an. Doch das geheime Verfahren hat sich bewährt: Nach fettem und üppigem Essen hilft nichts schneller „übern Berg" als der „Underberg".

922 // UNSER DORF HAT ZUKUNFT

Schöner war ja der frühere Titel des Wettbewerbs, „Unser Dorf soll schöner werden", und auch ein bisschen passender, denn viele deutsche Dörfer haben es nötig, schöner zu werden. Etwa in der Voreifel, in der sich die Häuser direkt an den Bürgersteig der Hauptverkehrsstraße schmiegen – da könnte mit ein paar Blumen und mit anderen Farben als Beige, Grau und Weiß schon einiges erreicht werden.

Aber um Schönheit allein geht es beim Bundeswettbewerb „Unser Dorf hat Zukunft" eben nicht, es geht auch darum, die dörfliche Lebenskultur aufrechtzuerhalten oder gar zu erneuern, ebenso die jeweilige Kulturlandschaft, und außerdem die „ökonomischen, ökologischen und kulturellen Potenziale" zu stärken.

Wenn die Juroren ins Dorf kommen, ist trotzdem alles proper: Die Gartenwege sind geharkt, die Fenster geputzt, am Bahnhof steht schon der gemischte Chor und bringt ein Willkommensständchen. Danach die schnelle dreistündige Besichtigung der Solaranlage am Kindergarten, der Bürgerhalle, des neuen Sportplatzes und des restaurierten historischen Wasserturms. Von der Funkantenne auf dessen Dach ist die Jury allerdings nicht ganz so begeistert, das könnte Punktabzüge geben.

Seit 1961 wird der Wettstreit der deutschen Dörfer veranstaltet. Die Sieger dürfen sich mit bronzenen, silbernen und goldenen Plaketten schmücken.

923 // UNTERTAN, DER

Diederich Heßling ist wohl das literarisch beeindruckendste Porträt des deutschen Michel – er ist „Der Untertan". Der Sohn eines Papierfabrikanten im Wilhelminischen Deutschland ist seit frühester Kindheit die Personifizierung von Obrigkeitshörigkeit, Feigheit und der Freude an der Unterdrückung Schwächerer. In der Studentenverbindung „Neu-Teutonia" verfeinert Heßling seinen Chauvinismus und sein reaktionäres Denken und kann sie nach dem Tod seines Vaters so richtig an seiner Arbeiterschaft ausleben. Für seinen Erfolg ist Heßling in allen Lebenslagen bereit, sich in den tiefsten menschlichen Abgründen zu suhlen – und mit dieser Gesinnung setzt er sich tatsächlich durch.

Heinrich Mann vollendete diesen beißend zynischen Roman über den Niedergang von Anstand und Vernunft im Jahre 1914, dem Jahr, in dem das Deutsche Kaiserreich – und das heißt vor allem seine Bevölkerung – mit wehenden Fahnen und hocherfreut in den Ersten Weltkrieg zog. Es ist ein lustig-trauriges Lehrstück, das zu den Romanen gehört, die wirklich jeder deutsche Staatsbürger lesen sollte.

924 // URMEL

Auf der einsamen Südseeinsel Titiwu lebt der zerstreute Naturkundeprofessor Habakuk Tibatong, der eine Methode entwickelt hat, den Tieren das Sprechen beizubringen. Zum Beispiel der Schweinedame Wutz, die als Haushälterin auf Sauberkeit und Ordnung allergrößten Wert legt, dem schrägen Schuhschnabel Schusch und dem quirligen Pinguin Ping.

Eines Tages, als am Felsenriff mal wieder der melancholische See-Elefant seine „traurägän Lädär" singt, spült das Meer ein in einen Eisblock eingefrorenes Ei an den Strand. Begeistert beschließt Professor Tibatong, das Ei auszubrüten. Bereits einige Wochen später schlüpft ein Urwesen, das nach seiner Theorie das Bindeglied zwischen Dinosauriern und Säugetieren sein muss: das Urmel. Der neue Inselbewohner erhält gemeinsam mit den anderen Tieren Sprachunterricht und erlernt bald – wenn auch mit liebenswerten Sprachfehlern – das Sprechen. Als jedoch König Pumponell, passionierter Großwildjäger, von der Existenz des Urmels erfährt, ist seine Jagdleidenschaft geweckt. Sofort macht er sich auf nach Titiwu, doch gerade noch rechtzeitig erfahren Professor Tibatong und seine Tiere von Pumponells bösen Absichten ...

Diese einzigartige Kindergeschichte von Max Kruse, der 1969 mit „Urmel aus dem Eis" den ersten der mittlerweile 11 Bände umfassenden Urmel-Serie veröffentlichte, erlangte insbesondere mit der liebevollen Verfilmung als Puppenspiel der Augsburger Puppenkiste generationenübergreifende Popularität. Und so erinnert man sich auch nach über 40 Jahren noch gern an die Insel inmitten eines Meers aus wogender Frischhaltefolie, an den Waran Wawa und die heißbegehrte „Mupfel".

V

Vakuum / Valentin, Karl / Vereine / Versicherungen / Versorgung / Villeroy & Boch / Vitalienbrüder / Völklinger Hütte / Volksbühne Berlin / Volkslieder / Volksmusik / Volkswagen

925 // VAKUUM

Kaiser und Reichstag zu Regensburg staunten nicht schlecht bei der aufwendigen „Knoff-Hoff-Vorführung". 1654 hatte der Magdeburger Naturwissenschaftler Otto von Guericke (1602–1686) zwei kupferne Halbkugeln aneinandergelegt, abgedichtet und mit der von ihm erfundenen Vakuumpumpe leeren lassen. Dreißig Pferde vermochten es nicht, die Schalen zu trennen. Auch bei einer Wiederholung 1657 in Magdeburg nicht. Der Horror vacui – jene Vorstellung, die Natur habe das Bestreben, leere Räume zu füllen – war widerlegt, die Existenz des Luftdrucks hingegen bewiesen.

In der Folge fand das Vakuum vielerlei Verwendung. Als Grobvakuum sorgt es im Staubsauger für teilchenarme Auslegware. Zur Konservierung von Lebensmitteln dient es in den Weckgläsern des Johann Carl Weck (1841–1914) dazu, sterilisierte Lebensmittel ohne den störenden Einfluss der Luft haltbar zu machen. Atmosphärische Dampfmaschinen funktionieren ebenso mit Vakuum wie Röhrenbildschirme, Teilchenbeschleuniger und Vakuumfriteusen. Die Muttergesellschaft eines Produzenten dieser Geräte zur acrylamidarmen Herstellung von Pommes Frites hat ihren Sitz in Braunschweig. Und in jene Stadt verschlug es 1815 auch die Magdeburger Halbkugeln aus dem Nachlass von Guerickes.

926 // VALENTIN, KARL

Karl Valentin wurde am 04.06.1882 als Valentin Ludwig Fey in München geboren. Im Anschluss an die allgemeine Schulausbildung, die er als „siebenjährige Zuchthausstrafe" empfand, nahm er Unterricht im Zitherspiel und trat ab etwa 1897 als Komiker bei Vereinsveranstaltungen auf.

Mit seinem selbstgebauten Musikapparat, dem „lebenden Orchestrion", reiste er wenig erfolgreich durch verschiedene deutsche Städte, bis er im Jahr 1908 auf der Volkssängerbühne des Frankfurter Hofes in München seinen Durchbruch als Komiker hatte. Dort lernte er auch die junge Soubrette Elisabeth Wellano kennen, die später unter dem Künstlernamen Liesl Karlstadt jahrzehntelang mit ihm arbeitete.

Vom neuen Medium Film fasziniert, richtete Valentin 1912 ein Filmstudio ein und drehte seinen ersten Stummfilm „Karl Valentins Hochzeit". Etwa 50 Filme folgten, darunter „Mysterien eines Frisiersalons" (eine krude Geschichte, in der der Friseur nicht Haare stutzt, sondern Köpfe abtrennt und anfügt und Furunkel mit Hammer und Meißel bearbeitet) und „Die Erbschaft", der später von den Nationalsozialisten wegen „Elendstendenzen" verboten wurde.

Valentin trat mit großem Erfolg in allen bekannten Münchener Kabaretts auf und gastierte in Zürich, Wien und Berlin. Er war im Rundfunk zu hören und produzierte Schallplatten. Ein Filmangebot aus Hollywood lehnte er jedoch ab, da ihm die Reise dorthin nicht geheuer war. Bertolt Brecht sagte über ihn, er sei „von einer ganz trockenen innerlichen Komik, bei der man unaufhörlich von einem inneren Gelächter geschüttelt werde, das nichts besonders Gutartiges hat". Nach Kriegsende kam Valentins rabenschwarzer Humor beim Publikum, das eher Abwechslung vom schwierigen Alltag erwartete, nicht mehr an. Valentin starb verarmt, unterernährt und enttäuscht am 9. Februar, dem Rosenmontag des Jahres 1948, an einer Lungenentzündung in Planegg bei München.

927 // VEREINE

In Deutschland gibt es mehr eingetragene Vereine, als Stuttgart Einwohner hat. Die rund 595.000 Vereine bedeuten, dass auf eintausend Bürger sieben Vereine entfallen. Wer also in einer größeren Straße einer dichtbevölkerten Stadt wohnt, hat mit hoher Wahrscheinlichkeit gleich mehrere in seiner Nachbarschaft. Und das sind nur die anerkannten Vereine. Entgegen dem Lamento von einer immer egoistischeren und kälter werdenden Gesellschaft wächst die Zahl der Vereine sogar kontinuierlich. Sie nehmen in bürgerschaftlicher Selbstverantwortung Aufgaben wahr, aus denen sich der Staat zurückgezogen hat. Nur bei den Sportvereinen, die fast vierzig Prozent der Vereine ausmachen, ist der Zuwachs gering. Mehr Sport geht offenbar nicht. Denn sonst bliebe ja keine Zeit für den Musik-, Brauchtums- und

Kindergartenverein oder für die „Gesellschaft für die wissenschaftlichen Untersuchung der Parawissenschaften". Von den „Flicke Teufel Baden", einer Fasnet-Häsgruppe, bis zum „Mainhattan-Wheelers-Offroad e. V.", der sich einsetzt für das Geländewagenfahren „in Einklang mit Natur und Familie", reicht das Spektrum der Freizeitclubs. Einen besonders schönen Namen trägt der „Metzgerei Schnitzel Kunstverein e. V." in Düsseldorf mit seinem Vereinsheim „Brause".

928 // VERSICHERUNGEN

In Deutschland herrscht Versicherungspflicht – bei der Krankenversicherung, der Pflegeversicherung, der Unfallversicherung und der Arbeitslosenversicherung. Es gibt Ausnahmen – etwa für Unternehmer in Kranken-, Unfall- und Arbeitslosenversicherung. Nur vor der Pflegeversicherung, vor der darf sich niemand drücken.

Aber man sagt den Deutschen ein übersteigertes Sicherheitsdenken nach; sie wollten von einem Netz aufgefangen werden – und das würden sie sich aus Versicherungspolicen weben. Und tatsächlich, rund 2.000 Euro geben die deutschen Bürger im Durchschnitt jährlich für ihre Versicherungen aus –Versicherungsexperten meinen, mindestens ein Fünftel davon sei gänzlich überflüssig.

Doch das Absichern von Risiken ist keine deutsche Erfindung: Bereits in Babylonien wurden Karawanen vor rund 3.500 Jahren abgesichert, indem die teilnehmenden Kaufleute für Verluste untereinander aufkamen, und im antiken Athen konnten Reeder ihre Schiffe und Ladungen versichern.

Und auch im heutigen Europa sind Versicherungen üblich – nur dass die Gewichtungen innerhalb der Sparten anders sind: So geben die Deutschen mehr Geld für Sachversicherungen aus, während sich die Briten beispielsweise auf Kranken- und Lebensversicherungen spezialisieren.

929 // VERSORGUNG

Mit Artikel 20 – „Die Bundesrepublik ist ein demokratischer und sozialer Bundesstaat" – legt das Deutsche Grundgesetz das Sozialstaatsprinzip als Staatsziel fest. Dabei gehören Sozialhilfe, Kindergeld, Elterngeld, BAföG und Wohngeld sowie Kranken-, Renten-, Unfall-, Pflege- und Arbeitslosengeld zu den wichtigsten Bestandteilen und Instrumenten der Sozialpolitik, die den deutschen Wohlfahrts- und Sozialstaat formen. Obwohl oder gerade weil diese soziale Tradition bis ins 19. Jahrhundert zurückreicht, als Otto von Bismarck mit seiner Sozialgesetzgebung zwischen 1881 und 1889 die Grundlagen der sozialstaatlichen Elemente in Deutschland schuf, bereitet das vor- und versorgende System heute so manchem Politiker Kopfzerbrechen, so dass bereits die Krise des Sozialstaats oder gar dessen Ende beschworen wurden. Die Grundsicherung der Bürger und die Zahlung der unterschiedlichen Transferleistungen wurden in der öffentlichen Debatte nicht zuletzt durch den Vorwurf aufgekocht, so mancher Rolf ließe es sich in der deutschen Hängematte des Sozialsystems im sonnigen Florida gutgehen. Und so wird wohl auch in Zukunft eine Reform der Reform die nächste jagen; schließlich ist die Wandlung des Sozialsystems genauso alt wie die Idee der Staatsversorgung selbst – ob die Rente nun sicher ist oder auch nicht.

930 // VILLEROY & BOCH

Es ist nichts Unehrenhaftes daran, sein Geld mit Kloschüsseln zu verdienen. Vor allem dann nicht, wenn es so viel Geld ist wie bei Villeroy & Boch. Ironie beiseite – die Familiendynastie aus dem saarländischen Mettlach ist seit 250 Jahren einer der führenden Porzellan- und Keramikhersteller in Deutschland. Die Anfänge der Villeroy-und-Boch'schen Porzellanproduktion reichen sogar noch weiter zurück, als die beiden Familien damals getrennt voneinander in Luxemburg und Lothringen in die Fabrikation von

Geschirr einstiegen. 1770 bereits entstand unter der Ägide von François Boch das Service „Vieux Luxemburg" (Alt-Luxemburg), das bis heute verkauft wird. Immer wieder machte die Firma mit Neuerungen auf dem Keramiksektor von sich reden, zuletzt durch die geruchslose Toilette mit Aktivkohlefilter.

Vorreiter waren die Bochs auch im sozialen Bereich. Bereits 1812 wurden im modernen Luxemburger Werk für die Arbeiter Sozialleistungen eingeführt, die jahrzehntelang beispiellos waren. Der Aufstieg der Familien in die Top 100 der deutschen Gesellschaft war nicht mehr aufzuhalten. Der Ur-Enkel des Firmengründers, Eugen, wurde 1892 in den preußischen Adelstand erhoben und fungierte von da an als „von Boch"; seine Enkelin Martha heiratete Franz von Papen, den späteren Reichskanzler. Heute wird das Unternehmen sogar in der 9. Generation von Familienmitgliedern geleitet.

931 // VITALIENBRÜDER

„Gottes Freunde und aller Welt Feinde" war tatsächlich das Motto der sagenumwobenen Vitalienbrüder, aber die meisten Geschichten über die legendären Kaperfahrer und ihren Anführer Klaus Störtebeker sind waschechtes Seemannsgarn.

Die ursprünglichen Vitalienbrüder waren Seefahrer, die dafür verantwortlich waren, die Stadt Stockholm mit Lebensmitteln (damals Viktualien genannt, daher kommt vermutlich der Name) zu versorgen, während sie von den Dänen belagert wurde. Als die Belagerung vorbei war, verlegten sich die Brüder auf Kaperfahrten, für die sie größtenteils von verschiedenen Machthabern mit Kaperbriefen ausgestattet wurden. Die Organisation als Bruderschaft bedeutete, dass, anders als es in der hierarchischen Gesellschaft des Mittelalters üblich war, auch die einfachen Seeleute ein Mitspracherecht hatten. Sie nannten sich auch „Likedeeler" (Gleichteiler), weil sie erbeutete Reichtümer unter sich aufteilten. Abenteurer aus ganz Europa wurden von dieser Idee angezogen und schlossen sich den Brüdern an.

Doch nach und nach wurde die Bruderschaft ein Dorn im Auge der mächtigen Hansestädte, und bald wurden Vitalienbrüder unnachgiebig als Piraten verfolgt. Im Jahr 1398 eroberten die verbündeten Hansestädte Gotland, die Basis der Bruderschaft – und das läutete das Ende einer Ära ein.

932 // VÖLKLINGER HÜTTE

Die Völklinger Hütte im Saarland ist eines der bedeutendsten Zeugnisse der europäischen Industriekultur. Das Eisen- und Stahlwerk wurde 1873 gegründet und war bis 1986 in Betrieb. Das Werk wuchs stetig, im Jahr 1965 waren ungefähr 17.000 Arbeiter dort beschäftigt. Aber die weltweite Krise in der Eisen- und Stahlerzeugung machte auch vor dem Saarland nicht Halt, und die Stilllegung der Werke war nur eine Frage der Zeit. Nach der Schließung wurden die Gebäude unter Denkmalschutz gestellt, und man begann, das Werk zum Museum auszubauen.

Heute kann man dort im „Ferrodrom" die Erzeugung von Stahl und Eisen hautnah nachverfolgen. Außerdem wird die spektakuläre Industriekulisse für Konzerte, Theaterstücke, Lichtinstallationen, Filmaufnahmen und Ausstellungen genutzt, zudem sind auf dem Gelände Ateliers entstanden, die von Künstlern der Kunsthochschule Saar genutzt werden. Seit 1994 zählt die Völklinger Hütte zu den von der UNESCO bestimmten Weltkulturerben der Menschheit, sie ist damit das erste Industriedenkmal weltweit, das diesen Status erreicht hat.

933 // VOLKSBÜHNE BERLIN

Mitten während des Ersten Weltkriegs wurde am 30. Dezember 1914 in Berlin ein neues Theater eröffnet. Und nicht etwa eines, das dem Publikum kriegstreiberische Propaganda servierte oder Durchhaltetheater inszenierte, sondern eine Bühne, die „die kleinen Leute" zu erschwinglichen Eintrittspreisen „zu echtem Kunsterlebnis erheben" sollte.

Damit man der polizeilichen Zensur entgehen und auch Stücke revolutionären, sprich sozialdemokratischen und sozialistischen Stoffs spielen konnte, hatte man bereits 1892 den Verein „Neue freie Volksbühne e. V." gegründet und mit der Sammlung des „Arbeitergroschens" begonnen, der zu einem Teil den Bau der Bühne am heutigen Berliner Rosa-Luxemburg-Platz finanzierte.

In den 20er Jahren prägte der Oberspielleiter Erwin Piscator die Inhalte der Volksbühne: Er inszenierte Satireabende, Sprechchorwerke und politische Revuen und verschaffte durch die Auswahl der Stücke der Arbeiterschaft Zugang zum bürgerlichen Bildungsgut. Zwischen 1962 und 1966 kam Piscator noch einmal an die Volksbühne zurück, eine zweite Glanzzeit erlebte die Volksbühne aber zu DDR-Zeiten zwischen 1969 und 1974 vor allem unter Intendant und Schauspieler Benno Besson.

Auch nach der Wiedervereinigung liegt ein Hauptaugenmerk der Volksbühne auf der politischen und experimentellen Kunst, und auch die Kartenpreise sind im Verhältnis zu anderen Berliner Bühnen durchaus gemäßigt.

934 // VOLKSLIEDER

Es steht schlecht um die deutschen Volkslieder: Jahrhundertelang gingen sie von Mund zu Mund, wurden stillvergnügt bei der Hausarbeit gesummt oder am Abend zur Zither im Kreise der Familie gesungen – und sind heute beinahe ausgestorben. Wer kann schon noch „Kein schöner Land" mitsingen oder kennt auch nur die erste der acht Strophen von „Prinz Eugen, der edle Ritter"? Freunde der Volksmusik haben in der Regel für das deutsche Volkslied genauso wenig übrig wie Techno-Fans.

Dabei kann das Blättern in alten Liederbüchern durchaus spannend sein: Erinnerungen an den Grundschul-Musikunterricht, in dem ausschließlich Volkslieder gesungen wurden, werden wach. Ehe man sich's versieht, singt man lauthals „Auf, du junger Wandersmann" und versucht sich vielleicht sogar an „Grünet die Hoffnung". Alltagsweisheit und Lebenserfahrung finden sich in Volksliedsammlungen, sie spiegeln die Sorgen und Nöte wie die Träume, den Tages- und Jahresrhythmus, die Feste und Feiertage vergangener Jahrhunderte wider, das Leben in deutschen Landschaften.

935 // VOLKSMUSIK

„Herzilein, du musst nicht traurig sein. Ich weiß, du bist nicht gern allein. Und schuld war doch nur der Wein!
– Spatzilein, ich werd dir noch einmal verzeihn. Die Hauptsache ist, du kommst heim! – So kann nur ein Engel sein!"

Es war ein Lied ganz im Sinne des deutschen Volksmusik-Publikums, das die Wildecker Herzbuben 1989 mit einem Mal in den Volksmusikhimmel hob. Bier- und weinselig lässt sich zu „Herzilein" ganz ausgezeichnet im Festzelt schunkeln. Und dann der Text, so aus dem Leben gegriffen, so rührend, so verständlich, so ganz heile Welt ...

Fast jeden Samstag- oder Sonntagabend läuft bei irgendeinem öffentlich-rechtlichen Fernsehsender eine Volksmusiksendung. „Fröhlicher Feierabend", „Frühlingsfest der Volksmusik" und „Lustige Musikanten" locken sechs Millionen Zuschauer an die Fernseher, Tendenz steigend. Da mögen Kritiker sagen, das sei ja keine Volks-, sondern volkstümliche Musik bis hin zum Schlager, denn Volksmusik seien die traditionellen, von alters her überlieferten Volkslieder und -tänze. Doch Traditionen ändern sich: 170 Millionen Euro Umsatz aus den Verkäufen von Volksmusik-CDs im Jahr 2006 beweisen, dass es heute die Musik von „Herzbuben", „Hansi Hinterseer" oder „Kastelruther Spatzen" statt des Ännchens von Tharau ist, die das Volk begeistert.

936 // VOLKSWAGEN

Die Geschichte von Volkswagen, Europas größtem Automobilhersteller, reicht bis in die 30er Jahre zurück, als im niedersächsischen Wolfsburg damit begonnen wurde, ein Werk zur Fabrikation des für die breiten Bevölkerungsschichten erschwinglichen „Volkswagens" zu errichten. Es dauerte jedoch bis 1945, bis tatsächlich der erste Wagen vom Band lief – dann hieß es endlich „freie Fahrt" für den „VW Käfer", den kultigen Kugelwagen, der den Motor dort trug, wo andere Autos den Kofferraum haben. Nachdem auch die Automobilherstellung im Zuge des deutschen Wirtschaftswunders einen rasanten Aufschwung erlebt hatte, verbreitete VW in den Folgejahrzehnten seine Modellpalette fortwährend um weitere Verkaufsschlager: Seitdem erfreut sich neben „Passat", „Caddy" und den VW-Bussen vor allem der „Golf" solch anhaltender Beliebtheit, dass er es zum meistverkauften Automobil der Welt und sogar zum Namensgeber einer ganzen Generation brachte.

Heute produzieren die weltweit über 320.000 Beschäftigten täglich rund 25.000 Fahrzeuge, so dass in Westeuropa nahezu jedes fünfte Auto ein VW ist. Obwohl der Volkswagen-Konzern mittlerweile auch exotische Automarken wie Bugatti oder Lamborghini umfasst, steht VW doch in erster Linie für deutsche Familienautos, die laufen und laufen und laufen.

Wacholderheide / Wackeldackel / Wackelpeter / Wacken Open Air / Wagner, Richard / Waldlehrpfad / Waldorfschule / Walhalla / Wallraff, Günter / Walther von der Vogelweide / Walz / Wanderwege / Wartburg / Wartburgfest / Watt / Weberaufstand / Weck / Wehner, Herbert / Weiberfastnacht / Weimarer Klassik / Weißwurst / Weizsäcker, Richard von / Wenders, Wim / Wessi / Wetten, dass ...? / Wickie und die starken Männer / Wieskirche / Wilder Mann / Willybecher / Wilmenrod, Clemens / Winnetou / Wirtschaftswunder / Witt, Kati / Wittenberg / Witze / WMF / Wohlfahrtsmarken / Wolkenkuckucksheim / Wolpertinger / Wort zum Sonntag / Wum und Wendelin / Wunder von Bern, Das / Wunderlich, Fritz / Wuppertaler Schwebebahn / Wurzelsepp

937 // WACHOLDERHEIDE

Seit jeher beflügelt der Wacholder die Phantasie der Menschen: Allein steht er, schmal und hoch aufgerichtet, in der Heide. Wenn Nebel aufziehen oder die Dämmerung hereinbricht, erscheint der Wacholder wie eine Gestalt inmitten der Heidelandschaft – ein eigentümlicher und etwas unheimlicher Anblick. Es ist also nicht verwunderlich, dass dem Wacholder in Deutschland eine mystische Wirkung nachgesagt wird: Ein Trunk aus seinen Beeren soll hellseherische Fähigkeiten bewirken und ein in das Fundament eines Hauses einzementierter Wacholderzweig den Teufel fernhalten. Der Baum aber gilt als Hüter an der Schwelle vom Leben zum Tod, weshalb man auch heute noch an Gräber Wacholder pflanzt. Die Wacholderheiden, wie sie im gesamten Bundesgebiet noch vereinzelt vorkommen, vor allem aber in der Eifel, der Schwäbischen Alb und natürlich in der Lüneburger Heide, sind in Deutschland daher nicht nur einzigartige Biotope für seltene Pflanzen und Tiere, sondern auch ein Hort gruselig-schöner Heidesagen und -gedichte. 2002 wurde der Wacholder zum „Baum des Jahres" ernannt.

938 // WACKELDACKEL

Zwei Dinge gibt es auf der Welt, zu denen der gemeine Deutsche ein besonders inniges Verhältnis pflegt: sein Auto und seinen Hund, Letzterer als treuer Begleiter besonders beliebt in den verschiedenen Ausführungen des deutschen Dackels. So gesehen war es eine logische Konsequenz, als Mitte der sechziger Jahre hierzulande ein Gegenstand auf den Markt kam, der die Liebe zu beiden verband: der Dackel fürs Auto.

Aus samtigem Kunststoff kam das niedliche Tierchen daher, mit Schlappohren und Hab-mich-lieb-Blick, um es sich auf den Hutablagen der Republik bequem zu machen und fortan im Rhythmus der Fahrbewegung treudoof mit dem Kopf zu wackeln. Da freute sich der Hintermann, da freute sich der Passant, und Herrchen selbst konnte sich der Zustimmung seines allzeit nickenden Begleiters auch in zweifelnden Zeiten gewiss sein.

Bis, ja bis der treue Vierbeiner über Nacht vom hüftschwingenden Wackel-Elvis aus deutschen Autos verdrängt wurde. Dank der Fernsehwerbung eines berühmten Mineralölkonzerns erlebte die Gattung der Wackeldackel Ende der neunziger Jahre eine durchaus erwähnenswerte Renaissance. Wie viele Exemplare ihrer Art jeglichem Modediktat standhielten und die großen Wackeldackelwellen überlebten, ist nicht überliefert. Doch wenn sie nicht gestorben sind, dann nicken sie noch heute.

939 // WACKELPETER

Wackelpeter, Wackelpudding oder Götterspeise – egal, wie man sie nun nennt, auf deutschen Kindergeburtstagen der 70er und 80er Jahre durfte die grüne, rote oder gelbe Süßspeise nun wirklich nicht fehlen. Leider hat BSE das lustige Dessert, das sich so prima durch die Zähne schlürfen ließ, von den Festtagstafeln verdrängt. Aber da es nun auch Bio-Gelatine gibt, plädieren wir dafür: Kinder, kämpft für mehr Farbe auf dem Kindergeburtstagstisch und wünscht euch Wackelpeter. Am besten in allen Farben des Regenbogens und mit viel Sprühsahne.

Hier ein Rezept für Waldmeister-Wackelpeter:
7 Stängel frischen Waldmeister hacken und in 1 Liter Apfelsaft zwei Stunden ziehen lassen. Durch ein Sieb gießen. Den Apfelsaft leicht erwärmen und 1/2 Teelöffel grüne Speisefarbe darin auflösen. 12 Blatt Gelatine in kaltem Wasser quellen lassen, ausdrücken und im lauwarmen Waldmeisterapfelsaft auflösen. Den restlichen Waldmeistersaft nach und nach einrühren, in eine Glasschüssel gießen und 24 Stunden kalt stellen. Wenn Sie 1/4 Liter Apfelsaft durch Wodka ersetzen und den Wackelpeter vor dem Kaltstellen in kleine Schnapsgläser abfüllen, kommt er auch auf Erwachsenenpartys prächtig an.

940 // WACKEN OPEN AIR

Inmitten des norddeutschen Geestrückens, zwischen Wäldern, Seen und Feldern, liegt das idyllische Örtchen Wacken. Da können Kinder noch auf der Straße spielen, am Donnerstagabend probt im Gasthof „Zur Post" der gemischte Chor, und der sonntägliche Kirchgang zur Heilig-Geist-Kirche mit anschließendem Frühschoppen ist fester Bestandteil des kulturellen Lebens im 2.000 Einwohner starken Wacken.

Was mögen sich die Bürger des Dorfes aber im Juli 1990 gedacht haben, als erstmals 800 deutsche Metal-Fans und 6 Bands ihre Zelte auf ein paar abgeernteten Feldern aufschlugen und die sommerliche Stille mit ohrenbetäubendem Gitarrenkrach vertrieben? Zwei Tage lärmten und rockten langhaarige Kuttenträger, bevor sie wieder von dannen zogen.

Seitdem kommen sie jedes Jahr wieder, und jedes Jahr werden es mehr – mittlerweile ist W:O:A mit rund 70.000 Besuchern und über 70 Bands das größte Heavy-Metal-Festival der Welt. Die Einwohnerzahlen von Wacken sind deshalb nicht zurückgegangen. Das mag auch daran liegen, dass es kaum ein besser organisiertes Festival als Wacken gibt. Auch wenn das Motto „Faster, Harder, Louder" nicht darauf schließen lässt: Beim Wacken Open Air können Gruppen ihre eigene – wassergespülte – Toilette mieten, Duschmöglichkeiten und Trinkwassertanks sind ebenso ausreichend vorhanden wie provisorische Lebensmittelläden. Als es 2005 zum ersten Mal einen schweren Unfall gab, bei dem ein Familienvater starb, wurde für dessen Familie ein eigenes Spendenkonto eingerichtet.

Und weil ein extra „Metal-Train" die Besucher nicht nur nach, sondern auch von Wacken wegbringt, freuen sich auch die Wackener, wenn es im Sommer wieder heißt: „See you in Wacken – rain or shine."

941 // WAGNER, RICHARD

Richard Wagner (1813–1883) wurde in Leipzig geboren. Er war Komponist, Regisseur, Dirigent, Schriftsteller und Musiktheoretiker. Seine Opern trugen entscheidend zur Modernisierung der europäischen Musik des 19. Jahrhunderts bei. Das theoretische Konzept der Oper als „Gesamtkunstwerk" stellte das Musikdrama auf eine neue Grundlage. Der Verzicht auf eine Ballettnummer bedeutete damals einen Skandal. Wagner, der sich selbst als Genie empfand, überwand die herkömmliche Nummernoper. Er überließ bei den Aufführungen auch insoweit nichts dem Zufall, als er mit dem Bayreuther Festspielhaus eine Spielstätte nach seinen Vorstellungen schaffen ließ, die bis heute eine eigenartige bis groteske Anziehungskraft auf bestimmte Liebhaber seiner Musik ausübt.

Wagners erste Jahre nach seinem Musikstudium gestalteten sich halsbrecherisch. Aus Riga floh er – nicht zum letzten Mal – wegen hoher Schulden. Es folgten Aufenthalte in verschiedenen Metropolen, Bekanntschaften und Freundschaften mit Heinrich Heine, Friedrich Liszt und Friedrich Nietzsche. Seine Teilnahme am Aufstand in Dresden während der Revolte von 1848/49 trug ihm eine steckbriefliche Suche ein. Er floh in die Schweiz. Erst ab 1860 durfte er sich wieder in einigen deutschen Ländern blicken lassen.

942 // WALDLEHRPFAD

Der urbanisierte Mensch mag bei einem Spaziergang durch die heimischen Wälder so manches Mal überfordert sein. Hier knackt's im Gebüsch, die undefinierbaren Baumarten rauschen vor sich hin, und dort singen sich mysteriöse Vögel die Seele aus dem Kehlchen. Jetzt können nur noch Tafeln am Wegesrand helfen: Darauf erfährt man beispielsweise, dass die Tannenmeise ihre Artgenossen mit „wize-wize-wize" lockt, während die Kohlmeise zu diesem Zweck ein lautes „zizi dää" ertönen lässt. Die Schilder informieren den geneigten Spaziergänger, worin sich Buchen, Erlen, Eichen, Ulmen und Eschen unterscheiden, was ein Bannwald ist und wann der Borkenkäfer einem ganzen Wald schaden kann. Ergänzt durch Vogelbeobachtungsstationen, Bienenhäuser oder Wildschweingehege kann auch der Metropolenliebhaber seine Kenntnis der Natur auf dem Waldlehrpfad ein wenig auffrischen. Und selbst für Kinder wird der langweilige, aber obligatorische Sonntagsspaziergang mitunter zum spannenden Abenteuer.

943 // WALDORFSCHULE

„Das Kind in Ehrfurcht aufnehmen, in Liebe erziehen und in Freiheit entlassen", lautet die Maxime des österreichischen Esoterikers und Philosophen Rudolf Steiner (1861–1925), auf der die Idee der Waldorfpädagogik fußt. Der pädagogisch schwer beladene Name „Waldorf" leitet sich verblüffenderweise von dem Namen einer Zigarettenfabrik ab: Die erste Waldorfschule wurde 1919 für die Kinder der Arbeiter der Stuttgarter Fabrik Waldorf-Astoria gegründet. Der anthroposophischen Weltanschauung folgend, war sie ein Gegenentwurf zu Begabtenförderung und Eliteschulen. Soziale Gerechtigkeit wurde von Anbeginn in den Mittelpunkt der Bildung gestellt. Unabhängig von sozialem Hintergrund und individueller Begabung sollten die Kinder gleichermaßen Zugang zu materiellem wie spirituellem Wissen erhalten. Sitzenbleiben ist an Waldorfschulen, die in Deutschland allgemein staatlich anerkannt sind, nicht möglich, ebenso wenig gibt es Zeugnisnoten.

Die alternative Unterrichtsform in altersübergreifenden Klassen muss bis heute heftiger Kritik standhalten, denn das Vorurteil, hier würde nur getanzt, gebastelt und gesungen, hält sich hartnäckig. Doch Karrieren von Ehemaligen wie Michael Ende, Hans-Dietrich Genscher, Helge Schneider oder Clint Eastwood sprechen für sich.

944 // WALHALLA

Am Ende eines schlachtenreichen Lebens kommen all jene Recken, die Ruhm und Ehre auf dem Schlachtfeld erlangten und dort den Heldentod fanden, in Walhall an, einer prächtigen Halle mit 540 Toren im Innern von Odins Burg. So die nordische Mythologie. Als Ludwig I. von Bayern diese Idee zu Beginn des 19. Jahrhunderts aufgriff, wollte auch er eine Ruhmeshalle erschaffen, eine Walhalla für „rühmlich ausgezeichnete Teutsche". Es sollten jedoch keine Krieger Einlass finden, sondern verdiente Personen „teutscher Zunge", unabhängig von ihrem Stand und Geschlecht. Hoch über der Donau bei Regensburg ließ Ludwig I. diese Ruhmeshalle errichten, die 1842 feierlich eröffnet wurde. Sie ist antiken griechischen Tempeln nachempfunden und erinnert – bewusst – an den Parthenon auf der Athener Akropolis.

Zurzeit zeugen 127 Marmorbüsten und 64 Gedenktafeln – darunter Ludwig I. selbst, Beethoven und Bach, Albrecht Dürer und Heinrich der

Löwe, Gottfried Leibniz, Maria Theresia und Sophie Scholl – von deutscher und europäischer Geschichte und Kultur. Weil die Walhalla als offenes Denkmal gestaltet wurde, kann jeder Deutsche beim entsprechenden bayrischen Staatsministerium den Antrag stellen, die Reihe verdienter Persönlichkeiten in der Walhalla zu ergänzen; die Kosten für die Anfertigung und Aufstellung der Büste trägt jedoch der Antragsteller.

945 // WALLRAFF, GÜNTER

Günter Wallraff ist der deutsche Enthüllungsjournalist schlechthin. Seine investigativen, verdeckten Ermittlungen waren spektakulär, sind inzwischen Legende und bewegten sich am Rande des Legalen. „Ganz unten" war er, um menschenverachtende, ausbeuterische und fremdenfeindliche Arbeitsverhältnisse zu beleuchten. Als falscher „Bild"-Journalist erfand er hanebüchene Geschichten, um den Springer Verlag zu diskreditieren. Das zog einen der vielen Rechtsstreite nach sich, die mit Freispruch endeten.

In jedem Fall offenbarte er, was im Boulevardbereich und in der Industrie alles durchgehen kann. Das würde heute zwar keinen mehr wundern, aber genau das haben wir unter anderem Günter Wallraff zu verdanken. Er war schon immer unbequem und haderte mit dem westdeutschen System. Schlüsselerlebnis für ihn war seine Einweisung in die Psychiatrie während seiner erzwungenen Bundeswehrzeit. Von da an deckte er konsequent den falschen Schein unserer Republik auf. Das „ihr da oben" im Gegensatz zum „wir da unten" bestimmt sein Leben. Über seine Arbeit sagt er selbst: „Die Methode, die ich wählte, war geringfügig im Verhältnis zu den rechtsbeugenden Maßnahmen und illegalen Erprobungen, die ich damit aufdeckte."

946 // WALTHER VON DER VOGELWEIDE

Der wohl bedeutendste Lyriker des deutschen Mittelalters wurde um 1170 wahrscheinlich in Bayern geboren. Die erste und einzige urkundliche Erwähnung stammt aus dem Jahre 1203, als ihm Wolfger, der Bischof von Passau, 5 Soldi für einen Pelzmantel schenkte. Walther von der Vogelweise verdingte sich vermutlich zunächst in Wien als Minnesänger und wurde nach dem Tod von Herzog Friedrich I. zum „Wanderdichter", der an verschiedenen Fürstenhöfen Station machte.

Seine Themen waren sowohl die hohe Politik als auch die Religion, wobei er in seinem Werk seinen jeweiligen Gönner anpries und dessen Feinde verunglimpfte. Zugleich entwickelte er die starre höfische Minnehaltung weiter und propagierte nicht mehr die Unerreichbarkeit der Frau als Vollendung der Liebe, sondern auch die gleichberechtigte Hingabe. Nach der Ermordung Philipps von Schwaben wurde er Anhänger Ottos IV. und erhoffte sich vom Kaiser die Schenkung eines Lehens, die ihm indes erst 1220 vom Stauferkönig Friedrich II. als Dank gewährt wurde, da Walther von der Vogelweide für dessen Kreuzzug warb.

Um 1230 starb Walther von der Vogelweide und soll im Kreuzgang des Neumünsters zu Würzburg begraben liegen, wie Michael de Leone in seinem Hausbuch aus dem Jahre 1350 berichtet.

947 // WALZ

Man sieht sie wieder auf deutschen Straßen: Handwerksgesellen auf der Walz. Und zwar meistens in der schwarzen Zunftkluft aus Cord, mit breitkrempigem Hut, Weste und kragenlosem Hemd, einen Ohrring im linken Ohr. Das Reisebündel – ja, tatsächlich ein Bündel – am Stock, wandern sie von Ort zu Ort, auf der Suche nach Arbeit oder um die Welt kennenzulernen.

Die Walz ist ein Relikt aus dem Mittelalter, als nur die Handwerksgesellen Meister werden durften, die nach ihrer Freisprechung (wenn sie also ihr Handwerk als Gesellen verstanden und von dem Meister von ihren Pflichten entbunden worden waren) einige Jahre von Ort zu Ort zogen. Bei unterschiedlichen Meistern sollten sie sich nun verdingen, um ihre Kenntnisse und Fähigkeiten zu erweitern. Zwei bis sechs Jahre dauerte die Walz.

Als sich das Zunftwesen mit der deutschen Reichsgründung 1871 auflöste, war es offiziell auch mit der Walz vorbei – heute gehen die Gesellen
freiwillig auf Wanderschaft. Doch wer wandert, der hat sich an die alten
Traditionen zu halten, und die sind streng: An seinen Heimatort darf der
Geselle nur auf 60 Kilometer herankommen, Handys sind streng verboten,
und der Wanderer muss „rechtschaffen" sein. Zeichen seiner Rechtschaffenheit ist sein Ohrring: Wer sich unehrlich verhält, dem wird der Ohrring
herausgerissen, so dass man ein Schlitzohr sofort erkennt.

948 // WANDERWEGE

Das Wandern ist des Müllers Lust! Der Deutsche wandert für sein Leben
gern. Kein Wäldchen hier, kein schöner Land dort, das nicht von Wander-
wegen durchzogen wäre. Da begegnen sich die rechtschaffenen Wanders-
leut, da grüßt man sich, da isst man rastend sein Butterbrot, da schmeckt
uns Deutschland erst richtig. Über Stock und Stein zieht man durch die
herrlichsten Landschaften, über Hügel, Berg und Heide. Beim Wandern
erholt man sich von Mühsal, Sorge und Arbeit.

Die deutsche Wanderwegsdichte sucht ihresgleichen in der Welt, zu jedem Pfad gibt es hierzulande die passende Wanderkarte, und die Pflege der
schönen Wege ist selbstverständlich Ehrensache. Wir hatten sogar in der
BRD einen Präsidenten, Karl Carstens, der allem Augenschein nach das
Wandern zur Chefsache erklärt hatte. Mit den Fischerchören demonstrierte
er, dass mit dem Wandern das Singen verbunden bleibt. Und dass die Deutschen inzwischen auch auf dem Jakobsweg wandern, hat uns Hape Kerkeling eingebrockt. Da sind wir Deutsche halt eben mal wandernd weg.

949 // WARTBURG

Mit dem Begriff „Wartburg" sind gleich zwei nationale Symbole verbunden: Jene Burg im Thüringer Wald auf ihrem Felsen über Eisenach steht mit
ihren festen Mauern und jenes Auto der DDR steht mit seinem Verschwinden für die Einheit Deutschlands.

Von der mittelalterlichen Burg ist nicht viel übrig, die meisten Gemäu-
er stammen aus dem 15. und vor allem aus dem 19. Jahrhundert. Die Erbauer wollten den national gesinnten Besuchern dieser geschichtsträchtigen
Stätte eine gastliche und moderne Wartburg bieten. Auf der 1067 gegrün-

deten Burg lebte zeitweise die mildtätige hessisch-thüringische Nationalheilige Elisabeth, Gemahlin des Landgrafen Ludwig IV. Zum historischen Ort erster Güte wurde die Wartburg durch den Aufenthalt des Junkers Jörg, besser bekannt als Martin Luther, der 1521 unter dem Bannstrahl des Papstes im Verborgenen seine Bibelübersetzung schuf. 1817 schließlich erwählten sich Jenaer Studenten die Wartburg zum Treffpunkt einer nationalen Demonstration für „Ehre, Freiheit und Vaterland" mit Bücherverbrennung.

Die Automobilgeschichte im Zeichen der Wartburg begann 1898. Zwischen 1955 und 1991 entstanden an dem ehemaligen BMW-Standort als eine Art DDR-Audi sechs Wartburg-Typen aus echtem Blech. Trotz VW-Motor kam mit der Wende das Ende, und Opel baute ein neues Werk.

950 // WARTBURGFEST

Auf der Wartburg versammelten sich 1817 etwa 500 Studenten zu einem idealistischen Gelage. Die Jenaer Burschenschaft, die mit dafür gesorgt hat, dass wir heute Schwarz-Rot-Gold auf der Flagge haben, lud ein zum Reformationstag und Jahrestag der Völkerschlacht von Leipzig, bei der das Ende der napoleonischen Herrschaft über Deutschland eingeläutet worden war. Aus dem ganzen Lande, vor allem von den protestantisch geprägten Universitäten, kamen die Studenten nach Eisenach, um über alle landsmannschaftlichen Zwistigkeiten hinweg den Geist der liberalen und republikanischen Einheit Deutschlands zu beschwören.

Deutschland war von zersplitterter Kleinstaatlichkeit geprägt. Verlor man damals bei Sturm seinen Hut, landete er für gewöhnlich jenseits der Landesgrenze und musste neu verzollt werden. Die auf der Wartburg geborene gesamtdeutsche Studentenvereinigung leitete eine patriotisch-republikanische Bewegung ein, die so manchen feudalen deutschen Machthaber irritierte. Insbesondere der Architekt des nach-napoleonischen Europas, Fürst von Metternich, im Dienste der österreichischen Krone stehend und

Namensgeber einer bedeutenden Sektmarke, unterzog die Studentenbewegung mit seinen Karlsbader Beschlüssen einer strengen und freiheitsberaubenden „Demagogenverfolgung".

951 // WATT

Das Wattenmeer, in der Deutschen Bucht zwischen teils angewehten (ostfriesischen), teils angenagten (nordfriesischen) Inseln, Halligen und Deichen gelegen, ist unter den Naturphänomenen einmalig in der Welt – wenn man vom niederländischen (westfriesischen), dänischen und französischen Watt einmal absieht.

Das Watt ist einsilbig wie der Nordfriese selbst, das trockenste „Moin" unter den Landschaften, jedoch eintönig nur auf den ersten Blick, bei näherem Hinsehen wimmelt es vor Leben, Wattwürmern und Kleinstorganismen. Die Wattenmeer-Nationalparks schützen diese einzigartige Flora und Fauna. Zugvögel und seltene Muschelarten finden den Rückzugsraum, den sie brauchen, und das vom Menschen verschmutzte Nordseewasser wird hier gereinigt. Nach dem tropischen Regenwald ist das Wattenmeer das produktivste Ökosystem hinsichtlich sich selbst generierender Biomasse.

Der Wechsel der Gezeiten sorgt für diese dauerfeuchte Bodenformation. Nirgendwo werden Ebbe und Flut derart sichtbar und watend erlebbar wie hier. Bei Ebbe und schönem Wetter ist es lohnenswert, sich einem der Wattführer anzuschließen, um durch den gummistiefelraubenden Schlick glücklich erschöpft die nächste Inseldünenlandschaft zu erreichen. Und sogenanntes schlechtes Wetter wird bei einem Blick über das Watt (und einem ehrlichen Korn) erst richtig schön.

952 // WEBERAUFSTAND

Im düstern Auge keine Thräne,
Sie sitzen am Webstuhl und fletschen die Zähne:
„Deutschland, wir weben dein Leichentuch,
Wir weben hinein den dreyfachen Fluch –
Wir weben, wir weben!"

1844, nachdem der Aufstand der Baumwollweber Schlesiens gescheitert war, schrieb Heinrich Heine sein Gedicht „Die schlesischen Weber". Was zunächst am 4. Juni 1844 vor der Villa der Peterswaldauer Tuchfabrikanten Zwanziger als ein kleines unpolitisches Scharmützel unzufriedener Weber begonnen hatte, endete zwei Tage später in einer Revolte gegen schlechte Bezahlung und die Einführung des mechanischen Webstuhls in England. Der Aufstand wurde von den preußischen Truppen brutal niedergeschlagen. Er gilt seitdem als die erste Erhebung des Proletariats gegen die üblen sozialen Folgen der industriellen Revolution.

Ein Grund, den Aufstand mit Gedichten, Dramen (Gerhard Hauptmann, „Die Weber") und in der Bildenden Kunst (Käthe Kollwitz, „Weberaufstand") zu ehren.

953 // WECK

Die Familie Weck aus Öflingen in Baden hat es geschafft, dass ihr Name Synonym ist für Einkochen, Einmachen oder Eindünsten. Gummiring und Bügelverschluss waren die notwendigen Utensilien zum „Einwecken" in Einweck- oder Einmachgläsern.

Das Prinzip des Konservierens von Speisen durch Kochen und Luftverschluss ist schon seit dem 16. Jahrhundert bekannt, perfektioniert wurde es erst 1900 mit dem Patent für Gummiring und Verschluss und der Serienproduktion durch die Firma Weck.

Das Einmachen von Lebensmitteln erlebte dadurch einen derart rasanten Aufschwung, dass „einwecken" schon 1907 in den Duden aufgenommen wurde. Kein Wunder, konnte man doch praktisch jedes Nahrungsmittel einwecken, beziehungsweise musste sogar jedes Lebensmittel einwecken, denn Kühlschränke gab es für die normale Hausfrau noch lange nicht. Die sterilisierten Pflaumen, Äpfel, Pilze, Gurken, Bohnen, Erbsen und sogar eingekochtes Fleisch hielt sich in dunklen Kellern mehrere Monate und sogar Jahre.

Als in den 70ern flächendeckend die Tiefkühltruhe und das Fertiggericht Einzug in deutsche Haushalte hielten, wurde es stiller um das Einwecken. Die neuen Errungenschaften waren zeit- und platzsparender. Erst langsam erkennen Marmeladenliebhaber wieder die Vorteile des Einweckens und greifen lieber zum Einmachglas als ins Supermarktregal.

954 // WEHNER, HERBERT

Er wurde verehrt und gehasst, er war ein brillanter Stratege, doch genauso rücksichtslos in der Durchsetzung seiner Strategien. Was Franz Josef Strauß auf der konservativen Seite war, verkörperte Wehner in der politischen Linken.

Der am 11. Juli 1906 als Sohn eines Schuhmachers in Dresden geborene Herbert Wehner begann seine politische Karriere ab 1927 in der KPD, wo er einen rasanten Aufstieg bis zum Sekretär des Politbüros hinlegte. Nach der Machtergreifung der Nazis setzte er seine Arbeit zunächst im Untergrund fort und emigrierte dann nach Moskau. Nach einem Intermezzo als Organisator des schwedischen Widerstandes wurde Wehner zunächst in Stockholm inhaftiert, später aus der KPD ausgeschlossen und kehrte 1946 als geläuterter Sozialdemokrat nach Deutschland zurück. 1949 wurde der Ex-Kommunist für die Sozialdemokraten in den Deutschen Bundestag gewählt, dem er im Folgenden 34 Jahre angehörte.

Schon bald übernahm er die Zügel in der Partei und peitschte mit eruptiver Rhetorik, durchdachter Strategie und teils eiskalter Taktiererei die Sozialdemokratie an die Macht. So galt der spätere Kanzler Willy Brandt lange Zeit als smarter Dandy und beliebtes Aushängeschild, der an den Strippen des eigentlich regierenden Herbert Wehner hing. Seine Parlamentskollegen beschimpfte Wehner unter anderem als „Herr Übelkrähe", „Abgeordneter Hodentöter" oder „Genosse Arschloch". Er jagte mit anderen SPD-Abgeordneten den rechtsextremen Wolfgang Hedler durchs Parlamentsgebäude, wobei dieser die Treppe hinunterfiel. Deshalb und wegen unzähliger anderer Fauxpas steht Herbert Wehner auf der ewigen „Bestenliste" der offiziellen Ordnungsrufempfänger bis heute unangefochten auf Platz 1.

Politisch gesehen war Wehner maßgeblich an der Abwendung der SPD von marxistischen Ideologien verantwortlich, und seine Grundsatzrede vom 30. Juni 1960 bereitete den Weg für eine deutliche Bindung an den Westen. Mit der Ära Schmidt ging jedoch auch der Stern des Herbert Wehner langsam unter, und so legte er im Jahre 1983 seine Ämter nieder. Das Urgestein der Sozialdemokratie starb am 19.01.1990 in Bonn.

955 // WEIBERFASTNACHT

Ausnahmezustand im Rheinland! Scheinbar verrückt gewordene und verkleidete Frauen erobern die Städte, stürmen Rathäuser und reißen sich um den Skalp der Jungs! Allerdings haben die Herren der Schöpfung auch etwas davon: Wenn sie sich ihre Krawatte abschneiden lassen, werden sie mit einem Bützchen (einem rheinischen Küsschen) belohnt.

Jeden Donnerstag vor Rosenmontag ist Weiberfastnacht, und die markiert den Übergang vom Sitzungs- zum Straßenkarneval. Dass im Mittelalter selbst die Nonnen der Benediktinerklöster nicht zurückschreckten, ist zumindest für Köln belegt. Sie tanzten, frohlockten, spielten bei Kaffee und Kuchen Karten und setzten sich die Narrenkappen auf ihre Hauben – ein Versuch, die heidnische und auf den Straßen zelebrierte „Mützenbestabelung" nachzuahmen. Denn vor den Klostermauern rissen sich die jungen Frauen und Mädchen gegenseitig ihre Kopfbedeckungen vom Kopf – so wollten sie auf sich aufmerksam machen und auch einmal „unter die Haube" kommen.

Das scheint auch heutzutage noch einer der Hauptgründe im Karneval, und so ist Weiberfastnacht vor allem für alle Singles ein absolutes Muss: Haben doch viele Paare an diesem Tag enthemmt ihr Glück gefunden.

956 // WEIMARER KLASSIK

Der Abend des 2. September 2004 brachte den schlimmsten Bibliotheksbrand seit dem Zweiten Weltkrieg, dem in der Herzogin-Anna-Amalia-Bibliothek in Weimar Tausende historischer Bücher und auch der berühmte Rokokosaal des Grünen Schlosses zum Opfer fielen.

Anna Amalia, Mäzenin der Weimarer Klassik, hatte während ihrer Regentschaft den Umbau des Gebäudes zur Bibliothek veranlasst. Als Herzogenwitwe rief sie 1772 Christoph Martin Wieland zur Erziehung ihrer Söhne nach Weimar. Ihm folgte 1775 Johann Wolfgang Goethe, ein Jahr später Johann Gottfried Herder und 1799 Friedrich Schiller. Damit waren die literarischen Hauptakteure beisammen, und teilweise dank ihrer Pensionen und unter der Gnade der Kunstliebhaberin Anna Amalia konnte ihr Werk prächtig gedeihen.

Als Beginn der Weimarer Klassik gilt Goethes erste Italienreise 1786, das Ende markiert Schillers Tod im Jahre 1805. Vor dem Hintergrund einer Wiederentdeckung der Antike, der Aufbruchsstimmung der Französischen Revolution und der ernüchternden Realität der Folgejahre entstand eine idealistisch geprägte „erstrangige" (lat. „classicus") Literaturepoche. Humanität und ästhetische Erziehung gehörten zu ihren edelsten Prinzipien, Schillers und Goethes berühmteste Dramen zählen zu ihren bedeutendsten Werken.

957 // WEISSWURST

Was verbindet Ecuador mit Deutschland? Richtig! Beide liegen am Äquator, wenn auch Deutschland nur am Weißwurstäquator. Der Weißwurstäquator teilt das geeinte Land, mehr noch als früher die Mauer, in Kenner und Banausen, in „Zuzler" und jene, die es wagen, Messer und Gabel anzulegen. Wo gezuzelt wird, fallen zwar nicht Späne, doch süßer Senf und Brezn ins Gewicht. Je früher am Tag man die Weißwurst zuzelt, desto besser! Profis genießen sie bei Sonnenaufgang auf dem Münchner Viktualienmarkt oder im nahegelegenen Biergarten zum Weizenbier.

Die Weißwurst ist nicht gepökelt – daher die appetitliche helle Farbe. Die Weißwurst wird gebrüht und besteht aus Schweinerückenspeck und Kalbfleisch. Das Geheimnis liegt in der feinen Würzung, die wir hier natürlich nicht preisgeben ...

Der Franzose verballhornt die Weißwurst als „boudin blanc". Und auch der Schlesier nannte sie sein Eigen – dort war sie eine klassische Winterspeise, sogar ein Weihnachtsgericht, das man, wenn kein Karpfen zur Hand war, zu Sauerkraut und Kartoffelbrei reichte.

Deutschland ist das Land der Würste (und Hanswürste); Wurst ist hierzulande Kulturgut, und die Weißwurst – eine Fürstin unter den Würsten – hätte es sicher verdient, auch nördlich des Weißwurstäquators gezuzelt zu werden.

958 // WEIZSÄCKER, RICHARD VON

Keine Rede eines deutschen Bundespräsidenten bewegte mehr Menschen als die Richard von Weizsäckers zum 40. Jahrestag der Beendigung des Zweiten Weltkrieges am 8. Mai 1985. Dass er vor dem Plenum des alten Deutschen Bundestages in Bonn erklärte: „Der 8. Mai war ein Tag der Befreiung. Er hat uns alle befreit von dem menschenverachtenden System der nationalsozialistischen Gewaltherrschaft", wurde in Deutschland ebenso anerkennend aufgenommen wie im Ausland. Die Rede wurde in 20 Sprachen übersetzt, in 38.000 Telegrammen und Telefonanrufen bekundeten die Deutschen ihrem Staatsoberhaupt Zustimmung und Anerkennung, rund 2 Millionen Abdrucke der Rede wurden an die interessierten Bürger verteilt, in Schulen wird sie noch heute interpretiert – sie gilt als Meilenstein der politischen Reden in Deutschland. So, wie Richard von Weizsäcker wohl als die Lichtgestalt unter den deutschen Bundespräsidenten gilt.

In sein Amt wurde der 1922 geborene CDU-Politiker Richard von Weizsäcker 1984 gewählt, 1989 wurde er in diesem Amt bestätigt. Zuvor hatte er nicht nur dem Bundestag angehört, sondern war auch Regierender Bürgermeister von Berlin gewesen.

Weizsäckers Name steht für ein sehr würdevolles und offenes Auftreten als Bundespräsident, für parteipolitische Neutralität und für Verständigung zwischen Ost und West. 2008 wurde Weizsäcker mit dem „Four Freedoms Award" der Roosevelt-Stiftung in den Niederlanden geehrt, und sehr gelobt wurde auch seine Definition des 8. Mai als „Tag der Befreiung".

959 // WENDERS, WIM

Der Filmemacher ist einer der wenigen deutschen Regisseure von Weltrang. Seine Werke sind zwar nicht das, was man im klassischen Sinne Blockbuster nennt, aber Cineasten, Filmfestivals und -wettbewerbe erwarten seine neuesten Filme mit Spannung und Vorfreude.

Wenders wurde 1945 in Düsseldorf geboren, nach einer Studentenodyssee von Medizin in München bis Soziologie in Düsseldorf zog er schließlich nach Paris. Sein täglich Brot verdiente er als Malerassistent beim Künstler Johnny Friedlaender, seine Liebe galt aber dem Kino. Nach dem Filmstudium erregten seine Werke sogar die Aufmerksamkeit des Oscar-prämierten Regisseurs Francis Ford Coppola, der den Rheinländer 1977 nach Hollywood holte.

Seine kommerziell größten Erfolge hatte Wenders Mitte der 80er mit dem Roadmovie „Paris, Texas" und dem Märchen „Der Himmel über Berlin"; daran konnte er mit seinen Spielfilmen bis jetzt nicht mehr anknüpfen. „Million Dollar Hotel" und „Am Ende der Gewalt" waren zwar starbesetzt und wurden mit einigen Preisen ausgezeichnet, den Geschmack der Kritiker und der Zuschauer konnten sie aber nicht treffen.

Mit anrührenden und vielbeachteten Dokumentationen hat Wenders jedoch seinen Platz im Regisseurenolymp behauptet: „Buena Vista Social Club" erhielt im Jahr 2000 die verdiente Oscar-Nominierung. Inzwischen ist Wenders Professor an der Hochschule für Bildende Künste in Hamburg und regelmäßiges Jurymitglied der großen Festivals in Cannes und Venedig.

960 // WESSI

Als Wessi bezeichnet man seit 1989/90, dem Ende der deutsch-deutschen Teilung, einen Bewohner der alten Bundesländer. Zuvor wurden in der DDR die Bürger der BRD häufig Westler genannt. Vor der Wiedervereinigung bezeichneten bereits die West-Berliner ihre westdeutschen Landsleute, die Berlin besuchten oder – aus Wessiland kommend – dorthin zogen, geringschätzig als Wessis. Durch die Wende wurden sie aber selbst zu solchen.

„Wessi" ist – wie „Ossi" – heute eher negativ besetzt, was Ausprägungen wie „Besserwessi" und zahlreiche Witze, die eher Trennendes als Verbindendes thematisieren, zeigen:

> *Sagt ein Ossi zum Wessi: „Wir sind ein Volk!"*
> *Sagt der Wessi zum Ossi: „Ja, wir auch."*

961 // WETTEN, DASS ...?

Frank Elstner litt unter Schlafstörungen und erfand „Wetten, dass ...?". So will es die Legende. Aus den Zutaten – Prominente oder gar Weltstars, originelle bis spektakuläre Wetten und viel Plauderei sowie eine Prise Schadenfreude – ist ein sehr erfolgreiches Unterhaltungs-

699

amalgam entstanden. Es ist uns so lieb, dass die Sendung am Samstagabend quasi ins Unendliche verlängert werden kann. Eher wird in Deutschland die Berichterstattung über die Bundestagswahl für eine Folge der „Lindenstraße" unterbrochen, als dass die Wettshow abgekürzt würde.

Über schlechte Kritiken des Feuilletons tröstet sich Thomas Gottschalk, der die Sendung immerhin seit 1987 fast durchgängig moderiert, nach seinen eigenen Worten am liebsten mit seinem alten Bentley hinweg. Aber vielleicht machen ihn auch die nach wie vor ungeheuren Einschaltquoten gegen die immer gleichen Anwürfe aus dem intellektuellen Oberhaus unempfindlich – zotig seien seine Witzchen, er selbst distanzlos, unbeschreiblich seine Kleidung. Anspruchsvolle Zeitungen müssen immer wieder feststellen, dass Recht haben und Recht bekommen zweierlei sind. Aber vielleicht liegt die Wahrheit abseits der Schleichwerbeplätze: In bis zum Bersten aufgepusteten Wärmflaschen und (beinahe) am Geschmack erkannten Buntstiften.

962 // WICKIE UND DIE STARKEN MÄNNER

„Hey, hey, Wickie! Hey, Wickie, hey!" Selbst den Jüngeren unter uns ist dieser Ohrwurm ein Begriff, und von „Wickie und die starken Männer" hat wohl jeder einmal gehört – selbst, wenn er nicht in den Siebzigern ferngesehen hat.

Die vom ZDF im Jahr 1972 in Auftrag gegebene Zeichentrickserie markierte die erste deutsch-österreichisch-japanische Zusammenarbeit im TV-Bereich. Die Abenteuer um den schüchternen und intelligenten Wikingerjungen Wickie und seine starken Männer basieren auf der Kinderbuchreihe „Vicke Viking" des schwedischen Autors Runer Jonsson. Der Clou der Wickie-Geschichten liegt darin, dass der kleine, schmächtige Junge überhaupt nicht ins Bild des rauen Wikingerlebens passt, trotzdem sind seine klugen Einfälle und raffinierten Tricks mehr wert als alle Muskeln der starken Männer zusammen, und deshalb darf er bei keiner Ausfahrt mit dem Drachenschiff fehlen.

Ursprünglich war eine Puppenspielserie geplant, die jedoch aus Kostengründen in Japan als insgesamt 78-folgige Anime-Serie ausgeführt wurde. Das von Christian Bruhn komponierte Titellied wurde übrigens von einer Gruppe namens „Stowaways" gesungen – aus der später die bekannteste aller Kölner Mundartgruppen, die „Bläck Fööss", wurde.

963 // WIESKIRCHE

Den gläubigen Katholiken soll die bayrische Wallfahrtskirche zur frommen Andacht ermuntern, dass er himmlische Glückseligkeit erlange, der Ungläubige genießt stattdessen in stiller irdischer Freude die überbordende Rokoko-Pracht der Wieskirche – und ist der himmlischen dadurch vielleicht ganz nahe.

Die weiß-goldenen Stuckaturen und farbenfrohen Fresken der Wieskirche lassen den eigentlichen Zweck des Gotteshauses ohnehin in den Hintergrund treten: die Anbetung eines Gnadenbildes des gegeißelten Heilands. Die Skulptur wurde ab 1730 bei den Karfreitags-Prozessionen des Klosters in Steingaden mitgeführt. Doch der in Ketten gelegte Jesus verstörte die Gläubigen zutiefst, und so beschloss der Klerus, die Statue wegzuschließen.

Maria Lory, eine Bäuerin „von der Wies", aber bat darum, ihr den Heiland zu überlassen. Sie betete in stiller Andacht, voll Mitleid mit dem Leidenden. Eines Nachts traute die Bäuerin ihren Augen nicht: Der Heiland weinte, hatte Tränen in den Augen. Erste Pilger kamen auf die Wies, eine kleine Kapelle wurde errichtet, 1745 schließlich der Baumeister Dominikus Zimmermann mit dem Bau der prunkvollen Kirche auf der Wies beauftragt. Das Gnadenbild des leidenden Heilands findet sich dort noch immer – nur seine Tränen sind versiegt. Vielleicht, weil selbst das Leid Jesu in solchem Glanz abnimmt.

964 // WILDER MANN

„Die wilden Männer sind s' genannt,
Am Harzgebirge wohlbekannt;
Natürlich nackt in aller Kraft,
Sie kommen sämtlich riesenhaft.
Den Fichtenstamm in rechter Hand
Und um den Leib ein wulstig Band,
Den derbsten Schurz von Zweig und Blatt,
Leibwacht, wie der Papst nicht hat."

So heißt es bei Goethe in Faust II, und eine treffendere Beschreibung der Sagen- und Fabelgestalt „Wilder Mann" kann man sich kaum vorstellen. Geschichten und Legenden von wilden Männern, die wie Tiere im Wald hausen, sich nicht zähmen lassen und unglaubliche Schätze hüten, gibt es schon seit Menschengedenken. Die Wissenschaft vermutet, dass diese Sagen ihren Ursprung in der Übergangszeit von der Alt- in die Jungsteinzeit haben, als die Menschen von der Kultur des Jagens und Sammelns zur sesshafteren Form von Ackerbau und Viehzucht wechselten.

Wilde Männer tauchen selbst in den ältesten überlieferten Geschichten auf, in Deutschland findet man sie in zahlreichen Wappen, Orts- und Familiennamen. Die Stadt Wildemann im Oberharz beispielsweise wurde nach einem Wilden Mann benannt, den man im Okertal fand und gefangen nahm. Dort, wo er als Erstes auftauchte, fand man eine Große Menge Silber – der Wilde Mann war an den Verletzungen gestorben, die man ihm zugefügt hatte, aber die Stadt, die über der Silbermine entstand, wurde nach ihm benannt.

965 // WILLYBECHER

Den Deutschen sagt man nach, alles reglementieren und für alles einen Standard festlegen zu wollen. Das mag ein Vorurteil sein oder jedenfalls kein typisch deutsches Phänomen, ist aber zumindest beim Willybecher eine Tatsache. Nur weiß das eigentlich keiner, denn kaum ein Deutscher kann mit dem Namen Willybecher überhaupt etwas anfangen. Wir klären deshalb auf: Der Willybecher ist das deutsche Standardtrinkglas! Es ist unten schmal, wird zum oberen Drittel dickbäuchiger, verjüngt sich an der Öffnung und fasst 0,2, 0,25, 0,3 oder 0,4 Liter Flüssigkeit – meistens Bier.

Entworfen hat es 1954 der Vertriebsleiter der Ruhrglas AG, Wilhelm Steinmeier, dessen Spitznamen das Normglas trägt. In seiner Schlichtheit ist der Willybecher noch immer so begehrt, dass in Deutschland rund 10 Millionen dieser Gläser hergestellt und in alle Welt exportiert werden.

966 // WILMENROD, CLEMENS

Noch nie war Kochen im deutschen Fernsehen populärer: Spitzenköche reichen sich gegenseitig die Kochlöffel, treten mit- und gegeneinander oder gegen Laien an, sie kreieren ihr eigenes Kochgeschirr und machen für Himalaya-Salz oder andere Produkte Werbung.

Vorgemacht hat dies alles bereits Clemens Wilmenrod, Deutschlands erster Fernsehkoch: Zwar war Wilmenrod eigentlich gelernter Schauspieler, der – laut Kritik – nicht einmal Geflügel tranchieren konnte; aber seine

10-Minuten-Menüs, die er ab 1953 in seiner Sendung „Clemens Wilmenrod bittet zu Tisch" live kochte, waren in der jungen Bundesrepublik der
Renner. Denn Clemens Wilmenrod war kreativ: Die Bedürfnisse der Nachkriegszeit schnell erkennend, kreierte er Rezepte, die ein bisschen Exotik
auf die tristen, kriegsgeschädigten deutschen Teller brachten: mit „venezia-
nischem Weihnachtsschmaus" (einem einfachen, panierten Schweineschnit-
zel), „Arabischem Reiterfleisch" (auch bekannt als Frikadelle), „Torero-
Frühstück" (Toast mit Leberwurst, Tomate und Zwiebel) und natürlich
dem bekanntesten seiner Gerichte, dem „Toast Hawaii". Dass er dabei mit
Ketchup, Mayo und Dosengemüse kochte, entsetzte die Kochzunft ebenso,
wie es die deutsche Hausfrau entzückte – denn die Gerichte waren schnell
gekocht und günstig.

Wenn „Don Clemens" am Abend Kabeljau auf „eine besonders
schmackhafte Art darbot, war Kabeljau am nächsten Tag in Düsseldorf
restlos ausverkauft", schrieb das Düsseldorfer Handelsblatt 1954. Und so
war es: Wilmenrod kochte mit einem Bosch-Standmixer – der verkaufte sich
danach hervorragend. Wilmenrod verwendete „den guten Pott" für seinen
Rumtopf – Pott wurde die meistbenutzte Rumsorte der 50er. Und so hat es
der erste Fernsehkoch seinen Nachfolgern auch in Sachen Schleichwerbung
vorgemacht: Heute ist es das Himalaya-Salz, das nach einer Lafer-Kochsen-
dung reißenden Absatz findet.

967 // WINNETOU

Mit der Erfindung und Beschreibung von Winnetou ist dem deutschen
Autor Karl May (1842–1912) das außerordentliche Kunststück gelungen,
das Urbild eines ebenso edlen wie wilden Indianerhäuptlings festzulegen,
das bis heute unverrückbar in den Köpfen großer und kleiner Wild-West-
Fans besteht. In den rund 30 Geschichten Mays agiert und reitet der
fiktive Häuptling der Mescalero-Apachen gerecht und tapfer auf seinem
Pferd Iltschi von einem Abenteuer zum nächsten, oft begleitet von seinem
weißen Blutsbruder Old Shatterhand und nie im Stich gelassen von seiner
treffsicheren „Silberbüchse". Als perfekter Reiter, Schütze und Spuren-
leser hat sich Winnetou dabei als Idealbild des „roten Mannes" in die
Herzen der Leser gekämpft und für klare Verhältnisse beim Cowboy-und-
Indianer-Spiel gesorgt.

Dass Winnetou, der neben Apache und anderen Indianersprachen
auch Englisch beherrscht, im deutschsprachigen Raum gelegentlich einen

französischen Akzent aufweist, ist auf die Verfilmungen der verschiedenen Winnetou-Romane in den 60er Jahren mit Pierre Brice als Hauptdarsteller zurückzuführen. Dieser hat das sympathische Bild des ehrlichen Indianers in seiner unverwechselbaren Art noch verstärkt, weshalb die Filme gemeinsam mit den Karl-May-Festspielen und den nach wie vor mitreißenden Büchern dafür sorgen, dass Winnetou niemals in die ewigen Jagdgründe einziehen muss.

968 // WIRTSCHAFTSWUNDER

Dicke Wurststullen, Wohlstandsbäuche, Reiselust, Zigarren und der VW Käfer: Das Wirtschaftswunder der durch die Kriegsschäden gebeutelten Republik war an allen Ecken und Enden sichtbar, und es gilt als eine der größten volkswirtschaftlichen Leistungen im modernen Europa. Die Faktoren, die dazu geführt hatten, waren vielfältig: Die finanzielle Unterstützung durch den Marshallplan, die Einführung der Deutschen Mark mit der Währungsreform von 1948, ein großer Pool an Arbeitskräften – auch durch die Vertriebenen aus den ehemaligen deutschen Gebieten –, Fleiß und nationale wie internationale Investitionsfreude führten schnell zu einer ökonomisch und technisch rasanten Entwicklung, die Deutschland bis zum Ende der 50er Jahre wieder zur zweitgrößten Wirtschaftsnation der Welt machte. Seine Personifizierung fand dieser Aufschwung im späteren Kanzler Ludwig Erhard, der von 1949 bis 1963 als Wirtschaftsminister die politischen Weichenstellungen mitverantwortete. In den Jahren 1950 bis 1963 nahm die Industrieproduktion real um 185 Prozent zu. Parallel dazu wurde das System der sozialen Marktwirtschaft auf- und kontinuierlich weiter ausgebaut, die Kaufkraft stieg, und es herrschte schnell ein Mangel an Arbeitskräften, der durch das Anwerben von Gastarbeitern kompensiert wurde. Gleichzeitig entwickelte sich wieder ein tradiertes Frauenbild, in dem die Erwerbstätigkeit ab Eheschließung ausschließlich den Männern zugesprochen wurde; ebenso eine ausgeprägte Konsumlust und ein Hinwegsehen über die Vergangenheit, gegen die sich die nachfolgende Generation ab Mitte der 60er Jahre massiv wehrte. Nichtsdestoweniger profitiert die Bundesrepublik ökonomisch bis heute von den Leistungen der Generation, die das Wirtschaftswunder trug.

969 // WITT, KATI

DDR-Kosmonaut Sigmund Jähn, der erste Deutsche im All, hat einen, der Oberwiesenthaler Skispringer Jens Weißflog genauso, und Katarina Witt – die erfolgreichste Eiskunstläuferin aller Zeiten – eben auch: einen Drebacher Planetoiden. Die Volkssternwarte in der Gemeinde Drebach südöstlich von Chemnitz ließ ihnen allen diese Ehre zuteilwerden.

Nach ihrer sportlichen Ausbildung bei Jutta Müller an der Sportschule in Karl-Marx-Stadt gewann Kati Witt ab 1983 sechsmal in Folge die Europameisterschaft. Viermal wurde sie Weltmeisterin, und in Sarajewo und Calgary errang sie olympisches Gold. Zwischen 1981 und 1988 war sie zudem Dauer-DDR-Meisterin. Das „Time"-Magazine nannte sie das „schönste Gesicht des Sozialismus". In der DDR sah man das wohl ähnlich, denn die Nationale Front warb auf Wahlplakaten für sich mit Witts hübschem Konterfei. Während der letzten realsozialistischen Atemzüge drehte Witt schon als Profi für „Holiday on Ice" ihre Pirouetten. Ihre Eiskunstlaufshows wurden von ihren zahlreichen Fans begeistert aufgenommen, ihre Auftritte retteten manche lange Nacht der Samstagabendunterhaltung. Denn während sie auf dem Eis mit ihrer athletischen und charismatischen Darstellung überzeugt, zeigt sie auf dem roten Teppich auch noch Charme.

970 // WITTENBERG

Mit lauten Hammerschlägen, die ganz Europa aufrütteln sollten, nagelte Martin Luther am 31. Oktober 1517 seine 95 Thesen an die Türe der Schlosskirche zu Wittenberg. Auch wenn der Thesenanschlag zu Wittenberg wohl eher ins Reich der Legenden gehört, erschütterte Martin Luther, der in dem Elbstädtchen im heutigen Sachsen-Anhalt Mönch war, von hier aus die fünfzehnhundertjährige Geschichte der Christenheit. Die alte Holztüre an der Schlosskirche gibt es nicht mehr, sie hat die Zeit nicht überdauert und musste – wie einiges in der Stadt – erneuert werden. Und heißt doch wieder Thesentür, so wie Wittenberg (wie auch das nahegelegene Eisleben) sich heute Lutherstadt nennen darf.

Alles dreht sich in Wittenberg um Martin Luther: Beim Wittenberger Kultursommer stellt man die Hochzeit Luthers mit Katharina von Bora nach, und der Reformationstag wird nicht nur mit Gottesdiensten, sondern auch mit einem großen Mittelalterfest begangen. Lutherhaus und -grab, die Stadtkirche, in der Luther predigte, und die Häuser Lukas Cranachs, Porträtist und Freund Luthers, der das Wesen der reformierten Kirche malte, locken Tausende von Touristen an, die anschließend bei einem leckeren „Lutherbier" entspannen. Wittenberg ist ein Hort der Kultur, hübsch anzusehen und sehr lehrreich – und wurde deshalb 1996 zum UNESCO-Weltkulturerbe ernannt.

971 // WITZE

Dem Deutschen sagt man im Ausland häufig nach, es sei um seinen Humor nicht bestens bestellt. Dass das natürlich eine eklatante Fehleinschätzung ist, wird deutlich, wenn man einmal die Witzkultur betrachtet, die in Deutschland über die Jahre gewachsen ist. Da gibt es natürlich die klassischen Häschen-Witze („Hattu Möhrchen?"), Witze über einen gewissen Hans, Fritzchen oder Klein-Erna und natürlich die damals sehr beliebten politischen Radio-Eriwan-Witze. Irgendwann kamen dann die abstrakten Antiwitze („Kämpfen zwei Tote um ihr Leben") auf, die erst den Witz als Witz entlarvten.

Jede gesellschaftliche Gruppe wird von den entsprechenden Witzen begleitet – ob es nun die Mantafahrer sind („Mantafahrer zur Nonne: Batmans Freunde sind auch meine Freunde"), die Blondinen („Was ist eine Blondine zwischen zwei Brünetten? Eine Bildungslücke!") oder die Ostfriesen („Wie versenkt man ein ostfriesisches U-Boot? Anklopfen!"). Viele dieser Witze haben inzwischen eine Patina angesetzt, die sie umso charmanter macht.

Übrigens hat ausgerechnet das britische „Laugh Lab" (Lachlabor), ein wissenschaftliches Experiment zur Humorforschung, festgestellt, wer am liebsten und meisten über Witze lacht: die Briten? Weit gefehlt – es waren die Deutschen.

972 // WMF

Es darf in kaum einer ordentlich bürgerlichen Aussteuer fehlen: Besteck, Geschirr oder Töpfe der Württembergischen Metallwarenfabrik AG, kurz WMF.

Daniel Straub und die Gebrüder Schweizer gründeten im Jahre 1853 die Metallwarenfabrik „Straub & Schweizer", die nach dem Ausscheiden der Brüder Schweizer im Jahre 1866 in „Straub & Sohn" umbenannt wurde. 1880 schloss sich das Unternehmen schließlich mit der Metallwarenfabrik „Ritter & Co." zur „Württembergischen Metallwarenfabrik" zusammen.

Ein Meilenstein der Unternehmensgeschichte war die Sicherung des von Krupp entwickelten V2-A-Stahles für die Verwendung in Tafel- und Küchengeräten, der unter dem Markennamen „Cromargan" eingetragen und erstmals auf der Leipziger Messe von 1927 vorgestellt wurde. Weniger löblich war die „Beschäftigung" von NS-Zwangsarbeitern, für die man im

Februar 1944 eigens ein Außenlager des KZ Natzweiler-Struthof einrichtete. Trotzdem setzte sich die Erfolgsgeschichte der WMF nach dem Krieg fort. Heute beschäftigt das Unternehmen rund 5.500 Mitarbeiter und gilt als Sinnbild für Qualität bei Küchen- und Haushaltswaren.

973 // WOHLFAHRTSMARKEN

„Wer den Pfennig nicht ehrt, ist des Talers nicht wert", mag sich Monsignore Kuno Joerger, Generalsekretär des Deutschen Caritasverbandes und Briefmarkensammler, gedacht haben, als er 1949 die Wohlfahrtspflege per Briefmarke ersann. Seitdem wurde zwar der Pfennig in den Cent umgewandelt, aber das Prinzip ist noch immer das gleiche: Die Briefmarken werden um ein paar Cent verteuert, und das Geld fließt an sechs deutsche Wohlfahrtsverbände.

Es ist ein schöner Zug, großzügig zu sein und anderen Menschen zu helfen. Mit jeder deutschen Wohlfahrtsmarke spendet man 20 bis 55 Cent, die jeweils unter den sechs von dem System profitierenden Wohlfahrtsunternehmen aufgeteilt werden. Bei solch generösen Spenden ist einem nicht nur die Dankbarkeit der Bedürftigen sicher, sondern auch noch Lob und Anerkennung von Freunden und Bekannten. Nimm die Pfennige in Acht, und die Pfunde werden sich um sich selbst kümmern.

974 // WOLKENKUCKUCKSHEIM

Es liegt zwischen Phantasialand und Utopia, das Wolkenkuckucksheim. Hier leben Träumer, Phantasten und Idealisten, Schwärmer, Weltfremde und Irrealisten. Jedes Mal sieht Wolkenkuckucksheim ein bisschen anders aus. Vielleicht lebt in dem einen oder anderen sogar ein Kuckuck, sicher ist das aber nicht.

Das ursprüngliche Wolkenkuckucksheim (manchmal heißt es auch Wolkenkuckucksburg) war eine Stadt in Aristophanes griechischer Komödie „Die Vögel". Mit der Hilfe der beiden Aussteiger Peithetairos und Euelpides erringen Vögel die Macht und errichten eine Stadt in der Luft. Wir verdanken die wörtliche Übersetzung dem Schwaben Ludwig Seeger, der damit ein so lyrisches neues Wort erfunden hat. Seeger war ein politisch engagierter Dichter und feinfühliger Übersetzer, manche nannten ihn auch den schwäbischen Heinrich Heine.

Leider ist das Wolkenkuckucksheim wie so viele hübsche Worte vom Aussterben bedroht. Wer macht noch „Fisimatenten" oder schlägt „Kapriolen", wer freut sich über „Kaiserwetter" und ärgert sich über einen „Lump"? Eine Architekturzeitschrift der Universität Cottbus namens „Wolkenkuckucksheim" arbeitet emsig daran, das Wort nicht gänzlich in der Versenkung verschwinden zu lassen, auch wenn sie bislang nur im Internet erscheint.

975 // WOLPERTINGER

Wer sich einmal nach einer zünftigen Wanderung in einer urbayrischen Kneipe niedergesetzt hat, um eine ebenso zünftige Brotzeit zu sich zu nehmen, wird mit großer Wahrscheinlichkeit in irgendeiner Fensternische oder auf einem Brettchen neben dem Fernseher in der Ecke ein verstaubtes, ausgestopftes Wesen gesehen haben, das einem, je nach Verfassung, einen Schauer über den Rücken oder ein Kichern in die Gurgel jagt. Es handelt sich um einen Wolpertinger, der, nach Angaben des Wirtes, irgendwann einmal von einem besonders wagemutigen Jäger (war es vielleicht der Wirt selbst?) in den Wäldern der näheren Umgebung unter Einsatz des eigenen Lebens bei Vollmond geschossen oder in einem Sack gefangen wurde.

Schaut man sich das Exponat genauer an, bemerkt man Altbekanntes: ein Rehgeweih, einen Hasenkopf vielleicht, dazu die Schwingen eines Habichts und die Flossen einer Ente. Die Zusammenstellung kann variieren, schließlich gibt es unzählige Varianten dieses exotischen Tieres. Kritische „Saupreißn" versuchen, den Wolpertinger in die Nähe von Einhorn, Yeti und anderen in der Wirklichkeit nicht existierenden Fabelwesen zu rücken. Dass das grober Unfug ist, wird einem spätestens nach dem dritten Glas Weißbier klar.

976 // WORT ZUM SONNTAG

Vier Minuten dauert die Predigt am Samstagabend in der ARD. Damit hat der gute Christenmensch sein Soll erfüllt und darf sich am nächsten Morgen noch einmal in die Kissen kuscheln, statt in der Kirche auf den Knien herumzurutschen.

Seit dem 8. Mai 1954 sprechen am Samstagabend immer abwechselnd ein evangelischer und ein katholischer Pfarrer das „Wort zum Sonntag", das ursprünglich als besinnlicher Ausklang vor Sendeschluss des Ersten gedacht war. Heute wird der kleine Happen Religiosität zwischen den „Tagesthemen" und dem Spätfilm rund zwei Millionen Zuschauern gereicht. Zu besonderen Fernsehhighlights wie der Ausstrahlung des Grand Prix de la Chanson sind es wesentlich mehr. Das werden nicht immer Gläubige sein, die sich auf den kommenden Sonntag vorbereiten möchten, da wird auch mancher darunter sein, der die kurze Unterbrechung zur Zubereitung eines späten Snacks oder zum Zähneputzen nutzt, bevor der Abend mit dem Film weitergeht. Doch selbst der, der nur einfach zu faul zum Umschalten ist, lauscht bestimmt ab und zu ein wenig den christlichen Gedanken in der ARD und verinnerlicht das ein oder andere. Vielleicht ist der Samstagabend deshalb ein so hervorragender Sendeplatz.

977 // WUM UND WENDELIN

Als 1971 der Showmaster Wim Thoelke einen kleinen Zeichentrickhund in das Programm seiner Donnerstagabend-Fernsehshow „Drei mal neun" aufnahm, hatte das deutsche Fernsehpublikum einen neuen Liebling: „Wum". Mit moderner Tricktechnik und der Stimme seines Erfinders, dem beliebten Humoristen Loriot, zum Leben erweckt, gehörte das in Anlehnung an den Vornamen des Moderators benannte Hündchen fortan zu den Höhepunkten einer jeden Sendung.

Nachdem Wum 1972 mit dem Titel „Ich wünsch mir ne kleine Miezekatze" sogar erfolgreich die deutsche Hitparade gestürmt hatte und sich immer größerer Beliebtheit erfreute, wurde er auch in die Quizshow „Der große Preis" integriert. Dort warb er – bald im Zusammenspiel mit einer weiteren Trickfigur, dem Elefanten Wendelin (ob Männlein oder Weiblein, bietet immer noch Anlass zu Spekulationen) – in kurzweiligen Sketchen für die Fernsehlotterie, deren Erlöse der „Aktion Sorgenkind" zugutekamen. Bis heute ist bei den Fernsehzuschauern unvergessen, wie vor der dritten Spielrunde stets der unverwechselbare „Thöööölke"-Ruf erklang und die beiden lustigen Gesellen – später noch durch den außerirdischen Kumpanen „Der blaue Klaus" verstärkt – auf dem Sofa erschienen, um mit dem Showmaster ihre Späße zu treiben.

Mit dem unverwechselbaren Humor Loriots ausgestattet, gelang es Wum und Wendelin nicht nur, mit Knoten in Ohr und Rüssel gut 20 Jahre deutsche Fernsehgeschichte im ZDF zu schreiben, sondern auch maßgeblich dazu beizutragen, die Fernsehlotterie zugunsten der „Aktion Sorgenkind" zu einem großen Erfolg zu machen.

978 // WUNDER VON BERN, DAS

„Aus dem Hintergrund müsste Rahn schießen! Rahn schießt! Tooooor! Tooooor! Tooooor! Tooooor!" Die Stimme des Radiokommentators Herbert Zimmermann überschlägt sich am 4. Juli 1954. Die Nation kann es kaum fassen. Es ist tatsächlich passiert: Die deutsche Nationalmannschaft geht im Endspiel der Fußballweltmeisterschaft gegen die favorisierte ungarische Elf mit 3:2 in Führung. In der Vorrunde war die Truppe von Sepp Herberger in derselben Spielpaarung noch mit 3:8 sang- und klanglos untergegangen, und auch im Finale von Bern lag man bereits in der 9. Minute mit 2:0 zurück.

Aber die oft strapazierten „deutschen Fußballtugenden" brachten die deutsche Nationalmannschaft bereits in der ersten Halbzeit durch Tore von Max Morlock und Helmut Rahn zum Ausgleich.

Für das Selbstverständnis der jungen Demokratie war dieses Match mehr als nur ein Fußballspiel, denn die von den Schrecken des Krieges, des Nationalsozialismus und des Schuldgefühls gezeichnete Republik sehnte sich nach einem Erfolgserlebnis. Nach einem Erfolgserlebnis, das erhobenen Hauptes, friedlich und für alle überraschend errungen werden konnte. Schließlich hatte im Vorfeld dieses Turniers niemand mit Turek, Rahn und Co. gerechnet, und um das Erfolgsrezept sind nachher viele Geschichten gesponnen worden. Ob es nun die innovativen Stollen des Adi Dassler waren, die von Sepp Herberger eingetrichterte Disziplin oder der vielzitierte Kampf- und Teamgeist – eines steht fest: Herbert Zimmermann läutete das folgende zweite Wunder, das Wirtschaftswunder, mit den unvergesslichen Worten ein: „Aus! Aus! Aus! – Aus! – Das Spiel ist aus! – Deutschland ist Weltmeister!"

979 // WUNDERLICH, FRITZ

Er stand kurz vor seinem endgültigen internationalen Durchbruch, hatte ein Engagement an der New Yorker Metropolitan Opera, als er am 16. September 1966 eine Treppe hinabstürzte und am nächsten Tag in Heidelberg starb. Da war Fritz Wunderlich gerade einmal 36 Jahre alt – und gilt doch bis heute als einer der bedeutendsten deutschen lyrischen Tenöre der Nachkriegszeit.

Wunderlich wuchs in ärmlichen Verhältnissen in dem pfälzischen Städtchen Kusel auf: Sein Vater nahm sich 1935 das Leben, seine Mutter brachte die Familie mit Musikunterricht durch. Fritz Wunderlich trat in ihre Fußstapfen, studierte tagsüber in Freiburg Musik und finanzierte das Studium nachts in einer Tanzkapelle. Dort spielte er nicht nur Akkordeon und Klavier, er war auch ein ausgezeichneter Hornist.

Direkt nach seinem Studium erhielt er ein Engagement an der Württembergischen Staatsoper in Stuttgart, danach war seine Karriere nicht mehr aufzuhalten: Fritz Wunderlichs Kollegen waren begeistert von seiner schnellen Auffassung und sagten später über ihn, manch eine Partitur habe er vom Blatt singen können. Sie bewunderten seine Begabung, seine Energie und Lebenslust. Die spürte auch das Publikum, das er nicht nur mit Opernpartien und Liedern, sondern auch in Operetten überzeugte. Wenn er mit seiner klaren Stimme „Dein ist mein ganzes Herz" aus Lehárs „Land des Lächelns" sang, flogen auch ihm die Herzen zu. Stilgefühl und Natürlichkeit waren es, die ihn in jeder Art von Musik brillieren ließen.

980 // WUPPERTALER SCHWEBEBAHN

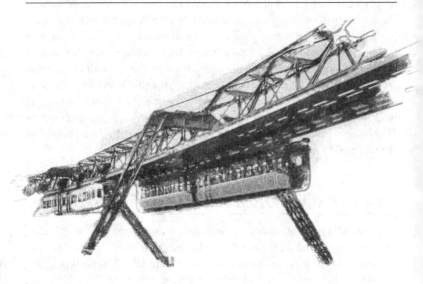

Wenn man landläufig davon spricht, dass jemand „über die Wupper" muss, dann hat dies in der Regel nichts Gutes für den Betroffenen zu bedeuten. Geht es doch entweder mit seinen Finanzen zu Ende oder – noch schlimmer – sogar mit seinem Leben. Dass dieser Redewendung heutzutage der Bezug zur Realität fehlt, beweist die langjährige und finanziell lukrative Geschichte eines Gefährts, das die Wupper kennen muss wie kein zweites: die Wuppertaler Schwebebahn.

Diese „einschienige Hängebahn System Eugen Langen", so der offizielle, nach dem Kölner Erfinder benannte Titel, ist eine Straßenbahn besonderer Bauart, die seit ihrer Inbetriebnahme am 1. März 1901 an Stützen aufgehängt über Fluss und Land im Gebiet der Stadt Wuppertal schwebt. Mit ihrer über die Jahrzehnte stets weiterentwickelten Technik erreicht sie heute auf der über 13 Kilometer langen Strecke eine Höchstgeschwindigkeit von 60 km/h und befördert dabei, zu Stoßzeiten im 3-Minuten-Takt, täglich bis zu 75.000 Fahrgäste zu den 20 Haltestellen zwischen Oberbarmen und Vohwinkel.

Dabei ist das Wuppertaler Identifikationsobjekt mit nur zwei größeren Unfällen in der gesamten Betriebsgeschichte zugleich das mit Abstand sicherste Massenverkehrsmittel der Welt – allerdings nicht für Elefanten geeignet, wie das Elefantenmädchen Tuffi im Jahr 1950 bewies, als es aus der fahrenden Bahn in die Wupper sprang. Tuffi blieb unversehrt, aber seitdem befördert die Schwebebahn keine Dickhäuter mehr.

981 // WURZELSEPP

Als Heilkundiger gilt der Wurzelsepp, ein bayrisches Original, der im Alpenland Kräuter und Wurzeln sammelte, Tees, Tinkturen und Aufgüsse daraus braute und so die zahllosen Wehwehchen seiner Mitmenschen heilte. „Wurzelsepp" nennt sich daher auch ein Unternehmen, das sich der Gesundheit des Menschen verschrieben hat: Tees, Arzneikräuter-Tropfen, Frischpflanzensäfte, Kapseln, Dragees und Kräutertabletten gehören zum Sortiment, wobei auf die Herstellung der Naturarzneimittel und Lebensmittel in einem ganzheitlichen System geachtet wird. Neben den wirtschaftlichen Kriterien berücksichtigt das Mutterunternehmen „Alpenländisches Kräuterhaus" auch ökologische und soziale Aspekte – wie zum Beispiel die Herstellung in einem möglichst umweltfreundlichen Prozess.

Darüber ist der ursprüngliche Wurzelsepp heute eher in Vergessenheit geraten, der bei der Fasnet im oberschwäbischen Weingarten noch alljährlich seine Narreteien treibt und sogar der Held des recht unbekannten Karl-May-Romans „Der Weg zum Glück" ist. Dort sorgt er, zusammen mit dem bayrischen König Ludwig, für Gerechtigkeit, Glückseligkeit und Anstand – bis König Ludwig schließlich im Starnberger See ermordet wird und der Wurzelsepp vor lauter Gram stirbt.

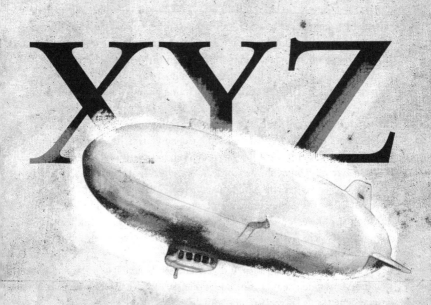

XYZ

X-Strahlen / Y-Reisen / Zahnpasta / ZDF / Zeche Zollverein / Zechkumpan / Zeitgeist / Zentralabitur / Zentrale Lage / Zentralrat der Juden in Deutschland / Zeppelin / Zone / Zöpfe / Zuckerrübensirup / Zugspitze / Zünftig / Zur Ritze / Zwei-plus-Vier-Vertrag / 11 Freunde

982 // X-STRAHLEN

Der Träger des ersten Nobelpreises für Physik stammt aus dem beschaulichen Lennep, einem Stadtteil von Remscheid. Hier wurde Röntgen 1845 geboren, die Familie wanderte jedoch bald in die Niederlande aus. In Utrecht flog er von der Schule, weil man ihn für den Urheber einer Witzzeichnung hielt – fälschlicherweise, wie man später feststellte. Die einzige Universität, die ihn aufgrund seiner Begabung auch ohne Abitur aufnahm, war die Technische Hochschule von Zürich. Dort wurde der Grundstein für eine erstaunliche Karriere gelegt, und schließlich engagierte man den begnadeten Physiker doch an einer deutschen Universität: Röntgen wurde Professor für Experimentalphysik an der Universität Würzburg.

Hier machte Röntgen eine Entdeckung, die Wissenschaft und Medizin revolutionieren sollte: Die geheimnisvollen X-Strahlen, die später zu seinen Ehren in Röntgenstrahlen umbenannt wurden. Die erste Röntgenaufnahme glückte dem Professor von der Hand seiner eigenen Frau – inklusive Ehering, versteht sich. Auch wenn sich Röntgen der Tragweite seiner Erfindung bewusst war, versuchte er nicht, aus ihr Profit zu schlagen – er spendete das Preisgeld des Nobelpreises und verzichtete auf eine Patentierung, damit sich die Menschheit seine Erfindung schneller zunutze machen konnte. Das bescheidene Genie starb 1923 in München.

983 // Y-REISEN

Wenn ein junger Mann sagt, dass er eine längere Reise bei „Y-Reisen" gewonnen hat, dann bedeutet das nicht, dass er sich an einem spanischen Strand auf die faule Haut legen darf. Er muss im Gegenteil meistens mit schwerem

Gepäck durch den Schlamm robben und auf trockenen Keksen herumbeißen, denn er ist von der Bundeswehr zum Wehrdienst eingezogen worden.

Der Spottname „Y-Reisen" stammt vom Kennzeichen der Bundeswehr-fahrzeuge, die stets mit einem Y beginnen. Das Y steht dabei nicht für „Yan-kee-Sklave", wie zu Gründerzeiten der Bundeswehr oft gescherzt wurde. Die Erklärung ist simpel: Bei der Gründung des Bundeswehr-Fuhrparks waren die Kennungen für Städte und Gemeinden schon vergeben, das bundeswehr-taugliche „BW" hatte zum Beispiel bereits die Bundes-Wasser- und Schiff-fahrtsverwaltung erhalten. Frei waren nur noch X und Y – und von diesen beiden machte das elegantere Y das Rennen. Ein Glück für die Bundeswehr, dass keine Stadt in Deutschland mit diesem Buchstaben beginnt ...

984 // ZAHNPASTA

Für manche Erfindungen ist man richtig dankbar. Wer morgens mit dem muffig-pelzigen Geschmack der Nacht aufwacht, ist froh, minzige Zahnpasta auf seine Zahnbürste drücken und sich ordentlich die Zähne schrubben zu können. Man hat dann gleich das Gefühl, sauber und gepflegt zu sein. Die Vorstellung, wie die Welt aussähe, wenn Ottomar Heinsius von Mayenburg nicht die „Chlorodont" erfunden hätte, ist nicht auszuhalten: braune, stinkige Stumpen, wohin das Auge reicht.

Wahrscheinlich war das die Motivation des Apothekers, am Dresdner Altmarkt 1907 Zahnpulver, Mundwasser und Pfefferminzöl zu einer dicken Paste zu verrühren und in Blechtuben abzufüllen. Die Tuben fanden reißenden Absatz, und auf der ersten internationalen Hygieneausstellung 1911 in München wurde seine „Chlorodont" sogar mit einer Goldmedaille ausgezeichnet.

Seitdem blitzen die Zähne unserer Mitmenschen erfreulich sauber. Allerdings hätte von Mayenburg doch über eine andere Verpackung nachdenken sollen, denn die offene oder falsch ausgedrückte Zahnpastatube wird als einer der häufigsten Gründe für Streitigkeiten oder sogar Trennungen in Beziehungen genannt.

985 // ZDF

Die „gemeinnützige Anstalt des öffentlichen Rechts mit dem Namen: Zweites Deutsches Fernsehen", kurz ZDF genannt, wurde 1961 mit einem Staatsvertrag gegründet und nahm am 1. April 1963 den Sendebetrieb auf.

Von den provisorischen Studios in einem alten Bauernhof in Eschborn zog man bald – pünktlich zum Beginn der Ausstrahlung als Farbfernsehen 1967 – zum neuen und heutigen Standort in Mainz um. Auf diesen Hauptsitz gehen die unter dem Namen Mainzelmännchen bekanntgewordenen Trickfiguren zurück, die bis heute zwischen den Werbeblöcken das Programm beleben und über die Jahre zu einem zentralen Markenzeichen des ZDF geworden sind. Neben ihnen gehören insbesondere Fernsehstars wie Johannes B. Kerner oder das Moderatorenteam Gundula Gause und Claus Kleber zu den Highlights der Programmgestaltung. Mit „Wetten, dass ..." und dem „aktuellen Sportstudio" weist das Programm des ZDF überdies zwei der langjährigsten und beliebtesten Sendeformate der deutschen Fernsehgeschichte auf.

Ausgestattet mit den von der Gebühreneinzugszentrale eingezogenen Rundfunkgebühren ist das ZDF ein echtes Stück Deutschland, von dem man allerorts – ob analog terrestrisch, über Kabel, Satellit oder DVB-T empfangen – weiß, dass es sich mit ihm, dem Zweiten, einfach besser sieht.

986 // ZECHE ZOLLVEREIN

Auch wenn ihre Anlagen schon lange stillstehen, gefördert wird in der Zeche Zollverein immer noch – wenn auch Kunst statt Kohle. Dabei galt das Steinkohlebergwerk im Essener Norden einst als die modernste und größte Zeche der Welt: Bis zur Schließung am 23. Dezember 1986 brachten die Kumpel aus den bis zu einem Kilometer tiefen Stollen täglich rund 12.000 Tonnen des schwarzen Goldes an die Erdoberfläche, das anschließend sortiert, gesiebt und gewaschen wurde. Der aus Steinkohle gewonnene Koks wurde damals in großen Mengen zur Stahlerzeugung benötigt.

Heute steht die Zeche Zollverein, im Bauhaus-Stil erbaut, aufgrund ihrer herausragenden Architektur und historischen Bedeutung unter Denkmalschutz: Der 1932 errichtete Doppelförderturm von Schacht 12, der „Eiffelturm des Ruhrgebiets", gilt als Wahrzeichen des Industriedenkmals. Die Architekten Fritz Schupp und Martin Kremmer versuchten, eine Fabrik zu errichten, die gleichzeitig öffentliches Gebäude sein sollte, auf dessen Architektur die Bürger der Stadt ebenso stolz wären wie auf ihr Rathaus oder ihren Dom. Die Essener sind heute stolz auf die Zeche Zollverein: Die ehemalige Lesebandhalle, in der die Arbeiter einst die Kohle sortierten, ist mittlerweile ein Konzertsaal; die Kompressorenhalle bietet eine romantische Kulisse für ein Feinschmeckerrestaurant; die ehemalige Kokerei wurde zur Ausstellungshalle umfunktioniert.

Seit 2001 zählt die am vollständigsten erhaltene Zechenanlage Europas zum UNESCO-Weltkulturerbe. Zu Recht, galt sie doch bereits bei ihrer Erbauung als Meilenstein der Industriearchitektur.

987 // ZECHKUMPAN

Allein die Zeche zu prellen ist schlimmer, als allein zu zechen. Da nur das gemeinsame Zechen schön sein kann und nur ein geteilter Kater ein guter Kater ist, braucht der fröhliche deutsche Zecher seinen treuen Zechkumpan. Zechen heißt sorglos trinken (Apfelsaftschorle zum Beispiel) und den ärztlichen Rat mit wehender Fahne in alle Winde zu schießen. Der liebe und trainierte Zechkumpan hat fürs Zechen professionelles Verständnis, im Gegensatz zur „vernünftigen" Ehefrau. Er hält dir keine Predigt, er zecht wie ein echter Kumpel. Ob in der Kneipe, im Biergarten oder auf dem Nachhauseweg, auf den Zechkumpan ist Verlass. Auf die Frage, ob man noch einen (Kirsch-Bananen-Saft oder Kamillentee) zischen soll, antwortet er, er sei zu allen Schandtaten bereit. Er trinkt auch (Latte Macchiato) vor vier Uhr, und gibt man eine Runde (Mineralwasser) aus, spendiert er noch, eh der Kelch geleert, die nächste. Ja, die fröhlichen Zecher sind sich einig: Als (Bionade-)Trinker braucht man einen Freund, der die deutsche Passion des Trinkens teilt. Und wenn der Durst schier unerträglich wird, bestellt der Zechkumpan ein Kölsch (kein Bier) und prostet singend, beinahe schunkelnd dir zu: „Trink doch einen mit!"

988 // ZEITGEIST

Ein Zeitgeist ist vermutlich nicht bettlakenumwickelt und erscheint auch nicht in Gestalt von verwünschten Urahnen. Er ist aber ähnlich mysteriös und schlecht zu fassen. Im weitesten Sinne geht es um vorherrschende Ideen und Auffassungen einer bestimmten Epoche, kulturell, gesellschaftlich, politisch und religiös. Das Verbreiten dieser Trends ist eine ganz subtile Angelegenheit, die Leitartikler in den Medien und großen Feuilletons gehören ganz gewiss zu den Multiplikatoren. Und sei es nur, um sich mit der Kritik am herrschenden Zeitgeist abzugrenzen. Wie sich der Geist dann weiterverbreitet, ist schwer bis gar nicht vorauszusehen.

So hat doch keiner geahnt, dass es in Deutschland seit der Wahl Kardinal Ratzingers zum guten Ton gehört, Papstfan zu sein. Genauso wenig hätte ein Nachkriegsdeutscher in den 50ern vermutet, dass Antiamerikanismus dank George W. Bush salonfähig werden sollte.

So schwabbelig der Zeitgeist auch ist, so verlässlich ist er auf der anderen Seite. Im Dschungel der Meinungsvielfalt liegt man mit ihm nie verkehrt. Zeitgeist findet man als deutsches Wort unter anderem in der englischen, der niederländischen, der italienischen und sogar der japanischen Sprache. Das verdanken wir den deutschen Denkern Hegel, Schiller und Goethe, die sich als Erste Gedanken über den windigen Geist der Zeit machten.

989 // ZENTRALABITUR

Schlimm waren die Zeiten, als ein nordrhein-westfälisches Abitur noch längst nicht in Bayern anerkannt wurde. Die Empörung war auf beiden Seiten groß: Nordrhein-Westfalen prangerte die Vermessenheit Bayerns an, Bayern das miserable Bildungsniveau einzelner Schüler, hervorgerufen durch zu lasche Prüfungen im Abitur, sprich, einem dezentralen Abitur. Mittlerweile hat es auch Nordrhein-Westfalen zum Zentralabitur geschafft – wie alle anderen Bundesländern mit Ausnahme von Rheinland-Pfalz. Auch hier gab es mal das Einheitspauken, nach dem Zweiten Weltkrieg. Als die Besatzer gingen, nahm sich das Bundesland das Recht auf Individualität – und schaffte das Zentralabitur wieder ab. Was vielleicht gut war, denn trotz des momentanen Trends wissen Forscher nicht, ob ein Zentralabitur ein Garant für Bildung ist. Möglicherweise hemmt es auch die individuellen Interessen und Fähigkeiten der Schüler und schafft dadurch Angst.

Doch weil der Trend eben zurzeit noch in Richtung Zentralismus geht, forderte Bundesbildungsministerin Annette Schavan im Jahr 2007 ein Bundeszentralabitur: Wir werden sehen, was die Zeit noch bringt.

990 // ZENTRALE LAGE

Das Wichtigste an einem Baugrundstück ist, da können Sie jeden Immobilienmakler fragen, die zentrale Lage. Insofern hat Deutschland mit seinen neun Staatsgrenzen und seiner Positionierung im Herzen Europas einen wahrhaften Joker gezogen. Weder sind wir von kühlen Gewässern umspült wie die Briten noch von einem Riegel hoher Berge vom Rest der Welt getrennt wie Italiener oder Spanier. Wie eine Spinne im Netz sitzt Deutschland in Europas Mitte, und von allen Seiten schwappen gehaltvolle und inspirierende Einflüsse ins Land: skandinavische Gelassenheit aus Dänemark, fortschrittlich-liberale Ideen aus den Niederlanden, Pommes Frites aus Belgien, günstiges Benzin aus Luxemburg, Art de vivre aus Frankreich, Schokolade und Bankgeheimnisse aus der Schweiz, Skilehrer aus Österreich, wahnsinnig gutes Bier aus Tschechien und ein inspirierendes Wirtschaftswachstum aus Polen. Das alles vermengt sich in Deutschland zu einem äußerst schmackhaften Cocktail.

Die kulturelle, sprachliche und kulinarische Vielfalt dieses Landes ist seiner zentralen Lage geschuldet. Dass diese Lage auch Nachteile hat, merkt man spätestens auf der Autobahn. Schinken von Parma nach Kopenhagen, Käse von Paris nach Prag, hier müssen alle durch. Aber man kann ja nicht alles haben!

991 // ZENTRALRAT DER JUDEN IN DEUTSCHLAND

Dass nach dem Sündenfall der europäischen Geschichte noch Deutsche jüdischen Glaubens freiwillig in diesem Land blieben, ist mehr als ein Wunder. Über eine halbe Million deutscher Juden waren den Verbrechen des NS-Regimes zum Opfer gefallen – dennoch blieb ein Großteil der wenigen Überlebenden.

Am Tage der Gründung des Zentralrats der Juden am 19. Juli 1950 in Frankfurt am Main lebten nur noch ca. 15.000 Jüdinnen und Juden in der Bundesrepublik. Als Körperschaft des öffentlichen Rechts, die seit 1999 ihren Hauptsitz in Berlin hat, vertritt der Zentralrat der Juden in Deutschland die Interessen seiner Mitglieder, er ist der Dachverband der einzelnen Gemeinden und sorgt für die Integration von Zuwanderern – vor allen Dingen aus den ehemaligen Ostblockländern. Zudem ist er unersetzbar für die Kommunikation und das Verständnis unter den Religionen. Und nicht zuletzt schützt er unsere Nation – auch im Hinblick auf unsere Zukunft – vor dem Vergessen.

992 // ZEPPELIN

Mit der Entwicklung der Luftschiffe von Graf Zeppelin schien gegen Ende des 19. Jahrhunderts ein jahrhundertealter Traum der Menschheit in Erfüllung zu gehen – es entstand die Vision vom schwerelosen, bequemen Reisen in der Luft, von der Verbindung der Städte und Menschen ohne die Mühen von Pferdekutsche oder Eisenbahn.

Tatsächlich hatte die Erfindung des Ferdinand Graf von Zeppelin eine schwierige Startphase. Als das Patent endlich ausgestellt war, war es fast unmöglich, Geld für die spinnerte Idee aufzutreiben. Der Graf steuerte sein eigenes Vermögen bei, und schließlich stiegen die ersten Luftzigarren auf. Doch die Freude währte nicht lange – ein Prototyp nach dem anderen verunglückte, und das Projekt war erneut kurz davor, zu scheitern. Es waren die zeppelinbegeisterten Deutschen, die schließlich genug Geld sammelten, um den Traum des Grafen wahrzumachen.

Bei Ausbruch des Ersten Weltkrieges waren die Luftschiffe ein gefundenes Fressen für die Militärs – sie wurden umgehend als Kriegsgerät eingesetzt. Die Ära der Zeppeline dauerte bis zum 6. Mai 1937: Bei einer Landung in

Amerika fing das Luftschiff „Hindenburg" Feuer, mehr als 30 Passagiere starben. Von dieser Katastrophe konnte sich das Prinzip Zeppelin bis heute nicht erholen.

993 // ZONE

Nicht ohne Häme setzte sich der Begriff „Zone" nach der Teilung Deutschlands in zwei Staaten für das Gebiet der ehemaligen Sowjetischen Besatzungszone durch und wurde auch für die daraus entstandene Deutsche Demokratische Republik weiterverwendet. Und so schickten die Westdeutschen Gummibärchen, Kaffee und die abgelegten Klamotten in die „Zone", besuchten ab und an mal ein paar Verwandten „drüben" oder lugten von den vereinzelten Aussichtsplattformen an der Berliner Mauer mal in die „Zone" rüber.

Mit dem Niedergang der DDR war dann zwar offiziell das Ende der Zone besiegelt, der Name aber blieb. Die Satirezeitschrift „Titanic" titelte nach dem Mauerfall mit dem Foto einer seligen Frau, die eine geschälte Gurke in der Hand hält: „Zonen-Gaby", und als mecklenburg-vorpommerische Männer 2007 für ihr verlassenes Bundesland Frauen suchten, schrieb „Die Welt" immer noch: „Ostmädchen sollen wieder zurück in die Zone." Und so wird „Zone" wahrscheinlich noch lange das Synonym für die ehemalige DDR und die fünf ostdeutschen Bundesländer bleiben.

994 // ZÖPFE

Strahlende blaue Augen, rote, pausbackige Wangen und dicke, blonde Zöpfe – so spukt das Stereotyp des deutschen Mädels durch unzählige Köpfe auf der ganzen Welt. Dabei tauchten die ersten Zöpfe in China und bei den Indianern Nordamerikas auf – kaum anzunehmen, dass sich Resi aus Garmisch-Partenkirchen die Zopfflechtkunst bei denen abgeguckt hat.

Auch wenn der Ursprung im Dunkeln liegt, irgendwann waren Zöpfe auch in Europa beliebt, und zwar bei Frauen und Männern. Während der Männerzopf nur noch bei Rockmusikern und in manchen Vegetarier-WGs zu sehen ist, erlebt der Zopf für die Dame in letzter Zeit eine Renaissance. Zeitgleich mit dem Trachtenlook werden auch die baumelnden Haarstränge wieder beliebter. Und welches Mädchen kann behaupten, nicht einmal davon geträumt zu haben, so wie Pippi Langstrumpf zu sein?

Deutschland wäre nicht das Land, das es ist, wenn sich für eine modische Erscheinung nicht auch ein kulinarisches Äquivalent finden ließe. Weit muss man nicht suchen – es reicht ein Weg zum Bäcker, wo sich Resi einen leckeren Hefezopf kaufen kann. Wenn sie genug davon isst, klappt es auch mit den Pausbäckchen.

995 // ZUCKERRÜBENSIRUP

Ob „Ziepes" in der Eifel, „Rübenkraut" im Rheinland, „Stips" in Hannover, „Peckeleck" im Münsterland oder „Krütt" am Niederrhein – gemeint ist immer dasselbe: der Zuckerrübensirup. Der fast schwarze Sirup, gepresst aus gekochten Zuckerrübenschnitzchen und dann zu einem zähen Sirup eingekocht, ist heute vor allem im Rheinland eine Spezialität. Dort werden Reibekuchen und Bergische Waffeln mit Rübenkraut serviert, der Rheinische Sauerbraten mit dem süßen Rübensaft verfeinert oder einfach eine Stulle Schwarzbrot damit bestrichen.

Dass das Rübenkraut erstmals 1703 in dem Nürnberger Wirtschaftsbuch „Die so kluge Hausfrau" erwähnt wird, ist dagegen recht erstaunlich. Denn bis dahin waren in Bayern kleingeschnittene Blätter der Steckrübe – wie Sauerkraut eingesalzen – als Rübenkraut bezeichnet worden. Vielleicht war es eine rheinische Hausfrau, die das Rezept durch eine Heirat nach Franken brachte – denn im Rheinland stellte man das Apfelkraut zu dieser Zeit bereits nach gleichem Verfahren her. Lange hat sich das Rübenkraut in Bayern nicht gehalten: Dort ist der Sirup, der in den beiden Weltkriegen – in den Waschküchen der Häuser selbstgekocht – das Überleben der rheinischen Bevölkerung sicherte, wieder weitgehend in Vergessenheit geraten.

996 // ZUGSPITZE

Hoch, höher, Zugspitze: Den Namen des höchsten Berges Deutschlands kennt jedes Kind, aber kaum einer weiß, dass der Name „Zugspitze" weder daher rührt, dass es dort besonders zugig ist (was durchaus stimmt), noch daher, dass man sie mit dem Zug erreichen kann (was in gewisser Weise auch stimmt), sondern dass die Bezeichnung aufgrund der vielen Lawinenspuren (auch Züge genannt), die ihre Flanken zieren, entstanden ist. Mit amtlichen 2.962,06 Metern über Normalnull ist die Zugspitze der höchste Punkt Deutschlands.

Dass dieser Gipfel überhaupt auf deutschem Gebiet liegt, ist Überlieferungen zufolge der Liebe zu verdanken – oder doch wenigstens einer großen Zuneigung: Der österreichische Kaiser Franz Joseph schenkte den Deutschen den nördlichen Teil der Zugspitze anlässlich seiner Heirat mit Elisabeth in Bayern (richtig – unsere „Sissi"), damit die Piefkes endlich auch einmal einen richtigen Berg hatten. Vielen Dank!

Auf die Zugspitze, von vielen Einheimischen noch liebevoll „der Zugspitz" genannt, gelangt man heutzutage mit Seil- oder Zahnradbahn, nur die Allersportlichsten wählen eine der anstrengenden Bergsteigerrouten in Richtung Gipfel. Hat man es dann auf die Spitze geschafft, lässt man den Blick über die Alpen schweifen und ruft mit Goethe: „Mir tut sich eine Welt auf!"

997 // ZÜNFTIG

Eine ordentliche Maß Bier, zotige Sprüche, ein guter Braten – zünftig weiß der Deutsche zu feiern: Will heißen bodenständig, wie ein zunftangehöriger Handwerker. So machen gesellige Zusammenkünfte doppelt Spaß, kann man es sich doch gutgehen lassen ohne viel Tamtam und Chichi. Ob auf dem Oktoberfest, im Karneval oder einfach nur in der Brauerei nebenan – die einfachen Freuden machen jedes Fest zu einem zünftigen, sprich zu einem urdeutschen Ereignis, das von Japan bis in die USA gern nachgeahmt wird.

998 // ZUR RITZE

„Oben saufen, unten schlagen" heißt das Motto der „Ritze", der Mutter aller Kneipen unweit der Hamburger Reeperbahn. Allerdings sind's schon längst nicht mehr nur böse Jungs, die die weit geöffneten aufgemalten Frauenschenkel am Eingang passieren; auch Touristen aus Herne und

Schlipsträger aus Hamburger Banken setzen sich an die Theke, neben Ex-Knackis, Prostituierten und den einen oder anderen Prominenten.

Als Hanne Kleine Ende der 60er Jahre die DDR verließ, um in einem dunklen Hinterhof an der Reeperbahn seine Kneipe zu eröffnen, kamen fast ausschließlich die harten Jungs vom Kiez, um an der Theke Hacker-Pschorr zu trinken und sich an den Fernsehern über den Tischen Pornos anzusehen. Daran hat sich kaum etwas geändert: Die Pornos sind ganz die alten, sie werden nur ab und zu von neuen Sportberichten unterbrochen; an den Wänden hängen Fotos der Stammgäste oder von Prominenten, die regelmäßig vorbeischauen. Willkommen ist jeder, der trinkt und keinen Ärger macht. So viel zum Saufen.

Geschlagen wird unten, im mittlerweile legendären Boxkeller, zu dem Hanne Kleine, selbst ehemaliger Mittelgewichtsboxer in der Nationalmannschaft der DDR und dort eher als Querkopf bekannt, in den 80ern den Keller der „Ritze" umbaute. Profiboxer wie Henry Maske, Graciano Rocchigiani, René Weller und Dariusz Michalczewski absolvierten in der „Ritze" ihre Sparrings. Aber vor allem stand hier das Milieu im Ring oder prügelte auf einen der Sandsäcke ein. So zum Beispiel Stefan Henschel, einstiger Pate von St. Pauli, der hier nicht nur schlug und soff, sondern sich im Jahr 2006 auch an einem der Sandsack-Haken das Leben nahm.

Zum Milieu sind auch im Boxring die Hamburger Bürger hinzugekommen. Wegen des Flairs, den ein Ring, in dem schon Weltmeister trainierten, eben hat. Dass das Flair ein bisschen verschlissen wirkt und nach den Körperausdünstungen der letzten 25 Jahre mieft, ist dabei zweitrangig. Schließlich gibt es nicht viele legendäre Boxringe, wo man nach dem Training zum Saufen nach oben in eine ebenso sagenumwobene Kneipe – eben „Zur Ritze" – gehen kann.

999 // ZWEI-PLUS-VIER-VERTRAG

Zwei deutsche Staaten und die vier Siegermächte des Zweiten Weltkriegs unterschrieben am 12. September 1990 den „Vertrag über die abschließenden Regelungen in Bezug auf Deutschland", den sogenannten Zwei-plus-Vier-Vertrag. Es war ein Jubeltag für Deutschland wie für die Welt, denn der Vertrag beendete völkerrechtlich nicht nur endgültig den Zweiten Weltkrieg, auch 40 Jahre Kalter Krieg waren damit Vergangenheit.

Mit ihm erhielten die beiden deutschen Staaten BRD und DDR das Recht, sich zu vereinen, und dieses wiedervereinigte Deutschland gewann seine volle und uneingeschränkte Souveränität zurück – durch die Zustimmung Frankreichs, Großbritanniens, der USA und der UdSSR; eine Souveränität, die die alte Bundesrepublik nur in weiten Teilen durch die Staatsgründung 1949 erhalten hatte. Im Gegenzug verpflichtete sich die Bundesrepublik zu Einheit im Frieden: „Von deutschem Boden (werde) nur Frieden ausgehen." Zu diesem Zweck bestätigte Deutschland die mitteleuropäischen Grenzen endgültig, erklärte, dass es keine Gebietsansprüche an andere Staaten stellen, seine Streitkräfte auf maximal 370.000 Personen beschränken und niemals ABC-Waffen besitzen oder herstellen werde.

Es wird also keinen Krieg mehr auf deutschem Boden geben, und kein Krieg wird mehr von hier ausgehen.

1000 // 11 FREUNDE

Fußball ist längst nicht mehr nur der deutsche Volkssport, Fußball ist ein Teil der deutschen Kultur. Und als solcher braucht der Sport auch ein Kulturmagazin, das mehr liefert als die aktuelle Bundesligatabelle und Zusammenfassungen der letzten Spiele. Und schon in der Wahl seines Namens „11 Freunde" hat das deutsche Magazin für Fußballkultur, das 2000 erstmals und mittlerweile monatlich erscheint, gezeigt, dass es dieser Aufgabe gewachsen ist: Zitiert das Magazin damit doch den Spruch „Elf Freunde müsst ihr sein, wenn ihr Siege wollt erringen", der fälschlicherweise Nationaltrainer Sepp Herberger zugeordnet wird. (In Wirklichkeit zieren diese Worte die „Victoria", den ehemaligen Pokal der deutschen Fußballmeister.)

„11 Freunde" ist ein Magazin, das auch all jenen Spaß macht, die bislang nicht allzu viel mit Fußball am Hut hatten, die einmal einen Artikel lesen und die Zeitung nicht mehr aus der Hand legen; die dann später – wenn sie zur Verwunderung aller Freunde auch mal mit Fußball gucken – eine Fußballgeschichte zum Besten geben und sich ganz plötzlich dabei erwischen, dass sie Fußball doch ziemlich spannend finden.

Index

NR.	EINTRAG	SEITE

A

1	AALSUPPE	10
2	ABENDBROT	11
3	ABRÜSTUNG	11
4	ADAC	12
5	ADVENTSKALENDER	13
6	ADENAUER, KONRAD	14
7	ADIDAS	15
8	ADORNO, THEODOR W.	16
9	AFRI-COLA	17
10	AGENDA 2010	18
11	AIRBAG	18
12	AKTUELLE KAMERA	19
13	ALDI	19
14	ALEXANDRA	20
15	ALLGÄU	21
16	ALPEN	21
17	AMIGA	22
18	AMPELMÄNNCHEN	22
19	AMRUM	23
20	AMTSDEUTSCH	23
21	ANNA-AMALIA-BIBLIOTHEK	24
22	ANPACKEN	25
23	ARAG	25
24	ARBEITERWOHLFAHRT	26
25	ARCHE	26
26	ARD	27
27	ARENDT, HANNAH	27

NR.	EINTRAG	SEITE
28	ART COLOGNE	28
29	ÄRZTE, DIE	29
30	ASBACH URALT	29
31	ASPIRIN	30
32	ATOMKRAFT? NEIN DANKE!	30
33	AUDI	31
34	AUFKLÄRUNG	31
35	AUGSBURGER PUPPENKISTE	32
36	AUSSIEDLER	33
37	AUTO	33
38	AUTOBAHN	34
39	AUTOMOBILSTADT STUTTGART	35
40	AUTORITÄT	35

B

41	BABELSBERGER FILMSTUDIO	38
42	BACH, JOHANN SEBASTIAN	39
43	BAD KISSINGEN	40
44	BADEN-BADEN	40
45	BAEDEKER	41
46	BAFÖG	41
47	BALKONIEN	42
48	BALLACK, MICHAEL	43
49	BAMBI	44
50	BAP	44
51	BARBARASTOLLEN	45
52	BARBAROSSA	46
53	BARLACH, ERNST	46
54	BASELITZ, GEORG	47

NR.	EINTRAG	SEITE
55	BASF	48
56	BAUHAUS	48
57	BAUKNECHT	49
58	BAUMKUCHEN	50
59	BAUSPARVERTRAG	50
60	BAVARIA	51
61	BAXXTER, H. P.	52
62	BAYERISCHER WALD	53
63	BAYERN	53
64	BAYREUTHER FESTSPIELE	54
65	BEAMTE	56
66	BECHSTEIN, LUDWIG	56
67	BECKENBAUER, FRANZ	57
68	BECKER, BORIS	58
69	BECKMESSEREI	59
70	BEETHOVEN, LUDWIG VAN	59
71	BEMBEL	60
72	BENEDIKT XVI	60
73	BENJAMIN BLÜMCHEN	62
74	BENRATHER LINIE	62
75	BERGISCHE WAFFELN	63
76	BERLICHINGEN, GÖTZ VON	64
77	BERLIN	64
78	BERLINALE	66
79	BERLINER	67
80	BERLINER PHILHARMONIKER	67
81	BERNSTEINZIMMER	68
82	BESSERWESSI	69
83	BETHMÄNNCHEN	70
84	BETRIEBSRAT	70

NR.	EINTRAG	SEITE
85	BEUYS, JOSEPH	71
86	BIEDERMEIER	72
87	BIENE MAJA	72
88	BIENENSTICH	73
89	BIER	73
90	BIERDECKEL	75
91	BIERGARTEN	76
92	BIERMANN, WOLF	76
93	BILDUNG	77
94	BILD-ZEITUNG	78
95	BIMBES	79
96	BIOLEK, ALFRED	79
97	BIO-SIEGEL	80
98	BIRTHLER-BEHÖRDE	80
99	BISMARCK, OTTO VON	81
100	BITTE EIN BIT	82
101	BLASMUSIK	83
102	BLAUE BLUME	84
103	BLAUER REITER	84
104	BLAUTOPF	85
105	BLECHSPIELZEUG	86
106	BLÜCHER, GEBHARD VON	87
107	BMW	87
108	BOCKSBEUTEL	88
109	BOCKWURST	88
110	BODENSEE	89
111	BOHLEN, DIETER	89
112	BÖHM, DOMINIKUS	90
113	BÖLL, HEINRICH	91
114	BOLLE	92

NR.	EINTRAG	SEITE
115	**BOLLERWAGEN**	*92*
116	**BOLTE-ZWIEBEL**	*92*
117	**BONHOEFFER, DIETRICH**	*93*
118	**BONN**	*94*
119	**BOOT, DAS**	*94*
120	**BORUSSIA**	*95*
121	**BOSCH, ROBERT**	*95*
122	**BOSS**	*96*
123	**BRAHMS, JOHANNES**	*97*
124	**BRANDENBURG**	*98*
125	**BRANDENBURGER TOR**	*98*
126	**BRANDT, CARL**	*100*
127	**BRANDT, WILLY**	*100*
128	**BRATEN**	*102*
129	**BRATWURST**	*103*
130	**BRAUCHTUM**	*103*
131	**BRAUNKOHLEFÖRDERUNG**	*103*
132	**BRAVO**	*104*
133	**BRECHT, BERTOLT**	*105*
134	**BREHMS TIERLEBEN**	*106*
135	**BREMEN**	*107*
136	**BRETTSPIELE**	*107*
137	**BREZEL**	*108*
138	**BROCKEN**	*108*
139	**BROCKHAUS**	*109*
140	**BROILER**	*110*
141	**BROT**	*110*
142	**BRÜDER GRIMM**	*111*
143	**BRUNHILDE**	*112*
144	**BUCHDRUCK**	*112*

NR.	EINTRAG	SEITE
145	BUCHHOLZ, HORST	113
146	BUCHMESSE LEIPZIG	113
147	BÜCKWARE	114
148	BÜDCHEN	114
149	BUDDENBROOKS	115
150	BULETTE	116
151	BUNDESADLER	116
152	BUNDESGARTENSCHAU	117
153	BUNDESJUGENDSPIELE	117
154	BUNDESKANZLER	118
155	BUNDESLÄNDER	119
156	BUNDESLIGA	120
157	BUNDESPRÄSIDENT	120
158	BUNDESTAG	121
159	BUNDESVERDIENSTKREUZ	122
160	BUNDESVERFASSUNGSGERICHT	122
161	BUNDESZENTRALE FÜR POLITISCHE BILDUNG	123
162	BUNSENBRENNER	124
163	BUNTE	124
164	BURDA, AENNE	125
165	BÜRGEL-KERAMIK	125
166	BURGENROMANTIK	126
167	BÜRGERINITIATIVE	126
168	BÜRGERLICHES GESETZBUCH	127
169	BÜROKRATIE	127
170	BUSCH, WILHELM	128
171	BUTTERBROT	129
172	BUTTERFAHRT	130
173	BUTTERKEKS	130
174	BVB DORTMUND	131

NR.	EINTRAG	SEITE

C

175	CAMPING	134
176	CAN	135
177	CANNSTATTER VOLKSFEST	135
178	CAP ANAMUR	136
179	CARITAS	136
180	CEBIT	137
181	CHAMPAGNER BRATBIRNE	138
182	CHANCENGLEICHHEIT	138
183	CHARELL, MARLÈNE	139
184	CHEMIEDREIECK	139
185	CHIEMSEE	140
186	CHRISTBAUM	140
187	CHRISTKINDLESMARKT	141
188	CHRISTSTOLLEN	142
189	CLAUDIUS, MATTHIAS	142
190	COMEDIAN HARMONISTS	143
191	CONRADY, KARL OTTO	144
192	CURRYWURST	145

D

193	DA DA DA	148
194	DACKEL	149
195	DAIMLER	149
196	DAUNENBETT	150
197	DDR	150
198	DEDERON	151
199	DELLING, GERHARD	152

NR.	EINTRAG	SEITE
200	DENKMALSCHUTZ	152
201	DERRICK	153
202	DEUTSCHE BAHN	153
203	DEUTSCHE EICHE	154
204	DEUTSCHE EINHEIT	155
205	DEUTSCHE MARK	155
206	DEUTSCHE MOTORRADSTRASSE	156
207	DEUTSCHE TELEKOM	156
208	DEUTSCHER FERNSEHPREIS	157
209	DEUTSCHER MICHEL	157
210	DEUTSCHER MIETERBUND	158
211	DEUTSCHES ECK	158
212	DEUTSCHES GRÜNES KREUZ	159
213	DEUTSCHROCK	160
214	DFB	160
215	DICHTER UND DENKER	161
216	DIENSTLEISTUNG	162
217	DIESEL, RUDOLF	162
218	DIETRICH, MARLENE	163
219	DIN	164
220	DINNER FOR ONE	165
221	DIRNDL	166
222	DISZIPLIN	166
223	DIX, OTTO	167
224	DLRG	168
225	DOCUMENTA	168
226	DÖNHOFF, MARION GRÄFIN	169
227	DOPPELKOPF	169
228	DOSENPFAND	170
229	DPA	171

NR.	EINTRAG	SEITE
230	DR. HAUSCHKA	171
231	DR. OETKER	172
232	DRACHENFELS	173
233	DRAIS, KARL	174
234	DREHSCHEIBE	175
235	DROSSELGASSE	175
236	DROSTE-HÜLSHOFF, ANNETTE VON	176
237	DU BIST DEUTSCHLAND	176
238	DUDEN, KONRAD	177
239	DÜRER, ALBRECHT	178
240	DÜSENTRIEBWERK	179
241	DUTSCHKE, RUDI	180

E

242	EBERT, FRIEDRICH	184
243	ECHO	185
244	ECKKNEIPE	185
245	EDDING	186
246	EDGAR-WALLACE-FILME	186
247	EICHENDORFF, JOSEPH VON	187
248	EIFEL	188
249	EIGENHEIM	189
250	EIN BISSCHEN FRIEDEN	189
251	EINSTEIN, ALBERT	190
252	EINTOPF	191
253	ELBE	191
254	ELBSANDSTEINGEBIRGE	192
255	EMSLAND	193
256	ENDE, MICHAEL	193
257	ENERGIESPAREN	194

NR.	EINTRAG	SEITE
258	ERBSWURST	194
259	ERHARD, LUDWIG	195
260	ERHARDT, HEINZ	195
261	ERNST, MAX	196
262	ERSTER MAI	197
263	ERZGEBIRGE	198
264	EULENSPIEGEL, TILL	198
265	EUROPA-PARK	199
266	EXPORTWELTMEISTER	199
267	EXTERNSTEINE	200

F

268	FABER-CASTELL	204
269	FACHWERK	205
270	FAHRRADSTRASSEN	205
271	FANTASTISCHEN VIER, DIE	206
272	FASNET	206
273	FASSBENDER, HERIBERT	207
274	FASSBINDER, RAINER WERNER	208
275	FASSBRAUSE	208
276	FAUST	209
277	FEIERABEND	210
278	FEINMECHANIK	210
279	FELDBERG	211
280	FERNSEHTURM	211
281	FEWA	212
282	FICHTELGEBIRGE	212
283	FILTERKAFFEE	213
284	FINGERHAKELN	214

NR	EINTRAG	SEITE
285	FISCHER, ARTUR	214
286	FISCHER, JOSCHKA	215
287	FISCHER-CHÖRE	215
288	FKK	216
289	FLEISS	216
290	FÖN	217
291	FONTANE, THEODOR	217
292	FORMEL 1	218
293	FORSCHUNG	219
294	FOSSILIEN	219
295	FRANKFURTER ALLGEMEINE ZEITUNG	220
296	FRANKFURTER KRANZ	221
297	FRANKFURTER SCHULE, NEUE	221
298	FRAUENFUSSBALL	222
299	FRAUENTAG (8. MÄRZ)	223
300	FRAUNHOFER-INSTITUT	223
301	FREILICHTMUSEUM	224
302	FRIEDRICH, CASPAR DAVID	224
303	FRIEDRICH DER GROSSE	225
304	FRÜHSTÜCK	226
305	FUGGER, JAKOB	227
306	FUGGEREI	227
307	FÜRST-PÜCKLER-EIS	228
308	FUSSBALL	229
309	FUSSGÄNGERZONE	230

G

310	GAMES CONVENTION	234
311	GARMISCH-PARTENKIRCHEN	234

NR.	EINTRAG	SEITE
312	GARTENZWERG	235
313	GASTARBEITER	236
314	GEFRO-SUPPE	236
315	GELSENKIRCHENER BAROCK	237
316	GEMÜTLICHKEIT	237
317	GERHARDT, PAUL	238
318	GERNHARDT, ROBERT	239
319	GESUNDE ERNÄHRUNG	239
320	GESUNDHEITSSTADT WIESBADEN	240
321	GEWERKSCHAFTEN	241
322	GEYSIR VON ANDERNACH	241
323	GLASMURMELN	242
324	GLEICHSTELLUNG	242
325	GLORIOSA	243
326	GLÜHLAMPE	244
327	GOETHE, JOHANN WOLFGANG VON	244
328	GOETHE-INSTITUT	245
329	GOLDBÄREN	246
330	GOLDENE KAMERA	246
331	GOLDENER BÄR	247
332	GÖLTZSCHTALBRÜCKE	247
333	GOTIK	248
334	GRAF, STEFFI	248
335	GRASS, GÜNTER	249
336	GRETCHENFRAGE	250
337	GRIESSBREI	250
338	GRILLEN	251
339	GRÖNEMEYER, HERBERT	251
340	GROPIUS, WALTER	252
341	GROSS, MICHAEL	253

NR.	EINTRAG	SEITE
342	GROSSE PREIS, DER	253
343	GRUBE MESSEL	254
344	GRÜNDERJAHRE	255
345	GRUNDGESETZ	255
346	GRÜNDLICHKEIT	256
347	GRÜNER PUNKT	257
348	GRÜNKOHLESSEN	257
349	GRUPPE 47	258
350	GUTENBERG, JOHANNES	259

H

351	HAFFNER, SEBASTIAN	262
352	HAGEN, NINA	263
353	HAGEN VON TRONJE	264
354	HAHN, OTTO	264
355	HALLERVORDEN, DIETER	265
356	HALLIGEN	266
357	HAMANN, EVELYN	267
358	HAMBACHER FEST	267
359	HAMBURG	268
360	HAMBURGER MICHEL	269
361	HAMBURGER SCHULE	269
362	HAMMELSPRUNG	270
363	HANDBALL	271
364	HÄNDEL, GEORG FRIEDRICH	271
365	HANDKÄS MIT MUSIK	272
366	HANDWERK	273
367	HANNOVER	274
368	HANNOVERANER	274

NR.	EINTRAG	SEITE
369	HANSAPLAST	275
370	HANSE	275
371	HANSE SAIL IN ROSTOCK	276
372	HÄNSEL UND GRETEL	277
373	HARTMANN VON AUE	277
374	HARZ	278
375	HARZER KÄSE	278
376	HAUFF, WILHELM	279
377	HAUPTMANN, GERHART	280
378	HAUPTMANN VON KÖPENICK	280
379	HAUSBUCH	281
380	HAUSER, KASPAR	282
381	HAUSFRAU	283
382	HAUSSCHUHE	283
383	HAXE	284
384	HB-MÄNNCHEN	284
385	HECK, DIETER THOMAS	285
386	HEGELIANISMUS	285
387	HEIDE	286
388	HEIDEGGER, MARTIN	287
389	HEILBÄDER	288
390	HEIMAT	288
391	HEIMATFILM	289
392	HEIMWEH	290
393	HEINE, HEINRICH	290
394	HEINEMANN, GUSTAV	291
395	HEINZELMÄNNCHEN	292
396	HELD DER ARBEIT	292
397	HELGOLAND	293
398	HEMPELS	294

NR.	EINTRAG	SEITE
399	HENCKEL VON DONNERSMARCK, FLORIAN	294
400	HENKEL	295
401	HENKELL TROCKEN	296
402	HERBERGER, SEPP	296
403	HERMANN DER CHERUSKER	297
404	HERRENGEDECK	298
405	HERTHA BSC	298
406	HERTZ	299
407	HERZOG, ROMAN	299
408	HESSEN	300
409	HEUSS, THEODOR	301
410	HEYM, STEFAN	301
411	HIDDENSEE	302
412	HILDEBRANDT, DIETER	303
413	HILDEGARD VON BINGEN	303
414	HINDEMITH, PAUL	304
415	HIPP	305
416	HIRSCH, RÖHRENDER	305
417	HIRSCHGEWEIH	306
418	HITPARADE	306
419	HOCKENHEIMRING	307
420	HOESCH AG	307
421	HOFBRÄUHAUS	308
422	HOHENZOLLERN	309
423	HOLBEIN, HANS	309
424	HÖLDERLIN, FRIEDRICH	310
425	HOLZMADEN	310
426	HOMO STEINHEIMENSIS	311
427	HOMÖOPATHIE	311
428	HOPFEN UND MALZ	312

NR.	EINTRAG	SEITE
429	HUBSCHRAUBER	312
430	HUFELAND, CHRISTOPH WILHELM	313
431	HUMBOLDT, ALEXANDER FREIHERR VON	314
432	HUMOR	315
433	HYGIENE	315

I

434	ICC	318
435	ICE	318
436	IDEALISMUS	319
437	IGELPENSIONEN	320
438	IN DEN APRIL SCHICKEN	320
439	INTERNATIONALE FUNKAUSSTELLUNG	322
440	INTERNATIONALE GRÜNE WOCHE	323
441	INTERNATIONALE TOURISMUS-BÖRSE	323
442	ISETTA	324

J

443	JÄGERZAUN	328
444	JAHRMARKT	329
445	JA-WORT	329
446	JECKEN	330
447	JIM KNOPF	330
448	JODELN	331
449	JOOP, WOLFGANG	332
450	JUGEND TRAINIERT FÜR OLYMPIA	332
451	JUGENDSTIL	333
452	JUGENDWEIHE	333

NR.	EINTRAG	SEITE
453	JUHNKE, HARALD	334
454	JUNGHANS	335
455	JÜRGENS, UDO	336

K

456	KABINETT	340
457	KADEWE	341
458	KÄFER	342
459	KAFFEE HAG	342
460	KAFFEETAFEL	343
461	KAHN, OLIVER	344
462	KAISERPFALZ	344
463	KALTER HUND	345
464	KANAK SPRAK	345
465	KÄNNCHEN KAFFEE	346
466	KANT, IMMANUEL	346
467	KAPITAL, DAS	347
468	KÄPT'N BLAUBÄR	347
469	KARL DER GROSSE	348
470	KARLSRUHE	349
471	KARNEVAL	350
472	KARSTADT	350
473	KARTOFFEL	351
474	KASSELER	352
475	KÄSTNER, ERICH	353
476	KATEGORISCHER IMPERATIV	353
477	KATER	354
478	KATJES	354
479	KAUDERWELSCH	355

NR.	EINTRAG	SEITE
480	**KAUFHOF**	*356*
481	**KEGELN**	*356*
482	**KEMPOWSKI, WALTER**	*357*
483	**KEPLER, JOHANNES**	*357*
484	**KERBHOLZ**	*358*
485	**KERKELING, HAPE**	*359*
486	**KESSEL BUNTES, EIN**	*359*
487	**KEUN, IRMGARD**	*360*
488	**KIEFER, ANSELM**	*361*
489	**KIEL**	*361*
490	**KIELER WOCHE**	*362*
491	**KILIUS, MARIKA**	*362*
492	**KINDERGARTEN**	*363*
493	**KINDERGELD**	*363*
494	**KINDLER**	*364*
495	**KINSKI, KLAUS**	*364*
496	**KIPPENBERGER, MARTIN**	*365*
497	**KIRCHENLIEDER**	*366*
498	**KIRCHNER, ERNST LUDWIG**	*366*
499	**KIRSCH, SARAH**	*367*
500	**KITSCH**	*367*
501	**KITTELSCHÜRZE**	*368*
502	**KLABUND**	*368*
503	**KLADDERADATSCH**	*369*
504	**KLÄRANLAGE**	*370*
505	**KLARSFELD, BEATE**	*370*
506	**KLEBER, CLAUS UND GAUSE, GUNDULA**	*371*
507	**KLEE, PAUL**	*372*
508	**KLEINGÄRTEN**	*372*
509	**KLEIST, HEINRICH VON**	*373*

NR.	EINTRAG	SEITE
510	KLEMPERER, VICTOR	374
511	KLINSMANN, JÜRGEN	374
512	KLÖCKNER	375
513	KLÖPPELN	376
514	KLOPSTOCK, FRIEDRICH GOTTLIEB	376
515	KLOSTERFRAU MELISSENGEIST	377
516	KLUM, HEIDI	378
517	KNABEN WUNDERHORN, DES	378
518	KNAPPSCHAFT	379
519	KNECHT RUPRECHT	379
520	KNEF, HILDEGARD	380
521	KNEIPP, SEBASTIAN	381
522	KNIGGE, ADOLPH FREIHERR VON	382
523	KNIRPS	383
524	KNOBELSDORFF, GEORG WENZESLAUS VON	384
525	KNÖDEL	384
526	KNUSPER-PUFFREIS	385
527	KNUT	385
528	KÖ	386
529	KOCH, ROBERT	386
530	KOCHERLBALL	387
531	KOGON, EUGEN	388
532	KOHL	388
533	KOHL, HELMUT	389
534	KOHLE	390
535	KOHLEPFENNIG	390
536	KÖHLER, HORST	391
537	KOHLHAAS, MICHAEL	391
538	KÖHNLECHNER, MANFRED	392
539	KOKOSCHKA, OSKAR	393

NR.	EINTRAG	SEITE
540	KOLLWITZ, KÄTHE	393
541	KÖLN	394
542	KÖLNER DOM	394
543	KÖLNISCH WASSER	395
544	KOLPING, ADOLPH	396
545	KÖLSCH	396
546	KOM(M)ÖDCHEN, DAS	397
547	KOMMUNE 1	397
548	KOMMUNISTISCHES MANIFEST	398
549	KOMPOSTIERUNG	399
550	KÖNIGSBERGER KLOPSE	399
551	KONSALIK, HEINZ GÜNTHER	400
552	KONSUM	400
553	KOPERNIKUS, NIKOLAUS	401
554	KORN	402
555	KRAFTWERK	402
556	KRANKENKASSE	403
557	KRANKFEIERN	404
558	KRAUTROCK	404
559	KRAUTS	405
560	KREBS, DIETHER	405
561	KREISAUER KREIS	406
562	KREUTZER-SONATE	407
563	KREUZBERG	408
564	KRIEMHILD	408
565	KRUG	409
566	KUCKUCKSUHR	409
567	KUDRUN	410
568	KUHLENKAMPFF, HANS-JOACHIM	411
569	KULTUR- UND SOZIALFONDS	411

NR.	EINTRAG	SEITE
570	**KULTURAUSTAUSCH**	*412*
571	**KUNSTGEWERBE**	*413*
572	**KUNSTKLAPPE**	*413*
573	**KUNSTSTOFF**	*414*
574	**KUR**	*415*
575	**KURFÜRSTENDAMM**	*415*
576	**KYFFHÄUSER**	*416*

L

577	**LABSKAUS**	*420*
578	**LAGERFELD, KARL**	*420*
579	**LANDSCHAFTSPFLEGE**	*421*
580	**LANGE ANNA**	*422*
581	**LEBECK, ROBERT**	*422*
582	**LEBERKÄSE**	*423*
583	**LEDERHOSEN**	*423*
584	**LEHRE**	*424*
585	**LEIBNIZ, GOTTFRIED WILHELM**	*425*
586	**LEIPZIGER SCHULE**	*425*
587	**LEITKULTUR**	*426*
588	**LEITZ**	*427*
589	**LENGEDE, DAS WUNDER VON**	*427*
590	**LESSING, GOTTHOLD EPHRAIM**	*428*
591	**LEUCHTTÜRME**	*429*
592	**LIEBKNECHT, KARL**	*429*
593	**LIEDERMACHER**	*430*
594	**LILIENTHAL, OTTO**	*430*
595	**LILLI**	*431*
596	**LIMES**	*431*

NR.	EINTRAG	SEITE
597	LINDENBERG, UDO	432
598	LINDENSTRASSE	433
599	LINIENTREU	434
600	LITTBARSKI, PIERRE	434
601	LOLA	435
602	LORELEY	436
603	LORIOT	436
604	LOVEPARADE	437
605	LÖWENMENSCH	438
606	LÜBKE, HEINRICH	438
607	LUDWIG II.	439
608	LUFTHANSA	440
609	LÜFTLMALEREI	440
610	LUISE VON PREUSSEN	441
611	LÜNEBURGER HEIDE	441
612	LUTHER, MARTIN	442
613	LUXEMBURG, ROSA	443

M

NR.	EINTRAG	SEITE
614	MADE IN GERMANY	446
615	MAFFAY, PETER	447
616	MAGNETSCHWEBEBAHN	447
617	MAHLZEIT	448
618	MAINAU	448
619	MAINHATTAN	449
620	MAINZELMÄNNCHEN	450
621	MALLORCA	450
622	MANN, HEINRICH	451
623	MANN, THOMAS	452

NR.	EINTRAG	SEITE
624	MÄRCHEN	452
625	MÄRKLIN	453
626	MARX, KARL	454
627	MARZIPAN	454
628	MASCHINENBAU	455
629	MATTHÄUS, LOTHAR	455
630	MAULTASCHEN	456
631	MAUT	457
632	MAX UND MORITZ	457
633	MAY, KARL	458
634	MECKLENBURG-VORPOMMERN	459
635	MEDIZINISCHE VERSORGUNG	459
636	MEHR DEMOKRATIE E.V.	460
637	MEHRWEG	460
638	MEISSEN	461
639	MELITTA	462
640	MENDELSSOHN BARTHOLDY, FELIX	462
641	MENSCH ÄRGERE DICH NICHT	463
642	MERCEDES-BENZ	464
643	MERIAN, MARIA SYBILLA	464
644	MERKEL, ANGELA	465
645	MERKSATZ	466
646	MERZKUNST	466
647	MESSE DER MEISTER VON MORGEN	467
648	MESSERSCHMITT KABINENROLLER	468
649	METROPOLIS	468
650	MEYER, JULIUS LOTHAR	469
651	MIELE	469
652	MINERALWASSER	470
653	MITROPA	471

NR.	EINTRAG	SEITE
654	MITTAGESSEN	471
655	MITTELALTERMÄRKTE	472
656	MOIN	472
657	MOMMSEN, THEODOR	473
658	MONTAGSDEMONSTRATION	474
659	MORGENSTERN, CHRISTIAN	474
660	MÖRIKE, EDUARD	475
661	MOSEL	476
662	MOZART, WOLFGANG AMADEUS	476
663	MÜLLABFUHR	477
664	MÜLLTRENNUNG	478
665	MÜNCHHAUSEN	478
666	MUNDHARMONIKA	479
667	MUSEUMSINSEL	480
668	MUTTER, ANNE-SOPHIE	480
669	MUTTERTAG	481

N

670	NATIONALHYMNE	484
671	NATURSCHUTZGEBIETE	484
672	NEANDERTAL	485
673	NELKE	486
674	NENA	486
675	NETZER, GÜNTER	487
676	NEUE DEUTSCHE WELLE	487
677	NEUES DEUTSCHLAND	488
678	NEUSCHWANSTEIN	489
679	NIBELUNGENLIED	490
680	NIETZSCHE, FRIEDRICH	490

NR.	EINTRAG	SEITE
681	**NIKOLAIKIRCHE**	*491*
682	**NIROSTA**	*492*
683	**NIVEA**	*493*
684	**NORDERNEY**	*493*
685	**NORDFRIESISCHE INSELN**	*494*
686	**NORDSEE**	*495*
687	**NÜRBURGRING**	*495*
688	**NÜRNBERGER GWÄRCH**	*496*
689	**NÜRNBERGER LEBKUCHEN**	*497*

O

690	**OBATZTER**	*500*
691	**OBERMAIER, USCHI**	*500*
692	**ODOL**	*501*
693	**OKTOBERFEST**	*501*
694	**OPEL**	*502*
695	**ORDNUNG**	*503*
696	**OSSI**	*504*
697	**OSTALGIE**	*504*
698	**OSTERHASE**	*505*
699	**OSTFRIESLAND**	*505*
700	**OSTSEE**	*506*
701	**OTTO (WAALKES)**	*507*

P

702	**PALAST DER REPUBLIK**	*510*
703	**PARFUM, DAS**	*511*
704	**PAULSKIRCHE**	*512*

NR.	EINTRAG	SEITE
705	**PELIKAN**	*512*
706	**PENATEN**	*513*
707	**PENICILLIN**	*513*
708	**PERIODENSYSTEM**	*514*
709	**PERRY RHODAN**	*515*
710	**PETERCHENS MONDFAHRT**	*515*
711	**PETRY, WOLFGANG**	*516*
712	**PFAHLBAUTEN**	*516*
713	**PFLEGEVERSICHERUNG**	*517*
714	**PFLICHTGEFÜHL**	*518*
715	**PILLE, DIE**	*518*
716	**PISA-STUDIE**	*519*
717	**PLANCK, MAX**	*519*
718	**PLATT**	*520*
719	**PLATTENSPIELER**	*520*
720	**PLAYMOBIL**	*521*
721	**PODOLSKI, LUKAS**	*521*
722	**POESIE**	*522*
723	**POLIZEIRUF 110**	*523*
724	**PORSCHE**	*523*
725	**PORTA WESTFALICA**	*524*
726	**PRAUNHEIM, ROSA VON**	*524*
727	**PRÄZISIONSARBEIT**	*525*
728	**PREUSSEN**	*526*
729	**PREUSSLER, OTFRIED**	*526*
730	**PRILBLUMEN**	*527*
731	**PRIMA SPRIT**	*528*
732	**PRINTEN**	*528*
733	**PRINZ, BIRGIT**	*529*
734	**PRITT**	*529*

NR.	EINTRAG	SEITE
735	PUMPERNICKEL	530
736	PUMUCKL	531
737	PÜNKTLICHKEIT	532
738	PÜREE	532

Q

739	QUADFLIEG, WILHELM	536
740	QUARKSPEISE	537
741	QUASTHOFF, THOMAS	537

R

742	RAAB, STEFAN	542
743	RADDATZ, FRITZ	543
744	RAMMSTEIN	543
745	RAMS, DIETER	544
746	RASENDER ROLAND	544
747	RAUMSCHIFF ORION	545
748	RAVENSBURGER	546
749	RECLAM	546
750	REEPERBAHN	547
751	REETDACH	548
752	REFORMATION	549
753	REFORMHÄUSER	549
754	REGELN	550
755	REGENSBURG	550
756	REIBEKUCHEN	551
757	REICH-RANICKI, MARCEL	552
758	REIFEZEUGNIS	552

NR.	EINTRAG	SEITE
759	REINEKE FUCHS	553
760	REINHEITSGEBOT	554
761	REISER, RIO	554
762	RELATIVITÄTSTHEORIE	555
763	RENNSTEIG	556
764	RETTUNGSWESEN	556
765	REWE	557
766	RHEIN	557
767	RHEIN IN FLAMMEN	558
768	RHEINBUND	559
769	RHÖNRAD	560
770	RIAS BERLIN	560
773	RICHTER, BEATRICE	561
774	RICHTER, GERHARD	562
775	RICHTER, ILJA	562
776	RIESLING	563
777	RINGELNATZ, JOACHIM	563
778	ROCK AM RING	564
777	ROMANTIK	565
778	ROTATIONSPRINZIP	565
779	ROTE GRÜTZE	566
780	ROTHENBURG OB DER TAUBER	566
781	ROTKÄPPCHEN-SEKT	567
782	RTL	568
783	RÜBEZAHL	568
784	RÜGEN	569
785	RÜHMANN, HEINZ	569
786	RUHRGEBIET	570
787	RUMPELMÄNNCHEN	571

NR.	EINTRAG	SEITE

S

788	**SAARLAND**	*574*
789	**SACHSEN**	*575*
790	**SACHSEN-ANHALT**	*575*
791	**SACHSENSPIEGEL**	*576*
792	**SAGROTAN**	*577*
793	**SAKRA**	*577*
794	**SALZ**	*578*
795	**SANDMÄNNCHEN**	*578*
796	**SANSSOUCI**	*579*
797	**SAP**	*580*
798	**SAUBERKEIT**	*580*
799	**SAUERKRAUT**	*581*
800	**SAUMAGEN**	*581*
801	**SAVIGNY, FRIEDRICH CARL VON**	*582*
802	**SCHÄFERHUND, DEUTSCHER**	*583*
803	**SCHIESSER FEINRIPP**	*583*
804	**SCHILDBÜRGER**	*584*
805	**SCHILDKRÖT-PUPPEN**	*585*
806	**SCHILLER, FRIEDRICH**	*585*
807	**SCHIMANSKI**	*586*
808	**SCHIMMELREITER, DER**	*587*
809	**SCHINDERHANNES**	*588*
810	**SCHLEICHWERBUNG**	*589*
811	**SCHMELING, MAX**	*589*
812	**SCHMIDT, HARALD**	*590*
813	**SCHMIDT, HELMUT**	*591*
814	**SCHNÄPPCHEN**	*591*
815	**SCHNEIDER VON ULM**	*592*

NR.	EINTRAG	SEITE
816	SCHOLL, SOPHIE UND HANS	593
817	SCHÖNE LAU	594
818	SCHOPENHAUER, ARTHUR	594
819	SCHRANKWAND	595
820	SCHUHPLATTLER	596
821	SCHULTÜTE	597
822	SCHUMACHER, MICHAEL	597
823	SCHÜTZENFEST	598
824	SCHWARZBROT	598
825	SCHWARZER, ALICE	599
826	SCHWARZER PETER	600
827	SCHWARZ-ROT-GOLD	600
828	SCHWARZWALD	601
829	SCHWARZWÄLDER KIRSCHTORTE	602
830	SCHWARZWALDKLINIK	603
831	SCHWEIGER, TIL	604
832	SCHWEINEOHREN	604
833	SCORPIONS	605
834	SEIFENKISTE	605
835	SEMPEROPER	606
836	SENDUNG MIT DER MAUS, DIE	607
837	SENF, BAYERISCHER	608
838	SIEGESSÄULE	608
839	SIEGFRIED	609
840	SIEMENS	610
841	SIMPLICISSIMUS	610
842	SKAT	611
843	SOLINGEN	612
844	SOMMERMÄRCHEN	612
845	SORBISCH	613

NR.	EINTRAG	SEITE
846	SOZIALVERSICHERUNG	614
847	SPARKASSE	614
848	SPARSCHWEIN	615
849	SPARWASSER, JÜRGEN	615
850	SPATZ	616
851	SPÄTZLE	617
852	SPIEGEL, DER	617
853	SPIESSBÜRGER	618
854	SPORTSCHAU	619
855	SPREEWALDGURKEN	619
856	SPRICHWÖRTER	620
857	SPRINGER VERLAG	620
858	ß	621
859	STABILITÄT	622
860	STAMMTISCH	622
861	STAUFER	623
862	STEIN, EDITH	624
863	STEMPEL	624
864	STERN, DER	625
865	STIFTUNG PREUSSISCHER KULTURBESITZ	626
866	STIFTUNG WARENTEST	626
867	STOCKHAUSEN, KARLHEINZ	627
868	STORM, THEODOR	627
869	STÖRTEBEKER, KLAUS	628
870	STRAMMER MAX	629
871	STRANDKORB	629
872	STRASSENBAHN	630
873	STRAUSS, RICHARD	631
874	STREUOBSTWIESEN	631
875	STREUSELKUCHEN	632

NR.	EINTRAG	SEITE
876	**STRUWWELPETER**	*632*
877	**STURM UND DRANG**	*633*
878	**STUTTGARTER HUTZELMÄNNLEIN**	*634*
879	**SÜDDEUTSCHE ZEITUNG**	*635*
880	**SYLT**	*636*

T

881	**TAG DER DEUTSCHEN EINHEIT**	*640*
882	**TAGEBAU HAMBACH**	*640*
883	**TAGESSCHAU**	*641*
884	**TAGESZEITUNG, DIE**	*642*
885	**TANTE-EMMA-LADEN**	*642*
886	**TATORT**	*643*
887	**TECHNISCHES HILFSWERK**	*644*
888	**TEDDYBÄR**	*644*
889	**TEEBEUTEL**	*645*
890	**TELEFON**	*646*
891	**TEMPO**	*647*
892	**TEUTOBURGER WALD**	*647*
893	**THERMOSFLASCHE**	*648*
894	**THONET**	*648*
895	**THÜRINGER KLÖSSE**	*649*
896	**THÜRINGER ROSTBRATWURST**	*650*
897	**THYSSENKRUPP**	*651*
898	**TITANIC**	*651*
899	**TOAST HAWAII**	*652*
900	**TOKIO HOTEL**	*653*
901	**TOLERANZ**	*653*
902	**TRABI**	*654*

NR.	EINTRAG	SEITE
903	**TRACHTEN**	*655*
904	**TRADITION**	*655*
905	**TRAM**	*656*
906	**TRAUMSCHIFF**	*656*
907	**TRAUTES HEIM**	*657*
908	**TREUE**	*658*
909	**TRIGEMA**	*658*
910	**TRIMM DICH**	*659*
911	**TRÜMMERFRAUEN**	*660*
912	**TUCHOLSKY, KURT**	*660*
913	**TÜV**	*661*

U

NR.	EINTRAG	SEITE
914	**UHREN**	*664*
915	**UHSE, BEATE**	*664*
916	**UHU**	*665*
917	**ULMER MÜNSTER**	*666*
918	**UMLAUTE**	*667*
919	**UMWELTBEWUSSTSEIN**	*667*
920	**UND DAS IST GUT SO**	*668*
921	**UNDERBERG**	*669*
922	**UNSER DORF HAT ZUKUNFT**	*669*
923	**UNTERTAN, DER**	*670*
924	**URMEL**	*670*

V

NR.	EINTRAG	SEITE
925	**VAKUUM**	*674*
926	**VALENTIN, KARL**	*674*

NR.	EINTRAG	SEITE
927	**VEREINE**	*675*
928	**VERSICHERUNGEN**	*676*
929	**VERSORGUNG**	*676*
930	**VILLEROY & BOCH**	*677*
931	**VITALIENBRÜDER**	*678*
932	**VÖLKLINGER HÜTTE**	*679*
933	**VOLKSBÜHNE BERLIN**	*679*
934	**VOLKSLIEDER**	*680*
935	**VOLKSMUSIK**	*680*
936	**VOLKSWAGEN**	*681*

W

937	**WACHOLDERHEIDE**	*684*
938	**WACKELDACKEL**	*684*
939	**WACKELPETER**	*685*
940	**WACKEN OPEN AIR**	*686*
941	**WAGNER, RICHARD**	*687*
942	**WALDLEHRPFAD**	*687*
943	**WALDORFSCHULE**	*688*
944	**WALHALLA**	*688*
945	**WALLRAFF, GÜNTER**	*689*
946	**WALTHER VON DER VOGELWEIDE**	*689*
947	**WALZ**	*690*
948	**WANDERWEGE**	*691*
949	**WARTBURG**	*691*
950	**WARTBURGFEST**	*692*
951	**WATT**	*693*
952	**WEBERAUFSTAND**	*693*
953	**WECK**	*694*

NR.	EINTRAG	SEITE
954	WEHNER, HERBERT	695
955	WEIBERFASTNACHT	696
956	WEIMARER KLASSIK	696
957	WEISSWURST	697
958	WEIZSÄCKER, RICHARD VON	698
959	WENDERS, WIM	698
960	WESSI	699
961	WETTEN, DASS ...?	699
962	WICKIE UND DIE STARKEN MÄNNER	700
963	WIESKIRCHE	701
964	WILDER MANN	701
965	WILLYBECHER	702
966	WILMENROD, CLEMENS	702
967	WINNETOU	703
968	WIRTSCHAFTSWUNDER	704
969	WITT, KATI	705
970	WITTENBERG	706
971	WITZE	707
972	WMF	707
973	WOHLFAHRTSMARKEN	708
974	WOLKENKUCKUCKSHEIM	708
975	WOLPERTINGER	709
976	WORT ZUM SONNTAG	709
977	WUM UND WENDELIN	710
978	WUNDER VON BERN, DAS	711
979	WUNDERLICH, FRITZ	711
980	WUPPERTALER SCHWEBEBAHN	712
981	WURZELSEPP	713

NR.	EINTRAG	SEITE

X

982	X-STRAHLEN	716

Y

983	Y-REISEN	716

Z

984	ZAHNPASTA	717
985	ZDF	717
986	ZECHE ZOLLVEREIN	718
987	ZECHKUMPAN	719
988	ZEITGEIST	719
989	ZENTRALABITUR	720
990	ZENTRALE LAGE	721
991	ZENTRALRAT DER JUDEN IN DEUTSCHLAND	721
992	ZEPPELIN	722
993	ZONE	723
994	ZÖPFE	723
995	ZUCKERRÜBENSIRUP	724
996	ZUGSPITZE	724
997	ZÜNFTIG	725
998	ZUR RITZE	725
999	ZWEI-PLUS-VIER-VERTRAG	726

1000	11 FREUNDE	727

Die Autorin

Jutta Gay, Jahrgang 1971, verbrachte einen Großteil ihrer Kindheit und Jugend in Frauwüllesheim. Schon der Name lässt erahnen: Wer in diesem Voreifeler Dorf aufwächst, kennt Deutschland in- und auswendig. Gäbe es dort ein Café, würden draußen selbstverständlich nur Kännchen serviert. Wer nicht wegzieht, tritt dem Schützenverein bei – und muss sich dabei ganz und gar nicht provinziell fühlen, sondern bewährt sich vielmehr als bundesdeutscher Durchschnittsbürger.

Dennoch hat Jutta Gay es geschafft, erst den Bus und dann den Zug zu nehmen, um ins schrecklich weit entfernte Köln zu gelangen. Ein Magisterstudium der Germanistik, Philosophie und Geschichte schloss sich an. Doch um ganz Deutschland zu kennen, muss man ja nicht gleich seine zweite Heimat verlassen; so war schnell auf der Kölner „Schäl Sick" ein kleines Büro gefunden, und los ging die Arbeit als freiberufliche Autorin, Lektorin und was sonst so anfällt. Und dann traf sie in der artwork factory auf einen von 1001 Gründen, dieses Buch zu schreiben: den Verleger Peter Feierabend.

In der Reihe **1000 GRÜNDE** sind ebenfalls erschienen:

Karsten Zang & Peer Müller

1000 IDEEN FÜR KINDER IN DEUTSCHLAND
TIPPS · SPIEL · SPORT · SPASS

Hier ist Deutschland kinderfreundlich!

1000 GRÜNDE, Bücher zu lesen!
www.1000Gruende.de

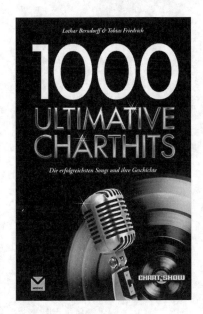